동북아역사 자료총서 35

明史 外國傳 譯註·7

－土司傳·下－

譯註 中國 正史 外國傳 15

동북아역사재단
NORTHEAST ASIAN HISTORY FOUNDATION

차 례

• 광서토사 3　사성 · 이주 · 용주 · 귀순 · 향무 · 봉의 · 강주 · 사릉전

[상권 차례]

[중권 차례]

계림·유주·경원·평락·오주·심주·남녕전(桂林·柳州·慶遠·平樂·梧州·潯州·南寧傳)

명사(明史) 권317 광서토사(廣西土司) 1

- 역주: 송미령
- 교열: 송정수

「계림·유주·경원·평락·오주·심주·남녕전(桂林·柳州·慶遠·平樂·梧州·潯州·南寧傳」 해제

『명사』의 편찬자는 10개의 권(卷)을 할애하여 호광(湖廣)·사천(四川)·운남(雲南)·귀주(貴州)·광서(廣西) 지역의 토사를 설명하고 있다. 광서 지역의 토사는 셋으로 구분하여 서술하고 있는데, 이 『명사』 권317은 광서를 다루는 첫 번째 전(傳)이다. 본전은 계림(桂林)·유주(柳州)·경원(慶遠)·평락(平樂)·오주(梧州)·심주(潯州)·남녕(南寧)을 대상으로 기술하고 있는데, 광서 지역을 동서(東西)로만 구분할 경우 대체로 동쪽에 해당하는 지역들이다. 이 지역들에 대한 서술 순서는, 광서 지역의 동북쪽에 위치한 계림을 시작으로 대각선 방향으로 서남쪽으로 서술을 확대해 나가고 있다.

본전에는 호광·사천·운남·귀주 등 다른 지역의 토사를 다루는 것과 마찬가지로 현재 중국의 서남부 지역의 특징 중 하나인 다양한 종족들이 거주하였다는 점이 반영되어 있는데, 여러 종족들 중에서 특히 요족(瑤族)과 동족(僮族)이 다수를 차지한다는 언급을 하고 있다. 그런데, 본전을 서술한 『명사』의 편찬자는 이 토사전에 광서 지역의 토사들을 모두 싣지 않고, 그 지역의 여러 종족 중에서 상당한 세력이 있는 이들을 서술한다고 밝혔고, 그들의 세력이 운남의 세력들과 비슷하다고 할 정도라고 언급하였다. 다시 말해서 비교적 규모가 큰 세력들을 선별하고 선택해서 서술하겠다는 의도를 밝힌 것인데, 그 이유는 다음 두 가지로 정리할 수 있다.

본전에서 광서의 토사들을 선택적으로 서술한 첫 번째 이유는, 명 조정이 광서 지역의 요족과 동족에 대해 세밀한 이해를 갖추고 있지 못한 데서 기인한다고 볼 수 있다. 본전의 서술 내용 중에서 가장 빈번하게 등장하는 요족과 동족에 대해 '사납다', '거세다', '고집스럽다'고 설명한 것이 그들에 대한 설명의 전부라고 해도 과언이 아니다. 이것은 이들에 대한 명 조정의 이해 정도가 그리 깊지 못하다는 점을 보여주는 것이다. 토사전에서 설명하고 있는 중국의 서남 지역은 천혜의 자연환경과 다양한 민족이 공존하는 지역으로 한족(漢族)을 중심으로 한 중원의 역사와 문화와는 다른 모습을 지니고 있다. 그럼에도 불구하고 이 지역의 특성이나 풍속에 대한 내용이 거의 없는 것은 그들에 대한 이해도가 깊지 못하기 때문이다. 이를 달리 표현하면, 홍무(洪武) 연간(1368~1398)에 이 지역을 장악한 이후 계속해서 관계를 유지하면서도 더 이상의 깊이 있는 이해를 보여주지 못했다는 것은 '지역'에 대한 관심은 있지만 그곳에 살고 있는 '사람' 자체에는 무관심한 이중적인 면을 드러내는 것이다.

그리고, 요족과 동족 중에서 세력의 규모가 비교적 큰 이들을 선별적으로 서술하는 이유는 분명한 목적을 가진 것이다. 『명사』의 편찬자는 광서의 토사를 서술하기에 앞서 그 목적을 이후에 '변경의 일을 모색하려는 이들에게 하나의 도움'을 주기 위해서라고 명확하게 기술하고 있다. 다시 말해서, 명 제국의 변경을 형성하면서 현재의 동남아시아와 연결되는 지역으로서 갖는 의미와 중요성 때문에 이 지역에 관심을 쏟은 것이다. 따라서 명의 변경인 이 지역은 그 자체로서 안정된 상태를 유지해야 하며, 주변 지역과의 관계 속에서도 명 조정이 확실한 지배권을 확보해야 한다는 이해가 본전의 서술 전체에 투영된 것이라고 할 수 있다. 이것은 『명사』의 편찬 시기인 청대(淸代)의 이해와도 연결되는 것으로 볼 수 있다.

이렇게 본전의 편찬자는 요족과 동족이 다수 거주하는 지역임에도 불구하고 그들 자체에 대한 이해와 서술은 많지 않은 반면 그 지역의 연혁에 대해서는 꼼꼼하게 설명하고 있다. 예를 들어, 계림은 진(秦)나라 때부터 이 지역에 군(郡)을 설치한 것을 시작으로, 한(漢)나라에서는 시안(始安), 당(唐)나라에서는 계주(桂州)를 설치하였다는 내용으로 시작하고 있다. 또한 유주는 당나라 정관(貞觀) 연간(627~649)에 설치되었다는 점을, 경원(慶遠)은 진나라에서는 상군(象郡)이 설치된 지역이었다는 점을 서술하고 있다. 그리고, 평락(平樂)은 당나라 초에 현(縣)이었는데, 원나라 대덕(大德) 연간(1297~1307)에 부(府)가 되었고, 오주는 한나라의 창오군(蒼梧郡)이었으며, 남녕은 당나라의 옹주(邕州)였다는 점을 언급하는 것으로 서술을 시작하였다. 이러한 연혁을 언급한 것은, 이 지역이 고대부터 중원에 위치한 나라의 통치를 받았다는 점과 명도 그 연장선에 있다는 점을 강조하는 장치로 마련된 것으로 해석할 수 있다. 이러한 점은 이 지역에 대한 서술의 주된 내용은 명 조정이 이 지역을 장악하고 통치하는 데에 맞춰져 있어서 명 조정과의 관계, 명 조정의 시각이 강하게 투영되어 있는 것과 맥을 같이 한다.

본전의 내용을 보면, 명 조정은 이 지역의 토사들을 선위사(宣慰使), 선무사(宣撫使), 안무사(按撫使) 등과 같은 무직(武職)보다는 지주(知州)나 지현(知縣)으로 임명하였으며, 이들도 시간이 흐르면서 유관(流官)으로 대체되었다는 것을 확인할 수 있다. 토사를 설치한 지역을 주(州)·부(府)·현(縣) 설치 지역, 선위사·선무사·안무사 설치 지역으로 구분한다면, 본전에서 다루는 지역은 전자에 해당된다고 볼 수 있다.

이 지역에 안무사 등과 같은 무직 설치가 많지 않은 이유는 홍무(洪武) 3년(1370)에 광서행성(廣西行省)의 관원의 언급에서 찾을 수 있다. 그는 명 조정의 광서(廣西) 통치에 대해 제안을 하였는데, 남녕(南寧)과 유주(柳州)에 위(衛)를 설치하자는 건의를 하면서 광서 지역은 교지(交阯)와 운남(雲南)과 인접해 있어서 중요한 곳인데, 여러 종족들이 반란과 복종을 반복하고 있어서 군사 활동을 할 때 어려움이 많다는 점을 지적하였다. 그리고, 종족(宗族) 중 강한 자는 빈번하게 서로 선동하여 반란을 일으키므로 이는 이후의 화를 키우는 것이니 안무사를 폐지하고 다시 부(府)와 위(衛)를 설치하여 그 지역을 지키게 하자는 것이었다. 정리하면, 광서 지역은 군사상 중요한 지역이지만 그 지역의 토사들이 무관직을 바탕으로 명 조정에 대항할 경우 더 큰 문제가 발생할 가능성이 있으므로, 그것을 피해야 한다는 것이다. 홍무제는 이러한 제안을 수용하여 경원남단군민안무사(慶遠南丹軍民安撫司)를 경원부(慶遠府)로 변경하였다.

앞서 언급한 서술 목적과 서술상의 특징 속에서 보면, 본전의 내용은 철저하게 명 조정의 입장에서 일방적으로 토사들에 대한 내용을 기록한 것이다. 명 조정이 이 지역을 관리하는데 실시한 토사제도는 그 이전의 기미제도(羈縻制度)와 비교했을 때 소수민족에 대한 통제를 강화한 정책이었기 때문에, 세습(世襲)이나 지위의 승강(昇降), 진공(進貢), 군사 징발 등에 관한 자세한 규정이 갖춰져 있었다. 명 조정은 이러한 규정과 현실을 일치시키려는 노력을 계속하였고, 이 때문에 토사는 관리와 지배를 당하는 존재로 그려져 있다.

그런데, 본전의 내용은 계림 등 여러 지역의 상황을 상세하게 서술하고 있지만, '반란', '진압'의 키워드로 정리가 가능하다. 즉, 본전에서 다루고 있는 계림 등은 대체로 홍무 연간에 명 조정이 이 지역을 장악하고 통치력을 확대한 것으로 서술하고 있다. 그 이후의 내용들을 보면, 명의 지배나 관리에 대한 이 지역 토사들의 끊임없는 반발과 반란, 이를 진압하기 위한 명 조정의 노력, 명 조정이 의도한 대로 진행되지 않은 진압작전에 대한 내용으로 채워져 있다. 『명사』 전체에는 명 조정의 입장, 한족 중심적인 사고가 내재되어 있지만, 토사들이 계속 반란을 일으켰다는 본전의 내용을 통해서 이 지역을 장악하려는 명 조정의 시도에 맞서서 역동적으로 자신들의 목소리를 내고 입지를 확보하려는 토사들의 움직임도 엿볼 수 있다.

明史 外國傳 譯註

「계림·유주·경원·평락·오주·심주·남녕전(桂林·柳州·慶遠·平樂·梧州·潯州·南寧傳」 역주

廣西土司
광서토사

廣西瑤·僮居多，盤萬嶺之中，當三江之險，六十三山倚爲巢穴，三十六源踞其腹心，其散布於桂林·柳州·慶遠·平樂諸郡縣者，所在蔓衍．而田州·泗城之屬，尤稱强悍．種類滋繁，莫可枚擧．蠻勢之衆，與滇爲埒．今就其尤著者列於篇．觀其叛服不常，沿革殊致，可以覘中國之德威，知夷情之順逆，爲籌邊者之一助云．

광서(廣西)[1]에는 요족(瑤族)[2]·동족(僮族)[3]이 대부분 거주하고 있으며, 첩첩산중이고 세

1) 廣西: 중국 남부 해안에 위치한 省으로, 현재는 소수민족 자치구로 되어 있으며, 2010년 현재 인구는 약 4,600만 명이다. 『尙書』「禹貢」의 기록을 보면, 荊州와 荊·揚 2州의 塞外 지역으로, 元나라에서는 廣西兩江道宣慰使司를 두고 靜江路를 治所로 삼았다. 湖廣行中書省에 속하였으나 順帝 至正 연간(1341~1367) 말에 宣慰使司를 廣西等處行中書省으로 고쳤다. 明에 들어와 초기에는 元의 제도를 답습하여 廣西等處行中書省으로 그대로 칭했으나, 洪武 9년(1376)에 行中書省을 承宣布政使司로 고쳤다. 府 11·州 48·縣 50·長官司 4곳을 관할하였다. 漢나라 때는 南海郡尉 趙佗가 이 지역의 桂林郡, 象郡 등을 점령해 南越國을 세웠지만, 漢 武帝 元鼎 6년(전111)에 漢나라에게 점령당했다. 明 洪武 9년(1376)에 이 지역에 廣西承宣布政使司를 설치하면서 廣西라는 명칭이 나타났다. 중화인민공화국성립 이후 1957년에 이곳을 廣西僮族自治區로 설치 인준했으며, 1965년에 國務院은 그 명칭을 廣西壯族自治區로 바꾸었다.

2) 瑤族: 중국 소수민족 가운데 하나로서, 勉, 金門, 布努 등으로 自稱하기도 한다. 대체로 고대 시기 호남 지역의 長沙와 武陵 일대에 있던 蠻族의 일부가 분화되어 발전된 것으로 파악되고 있지만, 五谿蠻과

강의 [지형이] 험한 곳이어서 육십삼산(六十三山)[4]을 의지하여 소굴로 삼고, 삼십육원(三十六源)의 중심 지대에 거주하며, 계림(桂林)[5] · 유주(柳州)[6] · 경원(慶遠)[7] · 평락(平樂)[8] 등 여

山越에서 비롯되었다는 설도 있다. 南朝를 거쳐 唐代까지는 莫徭라 불렸다가 宋代에 비로소 徭族으로 불리기 시작했다. 元明 시기에 이르러 兩廣 지역의 깊은 곳까지 들어가 거주했으며, 明清 시기에 이르러서는 雲南, 貴州 일대까지 그 거주 지역이 확대됐지만, 현재 廣西省에 가장 많이 분포하고 있다. 요족이 거주하는 지역에는 宋나라 이래로 특별히 瑤官을 설치해 요족들을 다스리게 했다. 이러한 통치방식은 여러 규정에 대한 준수를 엄격하게 강요했던 土司制度와는 달리 瑤官들에 대한 통제는 비교적 느슨한 편이었다. 胡仁亮, 1996: 80~81 참조.

3) 僮族: 壯族을 의미하며, 중국 소수민족 가운데 가장 많은 인구를 차지하고 있다. 宋의 史書에 撞, 僮, 仲의 명칭으로 처음 등장하며, 明清 시대에 이르러 僮人, 혹은 土人 등으로 불렸다. 주로 廣西, 雲南, 廣東과 貴州에 많이 분포해 있지만 광서 지역에 압도적으로 많이 존재한다. 1965년 이후 壯族이라 불리기 시작했다.

4) 六十三山: 지금의 廣西 壯族自治區 岑溪市 동남쪽 黎河 남쪽에 있는 여러 산을 가리킨다.

5) 桂林: 현재 廣西 壯族 자치구 북동부에 있는 도시이다.

6) 柳州: 廣西壯族自治區 中北部에 위치한 도시로서 史書에서는 龍城이라고도 한다. 壯, 漢, 瑤, 侗 等의 여러 소수민족이 거주하고 있다. 柳州라는 지명이 처음으로 붙여진 시기는 唐나라 太宗 貞觀 8년(634)이었다. 이때 南昆州를 柳州로 고쳤는데, 柳州라는 지명은 柳江(현재 柳州市의 동쪽으로 흐르는 강)에서 유래하였다. 역사적으로 柳州는, 특히 木材의 집산지로 유명하였다. 柳江 상류에 위치한 龍江과 融江에서부터 大量의 木材가 강을 따라서 내려와 柳州에서 集散하였는데, 宋나라 大中祥符 연간(1008~1016)에 皇室에서 玉清, 昭應 等의 道宮을 건축하였을 때, 특히 柳州의 杉木을 많이 사용하였다. 이에 柳州의 木制品이 유명해졌고 훗날 柳州의 棺材와 상관된 俗諺인 '穿在蘇州, 玩在杭州, 吃在廣州, 死在柳州'라는 말이 생기게 된 배경이 되었다. 明 洪武 元年(1368)에 柳州를 柳州府로 고치고 府의 治所를 柳城에서 馬平縣으로 옮겼는데, 이때 柳州는 2州 10縣을 통할하게 되었다. 明나라 중후기에 柳州는 급속히 발전하여 廣西의 주요 도시로 성장하였다. 그 배경 중 하나는 당시 포르투갈 상인들이 廣州에 와서 桐油를 사서 유럽으로 가지고 가서 판매하였는데, 그 桐油가 柳州의 產品이었기 때문이었다. 명청 교체기에는 남명 세력이 오랫동안 柳州 일대에서 주둔하며 청과 대치하였으므로 상당히 피폐해졌으나 清이 南明을 평정한 후에는 정세가 안정되어 柳州는 廣東, 貴州, 湖南과의 交易 都市로 성장하였다. 清 雍正 10년(1732)에는 柳州에 古州(오늘날 貴州 榕江縣) 運館이 설치되어 柳州와 古州 사이의 운항업무를 담당하였다. 柳州는 남방으로는 주로 木材, 糧食을 북방으로는 소금을 운송하였다. 清나라 때 柳州에는 각 지역 商人과 客民들이 몰려들어 粵東會館, 湖南會館, 江西會館, 福建會館, 廬陵會館 등을 건립하고 활동하였다.

7) 慶遠: 지금의 廣西 宜州市 및 그 일대에 상당한다. 唐나라 때 처음으로 粵州를 설치하였는데, 天寶 연간(742~756) 初에 龍水郡으로 고치고 嶺南道에 소속시켰다. 慶遠府라는 명칭이 최초로 붙여진 때는 宋나라 咸淳 연간(1265~1274)이었는데, 慶遠軍節度에서 유래하였다. 南宋의 咸淳 원년(1265)에 宜州를 度宗의 潛邸로 삼으면서 慶遠府로 승격시켰고, 治所는 宜山에 두었다. 元나라에서는 路로 변경하였다가, 慶遠南丹溪洞等妻軍民安撫司로 고쳐 설치하였다. 明에서는 府로 변경하여 설치하였다. 清에서는 지금의 廣西 宜山·東蘭·忻城·環江·河池 등 縣을 모두 관할하였다.

8) 平樂: 고대에는 昭州라고 칭하였고, 廣西省의 동남부에 위치해 있다.

러 군현(郡縣)에 흩어져 거주하는 자들이 이곳에서 번성하였다. 그리고 전주(田州)[9]·사성(泗城)[10]에 속한 이들은 특히 억세고 사납다고 일컬어진다. [이들의] 종류(種類)가 많아서 일일이 열거할 수가 없다. 만족(蠻族) 중에서 세력이 있는 무리들은 전(滇)[11]과 비슷한 정도이다. 지금 그 중에서 두드러진 이들을 이 편(編)에 열거한다. 그들이 반역과 복종하는 것이 수시로 변하고, 연혁(沿革)이 일치하지 않는 것을 보면, 중국의 덕위(德威)를 엿볼 수 있고, 이정(夷情)의 순종과 반역을 알 수 있어서 변경의 일을 모색하려는 이들에게 하나의 도움이 될 것이다.

桂林
계림

桂林, 自秦置郡, 漢始安, 唐桂州, 天寶改建陵, 宋靜江府, 元靜江路. 明初, 改桂林府爲廣西布政使司治所, 屬內地, 不當列於土司. 然廣西惟桂林與平樂·潯州·梧州未設土官, 而無地無猺·獞. 桂林之古田, 平樂之府江, 潯州之藤峽, 梧州之岑溪, 皆煩大征而後克, 卒不能草薙而獸獮之, 設防置戍, 世世爲患, 是亦不得而略焉.

계림(桂林)은 진(秦)나라에서부터 [이곳에] 군(郡)을 설치하였고, 한(漢)나라에서는 시안

9) 田州: 漢나라 때는 郁林郡의 땅이었고, 唐에서는 田州를 설치하였다. 宋나라 때도 田州라고 칭했고, 元나라에서는 田州路로 삼았으며, 明初에는 田州府로 칭했다가 州로 승격시켰다.

10) 泗城: 宋나라 皇佑 연간(1049~1054)에 州를 설치하였는데, 治所는 오늘날 廣西 凌雲縣의 西南쪽에 두었다. 明나라 때는 治所를 오늘날의 凌雲縣으로 옮겼다. 淸나라 順治 연간(1644~1661) 초에 府로 승격되었다가 얼마 지나지 않아서 軍民府가 되었다가 雍正 연간에 다시 府가 되고 流官이 설치되었다. 乾隆 연간(1736~1799) 초에 凌雲縣에 府治를 증설하고 그 境內를 확장하였는데, 오늘날 廣西 西部의 布柳河, 澄碧水 流域 서쪽 지방이었다. 그러나 1913년에 폐지되었다.

11) 滇: 중국 雲南省의 별칭이다. 雲南省은 중국 서남 지역에 위치한 省으로서, 면적은 약 39만km^2이며, 2010년 현재 인구는 약 4,600만 명이다. 본문에 등장하고 있는 것처럼 秦始皇이 6國을 통일한 후, 雲南 동북부에 五尺道를 개척했으며, 전109년에 漢 武帝가 郭昌을 파견해서 益州郡과 24개 縣을 개설했다. 三國시대에는 南中이라 불렀으며, 唐宋 시기에는 南詔國과 그를 뒤이어 大理國이 존재했던 곳이었다. 1253년에 쿠빌라이칸이 雲南을 정벌한 후, 1276년에 雲南行省을 설치해 비로소 雲南이란 명칭이 등장했다. 明 太祖 朱元璋도 洪武 14년(1381)에 傅友德 등을 파견해서 이 지역을 점령해야 할 정도로 중국 내지와는 전혀 이질적인 곳이었으며, 많은 소수민족이 살고 있는 곳으로도 유명하다.

(始安),[12] 당(唐)나라에서는 계주(桂州)였는데, 천보(天寶)[13] 연간(742~756)에 건릉(建陵)으로 바꿨다가 송(宋)나라에서는 정강부(靜江府), 원(元)나라에서는 정강로(靜江路)라 하였다. 명(明)나라 초에는 계림부(桂林府)로 바꾸고 광서포정사사(布政使司)[14]의 치소(治所)로 삼아서 내지(內地)에 귀속시켰기 때문에 토사(土司)[15]에 당연히 열거되지 않았다. 그러나 광서에서는 오직 계림과 평락(平樂)·심주(潯州)[16]·오주(梧州)[17]에만 토관(土官)[18]을 설치

12) 始安: 三國시대 吳나라에서 이 지역에 零陵郡을 설치하고, 治所를 始安에 두었다. 지금의 광서 계림시와 平樂 사이의 漓水 유역과 永福縣 지역을 관할하였다.

13) 天寶: 唐 玄宗 李隆基의 年號이다.

14) 布政司: 承宣布政使司의 간칭이다. 『明史』 卷75 「職官」4의 기록에 의하면, "承宣布政使司. 左右布政使各一人, 左右參政, 左右參議, 無定員 …… 布政使掌一省之政, 朝廷有德澤禁令, 承流宣播, 以下於有司"라고 기록되어 있다. 즉, 포정사는 한 省의 戶口, 경작지 등의 조사와 등재를 포함한 모든 행정을 담당했다. 明初에는 元나라의 行中書省을 그대로 유지했지만 洪武 9년(1376)에 浙江, 江西, 福建, 北平, 廣西, 四川, 山東, 廣東, 河南, 陝西, 湖廣, 山西에 포정사를 두었으며, 永樂 5년(1407)에 交趾布政司를 두었다가 宣德 3년(1428)에 폐지했다. 永樂 11년(1413)에 귀주포정사를 설치해서 전국에 13포정사를 두었다.

15) 土司: 土官이라고도 한다. 元에서는 중국의 서남쪽 여러 省에 거주하는 苗·猺·羌·番 등 이민족 추장에게 그들의 부족을 다스리도록 하면서 수여한 관직이다. 元에 이어 明에서도 土司制度를 이어받아 이를 확대 시행하였는데, 명 초 이래 서남 이민족의 추장에게 宣慰使·宣撫使·安撫使·招討使 등의 관직을 주고 세습토록 하였다. 그러나 명 중기 이후 土官을 없애고 이를 대신해 중앙에서 임명한 流官을 파견하여 內地와 같이 통치하는 이른바 改土歸流를 시행하였다. 개토귀류정책은 淸代에 들어와 더욱 확대 시행하였지만 土司制度는 民國시대에까지도 여전히 이어져왔다.

16) 潯州: 唐나라 太宗 貞觀 7년(633)에 潯州를 설치하였는데 桂平, 陵江, 大賓, 皇化의 4개 현을 거느렸다. 潯州라는 이름은 여기서부터 유래하였다. 5년 후인 638년에 潯州는 폐지되고 桂平, 陵江, 大賓, 皇化 4개 현은 龔州에 예속되었다. 692년에 潯州는 다시 설치되어 이전의 4개 현을 거느렸다. 742년에 潯州는 常林郡으로 고쳐졌고 그 후에 다시 綉州로 변경되었다. 758年에 다시 潯州라는 명칭을 회복하였다. 宋나라 때 972년에 潯州를 폐지하고, 그 땅을 나누어 貴州(오늘날의 貴縣)에 합병시켰다. 973년에 다시 潯州를 설치하고 桂平縣을 거느리게 하였는데 阿林, 羅綉, 常林, 皇化 등은 모두 桂平縣에 합병시켰다. 元나라 때는 潯州路를 설치하고 桂平, 平南의 두 縣을 관할하게 하였다. 明나라 때는 潯州府를 설치하였고, 府治는 오늘날의 城區에 두었다. 潯州府는 桂平, 平南, 貴縣의 세 縣을 관할하였다. 淸나라 때는 명의 제도를 계승하여 潯州府를 설치하였고 府治는 오늘날의 城區에 두었다. 다만 당시는 潯州府에서 桂平, 平南, 貴縣, 武宣의 네 개 縣을 관할하게 하였다.

17) 梧州: 廣西 동부에 위치하며 廣東, 홍콩, 마카오 등지와 水路로 연결되는 兩廣 地域의 經濟와 軍事, 文化상의 거점 도시 중 하나이다. 前漢 高后 5년(전183)에 趙光이 蒼梧王이 되어 처음으로 蒼梧王城을 건설하였다. 前漢 武帝 元鼎 6년(전111)에 오늘날의 梧州 및 廣東 封縣 일대에 廣信縣을 楔齒하였는데, 廣信縣의 서쪽은 廣西, 廣信縣의 동쪽은 廣東이라 하여 兩廣이라는 명칭이 여기서부터 유래하였다. 唐나라 武德 4년(621)에 처음으로 梧州라는 명칭을 붙였다. 明 成化 6년(1470)에 憲宗이 梧州에 처음으로 중국 역사

하지 않았는데, 요족·동족이 없는 지역이 없다. 계림의 고전(古田),[19] 평락의 부강(府江), 심주의 등협(藤峽),[20] 오주의 잠계(岑溪)[21]는 모두 끊임없이 대규모로 정토(征討)한 후에 점령한 것인데, 결국 그들을 풀을 베듯이 하거나 짐승을 사냥하듯이 할 수가 없어서 방어하고 지키는 것을 설치하였지만, 대대로 우환이 되어서 이것 역시 소홀히 할 수 없는 것이었다.

洪武七年, 永·道·桂陽諸州蠻竊發, 命金吾右衛指揮同知陸齡率兵討平之. 二十二年, 富川縣逃吏首賜糾合苗賊盤大孝等爲亂, 殺知縣徐元善等, 往來刦掠. 廣西都指揮韓觀遣千戶廖春等討之, 擒殺大孝等二百餘人. 觀因言: "靈亭鄉乃瑤蠻出入地, 雖征剿有年, 未盡殄滅, 宜以桂林等衛贏餘軍士, 置千戶所鎭之." 詔從其請. 二十七年, 全州灌陽等縣平川諸源瑤民, 聚衆爲亂. 命湖廣·廣西二都司發兵討之, 擒殺千四百餘人, 諸瑤奔竄遁去, 置灌陽守禦千戶所. 初, 灌陽縣隷湖廣, 因廣西平川等三十六源瑤賊作亂, 攻擊縣治, 詔寶慶衛指揮孫宗總兵討平之. 縣丞李原慶因奏灌陽去湖廣遠, 隷廣西近, 遂以灌陽隷桂林府千戶所, 命廣西都指揮同知陶瑾領兵築城守之.

홍무(洪武)[22] 7년(1374)에, 영(永)·도(道)·계양(桂陽) 여러 주에서 만족(蠻族)이 몰래 반

상 최초의 總督府를 설치하고, 廣東과 廣西를 관할하도록 하였다.

18) 土官: 明은 元의 토관제도를 확대하여 실시하였다. 元나라에서는 서방과 남방의 苗·猺·羌·番 등의 이민족 추장에게 관직을 수여하여 그 부족을 다스리게 했는데, 이를 土司 또는 토관이라고 했다. 명나라는 陝西 등 북변 지역에는 衛所의 관직인 武職을, 서남 지역에는 州·縣 등을 설치하여 文職을 제수하였다. 洪武 7년(1374)에 西南 諸蠻夷가 朝貢하자 元의 직책에 의거하여 관직을 제수하였는데, 宣慰司 11·招討司 1·宣撫司 10·安撫司 19·長官司 173곳이었다. 府·州·縣의 正官과 佐貳官은 土官 혹은 중앙에서 파견한 流官으로 임명하였는데, 이들은 疆土를 지키고, 명나라에 貢物과 賦稅와 徭役을 제공하였다.

19) 古田: 唐나라 때에 古縣을 설치하였는데, 明初에 古田으로 명칭을 변경하였다. 옛 城은 지금 廣西 古化縣에서 남쪽으로 30리에 있다.

20) 藤峽: 廣西 桂平縣에서 西北쪽으로 60리 거리에 있는 곳으로, 武宣·象縣·蒙山·桂平·平南·藤縣의 사이에 있다. 산으로 둘러싸여 있는데, 그 길이가 수백 리에 이른다.

21) 岑溪: 현재 廣西 壯族자치구의 梧州市에서 관할하는 도시로, 광서성의 동남쪽에 위치해 있다. 이 지역은 동남쪽으로는 廣東省과 연결되어 있고, 북쪽으로는 梧州의 蒼梧와 藤縣과 이어져 있으며, 서쪽으로는 玉林과 이웃하고 있다.

22) 洪武: 明나라를 창업한 太祖 朱元璋의 年號이다. 한편 明 太祖 以來로 1世 1元, 즉 한 황제가 하나의

란을 일으키자 금오우위(金吾右衛)[23] 지휘동지(指揮同知)[24] 육령(陸齡)에게 군사를 이끌고 그들을 토벌하여 평정하도록 하였다.[25] [홍무] 22년(1389)에, 부천현(富川縣)[26]의 도망한 관리인 수사(首賜)가 묘적(苗賊)[27] 반대효(盤大孝) 등을 규합하여 반란을 일으켜서, 지현(知縣)[28] 서원선(徐元善) 등을 살해하고 이리저리 오가며 겁략(刦掠)하였다. 광서(廣西) 도지휘(都指揮)[29] 한관(韓觀)[30]은 천호(千戶)[31] 요춘(寥春) 등을 보내 그들을 토벌하였고, 반대효

연호만을 제정하여 사용하는 제도가 확립되어 관례화하였다.

23) 衛는 명대 군대 편제 단위인 衛所의 衛에 해당한다. 명대의 초기 규정에 따르면 衛에는 5,600명의 군사가 배치되었고, 전국적으로 493개의 衛가 설치되었다.

24) 指揮同知: 明의 조정에서 변경의 소수민족 수령들에게 수여한 칭호이다. 명의 북부와 서북부의 소수민족 지역에 衛所를 설치하고, 그 수령들에게 指揮同知의 직함을 주었다.

25) 이와 관련된 내용은 『太祖實錄』 卷88 洪武 7년 3월 壬寅條에 있다. 이때 홍무제는 "蠻夷梗化, 自作不靖, 今命卿討之, 軍旅之事, 以仁爲本, 以威爲用, 申明號令, 不可姑息. 號令明則士有勵, 心姑息行則人懷怠志, 士心勵, 雖少必濟, 人志怠, 雖衆弗克. 所爲仁者非姑息, 威者非殺伐, 仁以撫衆, 威以振旅, 則鮮有不克"라고 지시를 내렸다.

26) 富川: 현재의 富川瑤族自治縣으로 廣西壯族自治區의 東北部에 위치해 있다.

27) 苗族을 가리키는 것으로 보인다. 중국 소수민족 가운데 가장 중요한 일족의 하나로서, 湖北, 湖南, 四川, 雲南, 貴州, 廣西 壯族自治區에 대부분 분포하고 있으며, 廣東省에도 일부 묘족이 살고 있지만 貴州省에 약 400만 명 정도(전체 묘족 인구의 약 48.8%) 거주하고 있다. 이어 호남성에 180만(21.9%) 명이 거주하며 본문에 등장하는 호북성은 26만 명이 살고 있어(3.17%) 묘족 인구가 상대적으로 적은 편이다(吳榮臻 主編, 2007(권1): 41). 이처럼 그 거주 지역이 광범위하기 때문에 동일한 묘족 내에서도 언어가 달라 대략 5개의 방언을 사용하고 있다(다바타 히사오 등, 2006: 232~233). 이들의 자취는 이미 甲骨文에도 등장하지만 『史記』 卷1 「五帝本紀」1에 의하면, 堯帝 당시 江淮와 荊州 일대의 三苗가 여러 차례 난을 일으켰다는 기록으로 보아, 적어도 殷周시대 이전에 長江 일대에 존재했다고 할 수 있다. 묘족들 가운데 吳, 龍, 石, 麻, 寥 五姓이 이른바 眞苗라 알려져 있으며, 相, 施, 彭, 張, 洪氏는 외족이 그들과 편입되어 오랜 세월이 지난 후, 그들과 동화된 존재였다(鄂西土家族苗族自治州民族事務委員會編, 1986: 60).

28) 知縣: 秦始皇이 郡縣制를 실시한 이후, 縣은 지방의 가장 기본적인 하위 단위가 되었으며, 知縣은 이 縣을 담당하는 長官이었다. 唐代 이전 縣의 장관은 모두 縣令 혹은 縣長이라 불렸지만, 宋나라 이후 한 縣의 일을 主持한다는 의미에서 知縣으로 불렸다. 明 초기에는 관할 지역이 내는 稅糧에 따라 品階를 정했기 때문에 품계가 일정하지 않았지만, 이후 正七品으로 고정되었다.

29) 都指揮: 명나라의 지방 군정장관인 都指揮使(正二品)를 말한다. 명 초기 전국 각지에 衛所를 설치하면서 위소를 관할하는 都指揮使司(간략하게 都司)를 설치했는데, 이 기관을 관장하는 지방 최고의 군사 장관이다. 전국에 13개의 都指揮使司와 3개의 行都指揮使司를 요충지에 설치되었는데, 후에 都指揮使司의 수가 16개로 증가했다. 都指揮使는 중앙의 五軍都督府에 예속되어 있으면서, 都指揮同知와 都指揮僉事의 보좌를 받아 지방의 군정을 수행했다.

30) 韓觀: 生卒年 미상. 桂林右衛의 指揮僉事에 임명되었다. 洪武 19년(1386)에 柳州·融縣의 民變을 진압하여

등 200여 명을 사로잡아 죽였다. 한관이 이에 아뢰길, "영정향(靈亭鄕)은 바로 요만(猺蠻)이 출입하는 곳으로 비록 여러 해 동안 토벌하였지만 다 없애지는 못하였으니, 마땅히 계림 등 위(衛)의 남은 군사로 천호소[32]를 두어 그곳을 지키도록 해야 합니다"라고 하였다.[33] [이에] 조서(詔書)[34]를 내려 그 요청을 받아들였다. [홍무] 27년(1394)에 전주(全州)[35]·관양(灌陽)[36] 등 현과 평천(平川) 각 원(源)의 요민(猺民)들이 무리를 모아 반란을 일으켰다. [이에] 호광(湖廣)[37]·광서(廣西)의 두 도사(都司)[38]에게 군대를 징발하여 그들을 토벌할

서 廣西都指揮使로 승진하였다. 洪武 22년(1389)에 富川를 토벌하여 평정하였으며, 洪武 25년(1392)에 賓州·上林에서 일어난 반란을 토벌하여 진압하였다. 洪武 27년(1394) 湖廣의 군대와 회동하여 全州·灌陽 등 지역을 평정하였다. 그 다음해 宜山縣에서의 반란을 진압하였다. 그 후에는 征南左副將軍에 임명되어 都督 楊文과 함께 龍州 土官 趙宗壽의 반란을 토벌하였고, 군대를 이동하여 南丹·奉議·都康·向武·富勞·上林·思恩·都亮 등 여러 鎭을 정벌하였다. 洪武 29년(1396)에는 소환되어 都督同知로 승진하였고, 그 다음해에 다시 楊文을 따라 吉州·五開 苗族의 叛亂을 진압하였으며, 또한 顧成과 함께 水西 등을 평정하였다. 永樂 연간(1402~1424)에는 征南將軍의 印章을 패용하고 廣西에 진수하였는데, 이 지역에서 반란이 일어나자 토벌을 상소하였다. 永樂 4년(1406)에 明의 군대가 安南을 공략하였는데, 이때 韓觀은 군량을 운송하는 책임을 맡았고, 永樂 10년(1412)에는 張輔에게 糧草을 공급하는 일을 담당하였다. 이후 그는 永樂 12년(1414)에 사망하였다.

31) 千戶: 明代 각 지역에 주둔하는 衛所制下 世襲職의 하나인 千戶所의 長으로서 軍戶 1,120명을 거느린다.

32) 千戶所: 지방의 군사제도인 衛所制 하에서 1府에 1개씩 설치된 衛 예하의 所로, 1,120명의 병력을 이끌고 주둔하여 지방을 지켰으며, 千戶所 아래에는 百戶所가 있다.

33) 이와 관련된 내용은 『太祖實錄』 卷198 洪武 22년 23월 丁巳條 참조.

34) 詔: 황제가 관리와 천하의 백성들에게 내리는 문서를 말한다. 周代에는 君臣 모두가 '詔書'라는 명칭을 사용했지만, 秦이 천하를 통일한 후, 秦始皇이 자신을 이른바 "三皇의 덕을 겸비하고, 공은 五帝보다 드높다(德兼三皇, 功高五帝)"라는 견지에서 자신을 황제로 칭하면서 황제의 명령을 '詔'라 부르게 되었다. 唐宋 시기에는 이 단어를 사용하지 않았으나, 元나라 때에 다시 사용하게 되었으며, 明代에는 조서를 이용하여 중대한 명령을 반포하거나 신하들을 훈계했다. 명대에 황제가 반포하는 문서에는 詔·誥·鐵券·制·勅·駕貼·册文·諭·書·令·符·檄·批答·赦書 등이 있었다. 詔는 중대한 政領을 천하의 臣民에게 포고할 때 사용하는 문서이다.

35) 全州: 현재 廣西 壯族 자치구 동북부에 위치하고 있으며, 桂林市 관할의 縣이다.

36) 灌陽: 현재 廣西 壯族 자치구 桂林市 아래의 縣으로, 시의 동부에 위치하고 있다.

37) 湖廣: 明代 湖廣省을 말한다. 康熙 3년(1664)에 湖南省과 湖北省으로 분리되었다. 『尙書』 「禹貢」의 荊·揚·梁·豫 四州의 지역으로, 元나라 때는 湖廣等處行中書省을 두었다. 太祖 甲辰年(1364)에 陳理를 평정하고 湖廣等處行中書省을 두었다. 洪武 9년(1376)에 行中書省을 承宣布政使司로 고쳤고, 府 15·直隸州 2·屬州 17·縣 108·宣慰司 2·宣撫司 4·安撫司 5·長官司 21·蠻夷長官司 5곳을 관할하였다.

38) 都司: 都指揮使司의 약칭으로, 明 초기 전국 각지에 衛所를 설치하면서 이를 관할하는 지방 최고의

것을 명하였는데, 사로잡아 죽인 자가 1,400여 명이었고, 여러 요민들은 도망하여 숨어버렸는데,[39] 관양 수어천호소(守禦千戶所)[40]를 설치하였다. 당초에 관양현은 호광(湖廣)에 예속되었는데, 광서 평천 등 삼십육원(三十六源)의 요적들이 반란을 일으켜 현의 치소를 공격하였기 때문에 보경위(寶慶衛) 지휘 손종(孫宗)에게 조서를 내려 군대를 거느리고 [가서] 그들을 평정하도록 하였다. 현승(縣丞)[41] 이원경(李原慶)은 이 일로 상주하기를, 관양은 호광에서 멀리 떨어져 있으니 가까운 광서에 예속시켜야 한다고 했고, 마침내 관양을 계림부 천호소에 예속시켰으며, 광서 도지휘동지(都指揮同知)[42] 도근(陶瑾)에게 군대를 이끌고 성을 쌓아 그곳을 지키라고 명하였다.[43]

永樂二年，總兵韓觀奏："潯・桂・柳三郡蠻寇黃田等累行劫掠，殺擄人畜．已調都指揮朱輝追剿，斬獲頗多．尋蒙遣官齎敕撫安，其黃田等猺皆已向化，悉歸所擄人畜．"帝命觀，復業者善撫恤之．宣德六年，都督山雲奏："廣西左・右兩江設土官衙門大小四十九處，蠻性無常，讐殺不絕．朝廷每命臣同巡按御史三司官理斷，緣諸處皆瘴鄉，兼有蠱毒，三年之間，遣官往彼，死者凡十七人，事竟不完．今同衆議，凡土官衙門軍務重事，徑詣其處．其餘爭論詞訟，就所近衛理之．"報可．

군사기관으로 세워졌다. 전국에 13개의 都指揮使司와 3개의 行都指揮使司를 요충지에 설치했는데, 후에 都指揮使司의 수가 16개로 증가했다. 이 기관의 장관인 都指揮使(正二品)는 중앙의 五軍都督府에 예속되어 있으면서, 都指揮同知와 都指揮僉事의 보좌를 받아 지방의 군정을 관장했다.

39) 이에 대한 내용은『太祖實錄』卷233 洪武 27년 5월 甲午條에 있다.

40) 守禦千戶所: 簡稱하여 守禦所라고 한다. 明의 軍制의 하나로 洪武 23년(1390)에 전국에 衛所制度가 설립되었다. 각 省의 都指揮使司의 관할 하에 몇 개의 衛가 설치되고, 그 밑에 일정의 千戶所와 百戶所가 설치되었는데, 이들 천호소 가운데 어느 한 곳에 單獨으로 주둔하여 직접 都指揮使司가 관할하는 千戶所를 守禦千戶所라 부른다.

41) 縣丞: 관직명으로 품급은 正八品이다. 明에서는 주변 20리가 넘지 않은 곳에는 縣丞을 설치하지 않는 규정이 있었는데, 이 때문에 대부분의 縣에는 佐貳官을 두었다.

42) 都指揮同知: 明代 각 지방의 軍事를 통괄하는 都指揮使司에 속한 관직으로, 長官인 正二品 都指揮使 바로 아래에 위치한 從二品의 관직으로 2명이 두어졌으며, 그 휘하에 있는 都指揮僉事와 더불어 屯田·訓練·司務 등의 일을 관장하였다.

43) 이에 대한 내용은『太祖實錄』卷243 洪武 28년 11월 甲申條에 있다.

영락(永樂)[44] 2년(1404)에 총병(總兵)[45] 한관이 상주하기를, "심(潯)·계(桂)·유(柳) 세 군의 만족(蠻族)의 구적(寇賊) 황전(黃田) 등이 여러 차례 약탈하고, 사람과 가축을 죽이고 노략질하였습니다. 이후 곧 도지휘(都指揮) 주휘(朱輝)를 보내 추격하여 섬멸하였는데, 죽이거나 사로잡은 이들이 상당히 많았습니다. 얼마 후에 관원을 보내 칙서(勅書)[46]를 가지고 가 안무하니, 황전 등 요민들이 모두 곧 귀순하였으며 약탈해 간 사람과 가축을 다 돌려보냈습니다"라고 하였다. [이에] 황제가 한관에게 생업을 회복하는 이들을 잘 안무하고 위로하라고 명하였다.[47] 선덕(宣德)[48] 6년(1431)에 도독(都督)[49] 산운(山雲)[50]이 상주하기를, "광서의

44) 永樂: 명 왕조 제3대 황제인 成祖 朱棣의 年號이다.

45) 總兵: 明初에 邊區에 주둔하던 統兵官에는 總兵과 副總兵이 있었고, 통솔하는 병사의 수나 定員, 位階에 정해진 사항은 없었다. 明나라는 唐, 宋, 元의 兵制를 계승 발전시켜 衛所制度를 만들었다. 中央에서부터 地方에 이르기까지 병제 체계는 五軍都督府, 都司(=都指揮使司), 衛所로 구성되었다. 五軍都督府와 都司는 각기 中央과 地方의 最高 軍事機構였다. 都司에서 이끌고 있는 衛所는 五軍都督府에 예속되어 兵部의 명령을 따랐다. 五軍都督府의 每府에는 左, 右都督(正一品), 都督同知(從一品), 都督簽事(正二品)가 설치되었다. 各 都司에는 최고의 군사장관인 都指揮使가 설치되었으나 전쟁이 발발하면 朝廷에서는 總兵官을 파견하였는데 左, 右都督, 都督同知, 都督簽事 및 公, 侯, 伯으로 充任했다. 明代의 總兵은 洪武 2년(1369)에 처음 설치되었는데, 이후 洪武 4년(1371), 7년(1374), 12년(1387)에도 總兵이 임명되었다. 建文 2년(1400)에도 李景隆를 平燕將軍으로 명령하고 總兵官에 충임시켰는데, 洪熙 元年(1425)에 비로소 여러 邊將들에게 將軍印을 내리고 그 가운데 總兵 4명, 參將 4명을 임명했다. 다만 薊鎭에 주둔하는 總兵에게는 將軍印을 주지 않았다. 總兵官을 地方에 주둔하는 최고 軍事長官이 되게 한 이후에는 兵士를 훈련시키되, 作戰을 지휘하지는 않게 했다. 作戰을 지휘하는 將領이 병사들의 훈련에는 관여하지 않게 되면서부터 軍隊의 전투력은 제고되었다. 그러나 總兵이 한 지방에서 많은 군사를 장악하여 홀로 패권을 행사하는 것은 中央集權을 유지하는데 장애가 될 수 있었다. 그래서 전쟁이 발발하면 朝廷에서는 별도로 또 관원을 파견하였는데 이를 巡撫라고 칭했다. 巡撫는 軍隊를 管理하면서 總兵官의 權力을 약화시켰다. 따라서 巡撫는 처음에는 단지 임시로 맡겨진 임무만을 수행하는 직책이었으나 점차 고정된 직책으로 변화하면서 지방에 常駐하였다. 이리하여 원래의 都指揮使司, 布政使司, 按察使司가 巡撫의 節制를 받았을 뿐만 아니라 總兵官 역시도 그의 指揮를 받게 되었다. 總兵 아래에는 副總兵, 參將, 游擊將軍이 있었고 游擊 아래에 다시 守備, 把總, 提調官 등이 있었다. 清나라에서도 지방의 軍權은 모두 各省의 巡撫에게 귀속되었다. 巡撫의 통제를 받는 總兵은 清 전역에 83名이 설치되었는데, 그 가운데 陸路 總兵이 70名, 水路 總兵이 13名이었다. 이들이 18省의 614防營 63萬에 달하는 綠營을 지휘했다.

46) 勅書: 황제가 朝臣들에게 내리는 詔書의 일종이다. 칙서의 시작은 南北朝 시대에 황제가 관료들에게 詔書를 내린 것에서 비롯되었다. 사실 '敕'은 漢代에서 晉代에 이르기까지는 윗사람이나 관리가 아랫사람이나 幕僚에게 주는 告誡를 가리키는 말이었다.

47) 이에 대한 내용은『太宗實錄』卷41 永樂 3년 하4월 癸未條 참조. 實錄에는 이때 456명의 수급을 참수하였다고 구체적인 숫자를 명시하고 있다. 또한 勅書를 가지고 간 관원은 欽差郎中 徐子良이라고 언급하고

좌[51]·우강(右江)[52]에 크고 작은 토관(土官) 아문(衙門) 49곳을 설치하였지만, 만인들의 성정은 수시로 변하여 원한이 맺혀 살해하는 것이 끊이지 않습니다. 조정에서는 매번 신에게 순안어사(巡按御史)[53] 삼사관(三司官)[54]과 함께 심리하고 판결할 것을 명하였지만, 여러 곳이 모두 장향(瘴鄕)이고 아울러 고독(蠱毒)이 있는 까닭에 3년 동안 그곳에 관원을 보냈지만

있다.

48) 宣德: 明 왕조의 제5대 황제인 宣宗 朱瞻基의 年號이다.

49) 都督: 明代 전국의 군대를 통괄하는 五軍都督府의 長을 말한다. 左·右都督이 있으며, 品階는 正一品이고, 그 밑에 從一品인 都督同知와 正二品인 都督僉事가 이를 보좌하였다.

50) 山雲(?~1438): 江蘇 徐州 사람이다. 그의 부친은 燕王 朱棣가 기병하였을 때 공을 세워 都督僉事가 되었다. 山雲은 그 부친의 공을 세습하여 金吾左衛指揮使에 임명되었다. 여러 차례 永樂帝의 北征을 수행하였고, 中軍都督府都督僉事가 되었다. 宣德 元年(1426)에 北京行都督府로 옮겨서 都御史 王彰과 함께 山海關에서 居庸關까지 巡視하는 업무를 맡았다. 宣德 3년(1428)에 征蠻將軍의 印章을 패용하고, 南安·廣源 등지를 공략하였고, 이듬해 다시 토벌하여 공파하였다. 당시 廣西는 韓觀이 사망한 후 여러 지역에서 반란이 빈번하였는데, 山雲은 廣西의 병사가 적으므로 貴州의 군대를 활용하여 潯州·柳州·平樂·桂林·宜山·思恩 등지를 평정할 것을 주장하였다. 이때 공을 세워 都督同知로 승진하였다. 후에 벼슬은 右都督까지 올랐고, 正統 3년(1438)에 사망하였다(『明史』 卷166 「山雲傳」 참조).

51) 左江: 현재의 廣西省 西南部 珠江의 지류인 郁江의 上流 지역이다. 광서 장족 자치구 지역을 흐른다.

52) 右江: 현재의 廣西 壯族 자치구를 흐르는 강으로, 左江과 右江 유역은 장족들이 가장 집중되어 있는 지역이다.

53) 巡按: 唐 天寶 5년(746)에 관원을 파견하여 '巡按天下風俗, 黜陟官吏'했다는 데에서, 巡按이라는 명칭이 처음으로 등장한다. 明 永樂 元年(1403) 이후에 정식으로 御史들의 巡按制度를 확립하고 13道監察御史 110명을 선발하였으며, 그들 가운데서 다시 巡按御史를 뽑아 각지에 파견했다. 13道監察御史 가운데서 巡按御史를 골라서 파견하는 절차는 무척 엄격하였다. 巡按御史 1명을 선발하기 위해 먼저 都察院에서 2명의 후보자를 골라서 황제에게 천거하면 황제가 그들을 引見한 후에 1명을 골랐다. 13道監察御史는 평소에는 中央의 都察院에서 관리했지만, 그 임무를 수행할 때는 都察院의 통제를 받지 않고 황제에게만 직접 책임을 졌다. 이들은 매년 8월에 出巡하여 各道를 巡視하고 吏治를 살폈다. 巡按御史의 品級은 비록 낮았으나(監察御史는 正七品) 天子의 巡狩를 대신하는 임무를 맡았으므로 各 省 및 府, 州, 縣의 行政長官들이 모두 그의 감찰대상이 되었다. 大事는 皇帝의 裁決을 奏請했고, 小事는 즉시 處理하였으므로 권한이 막중했다. 清初에도 巡按御史를 두었으나 順治 17년(1660)에 폐지했다.

54) 三司: 明에서는 各 省에 都司(都指揮司), 布政司(承宣布政使司), 按察司(提刑按察使司)를 설치하고 각각 軍事, 民政, 司法을 나누어 주관하게 하였는데, 이 세 기관을 합쳐서 三司라고 불렀다. 都指揮使司는 地區의 軍事 總括機構였다. 長官으로 都指揮使 1명(正二品), 都指揮同知 2명(從二品), 都指揮簽事 4명(正三品)이 있었고, 속관으로서 經歷司 經歷(正六品), 都事(正七品), 斷事司 斷事(正六品), 副斷事(正七品), 吏目 各 1명, 司獄司 司獄(從九品), 倉庫와 草場의 大使, 副使 各 1명이 있었다. 行都指揮使司의 設官은 都指揮使司와 같았다. 都指揮司의 지위는 布, 按 兩司의 상위에 있었다.

죽은 자가 모두 17명이어서 일은 결국 마무리되지 못하였습니다. 지금 여러 사람들과 논의하였는데, 모든 토관아문의 군무 [가운데] 중요한 일은 토관 아문에 가서 처리하도록 하였습니다. 그 나머지 쟁론소송(爭論詞訟)은 바로 가까운 위(衛)에서 처리하도록 하겠습니다"라고 하니, [이에] 황제가 허락하였다.[55]

景泰五年, 廣西古丁等洞賊首藍伽·韋萬山等, 糾合蠻類, 刦掠南寧·上林·武緣諸處. 鎭守副總兵陳旺以聞, 詔令總督馬昂等剿捕之.

경태(景泰)[56] 5년(1454)에, 광서 고정(古丁) 등의 동적(洞賊) 우두머리인 남가(藍伽)·위만산(韋萬山) 등이 만족 무리를 모아 남녕(南寧)[57]·상림(上林)[58]·무연(武緣)[59] 여러 곳을 겁

55) 이때 山雲은 左江의 太平·思明·龍州·崇善 등 지역은 太平千戶所에서, 右江의 田州·鎭安·泗城·上林 등 지역은 奉議衛에서, 思恩州는 南寧衛에서 南丹·東蘭·那地 등 세 州는 慶遠衛에서 일을 처리해야 한다고 제안하였다. 이에 덧붙여서 그는, 각급 土官과 심문을 받아야 하는 이들이 정해진 기한에 모여서 판결을 기다리면 풍토병의 해도 피할 수 있고, 일도 쉽게 마무리할 수 있다고 그 효용성을 언급하였다. 이에 宣德帝는 소수민족들을 招撫하고 제어하는 것은 간략해야 한다고 하면서 그의 건의를 수용하였다. 이에 대한 내용은 『宣宗實錄』 卷84 宣德 6년 동10월 癸丑條 참조.

56) 景泰: 명 왕조의 제7대 황제인 代宗 朱祁鈺의 年號이다.

57) 南寧: 南寧은 古代 百越의 땅이었다. 그러다가 東晋 大興 元年(318)에 鬱林郡에서 晋興郡으로 나뉘었고 郡의 치소는 晋興縣에 두었다. 元나라 至元 16年(1279)에 邕州를 邕州路로 고쳤는데, 오늘날의 南寧 일대에 路가 설치되고 總管府의 治所가 설치되었으며, 宣化, 武緣의 두 縣과 左右 두 江의 溪峒들을 관할하였다. 元나라 泰定 元年(1324)에 邕州路를 南寧路로 고쳤는데, 南寧이라는 이름은 여기서부터 시작되었다. 明 洪武 2년(1369)에 南寧路를 南寧府로 고치고 오늘날의 南寧을 治所로 삼고 廣西布政使司에 소속시켰다. 淸나라 때는 省會를 오늘날의 桂林市에 설치하였다. 南寧府는 廣西省 分巡左江道에 소속되었으며, 관할하는 州縣은 명나라의 것을 계승하였다. 南寧은 이때 南寧府治 및 左江道治와 宣化縣治가 되었다. 淸 宣統 3년(1911)에 南寧은 독립을 선포하였으며, 民國 元年(1912)에는 宣化縣을 폐지하였다. 1958年 廣西省은 廣西壯族自治區로 변경되었고 南寧이 首府가 되었다. 南寧市의 地形은 邕江의 넓은 河谷의 중심에 위치한 盆地를 이루고 있다. 이 盆地는 동쪽으로는 트여 있고 南, 北, 西로는 모두 산으로 둘러싸여 있다. 南寧은 고대로부터 중국 남부의 저명한 상업도시이자 물자의 집산지였다.

58) 上林: 오늘날 廣西 中南部, 大明山 동쪽 기슭에 위치하며, 주민의 대다수가 壯族이다. 秦나라 始皇帝 33년(전214)에 桂林郡을 설치하였는데, 上林縣의 地境은 桂林郡에 속하게 되었다. 漢 武帝 元鼎 6년(전111)에 南越을 평정하고 그 땅을 九郡으로 나누었는데, 交州 鬱林郡 아래에 潭中, 嶺方 等縣을 설치하였으며, 上林縣 경내의 대부분은 嶺方縣에 속하고 西北部는 潭中縣에 속하게 되었다. 吴 元興 元年(264)에

략하였다. [이에] 진수부총병(鎭守副總兵) 진왕(陳旺)이 보고하니, [이에 조정에서는] 총독(總督)[60] 마앙(馬昂)[61] 등에게 조서를 내려 그들을 섬멸하고 체포하도록 하였다.[62]

는 嶺方縣을 臨浦縣으로 고치고 交州를 나누어 廣州를 설치하였다. 上林縣의 境內는 廣州 鬱林郡 臨浦縣 및 桂林郡 潭中縣으로 나누어졌다. 東晋 시대에는 鬱林郡 아래에 新林縣을 신설하였고, 上林縣의 境內는 新林縣, 潭中縣의 땅이 되었다. 梁 武帝 大同 3년(537)에 龍州를 설치하였고 新林縣은 龍州 馬平郡에 속하게 되었다. 또 定州(후에 南定州로 개칭) 嶺方郡을 설치하였다. 이리하여 上林縣의 境內는 馬平郡 新林縣, 嶺方郡 嶺方縣의 땅에 나누어 속하게 되었다. 唐 武德 4년(621)에 처음으로 上林縣이 설치되었다. 이후 宋元明清 시대에는 上林縣의 상급행정 단위가 邕州(宋), 賓州(宋, 元, 明初), 柳州府(明初 이후, 清), 思恩府(清 중기) 등지로 바뀌기는 했지만 上林縣은 존속하였다.

59) 武緣: 武鳴縣의 옛 명칭이 武緣縣이다. 1912년에 武緣縣에서 武鳴縣으로 이름을 바꾸어 지금에 이르렀다. 廣西의 首府인 南寧市의 管轄縣으로 廣西 壯族 自治區의 南部, 大明山 서쪽, 右江의 支流인 武鳴河 流域에 위치하고 있다. 隋나라 開皇 元年(581)에 처음으로 武緣縣이 설치되어 緣州에 속했다. 縣治는 오늘날의 南寧市邕寧區 伶俐鎭에 두었다. 大業 3년(607)에 武緣縣을 폐지하여 嶺山郡에 병합시켰다. 唐나라 武德 5년(622)에 다시 武緣縣을 설치하고 邕州에 소속시켰다. 宋 景祐 2년(1035)에 武緣縣의 治所를 原樂昌縣의 葛圩蘇村(지금의 武鳴縣 雙橋鄉 板蘇屯)으로 옮겼다. 元나라에서는 南寧路에 소속시켰다. 明 洪武 元年(1368)에는 武緣縣의 治所를 오늘날의 武鳴縣 縣城으로 옮기고 南寧府에 예속시켰다. 隆慶 6년(1572)에는 新寧州에 예속되었고, 萬曆 5년(1577)에는 思恩府에 예속시켰다. 清代에는 明代의 제도를 계승했으며 民國 元年(1912)에 思恩府를 철폐하고 本縣 출신의 陸榮廷이 廣西都督으로 부임하면서 '以武而鳴于天下'한다는 의미로 武緣縣의 이름을 武鳴縣으로 바꾸었다.

60) 總督: 正統末~景泰初에 처음 등장한 지위로, 처음에는 南京과 北京의 軍務를 담당했으며, 사안이 종식되면 폐지하는 일종의 임시직이었다. 그러나 成化 5년(1469) 兩廣 지역에 總督을 설치한 후, 정식 지위로 자리잡게 되었다. 明代의 總督이 주로 軍事 업무를 관장하는 직위였던 데 비해, 清代가 되면 한 省 혹은 2~3개 省을 총괄하는 正二品의 지방 최고의 장관이었다. 통상 巡撫와 함께 督撫로도 불렸지만, 巡撫보다 권한이 많았다. 清代에는 直隸, 兩江, 四川, 閩浙, 雲貴, 湖廣, 兩廣, 東三省, 陝甘總督이 있었으며, 河道總督이나 漕運總督처럼 특정 사안을 총괄하는 경우에도 總督이란 지위를 사용했다.

61) 馬昂(1399~1476): 字는 景高이다. 永樂 22년(1424)에 會試를 거쳐 國子監에 입학하였고, 宣德 연간(1426~1434)에는 鴻臚寺 序班이 되었다. 正統 2년(1437)에 조정대신들의 추천으로 監察御史로 승진하였고, 명을 받들어 宣府·大同의 兵備를 정비했으며, 또한 陝西·淮陽·徽州 등지를 巡按하였다. 正統 8년(1443)에 刑部右侍郎으로 승진하였고, 얼마 후에 右副都御史가 되었으며, 甘肅의 軍務에도 참여하였다. 景泰 원년(1450)에 병으로 휴직을 하였다. 景泰 5년(1454)에 兩廣에서 소수민족들이 반란을 일으키자, 조정에서는 王翱를 중앙정부로 복귀시켜 吏部尙書로 임명하고, 馬昂을 기용하여 王翱를 대신해 兩廣의 軍務를 감독하도록 하였으며, 巡撫를 겸하도록 하였다. 반란을 평정한 후 左都御史로 승진하였고, 天順 2년(1458)에 兵部尙書로 승진하였으며, 이후 太子少保가 되었는데, 이전처럼 兵部의 일을 담당하였다. 天順 8년(1464)에 馬昂은 戶部尙書로 임명되었으나, 成化 4년(1468)에 퇴직하였고, 成化 12년(1476)에 사망하였다. 諡號는 恭襄이고, 少保에 추증되었다.

初, 桂林·古田僮種甚繁, 最强者曰韋, 曰閉, 曰白, 而皆幷於韋. 賊首韋朝威據古田, 縣官竄會城, 遣典史入縣撫諭, 烹食之. 弘治間, 大征, 殺副總兵馬俊·參議馬鉉. 正德初再征, 殺通判·知縣·指揮等官. 嘉靖初, 又征之, 殺指揮舒松等. 時韋銀豹與其從父朝猛攻陷洛容縣, 據古田, 分其地爲上·下六里. 銀豹出掠, 挾下六里人行, 而上六里不與焉. 四十五年, 提督吳桂芳因其閒, 遣典史廖元入上六里撫諭之, 諸僮復業者二千人, 銀豹勢孤請降. 久之, 復猖獗, 嘗挾其五子據鳳皇·連水二寨, 襲殺昭平知縣魏文端. 更自永福入桂林劫布政司庫, 殺署事參政黎民衷, 縋城而去, 官軍追不及. 久之, 臨桂·永福各縣兵群起捕賊, 始得賊黨扶嫩·土婆顯等三十餘人於各山寨中.

당초에 계림·고전(古田)에는 동(僮)의 종족이 상당히 많았고, [이들 중] 가장 강력한 자는 위(韋), 폐(閉), 백(白)이라 일컫는데 모두 위에게 병합되었다. 도적의 우두머리 위조위(韋朝威)가 고전을 점거하자 현관(縣官)이 성성(省城)으로 달아났고, 전사(典史)[63]를 보내 현에 들여보내서 안무하고 효유하였지만 그를 삶아서 먹어버렸다. 홍치(弘治)[64] 연간(1488~1505)에 대규모로 정벌하였지만 [그들은] 부총병(副總兵) 마준(馬俊)·참의(參議)[65] 마현(馬鉉)을 살해하였다.[66] 정덕(正德)[67] 연간(1488~1521) 초에 다시 정벌하였지만 [그들은] 통판

62) 이때 陳旺의 보고를 받고서 兵部에서는 그들이 제멋대로 출몰하는 것이 지방에 우환이 되니, 토벌할 것을 결정하였다. 이와 관련된 내용은 『英宗實錄』 卷241 景泰 5년 하5월 丁卯條 참조.

63) 典史: 中國 古代의 官制로서 元나라 때에 처음으로 설치되었으며, 明淸 시대에도 계속해서 존속했다. 품계가 없는 未入流로서 州縣에 설치된 知縣·知州의 佐雜官이었다. 주로 도적 체포와 감옥의 관리를 담당했다. 縣丞이나 主簿가 설치되지 않은 곳에서는 典史가 그들의 임무까지도 담당했다. 洪武 13년(1380)에 典史의 月俸을 米 3石으로 정했다. 淸나라에서는 典史의 매년 俸銀은 銀 31兩 5錢 2分, 養廉銀은 銀 80兩으로 책정되었다.

64) 弘治: 明 왕조 제9대 황제인 孝宗 朱祐樘의 年號이다.

65) 參議: 布政使 밑에 左右參議를 두어 各 道의 糧儲, 屯田, 淸軍, 驛傳, 水利 등의 일을 나누어 담당하도록 하였다. 일정한 定員은 없었다.

66) 弘治 3년(1490)에 古田의 僮族이 여러 차례 출몰하여 약탈하자 守臣이 그 일을 보고하였고, 그곳을 수비하던 지휘관들을 체포하여 문책하도록 하였다(이 내용은 『孝宗實錄』 卷38 弘治 3년 5월 己卯條 참조). 弘治 5년(1492)에 兩廣總鎭太監 王敬, 總督都御史 閔圭, 總兵官 毛銳는 군대를 넷으로 나눠서 副總兵 馬俊에게 하나를 이끌고 진격하게 하였다. 이때 馬俊과 馬鉉이 사망하였다(이와 관련된 내용은

(通判)[68]·지현(知縣)·지휘(指揮)[69] 등 관원을 죽였다. 가정(嘉靖) 연간(1522~1566) 초에 또 그들을 정벌하였지만, 지휘 서송(舒松) 등을 살해하였다. 당시에 위은표(韋銀豹)[70]와 그의 숙부 위조맹(韋朝猛)은 낙용현(洛容縣)[71]을 공격하여 함락시켰고, 고전을 점거한 후 그 땅을 상(上)·하육리(下六里)로 나누었다. 위은표가 나가서 약탈하였는데, 하육리 사람을 데리고 갔고 상육리는 [거기에] 참여하지 않았다. [가정] 45년(1566)에 제독(提督)[72] 오계방(吳桂芳)[73]이 그 틈을 이용해 전사 요원(寥元)을 상육리에 보내 안무하고 효유하였는데,[74] 여러 동족 중에서 생업을 회복한 이가 2,000명이 되자 위은표는 세력이 고립되어 항복을 청하였다. 오랜 시간이 지난 후에 [그들은] 다시 창궐하였는데, 일찍이 그의 다섯 아들을 데리고 봉황(鳳皇)·연수(連水) 두 채(寨)를 점거하고 소평(昭平)[75] 지현(知縣) 위문단(魏文端)을 습격하여

『孝宗實錄』 卷61 弘治 5년 3월 辛卯條 참조).

67) 正德: 明 왕조 제10대 황제인 武宗 朱厚照의 年號이다.

68) 通判: 唐末·五代에 등장한 藩鎭 武將들의 兵權을 축소시키기 위해, 宋나라에 이르러 조정의 문신들이 지방의 군사 업무를 담당했는데, 그들의 명칭이 權知軍 혹은 州事였다. 이와 동시에 州郡에 通判을 설치해 權知軍이나 主事와 공동으로 정사를 담당하도록 했다. 그러나 南宋代에 이르러 通判은 州郡官이나 縣官의 모든 정황을 황제에게 보고할 수 있는 권한을 지니게 되어 사실상 감찰 업무를 담당하게 되었다. 아울러 明淸時代에 이르러서는 각 府에 통판을 설치해 미곡 수송, 水利, 屯田 등의 업무를 분담하도록 했다. 따라서 명청시대의 通判은 기본적으로 知府를 보좌하는 역할이었다.

69) 指揮: 唐代에 처음으로 설치된 관직으로, 衛所를 책임지는 守備隊長을 지칭한다. 明代에는 각 衛, 京衛, 王府護衛 및 소수민족 지역에 모두 설치하였다. 指揮는 正三品의 각 衛의 장관으로, 衛의 업무를 관리하였다. 淸代에도 順治 원년(1644)에 명대의 제도를 이어받아 지휘사를 설치했다가, 順治 2년(1645)에 폐지하였다. 그러나 甘肅과 雲南 두 省에서는 土官 가운데 지휘사를 임명하여 土兵의 일을 담당하도록 했다. 지방의 군정장관인 都指揮使 밑에 都指揮同知 2명(從二品)과 都指揮僉事 4명(正三品)이 보좌하는데, 이들과 함께 衛事를 담당했다.

70) 韋銀豹(1504~1571): 廣西 古田 사람이다. 당초에 부친을 따라 桂林 지역에서 일어난 반란에 가담하였고, 正德 연간(1488~1521)에는 무리를 이끌고 古田·洛容 등을 점령하였다. 嘉靖 45년(1566)에 명에 투항하였으나 다시 반란을 일으켰고, 隆慶 5년(1571)에 廣西巡撫 殷正茂에게 진압되었다.

71) 洛容縣: 唐나라의 貞觀 연간(627~649)에 설치된 縣인데, 洛江이 그 지역을 경유하였기에 그렇게 명명했다. 후에 洛容縣을 柳州에 예속시켰는데, 명 초에는 柳州府에 예속시켰다.

72) 提督: 武官職인 提督軍務總兵官의 간칭이다. 한 省의 陸路나 水路의 官兵을 책임진다.

73) 吳桂芳(1521~1578): 江西 新建縣 사람으로, 字는 子實, 號는 自湖·石潭이다. 嘉靖 23년(1544)에 進士가 되었고, 刑部主事에 제수되었다. 이후 兩廣提督·福建巡撫·漕運總督·工部尙書를 역임하였으며, 사후에 太子少保에 추증되었다.

74) 이와 관련된 내용은 『世宗實錄』 卷562 嘉靖 45년 9월 戊戌條 참조.

죽였다. 또한 영복(永福)[76]에서 계림으로 들어가서 포정사(布政司) 창고를 약탈하였고, 대리로 사무를 담당하던 참정(參政)[77] 여민충(黎民衷)[78]을 죽였으며, 성벽에 줄을 매달아 도망쳤는데 관군이 추격하였지만 따라잡지 못하였다. 오랜 시간이 흐른 후에 임계(臨桂)·영복 각 현에서는 병사들이 무리지어 일어나서 도적들을 체포하였는데, 비로소 각 산채 중에서 적의 무리 부눈(扶嫩)·토파현(土婆顯) 등 30여 명을 사로잡았다.

時首惡未獲, 隆慶三年, 朝議以廣西專設巡撫, 推江西按察使殷正茂爲僉都御史以往. 正茂至, 奏請剿賊, 合土漢兵十萬, 集衆議. 時八寨助逆, 衆議先剿, 敕書亦有先平八寨, 徐圖古田之語. 正茂獨不謂然, 先給榜諭八寨, 八寨聽命. 然後分兵七哨, 以總兵俞大猷統之, 使副總兵門崇文, 参將王世科·黄應甲, 都司董龍·魯國賢, 遊擊丁山等各領一哨, 復分土兵爲二隊, 更番清道, 必先清數里而後行. 及至其巢, 合營攻之, 斬七千四百六十餘級, 生擒朝猛, 梟於軍, 俘獲男女千餘口. 銀豹窮蹙, 擇肖己者斬首獻, 捷聞. 旣而生縛銀豹幷其子扶枝膠送京師, 斬之. 古田平. 乃幷八寨與龍哈·咘咳爲十寨, 立長官司, 以黄昌等爲長官及土舍, 聽守禦調度. 更陞古田縣爲永寧州. 已而永寧僮韋狼要與其黨黄銀成有隙, 相仇殺, 常安巡檢欲窮治之. 狼要遂與右江荔浦山灣諸僮稱亂. 命指揮徐民瞻將兵捕之, 民瞻伏兵執狼要, 諸瑤大訌. 總制殷正茂·巡撫郭應聘乃檄徵田州·向武·都康諸土兵, 屬参將王瑞進剿, 斬廖金鑑·廖金盞·韋銀花·韋狼化等. 萬曆六年, 總制淩雲翼·巡撫吳文華大征河池·咘咳諸瑤, 斬首四萬八百餘級, 嶺表悉平.

75) 昭平: 현재 廣西 壯族自治區 賀州市에 소속된 현이다.

76) 永福: 현재 廣西의 동남부에 위치하고 있다.

77) 參政: 宋에서는 最高 政務長官의 하나인 參知政事를 일컫는 말로서 平章事, 樞密使, 樞密副使와 함께 宰執으로 칭해졌다. 元에서는 中書省의 平章政事, 左, 右丞 아래에 參政을 두었다. 明代에는 各 省의 布政使 아래에 左右參政을 설치하고 各 道를 나누어 관할하게 하였다. 淸 入關 이전에는 六部와 理藩院에 承政과 參政을 두었는데, 順治 元年(1644)에는 이를 각각 尙書와 侍郞으로 고쳤다. 이로 보아 參政의 지위는 侍郞과 유사했음을 알 수 있다. 淸初에는 各 省의 布政使 아래에도 參政, 參議를 설치하였는데, 乾隆 18년(1753) 이후 폐지했다.

78) 黎民衷(1517~1564): 字는 惟和이다. 嘉靖 31년(1552)에 擧人이 되었고, 4년 뒤에 進士가 되어 行人에 임명되었다. 이후 吏部稽勳司 主事·稽勳員外郞·驗封郞中·廣西粮儲參政·尋州府 知府 등을 역임하였다.

당시에 [반란을 일으킨] 우두머리가 아직 잡히지 않자, 융경(隆慶)[79] 3년(1569)에 조정에서는 광서만에 오로지 순무(巡撫)[80]를 설치할 것을 건의하고,[81] 강서(江西)[82] 안찰사(按察使)[83] 은정무(殷正茂)[84]를 추대하여 첨도어사(僉都御史)[85]로 삼아 보냈다.[86] 은정무는 [그곳에] 도착해서 적을 토벌할 것을 주청하고서, 토(土)·한(漢) 병사 십만을 합치고, 여러 사람들을 모아 의논하였다. 당시에 팔채(八寨)는 반란세력을 도와 반역하므로 여러 사람들이 먼저

79) 隆慶: 明 왕조 제12대 황제인 穆宗 朱載垕의 年號이다.

80) 巡撫: 본래는 지방을 巡視하면서 그 지역의 按撫를 담당했던 임시관원이었다. 唐 高宗 때 河南과 河北 일대에 발생한 재해 구제를 위해 처음 설치되었으며, 이후 安撫, 存撫, 宣撫 등의 명칭으로 불리면서 모두 구휼을 담당하는 특별 관원이었다. 宋代에 이르러 정식 관원으로 등장했으며, 관직의 고저에 따라 巡撫大使, 副大使, 安撫使 등의 명칭으로 불렸지만 관직이 낮은 자에게는 '使'자를 뺀 巡撫라 칭했다. 明初에 이르러서도 정식 지방관은 아니었으며, 事案이 해결되면 職務가 정지되었다. 그러나 宣德 5년(1430)에 각 省에 정식으로 설치됐으며, 淸代에는 각 省에 고루 설치돼 軍政과 관리들의 평가, 구휼 등을 폭넓게 담당했다.

81) 明에서는 正統 원년(1436)에 廣西巡撫를 설치하여 광서 전역을 포괄하여 관리하게 하였으나 이후 철폐와 재설치를 여러 차례 반복하였다. 그리고 天順 2년(1458)에는 廣東巡撫와 합병되어 兩廣巡撫가 되었는데, 이후로 합병과 분리가 반복되었다. 그러다가 隆慶 3년(1569)에 廣西만을 전담하는 巡撫가 설치되었다(『明史』 卷73 「職官」2 참조).

82) 江西: 長江 중류 이남에 위치한 중국 22개 省 가운데 하나로, 보통 贛省이라 부른다. 唐 廣德 2년(764)에 江南西道를 설치했다가 宋나라에 江南西路를 설치하였다. 元나라 때는 江西等處行中書省을 두었고, 太祖 壬寅年(1362)에 원대의 제도에 따랐으나 洪武 9년(1376)에 行中書를 承宣布政使司로 고쳤으며, 府 13·州 1·縣 77곳을 관할하였다.

83) 按察使: 明代에 한 省의 司法과 監察을 담당하는 提刑按察使司의 장관을 가리킨다. 明 中期 이후에는 각지에 巡撫를 두었는데, 이후 按察使는 사실상 巡撫의 屬官이 되었다.

84) 殷正茂(1513~1592): 安徽 徽州府 歙縣 사람으로, 字는 養實이고, 號는 石汀이다. 嘉靖 26년(1547)에 進士가 되어 行人에 임명되었으며, 이후 兵科給事中으로 승진하였다. 廣西·雲南·湖廣兵備副使와 江西按察使 등을 역임하였다. 隆慶 연간(1567~1572) 초에 廣西 古田의 壯族 韋銀豹·黃朝猛이 반란을 일으켰을 때, 조정에서는 토벌할 것을 결정하고서 殷正茂을 右僉都御史로 삼아 廣西를 순수하게 하였다. 이때 殷正茂와 提督 李遷은 土兵과 漢兵 10만 명을 징발하였고, 總兵 俞大猷로 하여금 먼저 牛河·三厄 등의 요충지를 탈취하게 하였다. 이후 鳳凰寨를 함락하였고, 潮水까지 이르렀으며, 黃朝猛을 유인해서 살해하였다. 이러한 정벌의 성공으로 그는 兵部右侍郎兼巡撫로 승진하였고, 이후에 兵部尙書兼右副都御史로 승진하였다. 萬曆 3년(1575)에는 南京戶部尙書가 되었으며, 이듬해에 戶部尙書로 전임했다.

85) 僉都御史: 都察院의 正四品官으로 右僉都御史, 左僉都御史를 일컫는다. 그 위로는 正三品의 左·右副都御史가 있다.

86) 이에 대한 내용은 『穆宗實錄』 卷39 隆慶 3년 11월 壬戌朔條에 있다.

토벌할 것을 건의하였고, 칙서 안에도 먼저 팔채를 평정하고, 천천히 다시 고전을 도모하라는 내용이 있었다. 그런데 은정무만 그렇게 생각하지 않고 먼저 팔채에 방문(榜文)을 보내 효유하였는데, 팔채에서는 그 명령을 따랐다. 그런 후에 군사를 7개 초(哨)[87]로 나누어서 총병(總兵) 유대유(兪大猷)[88]에게 그것을 통솔하게 하고, 부총병 문숭문(門崇文), 참장(參將)[89] 왕세과(王世科)[90] · 황응갑(黃應甲), 도사(都司) 동룡(董龍) · 노국현(魯國賢), 유격(遊擊)[91] 정산(丁山) 등에게 각각 1초씩 통솔하게 하였으며, 다시 토병(土兵)[92]을 2대(隊)로 나눠서 돌아가면서 도로를 청산하게 하였는데, 반드시 먼저 수리(里)[93]를 청산한 후에야 행군하였다. 그

---

87) 哨: 군사 편제 단위이다. 明 永樂 연간(1402~1424)에 보병과 기병을 中軍, 左右掖, 左右哨로 나누었으며, 이것을 五軍이라 했다. 嘉靖 연간(1522~1566)에 이르러 이 명칭을 모두 없앴지만 이후 '哨'는 비교적 소규모의 편제 단위로 개편되어 3,120명을 1枝라 했으며, 그것을 中哨, 左哨, 右哨로 각각 나눴다. 淸 중엽 이후 초는 80~100명으로 명대에 비해 훨씬 편성 단위가 축소되었다.

88) 兪大猷(1504~1580): 福建省 泉州 출신으로, 字는 志輔이고, 號는 虛江이다. 명대 왜구를 격퇴한 명장으로 유명한데, 武術家이자 詩人으로, 그리고 여러 兵器의 발명가로도 이름을 떨쳤다. 嘉靖 14년(1535)에 武科에 급제하였고, 벼슬은 戶部와 刑部尙書에까지 이르렀다. 그는 특히, 왜구를 격퇴한 데 큰 공을 세워, 역시 당시 같은 방면에 이름을 날렸던 戚繼光과 함께 '兪龍戚虎'로 불렸다.

89) 參將: 명대 중엽 북변에 처음으로 설치한 武官으로, 定員은 없었고 總兵, 副總兵의 아래에 위치하여 군사를 통솔하고 군무를 처리했다. 그밖에 총병의 지휘 하에 軍糧, 布疋, 軍器, 火藥 등의 군수물자를 수송하는 일을 담당하는 경우도 있었다. 淸朝에 들어서도 正三品 綠營武官의 하나로서, 總兵 혹은 副總兵 아래 都司와 游擊의 위에 위치했다. 淸朝는 漢人들의 군대를 綠營으로 불렀는데, 各 省에 주둔시켰다. 지방의 최고위급 군사 장관은 總督으로 하나에서 두셋의 省을 통솔하였다. 1개 省의 最高 軍事長官은 提督 혹은 提督을 겸하는 巡撫였다. 省 아래에는 鎭을 설치하였는데, 鎭의 長官은 總兵이었다. 鎭 아래에는 協을 설치했는데 協의 長官은 副將이었다. 協의 아래에는 營을 설치했고 營의 長官으로는 營이 설치된 지역의 전략적 가치에 따라서 參將, 游擊, 都司, 守備를 두었다. 營의 아래에는 汎을 설치했는데 汎도 설치된 지역의 중요도에 따라서 그 長官은 각각 千總, 把總, 外委千總, 外委把總이 배치되었다.

90) 王世科: 生卒年 미상. 浙江 仁和 사람이다. 嘉靖 23년(1544) 武科에 합격하였고, 이후 杭州前衛指揮使를 거쳐 後軍都督府都督僉事, 鎭守廣西總兵官을 역임하였다. 萬曆 연간(1573~1619) 초에는 提督巡捕·都指揮僉事 등을 역임하였다.

91) 遊擊: 遊擊將軍을 말하며, 三大營(京營을 구성하는 五軍營, 神機營, 神樞營)에 소속된 각 小營(원칙적으로 2~3천 명으로 조직)의 統御官을 遊擊將軍이라 하는데, 각 지방에 鎭戍하고 있는 總兵官 아래에도 遊擊將軍을 두었다.

92) 土兵: 成化 初年에 延綏巡撫 都御史 盧祥이 건의하여 창설한 지방의 민간인으로 구성한 병사를 가리킨다. 즉, 盧祥은 軍營의 병사가 적은데, 延安 慶陽 지역의 邊民이 날래고 용맹스러우며 胡虜와의 전투에도 익숙하다는 이유로 民兵을 뽑아 什伍로 편성하여 土兵으로 삼고, 그 戶의 租稅를 면제시켜 주었다. 이를 통해 모두 5,000명을 선발하여 훈련시켰는데, 이것이 土兵의 유래이다.

소굴에 이르러서는 군영을 합쳐서 공격하였는데 7,460여의 수급을 베었고, 위조맹을 생포하여 군중에 효시하였으며, 남녀 1,000여 명을 포로로 잡았다. 위은표는 궁지에 몰리자 자기와 외모가 같은 이를 골라 참수하여 바쳤다. [이에] 승리를 보고하였다.[94] 오래지 않아 위은표와 그 아들 부지교(扶枝膠)를 생포하여 경사(京師)[95]로 보냈고, 그들을 참수하였다. [이로써] 고전이 평정되었다. 이에 팔채와 용합(龍哈)·포해(咘咳)를 합병하여 십채(十寨)로 삼아 장관사(長官司)[96]를 설치하고, 황창(黃昌) 등을 장관과 토사(土舍)[97]로 삼아서 수어(守禦)의 통제를 따르게 하였다. 다시 고전현을 영녕주(永寧州)로 승격하였다. 오래지 않아서 영녕의 동족 위랑요(韋狼要)가 한 패거리인 황은성(黃銀成)과의 사이가 벌어져 서로 원수가 되어 죽였는데, 상안(常安)이 살펴보고 조사하여 처리하고자 하였다. 위랑요는 결국 우강(右江) 여포(荔浦)[98] 산만(山灣)의 여러 동족들과 반란을 일으켰다. [이에] 지휘 서민첨(徐民瞻)에게 병사를 거느리고 그를 체포하라고 명하였는데, 서민첨이 군사를 매복시켜 위랑요를 사로잡자, 여러 요족이 크게 혼란스러워졌다. 총제(總制)[99] 은정무(殷正茂)·순무(巡撫) 곽응빙(郭應聘)[100]이 격문(檄文)[101]을 보내 전주(田州)·향무(向武)[102]·도강(都康)[103]의 여러 토병을

---

93) 里: 明代에 길이를 표시하는 尺度는 裁衣尺·量地尺·營造尺으로 구분하여 사용되었다. 量地尺의 1리는 360보이고, 1보는 『算法統宗』 卷3에 의하면 '五尺爲一步'로 되어 있다. 따라서 1리는 1,800척이며, 이를 기준으로 계산하면, 1리는 576m이다.

94) 이에 대한 내용은 『穆宗實錄』 卷57 隆慶 5년 5월 戊戌條에 있다.

95) 京師: 여기서의 京師는 北京이다. 명나라는 처음에는 南京을 수도로 정하였으나 永樂 元年(1403)에 북경을 順天府라 하고, 永樂 19년(1421)에 이곳으로 遷都하였으며, 이후로 중국의 수도로 이어져 오고 있다.

96) 長官司: 元나라 때 西南 少數民族 地區에 처음으로 설치한 지방행정기구이다. 達魯花赤, 長官, 副長官 등을 설치했는데 대부분 土人으로 충당했다. 明淸 시대에도 설치했으나 관직은 土官이 世襲하였다. 湖廣, 四川, 雲南, 廣西, 貴州 등의 省에 설치했다.

97) 土舍: 다음 네 가지 의미로 사용된 관직 명칭이다. 우선, 明淸時代 土官의 子弟와 族人을 지칭하는 데 사용되었다. 둘째, 명청시대 土司의 屬官으로서 정해진 직함은 없으며, 토관의 일가가 주로 담당했지만 종종 異姓들도 土舍職을 맡았다. 토사의 일상 잡무를 담당했으며 세습되었다. 또한 토관이 집무를 할 수 없는 상황에서는 토관을 대신해서 政事를 담당했다. 셋째, 淸代 土司 등급 가운데 하나로서, 토사의 庶屬 등을 관리한 土目 등을 지칭하는 말이었다. 넷째, 청대 소수민족 지구의 村寨를 관리하는 수령을 지칭하는 말로서, 內地의 鄕長이나 保長과 성격이 비슷했다. 여기서는 두 번째 의미로 사용되었다.

98) 荔浦: 廣西 동북부에 위치하고 있는데, 현재 桂林市 관할의 縣이다.

99) 總制: 總督의 다른 명칭이다. 明 正德 연간(1506~1521)에 武宗이 스스로를 '總督軍務威武大將軍總兵官'이라 칭했기 때문에 相避를 위해 總督을 總制라 불렀다.

징집하여 참장(參將) 왕서(王瑞)에게 소속시켜 진격하여 토벌하게 하였는데, 요금감(寥金鑑)·요금잔(寥金盞)·위은화(韋銀花)·위랑화(韋狼化) 등을 참살하였다. 만력(萬曆)[104] 6년(1578)에, 총제 능운익(淩雲翼)[105]·순무 오문화(吳文華)[106]가 대거 하지(河池)[107]·포해의 여러 요

---

100) 郭應聘(1520~1586): 福建 莆田 사람으로 字 君賓이고, 號는 華溪이다. 嘉靖 29년(1550)에 進士가 되었고, 이후 戶部主事·廣西布政使·右副都御史·廣西巡撫·右都御史 등을 역임하였다. 萬曆 11년(1583)에는 兵部尙書로 兩廣總督을 겸임하였다. 諡號는 襄靖이다.

101) 檄文: 고대 문장의 한 형식으로 병사들의 소집, 성토, 국가의 公告 등을 알렸던 글이다.

102) 向武: 北宋 皇祐 연간(1049~1054)에 설치하였다. 治所는 오늘날의 廣西壯族自治區 天等縣 向都의 東部에 두었고 邕州에 예속시켰다. 元나라 初에 治所를 지금의 天等縣 向都 西北으로 옮겼으나 延祐 연간(1314~1320)에 다시 이전의 治所로 복귀하였다. 明 洪武 28년(1395)에 向武千戶所로 고쳤으나 建文 元年(1399)에 다시 向武州로 복귀하였는데, 그 地境은 오늘날의 天等縣 일원이며 廣西布政使司에 直屬시켰다. 萬曆 45년(1617)에 治所를 지금의 天等縣 西北의 向都로 옮겼다. 淸나라 초기에는 思恩府에 소속되었으며, 雍正 7년(1729)에는 鎭安府로 소속을 바꾸었다.

103) 都康: 北宋에서 都康州를 설치하였는데, 현재의 廣西 壯族自治區 天等縣의 서북 지역을 관할하였다. 元에서는 田州路에 속하였는데, 明에서는 廣西布政司에 예속시켰다. 淸에서는 都康土州라고 칭했고, 思恩府에 예속시켰다.

104) 萬曆: 明 왕조 제13대 황제인 神宗 朱翊鈞의 年號이다.

105) 淩雲翼: 生卒年 미상. 太倉州 사람이고, 字는 洋山이다. 嘉靖 26년(1547)에 進士가 되어 南京工部主事에 제수되었다. 후에 僉都御史, 右副都御史를 역임하였고, 그는 주로 衛所의 비용낭비에 대한 상소를 올렸는데, 대부분 논의 후 시행되었다.

106) 吳文華(1521~1598): 字는 子彬이고, 號는 小江이며, 晩年에 號를 容所로 바꾸었다. 福建省 連江縣 출신이다. 嘉靖 35년(1556)에 殿試를 통과하여 進士가 되었고 이듬해에 南京兵部車駕淸吏司主事의 관직을 제수받았다. 얼마 지나지 않아 兵部武庫淸吏司署郎中으로 승진하였다. 당시 各地 藩王들이 京師로 가는 도중에 南京을 통과하는 일이 많았는데, 隨從 인원들이 이를 틈타서 백성들을 괴롭히는 일이 잦았다. 吳文華는 이런 폐단을 철저하게 조사하여 행패를 부리는 수종 인원을 체포하게 하니, 이들이 경거망동하지 못했다. 공정하게 법을 집행하고 權貴들의 세도를 두려워하지 않았다. 嘉靖 42년(1563)에 湖廣按察司 提學僉事로 발탁되었고 그 후 10년 동안 四川右參議, 廣西學政, 山東參政, 江西右布政使, 河南左布政使 등을 역임하였다. 江西右布政使로 근무할 때는, 全省의 土地 소유자와 면적을 분명히 하고 丈量을 실시하여 豪强들의 兼倂을 억제하고 賦役 부담을 공평하게 하였다. 河南左布政使가 되어서는 가뭄이 심하게 들어 罹災民들이 도망하자 民工들을 불러 모아 제방을 수축하고, 水路를 만들어 농사를 지을 수 있도록 하자 도망갔던 百姓들이 돌아와 정착하였다. 萬曆 元年(1573)에 神宗이 등극하여 전국에서 治績이 뛰어난 관원 25명을 표창하였는데, 吳文華의 실적이 으뜸이었다. 萬曆 3년(1575)에 右副都御史巡撫廣西로 승진하였다. 이때 廣西에 심한 가뭄이 들었는데도 地方官들이 과다하게 세금을 징수하니, 민심이 들끓고 猺民들이 반란을 일으켰다. 吳文華가 구휼하고 荒田을 개간하게 하며 토지세를 공평하게 부과하고 驛傳의 부담을 공평하게 하니, 민심이 가라앉았다. 그런 연후에 軍制를 정비하고 士卒을

족을 토벌하여 40,800여 수급을 베었는데, [이로써] 영외(嶺外)가 모두 평정되었다.108)

柳州
유주

柳州置自唐貞觀中, 明初移治於馬平. 所屬州二, 縣十. 內屬千餘年, 惟上林縣尙爲土官, 而賓·象·融·羅諸瑤蠻蟠結爲寇, 城外五里卽賊巢, 軍民至無地可田. 後屢加征剿, 置土巡檢於各峒隘, 稍稱寧焉.

유주(柳州)는 당(唐)나라 정관(貞觀)109) 연간(627~649)에 설치되었고, 명(明)나라 초에는 치소를 마평(馬平)으로 옮겼다. [이에] 소속된 주(州)는 두 개이고, 현은 열 개이다. 중원에

훈련시켜 1년 만에 南鄕, 陸平, 周塘, 板寨 등지의 諸瑤들을 평정하였다. 그리고 侗族 2만여 명을 招撫하여 21座의 堡를 건설하고 2.6萬餘 畝의 토지를 개간하니, 광서의 어지러운 사태가 점차 수습되었다. 萬曆 4년(1576)에 柳州의 北山에서 叛亂이 일어나자 70餘 寨를 잇달아 함락시키고 4,800명의 목을 베었다. 萬曆 13년(1585) 봄에는 廣東에 홍수가 나서 백성들이 집을 잃고 떠돌자, 吳文華는 작은 배를 타고 다니며 구휼미를 분배하여 구휼하였다. 萬曆 15년(1587)에는 南京工部尙書로 승진하였고 몇 달 후에는 南京兵部尙書가 되었다. 萬曆 18년(1590)에는 太監 張鯨의 非理를 탄핵하였으나 황제가 받아들이지 않자 병을 칭하고 은퇴하기를 구하였다. 萬曆 27년(1598)에 향년 77세로 사망하였다. 조정에서는 太子少保를 추증하고 襄惠라는 시호를 내렸다. 草書『千字文』帖을 남겼고, 『讀史隨筆』 10卷, 『督撫奏議』 6卷, 『留都疏稿』 2卷, 『濟美堂文集』 4卷, 『濟美堂后集』 等이 전해지고 있다.

107) 河池: 先秦 시기에는 百越의 땅이었다. 秦에서는 이곳을 桂林郡과 黔中郡에 예속시켰고, 漢에서는 鬱林郡, 隋나라에서는 始安郡에 예속시켰다. 宋에서는 이곳에 慶遠府를 설치하였고, 元에서는 慶遠南丹溪洞軍民安撫司를 두었다. 明淸 시대에는 慶遠府·思恩府·柳州府에 속했다. 이 지역은 광서의 서북쪽 끝자락과 雲貴고원의 남쪽 산기슭에 맞닿아 있다. 동쪽으로는 柳州와 이어져 있고, 남쪽으로는 南寧, 서쪽으로는 百色, 북쪽으로는 貴州省黔南布依族苗族自治州와 이웃하고 있다.

108) 明 조정이 淩雲翼을 앞세워 이 지역에 대한 정벌을 시작한 것은 萬曆 4년(1576)부터였다. 이와 관련된 내용은 『神宗實錄』 卷47 萬曆 4년 2월 癸酉條; 『神宗實錄』 卷47 萬曆 4년 3월 丁未條 참조. 그리고 實錄의 내용에 河池·咘咳·北三 등 지역의 요족들을 참수한 숫자는 4,840級으로 기록되어 있어 본문에서 언급하고 있는 숫자와는 차이가 있다. 이에 대한 내용은 『神宗實錄』 卷77 萬曆 6년 7월 丙辰條 참조.

109) 貞觀: 唐 太宗 李世民의 年號이다.

귀속된 지 천여 년이 되었는데, 오직 상림현(上林縣)에만 토관이 있고 빈(賓)·상(象)·융(融)·나(羅)[와 같은] 각 요족들은 결합하여 도적이 되었으며, 성 밖 5리만 벗어나면 바로 도적들의 소굴이어서 군민이 경작할 만한 토지가 없었다. 나중에 여러 차례 토벌하여 각 동애(峒隘)에 토순검(土巡檢)을 두자, 점차 편안해졌다.

洪武二年, 中書省臣言: "廣西諸峒雖平, 宜遷其人入內地, 可無邊患." 帝曰: "溪洞蠻僚雜處, 其人不知禮義, 順之則服, 逆之則變, 未可輕動. 惟以兵分守要害以鎭服之, 俾日漸敎化, 數年後, 可爲良民, 何必遷也."

홍무 2년(1369)에 중서성(中書省)110)의 관원이 아뢰기를, "광서의 여러 동(峒)이 비록 평정되었지만 마땅히 그들을 내지로 이주시켜야 변방의 우환이 없을 것입니다"라고 하였다. [이에] 황제가 이르기를, "계동(溪洞)111)에는 만인 요(僚)112)가 섞여 살고 있고 그들은 예의(禮

---

110) 中書省: 明 초기 중앙정부 중추기구의 하나이다. 明나라는 건국 직후 元의 정치제도를 답습하여 軍事를 담당하는 都督府와 糾察을 담당하는 御史臺 외에 政事를 총괄하는 中書省을 두었다. 중서성의 장관으로는 左·右相國을 두었는데, 相國이라는 명칭은 洪武 元年(1368)에 丞相으로 바꾸었다. 洪武 13년(1380)에 左丞相 胡惟庸의 모반사건 이후 中書省을 없애고 그 휘하의 6部를 독립시켜 황제에 직속시켰으며, 영원히 그 부활을 금지하였다(『續文獻通考』 卷51 「職官考」).

111) 溪洞: 溪峒이라고도 하며, 苗族, 侗族, 壯族의 거주 지역을 가리킨다.

112) 僚: 원래는 陝西省 남부 지역과 四川省 남부 지역에 거주한 소수민족이었지만, 魏晋南北朝 시대 이래 貴州, 雲南, 廣西, 湖南, 廣東 지역에 광범위하게 분포해서 살았다. 실제로 서남 지역의 소수민족을 가리키는 용어는 매우 다양하며, 그 가운데서도 호광 지역에는 苗, 蠻, 傜, 僚 등의 명칭이 자주 등장한다. 소수민족의 이러한 分化 현상은 秦漢시기 이후 본격적으로 등장하는데, 僚族 역시 三國 시대 초기에 湖南省 武陵 五谿 지역에 처음 등장한다. 『三國志』 卷32 「蜀書」에 蠻族과 僚族이 처음 서로 분리돼서 등장하며, 南北朝 시기가 되면 蠻族과 僚族의 구분이 명확해진다(『南齊書』 卷22 「列傳」3 「豫章文獻王傳」 참조). 이 蠻族의 始原에 대해서는 侗族의 조상으로서 兩漢 시기에 五谿蠻의 일부였다가 魏晋南北朝 이후 분화했으며, 宋~淸 시기에는 仡伶, 洞蠻, 峒人 등으로 불렸다고 주장하는 일군의 학자가 있다. 또한 일부에서는 僚族이 五谿 지역의 濮人에서 나와 蠻族과 같은 지역에 거주했지만, 이후 서쪽으로 大移住를 시작해 서남 지역의 仡佬族이 되었으며, 일부는 묘족과 융화돼 仡佬苗가 되었다고 주장한다. 이상의 내용은 湖南省民族研究所組編, 2006, 卷1: 97~99에 나와 있지만, 그가 인용한 『三國志』 卷32 「蜀書」에는 '蠻僚'가 아닌 '蠻夷'로 표기돼 있어 좀 더 상세한 고증이 필요하다. 다만 光緖 『馬平縣志』 卷2 「地輿」에 의하면 傜族은 오히려 일반 漢族들보다 순박한 반면, 獞族들은 傜族들보다 다루기 어려우

義)를 모르는데, 그들을 따르게 하면 귀부하고 거스르면 변란을 일으키니 가벼이 행동할 수 없다. 오직 군대를 보내 요충지를 나누어 지키게 하여 그들을 진압하고 복종시키면 나날이 점점 교화되어 수년 후에는 양민이 될 것이니, 이주시킬 필요가 있겠는가?"라고 하였다.113)

永樂七年, 柳州道村寨蠻韋布黨等作亂, 都指揮周誼率兵討擒之. 命斬布黨, 梟其首於寨. 廣西洞蠻韋父·融州羅城洞蠻潘父苾各聚衆爲亂, 柳州等衛官軍捕斬之. 九年, 賓州遷江縣·象州武仙縣古逢等洞蠻僚作亂. 詔發柳州·南寧·桂林等衛兵討之. 十四年, 融州瑤民作亂, 官軍討平之. 十七年, 象州土吏覃仁用言, 其父景安, 故元時常任本州巡檢, 有兵僮二百人, 今皆爲民, 請收集爲軍. 帝不許. 十九年, 融縣蠻賊五百餘人, 群聚剽掠, 廣西參政耿文彬率民兵會桂林衛指揮平之. 柳州等府上林等縣僮民梁公竦等六千戶, 男女三萬三千餘口, 及羅城縣土酋韋公·成乾等三百餘戶復業. 初, 韋公等倡亂, 僮民多亡入山谷, 與之相結. 事聞, 遣御史王煜等招撫復業, 至是俱至, 仍隸籍爲民.

영락 7년(1409)에, 유주 도촌채(道村寨)의 만족 위포당(韋布黨) 등이 반란을 일으키자, 도지휘 주의(周誼)가 병사를 이끌고 토벌하여 그를 사로잡았다. [이에] 위포당을 참수하여 채(寨)에 그 머리를 효수하도록 명하였다. 광서의 동채(洞寨)114)의 만족(蠻族) 위부(韋父)·융

며, 元 順帝 至元 연간(1335~1340)에 湖北省에서 내려왔다는 언급으로 미뤄, 본문에 등장하는 僚는 獞族을 가리킬 가능성이 높다. 더구나 이 지방지에는 猺, 犽 등의 소수민족이 언급된 반면 僚族을 따로 언급되고 있지 않은 점에서도 그렇다.

113) 이에 대한 내용은 『太祖實錄』 卷43 洪武 2년 6월 丁未條 참조.

114) 洞寨: 소수민족이 사는 마을을 지칭하는 단어는 '洞'(峒)과 '寨'라는 명칭이 가장 보편적이다. 그러나 사료의 설명으로 미뤄 '洞'이란 단어는 漢族이 자신의 전통적인 행정단위를 기준으로 불렀던 명칭이며, '寨'는 소수민족 지역의 전형적인 가옥 형태와 그 구성이 지닌 특성을 살려 부른 명칭으로 판단된다. 즉, 同治『來鳳縣志』 卷27 「土司志」에 등장하는, "宋參唐制析其種落, 大者爲州, 小者爲縣, 又小者爲峒, 其酋皆世襲"이란 말은 전자의 경우이고, 嚴如熤이 生苗의 풍습을 설명하면서 "寨中有父子兄弟數人數十人, 强梁健鬪或能見官府講客話者, 則寨中畏之, 共推爲寨長...又各自爲黨, 故一寨一長, 或一寨數長, 皆以盛衰强弱, 遞變更易, 不能如他部之有酋長, 世受統轄也"라는 언급은 후자의 경우라 할 수 있다. 嚴如熤, 『苗防備覽』 卷8 「風俗」上.

주(融州) 나성(羅城)의 동채(洞寨)의 만족(蠻族) 반부임(潘父恁)이 각각 무리를 모아 반란을 일으키자, 유주 등 위(衛)의 관군이 그들을 체포하여 참수하였다. [영락] 9년(1411)에, 빈주(賓州)의 천강현(遷江縣)115) · 상주(象州)의 무선현(武仙縣) 고봉(古逢) 등 동만(洞蠻) 요(僚)족이 반란을 일으켰다. [이에] 조서를 내려 유주·남녕·계림 등 위병을 징발하여 이들을 토벌하게 하였다. [영락] 14년(1416)에 융주의 요민이 반란을 일으키자 관군이 이들을 토벌하여 평정했다. [영락] 17년(1419)에 상주의 토리(土吏) 담인용(覃仁用)이 아뢰길, 그의 부친 담경안(覃景安)은 이전 원나라 때에 본주의 순검(巡檢)116)으로 임명되어서 동족(僮族) 병사 200명을 가지고 있었으나 지금은 모두 백성이 되었으니, [이들을] 모아서 관군으로 삼을 것을 청하였다. [그러나] 황제는 허락하지 않았다. [영락] 19년(1421)에 융현(融縣)117)의 만적 500여 명이 무리를 모아 위협하며 노략질하자 광서 참정 경문빈(耿文彬)이 민병을 이끌고 계림위의 지휘와 회동하여 이들을 평정하였다. 유주 등 부(府) 상림 등 현(縣)의 동민(僮民) 양공송(梁公竦) 등 6,000호(戶), 남녀 33,000여 명 및 나성현의 토추(土酋) 위공(韋公)·성건(成乾) 등 300여 호가 생업을 회복하였다. 당초에 위공(韋公) 등이 앞장서서 반란을 일으키자 동민이 대부분 도망하여 산속으로 들어가, 그들과 서로 결탁하였다. 사안이 보고되자 [조정에서는] 어사(御史)118) 왕욱(王煜) 등을 보내 초무하고 생업을 회복시켰는데, 이때에 이르러서 모두

115) 遷江縣: 현재 廣西省 武鳴縣에서 동북으로 280里 떨어진 곳이다. 秦나라 때는 桂林郡에 속했고, 漢나라 때는 鬱林郡의 領方縣의 땅이었다. 宋 天禧 4년(1020)에 遷江縣을 설치하여 賓州에 예속시켰는데, 이때부터 遷江이라는 명칭을 얻었다. 元나라 때는 賓州路에 속했는데, 明 洪武 2년(1369)에 柳州府로 변경하여 예속시켰다.

116) 巡檢: 元, 明, 清代에 縣級 衙門의 밑에 治安秩序를 유지하기 위해 설치된 巡檢司의 관원을 일컫는다.

117) 融縣: 百越의 땅이었는데, 秦에서는 鬱林郡에 속했다. 漢 元鼎 6년(전111)에는 潭中縣을 설치하여 桂林郡에 예속시켰다. 唐 武德 4년(621)에 融州를 설치하고 義熙·武陽·黃水·安修 4개 縣을 관할하게 하였으며, 武德 6년(623)에 義熙縣을 融水縣으로 변경하였다. 天寶 원년(742)에 融水縣을 融水郡으로 변경하였고, 乾元 원년(758)에는 다시 融州라고 칭하였다. 北宋 至道 3년(997)에 融州를 融水郡으로 변경하였고, 崇寧 연간(1102~1106)에는 軍州로 승격하였다. 元에서는 安撫司를 설치하였는데, 至元 16년(1279)에 融州路總管府를 두었다. 明 洪武 2년(1369)에는 融水縣을 없애고 融州에 병합하였으며, 洪武 10년(1377)에는 州를 縣으로 강등하여 融縣이라 칭했고, 柳州府에 예속시켰다. 清에서도 融縣의 명칭은 그대로 사용되었고, 柳州府에 예속되었다.

118) 御史: 周代에는 立法을 公布하는 官을 일컬었고, 秦漢시대에는 御史大夫의 屬官으로 上奏事務와 百官을 監察하는 업무를 맡았으며, 그 官衙를 御史府라 했다. 후한시대에 御史府를 御史臺로 개칭하였고, 이때부터 御史는 監察官으로서 전문직이 되었다. 明代에 이르러 御史臺는 都察院으로 바뀌고, 그 장관을

이르자 예전처럼 호적에 넣어 백성으로 삼았다.[119]

> 宣德初, 蠻寇覃公旺作亂, 據思恩縣大·小富龍三十餘峒, 固守險阻, 以拒官軍. 總兵官顧興祖等督兵分道攻之, 斬公旺幷其黨千五十餘人. 捷至, 帝曰: "蠻民亦朕赤子, 殺至千數, 豈無脅從非辜者. 以後宜開示恩信, 撫慰而降之, 如賈琮戌交州可也." 元年, 柳州僮首韋敬曉等歸附. 二年, 廣西三司奏: "柳慶等府賊首韋萬黃·韋朝傳等聚衆劫殺爲民害." 敕興祖進兵剿平之.

선덕(宣德) 연간(1426~1435) 초에 만구(蠻寇) 담공왕(覃公旺)이 반란을 일으켜 사은현(思恩縣)[120]의 대·소부룡(大小富龍) 30여 동(峒)을 점거하고서, 험준하고 가파른 곳을 견고히 수비하여 관군을 막았다. 총병관(總兵官)[121] 고흥조(顧興祖)[122] 등이 군대를 거느리고 길을

都御史(正二品)라 칭했는데, 그 밑에 左·右副都御史(正三品), 左·右僉都御史(正四品)가 있고, 十三道監察御史(正七品)의 경우는 浙江·江西·河南·山東에 각 10명, 福建·廣東·廣西·四川·貴州에 각 7명, 陝西·湖廣·山西에 각 8명, 雲南에 10명이 두어졌다.

119) 명 조정에서 柳州府와 上林縣 등지의 6,000戶 등의 생업을 회복시키고 御史 王煜을 보내 초무하고 민적에 올린 내용은 『太宗實錄』 卷20上 永樂 원년 5월 丁亥條에 있다.

120) 思恩縣: 현재의 廣西 環江毛南族自治縣에 속하는 지역이다. 唐 貞觀 12년(638)에 설치되었고, 嶺南道環州가 관할하였다. 宋에서는 撫水州에 속했는데, 熙寧 8년(1075)에 賓州에 변경하여 예속시켰다. 大觀 연간(1107~1110) 초에 宜州로 변경하여 예속시켰다. 元에서는 慶遠路南丹州에 예속시켰다. 明初에는 元의 제도를 계승하였고, 正德 원년(1506)에 河池州에 변경하여 예속시켰다. 淸에서는 慶遠府에 예속시켰다.

121) 總兵官: 明淸時代 武官名이다. 明 왕조는 수도와 지방에 衛所를 설치하고, 그 군사들을 통할하는 總兵과 副總兵을 두었다. 그러나 유사시 이들 지휘관을 總兵官으로 임명해 衛所軍의 동원과 지휘를 담당하도록 했다. 전쟁이 끝나면 위소의 군대는 본래 지역으로 돌아갔으므로 明初 總兵官은 임시직이었으며, 품계나 정원이 따로 존재하지 않았다. 그러나 正統 연간(1436~1449) 이후 잦은 전란 때문에 고정武官職으로 되었는데, 雲南은 征南將軍, 湖廣은 平蠻將軍의 등으로 호칭하게 되었다. 淸代에는 軍權이 巡撫나 提督에게 귀속됐지만, 그들 휘하의 總兵官 품계는 正二品에 달해 결코 낮은 지위는 아니었다. 다만 실제 휘하의 병력은 많게는 1만 5천 명에서 적게는 수백 명까지 다양했다.

122) 顧興祖(?~1463): 字는 世延이며, 江蘇省 揚州 사람이다. 顧興祖는 할아버지인 顧成의 侯爵 爵位를 계승하였다. 仁宗이 즉위 한 후에 광서에서 반란이 일어나자 그는 潯州, 平樂, 宜山 등지의 苗族 거주지 일대를 평정하라는 명령을 받고 공을 세웠다. 宣德 연간(1426~1435)에 交阯의 호 꾸이 리(胡季犛)가 반란을 일으켰는데 당시 그는 南寧에 주둔하고 있었으면서도 명의 원정군을 應援하지 않았으므로

나누어서 그들을 공격하여 담공왕과 그 무리 1,500여 명을 참수하였다. 승리소식이 보고되자, 황제가 이르기를, "만민들도 짐의 적자(赤子)인데, 천여 명을 죽였으니 어찌 위협을 받아 따른 무고한 자가 되지 않았겠는가? 후에는 마땅히 은신(恩信)을 보여주어 초무하고 위로하여 그들 항복시켜야 할지니, [이는] 가종(賈琮)[123]이 교주(交州)[124]를 수비하는 것과 같이 해야 할 것이다"라고 하였다.[125] [선덕] 원년(1426)에 유주의 동족 수령 위경효(韋敬曉) 등이 귀부하였다. [선덕] 2년(1427)에는 광서의 삼사(三司)가 상주하기를, "유경(柳慶) 등 부의 도적 우두머리인 위만황(韋萬黃)·위조전(韋朝傳) 등이 무리를 모아 약탈하여 백성들에게 해악이 됩니다"라고 하였다. [이에 황제는] 칙서를 내려 고흥조에게 군대를 진격시켜 그들을 토벌하도록 하였다.[126]

懷遠爲柳州屬邑, 在右江上遊, 旁近靖綏·黎平, 諸瑤竊據久. 隆慶時, 大征古田, 懷遠知縣馬希武欲乘間築城, 召諸瑤役之, 許犒不與. 諸瑤遂合繩坡頭·板江諸峒, 殺官吏反. 總制殷正茂請於朝, 遣總兵官李錫·參將王世科統兵進討. 官兵至板江,

---

체포되어 錦衣衛의 감옥에 투옥되었다가 이듬해에 석방되었다. 正統 말년에 北征에 동참하였다가 土木堡의 變이 발생했던 당시에 도주하였으므로 처형될 위기에 놓였다. 그러나 몽골의 에센이 北京을 포위하고 공격하였으므로 顧興祖는 다시 출전하여 성밖에서 몽골군대의 공격을 막았다. 그 후에 都督同知의 벼슬을 제수받고 紫荊關을 수비하였다. 景泰 3년(1452)에 賄賂 사건에 연루되어 하옥되었으나 후에 석방되었다. 東宮을 책봉하는데 공을 세워서 伯爵의 작위를 받았다. 天順 연간(1457~1464)에 다시 侯爵의 작위를 회복하고 南京에 鎭守하였다. 天順 7年(1463)에 사망한 후에 손자 顧麗淳이 작위를 세습하였다. 顧麗淳은 자식이 없이 사망하였으므로 그의 堂弟가 작위를 계승하였다(『明史』 卷144 「顧興祖傳」 참조).

123) 賈琮: 生卒年 미상. 漢의 靈帝 中平 원년(184)에 交趾의 주둔군이 반역하였는데, 이때 交趾刺史에 제수되어 주둔군이 반역한 원인을 조사하고 긴급하게 조치를 취하였다. 그는 賦稅를 경감하고, 難民을 招撫하였으며, 탐관오리를 처벌하고 능력이 있는 관원을 임용하였다. 그의 이러한 정책의 영향으로 1년이 지난 후에는 交趾가 안정되었다. 黃巾賊의 반란 이후 지방 관원들이 賦稅를 심하게 징수하는 일이 빈발하자, 靈帝는 다시 賈琮을 冀州刺史로 임용하여 폐단을 해결하도록 하였다.

124) 交州: 後漢 獻帝 建安 8년(203)에 交州刺史를 설치하였으며, 隋나라 때 폐지하였다가 唐 高祖 武德 5년(608)에 다시 설치하였다. 현재 베트남의 河內市이다.

125) 이에 대한 내용은 『宣德實錄』 卷6 洪熙 원년 윤7월 辛酉條 및 乙丑條; 『宣德實錄』 卷11 洪熙 원년11월 壬子條 참조.

126) 이에 대한 내용은 『宣德實錄』 卷29 宣德 2년 7월 乙未條 참조.

瑤賊皆據險死守. 正茂知諸瑤獨畏永順鉤刀手及狼兵, 乃檄三道兵數萬人擊太平·河裏諸村, 大破之, 連拔數寨, 斬賊首滎才富·吳金田等, 前後捕斬凡三千餘, 俘獲男婦及牛馬無算. 事聞, 議設兵防, 改萬石·宜良·丹陽爲土巡司, 屯土兵五百人, 且耕且守.

회원(懷遠)은 유주의 속읍으로 우강(右江) 상류에 있고 정수(靖綏)·여평(黎平)[127]과 가까운데, 여러 요족들이 사사로이 점거한 지 오래되었다. 융경(隆慶) 연간(1567~1572)에 대규모로 고전을 정벌하였고 회원의 지현 마희무(馬希武)가 그 기회를 틈타 성을 쌓으면서 요족들을 모아서 사역시켰는데, 호궤(犒饋)[128]를 허락했지만 지급되지 않았다. 여러 요족들은 마침내 승파두(繩坡頭)·판강(板江)의 각 동(峒)에서 회합하여 관리들을 살해하고 반기를 들었다. 총제 은정무(殷正茂)가 조정에 청하기를, 총병관(總兵官) 이석(李錫)[129]·참장(參將) 왕세과(王世科)를 파견하여 병사를 이끌고 토벌하게 하자고 하였다. 관병이 판강(板江)에 이르자 요적들은 모두 험한 곳을 점거하고 사수하였다. 은정무는 여러 요족들이 유독 영순(永順)[130]의 구도수(鉤刀手)[131]와 낭병(狼兵)[132]을 두려워한다는 것을 알아차리고서, 바로 격문을 보내

127) 黎平: 현재의 貴州省의 苗族侗族自治州에 속한다.

128) 犒饋: 군사들에게 잔치를 베풀어 위로하는 것으로, 犒賜라고 표현하기도 한다.

129) 李錫: 新安衛 千戶를 세습하였고, 여러 차례 功을 세워 通州守備가 되었다. 이후 揚州參將·江北副總兵을 역임하였다. 隆慶 원년(1567)에는 署都督僉事로 福建總兵官이 되었다. 廣東과 福建 일대의 해적 문제를 해결하는데 공을 세웠다(『明史』 卷220 「李錫傳」 참조).

130) 永順: 湖南省 湘西土家族苗族自治州 북부에 위치한 縣名이다. 1995년 현재 총 인구 약 46만 명 가운데 土家族의 점유율이 약 60%를 차지하는 대표적인 소수민족 지역 가운데 하나이다. 자연경관이 아름다워 중요한 관광지이며, 이 지역에 있는 옛 土司의 古都老司城은 토가족의 발상지로 알려져 있다. 戰國시대 楚나라의 黔中 지역에 해당하는 곳으로, 秦代에는 黔中郡 소속이었다. 前漢 高祖 원년(전206)에 이 지역 일대에 酉陽縣을 설치했다. 五代 시기 後粱 開平 4년(910) 楚王 馬殷이라는 인물이 彭士愁를 溪州刺史로 임명한 후, 中溪州, 下溪州, 溶州, 渭州, 永順州 등을 관할했는데, 永順이란 이름은 이때에 비롯됐다. 宋나라 때는 荊湖北路 관할이었으며, 元나라 때에 이르러 永順宣撫司를 설치하고 四川行省이 관할했다. 明 洪武 2년(1369)에 永順軍民按撫司를 설치했다가, 洪武 6년(1373)에 永順軍民宣慰使司로 승격했다. 軍民宣慰使司를 설치할 당시, 永順 지역 일대에는 南渭, 施溶 두 州와, 臘惹洞, 麥著黃洞, 驢遲洞, 田家洞, 施溶洞의 다섯 長官司가 있었다. 淸 雍正 5년(1727)에 永順土司 彭肇槐가 귀부해 왔으며, 雍正 7년(1729)에 永順縣이 설치되었다.

131) 鉤刀手: 湖廣의 永順·保靖宣慰司에 속한 土兵을 지칭한다.

세 도(道)[133]의 병사 수만 명을 징집하여 태평(太平)·하리(河裏) 여러 촌을 공격하여 그들을 대파하였고, 계속해서 여러 채(寨)를 함락하였으며 적의 우두머리 영재부(榮才富)·오금전(吳金田) 등을 참수하였고, 전후로 체포하고 참수한 이가 모두 3,000여 명이었으며, 포로로 잡은 남녀와 우마는 셀 수 없었다. 일이 보고되자 병방(兵防)을 설치할 것을 논의하였고, 만석(萬石)·의량(宜良)·단양(丹陽)을 토순사(土巡司)[134]로 변경하였으며, 토병(土兵) 500명을 주둔시켜 경작하면서 수비하게 하였다.

萬曆元年, 洛容知縣邵廷臣以養歸, 主簿謝漳行縣事. 會上元夜, 單騎巡缴山中. 僮蠻韋朝義率上油·古底諸僮夜半出掠, 逐漳, 追至城, 殺漳, 奪縣印去. 是夜, 指揮朱昌胤·土巡檢韋顯忠共提兵決戰, 斬首三十一級, 兵校文斌獲朝義, 奪還縣印, 守巡官以聞. 乃命總兵李錫, 参將王瑞·康仁等剿之, 破上油·古底諸寨, 斬覃金狼等二千八百三十餘級, 俘二百二十餘人, 牛馬器械稱是. 後殘僮黄朝貴復合融縣瑤號萬人, 聲言欲入富福鎮. 王世科復引兵擊之, 斬五十餘人. 始洛容在萬山中, 城小無雉堞, 縣官皆寓府城, 知縣余涵請遷城於白龍巖, 不果, 至是謝漳遂及於難.

만력 원년(1573)에 낙용(洛容)의 지현 소정신(邵廷臣)이 [부모를] 부양하러 귀향했기 때문에 주부(主簿)[135] 사장(謝漳)이 현의 일을 대행했다. 마침 대보름 밤이어서 홀로 말을 타고

132) 狼兵: 명 중엽에 廣西·廣東 일대에서 모집한 군대를 지칭하며, 이들은 정예부대가 되었다. 그 부대는 주로 壯族과 瑤族으로 구성되어 있었는데, 土官의 통제를 받았다. 狼兵은 兵籍에 기재되지 않는 비정규 군대였으나 그들의 전투능력이 뛰어나서 여러 진압작전에 투입되었다.

133) 道: 漢代에 처음 등장했으며, 縣과 거의 동급의 단위로서 주로 소수민족 지역과 같은 외진 곳에 설치했다. 한편 唐代에는 州·縣보다 약간 상위에 있는 일종의 監察區를 '道'라 지칭했지만, 明代에 이르러 그 성격이 변했다. 布政使, 按察使, 都指揮使가 담당하는 업무량이 많아지고 그 지역도 넓어짐에 따라 포정사와 안찰사 관원들이 한 府 혹은 여러 府를 각각 나눠서 民政과 감찰, 그리고 군사 업무를 담당했는데, 그 분할 단위를 '道'라 불렀다. 따라서 明清時代 정식 지방 행정단위인 府·州·縣과는 별도의 자의적인 행정단위라 할 수 있다. 통할 계통으로 나눌 경우 포정사가 주로 관할하는 지역을 布政分司道, 안찰사가 관할하는 곳을 按察分司道라 하며, 그런 道가 관할하는 일정 지역을 分守道, 分巡道, 兵備道 등으로 불렀다. 布政分司道는 布政司參政이나 參議가, 按察分司道는 按察司副使나 僉事가 각각 담당했다(『明史』 卷75 「職官」4).

134) 巡司: 巡檢司를 지칭한다. 지방의 치안을 담당하였다.

산중을 순행하고 효유하였다. [이때] 동만 위조의(韋朝義)가 상유(上油)·고저(古底)의 동족들을 이끌고 야밤에 나가서 약탈하고는, 사장을 쫓아 성까지 추격하여 사장을 살해했으며, 현의 인장을 탈취하여 갔다. 그 밤에 지휘 주창윤(朱昌胤)·토순검(土巡檢) 위현충(韋顯忠)이 함께 군대를 이끌고 결전하여 31명의 수급을 베었고, 병교(兵校) 문빈(文斌)은 위조의를 사로잡아 현의 인장을 다시 빼앗았는데, 수순관(守巡官)[136]이 [이를 조정에] 보고하였다. 이에 곧 총병 이석, 참장 왕서(王瑞)·강인(康仁) 등에게 명하여 그들을 토벌하게 하였는데, 상유·고저의 여러 채를 공파하고 담금랑(覃金狼) 등 2,830여 명을 참수하고 220여 명을 사로잡았으며, 우마와 병기도 이처럼 노획하였다. 후에 잔존한 동족 황조귀(黃朝貴)가 다시 융현의 요족을 모아 1만 명이라고 하면서 부복진(富福鎭)을 공격하겠다고 큰소리 쳤다. [이에] 왕세과는 다시 군대를 이끌고 그들을 공격하여 50여 명을 베었다. 당초에 낙용은 첩첩산중에 있어서 성은 작고 성벽은 없었기 때문에 현의 관원은 모두 부성(府城)에 거주하였는데, 지현 여함(余涵)이 현의 성(城)을 백룡암(白龍巖)으로 옮길 것을 요청하였지만 실행되지 않았고, [결국] 이때에 이르러서 사장이 마침내 재난을 당했다.

又韋王朋者, 馬平僮也. 初平馬平時, 因建營堡, 使土舍韋志隆提兵屯其地. 王朋視堡兵如仇, 常率東歐·大産諸蠻要挾營堡. 兵備周浩使千總往撫, 遂殺千總, 劫村落, 總兵王尙父剿平之.

또한 위왕붕(韋王朋)이란 자는 마평(馬平)의 동족(僮族)이다. 당초에 마평을 평정했을 때, 이를 계기로 영보(營堡)를 건축하고서 토사(土舍) 위지륭(韋志隆)에게 병사를 이끌고 그곳에 주둔하게 하였다. 위왕붕은 보의 병사들을 원수같이 여기고서 늘 동구(東歐)·대산(大産)의 여러 만인들을 이끌고 영보를 위협하였다. 병비(兵備) 주호(周浩)가 천총(千總)[137]에게 가서

135) 主簿: 관직명으로 각 관청의 책임자 밑에서 문서를 관장하는 임무를 맡았던 일종의 비서직이었으며, 漢代에 처음 설치했다. 隋唐 이전에는 각 관청의 首長들과 매우 근접해 있었기 때문에 권한이 막중했으며 중요한 일을 담당했지만, 隋唐 이후에는 그 권한이 약해졌다. 明淸시대에 太僕寺와 鴻臚寺 등에 主簿를 설치했지만 모두 품계가 낮은 사무관이었으며, 正八品이었던 縣丞에 뒤이은 正九品이었다.

136) 守巡官: 明의 행정단위인 道는 分守道와 分巡道, 그리고 兵備道로 나누는데, 이에 속한 관원을 말한다.

137) 千總: 관직명으로 明初에는 京軍의 3大營에 把總을 두었는데, 嘉靖 연간(1522~1566)에 千總을 증설하

안무하게 하였으나 마침내 천총을 살해하고 촌락을 약탈하자, 총병 왕상부(王尙父)가 그들을 토벌하여 평정하였다.

慶遠
경원

慶遠, 秦象郡, 漢交阯·日南二郡界, 後淪於蠻. 唐始置粵州, 天寶初, 改龍水郡, 屬嶺南道, 乾符中, 更宜州. 宋陞慶遠軍節度, 咸淳初, 改慶遠府. 元爲慶元路.

경원(慶遠)은 진(秦)나라에서는 상군(象郡),[138] 한(漢)나라에서는 교지(交阯)[139]·일남(日南)[140] 두 군의 경계 지역으로, 후에는 만족(蠻族)에게 장악되었다. 당(唐)나라에서는 처음에 월주(粵州)를 설치하였는데, 천보(天寶) 연간(742~755) 초에 용수군(龍水郡)으로 변경하여 영남도(嶺南道)에 소속시켰으며, 건부(乾符)[141] 연간(874~879)에 의주(宜州)로 변경하였다. 송(宋)나라에서는 경원군절도(慶遠軍節度)로 승격시켰는데, 함순(咸淳)[142] 연간(1265~1274) 초에 경원부로 변경하였다. 원(元)나라에서는 경원로라 하였다.

였다. 처음에는 功臣들이 담당하였지만, 그 권한이 날로 약해졌다.

138) 象郡: 秦나라 때 설치된 행정구역으로 기원전 214년에 설치되었다. 일설에는 治所가 현재의 베트남 지역에 있었다고 한다.

139) 交阯: 옛 南交의 땅으로 周代에는 越裳氏의 땅이었고, 秦始皇 初에 百粵과 병합하여 桂林·南海·象郡을 두었다. 前漢 武帝 元鼎 6년(전111)에 南越을 멸망시키고 설치한 9郡 중의 하나로, 후에 交州로 개칭하였다. 元帝 때는 交阯刺史가 七郡을 다스렸는데, 그 중 交阯·日南·九眞이 지금의 안남 땅이다. 15세기 초에 베트남 지역에 설치된 承宣布政使司의 명칭이다. 永樂帝는 胡季犛 토벌을 명분으로 베트남에 出兵하여 永樂 5년(1407)에 이곳을 병합하는 동시에 交阯承宣布政使司를 두어 통치하였다. 그러나 黎利를 首長으로 하는 독립군이 일어나면서 明의 군대와 전쟁에 돌입하였다. 결국 明軍이 패배하면서 宣德 2년(1427)에 交阯布政使司를 폐지하고 베트남 독립을 인정하였다.

140) 日南: 漢나라 元帝 때 交阯刺史가 七郡을 다스렸는데 交阯·日南·九眞이 지금의 안남 땅에 해당된다. 交阯는 지금의 통킹만 지역, 九眞은 통킹만 남쪽 해안지대로 淸化·乂安·河靜省 등 지역, 日南은 九眞의 남쪽인 廣平·廣治·承天省 등 지역을 가리킨다.

141) 乾符: 唐 僖宗의 첫 번째 연호이다.

142) 咸淳: 南宋 度宗의 연호이다.

洪武元年仍改慶遠府. 時征南將軍楊文旣平廣西, 二年, 行省臣言: "慶遠府地接八番溪洞, 所轄南丹·宜山等處, 宋·元皆用其土酋安撫使統之. 天兵下廣西, 安撫使莫天護首來款附, 宜如宋·元制, 錄用以統其民, 則蠻情易服, 守兵可減." 帝從之, 詔改慶遠府爲慶遠南丹軍民安撫司, 置安撫使·同知·副使·經歷·知事各一員, 以天護爲同知, 王毅爲副使.

홍무 원년(1368)에 원래대로 경원부로 바꾸었다. 당시에 정남장군(征南將軍)143) 양문(楊文)144)이 이미 광서(廣西)를 평정하였는데, [홍무] 2년(1369)에 행성(行省)145)의 관원이 아

143) 征南將軍: 정벌을 의미하는 '征' 字를 붙인 장군, 즉 四征將軍(征東, 征西, 征南, 征北)의 명칭이 처음 출현한 시기는 漢代이지만 後漢 末 전쟁이 잦은 탓에 曹操(155~220)는 이런 명칭을 붙인 장군을 일상적으로 두었다. 따라서 曹魏 文帝 시기(220~226)에는 四征將軍의 품계가 二品에 달해 三公 다음의 지위를 차지했지만(『晋書』 卷24 「職官志」14), 唐 왕조 이후에는 사실상 폐지되었다. 『明史』에는 이 명칭이 정식으로 등장하지는 않는데, 이로 미루어 明代에는 군사상 필요가 있을 때마다 하사했던 직함이었다고 생각된다.

144) 楊文(1350?~1406): 原籍은 直隸 和州 含山縣(오늘날의 安徽省 含山縣)이다. 그의 아버지 楊興이 元나라 至正 15년(1355)에 朱元璋에게 투항하여 管軍總管의 관직을 받았다. 至正 21년(1361)에 江州(오늘날의 江西省 九江市) 전투에서 사망하였다. 당시 楊文이 아직 어렸으므로 從軍할 수가 없어서 그의 叔父 楊旺이 대신해서 참전하였다. 그러다가 至正 23년(1363)에 楊旺도 鄱陽湖 전투에서 전사하였다. 楊文은 至正 24년(1364)부터 주원장의 군대에서 從軍하였다. 洪武 2년(1369)부터 이듬해에 걸쳐 楊文은 명군을 따라서 서북 지방의 鳳翔 等地를 종군하였다. 이때 세운 공을 인정받아 洪武 3년(1370)에 皇陵衛 百戶의 관직을 제수받았다. 洪武 4년(1371)에 廣西衛에 소속되었고, 그 후 그는 계속해서 남방에서 주둔하면서 군무를 집행하였다. 洪武 11년(1378)에 湖廣 安陸衛 右所의 試百戶를 제수받았다가 이듬해에 본 위의 副千戶가 되었다. 洪武 17년(1384)에 楊文은 傅友德의 雲南 征伐에 종군하였고, 이듬해에는 공을 인정받아서 建昌衛 世襲 指揮僉事가 되었다. 洪武 25년(1392)에 建昌衛 指揮使인 月魯帖木兒가 叛乱을 일으키자 楊文도 藍玉을 따라 토벌에 동참하였다. 征討가 완료된 이후에 右軍都督府 都督僉事로 승진하고 世襲指揮使가 되었다. 洪武 27년(1394)에 倭寇가 浙東沿海를 침범하자 楊文은 황제의 명을 받들어 都督 劉德과 함께 절강 지방에서 왜구 방어를 지휘하였다. 燕王 朱棣가 靖難의 役을 일으키자 遼東 지방의 전략적 가치가 올라가게 되었는데, 이때 惠帝는 楊文을 鎭守遼東으로 삼았다. 이에 楊文은 명나라의 첫 번째 遼東總兵官이 되었다. 이때 楊文은 여러 차례 遼東의 병사들을 이끌고 산동 일대에서 남하하는 燕王軍을 견제하였으나 패전하여 결국 포로가 되었다. 영락제가 즉위한 후에 開國老將을 처형할 수 없다하여 석방하였으나 곧 病死하였다.

145) 行省: 원래 中央에서 파견된 행정기구였으나, 후에는 지방행정구역의 명칭이 되었다. 원나라에서는

뢰기를,[146] "경원부 지역은 팔번(八番)[147]의 계동(溪洞)과 접해 있고 남단(南丹)[148] · 의산(宜山) 등 지역을 관할하고 있는데, 송 · 원나라에서는 모두 토추(土酋) 안무사(安撫使)[149]를 기용하여 그들을 통치하였습니다. 천조(天朝)의 군대가 광서를 정복하자 안무사 막천호(莫天護)가 맨 먼저 귀부해 왔는데, 마땅히 송 · 원의 제도에 따라서 [그를] 채용하여 그 백성을 통치하게 하면 만족(蠻族)의 마음이 쉽게 순복할 것이고, 수비하는 군대를 줄일 수 있을 것입니다"라고 하였다.[150] [이에] 황제가 이를 허락하였는데, 조서를 내려 경원부를 경원남단군민안무사(慶遠南丹軍民安撫司)로 변경하였고, 안무사 · 동지(同知)[151] · 부사(副使)[152] · 경력(經

전국에 10개의 行中書省을 설치하였는데, 行省이라고 간칭하였다. 명 초에는 行中書省을 없애고 承宣布政使司를 두었으나 관례적으로 行省이라고 칭했다.

146) 본문에서 언급된 行省 관원은 湖廣行省의 관원이다. 湖廣行省은 元의 至元 14년(1277)에 설치되었는데, 13개 州, 2개 府, 15개의 按撫司, 3개의 軍, 17개의 屬州를 관할하였다. 그 범위는 湖廣, 廣西, 貴州 그리고 四川의 남쪽까지 포괄하였다. 明은 건국 초에는 元의 체제를 계승하여서 湖廣行省의 관원이 廣西의 일을 상주한 것이다.

147) 八番: 苗族의 독립적인 小部로 각 部는 首領의 성씨로 命名하였다. 宋初 이래로 이 지역 番部는 '五姓番'이나 '西南七番'으로 불렸다. 관습적으로 八番은 묘족의 부락을 지칭한다.

148) 南丹: 오늘날의 廣西 서북쪽에 위치한 南丹縣이다. 壯, 漢, 瑤, 苗, 毛南, 水族 等 23개 소수민족이 거주하고 있다. 南丹州라는 지명은 宋나라 開寶 7년(974)에 최초로 붙여졌다. 당시 壯族의 土酋 莫洪𤏲이 宋에 투항하자, 宋은 羈縻明州를 폐지하고 南丹州라 고쳐 불렀으며, 慶遠府의 관할 하에 두었다. 宋 元豊 3년(1080)에 南丹의 土官 莫世忍이 朝廷에 貢物을 바치자, 宋 朝廷에서 '南丹州印'이라는 새로운 인장을 내려 주었다. 大觀 元年(1107)에 南丹州를 觀州로 고쳤는데, 얼마 후인 紹興 4년(1134)에 다시 觀州를 폐지하고 南丹州로 회복시켰다. 元 至元 14년(1278)에 南丹의 土官 莫大秀가 表文을 올리고 투항하자, 元에서 南丹州를 南丹安撫司로 고쳤다. 大德 元年(1297)에 南丹安撫司를 폐지하였다. 明 洪武 7년(1374)에 延州, 鸞州, 福州, 永州를 합병하여 南丹州로 삼고 慶遠府에 예속시켰으며, 洪武 28년(1395)에 南丹州를 폐지하고 南丹衛를 설치하였다. 正統 10년(1445)에 南丹州를 회복시켰고, 淸 雍正 10년(1732)에 南丹州를 南丹土州로 고쳐 불렀으며, 河池州에 소속시켰다. 民國 元年(1912)에 南丹土州를 慶遠府에 예속시키고, 이듬해에 南丹土州를 柳江道에 소속시켰다. 民國 7년(1918)에 南丹土州를 폐지하고 南丹縣을 설립하였다.

149) 安撫司: 元에서 四川과 湖廣 등 소수민족 지구에 처음으로 설치한 官署이다. 각 司에 다루가치 1명(설치되지 않은 곳도 있었음), 安撫使 1명을 두었고, 그 밑으로 同知, 副使, 僉事, 經歷, 知事 등의 관직이 있었으며, 그 외에 또 照磨, 鎭撫 등도 추가로 두었다. 明淸시대에도 安撫使司를 두어 安撫使 등의 관직을 설치하였다.

150) 이와 관련된 내용은 『明史紀事本末』 卷7 「平定兩廣」 洪武 2年條에 있다.

151) 同知: 관직명으로 知府의 副職으로 설치된 경우에는 正五品이었다. 각 府에 둔 同知의 정원은 없었고, 지방의 鹽 · 식량 · 도둑체포 · 河工 · 軍籍정리 · 水利를 담당하였다. 또한 내지와 변경의 백성들을 按撫하

歷)[153]·지사(知事)[154] 각 1명씩을 두었으며, 막천호를 동지로 삼았고, 왕의(王毅)를 부사로 삼았다.[155]

三年, 行省臣言: "慶遠故府也, 今爲安撫司, 其地皆深山曠野, 其民皆安撫莫天護之族. 天護素庸弱, 宗族强者, 動肆跋扈, 至殺河池縣丞蓋讓, 與諸蠻相煽爲亂, 此豈可姑息以胎禍將來. 乞罷安撫司, 仍設府置衛, 以守其地." 報可. 乃命莫天護赴京. 七年, 賜廣西土官莫金文綺六匹, 置南丹州, 隸慶遠府, 以莫金爲知州. 八年, 那地縣土官羅貌來朝, 以貌知縣事.

[홍무] 3년(1370)에 행성(行省)의 관원이 아뢰기를,[156] "경원은 본래 부(府)였다가 지금은 안무사로 되었는데, 그 지역은 모두 깊은 산과 넓은 벌판이고, 그 백성은 모두 안무사 막천호의 족인(族人)입니다. [그런데] 막천호는 본디 평범하고 유약하여, 종족(宗族) 중 강한 자는 걸핏하면 방자하게 발호하여 하지(河池)의 현승(縣丞) 개양(蓋讓)을 죽이기까지 하였고, 여러 만족들과 서로 선동하여 반란을 일으켰는데, 이 어찌 제 멋대로 하게 두어서 장래의 화를 키우겠습니까? 청컨대 안무사를 폐지하고 다시 부(府)와 위(衛)를 설치하여 그 지역을 지키게 하소서"라고 하니, [이에 황제가] 회답하여 허가하였다. [그리고] 바로 막천호에게 경사(京師)로 올 것을 명하였다.[157] [홍무] 7년(1374)에 광서의 토관 막금(莫金)에게 문기(文綺)[158] 6필

는 일도 맡았다. 知州의 副職인 경우에는 從六品이었고 역시 정원은 없었으며, 州同知라고 불렀다.

152) 宣慰司에 소속된 正四品職 副使를 일컫는다.

153) 經歷: 明淸 시대 都察院·通政使司·布政使司·按察使司·宣慰使司 等의 관청에서 文書를 出納하는 일을 맡은 관직으로, 官品은 正六品이다.

154) 知事: 明淸時代의 廉坊司, 通政司, 按察司, 鹽運司 및 各府에 설치된 屬官이다.

155) 이에 대한 내용은『太祖實錄』卷38 洪武 2년 정월 壬戌條에 있다.

156) 본문에서 언급된 관원은 廣西行省의 관원이다. 明初에는 廣西 지역을 湖廣行省에서 관할하였으나, 洪武 3년(1370) 3월에 廣西行省을 설치하였다(이에 대한 내용은『明史紀事本末』卷7「平定兩廣」洪武 3년條 참조).

157) 이 廣西行省의 관원은 廣西 통치에 대해서 세 가지 제안을 하였는데, 첫 번째는 南寧과 柳州에 衛를 설치하자는 것이었다. 廣西는 交阯와 雲南과 인접해 있어서 중요한 곳인데, 소수민족들이 반란과 복종을 반복하고 있어서 군사활동을 할 때 어려움이 많다는 점을 지적하였다. 두 번째는 본문 중에서 언급된 내용이다. 세 번째는 廣西의 변경 지역에 있는 郡縣에서는 민간의 壯丁을 모아 衣甲·武器를

(匹)을 내려주었고,[159] 남단주를 설치하여 경원부에 예속시켰으며, 막금을 지주(知州)[160]로 삼았다.[161] [홍무] 8년(1375)에 나지현(那地縣) 토관 나모(羅貌)가 내조하니, 나모에게 지현(知縣)의 일을 맡겼다.[162]

二十八年, 都指揮韓觀率兵捕獲宜山等縣蠻寇二千八百餘人, 斬僞大王韋召, 僞萬戶趙成秀·韋公旺等, 傳首京師. 時嶺南盛暑, 官軍多病瘴, 帝命觀班師. 南丹土官莫金叛, 帝命征南將軍楊文, 龍州平後, 移師討南丹·奉議等處. 龍州趙宗壽來朝謝罪, 貢方物. 大軍進征奉議, 調參將劉眞分道攻南丹, 破之, 執莫金併俘其衆. 後遣寶慶衛指揮孫宗等分兵擊巴蘭等寨, 蠻僚懼, 焚寨遁去, 官兵追捕斬之, 蠻地悉定. 詔置南丹·奉議·慶遠三衛, 以官軍守之.

[홍무] 28년(1395)에 도지휘 한관(韓觀)이 군대를 이끌고 의산(宜山) 등의 만구(蠻寇) 2,800여 명을 사로잡고 가짜 대왕 위소(韋召)와 가짜 만호(萬戶)[163] 조성수(趙成秀)·위공왕(韋公旺) 등을 참수하고 수급을 경사로 보냈다. 당시에 영남(嶺南)[164]은 한창 심한 더위여서

주어, 해당 부서에 등록시킨 후 유사시에는 적을 체포하는데 활용하고, 평상시에는 농업에 힘쓰도록 하자는 제안이었다. 이에 대한 내용은 『太祖實錄』 卷50 洪武 3년 3월 辛亥條에 있다.

158) 文綺: 무늬가 있는 비단을 말한다.

159) 먼저 莫金이 그 동생 莫交를 보내 말을 바쳤고, 그에 대한 回賜로 莫金에게는 文綺 6필을, 莫交에게는 옷 1襲을 내려주었다. 이에 대한 내용은 『太祖實錄』 卷91 洪武 7년 7월 庚午條에 있다.

160) 知州: 관직명으로 宋나라 때 조정의 관원들을 각 州의 책임자로 충원하면서 '權知某軍州事'라 칭했는데, 간략하게 知州라고 하였다. 權知는 임시로 주관한다는 의미이고, 軍은 해당 지역의 군대, 州는 民政을 가리킨다. 明清시대에는 知州가 정식 관직명이 되었고, 각 州의 행정장관을 일컬었다.

161) 이에 대한 내용은 『太祖實錄』 卷91 洪武 7년 7월 甲戌條에 있다.

162) 이에 대한 내용은 『太祖實錄』 卷99 洪武 8년 3월 庚子條에 있다.

163) 萬戶: 金나라 初에 설치된 관청인 萬戶府의 우두머리로, 世襲軍職이다. 都統에 예속되어 千戶(猛安)·百戶(謀克)를 統領하였다. 元나라 때에도 이를 이어받아 萬戶府를 설치했는데 樞密院에 예속시켰으며, 각 路에 駐箚하는 萬戶는 行省에 分屬시켰다. 萬戶府는 千戶所를 統領했는데, 7천 명 이상의 군사를 통솔하는 萬戶를 上萬戶府라 칭하고, 5천 이상을 통솔하는 萬戶를 中萬戶府, 3천 이상을 통솔하는 萬戶를 下萬戶府라 칭하였다. 路의 萬戶府는 각기 達魯花赤 1명, 萬戶(正三品) 1명을 두었다.

164) 嶺南: 중국 남부의 五嶺 지역을 가리키는 말로 현재의 광동·광서 지역과 湖南과 江西 일부 지역이 그 범위에 해당된다. 唐에서는 嶺南道를 두었는데, 현재 베트남의 洪河 삼각주 지역까지 관할하였다.

관군은 대다수가 풍토병에 걸렸는데, [이에] 황제는 한관에게 명하여 군대를 되돌리도록 하였다.[165] 남단 토관 막금이 반란을 일으키자 황제는 정남장군 양문(楊文)에게 용주(龍州)[166]를 평정한 후에 군대를 이동시켜 남단·봉의(奉議) 등지를 토벌하도록 명하였다.[167] [이에] 용주의 조종수(趙宗壽)[168]가 내조하여 사죄하고서, 방물(方物)[169]을 바쳤다.[170] 대군이 진격하여 봉의를 토벌하고 참장(參將) 유진(劉眞)을 기용하여 길을 나누어 남단을 공격하게 하였는데, 이곳을 공파하고서 막금을 사로잡고 아울러 그 무리들을 포로로 잡았다. 후에 보경위(寶慶衛) 지휘 손종(孫宗) 등을 보내 병사를 나누어 파란(巴蘭) 등 채(寨)로 진격하게 하였는데, 만인 요족이 두려워하여 산채를 불태우고 달아나자 관병이 추격하여 [그들을] 잡고 참수하니, 만인들의 지역은 모두 평정되었다.[171] [이에] 조서를 내려 남단·봉의·경원 세 위를 설치하고[172] 관군에게 그곳을 방비하도록 하였다.

그러나 宋 이후에는 베트남 북부 지역이 중국 왕조의 영향력에서 벗어나면서 嶺南의 개념에서 베트남 지역은 제외되었다.

165) 이에 대한 내용은 『太祖實錄』 卷239 洪武 28년 6월 己卯條에 있다.

166) 龍州: 오늘날의 廣西 龍州縣이다. 廣西 西南部에 위치하고 있으며, 廣西의 首府인 南寧市에서 200km 떨어져 있고, 東으로는 崇左市 江州區, 南으로는 寧明縣과 憑祥市, 北東쪽으로는 大新縣, 北西쪽으로는 베트남과 경계를 접하고 있다. 唐나라 武德 4년(621)에 龍州를 설치하고 治所를 龍城(오늘날 廣西 龍州縣 北쪽)에 두고서 龍城, 柳嶺 두 縣을 관할하게 하였다. 貞觀 7년(633)에 柳嶺縣은 龍城縣에 병합시켜 南昆州에 소속시키고, 龍州를 폐지하였다. 元나라 때는 萬戶府를 설치하고, 치소를 오늘날의 龍州縣으로 옮겼다. 明나라 洪武 초년에 다시 龍州를 회복시켰다가 淸나라 雍正 3년(1725)에 폐지하였다.

167) 이에 대한 내용은 『太祖實錄』 卷240 洪武 28년 8월 甲午條에 있다. 이보다 앞서 左軍都督府 左都督 楊文에게 征南將軍의 印을 패용하게 하여 總兵官으로 삼았다. 그리고 廣西都指揮使 韓觀을 左副將軍으로 삼았고, 右軍都督府 都督僉事 宋晟을 右副將軍으로 임명하였다. 명 조정은 그들에게 京衛의 정예부대 3만 명을 이끌고 廣西로 가서 각 지역의 군대와 회합하여 龍州土官 趙宗壽와 奉議·南丹·向武 등지의 소수민족들을 토벌하게 하였다(『太祖實錄』 卷240 洪武 28년 8월 丁卯條 참조).

168) 趙宗壽: 龍州의 土官이다. 洪武 元年(1368)에 그의 伯父인 趙帖堅이 명조에 歸附하여 龍州知州 兼守禦職에 제수되었는데, 洪武 21年(1388)에 趙帖堅이 죽자 동생 趙帖安의 아들인 趙宗壽가 伯父의 土官職을 이어받았다. 『土官底簿』 卷下, 雲南 龍州知州 참조.

169) 方物: 지방 특산물을 말한다.

170) 이때 趙宗壽는 耆民 69명과 함께 來朝하였다. 이에 대한 내용은 『太祖實錄』 卷241 洪武 28년 9월 丙申條 참조.

171) 이에 대한 내용은 『太祖實錄』 卷243 洪武 28년 11월 乙亥條에 있다.

172) 洪武 29년(1396) 정월에 南丹과 慶遠 두 衛는 軍民指揮使司로 변경되었다(이에 대한 내용은 『太祖實錄』 卷244 洪武 29년 정월 乙酉條 참조).

二十九年，廣西布政司言："新設南丹等三衛及富川千戶所，歲用軍餉二十餘萬石，有司所徵，不足以給."帝命俱置屯田，給耕種. 尋遣中使至桂林等府市牛給南丹·奉議諸衛軍士. 都指揮姜旺·童勝率兵抵思恩縣鎭寧等村洞，殺獲叛蠻三千餘人，降一千一百餘戶，得故宋銅印一來上.

[홍무] 29년(1396)에 광서포정사(廣西布政司)에서 아뢰기를, "새로 남단 등 세 위와 부천(富川) 천호소(千戶所)를 설치하였는데, 해마다 군향(軍餉) 20여 만 석이 사용되어 관련 부서에서 징수한 것[부세]로는 공급하기에 부족합니다"라고 하였다. [이에] 황제가 모두 둔전(屯田)[173]을 설치하고, 경우(耕牛)와 종자를 주도록 명하였다.[174] 얼마 후에 중사(中使)[175]를 계림(桂林) 등 부에 보내 소를 사서 남단·봉의의 각 위의 군사(軍士)에게 주었다.[176] 도지휘 강왕(姜旺)·동승(童勝)이 병사를 이끌고 사은현(思恩縣)[177] 진녕(鎭寧) 등 마을에 이르러, 반란을 일으킨 만인 3,000여 명을 사로잡아 죽이고 1,100여 호를 항복시켰으며, 옛 송나라의 동인(銅印) 하나를 획득해서 바쳤다.[178]

永樂二年，慶遠府言："忻城·宜山二縣洞蠻陳公宣等出沒爲寇，請剿捕."帝命都指揮朱輝親往撫諭，公宣等相率歸附，凡千三十五戶. 荔波縣民覃眞保上言："縣自洪武

173) 屯田: 변경이나 군사적 요충지에 軍糧에 충당하거나 官廳의 경비를 보충하려는 목적으로 설치한 토지로, 군인이나 모집된 농민들에게 이를 경작하도록 하였다.

174) 이때 奉議衛에서는, 해당 衛의 땅은 소수민족들의 거주지여서 둔전을 경작한다면 군대 동원에 어려움이 있을 것이니 30%는 守城하는 것이 좋겠다는 의견을 냈으나, 황제는 그 제안을 허락하지 않았다(이에 대한 내용은『太祖實錄』卷245 洪武 29년 3월 己丑條 참조).

175) 中使: 조정에서 파견하는 使者를 의미하는데 대부분 宦官을 가리킨다.

176) 이에 대한 내용은『太祖實錄』卷246 洪武 29년 5월 己巳條에 있다.

177) 思恩縣: 현재의 廣西 環江毛南族自治縣에 속한다. 唐나라는 貞觀 12年(638)에 思恩縣을 설치하고 嶺南道 環州에서 관할하게 하였다. 宋에서는 撫水州의 屬地였다가, 熙寧 8년(1075)에 賓州로 변경하여 예속시켰고, 大觀 연간(1107~1110) 초에는 宜州에 바꾸어 예속시켰다. 元에서는 慶遠路南丹州에서 관할하였고, 明初에는 이를 계승하였다. 正德 원년(1506)에 河池州에 바꾸어 예속시켰고, 淸에서는 慶遠府에 예속시켰다.

178) 이에 대한 내용은『太祖實錄』卷246 洪武 29년 5월 戊子條에 있다.

至今，人民安業，惟八十二洞瑤民未隷編籍．今聞朝廷加恩撫綏，咸願爲民，無由自達，乞遣使招撫．”乃命右軍都督府移文都督韓觀遣人撫諭，其願爲民者，量給賜賚，復其徭役三年．

영락 2년(1404)에 경원부에서 아뢰기를, “흔성(忻城)[179]·의산(宜山) 두 현의 동만(洞蠻) 진공선(陳公宣) 등이 출몰하여 노략질하니, 토벌하여 체포해주길 청합니다”라고 하였다. [이에] 황제가 도지휘 주휘(朱輝)에게 직접 가서 안무하고 효유하도록 명하니, 진공선 등이 연이어서 귀부하였는데, 모두 1,035호였다.[180] 여파현(荔波縣)[181]의 백성 담진보(覃眞保)가 상소하여 아뢰기를, “이 현은 홍무 연간(1368~1398)부터 지금까지 백성들이 안심하고 생업을 했는데 오직 82동(洞)의 요민(瑤民)만이 호적에 편입되어 속하지 않았습니다. 지금 조정에서 많은 은혜를 내려 안무한다는 소식을 듣고 모두 백성이 되기를 원하지만 스스로 이를 기회가 없었을 따름이니, 사자(使者)를 보내 초무(招撫)해 주시길 청합니다”라고 하였다. 이에 [명 조정에서는] 우군도독부(右軍都督府)[182]에 명하여 도독 한관에게 공문을 발송하여 사람을 보내 안무하고 효유하도록 하고, 백성이 되기를 원하는 자들은 [사정을] 헤아려서 상을 내리도록 하였으며, 요역(徭役)[183] 3년을 면제하도록[184] 하였다.[185]

179) 忻城: 현재 廣西 壯族自治區 來賓市의 관할 현이다. 秦나라 때는 桂林郡에 속했고, 漢나라 때는 南越의 땅이었다. 唐 貞觀 연간(627~649) 초에 이곳에 忻城縣을 설치하여 芝州에서 관할하였고, 天寶 원년(742)에 忻城郡으로 개칭하였다. 乾元 원년(758)에는 桂州都督府에 속하게 하였다. 宋에서는 慶歷 3년(1043)에 芝忻·歸思·紆州를 병합하여 忻城縣을 설치하였고, 宣和 원년(1119)에 右江道慶遠軍에 예속시켰으며, 咸淳 원년(1265)에 慶遠府에 속했다. 元나라 때는 至元 13년(1276)에 慶遠路安撫司에 속했고, 至元 16년(1279)에 慶遠路總管府로 변경하여 예속시켰으며, 大德 원년(1297)에는 慶遠南丹溪峒軍民安撫司에 바꾸어 예속시켰다. 明에서는 洪武 원년(1368)에 慶遠府에 예속시켰고, 洪武 2년(1369)에는 慶遠南丹軍民安撫司로 변경하여 예속시켰으며, 洪武 3년(1370)에 다시 慶遠府에 예속시켰다. 弘治 10년(1497)에 忻城을 土縣으로 삼았다.

180) 이에 대한 내용은『太宗實錄』卷30 永樂 2년 4월 丙戌條에 있다.

181) 荔波縣: 현재의 貴州省 南部에 위치하는데, 布依族苗族自治州에 속한다.

182) 右軍都督府: 明의 五軍都督府의 하나로, 明의 군대를 관리하는 기구이며 군사행정 구획단위이다. 洪武 13년(1380)에 洪武帝는 大都督府를 폐지하고 五軍都督府로 변경하였는데, 그 안에는 前軍都督府·後軍都督府·左軍都督府·右軍都督府·中軍都督府가 포함되어 있다. 각 부에는 左·右都督(正一品), 都督同知(從一品), 都督僉事(正二品)을 두었다. 그 아래에는 經歷(從五品), 都事(從七品)을 두었다.

宣德五年，總兵官山雲討慶遠蠻寇，斬首七千四百，平之．九年，雲奏："思恩縣蠻賊覃公砦等累年作亂，今委都指揮彭義等率兵剿捕，斬賊首梁公成·潘通天等梟之，仍督官軍搜捕餘黨．"帝賜敕慰勞．又奏："慶遠·鬱林等州縣蠻寇出沒，必宜剿除，而兵力不足．"帝命廣東都司調附近衛所精銳士卒千五百人，委都指揮一員，赴廣西，聽雲調用．十年，南丹土官莫禎來朝，貢馬，賜彩幣．

선덕 5년(1430)에 총병관 산운(山雲)이 경원의 만구(蠻寇)를 토벌하여 7,400여 명을 참수하였고, 그 지역을 평정하였다.[186] [선덕] 9년(1434)에 산운이 상주하기를, "사은현(思恩縣)의 만적(蠻賊) 담공채(覃公砦) 등이 여러 해 반란을 일으켜서, 지금 위임받은 도지휘 팽의(彭義) 등에게 병사를 이끌고 토벌하여 체포하게 했는데, 적의 우두머리 양공성(梁公成)·반통천(潘通天) 등을 참수하여 효시하였고, 계속해서 관군에게 남은 무리들을 찾아 사로잡을 것을 독촉하였습니다"라고 하였다. [이에] 황제가 칙서를 내려 위로하였다. 또 상주하기를, "경원·울림(鬱林)[187] 등 주현에 만구(蠻寇)가 출몰하여 반드시 섬멸하여 없애야 하는데, 병력이 부족합니다"라고 하였다. [이에] 황제가 광동도사(廣東都司)에 명하여 근처 위소(衛所)[188]의

183) 徭役: 국가가 노동력을 무상으로 징발하는 것이다. 역에는 里甲·均徭·雜泛 등 세 가지가 있는데, 均徭가 바로 요역이다.

184) 이때 兵部에서는 軍屯관리에 대해서 60세 이상, 장애인, 어린 사람은 마땅히 자신을 부양해야 하니 賞罰의 예에서는 예외로 해야 한다는 의견을 냈고, 황제의 허락을 받았다. 이에 대한 내용은 『太宗實錄』 卷33 永樂 2년 7월 己丑條에 있다.

185) 嘉靖 연간(1522~1566)에 吏部尙書와 武英殿 大學士를 역임했던 桂萼은 명 조정이 이 지역의 소수민족들을 관리하는 상황에 대해서 "洪武·永樂 연간에는 總兵官 山雲·韓觀이 계속해서 잘 다스려서 조정의 威信을 세웠고, 지방은 평안하였으나, 正統 연간(1427~1464) 이후에는 이 지역의 소수민족들이 10여 명 혹은 100여 명씩 무리를 지어 도로와 江船을 막고, 村堡를 약탈하는 것이 일상적인 일이 되었다"고 평가하였다(『粤西文載』 卷7 참조).

186) 이것은 宣德 3년(1428)부터 宣德 5년(1430)까지 실행한 것이었고, 이때 남녀 1,530명을 귀환시켰다. 이에 대한 내용은 『宣宗實錄』 卷72 宣德 5년 11월 戊戌朔條에 있다.

187) 鬱林: 현재의 廣西省 玉林市이다. 唐 乾封 원년(666)에 鬱林州를 설치하였다. 宋 至道 2년(996)에 治所를 南流縣으로 옮겼는데, 州城을 南流 강가에 건설하였다. 元과 明에서는 계속해서 鬱林州를 두었다.

188) 衛所: 軍戶에서 징발된 軍丁을 각 지방의 衛所에 분산 소속시켜 군역에 종사하도록 하였는데, 명대 위소제에 대해서는 『明史』의 기록에 근거하여 劉基가 확립한 것이라는 견해를 많은 학자들이 답습하고 있다. 그러나 사실상 위소제도는 유기에 의해 처음으로 창설된 것이 아니라, 元代 軍事制를 모방하여

정예 병사 1,500명을 동원하고, 위임받은 도지휘 1명에게 광서로 가도록 하였고, 산운의 지휘에 따르도록 하였다.[189] [선덕] 10년(1435)에 남단 토관 막정(莫禎)이 내조하여 말을 바치니, [이에] 채폐(彩幣)[190]를 내려주었다.

正統四年, 莫禎奏: "本府所轄東蘭等三州, 土官所治, 歷年以來, 地方寧靖. 宜山等六縣, 流官所治, 溪峒諸蠻, 不時出沒. 原其所自, 皆因流官能撫字附近良民, 而溪峒諸蠻恃險爲惡者, 不能鈐制其出沒. 每調軍剿捕, 各縣居民與諸蠻結納者, 又先漏泄軍情, 致賊潛遁. 及聞招撫, 詐爲向順, 仍肆劫掠, 是以兵連禍結無寧歲. 臣竊不

주원장이 元末 農民叛亂에 참가하였을 때, 이미 확립된 제도였다. 위소제도의 특징은 평시에는 군대를 각 지방에 분산시켜 주둔케 하고 전시에만 장수로 하여금 출병하게 하였다. 이때 장수는 중앙에서 파견되는 사람으로 개인적으로는 평시에 사병을 거느리지 못하고, 전시에만 이들을 이끌고 싸움에 임할 수 있었다. 따라서 평상시의 군사들은 이들을 직접적으로 통솔하는 將領이 설치되어 있는 것이 아니라 軍籍이나 出兵權에 의해 황제의 수중에 장악되었다. 즉, 軍戶를 기입한 군적은 병부가 관리하고 군사의 통솔권만 五軍都督府가 장악하였는데, 이때 출병의 명령은 황제나 번왕의 수중에 있어 장수는 전시에만 조정에서 파견되어 군사를 통솔하여 싸움에 임할 뿐이었다. 이처럼 명대의 군사권은 철저하게 견제를 통해 직접 간접적으로 황제의 수중에 장악되었다. 명대 위소제도에 관해서는 『明史』 卷90 「兵志」2에 보면, 一衛는 대체로 5,600명, 一千戶所는 1,120명, 一百戶所는 112명으로 구성되어 있고, 百戶所에는 2개의 總旗가 있다. 一總旗는 5小旗를 거느리고, 小旗는 10명의 군사를 거느린다고 되어 있다. 그러나 처음 위소제도가 성립되었을 때는 원대 군사제도와 마찬가지로 十·千·萬 單位로 구성되었다. 즉 一衛는 10千戶所, 一千戶所는 10百戶所로 되었고, 百戶所에는 2總旗, 一總旗는 5小旗를 거느리고, 一小旗는 10명의 군사를 통솔하였던 것으로 보인다. 이렇게 볼 때, 당초의 一衛의 軍官과 軍士를 계산해 보면, 모두 11,311명(군사 10,000, 소기 1,000, 총기 200, 백호 100, 천호 10, 도지휘 1)이 된다. 그런데 위소제도가 실시된 후 얼마 뒤에는 一衛의 군관과 군사수가 실제로는 5,656명(군사 5,000, 소기 500, 총기 100, 백호 50, 천호 5, 도지휘 1)이 되는데, 명대는 계속하여 이것을 원칙으로 하였다. 따라서 명대 위소제도가 완비되었을 때는 군사의 숫자가 이전보다 약 2분의 1로 감소된 것을 알 수 있다. 이렇게 구성된 위소는 각 都司에 소속되었는데, 洪武 26년(1393)에는 전국적으로 도사 17개, 행도사 3개, 유수사 1개이며, 內外衛 329개, 守禦千戶衛 65개였다. 永樂 연간(1403~1424) 이후에는 위소가 증설되어 도사가 21개, 유수사 2개, 내외위 493개, 守禦屯田群牧千戶衛가 359개로 되었다(윤정분, 1984: 315~317).

189) 이에 대한 내용은 『宣宗實錄』 卷109 宣德 9년 3월 戊寅朔條에 있다.

190) 綵幣: 彩幣라고도 하는데, '綵'는 무늬가 있는 비단이고, '幣'는 絹織의 帛을 말하는 것으로, 무늬가 있는 絹織物을 일컫는다.

忍良民受害，願授臣本州土官知府，流官總理府事，而臣專備蠻賊，務擒捕殄絶積年爲害者．其餘則編伍造冊，使聽調用．據巖險者，拘集平地，使無所恃．擇有名望者立爲頭目，加意撫恤，督勵生理．各村寨皆置社學，使漸風化．三五十里設一堡，使土兵守備，凡有寇亂，卽率衆剿殺．如賊不除，地方不靖，乞究臣誑罔之罪．”帝覽其奏，卽敕總兵官柳溥曰：“以蠻攻蠻，古有成說．今莫禎所奏，意甚可嘉，彼果能效力，省我邊費，朝廷豈惜一官，爾其酌之．”

정통(正統)[191] 4년(1439)에 막정이 상주하기를, “본 부에는 동란(東蘭)[192] 등 3개의 주(州)가 소속되어 있고 토관이 통치하고 있는데, 여러 해 동안 지방이 안정되었습니다. [그런데] 의산 등 여섯 현은 유관(流官)[193]이 다스리는데, 계동(소수민족 거주지)[194]의 여러 만인들이 수시로 출몰합니다. 그 원인을 찾아보니, 모두 유관이 부근의 양민(良民)들은 충분히 안무하

191) 正統: 明 왕조의 제6대 황제인 朱祁鎭 英宗의 年號이다. 英宗은 중국 황제 가운데 유일하게 두 차례 즉위했는데, 그 첫 번째 시기의 연호가 正統(1435~1449)이며, 두 번째 시기의 연호는 天順(1457~1464)이다.

192) 東蘭: 廣西 서북부에 위치한 지금의 東蘭縣이다. 雲貴高原 지대의 남쪽 가장자리에 위치해 있으며, 紅水 중류지방에 해당한다. 동으로는 金城江 유역, 西로는 鳳山縣, 南으로는 大化縣과 巴馬縣, 북으로는 南丹縣과 天峨縣에 접해 있으며, 廣西壯族自治區의 首府인 南寧市와는 308km 떨어져 있다. 아열대 기후 지역에 속하여 비가 많고 따뜻하여 土地, 森林, 生物, 鑛物 등의 천연자원이 풍부하다. 沿革을 살펴보면 秦나라 때, 지금의 東蘭縣 東部 지역은 桂林郡에 西部 지역은 象郡에 속했다. 後漢, 三國시대에는 吳나라 鬱林郡에 속했다. 晋나라 때는 桂林郡 龍剛縣(오늘날의 宜山)에 속했다. 南朝 초에는 晋의 제도를 계승하였으나 梁나라에서는 馬平郡에 소속되었다. 隋나라 때는 다시 鬱林郡에 속했고, 唐나라 때는 오늘날 東蘭縣의 땅이 嶺南道와 黔中道로 나뉘어 속했다. 五代 때는 楚에 속했으며, 宋나라 崇寧 5년(1106)에는 納土歸朝하였으므로 蘭州와 文州를 설치하고 慶遠府에 소속되었다. 元나라 때는 蘭州를 東蘭州로 개칭하고 慶遠南丹溪洞等處軍民安撫司에 소속시키고 州治를 오늘날의 蘭陽에 두었다. 明나라 洪武 12년(1379)에 安習州, 忠州, 文州를 병합하여 東蘭州에 소속시켰는데, 東蘭州는 慶遠府의 관할로 했고 州治를 오늘날의 蘭陽에 두었다. 成化 11년(1475)에 州治를 오늘날의 武篆鎭으로 옮겼는데, 嘉靖 14년(1535)에 東蘭의 土知州 偉起雲이 州治를 武篆에서 東院哨(오늘날의 縣城)으로 옮긴 이후 지금까지 변경되지 않았다. 淸나라 雍正 8년(1730)에 改土歸流하여 東蘭州로 칭하고 慶遠府 관할로 삼았다.

193) 流官: 明淸時代 四川, 雲南, 廣西 等省의 少數民族이 集居하는 地區에 설치된 地方官으로, 정해진 임기가 있고 그것이 만료되면 인사평정을 받게 된다. 관직을 世襲하는 土官과는 다른 존재이다.

194) 谿峒: 소수민족들이 사는 지역은 보통 깊고 험준한 산악 지역에 존재했기 때문에 그들의 거주 지역을 통칭해서 부른 명칭이다.

고 자상하게 돌보고 있지만, 계동의 여러 만인들은 험한 지형에 의지하여 나쁜 짓을 하니 그들이 출몰하는 것을 제어할 수 없기 때문입니다. 매번 군대를 징발하여 토벌하고 사로잡게 하였지만 각 현의 거주민은 여러 만족들과 결탁하여, 미리 군정을 누설하여 적들이 몰래 도망치게 하였습니다. 초무한다는 말을 듣고 거짓으로 귀순하고는 계속해서 함부로 약탈하니, 전쟁이 끊이지 않아 평안한 때가 없습니다. 신은 양민들이 해를 입는 것을 참을 수 없으니, 신에게 본 주의 토관지부를 제수하시고 유관이 부의 일을 총괄하게 하기를 희망하오며, 신은 오로지 만적을 방비하고 여러 해 동안 해를 입힌 자를 사로잡는 데만 힘쓰겠습니다. 그 나머지는 호적에 편입시켜 명부를 만들어, 동원에 따르도록 하겠습니다. 험준한 곳을 점거한 이들은 평지에 모여 살도록 제한하여 [그들이] 의지할 만한 곳을 없애겠습니다. [그리고 그들 가운데] 명망 있는 이를 선택해서 두목(頭目)으로 삼고 특별히 무휼(撫恤)하고 생계에 힘쓰도록 살피겠습니다. 각 촌채에는 모두 사학(社學)[195]을 설치하여 점차 교화되도록 하겠습니다. 3~50리에 보(堡)를 설치하고 토병(土兵)에게 수비하게 하여 적구(賊寇)들이 소란을 일으키면 바로 무리를 이끌고 소탕하겠습니다. 만약 적구(賊寇)들이 제거되지 않아 지방이 안정되지 않으면, 신이 [황제를] 속이고 기만한 죄를 추구해 주시길 청합니다"라고 하였다. [이에] 황제가 그 상주를 보고 바로 총병관 유부(柳溥)[196]에게 칙서를 내려 이르기를, "만인(蠻人)으로 만인을 공격하는 것은 옛날에도 있었던 방법이다. 지금 막정이 상주한 바가 그 뜻이 매우 가상하니, 그것이 과연 효력이 있어 우리 변방의 비용을 줄일 수 있다면 조정이 어찌 하나의 관직을 아까와 하겠는가? 그대는 이를 참작하여 처리하라"고 하였다.[197]

---

195) 社學: 지방관이 조정의 命을 받아서 鄕村에 설립한 학교이다.

196) 柳溥: 生卒年 미상. 南直隶 安慶府 懷寧縣(현재의 安徽省 安慶市) 사람이다. 融國公 柳升의 子이다. 처음에는 中軍都督府의 일을 담당하였고, 후에는 廣西 鎭守에 참여하였다. 그의 사람됨은 성실하고 일처리는 청렴하였으나 武官으로서의 모략은 갖추지 못했다는 평가를 받았다. 廣西의 瑤族·僮族이 서로 반란을 일으키자, 柳溥는 大藤峽에서 일어난 반란을 토벌한 후 柳州·思恩의 여러 寨를 공파하였으나, 반란은 끊이지 않았다. 景泰 연간(1450~1456) 초에 土木堡의 變으로 군사적 상황이 긴박해지자 柳溥는 右軍都督府의 일을 담당하는데, 투입되어 神機營을 감독하였다. 天順 연간(1450~1464) 초에 宣府·大同을 방어하는 일을 맡았고, 太傅로 승진하였다. 陝西에 긴급상황이 발생하자 平虜大將軍印을 패용하고 방어하는 일을 맡았다. 그러나 몽골인들이 涼州를 다시 공격하였을 때, 柳溥는 성문을 굳게 닫고 출격하지 않아 몽골인들이 약탈하여 돌아갔다. 이에 柳溥는 탄핵을 당했으나 얼마 후에 다시 神機營 감독을 맡았다. 그의 시호는 武肅이다(『明史』 卷154 「柳溥傳」).

197) 이에 대한 내용은 『英宗實錄』 卷57 宣德 4년 7월 癸酉條에 있다.

弘治九年，總督鄧廷瓚言："廣西瑤·僮數多，土民數少，兼各衛軍士十亡八九，凡有征調，全倚土兵. 乞令東蘭土知州韋祖鋐子一人，領土兵數千於古田·蘭麻等處撥田耕守，候平古田，改設長官司以授之." 廷議以古田密邇省治，其間土地多良民世業，若以祖鋐子爲土官，恐數年之後，良民田稅皆非我有. 欲設長官司，祗宜於土民中選補. 廷瓚又言："慶遠府天河縣舊十八里，後漸爲僮賊所據，止餘殘民八里，請分設一長官司治之." 部議增設永安長官司，授土人韋萬妙等爲正·副長官，幷流官吏目一員. 是年，裁忻城縣流官，留土官知縣掌縣事，亦從廷瓚奏也.

홍치(弘治) 9년(1496)에 총독(總督) 등정찬(鄧廷瓚)[198]이 아뢰기를, "광서에는 요족·동족의 숫자가 많고 토민(土民)은 적은데, 게다가 각 위의 군사 10명 중 8~9명은 도망쳐서, 무릇 징집된 이들은 모두 토병(土兵)에 의지하고 있습니다. 청하옵건대 동란(東蘭) 토지주(土知州) 위조횡(韋祖鋐)의 아들 한 명에게 고전·난마(蘭麻) 등지에서 토병 수천 명을 거느리고 토지를 주어 경작케 하고 지키도록 하시옵고, 고전이 평정되기를 기다려 장관사(長官司)를 개설하여 그에게 수여해주옵소서"라고 하였다. [이에] 조정에서 논의하기를, 고전은 성(省)의 치소에 가깝고 그 사이의 토지는 대부분 양민이 대대로 이어온 땅인데, 만약 위조횡의 아들을 토관으로 삼아 [그가] 몇 년 후에는 아마도 양민의 전세(田稅)가 모두 조정의 소유가 되지 않을 것이라고 하였다. [따라서] 장관사를 설치하고자 하면, 마땅히 토민 중에서 선발하여 임명해야 한다고 하였다. 등정찬이 또 아뢰기를, "경원부 천하현(天河縣)[199]의 원래 18리(里)가 나중에 점차 동적(僮賊)에게 점거당하여 단지 남아 있는 백성들이 8리이니, 청하옵건대

198) 鄧廷瓚(?~1500): 巴陵 사람으로 字는 宗器이다. 景泰 5년(1454)에 進士가 되었고, 淳安縣 知縣이 되었으며, 후에 太僕寺丞으로 승진하였다. 貴州에 새로 程番府를 설치하였는데, 그 지역이 깊은 산속에 있어서 吏部에서는 부임할 관원을 선발하는데 어려움을 겪다가 그를 知府로 임명하였다 그는 부임 후 이곳의 城郭·學校·壇廟 등을 정비하였고, 그에 대한 공로를 인정받아서 山東左參政으로 승진하였으며, 후에 右布政使가 되었다. 弘治 2년(1489)에 右副都御史의 신분으로 貴州를 巡撫하였고, 弘治 8년(1495)에 南京都察院事가 되었으며, 얼마 후에 兩廣軍務와 巡撫를 담당하였다. 후에 左都御史로 승진하였다. 그의 시호는 襄敏이었다(『明史』 卷172 「鄧廷瓚傳」 참조).

199) 天河縣: 唐에서는 天河縣을 설치하였고, 宋에서는 그것을 계승하였다. 옛 성은 지금 廣西省天河縣 북쪽에 있다. 元에서는 지금 현의 서남쪽에 이동하여 설치하였고, 明에서는 여러 차례 옮겼지만 마지막에 지금의 장소로 이동하여 설치하였다.

장관사 하나를 나누어 설치하여 다스리도록 하십시오"라고 하였다. [이에] 해당 부서에서 영안(永安) 장관사를 증설할 것을 건의하였고, 토인 위만묘(韋萬妙) 등에게 정·부장관을 제수하였으며, 아울러 유관 이목(吏目)[200] 한 명을 설치하였다.[201] 이 해에 흔성현(忻城縣)의 유관을 줄이고, 토관지현을 남겨 현의 일을 관장하게 하였는데, 이 또한 등정찬이 상주한 것을 따른 것이다.[202]

十二年, 韋祖鋐率兵五千助思恩岑浚攻田州, 殺掠男女八百餘人, 驅之溺水死者無算. 副總兵歐磐詣田州, 兵乃解.

[홍치] 12년(1379)에, 위조횡이 병사 5,000명을 이끌고 사은(思恩)의 잠준(岑浚)이 전주(田州)를 공격하는 것을 도와 남녀 800여 명을 살해하고 약탈하였는데, 내몰려 물에 빠져 죽은 자가 셀 수 없었다.[203] 부총병 구반(歐磐)[204]이 전주에 이르자 전쟁이 바로 그쳤다.

---

200) 吏目: 관부의 문서를 관장하는 직이다. 이미 元나라 때에 提擧司 및 中·下 규모의 州에 관원을 보좌하는 吏目을 두었고, 明代에도 太常寺·鹽課提擧司·市舶提擧司·京衛指揮使司·太醫院·五城兵馬司 및 지방의 知州 아래 吏目을 두어 문서를 관장하게 하였다. 清朝에서도 太醫院·五城兵馬司 및 知州 아래 吏目을 두어 刑獄과 문서를 담당하게 하였다. 본문에서의 吏目은 知州를 보좌해서 문서를 담당하는 관원으로 보인다.

201) 이에 대한 내용은 『孝宗實錄』 卷116 弘治 9년 8월 壬寅條에 있다.

202) 이에 대한 내용은 『孝宗實錄』 卷118 弘治 9년 10월 丁亥條에 있다.

203) 이에 대한 내용은 『孝宗實錄』 卷149 弘治 12년 4월 甲午條에 있다.

204) 歐磐: 生卒年 未詳. 安徽 滁州 사람이다. 歐磐은 指揮使의 직책을 세습하였다. 成化 연간(1465~1487)에 廣東都指揮僉事로 승진하였다. 후에 總督 朱英의 천거로 廣西 右參將에 임명되어 柳州, 慶遠을 分守하였다. 左參將 馬義와 함께 融縣의 여덟 寨에 거주하던 瑤族을 토벌하여 승리하였다. 그러나 군사를 돌이킨 후에 이들이 다시 출몰하여 약탈하자 탄핵을 당했다. 후에 督撫가 상주하여 戴罪立功하게 하자고 요청하자 憲宗이 죄를 사면하고 복직시켰다. 成化 23년(1487)에 廣西 鬱林·陸川의 黃公定, 胡公明이 叛亂을 일으키자 歐磐은 按察使 陶魯와 병사를 다섯 갈래로 나누어 공격하여 승리하고 都指揮 同知로 승진하였다. 弘治 연간(1488~1505)에 병으로 해임되었는데, 總督 秦紘이 그의 戰功과 才能을 아껴서 다시 기용해 줄 것을 상주하자 孝宗이 이를 받아들여 복직시켰다. 弘治 8년(1495)에 廣西 府江·永安 일대에서 壯族 반란이 일어나자 總督 閔珪가 6萬의 군대를 징발하여 평정하였는데, 이때 歐磐도 종군하여 181개의 山寨를 점령하고 6천여 명을 참수하여 都指揮使로 승진하고, 곧 廣西副總兵으로 발탁되었다. 후에 都御史 鄧廷瓚 等의 상주로 인해 都督僉事로 승진하였다. 弘治 15년(1502)에는 平蠻將軍으로서

嘉靖二十七年，那地州土官羅廷鳳聽調有勞，命襲替，免赴京．四十二年錄平瑤功，授東蘭州・那地州土官職．

가정(嘉靖) 27년(1548)에, 나지주(那地州)[205]의 토관 나정봉(羅廷鳳)이 군대의 징발에 징발을 대비하는 일에 공로가 있어서 관직의 세습을 명하고, 경사에 오는 것을 면해주었다.[206] [가정] 42년(1563)에 요족을 평정한 공로를 살펴서 동란주·나지주의 토관직을 제수하였다.[207]

慶遠領州四．河池，弘治中以縣陞州，改流官．其東蘭・那地・南丹皆土官．縣五，忻城土官．又長官司二，曰永安，永順．

경원은 네 개의 주를 통령(統領)하였다. 하지(河池)는 홍치 연간(1488~1505)에 현에서 주로 승격되었는데, 유관으로 바꾸었다.[208] 동란·나지·남단은 모두 토관이었다. 현은 다섯 개인데, 흔성에는 토관을 두었다. 또한 장관사 둘을 두었는데 영안, 영순이라고 한다.

湖廣을 鎭守하였다. 弘治 18년(1505)에 사직을 하였는데, 2년 후에 사망했다. 『明史』 卷166 「歐磐傳」 참조.

205) 那地州: 지금의 廣西 南丹縣 서남쪽에 위치한 那地이다. 동쪽으로는 河池, 서쪽으로는 貴州의 羅斛, 남쪽으로는 東蘭, 북쪽으로는 南丹州가 있다. 서남쪽으로는 紅水河를 사이에 두고 泗城과 마주보고 있다. 那地州는 明 이전에는 那州(지금의 天峨縣 六排鎭 納州屯)와 地州(지금의 南丹縣 吾隘鄕 那地村)으로 나뉘어져 있었는데, 那州가 먼저 설치되었다.

206) 이러한 賞을 받은 이는 羅廷鳳 외에 向武州 土官 黃仲金, 泗城州 土官 岑施가 더 있었다. 이에 대한 내용은 『世宗實錄』 卷343 嘉靖 27년 12월 甲午條에 있다.

207) 이때 向武州 土官知州 黃仲金에게는 四品服色을, 東蘭州 土官知州 韋應龍와 田州 土官知州 岑大祿에게는 각각 本職을 제수하고, 韋應龍에게는 四品服色을 더해 주었다. 龍英州 土官知州 趙彦麟, 那地州 土官知州 羅忠輔, 思明府 土官知府 黃承祖, 江州 土官知州 黃恩에게는 각각 본직을 대리로 수행하게 하였다. 이에 대한 내용은 『世宗實錄』 卷522 嘉靖 42년 6월 辛酉條에 있다.

208) 이에 대한 내용은 『孝宗實錄』 卷213 弘治 17년 5월 甲寅條에 있다. 韋富撓의 선조는 唐·宋시대 이래로 東蘭을 장악하고 있었는데, 儂智高가 宋 조정에 반기를 들자 산 속으로 도망가 숨었다. 元代에 이르러 韋富撓의 부친인 韋晏勇이 다시 東蘭을 장악하였다.

東蘭州, 在府城西南四百二十里. 宋時有韋君朝者, 居文蘭峒爲蠻長, 傳子宴鬧. 崇寧五年內附, 因置蘭州, 以宴鬧知州事, 俾世其官. 元改爲東蘭州, 韋氏世襲如故. 洪武十二年, 土官韋富撓遣家人韋錢保詣闕, 上元所授印, 貢方物. 錢保匿富撓名, 以己名上, 因以錢保知東蘭州. 旣而錢保徵斂暴急, 民不堪命, 擁富撓作亂. 廣西都司討平之, 執錢保正其罪, 仍以其地歸韋氏.

동란주(東蘭州)는 부성(府城)에서 서남쪽으로 420리에 있다. 송나라 때는 위군조(韋君朝)이라는 자가 문란동(文蘭峒)에 거주하면서 만장(蠻長)이 되었고, 아들 위연료(韋宴鬧)에게 세습하였다. 숭녕(崇寧)[209] 5년(1106)에 귀부하였으므로 난주(蘭州)를 설치하고 위안료에게 지주의 일을 하게 하였으며, 그 관직을 세습하게 하였다. 원나라 때에 동란주로 변경하였는데, 위씨가 옛날처럼 세습하였다. 홍무 12년(1379)에 토관 위부요(韋富撓)가 가인(家人) 위전보(韋錢保)를 보내 대궐에 이르러, 원나라로부터 받은 인장(印章)을 바치고 방물을 진공했다. 위전보는 위부요의 이름을 숨기고, 자신의 이름을 올렸는데, 이 때문에 [조정에서는] 위전보를 동란주 지주로 삼았다. 얼마 후에 위전보가 난폭하게 징수를 하니, 백성들이 견디지 못하고 위부요를 옹립해서 반란을 일으켰다. 광서도사(廣西都司)[210]가 이들을 토벌하여 평정하였고, 위전보를 잡아 그 죄를 다스렸는데, 그 지역은 계속해서 위씨에게 돌아갔다.[211]

那地州, 在府城西南二百四十里. 宋熙寧初, 土人羅世念來降, 授世職. 崇寧五年, 諸蠻納土, 遂置地·那二州, 以羅氏世知地州. 大觀中, 析地州置俘州. 元仍爲地·那二州. 洪武元年, 土官羅黃貌歸附, 詔幷那入地, 爲那地州, 予印, 授黃貌世襲土知州, 以流官吏目佐之.

---

209) 崇寧: 北宋의 徽宗이 사용했던 年號로, 그 기간은 1102~1106년이다.

210) 廣西都司: 廣西都指揮使司의 간칭이다. 明 洪武 6년(1373)에 桂林府城에 廣西都衛를 설치하였고, 洪武 8년(1375)에 廣西都指揮使司로 변경하였다. 指揮使司 1명, 指揮同知 2명, 指揮僉事 4명을 두어서 廣西의 軍務를 관할하게 하였고, 각 衛所를 통할하면서 左軍都督府에 예속되었다. 職能기관으로는 經力司·斷事司·司獄司가 있다.

211) 이에 대한 내용은 『太祖實錄』 卷170 洪武 18년 정월 辛巳條에 있다.

나지주(那地州)는 부성의 서남쪽 240리에 있다. 송나라의 희녕(熙寧)[212] 연간(1068~1077) 초에 토인 나세염(羅世念)이 투항하니, 세습관직을 제수하였다. 숭녕 5년(1106)에 여러 만인들이 토지를 바치니, 마침내 지(地)·나(那) 두 주를 설치하였으며, 나씨를 대대로 지주(地州)의 지주(知州)로 임명하였다. 대관(大觀)[213] 연간(1107~1110)에는 지주를 나누어서 부주(孚州)를 설치하였다. 원나라에서는 계속해서 지·나 두 주를 두었다. 홍무 원년(1368)에 토관 나황모(羅黃貌)가 귀부하니, 조서를 내려 나주를 지주에 병합하여 나지주로 하였으며, 인신을 주고 나황모에게 세습 토지주를 제수하였으며, 유관 이목으로 하여금 그를 보좌하게 하였다.[214]

南丹州, 宋開寶初, 土官莫洪䜛內附. 元豊三年置南丹州, 管轄諸蠻, 歷世承襲. 元至正末, 莫國麒納土, 命爲慶遠南丹溪洞安撫使. 明洪武初, 安撫使莫天讓歸附. 七年置州, 授莫金知州, 世襲, 佐以流官吏目. 金以叛誅, 廢州置衛. 後因其地多瘴, 遷之賓州. 旣而蠻民作亂, 復置土官知州, 以金子莫祿爲之.

남단주(南丹州)는 송나라 개보(開寶)[215] 연간(968~976) 초에 토관 막홍연(莫洪䜛)이 귀부하였다. 원풍(元豊)[216] 3년(1082)에 남단주를 설치하여 여러 만인들을 관할하였고, 대대로 세습하게 하였다. 원나라의 지정(至正)[217] 연간(1341~1368) 말에 막국기(莫國麒)가 토지를 바치니, [그를] 경원(慶遠)남단(南丹)계동(溪洞)안무사(安撫使)로 삼았다. 명나라 홍무 연간(1368~1398) 초에 안무사 막천양(莫天讓)이 귀부하였다. [홍무] 7년(1374)에는 주를 설치하여 막금에게 지주를 제수하여[218] 세습하게 하였으며, 유관 이목으로 하여금 보좌하게 하였다. 막금이 반란으로 피살되어, 주를 폐지하고 위를 두었다. 후에 그 지역은 풍토병이 많아서

212) 熙寧: 北宋 神宗의 年號이다.
213) 大觀: 北宋 徽宗의 年號이다.
214) 洪武 8년(1375)의 기록에, 那地縣 土官 羅貌가 귀부하여 그에게 知縣의 일을 맡겼다는 내용이 있다(『太祖實錄』 卷99 洪武 8년 4월 庚子條 참조)
215) 開寶: 北宋 太祖의 연호이다.
216) 元豊: 北宋 神宗의 연호로 사용기간은 1078~1085년이다.
217) 至正: 元 順帝(토곤 테무르)의 세 번째 연호이다.
218) 이에 대한 내용은 『太祖實錄』 卷91 洪武 7년 7월 甲戌條에 있다.

빈주(賓州)로 옮겼다. 얼마 후에 만민들이 반란을 일으키자, 다시 토관지주를 설치하고 막금의 아들 막록(莫祿)에게 [토관지주의] 일을 맡게 하였다.

忻城, 宋慶曆間置縣, 隸宜州. 元以土官莫保爲八仙屯千戶. 洪武初, 設流官知縣, 罷管兵官, 籍其屯兵爲民, 莫氏遂徙居忻城界. 宣·正後, 猺·僮狂悖, 知縣蘇寬不任職. 猺老韋公泰等擧莫保之孫誠敬爲土官, 寬爲請於上官, 具奏, 得世襲知縣. 由是邑有二令, 權不相統, 流官握空印, 僦居府城而已. 弘治間, 總督鄧廷瓚奏革流官, 土人韋保爲內官, 陰主之, 始獨任土官.

흔성(忻城)은 송나라 경력(慶曆)[219] 연간(1041~1048)에 현을 설치하였고, 의주에 예속되었다. 원나라에서는 토관 막보(莫保)를 팔선둔(八仙屯) 천호로 삼았다. 홍무 연간(1368~1398) 초에 유관 지현을 설치하고 병사를 관할하는 관원을 없앴으며, 둔병(屯兵)을 민적(民籍)에 편입시키자, 막씨는 마침내 흔성 경계로 옮겨 거주하였다. 선덕(1426~1435)·정통 연간(1436~1449) 이후에는 요족·동족이 사납고 고집스러워져서 지현 소관(蘇寬)이 그 직을 맡지 못하였다. 요족의 장로 위공태(韋公泰) 등이 막보의 손자 막성경(莫誠敬)을 토관으로 천거하니, 소관이 상관에게 문서를 갖춰 상주하여 청하여 세습지현을 획득하였다. 이로써 읍(邑)에는 두 명의 현령이 있어서 권한이 서로 통일되지 않았는데, 유관은 공인(空印)을 가지고 부성에 집을 빌려 거주할 따름이었다. 홍치 연간(1488~1505)에 총독 등정찬이 유관을 해고할 것을 상주하자, 토착인 위보(韋保)는 내관(內官)[220]인데 은밀하게 이를 주관하여 비로소 단독으로 토관에 임용되었다.[221]

---

219) 慶曆: 北宋 仁宗의 연호이다.

220) 內官의 의미에는 君主의 左右에 두는 親近한 臣僚, 宮中의 女官, 宦官인 太監, 外朝官에 대한 內朝官, 地方官에 대칭하여 朝廷에 任職한 官員이라는 여러 의미가 있는데, 여기서는 宦官을 가리키는 것으로 보인다.

221) 『孝宗實錄』 卷118 弘治 9년 10월 丁亥條에는, 流官 知縣을 없애고 土官 知縣에게 忻城縣의 업무를 맡기는 내용이 보인다.

永順司・永安司, 舊爲宜山縣. 正統六年, 因蠻民弗靖, 有司莫能控禦, 耆民黃祖記與思恩土官岑瑛交結, 欲割地歸之思恩, 因謀於知縣朱斌備. 時瑛方雄兩江, 大將多右之, 斌備亦欲藉以自固, 遂爲具奏, 以地改屬思恩. 土民不服, 韋萬秀以復地爲名, 因而倡亂. 成化二十二年, 覃召管等復亂, 屢征不靖.

영순사(永順司)[222]·영안사(永安司)는 옛 의산현이었다. 정통 6년(1441)에 만민들이 안정되지 않았기 때문에 담당관원이 통제하지 못하자, 기민(耆民)[223] 황조기(黃祖記)가 사은의 토관 잠영(岑瑛)[224]과 결탁하여 땅을 떼어서 사은에 돌려주고자 하였는데, 이로 인해 지현 주빈비(朱斌備)와 모의하였다. 당시 잠영은 바로 양강(兩江)에서 할거하였는데 대장들이 대부분 그를 비호하였고, 주빈비도 이를 구실로 그 자신의 세력을 굳건히 하고자 하여 마침내 문서를 갖추어 상주하였으며, 그 땅을 다시 사은에 속하게 하였다. 토민들이 복종하지 않자 위만수(韋萬秀)가 땅을 회복한다는 것을 명분으로 삼아서 이를 계기로 반란을 일으켰다. 성화(成化)[225] 22년(1486)에 담소관(覃召管) 등이 다시 반란을 일으켰는데, 여러 차례 정벌하였으나 안정되지 않았다.[226]

222) 永順司: 永順長官司의 간칭이다. 永順正長官司라 불리기도 한다. 弘治 5년(1492)에 설치되었는데, 慶遠府에 예속되었다. 설치 이후에 모두 19명의 세습 장관이 있었다.

223) 耆民: 나이가 많고 덕망이 높은 사람을 가리킨다.

224) 岑瑛(1386~1455): 字는 濟夫이며, 明나라 廣西土司로서 岑伯顔의 손자이다. 永樂 18년(1420)에 岑瑛은 兄인 岑瑞의 思明州 知州의 직책을 이어 받았다. 正統 元年(1436)에 朝廷에서 思明州를 思明府로 승격시키고 岑瑛을 廣西參政, 都指揮使로 加封하였다. 岑瑛은 조정으로부터 깊은 신뢰를 받는 土官이었다. 그는 휘하의 군사들을 거느리고 明 朝廷에 협력하여 여러 반란세력들을 공격하여 진압하였다. 이런 공로로 그의 관직도 수직으로 상승하여 正二品의 都指揮使가 되었는데, 당시 사람들로부터 '土臣之英杰者'라고 불렸다. 岑瑛의 家世에 대해서는 史書의 기록이 자세하지 않을뿐더러 서로 어긋나는 부분이 많다. 明代『土官底簿』기록에 따르면, 岑瑛은 明初에 壯族 土官의 집안에서 출생하였다고 한다. 그의 祖父는 岑堅으로 원래는 田州府(府治는 오늘날의 田東縣 祥周鎭 祥周村舊州屯) 知府였다. 伯父 岑永泰, 아버지 岑永昌이 先後로 思恩州 知州로 부임하였다.

225) 成化: 明 왕조 제8대 황제인 憲宗 朱見深의 年號이다.

226) 이와 관련된 내용은『讀史方輿紀要』卷109「廣西」4에 있다.

弘治元年委官撫之, 衆願取前地, 別立長官司. 都御史鄧廷瓚爲奏, 置永順・永安二司, 各設長官一, 副長官一, 以鄧文茂等四人爲之, 皆宜山洛口・洛東諸里人也. 自是宜山東南棄一百八十四村地, 宜山西南棄一百二十四村地. 議者以忻城自唐・宋內屬已二百餘年, 一旦擧而棄之於蠻, 爲失策云.

홍치(弘治) 원년(1488)에 위임하여 파견한 관원이 그들을 안무하였는데, 무리들은 이전의 토지를 나누어서 따로 장관사를 설립하기를 원하였다. [이에] 도어사(都御史)227) 등정찬이 상주하기를, 영순·영안 두 개의 사(司)를 설치하여 각각 장관 1명과 부장관 1명을 설치하고, 등문무(鄧文茂) 등 4명을 임명하도록 했는데, 모두 의산(宜山)의 낙구(洛口)·낙동(洛東) 각 리의 사람이다. 이로부터 의산 동남 184촌의 땅이 버려졌고, 의산 서남 124촌의 땅이 버려졌다. 논자들은 흔성은 당·송시대로부터 내속한 지 이미 200여 년이 되었는데, 하루아침에 들어서 만인에게 [주어] 버렸으니 실책이라고 하였다.

平樂
평락

平樂, 初爲縣, 元大德中改平樂府, 明因之. 洪武二十一年, 廣西都指揮使言: "平樂府富川縣靈亭山・破紙山等洞猺二千餘人, 占耕內地, 嘯聚劫奪, 居民被擾, 恭城・賀縣及湖廣道州・永明等縣之民亦被害. 比調衛兵收捕, 卽逃匿巖谷, 兵退復肆跳梁. 臣等欲於秋成時, 統所部會永・道諸軍, 列屯賊境, 扼其要路, 收其所種穀粟. 彼無糧食, 勢必自窮, 乘機擒戮, 可絕後患." 從之. 二十九年遷富川縣於富川千戶所. 時富川千戶所新立於矮石城, 典史言: "縣治無城, 恐蠻寇竊發, 無以守禦, 宜遷城內爲

227) 都御史: 관료의 감찰과 탄핵을 직무로 하는 都察院의 長官이다. 明代 都察院의 長官으로 左右都御史(正二品)가 설치되었고, 그 아래에 副都御史, 僉都御史를 두었다. 淸代의 都御史는 從一品이었다. 雍正 원년(1723)부터 總督에게는 兵部尙書의 職銜을 더하고 관례적으로 都察院右都御史 職銜도 겸하게 했다. 尙書職銜을 더하지 않은 자들에게는 일률적으로 兵部右侍郎兼都察院右副都御史 직함을 더했다.

便." 從之.

평락(平樂)은 당초에 현(縣)이었는데, 원나라 대덕(大德)[228] 연간(1297~1307)에 평락부로 바꾸었고, 명나라에서는 그것을 따랐다. 홍무 21년(1388)에 광서 도지휘사(都指揮使)[229]가 아뢰기를, "평락부의 부천현(富川縣) 영정산(靈亭山)·파지산(破紙山) 등 동(洞)의 요민 2,000여 명은 내지를 점거하여 경작하였고, [사람들을] 불러 모아 겁략하여 거주민들을 혼란스럽게 했으며, 공성(恭城)[230]·하현(賀縣)[231]과 호광(湖廣)의 도주(道州)[232]·영명(永明) 등 현의 백성들도 피해를 입었습니다. 위병을 동원하여 체포하기를 기다리면, 바로 바위 계곡으로 도망하여 숨어버리고, 병사들이 후퇴하면 또 함부로 날뜁니다. 신 등은 가을이 깊어졌을 때에 부락의 무리를 이끌고 영(永)·도(道)의 각 군대와 회동해 적과의 경계에 주둔하면서 그 요로(要路)를 지켜 그들이 심은 곡식을 거둬들이려고 합니다. [그러면] 그들은 식량이 없어서 세력이 반드시 저절로 약해질 것이니, 그 기회를 틈타 그들을 사로잡아 죽이면 후환을 없앨 수 있을 것입니다"라고 하니, [황제가] 이를 허락하였다. [홍무] 29년(1396)에 부천현을

228) 大德: 元 成宗(보르지긴 테무르)의 연호이다.

229) 都指揮使: 五代에 처음으로 군사를 통솔하는 장수를 칭하는 말로 사용되었다. 『資治通鑑』「後梁均王乾化四年」條에 대한 胡三省의 注에 '此都指揮使盡統諸將, 非一都直指揮使'라고 기재된 것이 그런 사례이다. 宋代에 殿前司, 侍衛親軍步軍司, 侍衛親軍馬軍司의 各軍은 모두 都指揮使가 통솔했다. 遼나라에서는 南面官과 北面官, 金代에는 殿前司, 京城武衛軍, 諸總管府에 모두 都指揮使를 설치하였다. 元나라에서는 各軍都指揮司와 兵馬指揮使司를 두고 都指揮使, 副都指揮使 등의 관직을 설치했다. 明나라에서는 각지에 衛所를 두고 그 위에 都指揮使司라는 상설 통솔기구를 설치했고 이를 줄여서 都司라고도 하는데, 그 장관을 都指揮使라 했다. 洪武 8년(1375)에는 在京留守都衛를 留守衛指揮使司로 고치고 諸外都衛를 都指揮使司로 고쳐, 처음으로 十三都指揮使司를 설치하였다. 洪武 26년(1393)에는 天下의 都司衛所를 정하였는데 都司 17, 留守司 1, 內外衛 329, 守禦千戶所 65개에 달했다. 都指揮使司는 처음에 大都督府에 예속되었는데, 洪武 13년(1380)에 丞相 胡惟庸의 모반사건으로 中書省이 폐지되고 大都督府는 다섯으로 나뉘어 五軍都督府로 바뀌었다. 이후에 都指揮使司는 五軍都督府에 소속되었다. 明初에는 都指揮使와 布政使, 按察使를 병칭하여 三司라고 했는데 모두 封疆大吏였다.

230) 恭城: 현재의 廣西省 동북부 瑤族自治縣에 해당하는 지역이다.

231) 賀縣: 현재의 廣西省 壯族自治區 동부에 해당하는 지역이다.

232) 道州: 湖南省 남부에 위치한 지역으로, 근래에 공업이 크게 발달하고 있는 지역이다. 唐 貞觀 8년(633)에 道州라는 명칭이 정식으로 등장했으며, 元 至元 13년(1276) 道州에 按撫司를 설치했다. 民國 2년(1913)에 道州를 道縣으로 개칭해 현재에 이르고 있다.

부천 천호소로 옮겼다. 당시에 부천 천호소는 왜석성(矮石城)에 새로 설립되었는데, 전사(典史)가 아뢰기를, "현의 치소에는 성벽이 없어서 만구(蠻寇)들이 몰래 [반란을] 일으켜도 방어할 방법이 없으니, 마땅히 성안으로 옮기는 것이 좋을 것입니다"라고 하니, [황제가] 이를 허락하였다.[233]

弘治九年, 總督鄧廷瓚言: "平樂府之昭平堡介在梧州·平樂間, 瑤·僮率出爲患, 乞令上林土知縣黃瓊·歸德土知州黃通各選子弟一人, 領土兵各千人, 往駐其地. 仍築城垣, 設長官司署領, 撥平樂縣仙回峒閒田與之耕種. 其冠帶千夫長龍彪改授昭平巡檢, 造哨船三十, 使往來府江巡哨, 流官停選." 廷議以昭平堡系內地, 若增土官, 恐貽後患. 況府江一帶, 近已設按察司副使一員, 整飭兵備, 土官不必差遣, 止令每歲各出土兵一千聽調. 詔從其議.

홍치 9년(1496)에 총독 등정찬이 아뢰기를, "평락부의 소평보(昭平堡)는 오주(梧州)·평락 사이에 끼어 있어서 요족·동족이 출몰하여 우환이 되니,[234] 청하옵건대 상림(上林) 토지현 황경(黃瓊)·귀덕(歸德) 토지주 황통(黃通)에게 각각 자제 1명을 선발하여 각각 토병 1,000명을 이끌고 그 지역에 주둔토록 해야 합니다. [또한] 예전처럼 성벽을 쌓고 장관사를 설치하여 관리토록 하며, 평락현 선회동(仙回峒)의 한전(閒田)을 그들에게 주어 경작하게 하십시오. 그곳의 관대천부장(冠帶千夫長) 용표(龍彪)를 소평(昭平) 순검(巡檢)으로 바꾸어 임명하시고, 초선(哨船)[235] 30척을 만들어 부강(府江)으로 보내 순찰하도록 하며, 유관의 임용을 중단해야 합니다"라고 하였다. [이에] 조정에서 논의하기를, 소평보(昭平堡)는 내지인데 만약 토관을 증설하게 되면 아마도 후환이 될 것이라고 하였다. [또한] 하물며 부강 일대는 최근에 이미 안찰사부사(按察司副使)[236] 1명을 설치하여 군사시설을 정돈하였으니 토관을 보낼 필요

233) 이에 대한 내용은 『太祖實錄』 卷190 洪武 21년 4월 丙辰條에 있다.

234) 弘治 8년(1495)에 瑤族이 平樂縣 昭平堡를 공격하여 남녀 82명을 살해하고, 250명을 끌고갔다는 내용이 있다(이 내용은 『孝宗實錄』 卷116 弘治 9년 8월 丁卯條 참조).

235) 哨船: 순찰하고 상대방의 움직임을 경계하는 선박을 가리킨다.

236) 按察司副使: 明初에 설치된 按察司의 副長官으로 正四品이었는데, 洪武 14년(1381)에 從四品으로 변경하였다. 그 업무는 兵備·學政·海防·監軍·巡察·刑名 등을 담당하였다.

는 없고, 다만 매년 토병 1,000명을 선발하여 징발에 대비하자고 하였다. [이에] 조서를 내려 그 논의에 따르도록 하였다.[237)]

府江有兩岸三洞諸獞, 皆屬荔浦, 延袤千餘里, 中間巢峒盤絡, 爲猺·獞窟穴. 江上諸賊倚爲黨援, 日與府江酋長楊公滿等掠荔浦·平樂及峰門·南源, 執永安知州楊惟執, 殺指揮胡翰·千戶周濂·土舍岑文及兵民無算. 而遷江之北三, 來賓之北五, 皆右江獞, 亦時與東歐·西里及三都·五都諸賊相倚附, 馬多人勁, 俗號爲剗馬賊. 常陳兵走嶺東, 掠三水·清遠諸縣, 還入南寧·平南·武宣·來賓·藤·貴, 劫府庫. 已而劫來賓所千戶黃元擧, 殺土吏黃勝及其子四人, 兵七十餘人, 又殺明經諸生王朝經·周松·李茂·姜集等, 白晝劫殺, 道絶行人.

부강의 양안(兩岸) 세 개의 동(洞)에 있는 각 동민들은 모두 여포(荔浦)에 속했고, 1,000여 리의 길이로 이어져 있는데 중간에 동굴들이 얽혀 있어서, 요민·동민의 소굴이 되었다. 강 위에서는 여러 도적들이 의지하여 무리를 지어 원조하였고, 매일 부강의 추장 양공만(楊公滿) 등과 함께 여포·평락과 봉문(峰門)·남원(南源)을 약탈하였으며, 영안의 지주 양유집(楊惟執)을 사로잡았고, 지휘 호한(胡翰)·천호 주렴(周濂)·토사(土舍) 잠문(岑文) 및 병사와 백성을 헤아릴 수 없이 죽였다. 그리고 천강(遷江)의 북삼(北三), 내빈(來賓)의 북오(北五)는 모두 우강(右江)의 동족으로, 역시 늘 동구(東歐)·서리(西里)와 삼도(三都)·오도(五都)의 적들과 서로 의지하였는데, 말이 많고 사람이 강하여 세상에서는 잔마적(剗馬賊)이라고 불렀다. 항상 병사를 거느리고 영동(嶺東)까지 달려 삼수(三水)·청원(淸遠)의 여러 현을 약탈하였고, 되돌아오면서는 남녕(南寧)·평남(平南)[238)]·무선(武宣)[239)]·내빈·등(藤)·귀(貴)로 들어가서 부(府)의 창고를 약탈하였다. 오래지 않아 내빈소(來賓所)의 천호 황원거(黃元擧)를 납치하였고, 토리(土吏) 황승(黃勝)과 그 아들 4명, 병사 70여 명을 죽였으며, 또한 명경(明經) 유생 왕조경(王朝經)·주송(周松)·이무(李茂)·강집(姜集) 등을 살해하였는데, 대낮에 약탈하고

237) 이 내용은 『孝宗實錄』 卷107 弘治 8년 12월 壬寅條에 있다.
238) 平南: 廣西 동남부 西江의 상류 지역에 위치하고 있다.
239) 武宣: 현재의 廣西 壯族自治區 中部의 來賓市에 위치하고 있다.

살해하여 도로에는 행인들이 끊겼다.

隆慶六年, 巡撫郭應聘·總督殷正茂請討. 詔總兵官李錫督軍進剿, 幷調東蘭·龍英·泗城·南丹·歸順諸土兵, 而以土吏韋文明等統之, 攻古西·巖口·筍山·古造及兩峰·黃洞等寨, 斬獲賊渠, 餘黨竄入仙回·古帶諸山, 搜捕殆盡. 乃移檄北三·北五, 趣其歸降. 峒老韋法眞同被擄來賓·遷江民蒙演等詣軍前乞降, 許之, 乃定善後六策以聞. 初, 荔浦之峰門·南源, 修仁之麗壁, 永安之古眉諸巡司, 爲諸僮所奪. 至是議改土巡檢, 推擇有才武者, 給冠帶管事, 三載稱職, 始世襲.

융경(隆慶) 6년(1572)에 순무 곽응빙(郭應聘)·총독 은정무(殷正茂)가 토벌할 것을 청하였다. [황제는] 조서를 내려 총병관 이석(李錫)에게 군대를 이끌고 진격하여 토벌하게 하였고, 아울러 동란·용영(龍英)·사성(泗城)·남단·귀순(歸順)[240] 각 토병들을 징발하여 토리(土吏) 위문명(韋文明) 등에게 그들을 통솔토록 해 고서(古西)·암구(巖口)·순산(筍山)·고조(古造)와 양봉(兩峰)·황동(黃洞) 등 채를 공격하게 하였으며, 적의 수령을 사로잡아 참수하자 남은 무리들이 선회(仙回)·고대(古帶)의 여러 산으로 숨어 들어갔는데, 모두 수색하여 체포하여서 거의 다 토벌하였다. [그리고는] 바로 북삼·북오에 격문을 보내어 그들의 귀순과 투항을 재촉하였다. 동(峒)의 장로 위법진(韋法眞)이 포로가 된 내빈·천강의 백성 몽연(蒙演) 등과 함께 군영에 이르러 투항을 요청하자 이를 허락하였고, 바로 선후(善後) 여섯 가지 책략을 정하여 [조정에] 보고하였다. 당초에, 여포의 봉문(峰門)·남원, 수인(修仁)의 여벽(麗壁), 영안의 고미(古眉)의 각 순사(巡司)는 여러 동민에게 빼앗겼었다. 이때에 이르러서 토순검(土巡檢)으로 변경하기로 논의하였고, 군사방면에 재능있는 자를 추천하여 관대(冠帶)[241]를 주

240) 歸順: 唐나라 元和 初(806년 이후)에, 歸淳州의 명칭을 歸順州로 바꾸고 邕州都督府에 소속시켰다. 元나라 至正 23년(1363)에 다시 설치하고 鎭安路이 소속시켰다가 初에 폐지하였고, 弘治 9년(1496)에 다시 설치하고 鎭安府에 소속시켰으며, 嘉靖 4년(1525)에는 思恩府에 소속시켰다. 淸 雍正 7년(1729)에 改土歸流가 되면서 사은부와 지리적으로 멀리 떨어졌다는 이유로 다시 鎭安府에 소속시켰다. 光緖 12년(1886)에는 歸順直隸州로 승격되어 太平思順道에 소속시켰고, 民國 元年(1912)에 歸順直隸州를 歸順府로 승격시켰으나 이듬해에 歸順府를 폐지하고 靖西縣으로 고쳤다.

241) 冠帶: 帽子와 腰帶를 일컫는데, 관대를 하사했다는 것은 관직에 임명한 것을 의미함.

고 일을 담당하게 하였는데, 3년 동안 재능이 직무에 잘 맞으면 비로소 세습토록 하였다.

萬曆六年, 北山蠻譚公柄挾毒弩, 肆傷行旅, 每一出十百爲群. 自殺黃勝後, 復聚黨以三千人出屳鳳山·龜鱉塘, 與河塘韋宋武傍江結寨. 時義寧·永寧·永福諸僮群起, 相殺掠, 道路不通. 會㖡咳寨藍公潺執土吏黃如金, 奪其司. 巡撫吳文華檄守巡道吳善·陳俊徵永順白山兵及狼兵剿之, 平横山·㖡咳諸巢. 諸猺請還侵地及所擄生口, 願輸賦爲良民, 遂班師.

만력 6년(1578)에, 북산(北山)의 만인 담공병(譚公柄)이 독 쇠뇌를 가지고 함부로 행인들에게 상해를 입혔는데, 매번 출몰할 때마다 10명이나 100명씩 무리를 이루었다. 황승(黃勝)을 죽인 후부터 다시 무리를 모아 3,000명이 선봉산(屳鳳山)·구별당(龜鱉塘)에서 나와 하당(河塘)의 위송무(韋宋武)와 함께 강에 의지해서 성채를 세웠다.[242] 당시에 의녕(義寧)·영녕(永寧)·영복(永福)의 여러 동족들이 무리지어 일어났는데, 서로 죽이고 약탈하여 도로가 통하지 않았다. 마침 포해채(㖡咳寨)의 남공잔(藍公潺)이 토리 황여금(黃如金)을 잡아 그 토사(土司)를 빼앗았다. [이에] 순무(巡撫) 오문화(吳文華)가 수순도(守巡道)의 오선(吳善)·진준(陳俊)에게 격문을 보내 영순(永順) 백산(白山)의 병사와 낭병(狼兵)을 징발하여 공격하게 하며 횡산(横山)·포해(㖡咳)의 여러 소굴을 평정토록 하였다. 여러 요족들이 침탈한 토지와 붙잡아간 사람들을 되돌려 주고 부세를 납부하고서 양민이 되기를 원한다고 청하니, 마침내 군대를 철수했다.

右江十寨, 隆慶中, 總督殷正茂擊破古田, 卽以檄趣八寨歸降, 得貸死. 於是寨老樊

242) 萬曆 6년(1578) 이전의 상황을 보면, 본문에서 언급하고 있는 譚公柄은 壯族으로 遷江 北三(현재의 廣西 來賓)사람이다. 그는 嘉靖 연간(1522~1566)에 명 조정에 반기를 들었고, 무리를 이끌고 來賓·武宣·平南·藤縣·貴縣·南寧을 공격하여 관청의 창고를 부수고 식량 등을 가져갔다. 隆慶 연간(1567~1572)에도 來賓 千戶 黃元擧를 공격하여 土吏·병사 70여 명을 살해하였다. 이에 隆慶 6년(1572)에 明 조정에서는 6만 명의 군대를 보내 토벌하였다. 그러나 譚公柄은 北三·北五 일대의 무리를 모아 저항하였고, 여러 차례 官軍에게 타격을 입혔다.

公懸·韋公良等踵軍門上謁，自言十寨共一百二十八村，環村而居者二千一百二十餘家，皆請受賦．右江兵備鄭一龍·參將王世科，謂十寨旣請爲氓，當以十家爲率，賦米一石．村立一甲長，寨立一峒老，爲徵賦計．而以思古·周安·落紅·古卯·龍哈立一州，屬向武土官黃九疇；羅墨·古鉢·古憑·都北·咘咳立一州，屬那地土官黃暘；皆爲土知州．已，移思恩守備於周安堡，而布政使以爲不便，總制乃議立八寨爲長官司，以兵八千人屬黃暘爲長官，黃昌·韋富皆給冠帶爲土舍，亦各引兵二百守焉．

우강(右江)의 십채(十寨)는, 융경 연간(1567~1572)에 총독 은정무(殷正茂)가 고전을 공파하고는 바로 격문을 보내 팔채(八寨)의 귀항(歸降)을 재촉하였는데, [이때] 사죄(死罪)를 면제받았다. 이에 채(寨)의 장로 번공현(樊公懸)·위공량(韋公良) 등이 군문(軍門)에 이르러 알현하여 스스로 아뢰기를, 십채에는 모두 128개의 촌이 있고, 촌을 둘러싸고 거주하는 자는 2,120여 가(家)인데, 모두 부세를 감당하기를 청한다고 하였다. 우강의 병비(兵備) 정일룡(鄭一龍)·참장(參將) 왕세과(王世科)가 말하기를, 십채는 이미 백성이 되기를 청하였으니 마땅히 10가를 기준으로 해서 부세 미(米) 1석(石)을 납부하게 하자고 하였다. [이에] 촌마다 갑장(甲長) 1명을 두고, 채마다 동로(峒老) 1명을 세워 부세를 징수하여 계산하게 하였다. 그리고 사고(思古)·주안(周安)·낙홍(落紅)·고묘(古卯)·용합(龍哈)에 주(州) 하나를 세워 향무(向武)의 토관 황구주(黃九疇)에 귀속시키고, 나흑(羅墨)·고발(古鉢)·고빙(古憑)·도북(都北)·포해에 하나의 주를 세워 나지의 토관 황양(黃暘)에게 귀속시켰으며, 모두 토지주로 삼았다. 그 후에 사은(思恩) 수비(守備)[243]를 주안보(周安堡)로 옮겼지만 포정사(布政使)가 불편하다고 하니, 총제(總制)가 곧 팔채를 세워 장관사로 삼기로 건의하였으며, 병사 8,000명을 황양에게 귀속시켜 장관으로 삼고, 황창(黃昌)·위부(韋富)는 모두 관대를 주어 토사로 삼고서 또한 각각 병사 200명을 거느리고 수비하도록 하였다.

---

243) 守備: 明代의 武官으로, 직제 상으로는 游擊 아래의 직책이다. 明初 南京에 1명을 설치하고 公, 侯, 伯으로 充任했다. 協同守備 1명도 두고 侯, 伯, 都督으로 充任시켜 南京의 防守事務와 南京 地區의 各 衛所 管理를 담당시켰다. 淸代에는 正五品으로 綠營兵을 통솔하였으며, 직제 상 都司 아래의 직책이었다. 漕運總督이 관할하는 各 衛에도 守備가 설치되어 運軍을 거느리고 漕糧을 수송하기도 했다. 四川, 雲南 등지의 土司들 가운데는 土守備가 설치되었다.

久之，十寨復聚黨作亂，據民田産，白晝入都市剽掠，甚至攻城劫庫，戕官民．總制劉堯誨·巡撫張任急統兵進剿，斬首一萬六千九百有奇，獲器仗三千二百，牛馬二百三十九．帝乃陞賞諸土吏功，復分八寨爲三鎭，各建一城，而以東蘭州韋應鯤·韋顯能及田州黃馮克爲土巡檢，留兵一千人戍之．於三里增建二堡，自楊渡水爲界，墾田屯種，給南丹衛，通道慶遠·賓州，使思恩·三里聯絡不絶，於是右江十寨復安輯輸賦．

오랜 후에 십채는 또 무리를 모아 반란을 일으켰는데, 백성의 전산(田産)을 점거하고 대낮에 도시에 진입하여 약탈하였으며, 심지어 성을 공격하고 창고를 약탈하고 관민에게 상해를 입혔다. 총제(總制) 유요회(劉堯誨)[244]·순무(巡撫) 장임(張任)이 급히 병사를 이끌고 진격하여 토벌하였는데, 16,900여 남짓의 머리를 베었고, 기장(器仗) 3,200여 개, 소와 말 239마리를 획득하였다. [이에] 황제가 바로 여러 토리들의 공에 승진과 상을 내렸으며, 다시 팔채를 나눠서 세 개의 진(鎭)으로 하고 각각 성을 세웠는데, 동란주의 위응곤(韋應鯤)·위현능(韋顯能)과 전주의 황풍극(黃馮克)을 토순검으로 삼고 병사 1,000명을 남겨 그곳을 수비하게 하였다. 삼리(三里)에는 두 개의 보를 증설하고 양도수(楊渡水)로부터 경계를 삼아 둔전을 개간하고 경작하여 남단위에 공급하였으며, 경원(慶遠)·빈주(賓州)에 길을 통하게 하여 사은·삼리의 연락이 끊어지지 않게 하였는데, 이로써 우강 십채는 다시 안정되어 부세를 납부하였다.[245]

244) 劉堯誨(1521~1585): 臨武縣 사람으로 字는 君納이고, 號는 凝齋이다. 嘉靖 20년(1541)에 擧人이 되었고, 嘉靖 32년(1553)에 進士가 되어 江西 新餘 知縣에 제수되었으며, 능력을 인정받아 南京刑科給事中으로 승임하였다. 당시 東南 沿海 일대에는 倭寇가 횡행하였는데, 조정에서는 胡宗憲을 보내 섬멸하게 하였다. 胡宗憲은 재상 嚴嵩의 親臣으로 권세만 믿고, 功과 賞을 탐하였으나 戚繼光·兪大猷 등을 배제하고 전투에 임하여 계속 패하였다. 이로써 倭寇가 楊州과 高郵를 거쳐 南京까지 이르렀다. 이에 劉堯誨가 胡宗憲의 실책과 무능함을 탄핵하였다. 얼마 후에 劉堯誨은 왜구를 평정한다는 명목으로 추진되던 提編法에 대해서도 교묘하게 민간의 재산을 취하는 것이라고 상소하였다. 이 일로 그는 관직에서 물러났으나 隆慶 원년(1567)에 복직되었고, 萬曆 3년(1575)에는 兵部侍郎兼禦史中丞·兩廣總制이 되었다. 萬曆 8년(1580)에 鬱林頭 등 10寨에서 일어난 반란을 진압하였고, 이후에 南京都御史와 戶部尙書를 역임하였다. 그의 저작으로는 『虛籟集』, 『經史發明』, 『歷宮奏議』, 『嶺南議』, 『左傳評林』 등이 있다.

245) 兩廣 總督 劉堯誨와 廣西巡撫 張任이 十寨에 대한 방책을 제안한 내용은 『神宗實錄』 卷99 萬曆 8년 윤4월 辛卯條 참조.

三十二年，桂林·平樂瑤·僮據險肆亂，殺知縣張士毅，焚劫無虛月．總督應檟檄總兵官顧寰督兵進剿，擒斬四百八十四，俘獲男女三百四十，牛馬器械甚衆．守臣以捷聞，並上僉事茅坤·參將王寵·都指揮鍾坤秀·參政張謙·百戶吳通等功狀，各陞蔭有差．

만력 32년(1604)에, 계림·평락의 요족·동족이 지형이 험한 곳을 점거하고서 거리낌 없이 반란을 일으켜 지현 장사의(張士毅)를 죽였으며, 매달 불태우고 약탈하였다. [이에] 총독 응가(應檟)가 총병관 고환(顧寰)[246]에게 격문을 보내 병사를 거느리고 진격하여 토벌하게 하였는데, 484명을 사로잡아 참수하고 남녀 340명을 포로로 잡았으며 [획득한] 소와 말, 병장기도 아주 많았다. 수신(守臣)[247]이 승리를 보고함과 아울러 첨사(僉事) 모곤(茅坤)·참장 왕총(王寵)·도지휘 종곤수(鍾坤秀)·참정(參政) 장겸(張謙)·백호(百戶)[248] 오통(吳通) 등의 공상(功狀)을 올렸는데, 각각 승진과 음봉(蔭封)[249]을 차등 있게 하였다.

平樂界桂·梧，西北近楚，清湘·九嶷，轇相樛結．東南入梧，溪洞林箐，多為瑤人盤據．自數經大征後，刊山通道，展為周行，而又增置樓船，繕修校壘，居民行旅皆帖席，瑤·僮亦駸驍馴習於文治云．

평락은 계림·오주와 경계로, 서북으로는 초(楚)[250]에 가깝고, 청상(清湘)·구의(九嶷)가

---

246) 顧寰: 生卒年 미상. 河南行省 揚州路 江都縣(현재의 江蘇省 揚州市) 사람이다. 그는 南京守備를 담당하였고, 漕運總兵官이 되었는데, 漕政七事를 상소하여 시행하였다. 이후 鎭守淮安과 鎭守兩廣을 맡았다.

247) 守臣: 각 지역을 지키고 다스리는 臣下, 즉 각 省의 巡撫, 布政使, 都事 등 鎭巡官을 일컬음.

248) 百戶: 官名으로, 金나라 초에 世襲軍職의 하나로 설치되었다. 元나라에서는 이를 계승하여 百戶를 百夫의 長으로 삼고 千戶에 예속시켰으며 千戶는 또 萬戶에 예속시켰다. 百戶가 百夫를 거느리고 주둔, 수비하는 기관으로 百戶所를 설치하고 千戶所에 예속시켰다. 百戶所에는 두 종류가 있었는데, 上所에는 蒙, 漢의 百戶 各 1명을 下所에는 百戶 1명을 두었다. 명나라의 衛所兵制에도 역시 百戶所를 설치하였는데 100명의 군사를 거느렸다. 이것은 각각 50명의 군사로 편제된 2개의 總旗로 구성되었다. 百戶所의 최말단 편제는 각각 10명의 군사로 편제된 10小旗였다. 百戶는 百戶所의 長官이었다.

249) 蔭封: 先代에 세운 공훈으로 받는 봉작을 가리킨다.

밀접하게 결탁하고 있다. 동남으로는 오주로 들어가는데, [그 지역은] 계동(溪洞) 죽림으로 대부분 요족들이 기반으로 의지하고 있다. 여러 차례 대정벌을 겪은 후부터 산의 나무를 베어 길을 열고 넓혀 대로(大路)를 만들었으며, 또한 누선(樓船)을 증설해 놓고 영루(營壘)를 수리하여 거주민과 행인이 모두 안정되었는데, [이로 인해] 요족·동족도 빠른 속도로 문치(文治)에 익숙해졌다고 한다.

梧州
오주

梧州, 漢之蒼梧郡也. 元至元中, 改置梧州路. 洪武元年, 征南將軍廖永忠·參政朱亮祖等旣平廣東, 引兵至梧州境. 元達魯花赤拜住率官吏父老迎降, 亮祖駐兵滕州. 於是潯·貴等州縣以次降附. 二年倂南流縣於鬱林州, 普寧縣於容州, 幷藤綿皆隸梧州府. 四年置梧州守禦千戶所. 二十三年置容縣守禦千戶所.

오주는 한나라의 창오군(蒼梧郡)이다. 원나라 지원(至元)[251] 연간(1264~1294)에 오주로(梧州路)로 변경하여 설치하였다. 홍무 원년(1368)에 정남장군 요영충(寥永忠)[252]·참정 주

250) 楚: 湖北省 일대를 가리키는 말인데 鄂이라고도 한다. 洞庭湖 以北에 위치하므로 湖北이라 칭하는데, 古稱은 荊楚이다. 春秋戰國시대에 남방의 諸國이 楚國으로 점차 통일되었다. 西漢 시기에 湖北의 대부분은 荊州刺史의 관할이었다. 三國時代에 이 荊州는 魏蜀吳 三國의 爭奪의 要地였다. 隋 開皇 9년(589)에 江夏郡을 鄂州로 개칭했는데, 湖北의 略稱 鄂은 여기에서 유래한다. 宋나라에서는 湖北의 中部에 荊湖北路를 설치하였는데, 湖北이란 이름은 여기에서 시작한다. 元나라 때에, 湖北 境內에서 長江 이남은 湖廣行省에 예속시키고, 長江 이북은 河南行省에 예속시켰다. 明初에 湖北을 湖廣行省에 예속시켰는데, 후에 전국을 13개 布政使司로 나눌 때 지금의 湖北 전 지역을 湖廣布政使司에 귀속시켰다. 한편 淸 康熙 3년(1664)에 洞庭湖를 경계로 이남을 湖南布政使司, 이북을 湖北布政使司로 나누었다. 湖北省의 省會는 武昌이다.

251) 至元: 元나라 때 世祖와 惠宗(順帝) 두 황제가 사용한 年號이다. 본문 중에서 언급한 至元 연간은, 世祖 때에 3차에 걸쳐 雲南 등 서남 지역에 대한 공격이 이루어졌던 것과 관련시켜 보면 쿠빌라이(Kubilai)칸의 연호임이 분명하다(유인선, 2002: 144~150 참조).

252) 寥永忠(1323~1375): 南京 廬州府 巢州 사람으로, 楚國公 寥永安의 동생이다. 형이 江蘇省 전투에서 패하자 형의 직책을 이어받아 樞密僉院이 되어 군사를 통솔하였다. 張士誠의 군대와 일전을 겨룬 鄱陽

량조(朱亮祖)[253] 등이 광동(廣東)[254]을 평정한 후에 병사를 이끌고 오주의 경내에 들어왔다.[255] [이때] 원나라의 달노화적(達魯花赤)[256] 배주(拜住)가 관리와 부로(父老)를 이끌고

湖 전투에서 陳友諒의 둘째 아들인 陳理를 포로로 잡는 군공을 세우자, 朱元璋이 특별히 '功超群將, 智邁雄師'라는 八字를 하사하여 문에 걸도록 하는 영예를 얻었다. 洪武 원년(1368)에는 복건·광동·광동·광서를 평정하는데 참가하였으며, 대장군 徐達과 함께 北征에도 참여하였다. 四川을 정벌하는데 종군하여 공적을 세우자 朱元璋은 '平蜀文'을 지어 그의 공적을 표창하였다. 그러나 洪武 8年(1375)에 황제의 상징이라 할 수 있는 龍鳳을 사용하였다는 죄에 연루되어 자결을 명받았다.

253) 朱亮祖(?~1380): 明初의 장령으로 六安(현재의 安徽에 속하는 지역) 사람이다. 元末에 지방의 무장세력이었으나 朱元璋의 포로가 되어 투항하였다. 洪武 원년(1368)에 寥永忠을 수행하여 廣東과 廣西 지역 장악에 참여하였고, 永嘉侯에 봉해졌다. 후에 北平(현재의 北京)·廣東에 파견되었으나 임기동안 불법적인 일을 저질렀다. 특히 廣東에 있을 때는 뇌물 수수와 같은 불법적인 일을 하여 결국 知縣 道同의 탄핵을 받았다. 그 후 朱亮祖는 洪武 11년(1380)에 京師로 압송되어 처형되었다.

254) 廣東: 중국의 가장 남쪽에 위치한 廣東省을 말하는데, 달리 粵省이라고도 불리며 省都는 廣州市이다. 광동성은 옛날에 百粵, 揚越, 陸梁 등으로 불리고 粵族이 거주하는 지역이었는데, 기원전 214년에 秦의 始皇帝에게 정복되어 이곳에 南海郡이 설치되었다. 진이 멸망한 후, 南越國으로 독립했지만 기원전 111년에 漢의 武帝에 의해 평정된 후로 郡制가 행해져 廣州 부근에는 南海郡, 서부에서 廣西 동부에 걸쳐서는 蒼梧郡, 雷州半島 以西의 연해 지방에는 合浦郡, 海南島에는 서쪽에 珠崖, 동쪽에 儋耳 2郡을 설치하여 모두 交州에 속하도록 했다. 이후 漢族의 南下로 州·郡의 수가 점차 증가하고 政區도 자주 변하였다. 唐代에는 20여 개의 州로 나뉘어 嶺南道에 속했지만 五代에는 南漢國으로 독립했다. 宋나라에서는 이를 멸하여 이곳을 廣南東路로 했고, 서부 연해 지구와 해남도를 廣南西路에 속하게 했다. 元나라에서는 이를 이어받아 前者를 江西行省, 後者를 湖廣行省에 속하도록 했는데, 明代에 이르러 廣東省의 境域으로 정해 지금에 이르고 있다.

255) 명 조정은 洪武 元年(1368) 2月에 平章 寥永忠을 征南將軍으로, 參政 朱亮祖를 副將軍으로 삼아 水軍을 통솔하여 海道를 경유하여 廣東을 평정토록 하였다. 廣東이 수중에 들어오자 贛州衛指揮使 陸仲亨에게 寥永忠의 군사와 더불어 廣西를 평정토록 諭旨를 내렸다. 이 해 7월에 寥永忠은 廣西 柳州府 象州를 공략하는데 성공하여 광서를 평정하였다(『太祖實錄』 卷30, 洪武 원년 2월 癸卯條 및 壬戌條; 『明史』 卷2, 「太祖本紀」2 洪武 원년 7월條 참조). 이때 寥永忠에게 내린 諭旨의 내용은 다음과 같다. "王者之師, 順天應人, 以除暴亂. 朕昔平定武昌, 荊·湘諸郡望風款附. 常遇春克贛州, 南安·嶺南數郡亦相繼來歸. 此無他, 師出以律, 人心悅服故也. 今兩廣之地遠在南方, 彼此割據, 民困久矣. 彼聞八閩不守, 湖·湘已平, 中心震懾. 若先遣人宣佈威德, 以招徠之, 必有歸款迎降者. 如其拒命, 然後擧兵, 扼其險要, 絕其聲援. 聞廣東要地, 惟在廣州. 廣州旣下, 則循海諸郡可傳檄而定. 海南海北, 以次招徠, 留兵鎭守. 仍與平章楊璟合兵取廣西. 肅淸南服, 在此一擧"(『明史紀事本末』 卷7 「平定兩廣」 洪武元年條 참조).

256) 達魯花赤: 몽골 제국과 元의 관직명이며, 몽골어의 daru(누르다)와 ghachi(행위자를 표시하는 接尾辭)의 합성어로 鎭壓者·總督이라는 의미를 가지고 있다. 이 관직을 처음 두게 된 것은 몽골 제국 건설과정에서 칭기스칸이 중국과 중앙아시아의 점령지에 자기의 代官으로 다루가치를 임명하여 民政·戶口調

영접하고는 투항하자, 주량조는 군대를 등주(滕州)에 주둔시켰다. 이에 심(潯)·귀(貴) 등의 주현이 차례로 투항하여 귀부하였다.[257] [홍무] 2년(1369)에 남류현(南流縣)[258]을 울림주(鬱林州)에, 보녕현(普寧縣)[259]을 용주(容州)[260]에 병합시켰고 아울러 등주(滕州)와 함께 모두 오주부에 예속시켰다.[261] [홍무] 4년(1371)에 오주 수어천호소를 설치하였다.[262] [홍무] 23년(1390)에 용현(容縣) 수어천호소를 설치하였다.[263]

廣西全省惟蒼梧一道無土司, 瑤患亦稀. 萬曆初, 岑溪有潘積善者, 僭號平天王, 與六十三山·六山·七山諸瑤·僮據山爲寇, 居民請剿. 會大兵征羅旁不暇及, 總制淩雲翼檄以禍福, 積善願歸降輸賦, 乃貸其死, 且以其子入學. 議者謂七山爲蒼·藤信地, 六山爲容縣·北流中衝, 北科爲六十三山咽喉, 懷集爲賀縣諸村出入之所. 因立五大營, 營六百人, 合得三千人, 設參將及屯堡三十治焉. 而懷集瑤賊, 在正德中已雄據十五寨, 環二百餘里, 爲州縣患. 官軍屢討之, 歸降, 然盤互如故, 往往相結諸

査·徵收·驛傳事務·警察 등의 임무를 맡아 이들 지역을 통치하면서부터이다. 이후 元나라가 성립된 이후, 다루가치는 행정기구로 제도화되어 지방의 행정관청, 즉 諸路總管府·府·州·縣 및 萬戶府·千戶所에 모두 두어져 그 長官 또는 監督官의 역할을 수행하였다. 다루가치에 임명된 자는 소수의 色目人을 제외하고는 거의 모두 몽골인이었다.

257) 이와 관련된 내용은 『太祖實錄』 卷32, 洪武 원년 5월 己卯條와 『明史紀事本末』 卷7 「平定兩廣」 洪武元年條 참조.

258) 南流縣: 唐 武德 4년(621)에 北流縣을 분할하여 南流縣을 설치하고 容州에 예속시켰다. 貞觀 11년(637)에는 牢州에 예속시켰다. 宋의 開寶 5년(972)에는 鬱林州에 속했고, 宋 至道 2년(996)에 鬱林州의 치소를 南流縣으로 옮겼다. 明 洪武 2년(1369)에 鬱林州에 병합하였는데, 옛 성의 터는 현재의 在今玉林市 玉州區에 있다.

259) 普寧縣: 현재의 廣西省 容縣이다.

260) 容州: 唐 貞觀 8년(634)에 銅州로 변경하여 설치하였고, 治所를 北流縣(현재의 廣西 北流市)에 두었다. 容州라는 명칭은 경내에 容山이 있어서 붙여진 이름이었다. 元에서는 치소를 普寧縣으로 옮겼는데, 그 관할 지역은 지금의 容縣과 北流市 북부에 해당한다. 宋에서는 그 관할범위가 지금의 陸川과 北流市의 남부까지 확대되었으나 元의 至元 연간(1264~1294)에는 容州路로 변경하였다. 明代에 들어와 洪武 10년(1377)에는 강등하여 縣으로 삼았다.

261) 이에 대한 내용은 『太祖實錄』 卷45 洪武 2년 9월 戊申條에 있다.

262) 이에 대한 내용은 『太祖實錄』 卷64 洪武 4년 4월 癸未朔條에 있다.

263) 이에 대한 내용은 『太祖實錄』 卷202 洪武 23년 6월 庚寅條에 있다.

峒蠻劫掠，殺百戶朱裳及把總羅定朝，村民畏之，東西走匿．都御史吳善檄總兵戚繼光征兵於羅定·泗城·都康諸土司，分五道，命參將戴應麟等擊金鷄·松柏諸寨，斬渠魁，擒四百餘人．

광서 전체 성에 오직 창오(蒼梧)[264] 한 도(道)만이 토사가 없었는데, 요족의 우환도 적었다. 만력 연간(1573~1619) 초에 잠계(岑溪)에는 반적선(潘積善)이라는 자가 있었는데, 평천왕(平天王)이라고 참칭하고 육십삼산(六十三山)·육산(六山)·칠산(七山)의 여러 요족·동족과 함께 산에 의지하여 노략질을 하였기 때문에 거주민이 토벌을 청하였다. 마침 대군이 나방(羅旁)을 토벌하느라 주의를 기울일 겨를이 없었는데, 총제(總制) 능운익(淩雲翼)이 격문을 보내 이해득실로 효유하니 반적선이 귀부하여 부세를 납부하기를 원하였고[265] [이에] 바로 그의 죽을 죄를 면해 주었으며, 또한 그 아들을 태학(太學)[266]에 입학시켰다. 논자들이 말하길, 칠산은 창주·등주의 군대가 주둔하는 지역이고, 육산은 용현·북류(北流)의 요지이며, 북과(北科)는 육십삼산의 인후(咽喉)이고, 회집(懷集)은 하현(賀縣) 여러 촌이 출입하는 곳이라고 한다. 이에 다섯 개의 대영(大營)을 세우고 매 영마다 600명, 모두 합해서 3,000명을 [두었고] 참장과 둔보(屯堡) 30개를 설치하여 관리하였다. 그런데 회집(懷集)의 요적은 정덕 연간(1488~1521)에 이미 15개 산채에 웅거하면서 200여 리를 둘러쌌는데, 이것이 주현의 우환이 되었다. 관군이 여러 차례 토벌하여 귀부하고 투항하였으나 옛날처럼 서로 뒤섞였고, 종종

264) 蒼梧: 현재의 廣西省 梧州市이다. 明에서는 蒼梧縣을 5厢·5坊·11鄕으로 획분하였고, 네 개의 巡檢司를 두었다.

265) 이와 관련된 내용은 『神宗實錄』 卷70 萬曆 5년 12월 壬辰條에 있다.

266) 太學: 중국의 최고 교육기관이었던 國學, 즉 國子監을 말한다. 국자감은 隋나라 大業 3년(607)에 처음 설치하여, 당시 祭酒 1명, 司業 1명, 丞 3명을 두었으며 國子學과 太學을 설치했다. 唐나라 초, 國子學으로 개편하고 太常寺 관할에 두었으며, 國子學, 太學, 廣文, 四門, 律, 書, 算의 7學을 설치하였다. 宋, 元 시대를 거쳐 明代에 이르러 國子學은 최고 學府가 되었다. 洪武 15년(1382)에 國子監으로 개칭한 후, 南京에 설치했으며 國學이라고도 불렀다. 永樂 원년(1403)에는 북경에도 국자감을 설치했으며, 永樂 18년(1420) 북경으로 천도 후, 결국 두 곳에 국자감을 설치 운용하였다. 학생은 府, 州, 縣學의 生員 가운데 뽑았으며, 捐納을 통해 입학한 사람들은 例監生이라 불렀다. 淸代에도 明代의 예에 따라 順治 원년(1644)에 국자감을 설치하고 禮部 소속으로 두었지만, 이후 국자감이 독자적으로 일을 처리할 수 있도록 하였다.

여러 동만과 서로 결탁하여 약탈하였으며 백호 주상(朱裳)과 파총(把總)[267] 나정조(羅定朝)를 살해하였는데, 촌민이 이들을 두려워하여 사방으로 도망하여 숨었다. 도어사(都御史) 오선(吳善)이 총병(總兵) 척계광(戚繼光)[268]에게 격문을 보내 나정(羅定)[269]·사성(泗城)·도강(都康)의 각 토사들에게 병사를 징발하게 하여 다섯 길로 나누어 참장 대응린(戴應麟) 등에게 금계(金鷄)·송백(松柏) 등 여러 산채를 공격하게 하였는데, 우두머리를 참수하고, 400여 명을 사로잡았다.

時鬱林瑤亦桀驁，數糾諸生瑤破諸村寨，入寇興業縣．兵巡道副使王原相告於總制，調兵擊破之，諸瑤悉平．

당시에 울림(鬱林)의 요족들도 사납고 거셌는데, 여러 차례 교화되지 않은 요족을 규합하여

267) 把摠: 把總 혹은 百總이라고도 하는데, 京師를 지키는 三大營의 統兵官과 各地의 總兵 휘하에 있는 軍官이다. 明初에는 대부분 功臣이나 外戚을 이에 充任하였으나 후에 그 직위가 날로 가벼워져 正七品官으로, 正六品인 千總 다음의 직책이다. 把總은 京城巡捕五營 등 중원 내지뿐 아니라 四川, 雲南, 甘肅, 貴州의 土司官 중에도 土把總이라는 명칭으로 설치되었는데, 본문에서의 把總은 바로 土把總을 말한다.

268) 戚繼光(1522~1588): 字는 元敬이고 號는 南塘으로, 山東省 登州 출신이다. 兪大猷와 함께 福建省, 浙江省, 廣東省 등지에서 倭寇의 침입을 물리쳤으며, 이후에는 알탄칸이 이끄는 韃靼(Tatar)의 침략에 맞서 長城의 防衛를 굳건히 하였다. 이른바 명 중엽의 北虜南倭의 外患을 극복하는데 큰 공을 세웠으며, 중국인들에게는 특히, 抗倭의 民族英雄으로 崇仰되고 있다. 嘉靖 23년(1544)에 아버지의 뒤를 이어 登州衛指揮僉事가 되었으며, 嘉靖 34년(1555)부터 浙江省에서 倭寇 침입에 대한 방어에 임하였다. 그는 浙江省의 金華와 義烏 지역에서 農夫와 鑛夫 등 4,000여 명의 義勇軍을 모아 조련하여 이른바 '戚家軍'이라는 抗倭의 주력부대를 양성하였다. 그런가 하면 水軍을 조직하여 남동부 해안 지역에서 密貿易을 하며 노략질을 일삼는 倭寇를 대대적으로 토벌하여, 1567년까지 10여 년 동안 왜구와 무려 80여 차례나 전투를 벌였다. 1562년에는 福建省의 倭寇 근거지를 소탕하여, 그 공을 인정받아 都督僉事가 되었고, 嘉靖 42년(1564)에는 兪大猷, 劉顯과 함께 平海衛에서 倭寇를 물리쳐 都督同知를 거쳐 福建總兵이 되었으며, 이후로도 福建省과 廣東省 沿岸에서 倭寇를 물리쳐 南東 해안 지역을 평정하였다. 이후 그는 북변 방어에도 혁혁한 공을 세웠지만, 內閣首輔 張居正이 죽은 뒤 그의 비호를 받았다는 명목으로 萬曆 11년(1583)에 탄핵을 받아 파면되었다. 그에 대한 파면 조치는 3년 뒤에 철회되었지만, 失意에 빠진 그는 病苦에 시달리다가 1588년에 登州에서 죽었으며,『紀效新書』,『練兵實紀』,『莅戎要略』,『武備新書』등의 兵書를 남겼다.

269) 羅定: 현재의 廣東省 羅定市이다.

여러 촌채를 공파하고, 흥업현(興業縣)[270]에 침입하여 노략질했다. 병순도(兵巡道)[271] 부사(副使) 왕원상(王原相)이 총제에게 보고하였고, [이에] 군대를 징발하여 그들을 공격하여 함락시키니, 여러 요민은 모두 평정되었다.

潯州
심주

潯州, 江曰潯江, 東城門曰潯陽, 郡名取焉. 洪武八年, 潯州大藤峽猺賊竊發, 柳州衛官軍擒捕之. 二十年, 知府沈信言: "府境接連柳·象·梧·藤等州, 山溪險峻, 猺賊出沒不常. 近者廣西布政司參議楊敬恭爲大亨·老鼠·羅碌山生猺所殺, 官軍討之, 賊登巖攀樹, 捷如猿狖, 追襲不及. 若久駐兵, 則瘴癘時發, 兵多疾疫, 又難進取, 兵退復出爲患. 臣以爲桂平·平南二縣, 舊附猺民, 皆便習弓弩, 慣歷險阻. 若選其少壯千餘人, 免其差徭, 給以軍器衣裝, 俾各團村寨置烽火, 與官兵相爲聲援, 協同捕逐, 可以殲之." 帝以蠻夷梗化, 夙昔固然, 但當謹其防禦, 使不爲患. 如爲寇不已, 則發兵討之, 何必團寨.

심주(潯州)는, 강은 심강(潯江)[272]이라 하고, 동쪽 성문은 심양(潯陽)이라고 하는데, 군(郡)의 명칭은 그것에서 취한 것이다. 홍무 8년(1375)에 심주 대등협(大藤峽)[273]의 요적이 몰래

270) 興業縣: 현재의 廣西省 玉林市의 縣이다.

271) 兵巡道: 관직명이다. 明에서는 各 省에 提刑按察使司를 설치하였고, 按察使를 그 長官으로 삼았다. 하나의 성에는 여러 개의 道를 만들고 按察分司를 설치하였다. 按察副使와 按察僉事 등 관원에게 職務를 담당하게 하였다. 府·州·縣을 나누어 살피는 일을 맡았는데, 이 때문에 分巡道라 칭하였다. 兵備를 겸하는 자는 兵巡道·兵備道라 불렀고, 계속해서 副使나 僉事의 직함을 겸하였다.

272) 潯江: 桑江이라고도 칭한다. 潯江의 상류는 黔江과 鬱江이다. 廣西 桂平市 匯合에서 梧州市 桂江과 합쳐지는 부분을 潯江이라고 하고, 그 아래는 西江이라고 부른다. 전체 길이는 199m이다.

273) 大藤峽: 廣西 境內에서 가장 크고 긴 峽谷이다. 峽谷의 중심은 廣西 桂平縣에서 武宣까지 100여 리에 걸쳐 있지만 그 주변으로 廣西 東南部에 위치한 潯州府, 梧州府, 平樂府 西部, 柳州府 南部 등 사방 600여 리에 걸친 지역도 모두 大藤峽地區에 속한다. 전설에 따르면 옛날에 큰 藤나무가 있어서 강물 위를 가로질러 뻗어 있었는데, 낮에는 강물에 잠겼다가 밤에는 떠올라서 사람들이 강을 건널 수 있게

반란을 일으켜서, 유주위(柳州衛)의 관군이 그들을 체포하였다.[274] [홍무] 20년(1387)에 지부(知府)[275] 심신(沈信)이 아뢰길, "부의 경계가 유(柳)·상(象)·오(梧)·등(藤) 등의 주에 접해 있고, 산과 계곡은 험준하여 요족들이 수시로 출몰하고 있습니다. 근자에 광서포정사 참의(參議)인 양경공(楊敬恭)이 대형(大亨)·노서(老鼠)·나록산(羅碌山)의 교화되지 않은 요족들에게 살해되어 관군이 이들을 토벌하였는데, 요적들은 바위를 타고 나무를 오르는 것이 원숭이처럼 민첩하여 추격하였지만 따라잡지 못하였습니다. 만약 오랫동안 병사를 주둔시키면 풍토병이 계속 발생하여 병사들 대부분이 병에 걸려 나아가기 어려울 것이고 병사들이 철수하면 다시 우환이 생길 것입니다. 신이 생각하기에, 계평(桂平)[276]·평남(平南) 두 현은 예전에 귀부한 요민들로, 모두 궁노(弓弩)를 익숙하게 익혔고 험한 곳을 다니는데 익숙합니다. 만약 젊은 장정 1,000여 명을 선발하여 차역(差役)[277]과 부세를 면제시키고 병장기와 의장(衣裝)을 주어, 각 단(團)과 촌채(村寨)에 봉화를 두고서 관병과 서로 돕고 협동하여 체포하고 추격하게 한다면 섬멸할 수 있을 것입니다"라고 하였다. 황제는 만이가 완고하게 교화에 불복종하고 계속해서 이와 같지만 마땅히 경계하여 방어하면 우환이 되지 않을 것이라고 여겼다. 만약 약탈이 끊이지 않으면 군대를 일으켜 그들을 토벌하면 될 것이니, 어찌 단과 촌채가 필요하겠는가라고 했다.[278]

해 주었다고 하며, 大藤峽이라는 이름은 여기서 유래하였다. 협곡을 흐르는 강물은 구불구불하며 물살이 세고 물속에는 암초들이 무수하고 협곡 주변으로는 바위들이 높이 솟아, 전투가 발생하면 반드시 장악해야 할 전략적 요충지로 인식되었다. 일찍이 大藤峽을 斷藤峽으로 고쳤다가 다시 永通峽으로 고쳐 불렀다. 협곡의 절벽에는 明나라 때 새겨 놓은 '敕賜永通峽'이라는 글자가 아직도 남아 있다. 이곳에는 瑤族, 僮族 등의 소수민족이 거주하고 있는데 주민의 대부분은 瑤族이다(마크 엘빈 저·정철웅 역, 2011: 373~378).

274) 이에 대한 내용은 『太祖實錄』 卷98 洪武 8년 3월 戊辰條에 있다.

275) 知府: 府의 장관으로 官品은 正四品이다. 知府는 1명이 두어졌다. 知府는 한 府의 정무를 주관한다는 뜻에서 나온 말이다. 옛 官名에 따라 太守 혹은 郡守라고도 한다. 직무는 한 府의 풍속과 교화를 發揚하고, 訟事를 공평히 하며, 세금과 요역을 균등히 하여 백성을 보호하는 것이었다. 3년마다 소속 관리의 賢否를 살펴 그 성적의 고하를 매겨 省에 보내고 吏部에 보고하였다.

276) 桂平: 漢나라 때는 布山·阿林 2개의 縣이 있던 곳이고, 南朝의 梁나라 때는 桂平郡을 설치하였다. 隋나라 때는 郡을 桂平縣으로 삼았다.

277) 差役: 중국의 전통 왕조시대 백성들에게 부과한 노역을 말한다.

278) 이에 대한 내용은 『太祖實錄』 卷182 洪武 20년 6월 己卯朔條에 있다.

永樂三年，總兵韓觀奏桂平縣蠻民爲亂，請發兵剿捕．帝命姑撫之，勿用兵．宣德四年，總兵山雲討潯・柳二州寇，並誅從寇二千四百八十人，梟首境上．七年，雲奏斬獲桂平等縣蠻寇覃公專等首級數．帝顧左右曰："蠻寇害我良民，譬之蟊賊害稼，不可不去．然殺之過多，亦所不忍．雖彼自取滅亡，朕自以天地之心爲心也．" 九年，雲奏潯州等處蠻寇劫掠良民，指揮田眞率兵於大藤峽等處，前後斬首九十六級，歸所掠男婦二百三人．

영락 3년(1405)에 총병 한관이 상주하기를, 계평현의 만민이 반란을 일으켰으니 군대를 일으켜 토벌할 것을 청하였다. 황제는 잠시 안무하고 군대를 움직이지 말라고 하였다.[279] 선덕 4년(1429)에 총병 산운(山雲)이 심(潯)·유(柳) 두 주의 도적을 토벌하고 아울러 따르던 도적 2,480명을 주살하여서, 그 머리를 경내에 효시하였다.[280] [선덕] 7년(1432)에 산운이 계평 등 현의 만적 담공전(覃公專) 등 여러 명의 수급을 잡아 베었다고 상주하였다. 황제가 좌우를 살피며 이르기를, "만구가 우리 양민들을 해치는 것은 모적(蟊賊)[281]이 벼이삭에 해를 입히는 것이 비견되니 제거하지 않으면 안 된다. 그러나 죽인 사람이 지나치게 많은 것도 이 역시 차마 감당하기 어려운 일이다. 비록 그들이 스스로 멸망을 자초한 것이지만 짐은 [백성을 사랑하는] 천지의 마음으로써 [짐의] 마음으로 삼을 것이다"라고 하였다.[282] [선덕] 9년(1434)에 산운이, 심주 등지의 만구들이 양민을 약탈하여 지휘 전진(田眞)이 병사를 거느리고 대등협(大藤峽) 등지에서 전후로 96명을 참수하고, 끌려간 남녀 203명을 귀환시켰다고 상주하였다.[283]

279) 이와 관련된 내용은 『太宗實錄』 卷41 永樂 3년 4월 癸未條 및 己丑條 참조.

280) 이에 대한 내용은 『宣宗實錄』 卷53 宣德 4년 4월 辛巳條에 있다. 본문에서 언급된 내용을 보고 받은 宣德帝는 行在兵部尙書 張本 등에게 소수민족들의 본성은 억세고 사나워서 그 사망한 자들은 모두 스스로 초래한 것이라고 하였다. 그리고 지금 그 지역은 풍토병이 도는 때이니 신속하게 전쟁을 멈춰야 한다고 하면서, 복종하지 않는 이들이 있으면 사람을 보내 招諭하고 복종하는 이들은 관대하게 대하라고 지시하였다.

281) 蟊賊: 농작물을 먹어치우는 해충을 지칭한다.

282) 이에 대한 내용은 『宣宗實錄』 卷53 宣德 7년 3월 己酉條에 있다.

283) 이에 대한 내용은 『宣宗實錄』 卷115 宣德 9년 12월 乙丑條에 있다.

正統元年，兵部尙書王驥奏："桂平大藤峽等處蠻寇，攻劫鄕村．因調廣東官軍二千人，今已逾年，軍器衣裝損壞，宜如貴州諸軍例，予踐更．"從之．二年，山雲奏："潯州府平南等縣耆民言：'大藤峽等山，猺寇不時出沒，劫掠居民，阻絶行旅．近山荒田，爲賊占耕，而左·右兩江，人多食少，其狼兵素勇，爲賊所憚．若選委頭目，屯種近山荒田，斷賊出沒之路，不過數年，賊徒坐困，地方寧靖矣．'臣已會同巡按諸司計議，量撥田州等府族目土兵，分界耕守，卽委土官都指揮黃竑領之．遇賊出沒，協同剿殺．"從之．七年，猺賊藍受貳等恃所居大藤峽山險，糾集大信等山山老·山丁數百人，遞年殺掠．千戶滿智等誘殺十人，帝命梟之，家口給賜有功之家．十一年，大藤峽蠻賊流劫鄕村，侵犯諸縣，巡按萬節以聞．景泰七年，大藤峽賊糾合荔浦等處賊，劫掠縣治，殺擄居民，命總兵柳溥等剿之．

정통 원년(1436)에 병부(兵部)[284]상서(尙書) 왕기(王驥)[285]가 상주하기를, "계평 대등협 등지의 만구들이 향촌을 공격하고 약탈하였습니다. 이 때문에 광동의 관군 2,000명을 징발하였고 지금 이미 1년이 지났는데, 무기와 의장의 손실되었으니 마땅히 귀주(貴州)[286] 각 군의

284) 兵部: 隋唐시대에 설치된 관청으로, 武官의 임용, 兵籍, 軍械, 軍令 등을 담당하였다. 淸末까지 존속하였으나, 그 職權은 시대에 따라서 변화가 있었다. 宋·遼·金·元에서는 兵政을 관할하지 않았다. 明代의 兵部尙書는 本兵이라는 호칭을 가지고 있었는데, 그 권한은 가장 컸다. 淸代의 兵部에서는 武官의 임용이나 驛站의 관리는 담당하였지만 兵權은 갖지 못하였다. 光緖 32년(1906)에 새로운 정치제도를 시행하면서 兵部라는 명칭은 없어졌다.

285) 王驥(1377~1460): 字는 尙德이며, 北直隸 保定府 束鹿縣 사람이다. 永樂 4년(1406)의 進士로 兵科給事中에 제수되어 山西에 巡按했다. 얼마 후에 山西按察使司의 副使로 승임하였으며, 洪熙 원년(1425)에 順天府尹을 거쳐 宣德 연간(1426~1435) 초에 兵部右侍郎에 발탁되었다. 이후 오래지 않아 兵部尙書 署理가 되고, 宣德 9년(1434)에 兵部尙書에 올랐다. 正統 원년(1436)에 몽골의 침입이 격화되면서 북변방어를 위한 계책을 수립할 때 署兵部尙書로서 직임을 게을리했다는 혐의로 일시 투옥되었다가 석방되었다. 몽골이 甘州, 涼州 일대를 침범하고 명의 장수들이 적절하게 대처하지 못하자 正統 2年(1437)에 王驥는 便宜行事하는 권한을 부여받고 甘州, 涼州 일대의 북변방어를 지휘하였는데, 군대의 기강을 바로잡아 성공적으로 방어했다. 이 공로로 병부상서에 임명되었으나 연로하여 곧 사직하였고, 이로부터 3년 후에 세상을 떠났다. 謚號는 忠毅이다.

286) 貴州: 중국 서남 지역에 위치한 省이다. 貴州 지역은 옛 牂牁國이 있었던 곳이며, 秦 통일 이후 巴郡, 蜀郡, 黔中郡, 象郡 관할로 각각 분할되었다. 적어도 3세기 이후부터 慕俄格, 播勒, 烏蒙, 烏撒, 車里와

규정에 따라서 천경(踐更)[287]을 하도록 해주십시오"라고 하니, [황제가] 이를 허락하였다.[288] [정통] 2년(1437)에 산운이 아뢰기를, "심주부 평남(平南) 등 현의 기민(耆民)이 말하길, '대등협 등의 산은 요구들이 수시로 출몰하여 거주민을 약탈하고 행인들을 막고 있습니다. 산 근처의 황무지를 적들이 점거하여 경작하고 있고 좌·우 두 강은 사람은 많고 식량은 적은데 그곳의 낭병(狼兵)들이 용맹하여 적들이 두려워하고 있습니다. 만약 두목을 선발하여 위임하고 산 근처의 황무지를 경작하면 적구가 출몰하는 도로를 막을 수 있으니, 몇 년 지나지 않아 적들은 곤경에 빠지고 지방은 편안해질 것입니다'라고 하였습니다. 신은 이미 순안(巡按) 각 사(司)와 회동하여 계획을 의논하였는데, 전주 등 부의 족목토병(族目土兵)을 헤아려 배치하고, 경계를 나눠 경작하고 지키게 하며, 곧 토관지휘 황횡에 이들을 통령하도록 위임하도록 해야 합니다. 그러면 적의 출몰이 있어도 협동하여 토벌할 것입니다"라고 하니, [황제가] 이를 허락하였다.[289] [정통] 7년(1442)에, 요적 남수이(藍受貳) 등이 대등협의 산세가 험한 곳에 의지해 살면서 대신(大信) 등 산의 산노(山老)·산정(山丁) 수백 명을 규합하여 해마다 사람을 죽이고 약탈하였다. 천호 만지(滿智) 등이 유인해서 10명을 죽였는데, 황제가 그들을 효시하도록 명하였고, [포로로 잡은 이들] 가족은 공이 있는 집안에 주었다.[290] [정통] 11년(1446)에, 대등협의 만적이 돌아다니면서 향촌을 약탈하였고, 각 현을 침범하였는데, 순안 만절(萬節)이 이를 보고하였다. 경태 7년(1456)에, 대등협의 만적이 여포 등지의 도적을 규합하여 현의 치소를 겁략하고 거주민을 노획하고 살해하였는데, 총병 유부(柳溥) 등에게 그들을 토벌하도록 명하였다.[291]

같은 다양한 소수민족 정권이 들어섰다는 설명으로 미뤄(John E. Herman, 2007: 24~28), 귀주 지역 일대는 옛날부터 소수민족 사이에 치열한 경쟁이 존재했던 곳이기도 하다. 귀주라는 명칭이 등장한 시기는 宋나라 때부터였으며, 明 永樂 11년(1413)에 貴州承宣布政使司가 설치된 이후 정식으로 貴州省이라 불렸다. 전체 인구 구성 중 소수민족이 약 36%를 차지하고 있으며, 이 가운데 苗族, 布依族, 土家族, 侗族, 彝族이 약 82%를 차지하고 있다.

287) 踐更: 비용을 내어 사람을 고용해서 대체복무를 하도록 하는 것이다.

288) 이에 대한 내용은 『英宗實錄』 卷16 正統 원년 4월 丙午條에 있다.

289) 이에 대한 내용은 『英宗實錄』 卷35 正統 2년 10월 戊午條에 있다.

290) 이에 대한 내용은 『英宗實錄』 卷89 正統 7년 2월 丙午條에 있다.

291) 이에 대한 내용은 『英宗實錄』 卷81 景泰 7년 2월 丁卯條에 있다. 이때 소수민족이 명 조정에 반기를 든 사실을 보고한 것은 廣西의 軍務를 감독하던 太監 班祐였다. 그리고 그 봉기의 우두머리는 韋公海라는 인물이었다.

天順五年，鎭守廣東中官阮隨奏："大藤峽猺賊出沒兩廣，爲惡累年，邇來愈甚．雖常會兵剿捕，緣地里遼遠，且兩廣軍馬不相統屬，未易成功，宜大擧擣其巢穴，庶絶民患．" 乃命都督僉事顔彪佩征夷將軍印，調南京·江西及直隸九江等衛官軍一萬隸之．六年，彪奏："臣率軍進剿大藤，攻破七百二十一寨，斬首三千二百七十一級，復所掠男婦五百餘口．" 帝敕奬之．

천순(天順)[292] 5년(1461)에 광동을 진수하는 중관(中官)[293] 완수(阮隨)가 아뢰기를, "대등협의 요적들이 양광(兩廣)[294]에 출몰하여 악행을 행한 지 여러 해가 되었고, 근래에 더욱 심해졌습니다. 비록 늘 군대를 회합하여 토벌하여 체포하였지만, 두 지방의 거리가 상당히 멀고 또한 양광의 군마가 서로 통합 관리되지 않아서 성공하기가 쉽지 않으니, 마땅히 대거 그들의 소굴을 공격하여 백성의 화환(禍患)을 근절해야 합니다"라고 하였다. 이에 도독첨사(都督僉事)[295] 안표(顔彪)에게 정이장군인(征夷將軍印)을 패용하도록 하고, 남경(南京)[296]·

292) 天順: 명 왕조 제6대 황제인 英宗이 자신의 동생인 朱祁鈺(景泰帝)를 황위에서 몰아내고 다시 황위에 오른 후 天順이란 年號를 사용했다.

293) 中官: 內職의 官, 京官 등의 뜻이 있지만 일반적으로 환관을 일컬으며 閹人, 寺人이라고도 한다. 중국에서는 周代부터 淸末까지 환관이 있었는데, 『明史』 卷74 「職官志」3 宦官條에 의하면, 明代의 환관기관으로는 宦官十二監이 있었고, 이들 기관에서 政事에 관여하지 않은 것이 없었다. 특히, 司禮監은 그 중심에 있었고, 각 기관에는 太監(正四品), 小監(從四品), 監丞(正五品), 典簿(正六品), 從六品인 長隨, 奉御 등의 職官이 있었다. 明代 환관이 각 방면에 기용되기 시작한 것은 永樂帝 때부터이며, 이들을 해외의 使臣이나 外征의 지휘관으로 임명했을 뿐만 아니라 永樂 18년(1420)에 비밀경찰기관으로 신설된 東廠에 전권을 부여하여 경찰권을 위임하였다. 이후 錦衣衛까지 지휘를 하면서 官民의 행동을 감시하였으며, 宣宗시대 이후에는 정치 분야에 발언권을 증대시켜 국가의 정치를 좌우할 정도로 막강한 권한을 행사하게 되었다. 明代의 宦官에 대해서는 데라다 다카노부, 2006: 99~100 참조.

294) 兩廣: 廣東省과 廣西省을 말함. 이 호칭이 처음 등장한 것은 明 景泰 3년(1452)에 于謙이 양광총독의 설치를 상주했을 당시이다. 이후 成化 6년(1470)에 兩廣總督을 설치하고, 초대 양광총독에 韓雍이 부임했다. 淸代에 양광은 광동과 광서, 그리고 海南島가 포함되었다.

295) 都督僉事: 明代 전국의 군대를 통괄하는 五軍都督府에 속해 있는 관직으로, 正一品인 左·右都督, 從一品인 都督同知 다음에 위치한 正二品의 관직이다.

296) 南京: 명 초에 수도로 정한 곳이다. 應天이란 명칭은 元 至正 16년(1356)에 朱元璋이 集慶路를 應天府로 개칭하면서 불렸으며, 明初에 이곳에 定都했다. 그러나 永樂 19년(1421)에 北京으로 遷都하면서 북경이 새로운 京師로 칭해졌고, 응천부는 이후 正統 6년(1441)에 南京으로 명칭이 바뀌었으며, 淸 順治

강서(江西)와 구강(九江)[297] 등에 직접 예속된 위의 관군 10,000명을 징발하여 그에게 예속시켰다.[298] [천순] 6년(1462)에 안표가 아뢰기를 "신이 군대를 이끌고 대등으로 진격하여 토벌하였는데, 721채를 공파하여 3,271명을 참수하였으며, 끌려간 남녀 500여 명을 복귀시켰습니다"라고 하니, [이에] 황제가 칙서를 내려 표창하였다.[299]

七年, 大藤峽賊夜入梧州城. 時總兵官泰寧侯陳涇駐兵城中, 會太監朱祥·巡按吳璘·副使周璹·僉事董應軫·參議陸禎·都指揮杜衡·土官都指揮岑瑛等議調兵. 夜半, 賊駕梯上城, 涇等不覺, 遂入府治, 劫庫放囚, 殺死軍民無算, 大掠城中, 執副使周璹爲質, 殺訓導任璩. 涇等倉卒無計, 惟擁兵自衛, 隨軍器械幷備賞銀物, 皆爲賊有. 布政使宋欽時致仕家居, 挺身出, 以大義諭賊, 爲所害. 黎明, 賊聲言官軍若動, 則殺周副使. 涇等乃遣人與賊講解, 晡時, 縱之出城. 賊旣出, 乃縱璹還. 時官軍數千, 賊僅七百而已. 都指揮邢斌奏至, 帝曰: "梧州蕞爾小城, 總兵·鎭巡·三司俱擁重兵駐城中, 乃爲小賊所蔑視, 況遇大敵乎! 爾兵部其卽議處行."

천순 7년(1463)에, 대등협의 적구가 한밤중에 오주성에 잠입했다. 그때 총병관 태녕후(泰寧侯) 진경(陳涇)[300]이 성안에 군대를 주둔시키고 있었고, 태감(太監)[301] 주상(朱祥)·순안(巡按) 오린(吳璘)·부사(副使) 주숙(周璹)·첨사(僉事) 동응진(董應軫)·참의(參議) 육정(陸禎)·도지휘(都指揮) 두형(杜衡)·토관도지휘(土官都指揮) 잠영(岑瑛) 등과 회동하여 군대를

2년(1645)에는 江寧府로 개칭되었다.

297) 九江: 현재의 江西省 九江市이다.

298) 이에 대한 내용은『英宗實錄』卷325 天順 5년 2월 丙申條에 있다.

299) 이에 대한 내용은『英宗實錄』卷336 天順 6년 정월 壬子條에 있다.

300) 陳涇: 生卒年 미상. 靖國公 陳珪의 후예이고, 寧國公 陳瀛의 동생이다. 泰州 사람으로 泰寧侯를 세습하였다. 陳涇은 본문 중에서 언급된 내용처럼 잠입한 소수민족들에게 농락당한 일로 하옥되어 死刑을 언도받았으나, 얼마 후에 감형되었다.

301) 太監: 宦官에 대한 칭호이다. 隋唐시대 이후로 지위가 높아진 內監을 太監이라고 불렀는데, 唐 高宗이 황제의 생활을 보좌하는 殿中省을 中御府로 바꾸고 宦官으로 하여금 太監과 少監을 맡도록 하자, 이후 환관들을 太監으로 통칭하게 되었다. 明代에는 환관 기구인 12監(司禮, 內官, 御用, 司役, 御馬, 神宮, 尙膳, 尙寶, 印綬, 直殿, 尙衣, 都知監)의 長官을 太監이라 했으며 正四品職이었다.

동원하는 일을 논의하고 있었다. 밤중에 적들이 사다리를 타고 성을 올라왔는데도, 진경 등은 알아채지 못했고, 마침내 [적들이] 부의 치소로 들어가서 창고를 약탈하고 죄인들을 풀어주었으며 군민을 수도 없이 살해하였고, 성안을 멋대로 약탈하고는 부사 주숙(周璹)을 인질로 잡고 훈도(訓導)[302] 임거(任璩)를 살해하였다. 진경 등이 갑자기 대책도 없이 오직 병사들을 거느리고 자위(自衛)하였지만, 군대를 수행(隨行)하는 병장기와 아울러 상으로 준비한 은기가 모두 적의 소유가 되었다. 포정사 송흠(宋欽)은 당시에 치사(致仕)[303]하여 집에 있었는데, 앞장서서 나가 적구들을 대의로 효유하였으나 살해당했다. 새벽에 적들은 관군이 만약 움직인다면 부사 주숙을 죽이겠다고 큰소리쳤다. 진경 등은 이에 사람을 보내 적과 강화를 하였는데, 포시(晡時)[304]에 적들을 놓아주어 성을 나가도록 하였다. 적들이 나간 후 곧 주숙을 풀어 돌려보냈다. 당시에 관군은 수천 명이었고 적들은 겨우 700명뿐이었다. 도지휘 형빈(邢斌)의 상주가 이르자, 황제가 이르기를, "오주는 작은 성인데 총병·진순(鎭巡)[305]·삼사가 모두 많은 병사들을 거느리고 성안에 주둔했는데도 작은 적들에게 멸시를 당하였으니, 하물며 대적을 만났다면 어떠했겠는가! 그대들 병부에서는 바로 그 죄에 대한 처분을 논의하라"고 하였다.

八年, 國子監生封登奏: "潯州夾江諸山, 崯岈巉嶪, 峽中有大藤如斗, 延亘兩崖, 勢如徒杠, 蠻衆蟻渡, 號大藤峽, 最險惡, 地亦最高. 登藤峽巓, 數百里皆歷歷目前,

302) 訓導: 明淸시대 府·州·縣學의 下級敎職이다. 明代에는 府學에는 敎授 1명과 訓導 4명, 州學에는 學正 1명과 訓導 3명, 縣學에는 敎諭 1명과 訓導 2명이 설치되었고 敎授, 學正, 敎諭가 소속 학교의 생원들을 교육하고 訓導가 이를 보좌하였다. 淸代의 경우 府學에는 敎授와 訓導, 州學에는 學正과 訓導, 縣學에는 敎諭와 訓導가 각각 한 사람씩 배치되었다. 역할은 明代와 같았다. 『明史』「職官志」4에, '儒學 : 府, 敎授一人, 訓導四人. 州, 學正一人, 訓導三人. 縣, 敎諭一人, 訓導二人. 敎授, 學正, 敎諭, 掌敎誨所屬生員, 訓導佐之'라 기재되어 있고, 『淸史稿』「職官志」3에 '儒學 : 府敎授, 訓導, 州學正, 訓導. 縣敎諭, 訓導, 俱各一人'라 기재되어 있다.

303) 致仕: 관리가 일정한 연령, 대개는 70세에 달하여 퇴직하는 것을 말하는데, 이 경우 상당한 예우가 행해졌다. 宣德 10년(1435)에 조서를 내려 문무관원들이 나이 70세가 되지 않더라고 질병으로 관직을 수행하지 못할 경우 致仕를 인정해주었다(박원호 외, 2008: 27 참조).

304) 晡時: 오후 3~5시까지의 시간으로, 해질 무렵을 가리키기도 한다.

305) 鎭巡: 鎭守와 巡撫의 합칭이다. 明代 중앙정부가 각 지역에 관원을 파견해 변방 지역의 민정을 살피도록 했는데, 文官을 巡撫, 武官을 鎭守라 했다.

軍旅之聚散往來, 可顧盼盡, 諸蠻倚爲奧區. 桂平大宣鄉崇姜里爲前庭, 象州東鄉·武宣北鄉爲後戶, 藤縣五屯障其左, 貴縣龍山據其右, 若兩臂然. 峽北巖峒以百計, 仙人關·九層崖極險峻, 峽以南有牛腸·大岵諸村, 皆緣江立寨. 藤峽·府江之間爲力山, 力山之險倍於藤峽. 又南則爲府江, 其中多冥巖奧谷, 絶壁層崖, 十步九折, 失足隕身. 中産瑤人, 藍·胡·侯·槃四姓爲渠魁. 力山又有僮人, 善傅毒藥弩矢, 中人無不立斃, 四姓瑤亦憚之. 自景泰以來, 嘯聚至萬人, 隳城殺吏. 而修仁·荔浦·平樂·力山諸瑤應之, 其勢益張. 渠長侯大狗嘗懸千金購, 莫能得. 鬱林·博白·新會·信宜·興安·馬平·來賓亦煽動, 所至丘墟, 爲民害. 乞選良將, 多調官軍·狼兵急滅賊." 報聞.

[천순] 8년(1464)에 국자감(國子監)[306] 감생(監生)[307] 봉등(封登)이 상주하기를, "심주 협강의 여러 산은 골짜기가 깊고 산세가 험준하며, 협곡 중에는 두(斗)와 같은 큰 등나무가 있는데 길게 양쪽 절벽까지 뻗어 있고, 형세는 작은 교량과 같은데, 만민들은 개미처럼 그곳을 건너 대등협(大藤峽)이라 칭하며, 가장 험악하고 지세도 가장 높습니다. 대등협의 산 정상까

306) 國子監: 국자감의 전신은 國子學으로서 西晉 咸寧 4년(278)에 처음으로 설치되었는데, 國子祭酒와 博士 각 1명과 助敎 15명을 두어 生徒를 가르치도록 하였다. 國子學은 五品 이상의 貴族 子弟만 入學할 수 있었지만 당시에는 그리 활성화되지 못하여 西晉 말기 이후에는 興廢가 반복되었다. 北齊 시기에는 國子寺로 改稱되었다. 隋朝 開皇 초에 國子學으로 다시 고쳤는데, 大業 3년(607)에 처음으로 國子監으로 改稱하였다. 祭酒 아래에 主簿와 錄事를 각각 1명씩 두어 國子學, 太學, 四門學, 書學, 算學 등의 각 官學을 관리하도록 하였다. 각 官學의 博士, 助敎, 生員에는 모두 定額이 있었다. 唐 武德 원년(618)에 國子學으로 개편하고 太常寺 관할에 두었으며, 國子學, 太學, 廣文, 四門, 律, 書, 算의 7學을 설치하였다. 貞觀 원년(627)에 다시 國子監으로 이름을 바꾸었지만, 이후에도 國子學과 國子監은 여러 차례 명칭이 서로 바뀌는 등 일정치 않았다. 宋元시대를 거쳐 明代에 이르러 國子學은 최고 學府가 되었다. 洪武 15년(1382)에 국자감으로 개칭한 후 南京에 설치했으며, 國學이라고도 불렀다. 永樂 원년(1403)에는 北京에도 국자감을 설치했으며, 永樂 18년(1420) 북경으로 천도 후, 결국 兩京 두 곳에 국자감을 설치 운용하였다. 학생은 府, 州, 縣學의 生員 가운데 뽑았는데, 捐納을 통해 입학한 사람들은 例監生이라 불렀다. 淸代에도 明代의 예에 따라 順治 원년(1644)에 국자감을 설치하고 禮部 소속으로 두었지만, 이후 국자감이 독자적으로 일을 처리할 수 있도록 하였다.

307) 監生: 國子監 學生의 略稱이다. 明淸시대 최고학부인 國子監에는 반드시 貢生이나 蔭生만이 入監할 수 있는 자격이 부여되었다.

지 오르면 수백 리가 모두 눈앞에 펼쳐지고 군대의 집합과 분산, 왕래를 전부 볼 수 있어서, 여러 만이들은 이를 의지해서 중심 지역으로 삼았습니다. 계평의 대선향(大宣鄕) 숭강리(崇姜里)는 앞의 정원을 이루고, 상주의 동향(東鄕)·무선(武宣) 북향(北鄕)은 뒤편의 집을 이루며, 등현(藤縣)[308]의 오둔(五屯)은 왼쪽을 가로 막고, 귀현(貴縣)[309]의 용산(龍山)은 오른쪽에 있으니, 두 팔과 같습니다. 협곡의 북쪽 바위동굴은 100개를 헤아리는데 선인관(仙人關)·구층애(九層崖)가 상당히 험준하고, 협곡의 남쪽에는 우장(牛腸)·대호(大岵) 여러 촌이 있는데 모두 강을 따라 촌채를 세웠습니다. 등협(藤峽)·부강(府江) 사이는 역산(力山)인데, 역산의 험준함은 등협의 두 배입니다. 또한 남쪽에는 부강이 있는데 그 가운데에는 깊은 바위 계곡이 많고 절벽이라서, 10보를 걸으면 9번이 꺾어지니 발을 헛디디면 죽습니다. 그 중에서 나온 요인(瑤人)이 있는데, 남(藍)·호(胡)·후(侯)·반(槃) 네 개의 성씨가 우두머리입니다. 역산에는 동인(僮人)도 있는데 활과 화살에 독약을 바르기를 잘하였고, 화살에 맞은 사람은 서지 못하고 바로 사망하였기 때문에 네 개의 요민 성씨들도 그들을 두려워하였습니다. 경태 연간(1450~1457) 이래로 10,000여 명의 무리를 모아 성을 부수고 관리를 죽였습니다. 그런데 수인(修仁)·여포(荔浦)·평락(平樂)·역산(力山)의 요족 무리가 그들에 호응하면서 그 세력은 더욱 성장했습니다. 우두머리 후대구(侯大狗)[310]에게는 일찍이 1000금이 내걸렸지만 아무도 잡지 못하였습니다. 울림(鬱林)·박백(博白)[311]·신회(新會)·신의(信宜)·흥안(興安)·마평(馬平)·내빈(來賓)도 선동되어 반란을 일으켰는데, 이르는 곳이 폐허로 변하여 백성들에게

---

308) 藤縣: 현재의 廣西省 梧州市 藤縣이다. 秦 이전에는 百越의 땅이었다. 秦始皇이 이 지역을 정복한 후, 南海郡에 예속시켰다. 漢 武帝 元鼎 6년(전111)에 南越을 정벌하면서 南海·蒼梧 등 9개 군을 설치하였다. 隋 開皇 12년(592)에 藤州를 설치하였다. 明 洪武 10년(1377)에 藤州를 藤縣으로 강등하여 梧州府에 예속시켰는데, 이때부터 藤縣이라는 명칭으로 불렸다.

309) 貴縣: 漢나라 때 이곳에 布山縣을 설치하였고, 隋나라 때는 郁林縣, 唐나라에서는 貴州를 설치하였다. 明나라 때 貴縣이 되었다.

310) 侯大狗(?~1465): 瑤族으로, 大藤峽 羅淥洞 田頭村 사람이다. 正統 연간(1436~1449) 초에 侯大狗는 藍受貳가 이끄는 반란에 참여하였고, 藍受貳가 사망한 후에는 그 반란 세력을 이끌었다.

311) 博白: 고대에는 白州라고 불렀다. 현재의 廣西省 玉林市에 속하는 지역이다. 秦始皇이 白越의 땅을 정복하고 桂林·南海·象 세 郡을 설치하였는데, 博白은 象郡에 예속되었다. 漢나라 초에는 이 지역이 南越의 땅이었다. 元鼎 6년(전111)에 博白을 合浦郡에 복속시켰고, 그 후 이 지역은 交趾刺史가 관리하는 지역이었다. 博白이라는 명칭은 博白江(지금의 小白江)에서 유래한 것이었다. 元나라 초에는 博白縣을 鬱林州에 예속시켰다. 至元 16년(1279)에 廣西의 여러 州를 路로 개편하면서 博白縣을 梧州路에 예속시켰다. 明 洪武 원년(1368)에 路를 府로 변경하였는데, 博白縣을 梧州府 鬱林州에 예속시켰다.

해(害)가 되었습니다. [그러니] 좋은 장수를 선발해서 많은 관군·낭병을 징발하여 급히 적을 토벌하소서"라고 하니, 황제가 비답을 내렸다.

成化元年, 編修丘浚條上兩廣用兵機宜. 兵部尚書王竑奏言: "峽賊稱亂日久, 皆由守臣以招撫爲功, 致釀大患, 非大創不止." 因薦浙江參政韓雍有文武才. 命以雍爲僉都御史, 都督同知趙輔爲征夷將軍, 和勇爲遊擊將軍, 率師討之. 時大藤峽賊三千餘陷平南縣, 殺典史周誠, 擄其妻子, 幷劫縣印. 又入藤縣城, 掠官庫, 劫縣印, 鎭守總兵歐信以聞. 於是總兵官趙輔率軍至, 奏言: "大藤蠻賊以修仁·荔浦爲羽翼, 今大軍壓境, 宜先剿之." 乃合諸軍十六萬人, 分五道進, 先破修仁, 窮追至力山, 生擒千二百餘人, 斬首七千三百餘級.

성화(成化) 원년(1465)에, 편수(編修)[312] 구준(丘浚)[313]이 양광의 용병에 있어서 마땅히 취해야 할 대책을 조목조목 나누어 올렸다.[314] 병부상서 왕횡(王竑)[315]이 아뢰기를, "협곡의

312) 編修: 翰林院 編修를 일컬으며, 官品은 正七品이다. 殿試의 1등은 修撰을, 2·3등은 編修를 제수하였고, 2·3甲은 시험을 치러 庶吉士로 선발하였는데, 이들 모두를 翰林官이라 하였다.

313) 丘浚(1421~1495): 丘濬이라고도 표기하며, 孔子의 이름을 避諱하여 邱濬으로도 표기한다(윤정분, 2002: 47). 그는 瓊山府 下田村(지금의 海南島 瓊山縣 府城鄕)에서 태어나 景泰 5년(1454)의 進士로 翰林院 庶吉士에 제수되었고, 景泰 7년(1456)에 翰林院 編修가 되었다. 이후 成化 3년(1467)에 侍講學士를 거쳐 翰林學士, 禮部侍郎에 오르고, 成化 23년(1487)에는 禮部尙書가 되었다. 弘治 7년(1494)에는 오른쪽 눈을 실명하여 致仕를 청했지만 받아들여지지 않고, 少保兼武英殿大學士, 戶部尙書에 제수되었으나 이듬해인 弘治 8년(1495)에 북경에서 病死하였다. 그는 여러 관직을 역임하면서 『英宗實錄』 등 각종 史書의 편수에 참여하였으며, 정치 사상계에 큰 족적을 남겨 海瑞와 더불어 '海南雙壁'으로 불려진다. 그는 많은 저술을 남겼으나 그 가운데 『大學衍義補』는 당시의 사회상황과 그의 경세사상을 잘 보여주고 있는 대표적인 서적이다. 사후 太傅로 追贈되었으며, 諡號는 文莊公이다.

314) 이에 대한 내용은 『憲宗實錄』 卷13 成化 원년 정월 甲戌條 참조.

315) 王竑(1413~1488): 字는 公度이고, 號는 休庵(퇴임 후에 戇庵으로 바꾸었다)으로, 河州(현재 甘肅 臨夏) 사람이다. 正統 4년(1439)에 進士가 되었다. 戶部 給事中의 자리에 올랐는데, 기개가 있어 '土木의 變' 당시에 앞장서서 무리를 이끌고 王振의 무리를 물리치고 錦衣指揮 馬順을 도와 명성을 천하에 떨쳤다. 에센칸(也先)이 침입했을 때 황제의 명을 받고 京城을 지켜 右僉都御史로 발탁되었다. 漕運을 감독하고, 다시 淮州·揚州를 慰撫하였다. 憲宗 초에 兵部尙書를 지냈으며, 諡號는 莊毅이다(『明史』 卷177 「王竑傳」 참조).

적구들이 반란을 일으킨 지 오래되었는데, [이는] 모두 수신들이 초무하는 것으로 공을 세우려고 해서 큰 화를 만든 것이니, 크게 혼을 내지 않으면 저지할 수 없을 것입니다"라고 하였다. 이에 절강(浙江)[316] 참정(參政) 한옹(韓雍)[317]이 문무에 재능이 있다고 하여 천거하였다.[318] [이에] 한옹을 첨도어사(僉都御史)로, 도독동지(都督同知)[319] 조보(趙輔)[320]를 정이장군으로, 화용(和勇)[321]을 유격장군(遊擊將軍)으로 삼아서 군대를 이끌고 그들을 토벌하게 하였다.

---

316) 浙江: 중국 동남 연해에 있는 省이다. 중국에서 제일 면적이 작은 省이지만 인구밀도가 매우 높은 지역이다. 절강이란 명칭은 이곳을 통과하는 錢塘江의 강물이 구불구불 흐른다는 의미이다. 秦나라 때 이곳에 會稽郡이 설치됐으며, 唐代에는 동남 지역 최대 중심 도시였던 越州都督府가 자리잡고 있었다. 明代 浙江承宣布政使司가 설치되면서 省級 행정단위로 기능하기 시작했다. 광물 자원이 풍부하며, 아열대성 기후에 속해 수량이 풍부하고, 녹차나 비단, 미곡 등이 많이 생산된다.

317) 韓雍(1422~1478): 長州(지금의 江蘇 蘇州) 사람으로, 字는 永熙이다. 正統 7년(1442)에 進士가 되었다. 景泰 3년(1452)에 大學士 陳循의 추천으로 右僉都御史가 되었고, 楊寧을 대신해서 江西를 순무하였다. 寧王의 불법을 탄핵하였지만 오히려 그의 원한을 사서 탄핵을 받아 관직을 박탈당하고 하옥되었다. 그러나 복직되어 大理寺少卿, 右僉都御史를 역임하였고, 天順 4년(1460)에 宣府와 大同을 순무하였다. 成化 원년(1465)에 廣西 大藤峽에서 요족과 장족이 반란을 일으켰는데, 당시 병부상서 王竑이 韓雍을 左僉都御史로 추천하여 軍務를 담당하게 하였다. 이에 그는 趙輔와 함께 군대 16만 명을 이끌고 진군하여 진압하였고, 그 공으로 韓雍은 兩廣總督으로 임명되었다. 兩廣總督은 成化 6년(1470)에 설치되었는데, 韓雍이 초대 兩廣總督이었다. 그의 시호는 襄毅이다(관련 내용은 『明史』 卷 178 「韓雍傳」 참조).

318) 이에 대한 내용은 『憲宗實錄』 卷13 成化 원년 정월 乙亥條 참조.

319) 都督同知: 明代 전국의 군대를 통괄하는 五軍都督府의 관직으로 從一品職이며, 그 위로 正一品인 左·右都督이 있고, 그 밑으로 正二品인 都督僉事가 있다.

320) 趙輔: 生卒年 미상. 字는 良佐로, 鳳陽 사람이다. 부친의 직위를 세습하여 濟寧衛 指揮使가 되었다. 景帝가 즉위하여 尙書 王直 등이 천거하여 都指揮僉事가 되어, 左參將으로 懷來를 지켰다. 成化 원년(1465)에 中府 都督同知로 征夷將軍이 되어 韓雍과 함께 兩廣의 蠻夷를 토벌하였는데, 大藤峽을 공격하여 그 공적으로 武靖伯에 봉해졌다. 成化 3년(1468)에 總兵으로 遼東을 정벌하여, 都御史 李秉과 함께 撫順에 들어가 공을 세워 武靖侯가 되었다. 成化 8년(1473)에 河套를 정벌할 때 그는 將軍으로, 陝西·延綏·寧夏 三鎭의 군대를 모두 통솔하였다. 그가 楡林에 이르렀을 때 적이 이미 깊이 들어와 침략하여 제어할 수 없게 되어, 王越과 함께 罷兵을 疏請하였다. 言官이 그 죄를 논하였으나 황제가 받아들이지 않았고, 이후 그는 돌아와 成化 12년(1477)까지 京營을 감독하였다. 사후 容國公이 追贈되었고, 諡號는 恭肅이었다. 그는 어려서부터 俊辨에 재주가 있고 詞翰을 잘 써서 文士들과 많이 교류하여 거듭되는 탄핵 논의에도 불구하고 큰 어려움이 없었다고 한다(『明史』 卷155 「趙輔傳」 참조).

321) 和勇(?~1474): 원래 이름은 脫脫孛羅로 江西省 南昌府 南昌縣(지금의 江西省 南昌市) 사람이다. 그는 和寧王 아룩타이(阿魯臺)의 손자이다. 당시 아룩타이가 오이라트의 토곤(脫歡)에게 살해되었을 때 그 아들은 명 조정에 투항하였다. 이에 명 조정에서는 그에게 左都督을 수여하였고, 和勇은 부친이 받았던 指揮使 직함을 계승하였다. 그 후 공을 세워 관직이 都督僉事에 이르렀다. 天順 원년(1457)에

그때에 대등협의 적 3,000여 명이 평남현을 함락시켰고 전사 주성(周誠)을 살해하였으며, 그 처자를 노략하였고, 아울러 현의 인신을 빼앗아 갔다. 또한 등현의 성에 들어가서 관고(官庫)를 약탈하고 현의 인장을 탈취하였는데, 진수총병(鎭守總兵) 구신(歐信)[322]이 [이를] 보고하였다. 이에 총병관 조보가 군대를 이끌고 이르러서 상주하여 아뢰기를, "대등의 만적들은 수인·여포를 우익으로 삼고 있는데, 지금 대군이 경계를 압박하고 있으니 마땅히 먼저 그들을 토벌해야 합니다"라고 하였다. 바로 여러 군대 16만 명을 합하여 다섯 길로 나눠서 진격하였는데, 우선 수인을 공파하고 계속해서 역산까지 추격하여 1,200여 명을 사로잡고 7,300여 명을 참수하였다.[323]

二年，趙輔·韓雍等奏："元年十一月，師次潯州，謀深入以覆其巢．遂調總兵官歐信等分兵五哨，取道山北以進．臣及指揮白全分兵八哨，直抵潯州，以擣山南．復令參將孫震分兵二哨，從水路入．別遣指揮潘鐸等以兵分守諸山隘口，剋期十二月朔日，水陸並進，腹背交攻．賊知師至，先移妻子錢米入桂州橫石塘等處藏匿．乃於山南各寨，立柵自固，用木石鏢槍藥弩，憑險拒守．官軍用團牌·扒山虎等器，魚貫而進．士殊死戰，一日之間，攻破山南·石門·林峒·沙田·古營諸巢，縱火焚其積聚，賊皆奔潰．復督兵追躡，劃山開路，直抵橫石塘及九層樓等山．賊已據險立柵數重，復用木石·槍弩拒守．臣等多設疑兵，誘賊拋擲木石幾盡，別遣壯士於賊所不備處，高

都督同知로 승진하였다. 그 후 양광에서의 반란을 진압하였는데 다른 사람의 공을 가로채서 右都督으로 승진하였다. 이 일로 탄핵되어 녹봉이 정지되었는데, 그 후 成化 연간(1465~1487)에 趙輔·韓雍과 함께 大藤峽에서 일어난 반란을 진압하였으며, 이로 인해 左都督으로 승진하였다. 시호는 武敏이다.

322) 歐信: 生卒年 미상. 金吾右衛指揮使를 세습하였다. 景泰 3년(1452)에 廣東에서 반란을 진압한 공으로 都指揮同知로 승진하였다. 후에 白羊口를 수비하였고, 大寧都指揮使가 되었다. 天順 연간(1457~1464) 초에 都督僉事로 參將이 되었으며, 廣東雷州·廉州府 등을 수비하였다. 이후 巡撫 葉盛의 추천으로 都督同知가 되었는데, 당시 兩廣에서 瑤族과 僮族의 반란이 일어나자 그는 馬裏村에서 반란군을 격퇴하였다. 이후 그는 廣西 總兵官 陳涇과 연합하여 廣西에서의 반란을 진압하였으며, 이후에도 征蠻將軍印을 패용하고 廣西에 鎭守하였다. 成化 원년(1465)에 韓雍이 군대를 이끌고, 歐信에게 군대를 五哨로 나눠 大藤峽을 공파하게 하였다. 成化 7년(1471)에 總兵官이 되어 遼東에 鎭守하였으나 成化 14년(1478)에 탄핵을 받아 하옥되었다(『明史』 卷174 「歐信傳」 참조).

323) 이에 대한 내용은 『明史紀事本末』 卷39 「平藤峽盜」 成化元年條 참조.

山絶頂，擧砲爲號．諸軍緣木攀蘿，蟻附而上，四面夾攻，連日鏖戰，賊不能支．破賊寨三百二十四所，斬首三千二百七級，生擒七百八十二人，獲賊婦女二千七百一十八人，戰溺死者不可勝計．已將大藤峽改爲斷藤峽，刻石紀之，以昭天討．"捷聞，帝降敕褒諭，仍敕輔計議長策，永絶後患．

[성화] 2년(1466)에 조보·한옹 등이 아뢰기를, "[성화] 원년(1465) 11월에 군대가 임시로 심주에 주둔하였는데, 깊이 들어가서 그 소굴을 없앨 것을 모의하였습니다. 마침내 총병관 구신 등을 기용하여 병사를 다섯 초(哨)로 나누어서 산의 북쪽을 따라서 진격하였습니다. 신과 지휘 백전(白全)은 병사를 여덟 초로 나누어서 바로 심주에 이르렀고, 산의 남쪽을 공격하였습니다. 또한 참장 손진(孫震)에게 병사를 두 개의 초로 나누어서 수로를 따라서 들어가라고 지시하였습니다. 이와는 별도로 지휘 반탁(潘鐸) 등을 보내 병사를 이끌고 각 산의 협곡 입구를 나누어 지키고, 12월 초 1일로 기일을 정해서 수륙에서 함께 진격하고 전후에서 동시에 공격하게 하였습니다. [그런데] 적들이 군대가 도달하였다는 것을 알고는 우선 처자, 돈, 쌀을 계주(桂州)의 횡석당(橫石塘) 등에 숨겼습니다. [그리고는] 바로 산 남쪽의 각 산채에서 울타리를 세우고 수비를 하였고, 목석·표창(鏢槍)·약노(藥弩)[324]를 이용하여 험준한 지세에 의지하여 방어하였습니다. 관군이 단패(團牌)[325]·배산호(扒山虎) 등 기계를 사용하여 줄지어 들어갔습니다. 병사들이 죽고 죽이는 전투였는데 하루 사이에 산남(山南)·석문(石門)·임동(林峒)·사전(沙田)·고영(古營)의 소굴을 공파하자, [적들은] 모아놓은 재물에 불을 질러 훼손시켰고, 적들은 모두 도망하였습니다. 다시 군대를 이끌고 추격하여 산을 깎고 길을 열어 바로 횡석당(橫石塘)과 구층루(九層樓)[326] 등 산에 이르렀습니다. 적들은 이미 험준한 지형에 의지하여 여러 겹으로 울타리를 쌓았고, 다시 목석·창노(槍弩)를 이용하여 저항하며 지켰습니다. 신 등은 대체로 의병(疑兵)[327]을 두어 적들을 유인하여 목석을 거의 다 던지도록 하였고

324) 藥弩: 雲南·貴州·海南·湖南·廣西 등 소수민족 지역에서 사용된 일종의 활인데, 사람이나 동물이 이 화살에 맞으면 중독되어 사망하였다.

325) 團牌: 신체를 보호하고 칼과 화살을 막는 방패를 가리킨다. 크기가 작아서 보병보다는 기병들이 주로 사용하였다.

326) 九層樓: 大藤峽의 협곡 중간 지점에서 북쪽으로 약 10km 떨어진 곳이다.

327) 疑兵: 적을 속이기 위하여 가짜로 만들어 배치한 군대를 일컫는다.

따로 장사를 적이 방어하지 않는 곳에 보내어서, 높은 산 정상에서 발포의 신호를 하도록 했습니다. 각 군은 나무를 연결하여 개미와 같이 기어 올라가서 사방에서 협공을 하였고, 연일 격전을 치렀는데, 적들은 버틸 수 없었습니다. 적의 산채 324개를 공파하였고 3,207명을 참수하였으며, 782명을 사로잡았고, 적의 부녀 2,718명을 사로잡았는데, 전사하거나 익사한 자는 셀 수 없을 정도입니다. 이후 곧 대등협을 단등협(斷藤峽)이라고 변경하였고, 돌에 이 일을 새겨 조정이 토벌하였음을 밝혔습니다"라고 승리를 보고하니, 황제가 칙서를 내려 포상하였고 계속해서 칙서를 내려 조보에게 방안을 논의하게 하여 영원히 후환이 없도록 하였다.[328)]

未幾, 雍奏斷藤峽殘賊侯鄭昂等七百餘人, 夜入潯州府城, 焚軍營城樓, 奪百戶所印三顆, 殺掠男婦數十人. 旋爲參將孫震·指揮張英率軍擊斬賊魁, 餘黨仍奔入巢. 旣雍又奏: "諸瑤之性, 憚見官吏, 攝以流官, 終難靖亂. 請改設武宣縣東鄉等巡檢司, 以土人李昇等爲副巡檢; 設武靖州於峽內, 以上隆州知州岑鐸知州事, 土人覃仲英世襲土官吏目." 然府江東西兩岸, 大·小桐江·洛口與斷藤峽·朦朧·三黃等處, 村巢接壤, 路道崎嶇, 聚衆劫掠, 終不能除.

오래지 않아 한옹은 단등협의 잔적 후정앙(侯鄭昂) 등 700여 명이 한밤중에 심주부성에 진입하여, 군영과 성루를 불태우고 백호의 인장 세 개를 탈취하였으며 남녀 수십 명을 노략하고 죽였다고 상주하였다.[329)] 바로 참장 손진·지휘 장영(張英)이 군대를 이끌고 진격하여 적의 우두머리를 참수하였는데, 나머지 무리는 계속 도망하여 소굴로 돌아갔다. 그 후 한옹이 또 상주하여 아뢰기를, "요민 무리의 성정은 관리를 보기를 꺼려하니, 유관으로 일을 맡도록 하면 끝내 동란이 평정되기는 어려울 것입니다. 무의현(武宣縣)[330)] 동향(東鄉) 등에 순검사(巡檢司)[331)]를 변경하여 설치하시고, 토인 이승(李昇) 등을 부순검으로 임명하시며, 무정주

328) 이에 대한 내용은『憲宗實錄』卷27 成化 2년 3월 壬戌條 참조.

329) 이에 대한 내용은『憲宗實錄』卷37 成化 2년 12월 庚申條 참조. 실록에는 侯鄭昂 등이 61명을 죽이고, 33명을 끌고 갔다고 기록하고 있다.

330) 武宣縣: 현재의 광서성 장족 자치구 내에 있는 지역이다.

331) 巡檢司: 元, 明, 淸代에 縣級 衙門 아래에 설치한 基層組織이다. 元代에 통상적으로 인구밀도가 낮은

(武靖州)[332]를 협 내에 설치하시어 상융주(上隆州)[333] 지주(知州) 잠탁(岑鐸)에게 지주의 일을 맡게 하고, 토인 담중영(覃仲英)에게 토관 이목(吏目)을 세습하도록 하십시오"라고 하였다.[334] 그러나 부강의 동서 양안에 대·소동강(小桐江)·낙구(洛口)와 단등협·몽롱(艨朧)·삼황(三黃) 등 지역이 있는데, 촌의 소굴이 접해 있고 도로가 험해서 무리를 모아 겁략해도 결국 제거할 수 없었다.

正德十一年, 總督陳金復督調兩廣官軍土兵, 分爲六大哨, 按察使宗璽, 布政使吳廷擧, 副總兵房閏, 鎭守太監傅倫, 參將牛桓, 都指揮魯宗貫·王瑛將之, 水陸並進, 斬七千五百六十餘級. 金謂諸蠻利魚鹽耳, 乃與約, 商船入峽者, 計船大小, 給之魚鹽. 蠻就水濱受去, 如榷稅然, 不得爲梗. 蠻初獲利聽約, 道頗通. 金以此法可久,

---

지역을 관할하기 위해 설치한 非常設組織이었다. 행정재량권이 없었으며 주요한 기능은 軍事에 관한 것이었다. 明나라는 元의 제도를 답습하여 설치하였는데, 行政權力을 보좌하는데 불과했다. 淸代에는 인구가 크게 증가하였지만 縣의 수량은 늘어나지 않았으므로 縣보다 등급이 아래인 巡檢司의 數量과 기능이 날로 증대하였으며, 通判 等의 官職을 設置하는 경우도 많아졌다. 明代의 巡檢司는 基層社會의 통제를 강화하는 중요한 수단으로 독특한 기능을 수행했다. 첫째는 里甲制, 里老人制와 병행하여 인구가 희소한 지역을 장악하는데 유용하게 활용되었다. 明代의 里甲制와 里老人制는 基層社會의 장악을 위해 설치한 것이지만 외지로 나가거나 노상에서 유동하는 인구에 대해서는 통제할 수 있는 수단이 없었다. 그런데 巡檢司는 유동인구를 통제할 수 있었으며, 둘째는 衛所의 군사적 역량이 미치지 못하는 지역에까지 군사적 역량이 미칠 수 있도록 위소제도의 한계를 보완했다. 명조의 군사제도인 衛所는 모든 지역의 향촌사회에 설치될 수는 없었다. 이런 상황에서 巡檢司는 衛所制度의 영향력이 미치지 못하는 지역에 군사력이 미치도록 보완해 주었던 것이다. 그밖에 明代에는 廣西, 雲南, 貴州 등 行省에 設置된 다수의 土巡檢司가 있었다. 土巡檢司도 치안기구로서 도적의 체포, 奸細의 수색, 소금 밀매업자나 도주범, 도망병 등을 단속한다는 점에서 漢人 거주 지역의 巡檢司와 기능이 유사하다. 다만 土巡檢의 지위를 세습한다는 점에서는 확연하게 달랐다.

332) 武靖州: 본래 桂平縣의 땅이었는데, 成化 3년(1467)에 韓雍이 碧灘地를 藤峽의 요충지로 삼아야 한다고 武靖州를 설치할 것을 상주하였다.

333) 上隆州: 宋 崇寧 5년(1106)에 羈縻上隆州를 설치하고 治所를 현재의 廣西 巴馬瑤族自治縣 燕洞에 두었으며, 邕州(治所는 현재의 南寧市에 둠)에 예속시켰다. 元나라 때는 田州路에 소속되었으며, 明나라 때는 田州府에 속했다. 嘉靖 7년(1528)에 王守仁이 田州를 평정하고 나서 田州府를 강등하여 田州로 삼았는데, 이때 上隆州가 田州에 예속되었다. 淸 光緖 元年(1875)에 改土歸流하면서 上隆州도 폐지되었다.

334) 이에 대한 내용은 『明史紀事本末』 卷39 「平藤峽盜」 참조.

易峽名永通. 諸蠻緣此無忌, 大肆掠奪, 稍不愜, 卽殺之. 因循猖獗, 江路爲斷.

정덕(正德) 11년(1516)에, 총독 진금(陳金)[335]이 다시 양광의 관군과 토병을 동원하여 여섯 개의 초(哨)로 나누어서 안찰사 종새(宗璽)[336], 포정사 오정거(吳廷擧)[337], 부총병(副總兵) 방윤(房閏), 진수태감(鎭守太監)[338] 부윤(傅倫), 참장 우환(牛桓)[339], 도지휘(都指揮) 노

335) 陳金(1446~1529): 字는 汝礪이고, 號는 西軒이며, 湖廣 武昌縣(지금의 湖北省 武昌) 사람이다. 成化 8년(1472)의 進士로 婺源知縣에 제수되었고 이어 南京御史로 승임하였다. 弘治 初에 浙江 지역을 巡按하고 돌아와 災異와 관련하여 文武臣僚 19명을 탄핵하였고, 곧 山西副使를 이어 雲南左布政使를 역임하면서 竹子箐 叛苗를 토벌하였다. 弘治 13년(1500)에 右副都御史로 雲南의 巡撫가 되어 孟養 酋長 思祿과 孟密 酋長 思揲을 征討하였다. 이후 南京戶部右侍郎이 되었고, 正德 연간(1506~1521)에 들어와 右都御史가 되어 兩廣軍務를 總督했으며, 苗民의 起義를 평정한 功으로 正德 3년(1508)에 南京戶部尙書가 되었다. 이듬해 左都御史에 임명되어 江西·福建 등지의 農民起義를 토벌하여 太子少保가 더해졌다. 正德 10년(1515)에 다시 兩廣軍務를 총독했으며, 正德 14년(1519)에 都察院의 일을 관장했다. 그러나 正德 16년(1521)에 나이를 이유로 歸鄕을 청했으며, 嘉靖 8년(1529)에 병으로 세상을 떠났다. 그의 나이 83세였다. 『明史』 卷187 「陳金傳」 참조.

336) 宗璽(?~1522): 字는 朝用이고, 號는 竹溪이며, 建平(현재의 安徽 郎溪) 사람이다. 明 弘治 5년(1492)에 擧人이 되었다. 이후 弘治 12년(1499)에 進士가 되어 南京大理寺評事에 제수되었고, 左右寺正을 역임하였다. 正德 4년(1509)에 山西按察使가 되었고, 이후 福建按察使, 江西按察副使를 역임하였다.

337) 吳廷擧(1462~1527): 字는 獻臣이고, 號는 東湖이며, 湖北省 嘉魚縣 사람이다. 成化 23년(1487)에 進士가 되었고, 弘治 元年(1488)에 順德知縣에 임명되었다. 弘治 9년(1496)에 四川 成都府同知로 승진하였다. 弘治 17년(1505)에 馬文升과 劉大夏의 추천을 받아 廣東僉事로 임용됐으며, 이후로 江西右參政, 應天巡撫 등을 역임했다. 그는 宦官 劉瑾이 전횡하는 것을 탄핵하는 등 성품이 매우 강직한 인물로 널리 알려져 있다. 본문에 나오는 내용은 그가 右副都御史로 있을 당시의 일이다. 嘉靖 4년(1525)에 南京工部尙書로 승진하였으나 이후 귀향하여 東湖書院을 짓고 강학에 힘쓰다가 嘉靖 6년(1527) 66세의 나이로 사망하였다. 사망 후에 太子少保로 추증되었고, 시호는 淸惠이다. 그의 저술로는 『東湖吟稿』, 『春秋繁露節解』 등이 있다(『明史』 卷201 「吳廷擧傳」 참조).

338) 鎭守太監: 鎭守는 한 지방을 總鎭하는 자라는 뜻으로 明代 武官職의 하나였는데, 洪熙 元年(1425)에 환관인 王安이 감숙성의 鎭守가 되었는데 이것은 최초로 환관이 鎭守에 임명된 사례이다. 이후 正統 연간(1436~1449)에는 각 省의 여러 鎭에 환관이 두루 임명되었다. 鎭守太監 혹은 鎭守宦官이라는 명칭은 이로부터 나타났다. 그러나 이는 嘉靖 8년(1529)에 革罷되었다. 이에 대해서는 『明史』 卷73 「職官」3 宦官條 참조.

339) 牛桓: 生卒年 未詳. 正德 11년(1516)에 署都指揮僉事였던 그는 左參將으로 廣西潯梧 등 지역의 수비를 맡았다. 嘉靖 원년(1522)에는 署都督僉事로 승진하여 貴州 지방에 鎭守하였고, 嘉靖 11년(1532)에

종관(魯宗貫)·왕영(王瑛)에게 이들을 [나누어] 이끌게 하고 수륙으로 함께 진격하여 7,560여 급을 참수하였다. 진금은 여러 만인들이 어염(魚鹽)을 좋아하니 그들과 약속하여 협곡에 들어오는 상선의 대소에 따라 어염을 주자고 하였다. 만인들은 가까운 물가에서 받아갔는데, 마치 세금을 징수하는 것과 같아서 소란을 일으킬 수 없었다. 만인들은 처음에 이익을 얻자 약속을 따랐으며, 수로는 상당히 잘 소통되었다. 진금은 이러한 법이 오래갈 것으로 여겨서 협곡의 이름을 영통(永通)이라고 지었다. [그러나] 여러 만인들이 이로 인해 거리낌이 없었고, 함부로 약탈하고 약간 불만이 있으면 사람을 죽였다. 점점 더 창궐함으로 인해서 강의 길은 단절되었다.[340]

時總督王守仁定田州還, 兩江父老遮道言峽賊阻害狀. 守仁上疏請討, 報可. 守仁率湖南兵至南寧, 約日會兵. 寇聞湖兵且至, 皆逃匿. 守仁故爲散遣諸兵狀, 寇弛不爲備, 乃令官軍突進, 連破油碎·石壁·大皮等寨, 賊奔斷藤峽, 復追擊破之. 賊奔渡橫石江, 溺死六百餘人, 俘斬甚衆, 賊潰散. 遂移兵仙臺·花相·白竹·古陶·羅鳳諸處, 賊不支, 奔入永安·力山, 官軍次第破之, 擒斬三千餘, 俘獲無算. 八寨平, 兩江悉定. 守仁遂以土官岑猛子邦佐爲武靖知州, 使靖遺孽.

당시 총독 왕수인(王守仁)[341]은 전주를 평정[342]한 후 귀환하는데, 양강의 부노가 도로를

총병관으로 승진하였다.

340) 이에 대한 내용은『明史紀事本末』卷39「平藤峽盜」참조.『明史紀事本末』에는 正德 5년 이후의 일이라고 기록되어 있다.

341) 王守仁(1472~1529): 浙江省 紹興府 餘姚 사람으로, 字는 伯安이고, 號는 陽明이다. 明代에 가장 저명한 思想家, 政治家, 文學家 및 軍事家였다. 28세에 進士로 급제하였으며, 관직은 南京兵部尙書·南京都察院左都御史에 이르렀다. 宸濠의 반란을 평정한 공로로 新建伯에 책봉되었고, 隆慶 연간(1567~1572)에는 侯爵을 받았다. 그는 宋明心學의 集大成者일 뿐 아니라 一生의 事功도 탁월한 성취를 이루어냈다. 특히 사상 방면에서 朱子學의 권위에 의문을 던지고, 良知心學을 수립하여 강력하게 주자학을 비판했다. 또 주자학의 知行分割論에 대해서도 현재에 실존하는 나(=마음)의 양태를 知와 行으로 구분하는 것이 무의미하다고 주장한 '知行合一說'을 제창했다. 정치 방면으로 그의 역정은 순탄치 못했다. 刑部主事, 兵部主事를 역임하다가 당시 전횡을 일삼던 환관 劉瑾에게 미움을 받아 貴州의 龍場驛丞으로 좌천되었다. 얼마 후에 劉瑾이 사망하자 관직에 복직되어 승진을 거듭한 끝에 正德 11년(1516)에는 右僉都御史로 南贛巡撫가 되어 寧王 宸濠의 반란을 진압했다. 隆慶 연간에 兵部尙書가 되었고, 후에는 兩廣總督이

가로막고서 협 중의 도적들이 길을 막고 해를 입힌 상황을 [왕수인에게] 고소하였다. 왕수인이 상소하여 [도적을] 토벌할 것을 청하니, [황제가] 비답을 내려 허락하였다. 왕수인은 호남(湖南)[343]의 병사를 이끌고 남녕에 이르러 약속한 날짜에 병사를 회합시켰다. 도적들은 호남병이 도착했다는 것을 듣고 모두 도망쳐 숨었다. 왕수인은 일부러 군대를 해산시키는 것처럼 했고, 도적들이 느슨해져 방비를 하지 않자, 바로 관군에게 돌진하도록 했고 계속해서 유착·석벽(石壁)·대피(大皮) 등 산채를 공파하였으며, 적들이 단등협으로 도망하자 또 추격하여 그들을 공파하였다. 적들은 횡석강(橫石江)을 건너 도망갔는데, 익사한 자가 600여 명이었고 사로잡혀 참수된 자가 매우 많았으며, 적들은 궤멸되어 흩어졌다. 이에 군대를 선대(仙臺)·화상(花相)·백죽(白竹)·고도(古陶)·나봉(羅鳳)으로 이동시키자 적들은 지탱하지 못하고 영안(永安)의 역산(力山)으로 도망쳤으며, 관군은 차례로 그들을 패퇴시켰는데 붙잡아 참수한 자가 3,000여 명이었고 포로로 사로잡은 자는 셀 수 없었다. [이로써] 팔채는 평정되었고, 양강 전부가 평정되었다. 왕수인은 마침내 토관 잠맹(岑猛)[344]의 아들 잠방좌(岑邦佐)를 무정

되었다. 군사 방면으로도 그의 재능은 탁월해서 '大明軍神'으로까지 불렸다. 특히 宸濠의 반란을 진압할 때 鄱陽湖의 決戰에서 '赤壁之戰'을 원용하여 叛軍을 격파하고, 宸濠의 父子 등을 생포했다. 文學 방면으로도 뛰어나 그의 작품 다수가 『古文觀止』에 수록되어 있다. 書法 방면에도 一家를 이루었는데, 특히 行草에 뛰어났다.

342) 이때 王守仁은 田州에서 반란이 일어난 원인에 대해서 지역의 관원들이 土民들을 지나치게 수탈하였기 때문이라고 분석하였다(藍武, 2011: 133).

343) 湖南: 長江 중류 지역에 위치한 省이다. 대부분 지역이 洞庭湖 남쪽에 위치하고 있기 때문에 湖南省이라 불렀으며, 경내에는 湘江이 남북으로 관통하고 있어서 '湘'으로 간칭한다. 면적은 약 21만 km^2이며, 인구는 2010년 현재 약 6,500만 명이다. 春秋戰國시대에는 楚나라 영역이었으며, 秦代에 이르러 長沙郡이 설치되었다. 漢 高祖 劉邦이 桂陽郡과 武陵郡을 두어 長沙國이라 칭했다. 唐 肅宗 至德 2년(757)에 荊州防禦使를 설치해서 衡州, 涪州(현재 貴州省), 岳州, 潭州, 郴州, 邵州, 永州, 道州를 관할하도록 했지만 上元 3년(676)에 폐지했다. 이어 唐 代宗 廣德 2년(764)에 湖南觀察使를 두어 衡州, 潭州, 邵州, 永州, 道州를 관할하게 하고 治所는 衡州에 두었다(嘉慶『湖南通志』卷6「建置沿革攷」3). 이 시기 이후 행정구역상 湖南이란 명칭이 등장했다. 北宋 시기에 荊湖南路와 荊湖北路로 나뉘었으며, 元에서는 湖廣等處行中書省으로 되었다가 明代에 湖廣布政使司를 설치했다. 康熙 3년(1664)에 湖廣을 湖廣左右布政使司로 분리했으며, 雍正 원년(1723)에 湖廣右布政使司를 湖南布政使司로 바꾸어 湖南이 정식 省 행정 단위가 되었다.

344) 岑猛: 廣西 田州府의 土官이다. 洪武 초에 岑伯顏이 歸附하였는데, 洪武帝가 이를 가상히 여겨 府를 설치하였고, 知府를 세습하게 하였다. 3대 후손인 岑溥도 知府가 되었는데, 그의 차남이 岑猛이다(『炎徼紀聞』 卷1 참조).

(武靖) 지주로 삼아서, 잔적들을 평정하게 하였다.[345]

邦佐不能輯衆，且貪得賊賄，峽北賊復獗．有侯勝海者爲首，指揮潘翰臣誘殺之，勝海弟公丁聚衆噪城下．僉事鄔閱·參議孫繼祖言於都御史潘旦，請討之．參將沈希儀以爲宜需春江漲，順流下，乃可破賊，不聽．閱與繼祖以千人往擊，賊遁，斬一尪寇還．漫言賊退，請置堡．堡成，閱令土目黃貴·韋香以三百人往戍．初，貴·香利勝海田廬，故說翰臣殺海，至是往戍，遂奪勝海田廬．於是諸瑤俱恚，邦佐又陰黨之，公丁遂嘯聚二千餘人，乘夜陷堡城，殺戍兵二百人，貴·香走免．巡按以聞，乃罷閱與繼祖，旦亦代去，命侍郎蔡經督兵討之．會朝議欲征安南，事遂已．公丁等益橫，時出殺掠．

[그런데] 잠방좌는 무리를 안무하지 못하였고 게다가 적의 뇌물을 탐하였는데, 협곡 북쪽의 적들이 다시 창궐하였다. 후승해(侯勝海)라고 하는 자가 우두머리가 되어 지휘 반한신(潘翰臣)을 유인해 죽였고, 후승해의 동생 후공정(侯公丁)[346]이 무리를 모아 성 아래에서 소란스럽게 하였다. 첨사 오열(鄔閱)·참의(參議) 손계조(孫繼祖)가 도어사 반단(潘旦)[347]에게 아뢰어

345) 이에 대한 내용은 『明史紀事本末』 卷39 「平藤峽盜」 참조.

346) 侯公丁(?~1538): 廣西 桂平 大藤峽에 거주하는 瑤民의 우두머리이다. 嘉靖 15년(1536)에, 武靖州 土官·黃貴·韋香이 侯勝海와 다른 瑤民의 재산을 점유하기 위해 侯勝海를 살해하려고 하자 侯公丁은 무리를 모아 縣城에 가서 소리를 지르면서 시위를 하였다. 이에 관아에서는 폭력적으로 시위를 진압하였고, 弩灘에 堡壘를 세우고 巡檢所를 설치하였으며, 黃貴·韋香이 300여 명과 함께 주둔하면서 수비하였다. 그리고 侯勝海 집안의 재산을 점유하는 것을 허락하였다. 그러나 이러한 관아의 조치는 瑤民들을 격분하게 하였고, 이에 侯公丁이 200여 명의 무리를 모아 밤에 弩灘巡檢所를 습격하여 수비하던 병사 200여 명을 살해하였고, 이에 黃貴·韋香는 도망쳤다. 嘉靖 17년(1538)에 명 조정에서는 副使 翁萬達을 파견하여 진압하도록 하였다. 翁萬達은 겉으로는 "侯公丁은 본래 선량한 瑤民이고, 지금까지 그가 한 일은 모두 그의 원수들 때문에 일어난 일이다. 堡壘를 습격한 일도 작인 일이니 翁大人(翁萬達)이 侯公丁을 대신해서 조정에 사정을 진술할 수 있다"는 말을 퍼뜨렸다. 이와 동시에 侯公丁의 사람을 공격했던 이들을 체포하면서, 병사들에게 점유했던 토지를 신속하게 돌려주도록 하였다. 그리고는 瑤民들과 왕래하던 百戶 許雄에게 侯公丁을 유인해 성으로 들어오도록 하였다. 侯公丁은 그 계략을 알아차리지 못하고 入城하여 체포되어 살해되었다.

347) 潘旦(1476~1549): 당시 그의 관직은 提督兩廣軍務 兵部右侍郎이다. 潘珍의 族子로, 字는 希周이다.

그들을 토벌할 것을 요청하였다. 참장 심희의(沈希儀)[348]는 마땅히 봄에 강물이 늘어나는 것을 기다려 물이 아래로 흐르면 바로 적을 함락할 수 있다고 여기고는 듣지 않았다. 오열과 손계조는 1,000명을 거느리고 진격하였는데, 적들이 도망치자 절름발이 한 명을 참수한 후 귀환하였다. [그리고는] 적들이 퇴각하였다고 함부로 말하고 보(堡)를 설치할 것을 청하였다. 보루가 완성되자 오열은 토목(土目)[349] 황귀(黃貴)·위향(韋香)에게 300명을 이끌고 가서 수비하게 하였다. 당초에 황귀·위향은 후승해의 토지와 집을 탐내어 고의로 반한신이 후승해를 살해하였다고 말한 것인데, 이때에 이르러 나아가 수비하면서, 후승해의 토지와 집을 탈취하였다. 이에 요족이 모두 분개하자 잠방좌는 또한 몰래 그들과 한 무리가 되었으며, 후공정은 마침내 2,000여 명을 모아 밤을 틈타 보성(堡城)을 함락하고 수병(戍兵) 200명을 죽였는데, 황귀·위향은 도망하여 죽음은 면했다. 순안이 [이를] 보고하니 바로 오열과 손계조를 파직하고 반단도 교체했으며, 시랑(侍郎)[350] 채경(蔡經)[351]에게 병사를 이끌고 토벌토록 명하였다. 마침 조정의 신하들이 안남(安南)[352]을 정토할 것을 논의하여서, 일은 마침내 중단되었다.[353]

弘治 18년(1505)의 진사로 후에 知漳州邵武에 제수되었고, 刑部右侍郎을 역임하였다. 知邵武였을 때 鎮市에서 두 명의 환관이 上供을 명목으로 백성들을 약탈하였는데, 반단이 이를 억제하고서 교화로 잘 다스리니, 군민들로부터 크게 추앙을 받았다. 안남이 입공을 요구하자 반단은 그들의 요청을 들어줄 것을 청하였으나, 자신의 제안이 황제에게 보고되지 않아 落鄕을 청하였다.

348) 沈希儀(1491~1554): 字는 唐佐이고, 號는 紫江이며, 廣西 貴縣 사람이다. 奉儀衛指揮使를 세습하였다. 正德 연간(1506~1521)에 永安·荔浦·臨桂·灌陽·古田 등지의 기의를 진압하는데 참여하였고, 공을 세워 署都指揮同知로 승진하였다. 嘉靖 연간(1522~1566)에 總督 姚鎮·王守仁이 田州 土司 岑猛의 반란을 진압하는데 여러 계책은 내놓았으며, 參將으로 柳州에 주둔하면서 소수민족들의 반란을 진압하였다. 江淮督捕總兵官·廣東副總兵·貴州總兵官을 역임하였으나 후에 탄핵을 받아 파직되었다.

349) 土目: 土司制度 下에서 土司에 隷屬된 一種의 官銜이다. 封土와 軍隊 등을 옹유하여 文武를 兼理하는 비교적 높은 지위이며 世襲職인데, 그들의 권력은 시기와 지역에 따라 다르다.

350) 侍郎: 六部의 차관인 左·右侍郎으로 正三品에 해당한다.

351) 蔡經: 生卒年 미상. 『世宗實錄』卷211, 嘉靖 17년 4월 丁巳條에 보면, 당시 그의 관직은 '提督兩廣軍務兵部侍郎'이고, 이름이 蔡經으로 표기되어 있는데, 『明史』卷205, 「張經傳」에 '初冒蔡姓, 久之乃復'이라 하고 있으므로 채경과 장경은 동일 인물임을 알 수 있다. 그의 字는 廷彝이고, 복건 福州府 侯官縣 사람이다. 正德 12년(1517)의 進士로 嘉興知縣에 제수되었고, 嘉靖 연간(1522~1566)에 兵部左侍郎를 역임하였다. 毛伯溫과 함께 계획을 입안하여 安南을 위무하고 평정하여 右都御史에 오르고, 思恩九土司 및 瓊州黎를 토벌하여 兵部尚書에 승진하였다. 嘉靖 말에는 南京戶部尚書로 동남지방에 발생한 왜구의 화를 진압하는데 공을 세웠으나, 嚴嵩의 무고로 巡撫 李天寵과 함께 斬刑을 당하였다.

352) 安南: 현재의 베트남 북부에서 중부에 이르는 지역에 베트남인에 의해 세워진 국가를 가리키는데,

후공정 등은 더욱 횡행하여 수시로 출몰하여 살해하고 약탈하였다.[354)]

> 久之, 經乃會安遠侯柳珣決計發兵, 以兵事屬副使翁萬達. 萬達廉得百戶許雄通賊狀, 詰之. 雄懼, 請自效. 萬達佯庇公丁, 捕繫訐訟公丁者數人. 公丁果遣人自列, 萬達佯許之, 又令雄假稱貸爲賄, 公丁喜, 益信雄. 會萬達巡他郡, 以事屬參議田汝成. 汝成召雄申飭之, 雄紿公丁詣汝成自列, 言寇堡事由他猺, 汝成亦慰遣之. 乃密授意城中居民被賊害者家, 出毆公丁, 一市皆嘩, 遊徼幷逮公丁入繫獄. 遣雄諭其黨曰: "寇堡事公丁委罪諸猺, 果否?" 諸猺遂言事自公丁, 聽論坐, 不敢黨. 乃檻致公丁於軍門, 磔之. 汝成因言於經, 謂首惡旣誅, 宜乘勢進兵討賊. 乃以副總兵張經·都指揮高乾分將左右二軍, 萬達及副使梁廷振監之, 副使蕭晼紀功, 參政林士元及汝成督餉.

오랜 시간 후에 채경은 바로 안원후(安遠侯) 유순(柳珣)[355)]과 회동하여 군대를 일으키는 일을 결정하였는데, 병권을 부사 옹만달(翁萬達)[356)]에게 속하게 하였다. 옹만달은 백호 허웅

安南이란 용어는 唐代에 설치된 安南都護府에서 유래한다. 중국과의 관계는 기원전 3세기 말 漢 武帝가 南越을 정복하면서 시작되었다. 10세기 전반에 독립하면서 안남은 朝貢제도를 통해 중국의 침략을 방지하는 한편, 중국의 문물과 제도를 수용하였다. 明 太祖 朱元璋은 明朝 건립 후 안남에 사신을 보내 자신의 즉위 사실을 알렸고, 이에 안남이 조공사절을 파견하면서 두 나라의 관계가 시작되었다. 15세기 초에는 안남 역사에서 가장 오랫동안 지속된 레(黎) 왕조(1428~1788)가 출현하였다. 이 시대에 안남은 儒敎국가의 성격이 강화되었다. 다만 1527년에 莫登庸의 왕조 찬탈 사건 이후부터 18세기 말 레 왕조가 멸망하기까지의 2세기 반 동안 안남의 국내 정세는 분열과 혼란의 연속이었다(유인선, 2002: 182~246 참조).

353) 이에 대한 내용은 『世宗實錄』 卷200 嘉靖 16년 5월 乙巳條 참조.

354) 이에 대한 내용은 『明史紀事本末』 卷39 「平藤峽盜」 嘉靖 15년, 17년條 참조.

355) 柳珣: 生卒年 미상. 安慶府 懷寧縣(지금의 安徽省 安慶市) 사람이다. 그는 安遠侯 柳升의 손자로, 그 작위를 계승하였다. 嘉靖 19년(1540)에 征夷副將軍의 印章을 패용하고 安南의 莫登庸을 정벌하였고, 그 공으로 太子太傅가 더해졌다(『明史』 卷154 「柳珣傳」 참조).

356) 翁萬達(1498~1552): 字는 仁夫이고 號는 東涯이다. 廣東 潮州府 揭陽(오늘날의 汕頭市 金平區 鮀浦 일대) 사람이다. 嘉靖 5년(1526)에 進士가 되어 官界에 진출하여 廣西 梧州府 知府를 역임하였다. 嘉靖 17년(1538)에 베트남의 莫登庸 父子가 帝位를 찬탈하고 광서의 土官들을 규합하여 명나라에 반란을 일으키자 황제가 兩廣總兵 仇鸞과 兵部尙書 毛伯溫에게 명하여 반란을 진압하게 하였다. 이때

(許雄)이 적과 내통하는 정황을 조사하여 알아차리고, 그를 힐책하였다. 허웅은 두려워하여 스스로의 노력을 드러내 속죄하겠다고 청하였다. 옹만달은 거짓으로 후공정을 비호하는 척하고는 후공정의 사람 여럿을 체포하여 고소하였다. 후공정은 결국 사람을 보내 자백하였고 옹만달은 거짓으로 허락하였으며, 또한 허웅에게 가짜로 돈을 빌려 뇌물을 주게 하였는데, 후공정은 기뻐하며 더욱 허웅을 믿었다. 마침 옹만달이 다른 군(郡)을 순시하면서 일을 참의 전여성(田汝成)[357]에게 맡도록 했다. 전여성이 허웅을 불러 질책하니, 허웅이 후공정을 속여 전여성이 있는 곳에 오게 하여 자백하게 하였는데, 보루를 침략한 상황이 다른 요민들이 한 일이라고 말하자, 전여성도 그를 위로하고 보냈다. [그리고는] 바로 적에게 피해를 입은

翁萬達은 '대군으로 위협을 가하되 剿와 撫를 병행하여 항복하도록 압박한다'는 책략을 제시하여 毛伯溫과 兩廣總督 張經에게 받아들여져 중앙의 조정에 보고되었는데, 이것이 황제에게도 받아들여져 國策으로 채택되었다. 이에 翁萬達은 征南副使로 천거되어 활약하였다. 이 전쟁에서 翁萬達은 먼저 莫登庸에게 호응하는 少數民族 土司들의 叛亂을 평정하고 土官과 諸酋를 죽여서 먼저 안팎이 규합하는 통로를 차단하였다. 그런 후에 細作들을 安南으로 들여보내 적정을 염탐하고 내부에서 소요가 일어나도록 유도하니, 이미 고립무원이 된 莫登庸은 대세가 기울었음을 느끼고 투항하였다. 이리하여 명나라는 큰 전투를 치르지 않고도 승리하게 되었다. 兩廣總督 張經은 翁萬達의 신묘한 책략 때문에 승리하였다며 그의 공을 첫째로 돌렸으며, 兵部尙書 毛伯溫도 翁萬達을 칭찬하는 상주문을 올렸다. 世宗은 嘉靖 20년(1541)에 翁萬達을 四川按察使로 승진시켰고, 그 후로 陜西左, 右布政使를 역임하였다. 또 兵部右侍郎總督宣(府)·大(同)·山西·保定軍務兼理糧餉·兵部尙書 등을 역임하면서 북변 방어를 지휘하여 몽골의 알탄(俺答) 칸이 거느리는 기병들의 남침을 막는데 주력하였다. 그리고 大同과 宣府 사이에 長城 800여 里를 쌓고 烽燧臺 300여 座를 쌓아 북변 방어에 만전을 기했으며, 매년 150만 兩에 달하던 변경 방어 비용을 절반으로 줄였다. 嘉靖 31년(1552)에 귀향하는 도중에 복건에서 사망하였다. 현재 전해지는 그의 저술로는 『東涯集』, 『稽愆集』, 『稽愆詩』가 있으며, 목록만 전하는 것으로는 『總督奏議』, 『三鎭兵守議』 等이 있다. 近年에 편집한 것으로 『翁万達集』이 있다(『明史』 卷198 「翁萬達傳」).

357) 田汝成(1503~1557): 浙江省 錢塘 사람으로, 字는 叔禾이다. 嘉靖 5년(1526)에 進士가 되어 南京刑部州事와 禮部主事를 맡았고, 貴州僉事를 거쳐 廣西右參議가 되어 右江을 나눠 지켰다. 그때에 龍州의 土酋 趙楷가 祥州 土酋 李寶가 그 우두머리를 살해하고 독자적인 행동을 하였는데, 田汝成은 副使 翁萬達과 함께 비밀리에 군대를 동원하여 두 土酋를 제압하였다. 또한 侯公丁이 반란을 일으키자, 斷藤峽의 무리들이 봉기하여 이에 호응하였는데, 이때 田汝成은 翁萬達과 함께 侯公丁을 유인하여 사로잡고 斷藤峽으로 진격하여 승리를 거두었다. 이후로 禮部祠祭郎中과 廣東提學僉使, 福建提學副使 등을 역임했는데, 해임되어 고향으로 돌아온 뒤로는 호수와 산을 유람하고 명승고적을 탐방하면서 지냈다. 田汝成은 박학하고 古文에 능했으며, 敍事에 뛰어났다. 서남 지역에서 관직을 지내면서 前朝의 遺事를 많이 알게 되어, 『炎徼紀聞』을 썼다. 저서에 『田叔禾集』 12권과 『西湖遊覽志』 24권, 『西湖遊覽志餘』 26권, 『武夷游詠』, 『龍憑紀略』, 『遼記』 등이 있다.

성안의 거주민에게 알리자 [이들이] 나와 후공정을 구타하여 전 시가가 모두 시끄러워지니, 유격(遊檄)이 후공정을 체포하여 옥에 넣었다. 허웅을 보내 그 무리에게 효유하여 말하기를, "보루를 침범한 일은 후공정이 여러 요민들에게 죄를 씌운 것이라고 하는데, 과연 그러한가?" 라고 하였다. 여러 요민들은 마침내 사정은 후공정에게서 나온 것이고 논죄를 따르겠다고 하면서, 감히 비호하지 못하였다. 바로 수거(囚車)를 이용하여 후공정을 군문에 가두었고, 책형(磔刑)[358]에 처하였다. 전여성은 이에 채경에게 말하기를, 주모자가 이미 주살되었으니 마땅히 기세를 몰아 병사를 진격시켜 적을 토벌해야 한다고 하였다. 이에 부총병 장경(張經)[359]·도지휘 고건(高乾)이 좌우 두 군을 나누어 이끌고, 옹만달과 부사 양정진(梁廷振)이 감군(監軍)[360]하였으며, 부사 소원(蕭畹)이 공을 기록하고, 참정 임사원(林士元)[361]과 전여성이 식량의 운반을 감독하였다.[362]

嘉靖十八年二月, 兩軍齊發: 左軍三萬五千人, 分六道, 攻紫荊·石門·梅嶺·木昂·藤沖·大坑等巢; 右軍萬六千人, 分四道, 攻碧灘, 羅淥上·中·下洞等巢. 南北夾擊, 賊大窘, 遂擁衆奔林峒而東. 王良輔邀擊之, 中斷, 復西奔. 諸軍合擊, 大破之, 斬首千二百級, 追至羅運山, 又斬百餘級. 平南縣有小田·羅應·古陶·古思諸瑤亦據險勿靖. 萬達等移兵剿之, 招降賊黨二百餘人, 江南胡姓諸瑤歸順者亦千餘人, 藤峽復平.

---

358) 磔刑: 이미 虞舜시대에도 존재했다고 기록된 刑罰로서, 屍身을 찢는 형벌을 말한다.

359) 張經은 앞에서 언급한 蔡經과 동일 인물이다.

360) 監軍: 군대 업무를 감독하고 장수들을 감찰하는 조정의 관직으로 처음에는 임시로 두었다. 그러나 三國時代에는 출정할 때마다 감군을 두어 장수를 감독했기 때문에 그 권한이 상당히 컸다. 明代에는 宦官이나 監察御史가 監軍으로 임명되어 戰功과 그에 따른 賞罰을 규정하도록 했는데, 清代에 폐지되었다.

361) 林士元: 生卒年 미상. 字는 舜卿으로, 海南 瓊山 사람이다. 正德 5년(1510)에 擧人이 되었고, 正德 9년(1514)에 進士가 되어 行人에 임명되었다. 嘉靖 4년(1525)에 南京戶科給事中이 되었고, 嘉靖 11년(1532)에 湖廣副使가 되어 流民과 토착인 사이의 갈등을 직접 해결하려고 하였다. 후에 廣西 參政이 되어 蒼梧를 나누어 수비하였는데, 사사로운 감정에 치우치지 않고 공정하게 일 처리를 하였으며, 嘉靖 17년(1538)에 浙江按察使로 승진하였다. 저작으로는 『孟子衍義』, 『詩經錄』, 『北泉草堂遺稿』 등이 있다.

362) 이에 대한 내용은 『明史紀事本末』 卷39 「平藤峽盜」 嘉靖 17年, 18年條 참조.

가정(嘉靖) 18년(1539) 2월에 양군이 함께 출발하였는데, 좌군 35,000명은 여섯 길로 나누어 자형(紫荊)·석문(石門)·매령(梅嶺)·목앙(木昂)·등충(藤沖)·대갱(大坑) 등 소굴을 공격하였고, 우군 16,000명은 네 길로 나누어 벽탄(碧灘), 나녹(羅淥) 상(上)·중(中)·하동(下洞) 등 소굴을 공파하였다. 남북으로 협공하니, 적은 매우 궁박해져서 마침내 무리를 거느리고 임동(林峒)으로 도망하여 동쪽으로 갔다. 왕량보(王良輔)가 공격하다가 중단하자 다시 서쪽으로 달아났다. 모든 군이 함께 공격하여 대파하였고, 1,200급을 참수하였으며, 나운산(羅運山)까지 추격하여 또 100여 급을 참수하였다. 평남현에 있는 소전(小田)·나응(羅應)·고도(古陶)·고사(古思)의 여러 요민들도 험준한 곳을 점거하고 있어 안정시키지 못하였다. [이에] 옹만달 등이 군대를 이동하여 토벌하였고, 적의 무리 200여 명을 초무하고 투항시켰으며, 강 남쪽의 호(胡)성[을 가진] 여러 요민들도 1,000여 명이 귀순하여, 등협도 평정되었다.363)

隆慶三年, 右江諸瑤·僮復亂, 巡撫郭應聘請給餉剿除. 給事中梁問孟以賊黨衆, 不可盡滅, 宜令守臣熟計. 兵部言: "府江自正德十二年都御史陳金征討之後, 且六十年. 而右江北三·北五等巢, 素未懲創, 生齒日繁, 遂肆猖獗. 頃者大征古田, 各巢咸畏威斂戢, 獨府江·右江恃險爲亂, 若復縱之, 非惟無以固八寨懷遠之招, 亦恐以啓古田攜貳之漸, 剿之便. 但兵在萬全, 宜卽以科臣所慮, 備行提督殷正茂及巡撫郭應聘等便宜行之." 應聘遂檄總兵官李錫等將兵往討, 以捷聞.

융경(隆慶) 3년(1569)에 우강(右江)의 여러 요족·동족이 다시 반란을 일으켰는데, 순무 곽응빙(郭應聘)이 식량공급을 요청하고 토벌할 것을 청하였다. 급사중(給事中)364) 양문맹(梁

363) 이에 대한 내용은『明史紀事本末』卷39「平藤峽盜」嘉靖 18年條 참조.

364) 給事中: 秦代에 처음으로 설치된 관직이다. 明代에는 관료들이 올리는 章奏의 시비를 가리고 六部 諸司를 감찰하고 百官을 彈劾하면서 御史와 상호보완 작용을 했다. 이 밖에 鄕試에서는 考試官으로, 會試에서는 同考官으로, 殿試에서는 受卷官으로 활동했다. 宗室이나 諸藩을 册封하거나 혹은 외국에 나가서 황제의 上諭를 반포할 때, 正副使에 충당되었고 冤訟을 처리하기도 했다. 품계는 낮으나 권한은 막중하였다. 洪武 6년(1373)에 給事中(正七品) 12명을 두었는데, 처음으로 吏·戶·禮·兵·刑·工 六科로 나누어 각각 分科의 일을 담당하게 했다. 洪武 9년(1376)에는 定員을 10명으로 정했고, 洪武 10년(1377)에는 承敕監에 소속시켰으며, 2년 뒤에는 通政司로 소속을 변경했다. 후에 점차 정원이 늘어나서 81명이 되었다. 洪武 24년(1391)에는 六科에 각각 都給事中(正八品) 1명과 左右給事中(從八品) 各 1명

問孟)[365]이 적의 무리가 많아서 전부 섬멸할 수 없으니 마땅히 수신들에게 세밀하게 계획을 세우게 해야 한다고 하였다. 병부에서 아뢰기를, "부강은 정덕 12년(1517) 도어사 진금이 토벌한 후로부터 근 60년이 되었습니다. 그런데 우강의 북삼·북오의 소굴은 본디 응징을 당하지 않아 인구는 점점 많아지고 마침내 함부로 창궐하고 있습니다. 근래에 대규모로 고전을 정벌하였는데 각 소굴에서는 모두 두려워하고 조심하지만, 오직 부강·우강만은 험준함을 의지하여 반란을 일으켰으니, 만약 다시 그들을 풀어주면 팔채가 먼 곳을 회유하여 초무한 것을 공고히 할 수 없을 뿐만 아니라 또한 고전이 다른 마음을 갖게 되는 단초가 될까 염려되니 진격하여 토벌하는 것이 좋습니다. 그러나 용병은 만전을 기해야 하니 마땅히 과신(科臣)의 의견에 따라야 하고 제독 은정무(殷正茂)와 순무 곽응빙 등에게 모든 것을 교부하여 상황을 참작하여 처리하게 하십시오"라고 하였다. 이에 곽응빙이 총병 이석 등을 소집하여 병사를 이끌고 가서 토벌하게 하였고, 승리를 보고하였다.[366]

그리고 給事中 40명(正九品)을 설치했다. 이들은 吏科에 4명, 戶科에 8명, 禮科에 6명, 兵科에 10명, 刑科에 8명, 工科에 4명이 배치되었다. 建文 연간(1399~1402)에는 都給事中을 正七品, 給事中을 從七品으로 품계를 올리고 左右給事中은 폐지하였다. 永樂 연간(1403~1425)에는 다시 左右給事中을 설치하고 從七品으로 했으며, 六科官署를 午門 밖 直房에 설치했다. 그 후로 各科의 人員에 수시로 增減이 있었다. 淸初에도 明의 制度를 계승하여 역시 給事中을 두었는데 고정된 정원은 없었다. 順治 18년(1661년)에 都給事中, 左右給事中에 滿漢 各 1명씩 두었다. 滿人은 正四品, 漢人은 正七品이었다. 康熙 연간(1661~1722)에는 都給事中을 掌印給事中으로 고치고 滿漢 各 1명씩 두었는데, 모두 正七品이었다. 아울러 滿漢 각 1명씩의 給事中을 두었는데 모두 正七品이었다. 雍正 初에는 皇權을 강화하면서 六科를 都察院에 편입시켰는데 監察御史와 合稱하여 科道라고 칭했다. 諫諍, 題本에 대한 抄錄, 章奏의 審核, 六部·諸寺·府·監에 대한 監察임무는 수행했지만 황제의 詔令에 대한 검토는 유명무실해졌다. 雍正 7년(1729)에 正五品으로 품계가 올랐다. 이후 光緖 32년(1906)에 官制를 改革할 때, 六科는 폐지했으나 給事中 20명은 그대로 두고 都察院에 소속시키고 이전 六科에서 담당하는 업무를 장악하도록 했다.

365) 梁問孟(?~1615): 字는 尙賢이고, 號는 靜齋이며, 河南 新鄕 사람이다. 嘉靖 44년(1565)에 進士가 되었고, 이후 浙江西安縣令·刑科給事中·山西參政·布政使를 역임하였다. 그러나 大學士 張居正과 대립하면서 관직이 강등되기도 했는데, 후에 湖廣參議와 右僉都御史를 맡으면서 寧夏를 巡撫하였다. 萬曆 43년(1615)에 사망하였고, 左副都御史로 추증되었다.

366) 이에 관한 내용은『穆宗實錄』卷69 隆慶 6년 4월 己卯條에도 있다.

南寧
남녕

南寧，唐之邕州也．元，邕州路．泰定中，改南寧路．洪武二年命潭州衛指揮同知丘廣爲總兵官，寶慶衛指揮僉事胡海·廣西衛指揮僉事左君弼副之，率兵討左江上思州蠻賊黃龍冠等．龍冠一名英傑，時聚衆萬餘，寇鬱林州．知州趙鑑·同知王彬集民丁拒守，賊圍半月不下．海北等衛官軍來援，賊夜遁，追至上思州境，破之，賊走還，仍結聚不解．事聞，故命廣等討之．廣等兵至上思州，賊拒戰，擊敗之，擒從賊黃權等．英傑走十萬山，官軍追及，斬之，上思州平．

남녕은 당나라의 옹주(邕州)367)이다. 원나라에서는 옹주로(邕州路)라 하였다. 태정(泰定)368) 연간(1324~1328)에 남녕로로 변경하였다. 홍무 2년(1369)에 담주위(潭州衛) 지휘동지(指揮同知) 구광(丘廣)을 총병관으로 삼고, 보경위(寶慶衛) 지휘첨사(指揮僉事)369) 호해(胡海)370)·광서위(廣西衛) 지휘첨사(指揮僉事) 좌군필(左君弼)371)에게 그를 보좌하게 하였으며, 군대를 이끌고 좌강(左江) 상사주(上思州)372)의 만적(蠻賊) 황룡관(黃龍冠) 등을 토벌

367) 邕州: 현재의 廣西省 南寧市이다. 318年에 南寧이 설치되었으며, 唐나라에서는 南晋州로 고치고 원나라 때는 邕州路로 고쳤는데, 1324年에 邕州路를 南寧路로 고쳤다. 明淸시대에는 南寧府를 설치하였다가 民國시대에 들어와 府를 폐지하고 府治를 邕寧縣으로 고쳤다. 현재 南寧은 廣西壯族自治區의 首府이다.

368) 泰定: 元나라 晉宗 예순 테무르의 연호이다.

369) 指揮僉事: 從三品의 관직으로 京衛指揮使司가 관할하였다.

370) 胡海(1329~1391): 安徽 濠州 定遠 사람으로, 字는 海洋이다. 처음에는 土豪인 赤塘王의 휘하에 있었으나 투항하여 百戶에 임명되었다. 泗州·滁州 등을 공파하는데 참여하였다. 이러한 공로로 花槍上千戶를 제수받았고, 寶慶衛 指揮僉事가 되어 명 조정이 장악하지 못한 광서 지역 점령에 참여하였다. 洪武 14년(1381)에는 沐英과 함께 대리를 공략하였다. 洪武 17년(1384)에는 공로를 인정받아 東川侯가 되었다(『明史』卷130 「胡海傳」 참조).

371) 左君弼: 生卒年 미상. 廬州(현재의 安徽省 合肥市) 사람이다. 元末에는 紅巾軍의 장령이었고, 洪武 원년(1368)에 명에 투항하였다.

372) 上思州: 元나라 때는 思明路에 속하였으나, 洪武 초에 州를 폐하였다. 이후 洪武 21년(1388)에 다시 설치하여 思明府에 속하게 하였다(이 내용은 『鄭開陽雜著』卷6, 「安南圖說」 참조). 현재의 廣西省 上思縣이다.

하게 하였다. 황용관은 일명 황영걸(黃英傑)이라고 하는데, 당시에 무리 1만여 명을 모아 울림주(鬱林州)를 약탈하였다. 지주 조감(趙鑑)·동지 왕빈(王彬)이 민정(民丁)을 모아 저항하고 방어하였는데, 만적들이 보름동안 포위하였지만 함락시키지 못하였다. 해북(海北) 등 위의 관군이 와서 지원하자 만적들은 밤에 도망니 추격하여 상사주의 지역에 이르러서 그들을 공파하였는데, 만적들은 달아나 돌아가서는 예전처럼 모여 결당하여 흩어지지 않았다. 사정이 [조정에] 보고되니, 이로써 구광 등에게 그들을 토벌하도록 명하였다. 구광 등이 병사를 이끌고 상사주에 이르렀는데, 적들이 저항하며 공격하였으나 그들을 격퇴시키고 추종한 적 황권(黃權) 등을 사로잡았다. 황영걸이 십만산(十萬山)으로 도망치니 관군이 추격하여 참수하였고, 상사주는 평정되었다.[373]

三年, 置南寧·柳州二衛. 時廣西省臣言: "廣西地接雲南·交阯, 所治皆溪洞苗蠻, 性狼戾多畔. 府衛兵遠在靖江數百里外, 卒有警, 難相援, 乞立衛置兵以鎮." 又言: "廣海俗素獷戾, 動相讐殺, 蓋緣郡縣無兵以馭之. 近盜寇鬱林, 同知集民兵拒守, 潯州經歷徐成祖亦以民兵千餘敗賊, 是土兵未始不可用. 乞令邊境郡縣輯民丁之壯者, 置衣甲器械, 籍之有司, 有事則捕賊, 無事則務農." 詔從之. 遂置衛, 益兵守禦, 賞王彬·徐成祖等有功者.

[홍무] 3년(1370)에 남녕·유주 두 위를 설치하였다. 당시 광서성의 관료가 아뢰기를, "광서는 운남(雲南)[374]·교지(交阯)와 땅이 접해 있고, 다스리는 것은 모두 계동의 묘만(苗蠻)인데,

373) 이에 대한 내용은『太祖實錄』卷46 洪武 원년 10월 癸未條에 있다. 실록에서는 黃龍冠을 黃龍關으로 표기하였다.

374) 雲南:『尙書』「禹貢」의 梁州 塞外의 지역이다. 秦始皇이 6國을 통일한 후, 운남 동북부에 오척도를 개척했으며, 전109년에 漢 武帝가 郭昌을 파견해서 益州郡과 24개 縣을 개설했다. 三國時代에는 南中이라 불렸으며, 唐宋 시기에는 南詔國과 그를 뒤이어 大理國이 존재했던 곳이었다. 1253년에 쿠빌라이가 운남을 정벌해서 1276년에 雲南行省을 설치했는데, 이때부터 비로소 운남이란 명칭이 등장했다. 明 太祖 朱元璋도 洪武 14년(1381)에 傅友德 등을 파견해서 이 지역을 공격하고, 洪武 15년(1382)에 평정하여 雲南等處承宣布政使司를 설치하여 府 58·州 75·縣 55·蠻部 6곳을 관할하게 하였고, 후에는 府 19·禦夷府 2·州 40·禦夷州 3·縣 30·宣慰司 8·宣撫司 4·安撫司 5·長官司 33·禦夷長官司 2곳을 관할케 하였다. 중국 내지와는 전혀 이질적인 곳이었으며, 많은 소수민족이 살고 있는 곳으로도 유명하다.

[그들은] 성정이 사납고 거칠어 대체로 반란을 일으킵니다. 부위의 군대는 멀리 정강(靖江) 수백 리 밖에 있어서 갑자기 경계할 일이 생기면 서로 지원하기 어려우니, 위를 세우고 군대를 두어 진수하게 하십시오"라고 하였다. 또 아뢰기를, "광해(廣海)의 풍속은 줄곧 사납고 거칠어 늘 서로 원한으로 죽이는데, 대체로 군현이 군대로 그들을 통제할 수 없기 때문입니다. 근자에 도적이 울림을 약탈하여, 동지가 민병(民兵)을 모아 방어하였고, 심주 경력 서성조(徐成祖)도 민병 1천여 명으로써 적을 패퇴시켰으니 이는 토병이 쓸 만하지 않은 것이 아님을 말해주는 것입니다. 변경 군현으로 하여금 민정 중 강건한 자를 모으고, 갑옷과 병장기를 두어 이를 관련 기관에 등록하게 하여, 일이 생기면 적을 체포하고, 아무 일이 없으면 농사에 힘쓰도록 해야 합니다"라고 하니, [이에] 조서를 내려 이를 허락하였다. 마침내 위를 설치하였고, 병사를 늘여서 방어하게 하였으며, 왕빈·서성조 등 공이 있는 자에게 상을 내렸다.[375]

五年，宣化盜起，劫掠南寧府，詔發廣西官軍討平之．初，南寧衛指揮僉事左君弼覈民之無籍者爲軍，又縱所部入山伐木，民多擾，遂相構爲盜．至是討平，命大都督府按君弼罪．

[홍무] 5년(1372)에, 선화(宣化)의 도적이 흥기하여 남녕부를 약탈하니, 조서를 내려 광서의 관병을 징발하여 토벌하고 평정하게 하였다. 당초에 남녕위 지휘첨사 좌군필은 백성을 조사하여 호적이 없는 이들을 군인으로 삼았고, 또한 부하들에게 산에 들어가서 함부로 벌목하게 하였는데, 백성들이 대부분 침범당하여서 마침내 서로 얽혀 도적이 되었다. 이때에 이르러서 토벌하여 평정되니, 대도독부에 좌군필의 죄를 조사하게 하였다.[376]

南寧故稱邕管，牂牁峙其西北，交阯踞其西南，三十六洞錯壤而居，延袤幾千里，橫山·永平尤要害．歷唐及宋，建牙置帥，與桂州等．又郡地夷曠，可宿數萬師．成化

375) 이에 대한 내용은『太祖實錄』卷50 洪武 3년 3월 辛亥條에 있다.

376) 이에 대한 내용은『太祖實錄』卷73 洪武 5년 4월 戊子條에 있다. 이때 官軍은 100여 명을 참수하고, 2,800여 명을 사로잡았으며, 말 50필을 획득하였다.

時，征田州及經略安南，擧弭節兹土．後因瑤蠻不靖，往往仗狼兵，急則藉爲前驅，緩則檄爲守禦．諸瑤乃稍稍驕恣，不可盡繩以法．議邕事者謂宜開重鎭，以復邕州督府之舊云．

남녕은 예전에는 옹관(邕管)이라고 칭했는데, 장가(牂牁)[377]가 그 서북에 치솟아 있고 교지는 그 서남에 위치해 있으며, 36동이 뒤섞여 있으면서 수천 리로 이어지는데, 횡산(横山)·영평(永平)[378]이 그 중에서도 요충지이다. 당나라와 송나라를 거치면서 진을 설치하고 군대를 두었는데, [그 위상이] 계주와 동등하였다. 또한 군의 지역은 평탄하고 넓어서 수만 명의 군대가 주둔할 수 있다. 성화 연간(1465~1487)에 전주를 정벌하고 안남을 경략하였는데, 모두 이곳에 군대를 주둔시켰다. 후에 요만이 안정되지 않았기 때문에 종종 낭병에 의지하였는데, [상황이] 긴급하면 그들에 의지하여 선두부대로 삼았으며 느슨하면 격문으로 그들을 불러 방어하였다. 여러 요민들은 이에 점점 방자해졌는데, 모두 법률로 구속할 수 없었다. 옹주의 일을 논의하는 사람들은 마땅히 중진(重鎭)을 개설하여 예전의 옹주독부를 회복시켜야 한다고 하였다.

南寧領州四．曰新寧，曰横州，爲流官．曰上思州，曰下雷州，爲土官．縣三，曰宣

377) 牂牁: 漢 武帝 元鼎 6년(전111)에 설치한 郡의 이름이다. 당시 무제는 戰國시대 무렵부터 오늘날 貴州의 都匀, 福泉, 黃平, 貴定 등 지역에 있던 나라인 且蘭을 멸망시키고, 그곳에 이 牂牁郡을 설치하였다. 郡治는 현재 貴州의 福泉縣 지역에 두었다.

378) 永平: 광서 지역의 永平寨는 두 곳이 있었다. 하나는 北宋 시대에 邕州의 左江道 아래에 설치한 永平寨이다. 左江道는 思明, 思陵, 祿州, 西平州 등지를 관할하였다. 또 다른 永平寨는 邕州와 交趾의 접경지대에 설치된 것이다. 이 永乎寨는 古代 中越 關係에서 중요한 위치를 차지했다. 宋初에 베트남이 중국에서 독립하여 자주국가가 된 후에 永平寨는 中越 변경의 要衝으로 대두하였다. 베트남의 리(李)朝는 여러 차례 이곳을 침범하였다. 송나라 熙寧 8年(1075)에는 베트남 군대 8만여 명이 대대적으로 廣西를 공격하였는데, 이때 永平寨를 통과하였다. 熙寧 9年(1076)에는 郭逢이 宋나라 군대를 거느리고 역시 永平寨로부터 반격을 개시하여 베트남으로 진격하였다. 元나라의 군대가 베트남을 침공했을 때에도 역시 永平寨를 통과하였으며, 이곳에 萬戶府를 설치하고 방어하였다. 宋 原豊 7년(1084)에는 宋朝와 交趾 리 왕조가 永平寨에서 담판을 개시하여 역사상 최초의 中越 변경 협정을 체결하기도 했다. 동시에 宋, 元 두 나라는 永平寨를 越南 使節이 중국으로 출입하는 변경의 관문으로 지정하였다.

化，曰隆化，曰永淳.

남녕은 4개의 주를 통령하였다. 신녕(新寧), 횡주에는 유관을 두었다. 상사주라는 곳과 하뢰주(下雷州)에는 토관을 두었다. 현 세 개를 통령했는데, 선화(宣化), 융화(隆化), 영순(永淳)이라 한다.

歸德州，宋熙寧中置. 元屬田州路. 洪武二年，土官黃隍城歸附，授知州，以流官吏目佐之.

귀덕주(歸德州)는 송나라 희녕 연간(1068~1077)에 설치되었다. 원나라에서는 전주로(田州路)에 속했다. 홍무 2년(1369)에, 토관 황황성(黃隍城)이 귀부하니 [그에게] 지주를 수여하였으며, 유관 이목으로 하여금 그를 보좌하게 하였다.

果化州，宋始置. 元屬田州路. 洪武二年，土官趙榮歸附，授世襲知州，以流官吏目佐之. 洪熙元年，果化州土官趙英遣族人趙誠等貢馬及方物. 弘治間，州與歸德皆爲田州所侵削，因改隸於南寧.

과화주(果化州)[379]는 송나라 때에 처음 설치하였다. 원나라에서는 전주로에 속했다. 홍무 2년(1369)에, 토관 조영(趙榮)이 귀부하니 [그에게] 세습 지주를 수여하고, 유관 이목으로 하여금 그를 보좌하게 하였다. 홍희(洪熙)[380] 원년(1425)에 과화주 토관 조영이 족인 조성(趙誠) 등을 보내 말과 방물을 바쳤다. 홍치 연간(1488~1505)에는 과화주와 귀덕주 모두 전주에게 침탈을 당했는데 이로써 남녕에 예속되었다.

379) 果化州: 그 治所는 현재의 廣西 平果縣 果化鎭 槐前村에 있었다. 宋나라 때는 果化州를 邕州에 예속시켰다.
380) 洪熙: 명 왕조 4대 황제인 仁宗 朱高熾의 年號이다.

上思州, 唐始置. 元屬思明路, 洪武初, 土官黃中榮內附, 授知州, 子孫畔服不常. 弘治十八年改流官, 屬南寧府. 正德六年, 土目黃鏰聚衆攻城, 都御史林廷選捕之, 下獄. 已, 越獄復叛, 官軍禦之, 詐降, 攻破州城, 復捕獲之, 伏誅. 嘉靖元年, 都御史張嵿言: "上思州本土官, 後改流, 遂致土人稱亂. 宜仍其舊, 擇土吏之良者任之." 議以爲然, 仍以土官襲.

상사주(上思州)는 당나라 때 처음으로 설치되었다. 원나라에서는 사명로(思明路)[381]에 속했는데,[382] 홍무 연간(1368~1398) 초에 토관 황중영(黃中榮)이 귀부하니 [그에게] 지주를 제수하였으나, 자손의 배반과 순종이 일정하지 않았다.[383] 홍치 18년(1505)에 유관으로 변경하였고, 남녕부에 예속시켰다.[384] 정덕 6년(1511)에 토목 황치(黃鏰)가 무리를 모아 성을 공격하자, 도어사 임정선(林廷選)[385]이 그를 사로잡아서 하옥시켰다. 얼마 후 옥에서 도망하여 다시 반란을 일으켰고, 관군이 이를 막자 거짓으로 항복하여 주의 성을 공파하자, 다시 그를 체포하여 사형에 처하였다. 가정 원년(1522)에 도어사 장정(張嵿)이 아뢰기를, "상사주

381) 思明: 思明府는 元나라 때의 思明路이다. 洪武 2년(1369) 7월에 府로 되었고, 廣西等處行中書省에 직속되었다. 洪武 9년(1376)에 廣西布政司에 예속되었으며, 州 3곳을 관할하였다. 현재의 廣西 寧明縣 東明江鎭이다.

382) 元나라 때 上思州의 土官은 종종 중앙정부의 통치에 복종하지 않았다. 『元史』의 기재 내용을 보면, 쿠빌라이칸의 통치 시기인 至元 29년(1292)에 上思州의 토관 黃勝許는 무리 2만여 명을 모아 반란을 일으켰으나 실패하고, 지금의 베트남 지역으로 도망하였다. 이후 그는 다시 돌아와 세력 회복을 도모하였으나 실패하여 그 아들을 보내 투항하였다고 한다.

383) 黃中榮 이후 그 직을 세습한 계보는 黃智永→黃瑛→黃塈→黃渼이다(付廣華, 2012: 43).

384) 弘治 16년(1503)에 上思州의 趙瑄이 流官 파견을 요청하였으나, 조정에서는 허락하지 않았다. 이에 弘治 17년(1504)에 都御史 潘蕃 등이 다시 상주하여, 上思州에 정식으로 流官을 파견하였다. 원래 소속되었던 思明府에서 분리해서 南寧府에 예속시켰다는 내용이 실록에 있는데, 『孝宗實錄』 卷220 弘治 17년 12월 己巳條에 있다.

385) 林廷選: 生卒年 미상. 長樂縣 사람으로, 字는 舜擧이고, 號는 竹田이다. 成化 17년(1481)에 進士가 되었고, 蘇州府推官에 제수되어 여러 疑獄을 해결했기 때문에 민간에서는 『靑天謠』를 지어 그것을 기렸다. 弘治 5년(1492)에 監察御史와 廣西巡按이 되었고, 弘治 9년(1496)에는 浙江僉事에 오르고 이어 副使가 되었다. 弘治 18년(1505)에 廣東按察使가 되었는데, 正德 4년(1509)에 江西右布政使로 승진하였고, 이후 浙江左布政·南京大理寺卿 등을 거쳐 右都御史로 승진하여 兩廣軍務를 담당하고 巡撫의 일도 겸하였다. 후에 南京工部尙書가 되었다. 사후에 太子少保로 추증되었다.

는 본래 토관이 있었고 후에 유관으로 변경하였는데, 마침내 토인들이 반란을 일으켰습니다. 마땅히 예전처럼 옛 규정에 따라 토리 중에서 현량한 이를 선택해서 맡기십시오"라고 하였다. 조정에서는 그렇다고 논의하고서 예전처럼 토관으로 세습하게 하였다.

下雷州, 宋置. 明初, 印失, 廢爲峒, 在湖潤寨, 屬鎭安府. 峒長許永通奉調有功, 給冠帶. 傳世烈·國仁繼襲峒事. 嘉靖十四年獲舊印. 國仁及子宗蔭屢立戰功. 四十三年改屬南寧府. 萬曆十八年以地逼交南, 奏陞爲州, 頒印, 授宗蔭子應珪爲土判官, 流官吏目佐之.

하뢰주(下雷州)는 송나라 때 설치되었다. 명나라 초에는 인장을 잃어버려 폐하여 동(峒)으로 삼았는데, 호윤채(湖潤寨)에 있어서 진안부(鎭安府)에 예속되었다. 동장(峒長) 허영통(許永通)이 명을 받들어 군대를 징발하는 일에 공이 있어서 관대를 주었다. 허세열·허국인에게 전하여 동의 일을 세습하게 하였다. 가정 14년(1535)에 옛 인장을 획득하였다. 허국인과 그 아들 허종음(許宗蔭)은 여러 차례 전공을 세웠다. [가정] 43년(1564)에 바꾸어 남녕부에 예속시켰다. 만력 18년(1590)에 그 땅이 교남(交南)과 가까워졌기 때문에 주로 승격시키고 관인을 내려주기를 주청하니, 허종음의 아들 허응규(許應珪)를 토판관에 제수했으며, 유관 이목이 그를 보좌했다.

참고문헌

국사편찬위원회, 『中國正史朝鮮傳譯註』, 서울: 신서원, 2004

동북아역사재단 편, 『譯註 中國正史 外國傳(1~15)』, 서울: 동북아역사재단, 2009~2013

박원호 등 역, 『명사식화지 역주』, 서울: 소명출판, 2008

顧祖禹 撰, 『讀史方輿紀要』, 北京: 中華書局, 2005

谷應泰, 『明史紀事本末』, 臺灣: 商務印書館, 1956

羅日褧, 『咸賓錄』, 北京: 中華書局, 2000

申時行 等 修, 『明會典』(萬曆朝重修本), 北京: 中華書局, 1989

嚴從簡, 『殊域周咨錄』, 北京: 中華書局, 1993

李國祥 主編, 『明實錄類纂』, 武漢: 武漢出版社, 1993

李賢 等撰, 『明一統志』(文淵閣四庫全書本), 上海: 上海古籍出版社, 1987

田汝成, 『炎徼紀聞』, 臺北: 藝文印書館, 1967

周國林 分史 主編, 『二十四史全譯: 明史』, 上海: 漢語大詞典出版社, 2004

陳誠·李暹, 周連寬 校注, 『西域行程記·西域番國志』, 北京: 中華書局, 1991

黃本驥, 『歷代職官表』, 臺北: 樂天出版社, 1974

『明實錄』, 臺北: 中央研究院 歷史語言研究所 校引本, 1965~1966

다바타 히사오 저·원정식·이연주 역, 『중국소수민족입문』, 서울: 현학사, 2006

데라다 다카노부 저·서인범, 송정수 역, 『대명제국』, 서울: 혜안, 2006

마크 엘빈 저·정철웅 역, 『코끼리의 후퇴』, 파주: 사계절, 2011

吳晗 저·박원호 역, 『주원장전』, 서울: 지식산업사, 2003

유인선, 『베트남의 역사』, 서울: 이산, 2002

윤정분, 『中國近世 經世思想 硏究-丘濬의 經世書를 중심으로』, 서울: 혜안, 2002

정철웅, 『자연의 저주-명청시대 장강 중류 지역의 개발과 환경』, 서울: 책세상, 2012

최병욱, 『동남아시아사』, 서울: 대한교과서주식회사, 2006

龔陰, 『中國土司制度』, 昆明: 雲南民族出版社, 1992

藍武, 『元明時期廣西土司制度硏究』 暨南大學博士論文, 2005

林惠祥, 『中國民族史』上・下冊, 臺北: 商務印書館, 1998
馬大政 主編, 『中國邊疆經略史』, 鄭州: 中州古籍出版社, 2000
馬西沙・韓秉方, 『中國民間宗教史』, 上海: 上海人民出版社, 1992
孟森, 『明代史』, 臺北: 中華叢書委員會, 1957
范中義, 『明代軍事史』, 北京: 軍事科學出版社, 1998
費孝通, 『中華民族多元一体格局』, 北京: 中央民族學院出版社, 1989
楊紹猷・莫俊卿, 『明代民族史』, 新華書店, 1996
佘貽澤, 『明代土司制度』, 臺北: 臺灣學生書局, 1968
吳永章, 『中國土司制度淵源與發展述略』, 四川民族出版社, 1988
吳榮臻 主編, 『苗族通史』(5卷), 北京: 民族出版社, 2007
尤中, 『中國西南邊疆變遷史』, 昆明: 雲南教育出版社, 1987
張德信, 『明朝典章制度』, 長春: 吉林文史出版社, 1999
张鸿翔, 『明代各民族人士入仕中原考』, 北京: 中央民族大学出版社, 1999
程大位, 『算法統宗』, 上海: 江東書局印行, 1912
陳名杰, 『明代西南土司制度研究』, 中央民族大學 博士論文, 2002
鄒逸麟, 『中國歷史地理概述』, 厦門: 福建人民出版社, 1999
H. J. Wiens, *Han Chinese Expansion in South China*, New Haven, 1954
J. C. Scott, *The Art of Not Being Governed: An Anarchist History of Upland Southeast Asia*, Yale University Press, 2010
John E. Herman, *Amid the Clouds and Mist: China's Colonization of Guizhou, 1200-1700*, Massachusetts and London: Harvard University Asia Center, 2007
Nicola Di Cosmo and Don J. Wyatt ed., *Political Frontiers, Ethnic Boundaries, and Human Geographies in Chinese History*, London & New York, 2003
S. Harrell, ed., *Cultural Encounters on China's Ethnic Frontiers*, Seattle & London, 1995

김홍길, 「명대의 彝族정권과 토사」, 『중국과 한국』, 서해문집, 2005
박사명, 「중국의 영향과 동남아의 대응: 상호적 접근시각」, 『동남아시아연구』 21-2, 2011
윤정분, 「明代 軍戶制와 衛所制에 대하여」, 『동방학지』 43, 1984
賈霄鋒, 「近百年來中國土司制度的史料整理研究」, 『貴州文史叢刊』, 2004-1
賈霄鋒, 「二十多年來土司制度研究綜述」, 『中國邊疆史地研究』, 2004-4
賈霄鋒・王力, 「近百年來中國土司制度的史料整理及研究綜述」, 『青海民族研究』, 2003-3

岡野昌子,「明代土司制度考」,『待兼山論叢』 1, 1967
龔陰,「20世紀中國土司制度研究的理論與方法」,『思想戰線』, 2002-5
龔陰,「略論土司制度的作用與流弊」,『西南民族大學學報(人文社科版)』, 1989-2
納春英,「明中央與西南土司關係: 以賜服制爲中心的考察」,『廣西民族大學學報(哲學社會科學版)』 30, 2008
藍武,「明代廣西改土歸流進程中關于設土與設流問題的論爭」,『廣西師范大學學報(哲學社會科學版)』, 2010-5
藍武,「明代廣西地區改土歸流的多重性特征」,『廣西民族師范學院學報』, 2011-2
藍武,「認同差異與“復流爲土”－明代廣西改土歸流反復性原因分析」,『廣西民族研究』, 2010-3
藍武,「元明土司制度下廣西各族民衆起事述議」,『廣西師范大學學報(哲學社會科學版)』, 2011-4
雷翔,「明初整齊土司官制過程小考」,『湖北民族學院學報(哲學社會科學版)』, 1994-1
付廣華,「上思州“改流復土說”質疑」,『廣西地方志』 173, 2012
李世愉,「明朝土司制度述略」,『中國邊疆史地研究』, 1994-1
謝永雄,「明代廣西土司制度的發展及改土歸流的特点」,『廣西社會科學』, 1992-2
成臻銘,「明淸時期湖廣土司自署職官初探」,『吉首大學學報報(社會科學版)』 23-4, 2002
楊楊花,「明代渝東南地區土司制度研究」, 重慶師範大學碩士論文, 2011
冉敬林,「明代酉陽土司制度特点」,『貴州文史叢刊』, 1995-4
吳永章,「明代廣西土司制度述略」,『學術論壇』, 1983-3
于玲,「土司制度新論」,『中南民族學院學報(哲學社會科學版)』, 1997-4
韋東超,「明代廣西土司制度散論」,『中南民族學院學報(哲學社會科學版)』, 1995-2
韋東超,「明代廣西土司地區政局的穩定化趨勢考析」,『廣西民族研究』, 1994-3
衛心,「土司制度」,『靑海民族研究』, 1993-3
劉蒸,「明朝土司制度述論」, 蘭州大學碩士論文, 2008
陸韌,「泛朝政化與史料運用偏差對邊疆史地研究的影響」,『中國邊疆史地研究』 20-1, 2010
沈乾芳,「明淸時期彝族土司鳳(那)氏聯姻關係研究」,『曲靖師範范學院學報』 28, 2009
馮海曉,「明代西南・西北邊疆地區土司制度比較研究」, 雲南大學碩士學位請求論文, 2011
許立坤,「明代土司制度述略－明王朝民族政策研究之一」,『廣西社會主義學院學報』, 1998-3
許立坤,「淺述明代羈縻衛所制－明王朝民族政策研究之二」,『廣西社會主義學院學報』, 1998-4
胡仁亮,「初論湖南明淸瑤官制度」,『民族論壇』, 1996-3
胡腊芝,「從元明淸印信論貴州土司制度」,『貴州文史叢刊』, 1994-5
華林,「明淸淸西南土司承襲制度和文書」,『貴州文史叢刊』, 1994-4

岡野昌子,「明代土司制度考」,『待兼山論叢』1, 1967
岡田宏二,「明代華南地域における土司の設置について」,『東洋研究』170, 2008
栗原 悟,「明代彝族系土司にみられる種族連合の紐帶－彝族(ロロ・ノス系)の民族史的研究の一考察」,『東南アジア. 歷史と文化』11, 1982

戴逸 主編,『二十六史大辭典』, 吉林: 吉林文史出版社, 1993
史爲樂 主編,『中國歷史地名大辭典』, 北京: 中國社會科學出版社, 2005
臧勵龢 等 編,『中國古今地名大辭典』, 臺北: 商務印書館, 1931
『中國歷史地圖集』, 地圖出版社, 1987
『中國人名大辭典』, 中州古籍出版社, 1993
京大東洋史辭典編纂會,『新編東洋史辭典』, 東京: 創元社, 1980
下中邦彦 編,『アジア歷史事典』, 東京: 平凡社, 1962

명사(明史) 권318 광서토사(廣西土司) 2

태평·사명·사은·진안·전주·은성·상륭·도강전 (太平·思明·思恩·鎭安·田州·恩城·上隆·都康傳)

- 역주: 이준갑
- 교열: 송정수

「태평·사명·사은·진안·전주·은성·상륭·도강전(太平·思明·思恩·鎭安·田州·恩城·上隆·都康傳)」 해제

「광서토사(廣西土司)」 2에서 서술하는 지역들은 서쪽으로는 운남과 경계를 접하기도 하고(진안) 남쪽으로는 안남과 접경하는(태평·사명·진안) 곳으로 광서의 서남부에 해당하는 지역인 동시에 명나라의 입장에서는 남쪽의 변경이자 국경이다. 이곳은 지리적으로 수도에서 아득히 먼 곳에 위치해 있어서 중앙의 통제력이 미치는 데 한계가 있었으며 민족적으로는 장족(壯族)을 비롯한 여러 소수민족이 거주하고 있어서 한족과 소수민족 혹은 소수민족 간의 마찰과 분쟁이 일어날 소지가 항상 존재하였다. 외교적으로는 안남과의 국경 분쟁이나 무력충돌이 발생할 가능성도 적지 않았다. 그래서 명나라 조정에서는 이곳에 늘 관심을 기울였다. 이런 동향은 명나라뿐만 아니라 이전의 중국 역대 왕조에서도 나타났고 명을 계승한 청나라에서도 마찬가지로 확인된다. 당송 이래 이곳에 붙여진 태평(太平), 사은(思恩), 은성(恩城), 도강(都康)이라는 지명에서도 이 지역의 안정과 복속을 바라던 역대 왕조의 간절한 염원을 엿볼 수 있다.

이처럼 이 지역을 바라본 명나라 지배자들의 기본 시각이 안정과 복속이었으므로 본 「광서토사」 2의 서술 시각 역시 여기서 벗어나지 않는다. 동시에 다른 지역의 토사전에 나타난 서술 시각 또한 크게 다르지 않다. 그러다보니 본전의 서술 방향과 내용은 광서토사 자체를 이해하는데 필요한 정치, 사회, 문화, 경제 등의 방면에 대한 관심과 언급은 거의 없다. 대신에 이 지역이 어느 왕조 시대에 중국의 영역에 들어와 어떤 행정단위가 설치되었는지, 그리고 명나라 건국 이후에는 언제 누가 조공을 바치고 세습토사의 지위를 제수(除授)받았는지, 그 세습권에 어떤 문제가 발생하여 혼란이 일어났고 명나라가 개입하여 어떻게 질서를 회복하였고 개토귀류(改土歸流)를 단행하였는지 등에 관한 내용이 서술 내용의 대부분을 차지하고 있다.

그 가운데서도 특히 주된 서술 내용은 토사들의 세습 문제를 둘러싼 분쟁 발생, 명나라 관원과 군대의 개입, 개토귀류의 추진과 저항으로 요약할 수 있다. 물론 이 문제들은 별개의 사항이 아니라 상호 복합적으로 작용하고 있었다. 명나라에서는 토사가 대체로 소란과 분쟁의 시발점이 된다고 인식하였다. 그래서 토사에 대한 명나라의 일관된 입장은 이들을 통한 간접 지배 방식이 아니라 지방관 파견을 통한 직접 지배 방식 즉 개토귀류를 추진하는 것이었고 그런 입장은 청나라에도 계승되었다.

그러나 토사의 입장에서 볼 때 개토귀류는 자율권과 세습권을 송두리째 박탈당하는 것을 의미하였으므로 당연히 저항할 수밖에 없었다. 저항의 양상은 각 지역을 지배하던 토사들의 개별적인 상황에 따라서 다양하게 나타났다. 명나라의 대응 역시 토사들의 다양한 저항만큼이나 상황별로 맞춤형 전략을 구사하였다. 본전을 찬찬히 읽다 보면 개토귀류를 둘러싼 명나라와 토사들의 길항관계는 네 가지 유형으로 정리할 수 있다.

그 첫째는 토사들을 그대로 인정하는 경우이다. 본전의 기록에 따르면 분쟁이나 무력 투쟁이 일어나 명나라의 군대나 관원이 개입하여 그것을 마무리 하더라도 대부분은 토사의 지배와 세습권을 인정하였다. 명나라 조정에서 유관(流官)을 파견하는 것보다는 토사를 통해 간접적으로 지배하는 것이 사회 질서를 유지하는데 더욱 효과적이라고 판단한 지역에 대해서는 이런 방책을 취하였다.

둘째는 명나라나 토사 가운데 어느 한쪽의 입장이 일방적으로 관철되는 것이 아니라 양측의 입장이 절충되는 방식이다. 즉 토사(土司)와 유관을 공존시켜서 토사의 지배와 세습을 인정하되 유관을 보좌관으로 두어서 토사에게 일정한 견제를 가하는 형태이다. 태평부(太平府) 소속의 17개 주현(州縣)이 그런 전형적인 사례이다. 태평부에서는 홍무(洪武) 2년(1369)에 황연연(黃英衍)이 명나라 조정에 사자를 보내 표문(表文)을 올리고 조공하여 토지부(土知府)로 세습권을 인정받았다. 이때 명나라에서는 태평부에 유관을 보좌관으로 설치하지 않았다. 하지만 태평부 소속의 태평주(太平州), 진원주(鎭遠州), 명영주(茗盈州), 안평주(安平州), 사동주(思同州), 양리주(養利州), 만승주(萬承州), 영강주(永康州), 좌주(左州), 나양현(羅陽縣) 등 16개 주 1개 현 가운데 양리주, 영강주, 좌주를 제외한 13개 주 1개 현에는 홍무 초에 토관(土官)들이 투항했을 때 모두 유관의 이목(吏目, 13개 州에 설치. 知州 아래에서 刑獄과 문서를 담당)이나 유관의 전사(典史, 1개 縣에 설치, 文書와 刑獄 담당)를 두어 토지주나 토지현을 보좌하게 하였다. 이처럼 토사와 유관이 함께 설치된 지역의 마찰과 분쟁에 대한 기록은 전혀 없다. 그 까닭이 소규모 분쟁만 있었기 때문인지 아니면 전혀 분쟁이 발생하지 않았기 때문인지 알 수 없지만 기록으로 남길 만한 사건이 없었다는 것만은 분명하다고 하겠다. 따라서 토사와 유관의 공존은 명나라나 토사 양측에 꽤나 만족할 만한 절충안이었다고 평가할 수 있다. 태평부에서 토사만이 설치되었던 영리주, 영강주, 좌주에서 모두 변란이 일어났고 명나라 군대가 투입되어 사태를 수습한 후에는 개토귀류 조치가 단행되었던 것과 비교해보면 더욱 그러하다. 따라서 토사 지역에 설치된 유관의 보좌 역할의 구체적 양상에 대해서는 앞으로의 토사연구에서 충분히 검토해 볼만하다.

세 번째는 명나라의 의지가 일방적으로 관철되어 토사들의 저항에도 불구하고 개토귀류가 단행되는 방식이다. 앞서 언급한 태평부 소속의 세 주(州)가 대표적인 사례이다.

네 번째는 명나라에서 분쟁에 개입하고 개토귀류를 단행하였으나 토사측의 저항과 반발이 거세어 다시 토사제도로 복귀한 방식인데 사은부와 전주(田州)가 대표적인 사례이다. 사은부 토지부 잠준(岑濬)은 홍치 12년(1499)에는 전주를, 홍치 17년(1504)에는 상림(上林), 무연(武緣) 등지를 약탈하고 주민들을 살해하다가 이듬해에 명나라 군대의 공격을 받고 죽었다. 이때 명나라에서는 임시방편으로 광서 우참정(右參政)에게 사은부의 사무를 관장하라고 지시한 후에 정덕(正德) 7년(1512)에는 유관 지부를 파견하여 개토귀류를 단행하였다. 이 조치에 격분한 만인(蠻人)들이 대대적으로 결집하여 대규모 반란을 일으키고 사은부 일대를 휩쓸었다. 명나라에서 군대를 파견하였지만 이들을 제압하기 어려워 결국에는 토지부를 없애는 대신 사은부 경내 아홉 곳에 토순검사(土巡檢司)를 설치하고 그들의 지배 권력을 인정했다. 사은부 토지부라는 하나의 '거대 권력'을 아홉 개의 토순검이라는 작은 권력으로 분할하는 선에서 만족해야 했다. 전주의 경우에는 여러 차례 개토귀류를 단행하려다가 만인들의 강력한 저항에 부딪혀 결국에는 전주부(田州府)를 전주(田州)로 강등시키는 선에서 사태를 마무리 지었다. 전주에서는 천순(天順) 원년(1457) 두목(頭目) 여조(呂趙)가 반란을 일으킨 이래, 성화(成化) 16년(1480) 두목 황명(黃明)의 반란, 홍치 12년(1499) 토지부 잠부(岑溥)의 피살, 가정(嘉靖) 23년(1523) 개토귀류로 토지부에서 천호(千戶)로 강등된 잠맹(岑猛)의 저항과 반란 등, 명나라와 만인 사이 혹은 만인 내부의 갈등과 충돌이 그치지 않았다. 가정 6년(1527) 만인들의 반란을 토벌하라는 명령을 받은 왕수인(王守仁)은 현지에 도착하여 정세를 살핀 후에 개토귀류를 반대하고 토사의 회복을 주장하였으나 두 해 뒤에는 입장을 바꾸어 개토귀류를 단행하자고 상소하였다. 그가 왜 입장을 바꾸었는지에 대해 본문에서는 그 이유를 밝히고 있지 않다. 그의 후임자는 다시 토사의 존속을 주청하여 결국에는 전주부를 전주로 강등하는 선에서 토관을 존속시키는 것으로 귀결되었다. 부임 직후의 왕수인이나 그의 후임자가 개토귀류를 반대하고 토사제도의 존속을 주청한 데는 여러 가지 요소가 배경으로 작용하였다. 그 가운데 빼놓을 수 없는 것은 전주가 안남(安南)을 방어하는 요충지인데 유관을 설치하면 지역 토착세력에 대한 장악력이 약화되어 안남 방어에 효율적이지 못하다는 주장이었다.

남쪽으로 국경을 접한 안남 때문에 명나라가 광서토사에 대한 개토귀류 정책을 일관되게 추진하는 데 어려움을 겪었던 사실은 광서의 지정학적 특성을 반영한 것이다.

「태평·사명·사은·진안·전주·은성·상륭·도강전(太平·思明·思恩·鎭安·田州·恩城·上隆·都康傳)」 역주

太平
태평

太平, 漢屬交阯, 號麗江. 唐爲羈縻州, 隷邕州都督府. 宋平嶺南, 於左·右二江溪峒立五寨. 其一曰太平, 與古萬·遷隆·永平·横山四寨各領州·縣·峒, 屬邕州建武軍節度. 元仍爲五寨. 後廢, 乃置太平路於麗江.

태평(太平)은 한나라 때는 교지(交阯)[1]에 속했는데 여강(麗江)이라고 불렀다. 당나라 때는 기미주(羈縻州)[2]가 되어 옹주도독부(邕州都督府)[3]에 예속되었다. 송나라가 영남(嶺南)을 평

1) 交阯: 옛 南交의 땅으로 周代에는 越裳氏의 땅이었고, 秦始皇 初에 百粤과 병합하여 桂林·南海·象郡을 두었다. 前漢 武帝 元鼎 6년(전111)에 南越을 멸망시키고 설치한 9郡 중의 하나로, 후에 交州로 개칭하였다. 元帝 때는 交阯刺史가 七郡을 다스렸는데, 그중 交阯·日南·九眞이 지금의 안남 땅이다. 교지는 지금의 통킹만 지역, 구진은 통킹만 남쪽 해안지대로 淸化·乂安·河靜省 등 지역이고, 일남은 구진의 남쪽인 廣平·廣治·承天省 등 지역을 가리킨다.

2) 羈縻: 羈는 말의 굴레를, 縻는 쇠고삐를 이용해서 통제한다는 의미로, 四夷를 제어하는 것이 牛馬를 羈縻로 부리는 것과 같다는 뜻에서 하는 말이다. 이렇듯 속박하고 얽어매는 견제·통제의 의미를 가지고 있어서 이민족에 대한 외교정책의 한 방식을 지칭하게 되었다. 漢代에는 주변 민족들이 조공을 바치러 오면 물리치지 않고 받아들이고 변방을 공격하면 군사적으로 물리쳤지만, 그들을 공격하여 지배하고 漢人 관리를 파견하여 직접 통치하는 적극정책이나 일체의 외교관계를 단절하는 방임정책도 아닌 일종의 소극적인 외교정책의 형태로 표현되었다. 이러한 의미의 기미정책의 전형적인 형태는 唐代 전기에서

정하면서 좌(左)·우(右) 두 강(江)[4] 골짜기의 동(峒)에 다섯 채를 세웠다. 그 중에 하나를 태평이라고 불렀는데, 고만·천릉·영평·횡산의 네 채와 더불어 각자 주(州)·현(縣)·동(峒)을 거느리고 옹주(邕州)[5]에 속하여 건무군(建武軍)[6]의 절제를 받았다. 원나라 때는 그대로 다섯 채를 두었다. 후에 폐지하고 여강에 태평로를 설치하였다.

洪武元年, 征南將軍廖永忠下廣西, 左江太平土官黃英衍等遣使齎印詣平章楊璟降. 璟還自廣海, 帝問黃·岑二氏所轄情形. 璟言:「蠻僚頑獷, 散則爲民, 聚則爲盜, 難以文治, 當臨之以兵, 彼始畏服.」帝曰:「蠻瑤性習雖殊, 然其好生惡死之心, 未嘗不同. 若撫之以安靖, 待之以誠, 諭之以理, 彼豈有不從化者哉.」遣中書照磨蘭以權齎詔, 往諭左·右兩江溪峒官民曰:「朕惟武功以定天下, 文德以化遠人, 此古先哲王威德幷施, 遐邇咸服者也. 眷茲兩江, 地邊南徼, 風俗質朴. 自唐·宋以來, 黃·岑

볼 수 있다. 명목상으로는 郡縣制를 채택하여 府·州·縣을 두고, 다른 민족의 왕·추장을 都督·刺史·縣令 등에 임명하여 자치하도록 하고, 보호령으로서 都護府 등을 두어 감독하게 하였다. 번창했을 때는 羈縻府·州가 856개나 되었다고 한다. 북서의 돌궐·위구르, 북동의 거란, 중앙아시아의 여러 오아시스로부터 남서의 티베트와 먀오족(苗族)의 땅에 이르기까지 이런 식으로 통치하였다. 독립국으로 인정할 수도 없고, 직할령으로 만들 수도 없는 주변 민족들에 대해 취해진 정책으로, 세계 여러 나라를 지배하는 데 중요한 역할을 하였다. 明代에는 자신의 영역 바깥의 이민족에 대해서 뿐만 아니라 영역 안에 거주하는 소수민족에 대해서도 일종의 기미정책을 펼쳤다고 할 수 있다. 명조의 土司에 대한 정책은 일종의 기미정책이라 할 수 있다.

3) 都督府: 隋나라의 總管府를 계승한 唐나라의 관부이다. 唐나라 初에 지방에 대한 관리를 강화하기 위해서 요충지마다 總管府를 두었다. 武德 7년(624)에 總管府를 都督府로 바꾸었다. 도독부에는 대·중·소 도독부의 구분이 있었다. 특히, 대도독부에는 都督 1명, 長史 1명, 司馬 2명, 錄事參軍事 2명, 錄事 2명, 典獄 16명, 問事 10명, 日直 24명 등을 두었다.

4) 左·右 두 江: 左江은 현재의 廣西省 西南部 郁江의 上流 지역이며 右江 역시 광서 장족 자치구를 흐르는 강으로, 左·右江 유역은 장족들이 집중적으로 거주한다.

5) 邕州: 현재의 廣西省 南寧市이다. 318年에 南寧이 설치되었으며, 唐나라에서는 南晋州로 고치고 원나라 때는 邕州路로 고쳤는데, 1324年에 邕州路를 南寧路로 고쳤다. 明淸시대에는 南寧府를 설치하였다가 民國시대에 들어와 府를 폐지하고 府治를 邕寧縣으로 고쳤다. 현재 南寧은 廣西壯族自治區의 首府이다.

6) 建武軍: 唐나라에서 설치하였다. 咸通(860~874) 初에 嶺南西節度使로 고쳐서 설치하였고 邕州에 治所를 두어 龔, 象, 巖 等州를 관할하였다. 後粱 貞明(915~921) 초년에 劉巖에게 병합되어 역시 建武軍節度使가 설치되었으며, 宋은 이를 답습하였으나 元나라에서는 폐지하였다.

二氏代居其間，世亂則保境土，世治則修職貢，良由其審時知幾，故能若此．頃者，朕命將南征，八閩克靖，兩廣平定．爾等不煩師旅，奉印來歸，向慕之誠，良足嘉尚．今特遣使往諭，爾其克愼乃心，益懋厥職，宣布朕意，以安居民.」以權至廣西衛，鎭撫彭宗·萬戶劉維善以兵護送．將抵兩江，適來賓洞蠻寇掠楊家寨居民．以權謂彭宗等曰：「奉詔遠來，欲以安民，今見賊不擊，何以庇民?」乃督宗等擊之．賊敗走，遂安輯其地，兩江之民由是慴服．二年，黃英衍遣使奉表貢馬，乃改爲太平府．以英衍爲知府，世襲.

홍무(洪武)7) 원년(1368)에 정남장군(征南將軍)8) 요영충(寥永忠)9)이 광서(廣西)10)를 점

7) 洪武: 明을 개국한 太祖 朱元璋의 年號이다.

8) 征南將軍: 정벌을 의미하는 '征'字를 붙인 장군, 즉 四征將軍(征東, 征西, 征南, 征北)의 명칭이 처음 출현한 시기는 漢代이지만 後漢 末 전쟁이 잦은 탓에 曹操(155~220)는 이런 명칭을 붙인 장군을 일상적으로 두었다. 따라서 曹魏 文帝 시기(220~226)에는 四征將軍의 품계가 二品에 달해 三公 다음의 지위를 차지했지만(『晋書』 卷24 「職官志」14), 唐 왕조 이후에는 사실상 폐지되었다. 『明史』에는 이 명칭이 정식으로 등장하지는 않는데, 이로 미루어 明代에는 군사상 필요가 있을 때마다 하사했던 직함이었다고 생각된다.

9) 寥永忠(1323~1375): 南京 廬州府 巢州 사람으로, 楚國公 寥永安의 동생이다. 형이 江蘇省 싸움에서 패하자 형의 직책을 이어받아 樞密僉院이 되어 군사를 통솔하였다. 張士誠의 군대와 一戰을 겨룬 鄱陽湖 전투에서 陳友諒의 둘째 아들인 陳理를 포로로 잡는 군공을 세우자, 주원장이 특별히 '功超群將, 智邁雄師'이라는 八字를 하사하여 문에 걸도록 하는 영예를 얻었다. 洪武 원년(1368)에는 복건·광동·광동·광서를 평정하는데 참가하였으며, 대장군 徐達과 함께 北征에도 참여하였다. 四川을 정벌하는데 종군하여 공적을 세우자 주원장은 '平蜀文'을 지어 그의 공적을 표창하였다. 그러나 洪武 8年(1375)에 황제의 표징이라 할 수 있는 龍鳳을 사용하였다는 죄에 연루되어 자결을 명받았다.

10) 廣西: 중국 남부 해안에 위치한 省으로, 현재는 소수민족 자치구로 되어 있으며, 2010년 현재 인구는 약 4,600만 명이다. 『尙書』「禹貢」의 기록을 보면, 荊州와 荊·揚 2州의 塞外 지역으로, 元나라에서는 廣西兩江道宣慰使司를 두고 靜江路를 治所로 삼았다. 湖廣行中書省에 속하였으나 順帝 至正 연간(1341~1367) 말에 宣慰使司를 廣西等處行中書省으로 고쳤다. 明에 들어와 초기에는 元의 제도를 답습하여 廣西等處行中書省으로 그대로 칭했으나, 洪武 9년(1376)에 行中書省를 承宣布政使司로 고쳤다. 府 11·州 48·縣 50·長官司 4곳을 관할하였다. 漢나라 때는 南海郡尉 趙佗가 이 지역의 桂林郡, 象郡 등을 점령해 南越國을 세웠지만, 漢 武帝 元鼎 6년(전111)에 漢나라에게 점령당했다. 明 洪武 9년(1376)에 이 지역에 廣西承宣布政使司를 설치하면서 廣西라는 명칭이 나타났다. 중화인민공화국성립 이후 1957년에 이곳을 廣西僮族自治區로 설치 인준했으며, 1965년에 國務院은 그 명칭을 廣西壯族自治區로 바꾸었다.

령하자, 좌강(左江)에 위치한 태평의 토관(土官)[11] 황영연(黃英衍) 등이 사자를 보내 [토관의] 인신(印信)을 가져가게 하여 평장(平章)[12] 양경(楊璟)[13]에게 투항하였다.[14] 양경이 광해(廣海)에서 돌아오자 황제가 황(黃)·잠(岑) 두 씨(氏)의 관할하는 곳의 정황을 물었다. 양경이 아뢰기를, "만족(蠻族)인 요(僚)[15]는 완고하고 사나워 흩어지면 [양]민이 되지만 모이면

---

11) 土官: 중앙정부에서 정식으로 파견하는 流官에 대비되는 말로서, 국가가 특정 지역의 유력자를 인정해서 그들의 세습통치를 허용했던 관리들을 지칭한다. 한편 대체로 토사와 토관을 혼용해서 쓰고 있지만, 엄격한 의미에서는 土官은 보통 文官職을, 土司는 武官職을 의미한다. 소수민족을 다스리기 위한 중요한 방법이었던 토관제도는 적어도 漢代까지 거슬러 올라가며, 宋代 이후 소수민족을 다스리는 그 지역 출신의 관원을 土官이라 불렀다. 宣慰使, 宣撫使, 按撫使 등의 武官職과 土知府, 土知縣 등의 文官職을 두고 그 자손들이 세습하도록 허용했다. 清 雍正 연간(1723~1735)에 단행된 改土歸流 정책으로 이러한 토관들이 대부분 폐지되었다. 府·州·縣의 각 급 관원을 土官으로 임용할 경우, 앞에 '土'를 붙였는데, 이는 流官과 구별하기 위한 것이었다. 따라서 府에는 土知府(正四品), 土同知(正五品), 土通判(正六品), 土推官(正七品), 土知事(正八品)를 두었고, 州에는 土知州(從五品), 土州同(從六品), 土州判(從七品), 土吏目(從九品)을, 縣에는 土知縣(正七品), 土縣丞(正八品), 土主簿(正九品), 土典史(無品級), 土巡檢(從九品)을 설치하였다.

12) 平章: 관직명으로, 원래의 의미는 논의하여 처리한다는 것이다. 唐代에는 尚書·中書·門下省의 長官을 재상으로 삼았는데, 일상적으로 설치된 것은 아니어서 다른 관원을 선임하여 同中書門下平章事라는 명칭을 더해주었고 同平章事라고 간단하게 불렀다. 宋代에는 이를 계승해서 나이가 많고 명망이 높은 중신들이 담당하였고 재상보다도 위상이 높았으며, 그 명칭은 同平章軍國事였다. 金과 元代에는 平章政事가 있었는데, 丞相의 바로 아래의 직책이었다. 元代의 行中書省에 平章政事를 두었고, 平章이라고 간단하게 칭하였다. 明初에도 잠시 平章을 설치하였으나 곧 폐지하였다.

13) 楊璟(?~1382): 安徽 合肥 사람으로, 明初의 將帥이다. 원나라 말기에 朱元璋이 集慶(南京)에 이르렀을 때 투항하여 常州 공략에 동참하였으며, 親軍副都指揮使로 임명되었다. 후에 湖廣行省參政, 鎭守江陵 등의 관직에 임명되었다. 湖南으로 진공하였을 때는 行省平章政事로 승진하였다. 周德興, 張彬 등의 장수와 함께 洪武 元年(1368)에 永州, 靖江 等地로 進攻하여 廣西를 平定하였고, 후에 湯和, 徐達을 따라 從軍하여 山西를 평정하였다. 營陽侯에 봉해졌으며, 洪武15年(1382)에 사망하였다. 芮國公에 追封되었고 武信이라는 謚號를 받았다.

14) 관련 사항은 『太祖實錄』 卷32 洪武 원년 7월 己巳條에 기록되어 있다.

15) 僚: 원래는 陝西省 남부 지역과 四川省 남부 지역에 거주한 소수민족이었지만, 魏晋南北朝시대 이래 貴州, 雲南, 廣西, 湖南, 廣東 지역에 광범위하게 분포해서 살았다. 실제로 서남 지역의 소수민족을 가리키는 용어는 매우 다양하며, 그 가운데서도 호광 지역에는 苗, 蠻, 傜, 僚 등의 명칭이 자주 등장한다. 소수민족의 이러한 分化 현상은 秦漢시기 이후 본격적으로 등장하는데, 僚族 역시 三國시대 초기에 湖南省 武陵 五谿 지역에 처음 등장한다. 『三國志』 卷32 「蜀書」에 蠻族과 僚族이 처음 서로 분리돼서 등장하며, 南北朝 시기가 되면 蠻族과 僚族의 구분이 명확해진다(『南齊書』 卷22 「列傳」3 「豫章文獻王傳」 참조). 이 蠻族의 始原에 대해서는 侗族의 조상으로서 兩漢 시기에 五谿蠻의 일부였다가 魏晋南北朝

도적이 되니, 문(文)으로는 다스리기 어렵고 마땅히 군대로써 임해야 저들이 비로소 놀라서 복종할 것입니다"고 하였다. 황제가 이르기를, "만족 요(瑤)[16]의 습성이 비록 다르다 하나 살기를 좋아하고 죽기를 싫어하는 마음은 일찍이 같지 않음이 없다. 만일 편안하도록 어루만지고 정성스럽게 대하며 이치로써 깨우치면 저들이 어찌 교화를 따르지 않겠는가?"라고 하였다.[17] 중서(中書)[18] 조마(照磨)[19] 난이권(蘭以權)[20]을 보내어 조서를 가지고 가서 좌·우

이후 분화했으며, 宋~淸 시기에는 仡伶, 洞蠻, 峒人 등으로 불렸다고 주장하는 일군의 학자가 있다. 또한 일부에서는 僚族이 五谿 지역의 濮人에서 나와 蠻族과 같은 지역에 거주했지만, 이후 서쪽으로 大移住를 시작해 서남 지역의 仡佬族이 되었으며, 일부는 묘족과 융화돼 仡佬苗가 되었다고 주장한다(湖南省民族研究所組編, 2006, 上: 97~99).

16) 瑤: 중국 소수민족 가운데 하나로서, 勉, 金門, 布努 등으로 자칭하기도 한다. 대체로 고대 시기 호남 지역의 長沙와 武陵 일대에 있던 蠻族의 일부가 분화되어 발전된 것으로 파악하고 있지만, 五谿蠻과 山越에서 비롯됐다는 설도 있다. 南朝를 거쳐 唐代까지는 莫徭라 불렸다가 宋代에 비로소 徭族으로 불리기 시작했다. 元明 시기에 이르러 兩廣 지역의 깊은 곳까지 들어가 거주했으며, 明淸 시기에 이르러 雲南, 貴州 일대까지 그 거주 지역이 확대됐지만, 현재 廣西省에 가장 많이 분포하고 있다. 요족 지역 일대에는 적어도 宋代 이래 특별히 瑤官을 설치해 요족들을 다스리게 했지만, 여러 규정에 대한 준수를 엄격하게 강요했던 土司制度와는 달리 瑤官들에 대한 통제는 비교적 느슨한 편이었다. 胡仁亮, 1996: 80~81 참조.

17) 관련사항은『太祖實錄』卷34 洪武 원년 8월 戊寅條에 기록되어 있다. 그런데『明史』본문에서는 楊璟은 蠻僚, 明 太祖는 蠻瑤라고 언급한 것으로 되어 있지만『太祖實錄』원문에는 두 사람 다 蠻夷라는 동일한 용어를 사용한 것으로 기록되어 있다.

18) 中書: 中書省을 일컫는데, 明 초기 중앙정부 중추기구의 하나이다. 明朝는 건국 직후 元의 정치제도를 답습하여 軍事를 담당하는 都督府와 糾察을 담당하는 御史臺 외에 政事를 총괄하는 中書省을 두었다. 중서성의 장관으로는 左·右相國을 두었는데, 相國이라는 명칭은 洪武 元年(1368)에 丞相으로 바꾸었다. 洪武 13년(1380)에 左丞相 胡惟庸의 모반사건 이후 中書省을 없애고 그 휘하의 6部를 독립시켜 황제에 직속시켰으며, 영원히 그 부활을 금지하였다(『續文獻通考』卷51「職官考」).

19) 照磨: 官職名으로 照刷磨勘을 줄여서 이르는 말이다. 元代에는 中書省 아래에 照磨(正八品) 1명을 두어 掌管磨勘과 회계감사 업무를 담당하게 했다. 그밖에 朝廷의 六部, 御史台, 樞密院, 光祿寺, 太府監, 大司農府 및 諸衛 諸親軍에서부터 아래로 行中書省, 肅政廉訪司, 宣慰使司, 安撫司, 都漕運使司, 都轉運使司, 諸總管府 등 대다수의 官署에서도 照磨를 설치하여 해당 관서의 收支에 대한 회계감사를 수행하게 했다. 明朝에는 照磨制度를 강화했는데, 各省의 布政使司에 照磨 1명(從八品), 按察使司에 照磨 1명(正九品), 各府에도 照磨 1명(從九品)을 두었다. 淸代에도 都察院에 照磨를 설치하지 않은 것만을 제외하면, 나머지는 모두 명나라 때의 제도를 계승하였다.

20) 蘭以權: 生卒年 未詳. 字는 世衡으로, 湖北 襄陽 사람이다. 明初의 관원으로 洪武 初에 中書省 照磨로 발탁되어 주원장의 명령을 받고 廣西의 좌, 우강 지역으로 가서 소수민족을 按撫한 공을 세우고, 이로 인해 禮部員外郞으로 승진하였다. 여러 차례 승진하여 應天府尹으로 발탁되었다. 박학하고 시에 뛰어

두 강 골짜기의 동(峒)[에 사는] 관민(官民)들에게 이르기를, "짐은 무력으로 천하를 평정하였으나 먼 곳의 사람들은 문덕(文德)으로 교화하고자 하니, 이는 옛날 훌륭한 왕들이 위엄과 덕을 함께 베풀어서 멀리 있는 자들이 모두 복속한 것[을 본 받은 바]이다. 두 강 [지역]을 살펴보니 [그] 땅은 남쪽으로 멀리 변경에 있고 풍속은 질박하다. 당·송 이래에 황·잠씨가 대대로 그 사이에 살면서 세상이 어지러우면 변경의 땅을 지키고 세상이 다스려지면 공물을 바쳤으니, 때를 살피고 기미를 알았으므로 능히 이렇게 한 것이다. 근래 짐은 장수들에게 남방을 정벌하게 하였는데, 팔민(八閩)[21]을 점령하여 편안하게 하고 양광(兩廣)[22]을 평정하였다. 너희들은 [짐이] 번거롭게 군사를 파견하게 하지 말고, 인신(印信)을 가지고 와서 귀순하여 조정을 사모하는 정성을 보인다면 족히 가상하다. 이제 특별히 사신을 보내 효유하노니, 너희들은 마음을 삼가고 더욱 직분에 힘쓰며 짐의 뜻을 널리 알려서 백성들을 편안하게 하라"고 하였다. 난이권이 광서위(廣西衛)에 이르자, 진무(鎭撫)[23] 팽종(彭宗)과 만호(萬戶)[24] 유유선(劉維善)이 병사를 이끌고 호송하였다. 두 강에 막 다다랐는데 마침 내빈동(來賓洞)[25]의

났으며 사람됨이 곧고 청렴하였다.

21) 八閩: 福建省의 별칭이다. 福建의 옛 이름은 閩이었는데, 당나라 때에 五州로 나누었다가 北宋 때에 八州·軍(福·建·泉·漳·汀·南劍의 六州와 邵武·興化 二軍)으로 나누었고, 남송 때는 八府·州·軍(福·泉·漳·汀·南劍의 五州 및 建寧府 一府, 邵武·興化의 二軍)으로 나누었다. 원나라 때는 八路(福州·興化·泉州·漳州·建寧·延平·汀州·邵武)로 나누었고 명나라 때는 이것을 八府로 고쳤다. 이리하여 八閩이라는 호칭이 나타났다.

22) 兩廣: 廣東省과 廣西省을 말함. 이 호칭이 처음 등장한 것은 明 景泰 3년(1452)에 于謙이 양광총독의 설치를 상주했을 당시이다. 이후 成化 6년(1470)에 兩廣總督을 설치하고, 초대 양광총독에 韓雍이 부임했다. 淸代에 양광은 광동과 광서, 그리고 海南島가 포함되었다.

23) 鎭撫: 衛所에 설치되는 世官이다. 衛에 설치되면 衛鎭撫, 所에 설치되면 所鎭撫라고 하였다.

24) 萬戶: 金나라 初에 설치된 관직으로, 世襲軍職이다. 都統에 예속되어 千戶(猛安)·百戶(謀克)를 統領하였다. 元代에도 이를 이어받아 萬夫의 長으로 萬戶를 설치하여 樞密院에 예속시켰으며, 각 路에 駐箚하는 萬戶는 行省에 分屬시켰다. 萬戶府는 千戶所를 統領했는데, 7천 명 이상의 군사를 통솔하는 萬戶를 上萬戶府라 칭하고, 5천 명 이상을 통솔하는 萬戶를 中萬戶府, 3천 명 이상을 통솔하는 萬戶를 下萬戶府라 칭하였다. 路의 萬戶府는 각기 達魯花赤 1명, 萬戶(正三品) 1명을 두었다.

25) 洞: 소수민족이 사는 마을을 지칭하는 단어는 '洞'(峒)과 '寨'라는 명칭이 가장 보편적이다. 그러나 사료의 설명으로 미뤄 '洞'이란 단어는 漢族이 자신의 전통적인 행정단위를 기준으로 불렀던 명칭이며, '寨'는 소수민족 지역의 전형적인 가옥형태와 그 구성이 지닌 특성을 살려 부른 명칭으로 판단된다. 즉, 同治『來鳳縣志』卷27「土司志」에 등장하는, "宋參唐制析其種落, 大者爲州, 小者爲縣, 又小者爲峒, 其酋皆世襲"이란 말은 전자의 경우이고, 嚴如熤이 生苗의 풍습을 설명하면서 "寨中有父子兄弟數人數十人, 强梁健鬪或能見

만구(蠻寇)들이 양가채(楊家寨)의 주민들을 노략질하였다. 난이권이 팽종 등에게 이르기를, "조서를 받들어 멀리까지 온 까닭은 백성을 편안하게 하고자 함인데 이제 도적을 보고도 치지 않는다면 어찌 백성을 감싼다고 하겠는가?"라고 하였다. 그리고 팽종 등을 독려하여 공격하게 했다. 적들은 패하여 도망갔고 드디어 그 땅을 편안하게 만들었으므로 두 강의 백성들은 이에 두려워 복종하였다.26) [홍무] 2년(1369)에 황영연이 사자를 보내 표문을 올리고 말을 공물로 바치니, 이에 태평부(太平府)로 고쳤다. [그리고] 황영연을 지부(知府)27)로 삼고 세습하게 했다.28)

宣德元年, 崇善縣土知縣趙暹謀廣地界, 遂招納亡叛, 攻左州, 執故土官, 奪其印, 殺其母, 大肆擄掠, 占據村洞四十餘所. 造火器, 建旗幟, 僭稱王, 署僞官, 流劫州縣. 事聞, 帝命總兵官顧興祖會廣西三司剿捕. 興祖等招之, 不服, 遣千戶胡廣率兵進. 暹扼寨拒守, 廣進圍之, 紿出所奪各州印, 撫諭脅從官民, 使復職業. 暹計窮, 從間道遁. 伏兵邀擊, 及其黨皆就擒.

선덕(宣德)29) 원년(1426)에, 숭선현(崇善縣)30)의 토지현(土知縣) 조섬(趙暹)이 땅의 경계

官府講客話者, 則寨中畏之, 共推爲寨長...又各自爲黨, 故一寨一長, 或一寨數長, 皆以盛衰强弱, 遞變更易, 不能如他部之有酋長, 世受統轄也"라는 언급은 후자의 경우라 할 수 있다. 嚴如熤, 『苗防備覽』 卷8 「風俗」上.

26) 관련사항은 『太祖實錄』 卷36상 洪武 원년 11월 丙午條에 기록되어 있다.

27) 知府: 府의 장관으로 官品은 正四品이다. 知府는 1명이 두어졌다. 知府는 한 府의 정무를 주관한다는 뜻에서 나온 말이다. 옛 官名에 따라 太守 혹은 郡守라고도 한다. 직무는 한 府의 풍속과 교화를 發揚하고, 訟事를 공평히 하며, 세금과 요역을 균등히 하여 백성을 보호하는 것이었다. 3년마다 소속 관리의 賢否를 살펴 그 성적의 고하를 매겨 省에 보내고 吏部에 보고하였다.

28) 관련사항은 『太祖實錄』 卷43 洪武 2년 7월 丁未條에 기록되어 있다.

29) 宣德: 明 왕조의 제5대 황제인 宣宗 朱瞻基의 年號이다.

30) 崇善縣: 현재의 廣西壯族自治區 崇左市이다. 宋 皇祐 5年(1053)에 崇善縣을 설치하였는데 縣의 治所는 오늘날의 崇左市 新和鎭에 두고 左江道에 소속 시켰다. 元나라 世祖 至元 29年(1292)에 太平路를 설치하고 崇善縣을 여기에 예속시켰다. 明 洪武 2年(1369)에 太平路를 廣西布政使司 左江道 太平府로 고치고 崇善縣을 여기에 예속시켰다. 嘉靖 19년(1540)에 崇善縣의 치소를 新和鎭에서 太平府(오늘날의 崇左市 區)로 옮기고 府治로 삼았다. 1913年에 崇善縣은 鎭南道(치소는 오늘날 廣西 龍州縣)에 소속되었다. 1927年에는 廣西省에 직속되었고, 1951年에 崇善縣과 左縣이 병합되어 崇左縣이 되었다.

를 넓히고자 도모하여, 드디어 도망하거나 반역한 자들을 불러 모아 좌주(左州)를 공격하여 원래의 토관을 사로잡고 그 인신(印信)을 빼앗았으며, 그 어미를 죽이고 크게 노략질하여 40여 곳의 촌동(村洞)을 점거하였다. 무기를 만들고 기치를 세워 참람하게도 왕을 칭하고 제멋대로 관원을 임명하였으며, 주현(州縣)을 돌아다니며 약탈하였다. 이 사건이 보고되자 황제는 총병관(總兵官)[31] 고흥조(顧興祖)[32]에게 광서의 삼사(三司)[33]와 회동하여 토벌하고 체포하도록 명령하였다. 고흥조 등이 투항하도록 권유하였으나 항복하지 아니하자, 천호(千戶)[34] 호광(胡廣)으로 하여금 병사를 이끌고 나아가게 하였다. 조섬이 채에 주둔하여 저항하며 지키자 호광은 나아가 [채를] 포위하고 각 주의 인신을 빼앗았다고 속여서 내보이며, 협박을 당해 [조섬을] 따르는 관원과 백성들을 다독이고 깨우쳐서 원래의 생업에 복귀하게 하였다. 조섬은 계책이 궁하여 샛길로 달아났다. [그런데] 복병이 기다렸다가 공격하여 그 무리들을 모두 사로잡았다.[35]

---

31) 總兵官: 明淸時代 武官名이다. 明 왕조는 수도와 지방에 衛所를 설치하고, 그 군사들을 통할하는 總兵과 副總兵을 두었다. 그러나 유사시 이들 지휘관을 總兵官으로 임명해 衛所軍의 동원과 지휘를 담당하도록 했다. 전쟁이 끝나면 위소의 군대는 본래 지역으로 돌아갔으므로 明初 總兵官은 임시직이었으며, 품계나 정원이 따로 존재하지 않았다. 그러나 正統 연간(1436~1449) 이후 잦은 전란 때문에 고정 武官職으로 되었는데, 雲南은 征南將軍, 湖廣은 平蠻將軍의 등으로 호칭하게 되었다. 淸代에는 軍權이 巡撫나 提督에게 귀속됐지만, 그들 휘하의 總兵官 품계는 正二品에 달해 결코 낮은 지위는 아니었다. 다만 실제 휘하의 병력은 많게는 1만 5천 명에서 적게는 수백 명까지 다양했다.

32) 顧興祖(?~1463): 字는 世延이며, 江蘇省 揚州 사람이다. 顧興祖는 할아버지인 顧成의 侯爵 爵位를 계승하였다. 仁宗이 즉위 한 후에 광서에서 반란이 일어나자 그는 潯州, 平樂, 宜山 등지의 苗族 거주지 일대를 평정하라는 명령을 받고 공을 세웠다. 宣德 연간(1426~1435)에 交阯의 호 꾸이 리(胡季犛)가 반란을 일으켰는데 당시 그는 南寧에 주둔하고 있었으면서도 명의 원정군을 應援하지 않았으므로 체포되어 錦衣衛의 감옥에 투옥되었다가 이듬해에 석방되었다. 正統 말년에 北征에 동참하였다가 土木堡의 變이 발생했던 당시에 도주하였으므로 처형될 위기에 놓였다. 그러나 몽골의 에센이 北京을 포위하고 공격하였으므로 顧興祖는 다시 출전하여 성밖에서 몽골군대의 공격을 막았다. 그 후에 都督同知의 벼슬을 제수 받고 紫荊關을 수비하였다. 景泰 3年(1452)에 賄賂 사건에 연루되어 하옥되었으나 후에 석방되었다. 東宮을 책봉하는데 공을 세워서 伯爵의 작위를 받았다. 天順 연간(1457~1464)에 다시 侯爵의 작위를 회복하고 南京에 鎭守하였다. 天順 7年(1463)에 사망한 후에 손자 顧麗淳이 작위를 세습하였다. 顧麗淳은 자식이 없이 사망하였으므로 그의 堂弟가 작위를 계승하였다(『明史』 卷144 「顧興祖傳」 참조).

33) 三司: 행정을 담당하는 承宣布政使司, 감찰을 담당하는 提刑按察使司, 군사를 담당하는 都指揮使司를 가리킨다.

34) 千戶: 明代 각 지역에 주둔하는 衛所制下 世襲職의 하나인 千戶所의 長으로서 軍戶 1,120명을 거느렸다.

35) 관련사항은 『宣宗實錄』 卷20 宣德 원년 8월 丙子條에 기록되어 있다.

時左州土官黃榮亦奏:「蠻人李圓英劫掠居民, 僞稱官爵, 乞發兵剿捕.」帝謂兵部曰:「蠻民愚獷, 或挾私仇忿爭戕殺, 來告者必欲深致其罪, 未可遽信. 其令鎭遠侯幷廣西三司勘實, 先遣人招撫, 如叛逆果彰, 發兵未晩也.」

이때 좌주(左州)의 토관 황영(黃榮)도 또한 상주(上奏)하기를, "만인(蠻人) 이원영(李圓英)이 주민을 노략질하고 관작(官爵)을 제멋대로 칭하므로 병사를 내어 토벌하여 체포하기를 바랍니다"고 하였다. 황제가 병부(兵部)에 이르기를, "만민(蠻民)들은 어리석고 사나워서 혹 사사로운 감정을 품고 원망하고 성내어 다투고 죽이기도 하고, 와서 고하는 자는 반드시 [상대방의] 죄를 심하게 과장하니, 섣불리 믿을 수가 없다. 진원후(鎭遠侯)[36]와 광서의 삼사에게 사실을 조사하라고 명령하되, 먼저 사람을 보내 다독여 어루만지고 만일 반역[하는 형상]이 과연 뚜렷하면 군사를 보내도 늦지 않다"고 하였다.[37]

二年斬南寧百戶許善. 初, 善知趙暹謀逆, 與之交通. 及總兵官遣善追暹, 又受暹馬十四·銀百兩, 故延緩之, 冀幸免. 事覺, 下御史, 鞫問得實, 斬之, 餘黨皆伏誅.

[선덕(宣德)] 2년(1427)에 남녕(南寧)[38]의 백호(百戶)[39] 허선(許善)의 목을 베었다. 당초

36) 鎭遠侯: 顧興祖(?~1463)를 가리킨다.

37) 관련사항은『宣宗實錄』卷22 宣德 원년 10월 壬辰條에 기록되어 있다.

38) 南寧: 南寧은 古代 百越의 땅이었다. 그러다가 東晋 大興 元年(318)에 鬱林郡에서 晋興郡으로 나뉘었고 郡의 치소는 晋興縣에 두었다. 元나라 至元 16年(1279)에 邕州를 邕州路로 고쳤는데, 오늘날의 南寧 일대에 路가 설치되고 總管府의 治所가 설치되었으며, 宣化, 武緣의 두 縣과 左右 두 江의 溪峒들을 관할하였다. 元나라 泰定 元年(1324)에 邕州路를 南寧路로 고쳤는데, 南寧이라는 이름은 여기서부터 시작되었다. 明 洪武 2년(1369)에 南寧路를 南寧府로 고치고 오늘날의 南寧을 治所로 삼고 廣西布政使司에 소속시켰다. 淸나라 때는 省會를 오늘날의 桂林市에 설치하였다. 南寧府는 廣西省 分巡左江道에 소속되었으며, 관할하는 州縣은 명나라의 것을 계승하였다. 南寧은 이때 南寧府治 및 左江道治와 宣化縣治가 되었다. 淸 宣統 3년(1911)에 南寧은 독립을 선포하였으며, 民國 元年(1912)에는 宣化縣을 폐지하였다. 1958年 廣西省은 廣西壯族自治區로 변경되었고 南寧이 首府가 되었다. 南寧市의 地形은 邕江의 넓은 河谷의 중심에 위치한 盆地를 이루고 있다. 이 盆地는 동쪽으로는 트여 있고 南, 北, 西로는 모두 산으로 둘러싸여 있다. 南寧은 고대로부터 중국 남부의 저명한 상업도시이자 물자의 집산지였다.

에 허선은 조섬이 반역을 도모하는 것을 알고도 그와 왕래하였다. 총병관이 허선을 보내 조섬을 추격하게 하자, 조섬에게서 말 10필과 은 100냥을 받고 고의로 끌며 느슨하게 하여 요행으로 벗어나기를 바랐다. 일이 발각되자 어사(御史)에게 사건을 넘겼는데, 심문하여 사실임을 밝히자 목을 베고 나머지 무리들도 모두 처형했다.[40]

太平領州縣以十數. 明初, 皆以世職授土官, 而設流官佐之.

태평(太平)은 10여 개의 주현을 거느렸다. 명 초에는 모두 세습직을 토관에게 수여하였고, 유관(流官)[41]을 설치하여 보좌하게 하였다.

太平州, 舊名瓠陽, 爲西原·農峒地. 唐爲波州, 宋隷太平寨, 元隷太平路. 洪武元年, 土官李以忠歸附, 授世襲知州, 設流官吏目佐之.

태평주(太平州)는 옛 이름이 호양(瓠陽)으로, 서원(西原)·농동(農峒)의 땅이다. 당나라 때는 파주(波州)였고, 송나라 때는 태평채(太平寨)에 예속되었으며, 원나라 때는 태평로(太平路)[42]에 예속되었다. 홍무 원년(1368)에 토관 이이충(李以忠)이 투항하자, 세습 지주(知

39) 百戶: 官名으로, 金나라 초에 世襲軍職의 하나로 설치되었다. 元나라에서는 이를 계승하여 百戶를 百夫의 長으로 삼고 千戶에 예속시켰으며 千戶는 또 萬戶에 예속시켰다. 百戶가 百夫를 거느리고 주둔, 수비하는 기관으로 百戶所를 설치하고 千戶所에 예속시켰다. 百戶所에는 두 종류가 있었는데, 上所에는 蒙, 漢의 百戶 各 1명을 下所에는 百戶 1명을 두었다. 명나라의 衛所兵制에도 역시 百戶所를 설치하였는데 100명의 군사를 거느렸다. 이것은 각각 50명의 군사로 편제된 2개의 總旗로 구성되었다. 百戶所의 최말단 편제는 각각 10명의 군사로 편제된 10小旗였다. 百戶는 百戶所의 長官이었다.

40) 관련사항은 『宣宗實錄』 卷26 宣德 2년 3월 辛亥條에 기록되어 있다.

41) 流官: 明淸 시기 四川, 雲南, 貴州, 廣西 등지에 중앙정부가 임명한 행정관원을 통칭하는 말이다. 그들은 중앙정부에서 파견하며 임기가 있고, 다른 지역으로 이동한다는 점에서 세습하는 土官과는 다르기 때문에 流官이라고 칭했다.

42) 太平路: 元나라 世祖 至元 29년(1292)에 太平路를 설치하였다. 太平路의 治所는 오늘날의 廣西 崇左市 太平鎭에 두었으나 원나라 말기에 치소를 馱盧(오늘날의 廣西 崇左市 馱盧)로 옮겼다. 崇善·陀陵·羅陽·永糠의 4縣과 太平·左·養利·思同·思誠·安平·萬承·全茗·鎭遠·茗盈·龍英·結安·結倫·都結 等 14土

州)[43]를 제수하고 유관의 이목(吏目)[44]을 설치하여 보좌하게 하였다.

鎭遠州, 舊名古隴, 宋置, 隷邕州. 元隷太平路. 洪武初, 土官趙勝昌歸附, 授世襲知州, 設流官吏目佐之.

진원주(鎭遠州)는 옛 이름이 고농(古隴)으로, 송나라 때에 설치했으며 옹주(邕州)에 예속되었다. 원나라 때는 태평로에 예속되었다. 홍무 초에 토관 조승창(趙勝昌)이 투항하자, 세습 지주를 제수하고 유관의 이목(吏目)을 설치하여 보좌하게 하였다.

茗盈州, 宋置, 隷邕州. 元隷太平路. 洪武初, 土官李鐵釘歸附, 授世襲知州, 設流官吏目佐之.

명영주(茗盈州)는 송나라 때 설치했으며, 옹주(邕州)에 예속되었다. 원나라 때는 태평로에 예속되었다. 홍무 초에 토관 이철정(李鐵釘)이 투항하자, 세습 지주를 제수하고 유관의 이목(吏目)을 설치하여 보좌하게 하였다.

安平州, 舊名安山, 亦西原·農峒地. 唐置波州, 宋析爲安平州, 元隷太平路. 洪武

州를 관할하였다. 관할하는 구역의 지역범위는 오늘날의 江州區 대부분·龍州縣·大新縣中部와 東部·天等縣東部와 隆安縣西部에 상당하였다. 明 洪武 2년(1369)에 太平府로 고쳤다.

43) 知州: 관직명으로 宋나라 때 조정의 관원들을 각 州의 책임자로 충원하면서 '權知某軍州事'라 칭했는데, 간략하게 知州라고 하였다. 權知는 임시로 주관한다는 의미이고, 軍은 해당 지역의 군대, 州는 民政을 가리킨다. 明淸시대에는 知州가 정식 관직명이 되었고, 각 州의 행정장관을 일컬었다.

44) 吏目: 관부의 문서를 관장하는 직이다. 이미 元나라 때에 提擧司 및 中·下 규모의 州에 관원을 보좌하는 吏目을 두었고, 明代에도 太常寺·鹽課提擧司·市舶提擧司·京衛指揮使司·太醫院·五城兵馬司 및 지방의 知州 아래 吏目을 두어 문서를 관장하게 하였다. 淸나라에서도 太醫院·五城兵馬司 및 知州 아래 吏目을 두어 刑獄과 문서를 담당하게 하였다. 본문에서의 吏目은 知州를 보좌해서 문서를 담당하는 관원으로 보인다.

初，土官李郭佑歸附，授世襲知州，設流官吏目佐之.

안평주(安平州)는 옛 이름이 안산(安山)으로, 역시 서원(西原)·농동(農峒)[45]의 땅이다. 당나라 때는 파주(波州)를 설치하였고, 송나라 때는 쪼개어 안평주(安平州)로 삼았으며, 원나라 때는 태평로(太平路)에 예속시켰다. 홍무 초에 토관 이곽우가 투항하자, 세습 지주를 제수하고 유관의 이목(吏目)을 설치하여 보좌하게 하였다.

思同州，舊名永寧，爲西原地，唐置，隸邕州．宋隸太平寨．洪武元年，土官黃克嗣歸附，授世襲知州，設流官吏目佐之，屬太平府．萬曆二十八年，省入永康州.

사동주(思同州)[46]는 옛 이름이 영녕(永寧)으로 서원(西原)의 땅이며, 당나라 때에 설치하였고 옹주(邕州)에 예속되었다. 송나라 때는 태평채에 예속되었다. 홍무 원년(1368)에 토관 황극사(黃克嗣)가 투항하자, 세습 지주를 제수하고 유관의 이목(吏目)을 설치하여 보좌하게 했으며, 태평부에 소속시켰다. 만력(萬曆)[47] 28년(1600)에 영강주(永康州)에 병합시켰다.

養利州，元屬太平路．洪武初，土官趙日泰歸附，授知州，以次傳襲．宣德間，稍侵其隣境，肆殺掠．萬曆三年討平之，改流官.

양리주(養利州)[48]는 원나라 때에 태평로(太平路)에 소속되었다. 홍무 초에 토관 조일태(趙

45) 西原·農峒: 西原은 唐나라 때에 오늘날의 廣西 左·右江 지방을 일컫는 통칭이었다. 그 가운데 左江一帶의 寧明·龍州·崇左·扶綏 等地를 黃峒地라 하였고, 右江의 天等·靖西 等地를 農峒地라 하였다.

46) 思同州: 당나라 開元 2년(714)에 永寧峒에 羈縻思同州를 설치하고 治所는 지금의 廣西 扶綏縣 中東鎭 思同村에 두었으며 邕州都督府의 管轄로 되었다. 명나라 萬曆28年(1600)에 思同州 土官인 黃承의 後嗣가 끊어지자 改土歸流하여 永康縣과 合并하고 永康州로 승격시켰다.

47) 萬曆: 明 왕조 제13대 황제인 神宗 朱翊鈞의 年號이다.

48) 養利州: 養利州는 唐나라 말기에 처음으로 설치되었으며, 明나라 때의 관할구역은 桃城(오늘날의 城區)·北三(村)·那嶺(鄉)·大嶺(村)·維新(村) 일대였다.

日泰)가 귀부하자, 지주를 제수하고 차례로 전하여 세습하도록 했다. 선덕(宣德) 연간(1426~1435)에 점차 이웃의 경계를 침략하였으며, 거리낌 없이 죽이고 노략질하였다. 만력 3년(1575)에 토벌하고 평정하여 유관(流官)으로 바꾸었다.

萬承州, 舊名萬陽. 唐置萬承·萬形二州. 宋省萬形, 隸太平寨. 元隸太平路. 洪武初, 土官許郭安歸附, 授世襲知州, 設流官吏目佐之. 永樂間, 郭安從征交阯, 死於軍, 子永誠襲.

만승주(萬承州)는 옛 이름이 만양(萬陽)이다. 당나라 때 만승·만형(萬形)의 두 주를 설치했다. 송나라 때는 만형[주]를 없애고 태평채에 예속시켰다. 원나라 때는 태평로에 예속시켰다. 홍무 초에 토관 허곽안(許郭安)이 투항하자[49], 세습 지주를 제수하고 유관의 이목(吏目)을 설치하여 보좌하게 하였다. 영락(永樂)[50] 연간(1403~1424)에 허곽안이 교지(交阯) 정벌[51]

49) 관련사항은 『太祖實錄』 卷230 洪武 26년 12월 庚子條에 기록되어 있다. 이처럼 『太祖實錄』에 따르면 萬承州 土官 許郭安이 말과 공물을 바친 것에 대한 최초의 기록은 홍무 초가 아니라 洪武 26년(1393)에 나타난다. 『太祖實錄』에 따르면 萬承州에서 말과 공물을 바친 최초의 기록은 『太祖實錄』 卷187 洪武 20년 12월 戊辰條에 나타난다. 하지만 이때는 萬承州 土官 許祖俊이 말과 공물을 바친 것으로 되어 있다.

50) 永樂: 明 왕조 제3대 황제인 成祖 朱棣의 年號이다.

51) 永樂 연간의 交阯 정벌: 명나라가 베트남을 침공하게 된 직접적인 계기는 胡氏의 찬탈 때문이었다. 明은 베트남의 사정에 어두웠기 때문에 처음에는 호씨의 찬탈을 승인하는 책봉을 해주었지만 1404년 쩐 왕조의 신하였던 부이 바 끼(裴伯耆)가 명의 조정에 가서 호씨의 찬탈 사실을 전하였다. 또 라오스로부터 쩐씨의 일족으로 칭하는 쩐 티엔 빈(陳天平)이 와서 호씨의 비리를 고하자 영락제는 베트남을 정복할 좋은 기회라고 여기고 1406년 초에 쩐 티엔 빈을 5천 명의 병력으로 호위하여 귀국시켰다. 이때 호씨는 복병을 두어 명군을 격파하고 쩐 티엔 빈을 죽였다, 이 소식을 전해들은 영락제는 1406년 여름에 20만 가량의 군대를 동원하여 남경, 용주, 빙상을 거쳐 베트남을 침공하게 했다. 영락제는 원정의 이유를 호씨 부자(호 꾸이 리, 호 한 트엉)의 罪目 20가지를 통해 밝혔다. 그것들을 종합해보면 첫째로, 호씨 부자의 찬탈과 쩐 왕조의 왕손인 쩐 티엔 빈의 살해 그리고 독자적인 연호의 사용, 둘째로, 명의 국경에 대한 공격과 土官 살해, 셋째로, 명에 조공을 바치는 참파를 지속적으로 공격한 것, 넷째로, 명의 사신에 대한 불경한 태도 등 中華論에 입각한 자기합리화였다. 명의 군대는 1406년 겨울 베트남 국경을 넘어 공격한 지 두 달 만에 호씨의 수도인 떠이 도를 점령했다. 당시 호씨는 쩐 왕조의 제위를 찬탈했기 때문에 조정 내의 관료와 군대의 지지를 얻지 못하여 제대로 저항하지 못했다. 명군은 도망치

에 종군하였다가 군영에서 죽자 아들 허영성(許永誠)이 세습하였다.

全茗州, 舊名連岡, 爲西原地, 宋置, 隸邕州. 元隸太平路. 洪武初, 土官李添慶歸附, 授世襲知州, 設流官吏目佐之.

전명주(全茗州)의 옛 이름은 연강(連岡)으로 서원(西原)의 땅이었는데, 송나라 때 설치하였으며 옹주(邕州)에 예속되었다. 원나라 때는 태평로에 예속되었다. 홍무 초에 토관 이첨경(李添慶)이 투항하자, 세습 지주를 제수하고 유관의 이목(吏目)을 설치하여 보좌하게 하였다.

結安州, 舊名營周, 亦西原·農峒地. 宋置結安峒, 隸太平寨. 元改州, 屬太平路. 洪武元年, 土官張仕榮歸附, 授世襲知州, 設流官吏目佐之.

결안주(結安州)의 옛 이름은 영주(營周)로, 역시 서원(西原)·농동(農峒)의 땅이었다. 송나라 때는 결안동(西原·農峒)을 설치하였고, 태평채에 예속시켰다. 원나라 때는 주(州)로 고쳐서 태평로에 소속시켰다. 홍무 원년(1368)에 토관 장사영(張仕榮)이 투항하자, 세습 지주를 제수하고 유관의 이목(吏目)을 설치하여 보좌하게 하였다.

龍英州, 舊名英山, 宋爲峒. 元改州, 屬太平路. 洪武元年, 土官李世賢歸附, 授世襲知州, 割上懷地益其境, 設流官吏目佐之.

용영주(龍英州)의 옛 이름은 영산(英山)으로, 송나라 때는 동(峒)이었다. 원나라 때는 주(州)로 고치고 태평로(太平路)에 소속시켰다. 홍무 원년(1368)에 토관 이세현(李世賢)이 투항하자, 세습 지주를 제수하고 상회(上懷)의 땅을 떼어서 그 지경을 넓혔으며, 유관(流官)의

는 호씨 부자를 추격하여 1407년 여름 이들을 하 띤(河靜)에서 붙잡아 남경으로 압송했다. 호 꾸이 리 정권은 7년만에 막을 내리고, 베트남은 독립한 지 400년 만에 다시 중국의 지배를 받게 되었다(유인선, 2012: 174~183).

이목(吏目)을 설치하여 보좌하게 하였다.

結倫州, 舊名邦兜, 亦西原·農峒地. 宋置結安峒, 隷太平寨. 元改州, 屬太平路. 洪武二年, 峒長馮萬傑歸附, 授世襲知州, 設流官吏目佐之.

결륜주(結倫州)의 옛 이름은 방두(邦兜)이며, 역시 서원(西原)·농동(農峒)의 땅이다. 송나라 때는 결안동(結安峒)을, 설치하여 태평채(太平寨)에 예속시켰다. 원나라 때는 주(州)로 고치고 태평로(太平路)에 소속시켰다. 홍무 2년(1369)에 동장(峒長) 풍만걸(馮萬傑)이 투항하자[52], 세습 지주를 제수하고 유관(流官)의 이목(吏目)을 설치하여 보좌하게 하였다.

都結州, 元屬太平路, 土官農姓. 洪武初內附, 授世襲知州, 設流官吏目佐之.

도결주(都結州)는 원나라 때는 태평로에 소속되었으며, 토관의 성은 농(農)이었다. 홍무 초에 투항하자, 세습 지주를 제수하고 유관(流官)의 이목(吏目)을 설치하여 보좌하게 하였다.

上·下凍州, 舊名凍江. 宋置凍州. 元分上·下凍二州, 尋合爲一, 屬龍州萬戶府. 洪武元年, 土官趙貼從歸附, 授世襲知州, 設流官吏目佐之, 屬太平府. 貼從死, 子福瑀襲. 永樂四年從征交阯, 死於軍.

상·하 동주(上·下凍州)의 옛 이름은 동강(凍江)이다. 송나라 때는 동주(凍州)를 설치했다. 원나라 때는 상·하 동(凍)의 두 주(州)로 나누었다가 곧 하나로 합쳐 용주만호부(龍州萬戶府)에 소속시켰다. 홍무 원년(1368)에 토관 조첩종(趙貼從)이 투항하자, 세습 지주를 제수하고 유관(流官)의 이목(吏目)을 설치하여 보좌하도록 하고, 태평부(太平府)에 소속시켰다. 조첩종(趙貼從)이 죽고 아들 조복우(趙福瑀)가 뒤를 이었다. 영락 4년(1407)에 교지(交阯) 정벌에

52) 馮萬傑이 말과 공물을 바친 사실은 『太祖實錄』 卷187 洪武 20년 12월 戊辰條에 처음으로 나타난다.

종군하였다가 군영에서 죽었다.

思城州, 亦西原・農峒地, 唐置州. 宋分爲上・下思城二州, 隸太平寨. 元至正間, 幷爲一, 屬太平路. 洪武元年, 土官趙雄傑歸附, 授世襲知州, 設流官吏目佐之.

사성주(思城州) 역시 서원(西原)·농동(農峒)의 땅으로, 당나라 때는 주를 설치하였다. 송나라 때는 상·하 사성(上·下思城)의 두 주(州)로 나누어 태평채(太平寨)에 예속시켰다. 원나라 지정(至正)[53] 연간(1341~1367)에는 합병하여 하나로 하여 태평로에 소속시켰다. 홍무 원년(1368)에 토관 조웅걸(趙雄傑)이 투항하자, 세습 지주를 제수하고 유관(流官)의 이목(吏目)을 설치하여 보좌하게 하였다.

永康州, 宋置縣, 隸遷隆寨. 元隸太平路, 土官楊姓. 成化八年, 其裔孫楊雄傑糾合峒賊二千餘人, 入宣化縣劫掠, 且僞署官職. 總兵官趙輔捕誅之, 因改流官. 萬曆二十八年升爲州.

영강주(永康州)는 송나라 때는 현(縣)을 설치하였고 천륭채(遷隆寨)에 예속시켰다. 원나라 때는 태평로에 예속시켰는데, 토관의 성은 양(楊)이었다. 성화(成化)[54] 8년(1472)에 그 후손 양웅걸(楊雄傑)이 동적(峒賊) 2천여 명을 규합하여 선화현(宣化縣)으로 들어가서 노략질하고, 또 멋대로 관직을 나누어 주자 총병관 조보(趙輔)[55]가 체포하여 죽이고 유관(流官)으로

53) 至正: 元 順帝(토곤 테무르)의 세 번째 연호이다.

54) 成化: 明 왕조 제8대 황제인 憲宗 朱見深의 年號이다.

55) 趙輔(?~1486): 字는 良佐이며 南京 鳳陽府 鳳陽縣(오늘날의 安徽省 鳳陽縣) 사람이다. 아버지의 관직을 세습하여 濟寧衛 指揮使가 되었다. 景帝 即位 후에 王直의 천거를 받아서 都指揮僉事로 승진하고 左參將에 충당되어 懷來 지역을 수비하였다. 成化 元年(1465)에 都督同知로서 征夷將軍의 직책을 부여받고 韓雍과 더불어 兩廣의 蠻族 叛亂 진압에 나서 승전하고 돌아와 武靖伯에 봉해졌다. 成化 3년(1467)에는 總兵으로 遼東 정벌에 공을 세워 武靖侯로 進封되었다. 成化 8년(1472)에는 蒙古를 공격하기 위해 河套 지방으로 진군하였다. 이때 장군으로 임명되어 陝西, 延綏, 寧夏 三鎭의 군사를 통솔하였는데, 楡林에 도착하였을 때 몽골이 장성 이남으로 깊숙이 들어와 크게 노략질하였지만 제대로 방어하지 못했다.

고쳤다.[56] 만력 28년(1600)에 주(州)로 승격시켰다.

左州, 舊名左陽, 唐置, 隷邕州. 宋隷古萬寨. 元屬太平路. 洪武初, 土官黃勝爵歸附, 授世襲知州. 再傳, 子孫爭襲, 相仇殺. 成化十三年改流官.

좌주(左州)는 옛 이름이 좌양(左陽)으로, 당나라 때에 설치하였으며 옹주(邕州)에 예속되었다. 송나라 때는 고만채(古萬寨)에 예속되었다. 원나라 때는 태평로에 소속되었다. 홍무 초에 토관 황승작(黃勝爵)이 투항하자, 세습 지주를 제수하였다. 다시 [직이] 전해지면서 자손들이 세습하기를 다투어 서로 원수가 되어 죽였다. 성화(成化) 13년(1477)에 유관(流官)으로 고쳤다.

羅陽縣, 舊名福利, 陀陵縣, 舊名駱陀, 皆宋置. 元隷太平. 洪武初, 土官黃宣·黃富歸附, 幷授世襲知縣, 設流官典史佐之.

나양현(羅陽縣)의 옛 이름은 복리(福利)이고 타릉현(陀陵縣)의 옛 이름은 낙타(駱陀)인데, 모두 송나라 때에 설치하였다. 원나라 때는 태평에 예속되었다. 홍무 초에 토관 황의(黃宣)·황부(黃富)가 투항하자, 모두에게 세습 지현(知縣)의 관직을 제수하고 유관(流官) 전사(典史)[57]를 설치하여 보좌하게 하였다.

이에 언관들의 탄핵을 받고 녹봉 200석을 삭감 당했다. 成化 12(1476)년에 軍務에서 해임되고 10년 후에 사망하였다. 容國公으로 追贈되고, 恭肅이라는 시호를 받았다. 그 아들 承慶이 伯爵를 세습했다(『明史』 卷155 「趙輔傳」 참조).

56) 永康縣 土官 知縣 楊雄傑이 반란을 일으킨 시점과 永康縣에 流官 知縣을 설치한 시점에는 상당한 간극이 있다. 楊雄傑이 반란을 일으킨 때는 成化 원년(1465)이었지만 永康縣에 流官 知縣을 설치한 시점은 成化 14년(1478)이었다. 『憲宗實錄』 卷18 成化 원년 6월 辛丑條와 『憲宗實錄』 卷184 成化 14년 11월 丁卯條를 참조하라.

57) 典史: 中國 古代의 官制로서 元나라 때에 처음으로 설치되었으며, 明淸시대에도 계속해서 존속했다. 품계가 없는 未入流로서 州縣에 설치된 知縣·知州의 佐雜官이었다. 다만 본문에서는 流官의 典史를 두었다는 것으로 보아 土司 지역에서는 아마도 8, 9品 정도의 낮은 품계를 준 듯하다. 주로 도적 체포와 감옥의 관리를 담당했다. 縣丞이나 主簿가 설치되지 않은 곳에서는 典史가 그들의 임무까지도 담당했다. 洪武 13年(1380)에 典史의 月俸을 米 3石으로 정했다. 淸나라에서는 典史의 매년 俸銀은 銀 31兩 5錢

思明
사명

思明, 唐置州, 隸邕州. 宋隸太平寨. 元改思明路. 洪武初, 改爲府. 二年, 土官黃忽都遣使貢馬及方物. 詔以忽都爲思明府知府, 世襲. 十五年, 忽都復遣其弟祿政奉表來貢, 詔賜鈔錠.

사명(思明)은 당나라 때에 주(州)를 설치하였으며 옹주(邕州)에 예속되었다. 송나라 때는 태평채(太平寨)에 예속되었다. 원나라 때는 사명로(思明路)로 고쳤다. 홍무 초에는 부(府)로 고쳤다. [홍무] 2년(1369)에 토관 황홀도(黃忽都)가 사자를 보내 말과 토산품을 공물로 바쳤다. 조서를 내려 황홀도를 사명부(思明府) 지부(知府)로 삼아 세습토록 했다.[58] [홍무] 15년(1382)에 황홀도가 다시 그 아우 황녹정(黃祿政)을 보내 표문을 올리고 공물을 바쳤으므로 조서를 내려 초정(鈔錠)[59]을 하사하였다.[60]

2分, 養廉銀은 銀 80兩으로 책정되었다.

58) 관련사항은 『太祖實錄』 卷43 洪武 2년 7월 丁未條에 기록되어 있다.

59) 鈔錠: 鈔는 寶鈔를 의미하며 錠은 화폐를 헤아리는 단위로, 鈔 5貫에 해당하는 단위이다. 寶鈔는 元, 明, 淸나라에서 발행한 일종의 지폐이다. 元 世祖 中統 元年(1260)에 처음으로 中統寶鈔를 발행하였다. 액면가는 10文에서부터 2貫文에 이르기까지 모두 9종류였다. 至元 24년(1287)에는 至元通行寶鈔를 발행하였는데 액면가는 5文에서 2貫文에 이르는 11종류였다. 明代에는 洪武 7년(1374)에 寶鈔提擧司를 설치하고 洪武 8년(1375)에 처음으로 大明通行寶鈔를 발행하였는데 액면가는 100文에서 1貫까지 모두 6종류였다. 동전을 주조할 구리가 부족하고 원나라 때의 전례도 있어서 洪武 7년(1374)에 鈔法을 반포하고 寶鈔提擧司를 설립하였으며 그 하부기관으로 抄紙, 印鈔 2局과 寶鈔, 行用 2庫를 설치하였다. 그리고 이듬해에 中書省南京이라는 명의로 발행했다. 中書省이 철폐된 뒤에는 戶部에서 만들도록 하였다. 大明通行寶鈔 인쇄 부분의 세로는 약30cm 가로는 약20cm이다. 당시의 紙質이 나빠서 大明通行寶鈔의 내구성은 좋지 못했다. 그리고 명나라에서는 大明通行寶鈔를 발행만하고 낡은 지폐를 회수하지 않았으므로 시장에서 유통되는 寶鈔의 양은 날이 갈수록 늘어났다. 그리고 明나라에서도 大明通行寶鈔를 남발하면서 통화량이 팽창하여 가치가 급격히 떨어지게 되어 寶鈔는 사용자들로부터 외면당했다. 朴元熇 등, 2008: 314~319, 『元史』「食貨志」1 및 『明史』「食貨志」5 참조.

60) 관련사항은 『太祖實錄』 卷142 洪武 15년 2월 己卯條에 기록되어 있다.

二十三年，忽都子黃廣平遣思州知州黃志銘率屬部，偕十五州土官李圓泰等來朝．明年，廣平以服闋，遣知州黃忠奉表貢馬及方物．詔廣平襲職，賜冠帶襲衣，及文綺十匹・鈔百錠．二十五年，憑祥洞巡檢高祥奏，思明州知州門三貴謀殺思明府知府黃廣平，廣平覺而殺之，乃以病死聞於朝，所言不實．詔逮廣平鞫之．旣至，帝謂刑部曰：「蠻寇相殺，性習固然，獨廣平不以實言，故繩以法．今姑宥之，使其改過．」命給道里費遣還，是後朝貢如例．

[홍무] 23년(1391)에, 황홀도의 아들 황광평(黃廣平)이 사주(思州)의 지주(知州) 황지명(黃志銘)을 보내어 부하들을 이끌고 15개 주(州)의 토관 이원태(李圓泰) 등과 함께 내조하게 하였다.[61] 이듬해(1392)에 황광평이 복상하는 기간이 끝나자, 지주 황충봉(黃忠奉)을 보내어 표문을 올리고 말과 토산품을 공물로 바쳤다. [황제가] 조서를 내려 황광평이 관직을 잇도록 하고 관대(冠帶)[62]와 습의(襲衣)[63]를 하사하였으며, 또 문기(文綺)[64] 10필(匹)과 초(鈔) 100정(錠)을 하사했다.[65] [홍무] 25년(1393)에 빙상동(憑祥洞)[66]의 순검(巡檢)[67] 고상(高祥)이 상주

61) 관련사항은『太祖實錄』卷206 洪武 23년 12월 戊子條에 기록되어 있다.

62) 冠帶: 帽子와 腰帶를 일컫는다.

63) 襲衣: 황제가 신하에게 내리는 服裝을 일컫는다. 고대에 예의를 행할 때, 裼衣 위에 입는 상의이다.

64) 文綺: 화려한 무늬가 있는 비단

65) 관련사항은『太祖實錄』卷207 洪武 24년 정월 乙未條에 기록되어 있다.

66) 憑祥洞: 전 221年 秦始皇은 嶺南 지방에 桂林郡, 南海郡, 象郡을 설치했는데, 이때 憑祥은 象郡의 땅에 속하였다. 漢나라 武帝 元鼎 6년(전111) 겨울에 漢나라가 南越을 평정한 후, 憑祥은 鬱林郡의 雍鷄縣의 땅이 되었다. 三國시대에서 西晉에 이르기까지 憑祥은 鬱林郡의 臨浦縣에 속했다. 東晋에서 南北朝 시기에는 鬱林郡晋城縣에 속했고, 隋나라 때는 宣化縣에 속했다, 唐나라 때는 처음으로 羈縻石西州를 설치하였다. 宋나라때는 永平寨에 轄地하였다가 依智高의 반란을 진압한 후에, 憑祥峒을 설치하고 토사가 世襲하게 하였다. 여기서 憑祥이라는 이름이 유래하게 되었다. 明나라 成化 18년(1432)에 鎭夷關(오늘날의 友誼關)이 左江 流域의 요해처였으므로 憑祥土州로 승격시키고, 廣西布政司에 직속시켰다. 清나라 初에는 明나라의 제도를 계승하였는데, 順治 11년(1654)에는 憑祥土州를 太平府에 예속시켰다. 民國 2년(1912)에는 憑祥土州를 憑祥縣으로 고치고, 1951년에는 寧明, 明江, 憑祥 세 현을 합병하여 鎭南縣으로 삼고 縣政府는 寧明에 두었다. 1952년에는 鎭南縣과 思樂縣을 합병하여 寧明縣으로 삼았다. 1955년에는 憑祥을 縣級鎭으로 삼아서 寧明縣과 분할하였고 1956년부터는 憑祥鎭을 憑祥市로 삼았다. 憑祥은 자고이래 베트남과 通商하는 요충지였고 關隘가 있어서 전쟁이 발발할 때는 군사적 요새지가 되었다. 특히 송나라 이래 憑祥은 중국과 베트남의 변경무역의 중심지 이자 남방 실크로드가 지나가는 교역의 중심지

(上奏)하기를, 사명주(思明州)의 지주(知州) 문삼귀(門三貴)가 사명부(思明府) 지부(知府) 황광평을 모살(謀殺)하려하다가 황광평이 눈치를 채고 [문삼귀를] 죽이고 병으로 죽었다고 조정에 보고하고 사실을 말하지 않았다고 하였다. [황제가] 조서를 내려 황광평을 체포하고 심문하게 하였다. [황광평이] 도착한 후에 황제가 형부에 이르기를, "만구(蠻寇)들이 서로 죽이는 것은 천성과 습속에서 그러한 것인데 유독 황광평은 사실을 말하지 않으므로 법으로 제재한 것이다. 이제 그를 용서하여 허물을 고치게 하라"고 하였다. 노자를 주어 돌려보내라고 명령하였는데, 이후 예(例)에 따라 조공하였다.[68]

二十九年, 土官黃廣成遣使入貢, 因奏言:「本府自故元改思明路軍民總管所, 轄左江一路州縣峒寨, 東至上思州, 南至銅柱. 元兵征交阯, 去銅柱百里, 設永平寨軍民萬戶府, 置兵戍守, 命交人供其軍餉. 元季擾亂, 交人以兵攻破永平寨, 遂越銅柱二百餘里, 侵奪思明屬地丘溫·如嶅·慶遠·淵·脫等五縣, 逼民附之, 以是五縣歲賦皆土官代輸. 前者本府失理於朝, 遂致交人侵迫益甚. 及告禮部, 任尚書立站於洞登, 洞登實思明地, 而交阯乃稱屬銅柱界. 臣嘗具奏, 蒙朝廷遣刑部尚書楊靖核其事,『建武志』尚可考. 乞敕安南, 俾還舊封, 庶疆域復正, 歲賦不虛.」帝令戶部錄所奏, 遣行人陳誠·呂讓往諭安南. 三十年, 誠·讓至安南, 諭其王陳日焜, 令還思明地. 議論往復, 久而不決. 以譯者言不達意, 復爲書曉之. 安南終辨論不已, 出黃金二錠·白金西錠及沉檀等香以賄, 誠却之. 安南復咨戶部, 無還地意. 廷臣議其抗命當誅, 帝曰:「蠻人怙頑不悛, 終必取禍, 姑待之.」

[홍무] 29년(1397)에 토관 황광성(黃廣成)[69]이 사자를 보내 공물을 바치며 상주(上奏)하여

였다.

67) 巡檢: 元, 明, 淸代에 縣級 衙門의 밑에 治安秩序를 유지하기 위해 설치된 巡檢司의 관원을 일컫는다.

68) 관련사항은 『太祖實錄』 卷221 洪武 25년 9월 丙午條에 기록되어 있다.

69) 黃廣成: 生卒年 未詳. 元나라 때에 그의 부친 黃忽都는 武畧將軍 思明路軍民總管으로 世襲土官이었다. 洪武 원년(1368)에 黃忽都가 명나라에 투항하자 衙門을 개설하고 思明府 知府를 제수하였다. 그를 이어 아들 黃廣平이 관직을 세습하였으나 후사가 없자 동생인 黃廣成이 임시로 관직을 맡았으며, 洪武 28년(1395)에 정식으로 관직에 임명되었다. 『土官底簿』 卷下 雲南 思明府 上思州 知州 참조.

이르기를, "본 부(府)는 이미 망한 원나라에서 사명로군민총관소(思明路軍民總管所)[70]로 고친 이래 좌강(左江) 일로(一路)의 주(州) · 현(縣) · 동(峒) · 채(寨)를 관할하여, 동으로는 상사주(上思州)[71]에 이르고 남으로는 동주(銅柱)[72]에 이르렀습니다. 원나라 때 병사를 보내 교지(交阯)를 정벌하고[73] 동주(銅柱)에서 100리 떨어진 곳에 영평채군민만호부(永平寨軍民萬戶府)[74]를 세워 병사를 두어 지키고, 교지 사람들에게 그들의 군향(軍餉)을 조달하도록 명령하

70) 정확하게는 思明路軍民總管府이다. 諸路總管府는 元 至元 연간(1264~1294) 초에 설치되었으며, 至元 23년(1283)에 10만 戶 이상인 곳은 上路, 10만 戶 이하인 곳은 下路로 하였다. 다만 중요한 곳은 10만 호에 미치지 못해도 上路로 하였다.

71) 上思州: 元代에는 思明路에 속하였으나, 洪武 초에 州를 폐하였다. 이후 洪武 21년(1388)에 다시 설치하여 思明府에 속하게 하였다(『鄭開陽雜著』 卷6 「安南圖說」 참조). 현재의 廣西省 上思縣이다.

72) 銅柱: 後漢 光武帝 建武 16년(40) 2월에 베트남에서 交阯 태수 蘇定의 통치에 반기를 든 쯩짝(征側), 쯩니(征貳) 자매의 반란이 일어났다. 반란군들이 蘇定을 공격하여 南海로 내쫓자 끄우 쩐(九眞), 녓남(日南), 허푸(合浦) 지역의 주민들도 반란에 동참하였고 중국 官吏의 직접지배로 자신들의 입지가 약해진 토착지배계급들도 동조하여 쯩짝의 세력은 순식간에 65개 城으로 확대되었다. 쯩씨 자매의 반란 소식을 전해들은 광무제는 馬援을 伏波將軍으로 임명하고 交阯 정벌을 명령하였다. 41년 정규군 8천과 민병 2만으로 구성된 한나라 군대는 마원의 지휘하에 허푸에 도착하고 아무런 저항도 받지 않고 홍강 델타의 중심부로 진격하였다. 42년 봄 랑박(浪泊), 떠이부(西于) 일대의 전투에서 한나라의 군대는 쯩씨 자매의 군대 수천 명을 죽이고 1만여 명을 포로로 사로잡았다. 그리고 43년 1월에는 자매들을 생포하고 참수한 후에 머리를 洛陽의 조정으로 보냈다. 반란을 진압한 후에 馬援은 남쪽 경계를 정하기 위해 銅柱 둘을 세우고 '銅柱折, 交趾滅'이라고 새겨놓았다고 한다. 하지만 이런 내용은 『後漢書』 本文 어디에도 없고 다만 주에서 인용된 3세기의 저작인 『廣州記』에 '援到交阯, 立銅柱, 爲漢之極界也'라고 되어 있다. 『大越史記全書』에 따르면 馬援은 쯩자매의 잔여 세력을 끄우쩐의 끄퐁까지 가서 토벌하고 동주를 세웠다고 한다. 만일 이것이 사실이라면 끄우쩐은 녓남의 북쪽에 위치하였으므로 동주가 세워진 지점이 한의 최남단이라고 보기는 어렵다(유인선, 2012: 40~46).

73) 元兵의 交阯 정벌: 원나라는 1257년, 1285년, 1287년 세 차례에 걸쳐 베트남을 침공하였다. 본문에서 언급한 상황은 1285년(원나라 世祖 至元 22년)의 두 번째 침략 때의 일이다. 당시 원나라 세조 쿠빌라이는 남방으로의 팽창정책을 취하면서 참파 공략(1283)에 착수하였는데, 베트남의 쩐 왕조에 대해 원나라 군대의 베트남 통과와 쩐 왕조의 출병, 군량미 공급을 요구하였다. 쩐 왕조가 이 요구를 거부하자 세조 쿠빌라이는 아들 鎭南王 토곤(脫歡)에게 베트남 공격을 명령했다. 토곤은 50만 군대를 거느리고 광서성을 출발하여 1284년 12월에 베트남의 록쩌우(祿州)에 도착했다. 이곳에서 원나라 군대는 동로군과 서로군으로 나누어, 동로군은 1285년 1월 초에 반끼엡(萬劫)에서 베트남 군대를 격파하고, 열흘 가량 후에는 수도인 탕롱을 점령했다. 하지만 그해 4월부터 베트남군의 반격이 시작되어 홍강, 느 응우옛강에서 원군을 대파하였다. 무더위와 말라리아와 같은 풍토병을 견디지 못한 원나라 군대는 결국 철병하였다(유인선, 2012: 163~167).

74) 永平寨軍民萬戶府: 思明府 남쪽에 永平寨巡檢司가 위치해 있다. 현재의 廣西 경내에 위치한다. 元兵이

였습니다. 원 말에 사회가 소란스러워지자 교지 사람들이 병사를 내어 영평채를 공격하여 점령하고, 드디어 동주에서 200여 리를 넘어서 사명(思明)의 속지(屬地)인 구온(丘溫)·여오(如嶅)·경원(慶遠)·연(淵)·탈(脫) 등의 다섯 현[75]을 침략하여 빼앗고 백성들을 핍박하여 자신들을 쫓게 하였으므로, 이 때문에 다섯 현에서 해마다 내던 세금은 모두 토관들이 대신하여 납부하였습니다. 이전에 본 부(府)는 조정의 다스림을 받지 못했으므로 교지 사람들의 침범과 박해가 더욱 심해지기에 이르렀습니다. 예부(禮部)에 알리자 임(任)[예부]상서[76]가 동등(洞登)에 역참(驛站)[77]을 세웠는데, 동등은 실로 사명(思明)의 땅인데도 교지에서는 동주(銅柱)의 지경에 속한다고 말했습니다. 신이 일찍이 구비하여 상주(上奏)하자 조정으로부터 형부상서(刑部尚書) 양정(楊靖)[78]을 보내 이 사건을 조사하게 하는 은혜를 입었는데, 『건무지(建武志)』[79]를 보면 [내력을] 알 수 있습니다. 바라옵건대 안남(安南)[80]에 칙서(勅書)[81]

交阯를 정벌하면서 銅柱로부터 100리 떨어진 곳에 永平寨軍民萬戶府를 설치하였다. 永平으로부터 安南으로 들어가는데 30리마다 1寨를, 60리마다 1驛을, 1寨 1驛마다 屯軍 300명을 鎭守시켜 巡邏시켰다. 『元史』 卷209 「外夷」2 安南 참조.

75) 다섯 현: 元末 明初의 혼란을 틈타서 베트남에서는 廣西 邊境 200여 리를 넘어서 元나라 思明府의 丘溫(현재 베트남의 溫州), 如嶅 (현재 베트남의 祿平縣), 慶遠(현재 베트남의 恬霞縣), 淵(현재 베트남의 同登縣), 脫(현재 베트남의 脫浪縣)의 다섯 縣을 점거하였다. 그리고 洪武 20년(1387)에는 祿州(지금의 越南 祿平縣), 和西平州(지금의 越南 谅山), 和永平寨를 점령하였다. 그리하여 국경을 현재 베트남 諒山 西南의 鬼門關에서 오늘날의 鎭南關(友誼關) 부근으로까지 확장하였다.

76) 任尙書: 즉 禮部尙書 任亨泰이다. 生卒年 未詳. 湖廣 襄陽府 襄陽 사람이다. 洪武 21년(1388) 과거에 장원으로 합격하여 후에 예부상서가 되었으나, 안남에 사신으로 가서 蠻人을 몰래 사들여 노복으로 삼은 일로 인해 監察御史로 강등되었다. 후에 思明土官과 安南이 경계문제로 다툴 때 연루되어 관직에서 물러났다. 『弇山堂別集』 卷49 「禮部尙書表」 및 『太祖實錄』 卷244 洪武 29년 正月條 참조.

77) 驛站: 驛傳을 말한다. 명대에는 北京을 중심으로 7大 路程이 있었는데, 이 路程에 따라서 馬驛·水驛·遞運所·急遞所의 4種의 驛傳이 있었다. 또한 이 驛傳에는 內地의 驛傳과 邊地의 驛傳이 있었다.

78) 楊靖(1360~1397): 字는 仲寧으로, 南京 淮安府 山陽縣 사람이다. 洪武 18년(1385)의 진사로 吏科 庶吉士에 선발되었다. 이듬해 戶部侍郎에 발탁되었고, 후에 太子賓客을 겸하였으나 일에 연루되어 면직되었다. 이후 안남사신으로서의 임무를 훌륭히 완수하여 左都御史에 제수되었다. 그러나 고향사람을 위해 訴冤狀草를 바꾼 일에 연루되어 탄핵을 받아 賜死되었다. 『明史』 卷138 「楊靖傳」에 보면, 양정은 형부상서가 아니라 일에 연루되어 면직된 상태에서 안남으로 간 것으로 되어 있다.

79) 『建武志』: 南宋 淳佑 8년(1248) 무렵에 편찬한 지리서로 1卷이며, 樂公明이 修하고, 尹安中이 纂하였음.

80) 安南: 현재의 베트남 북부에서 중부에 이르는 지역에서 베트남인에 의해 세워진 국가를 가리키는데, 安南이란 용어는 唐代에 설치된 安南都護府에서 유래한다. 중국과의 관계는 기원전 3세기 말 漢 武帝(전140~전87)가 南越을 정복하면서 시작되었다. 10세기 전반에 독립하면서 베트남은 朝貢제도를 통해

를 내려 옛 봉지(封地)를 돌려주어 강역이 다시 바르게 되고 매년의 납세도 모자라지 않게 하십시오"라고 하였다. 황제가 호부에 명령하여 상주문(上奏文)을 기록하게 하고 행인(行人)[82] 진성(陳誠)[83]·여양(呂讓)[84]을 보내 안남을 효유하게 하였다.[85] [홍무] 30년(1397)에 진성과 여양이 안남에 도착하여 그 나라 왕 진일혼(陳日焜. 1378~1399; 재위 1388~1398)[86]을 효유하고 사명(思明)의 땅을 돌려주도록 명령하였다. 의논이 오갔으나 오래도록 결정이 나지 않았다. 통역하는 자들의 말도 그 뜻을 충분히 전달하지 못하였으므로 다시 글자를

중국의 침략을 방지하는 한편, 중국의 문물과 제도를 수용하였다. 明 太祖 朱元璋은 明朝 건립 후 베트남에 사신을 보내 자신의 즉위 사실을 알렸고, 이에 베트남이 조공사절을 파견하면서 두 나라의 관계가 시작되었다. 15세기 초에는 베트남 역사에서 가장 오랫동안 지속된 레(黎) 왕조(1428~1788)가 출현하였다. 이 시대에 베트남은 儒教국가의 성격이 강화되었다. 다만 1527년에 莫登庸의 왕조 찬탈 사건 이후부터 18세기 말 레 왕조가 멸망하기까지의 2세기 반 동안 베트남의 국내정세는 분열과 혼란의 연속이었다(유인선, 2002: 182~246 참조).

81) 勅書: 황제가 朝臣들에게 내리는 詔書의 일종이다. 칙서의 시작은 南北朝 시대에 황제가 관료들에게 詔書를 내린 것에서 비롯되었다. 사실 '敕'은 漢代에서 晉代에 이르기까지는 윗사람이나 관리가 아랫사람이나 幕僚에게 주는 告誡를 가리키는 말이었다.

82) 行人: 조공 관련 외교 업무를 담당하던 관직명으로, 行人司行人의 약칭이다. 周代에는 秋官에 속해 大行人과 小行人 2官이 있었고, 멀리서 天子를 알현하고자 온 賓客의 접대를 맡았다. 漢代에는 大鴻臚의 屬官으로 行人令이 있었지만 府內 郎官들에 대한 관리를 담당했다. 『明史』「職官志」에 따르면, 明代 行人司에 장관인 司正(正七品)과 부관인 左右司副(從七品)를 보좌하는 行人 37명(正八品)을 두어 捧節과 出使 등의 임무를 맡겼다. 하지만 洪武 13년(1380)에 처음으로 行人司가 설치될 때 行人은 正九品이었으나, 洪武 27년(1394)에 品秩을 승격시키고 孝廉科 출신의 인재를 등용하였다. 建文帝는 行人司를 없애고 鴻臚寺에 예속시켰으나 永樂帝가 다시 복귀시켰다. 행인은 행인사에 소속되었는데 행인사는 조칙반포, 종실 책봉, 번왕 위무, 인재 초빙, 賞賜, 위문, 재난구제, 군대, 제사 등의 일에 관여하였다(全淳東, 2007: 114~115).

83) 陳誠(1365~1457): 字는 子實이며, 江西 吉安府 臨川縣 사람으로, 進士가 되었다. 洪武 연간(1368~1398)에 안남에 사신으로 다녀왔고 吏部員外郎을 지냈다. 永樂 연간(1403~1424)에는 哈里 등 17개국을 편력하고 그 山川·城郭·風俗과 物產을『西域記』로 정리하여 황제에게 헌상하였다. 그 공로로 吏部郎中에 발탁되었고, 이후 廣東參議·右通政을 역임하였다.

84) 呂讓: 生卒年 未詳. 字는 克遜으로, 산동 萊州府 卽墨縣 사람이다. 洪武 21년(1388)의 진사로, 行人을 제수받아 안남에 다녀왔고, 陝西僉事道를 역임하였다.

85) 관련사항은『太祖實錄』卷248 洪武 29년 12월 乙酉條에 기록되어 있다.

86) 陳日焜: 또 다른 이름은 陳顒이다. 藝宗, 즉 진숙명의 막내아들로 洪武 21년(1388) 12월에 황제위에 올라 9년여 재위하다 22세로 죽었다. 胡季犛(즉, 黎季犛)의 장녀와 결혼하였으나, 후에 그에게 살해당하였다.『大越史記全書』卷8「陳紀」참조.

써서 [의사를] 통하게 했다. 안남에서 끝내 변론을 그치지 않고 황금 2정(錠)·백금 4정 및 침단(沉檀) 등의 향(香)으로써 뇌물을 바쳤으나 진성이 물리쳤다. 안남에서 다시 호부(戶部)에 자문(咨文)을 보냈으나 땅을 돌려주려는 뜻은 없었다. 조정의 대신들은 명을 거슬렀으므로 마땅히 죽여야한다고 논의했으나, 황제는 "만인(蠻人)들은 완고하여 [허물을] 고치지 않으니 마침내 반드시 스스로 화를 불러일으킬 것이므로 잠시 기다리자"고 하였다.[87]

永樂二年, 憑祥巡檢李昇言, 其地瀕安南, 百姓樂業, 生齒日繁, 請改爲縣, 以便撫輯, 從之. 以升爲知縣, 設流官典史一員. 三年, 升以新設縣治來朝, 貢馬及方物謝恩. 廣成奏安南侵奪其祿州·西平州永平寨地, 請遣使諭還, 從之. 九年, 免思明稅糧, 以廣成言去秋雨水傷稼也.

영락(永樂) 2년(1404)에 빙상(憑祥)의 순검 이승(李昇)이 아뢰기를, [빙상의] 땅이 안남과 인접하고 백성들은 즐거이 생업에 종사하고 인구가 날로 늘어나고 있으므로, 청하건대 현(縣)으로 고쳐서 안무(按撫)하는데 편하게 하자고 하니, 허락하였다. 이승을 지현(知縣)으로 삼고 유관(流官)의 전사(典史) 한 명을 두었다.[88] [영락] 3년(1405)에 이승이 현의 치소를 새로이 설치한 까닭에 내조하여 말과 토산물을 공물로 바치고 은혜에 감사했다. 황광성이 상주(上奏)하기를, 안남(安南)이 [자신이 관할하던] 녹주(祿州)·서평주(西平州)·영평채(永平寨)[89]를

87) 관련사항은 『太祖實錄』 卷250 洪武 30년 3월 甲辰條에 기록되어 있다. 이때 명의 사신들은 黃廣成이 올린 상주문을 참조한 것은 물론이고 명 조정에서 보관하고 있던 典册과 圖記를 조사하여 안남을 설득하였으나 땅을 돌려받는데 실패하였다.

88) 관련사항은 『太宗實錄』 卷31 永樂 2년 5월 乙卯條에 기록되어 있다.

89) 永平寨: 광서 지역의 永平寨는 두 곳이었다. 하나는 北宋 시대에 邕州의 左江道 아래에 설치한 永平寨이다. 左江道는 思明, 思陵, 祿州, 西平州 등지를 관할하였다. 또 다른 永平寨는 邕州와 交趾의 접경지대에 설치된 것이다. 이 永平寨는 古代 中越 關係에서 중요한 위치를 차지했다. 宋初에 베트남이 중국에서 독립하여 자주국가가 된 후에 永平寨는 中越 변경의 要衝으로 대두하였다. 베트남의 리(李) 왕조는 여러 차례 이곳을 침범하였다. 송나라 熙寧 8年(1075)에는 베트남 군대 8만여 명이 대대적으로 廣西를 침범하였는데, 이때 永平寨를 통과하였다. 熙寧 9年(1076)에는 郭逵이 宋나라 군대를 거느리고 역시 永平寨로부터 반격을 개시하여 베트남으로 진격하였다. 元나라의 군대가 베트남을 침공했을 때에도 역시 永平寨를 통과하였으며, 이곳에 萬戶府를 설치하고 방어하였다. 宋 原豊 7년(1084)에는 宋朝와 交趾 李朝가 永平寨에서 담판을 개시하여 역사상 최초의 中越 변경 협정을 체결하기도 했다. 동시에

침략하여 빼앗았으니 사신을 보내 돌려주라고 효유하기를 청하자, 허락하였다.[90] [영락] 9년(1411)에 사명(思明)의 세량(稅糧) 징수를 면제하였는데, [이는] 황광성이 지난 가을에 비가 내려 벼를 상하게 했다고 말한 때문이었다.

宣德元年, 思明賀天壽節奉表踰期, 禮部請罪之. 帝以遠蠻旣至, 毋問. 土官知府黃㭎奏憑祥歲凶民饑, 命發龍州官倉糧振之. 正統七年, 㭎遣使入貢. 九年, 貢解毒藥味, 賜鈔錦.

선덕(宣德) 원년(1426)에 사명(思明)에서 천수절(天壽節)[91]을 축하하는 표문을 기한을 넘겨 보냈으므로 예부에서 죄를 주도록 청하였다. 황제가 먼 곳의 만(蠻)이 이미 이르렀으니 [죄를] 묻지 말라고 하였다.[92] 토관 지부 황강(黃㭎)이 상주(上奏)하기를, 빙상(憑祥)에 해마다 흉년이 들어서 백성들이 굶주리고 있으니 용주(龍州) 관창(官倉)의 곡식을 풀어서 구제하

宋, 元 두 나라는 永平寨를 越南 使節이 중국으로 출입하는 변경의 관문으로 지정하였다. 이곳은 또한 중국과 베트남간의 국경무역이 전개된 곳이기도 하다. 본문에서는 永平寨가 祿州·西平州와 같이 언급되고 있는 것으로 보아, 첫 번째 永平寨를 지칭하는 것으로 보인다.

90) 관련사항은 『太宗實錄』 卷30 永樂 2년 4월 癸酉條에 기록되어 있다.

91) 天壽節: 금나라 원나라 시절에 황제의 생일을 天壽節이라고 하였다(『金史』「章宗紀」 1, '詔以生辰爲天壽節'; 『元史』「禮樂志」 1 '遇八月帝生日 號曰天壽聖節'). 일반적으로 明淸시대 황제의 생일을 지칭하는 용어는 만수절이었지만 본문에서는 天壽節이라 하였다. 황제의 생일에 대해서는 허다한 명칭이 있었다. 唐代에는 千秋節, 天龍節, 天平地成節, 慶成節, 嘉會節이라 했다. 宋代에는 長春節, 乾明節, 壽寧節, 承天節, 乾元節, 壽聖節, 同天節, 興龍節, 天寧節, 乾龍節 등으로 칭했다. 遼代에는 千齡節, 金代에는 天壽節이라 했으며, 元代에는 天壽聖節이라 했다. 황제의 생일을 일컫는 용어는 長壽를 기원하거나 황제가 하늘이나 龍과 관련이 있다는 점을 강조했다. 명청시대에 황제의 생일을 지칭하는 일반적인 용어인 萬壽節의 語源은 萬壽無疆이다. 萬壽節 당일에 皇帝는 궁궐에서 王公百官들에게서 朝賀와 禮物을 받았다. 황제 역시 百官들에게 등급에 따라 상을 내렸다. 萬壽節에는 家畜의 屠殺을 禁止하였으며, 전후 여러 날 동안은 刑名을 處決하지 않았다. 首都의 匠人들은 彩畵나 布匹 등으로 간선도로를 장식하고 아름답게 꾸몄으며, 도처에서 升平을 기념하는 歌舞행사도 벌어졌다. 各地의 文武 官員들은 香案을 설치하고 首都를 향하여 大禮를 행했다. 宋元 이후 明淸時代에 이르기까지 황제의 생일은 元旦, 冬至와 더불어 전통 중국 三大節의 하나였다.

92) 관련사항은 『宣宗實錄』 卷19 宣德 원년 7월 戊戌條에 기록되어 있다. 단 『宣宗實錄』 원문에서는 天壽節이 아니라 萬壽聖節이라고 표기되어 있다.

도록 명해야 한다고 하였다.[93] 정통(正統)[94] 7년(1442)에 황강이 사자를 보내 공물을 바쳤다. [정통] 9년(1444)에 해독(解毒)하는 약을 공물로 바치자, 보초와 비단을 내려 주었다.

景泰三年, 堈致仕, 以子鈞襲. 堈庶兄都指揮竑欲殺鈞, 代以己子. 竑守備潯州, 託言徵兵思明府, 令其子糾衆結營於府三十里外, 馳至府, 襲殺堈一家, 支解堈及鈞, 甕葬後圃, 仍歸原寨. 明日, 乃入城, 詐發哀, 遣人報竑捕賊, 以掩其跡. 方殺堈時, 堈僕福童得免, 走憲司訴其事, 且以徵兵檄爲證. 郡人亦言殺堈一家者, 竑父子也. 副總兵武毅以聞, 將逮治之. 竑自度禍及, 及謀迎合朝廷意, 遣千戶袁洪奏永固國本事, 請易儲. 奏入, 帝曰: 「此天下國家重事, 多官其會議以聞.」 竑爲此擧, 衆皆驚愕, 謂必有受其賂而教之者, 或疑侍郎江淵云. 事成, 竑得釋罪, 且進秩. 英宗復辟, 竑聞自殺. 帝命發棺戮其屍, 其子震亦爲都督韓雍捕誅.

경태(景泰)[95] 3년(1452)에 황강이 관직에서 물러나고 아들 황균(黃鈞)이 뒤를 이었다. 황강의 서모(庶母)에게서 난 형인 도지휘(都指揮)[96] 황횡(黃竑)이 황균을 죽이고 자신의 아들로 대신하고자 하였다. 황횡은 심주(潯州)[97]를 지키고 있었는데, 사명부(思明府)[의 일로]

---

93) 관련사항은 『宣宗實錄』 卷48 宣德 3년 11월 辛亥條에 기록되어 있다.

94) 正統: 명 왕조 제6대 황제인 英宗 朱祁鎭의 年號이다.

95) 景泰: 명 왕조 제7대 황제인 代宗 朱祁鈺의 年號이다.

96) 都指揮司: 『明史』 卷76 「職官」5에는 "都指揮使司. 都指揮使一人, 都指揮同知二人, 都指揮僉事四人...都司掌一方之軍政, 各率其衛所以隸於五府, 而聽兵部"라 기록되어 있다. 따라서 도지휘사는 明代 지방의 軍政을 담당하는 관청으로서 五軍都督府에 속해 있었으며, 兵部의 휘하에 있었다. 簡稱하여 都司라고 하는데, 洪武 8년(1375)에 北平, 陝西, 山西, 浙江, 江西, 山東, 四川, 福建, 湖廣 廣東, 廣西, 遼東, 河南에 都司를 두었으며, 洪武 15년(1382)에 貴州와 雲南에, 그리고 宣德 연간(1426~1435)에 萬全都司가 설치되어 전국에 모두 16개의 都司가 있었다. 다만 湖廣省의 경우 成化 12년(1476)에 鄖陽府를 새로 개설하면서 鄖陽衛와 湖廣行都司를 증설해, 본래 湖廣都指揮使司에 예속돼 있던 荊州衛, 荊州左衛, 荊州右衛, 瞿塘衛, 襄陽衛, 安陸衛 및 鄖陽衛 관할 德安, 房縣, 均州, 長寧, 夷陵 枝江, 遠安, 竹山의 8개 千戶所를 湖廣行都司에 통할시켰다(張建民, 1999: 39).

97) 潯州: 唐나라 太宗 貞觀 7년(633)에 潯州를 설치하였는데 桂平, 陵江, 大賓, 皇化의 4개 현을 거느렸다. 潯州라는 이름은 여기서부터 유래하였다. 5년 후인 638년에 潯州는 폐지되고 桂平, 陵江, 大賓, 皇化 4개 현은 龔州에 예속되었다. 692년에 潯州는 다시 설치되어 이전의 4개 현을 거느렸다. 742年에 潯州는

군대를 불러 모은다는 핑계로 그 아들로 하여금 무리를 모아 [사명]부 바깥 30리에 군영을 설치하게 하고, [사명]부로 달려가 황강 일가를 습격하여 죽이고 황강과 황균의 사지를 잘라서 옹기에 넣어 [사명부의] 뒤뜰에 묻고서 원래의 채(寨)로 돌아오게 했다. 이튿날 성으로 들어가 거짓으로 출상(出喪)하고 사람을 황횡에게 보내 도적을 체포했다고 보고하여 자신의 행적을 숨겼다. [그런데] 바로 황강을 죽일 때, 황강의 노복(奴僕)[98]인 복동(福童)은 죽음에서 벗어나 헌사(憲司)[99]로 달려가 그 사건을 알리고, 또 징병하는 격문을 증거로 제출했다. 사명부의 사람들도 역시 황강 일가를 죽인 자는 황횡 부자라고 말했다. 부총병 무의(武毅)가 조정에 보고하고 장차 그들을 체포하여 [죄를] 다스리려 하였다. 황횡은 화가 미치리라고 스스로 헤아리고는 조정의 뜻에 영합하려고 도모하여, 천호(千戶) 원홍(袁洪)을 보내 [황태자를 다시 세워] 나라의 근본을 영원히 공고하게 하는 일에 관한 상주(上奏)를 올리면서 황태자를 바꾸도록 청하였다.[100] 상주(上奏)가 올라오자 황제가 이르기를, "이는 천하와 국가의 중대사인즉

常林郡으로 고쳐졌고 그 후에 다시 綉州로 변경되었다. 758年에 다시 潯州라는 명칭을 회복하였다. 宋나라 때 972년에 潯州를 폐지하고, 그 땅을 나누어 貴州(오늘날의 貴縣)에 합병시켰다. 973년에 다시 潯州를 설치하고 桂平縣을 거느리게 하였는데 阿林, 羅綉, 常林, 皇化 等縣은 모두 桂平縣에 합병시켰다. 元나라 때는 潯州路를 설치하고 桂平, 平南의 두 縣을 관할하게 하였다. 明나라 때는 潯州府를 설치하였고, 府治는 오늘날의 城區에 두었다. 潯州府는 桂平, 平南, 貴縣의 세 縣을 관할하였다. 淸나라 때는 명의 제도를 계승하여 潯州府를 설치하였고 府治는 오늘날의 城區에 두었다. 다만 당시는 潯州府에서 桂平, 平南, 贵縣, 武宣의 네 개 縣을 관할하게 하였다.

98) 奴僕: 일반적으로 奴僕은 명청시대의 大地主 집안이나 紳士 집안에서 사역하는 존재를 지칭하는 용어였다. 이들은 주인에게 예속도가 강한 하층 노복으로부터 경제적인 독립을 진전시켜 가는 紀綱의 僕, 그리고 명의상의 노복에 이르기까지 다양한 형태가 존재하였다. 노복들의 임무는 여러 가지였다. 집안 내의 잡일, 농업 및 수공업 생산, 주인의 隨從, 국가의 요역을 대신 하는 일을 담당했다. 특히 주인 집안의 가산의 관리와 운용, 즉 주인의 상업이나 고리대 경영과 관련한 실무나 소작지와 소작인 관리 등의 일에 종사하는 노복을 紀綱의 僕이라고 하였다. 이들은 문서작성이나 經理와 같은 사무능력을 보유한 존재로서 주인의 위임을 받아 관련 업무를 처리하였으며, 상당한 경제적 독립성을 가졌고 주인의 위세를 빌어서 이웃에게 횡포를 부리는 경우가 많았다(오금성, 1989: 126~129). 勢道家에서 奴僕처럼 집안일을 보살펴 줄 존재가 필요한 것은 한족이나 소수민족이나 마찬가지였으므로 소수민족을 언급하는 본문에서도 奴僕의 존재가 언급된 듯하다.

99) 憲司: 魏晋, 唐나라 때는 御史의 별칭으로 사용되었다. 『宋書』「劉瑀傳」에 '明年, 遷御史中丞. 瑀使氣尚人, 爲憲司甚得志'라는 내용과 封演의 『封氏聞見記』「風憲」에 '唐興, 宰輔多自憲司登鈞軸, 故謂御史爲宰相'이라는 용어가 그 증거이다. 그러다가 宋나라에 들어가서는 諸路에서 提點刑獄公事하는 관직을 지칭하는 용어로 사용되었는데, 錢大昕의 『廿二史考異』「宋史五 · 職官志七」에 보면, '宋人稱轉運爲漕司, 安撫爲帥司, 提點刑獄爲憲司'라고 되어 있다. 明淸時代에는 各省의 刑獄을 관장하는 提刑按察使司를 지칭한다.

많은 관료들이 모여서 의논하여 보고하라"고 하였다. 황횡의 이 행동에 뭇 사람들이 모두 놀라서 말하기를, 반드시 그의 뇌물을 받고 가르쳐 준 자가 있을 것이라고 하였는데, 혹자는 시랑 강연(江淵)이 말해주었을 것이라고 의심하였다. 일이 잘 해결되어 황횡은 죄를 용서받고 풀려났으며, 품급(秩)도 높아졌다.[101] 영종(英宗)이 복벽(復辟)[102]하자 황횡은 소식을 듣고 자살하였다. 황제는 관을 열어서 그 시신의 목을 치게 하였는데, 그 아들 황진(黃震) 역시 도독(都督)[103] 한옹(韓雍)에게 체포되어 죽임을 당했다.

---

100) 皇太子를 바꾸어 세우는 일: 景泰 3년(1452)에 代宗(景帝)은 원래의 태자인 英宗의 맏아들 朱見深(훗날의 憲宗)을 沂王으로 삼아 태자 자리에서 내쫓고 자신의 아들 朱見濟를 태자로 대신 세웠다. 朱見濟는 이듬해인 景泰 4년에 요절하였다. 英宗 復辟 후에 朱見深도 다시 태자가 되었다. 본문에서 황횡이 황태자 교체를 상주한 까닭은 이 일로 代宗의 마음을 얻어서 처벌을 모면하기 위함이었고 실제로 그런 결과를 얻었다. 하지만 英宗이 復辟하자 황횡은 英宗의 보복이 두려운 나머지 자살했으나 英宗은 그 시신의 목을 치게 하고 황횡의 아들도 죽여 복수하였다.

101) 관련사항은 『英宗實錄』 卷215 景泰 3년 4월 甲申條에 기록되어 있다.

102) 英宗의 復辟: 몽골 초원에서는 영종이 즉위할 무렵에 오이라트부의 에센이 등장하여 강성해지고 명과의 교역이 원활하지 않자 자주 북변을 침략하였다. 당시 정권을 농단하던 宦官 王振은 영종에게 친정을 권유하여 직예의 선부를 거쳐 산서 대동으로 명의 대군이 진격하였다. 하지만 에센의 군대가 강력해서 회군하는 도중에 토목보에서 영종과 명의 대군이 오이라트 군대에 포위되어, 명군 수십만이 전사하고 영종은 몽골에 포로가 되었으며, 王振은 禁衛軍 장수에게 철퇴를 맞아죽었다(1449년, 正統 14년). 명 황실은 영종의 아우 景帝를 제위에 옹립하고 병부상서 于謙을 중심으로 오이라트군을 성공적으로 방어하였다. 에센이 북변을 침공한 목적은 명과의 무역을 원만하게 재개하기 위해서였으므로 명과의 화의가 성립하자 영종을 석방하였다. 1년여의 포로생활 끝에 돌아온 英宗은 자금성의 별궁에 거주하였다. 그러나 상황인 영종과 경제는 황태자 책봉문제로 갈등했다. 경제는 즉위할 때 英宗의 황태자를 그대로 인정하고 장래 대통을 그에게 넘겨준다는 조건으로 즉위했으나, 즉위 후에는 신하들의 반대를 무릅쓰고 황태자를 폐위하고 자신의 아들을 황태자로 책봉하였다. 이 과정에서 조정은 景帝派와 英宗派로 양분되었다. 새 황태자가 곧 사망하였고, 景帝가 즉위한 지 8년째 중병에 걸렸다는 소문이 퍼지자 英宗을 지지하던 대신들과 환관들이 궁중을 점령하고 英宗을 복위시켰는데, 景帝는 별궁으로 옮겨져 곧 사망하였다. 英宗은 景帝의 年號 景泰 8년(1457)을 즉각 고쳐서 天順 元年이라 했다. 명청시대에 일반적인 연호 교체는 선대 황제가 죽고 새 황제가 즉위하더라도 그 연호는 그해 말까지는 지속하고 이듬해 정월 초하루부터 새로운 황제의 연호를 사용하는 것이 관례였지만, 英宗은 이를 무시하여 景帝의 治世를 부정하는 자세를 취했다. 英宗은 복벽 후에 王振의 祠堂을 세워주었다. 반면 景帝는 사후에 宗廟에서 제사를 받지 못했고, 帝號도 삭제되어 郕戾王으로 강등되었다. 그러다가 南明 시절 福王이 景帝와 황후에게 謚號를 올렸다(최정연, 1989: 23; 이준갑, 2013: 80~86; 박인수, 2003: 280~289).

103) 都督: 明代 전국의 군대를 통괄하는 五軍都督府의 長을 말한다. 左·右都督이 있으며, 品階는 正一品이

成化十八年，土知府黃道奏所轄思明州土官孫黃義爲族人黃紹所殺，乞發兵捕剿．帝命兩廣守臣區處以聞．

성화(成化) 18년(1482)에, 토지부 황도(黃道)가 상주(上奏)하여 관할하는 사명주(思明州)의 토관 손황의(孫黃義)가 족인인 손황소(孫黃紹)에게 살해되었으니, 병사를 내어 토벌하여 체포하기를 요청했다. 황제가 양광(兩廣)의 수신(守臣)에게 명하여 처리한 후 보고하라고 하였다.[104)]

弘治十年，㳄村賊黃紹侵占思明・上石・下石三州，復謀殺知府黃道父子．道妻趙氏累訴於朝，且謂屢經委官勘問，俱被賂免，乞發兵誅之．十一年，紹集衆數千人焚劫鄉村，據三州，屢撫不下，總鎭請發兵捕剿．

홍치(弘治)[105)] 10년(1497)에, 황촌(㳄村)의 도적 손황소(孫黃紹)가 사명(思明)·상석(上石)·하석(下石)의 세 주를 침략하여 점거하고, 다시 지부(知府) 황도(黃道) 부자를 죽이려고 하였다. 황도의 아내 조씨가 조정에 여러 번 호소하였고, 또 이르기를 여러 차례 관원들에게 맡겨 진상을 조사하게 하였으나 모두 뇌물을 주고 벗어나니, 병사를 내어 그를 죽이라고 요청했다.[106)] [홍치] 11년(1498)에 손황소가 무리 수천 명을 모아 향촌을 불태우고 노략질하고 세 개의 주를 점거하였는데, 여러 차례 위무하였으나 받아들이지 않으니 총진(總鎭)이 군사를 내어 토벌하고 체포하기를 청하였다.[107)]

嘉靖四十一年，以剿平瑤・僮功，命土官知州男黃承祖暫襲本職．

고, 그 밑에 從一品인 都督同知와 正二品인 都督僉事가 이를 보좌하였다.

104) 관련사항은 『憲宗實錄』 卷229 成化 18년 7월 乙亥條에 기록되어 있다.

105) 弘治: 明 왕조 제9대 황제인 孝宗 朱祐樘의 年號이다.

106) 관련사항은 『孝宗實錄』 卷129 弘治 10년 9월 辛酉條에 기록되어 있다.

107) 관련사항은 『孝宗實錄』 卷138 弘治 11년 6월 丁亥條에 기록되어 있다.

가정(嘉靖)[108] 41년(1562)에 요(瑤)족·동(僮)족을 평정하는데 공을 세웠으므로, 토관 지주의 아들 황승조(黃承祖)에게 잠시 본직을 잇게 하였다.

隆慶四年, 忠州土官黃賢相等據南寧府屬四都地作亂, 永康典史李材計誘其黨, 縛賢相以降.

융경(隆慶)[109] 4년(1570)에, 충주(忠州)의 토관 황현상(黃賢相) 등이 남녕부(南寧府)에 소속된 사도(四都)의 땅에서 난을 일으키자, 영강(永康)의 전사(典史) 이재(李材)가 계교를 써서 그 무리를 유인하고 황현상을 포박하니 [무리가] 항복하였다.[110]

萬曆十六年, 思明州土官黃拱聖謀奪襲, 殺其母兄拱極等五人. 而思明知府黃承祖乘亂掠村寨, 爲之援. 按臣請以拱聖及諸凶正法, 思明州改屬流府, 革承祖冠帶, 立功自贖, 而追其所掠; 更令族人黃恩護拱極妻許氏撫遺孤世延, 待其長官之.

만력(萬曆)[111] 16년(1588)에, 사명주의 토관 황공성(黃拱聖)이 세습 관직을 뺏고자 모의하고서 자신과 어미가 같은 형 황공극(黃拱極) 등 다섯 사람을 죽였다. 그리고 사명의 지부 황승조(黃承祖)는 어지러움을 틈타서 촌락과 채를 노략질하고 그를 원조하였다. [이에] 안신(按臣)[112]이 청하기를, 황공성(黃拱聖) 및 여러 흉악자들을 법에 따라 징치하고 사명주는 유관(流官)이 다스리는 부(府)로 고치며, 황승조의 관대(冠帶)를 빼앗되 공을 세워 스스로 속죄하게 하고 그가 노략질 한 바는 추적하여 [배상시키자고] 하였다. 다시 족인 황은(黃恩)에게 황공극(黃拱極)의 아내 허씨를 보호하고 남겨진 아들 황세연(黃世延)을 돌보게 하였으며,

---

108) 嘉靖: 明 왕조 제11대 황제인 世宗 朱厚熜의 年號이다.

109) 隆慶: 明 왕조 제13대 황제인 穆宗 朱載垕의 年號이다.

110) 관련사항은 『穆宗實錄』 卷43 隆慶 4년 3월 庚辰條에 기록되어 있다.

111) 萬曆: 明 왕조 제14대 황제인 神宗 朱翊鈞의 年號이다.

112) 按臣: 按察使를 말함. 按察使는 明代에 한 省의 司法과 監察을 담당하는 提刑按察使司의 장관을 가리킨다. 明 中期 이후에는 각지에 巡撫를 두었는데, 이후 按察使는 사실상 巡撫의 屬官이 되었다.

그가 자라기를 기다려 관직을 잇도록 하였다.113)

三十三年, 總督戴耀奏:「思明叛目已擒, 土官黃應雷縱僕起釁, 棄印而逃, 斷難復官. 黃應宿爭地, 殺戮六哨成仇, 且系義子, 不應襲職. 黃應聘系承祖幼子, 人心推戴, 似應承襲知府, 以存黃氏宗祀. 但年甫七歲, 暫令流官同知署府事, 待至十五歲, 交印接管. 應雷旣廢, 不宜同城, 應降爲土舍, 其後永襲土舍, 給田養贍, 制其出入. 應宿仍管故業, 俱屬思明府節制. 於府治設敎授一員, 量給廩生六名, 其寄附太平府者, 悉歸本學, 嗣後續增其祭祀廩餼之用, 則地方可安, 文敎可興.」詔悉從之.

[만력] 33년(1605)에 총독(總督)114) 대요(戴耀)가 상주(上奏)하기를, "사명(思明)의 반적(叛賊) 두목이 이미 잡혔는데, 토관 황응뢰(黃應雷)가 노복을 멋대로 풀어 놓아 피 흘리는 사태를 일으키고 [관원의] 인장을 버리고 도주했으니, 절대로 원래 관직으로 복귀시키기가 어렵습니다. 황응숙(黃應宿)은 땅을 다투어 여섯 초(哨)115)의 사람을 죽여서 원수가 되었으며, 또 의자(義子)이므로 관직을 물려받아서는 안됩니다. 황응빙(黃應聘)은 황승조(黃承祖)의 어린 아들인데 인심이 떠받들어 주고 있으므로 마땅히 지부의 관직을 물려받게 하여 황씨의 종사(宗祀)를 보존하게 해야 합니다. 다만 나이가 일곱 살이니 잠시 유관 동지(同知)116)에게

113) 관련사항은『神宗實錄』卷196 萬曆 16년 3월 辛酉條에 기록되어 있다.

114) 總督: 正統 末~景泰 初에 처음 등장한 지위로, 처음에는 南京과 北京의 軍務를 담당했으며, 사안이 종식되면 폐지하는 일종의 임시직이었다. 그러나 成化 5년(1469) 兩廣 지역에 總督을 설치한 후, 정식 지위로 자리잡게 되었다. 明代의 總督이 주로 軍事 업무를 관장하는 직위였던 데 비해, 淸代가 되면 한 省 혹은 2~3개 省을 총괄하는 正二品의 지방 최고의 장관이었다. 통상 巡撫와 함께 督撫로도 불렸지만, 巡撫보다 권한이 많았다. 淸代에는 直隸, 兩江, 四川, 閩浙, 雲貴, 湖廣, 兩廣, 東三省, 陝甘總督이 있었으며, 河道總督이나 漕運總督처럼 특정 사안을 총괄하는 경우에도 總督이란 지위를 사용했다.

115) 哨: 군사 편제 단위이다. 明 永樂 연간(1402~1424)에 보병과 기병을 中軍, 左右掖, 左右哨로 나누었으며, 이것을 五軍이라 했다. 嘉靖 연간(1522~1566)에 이르러 이 명칭을 모두 없앴지만 이후 '哨'는 비교적 소규모의 편제 단위로 개편되어 3,120명을 1枝라 했으며, 그것을 中哨, 左哨, 右哨로 각각 나눴다. 청대 중엽 이후 초는 80명~100명으로 명나라 때에 비해 훨씬 편성 단위가 축소되었다. 다만 본문의 여섯 哨는 문맥으로 보아 이처럼 대규모였던 것 같지는 않다.

116) 同知: 明淸時代 知府의 副職으로 正五品이었다, 每府에 한두 명이 설치되었다. 同知는 地方의 鹽, 糧, 捕盜, 江防, 海疆, 河工, 水利 및 淸理軍籍, 撫綏民夷 등의 事務를 分掌하였다. 그밖에 知州의 副職은

부(府)의 일을 대행하도록 명령하고, 열다섯 살이 되기를 기다려 인신을 넘겨주어 [부의] 업무를 관장하게 해야 합니다. 황응뢰(黃應雷)는 이미 폐하여 물러났고 같은 성에 머무는 것이 합당하지 않으므로 마땅히 강등시켜 토사(土舍)[117]로 삼고, 그 후예는 영원히 토사(土舍)의 직책을 잇게 하고 토지를 주어 생계를 꾸리게 하지만 그 출입을 제한하게 해야 합니다. 황응숙(黃應宿)은 이전처럼 그대로 원래의 일을 관할하되 모두 사명부(思明府)의 절제를 받게 해야 합니다. [사명]부(思明府)의 치소(治所)에는 교수(教授)를 한 사람 설치하고 늠생(廩生)[118] 여섯 명을 두고, 태평부(太平府)에 기적(寄籍)[119]하거나 부적(附籍)[120]한 자는 모두 자신이 실제로 거주하는 지역의 학교로 학적(學籍)을 옮기게 하며, 이후에 제사와 늠생들에 대한 [장학금 지급] 비용을 계속 늘리면 지방이 안정되고 문교(文教)가 홍할 수 있을 것입니다 있습니다."라고 하니, [황제가] 조서를 내려 모두 허락하였다.[121]

州同知라고 칭했는데 從六品으로 定員은 없었으며, 本州의 여러 사무를 分掌했다. 康熙 후반기에는 외부로 파견 나가서 주재하며 어떤 특정한 한 가지 사무를 分掌하는 同知가 나타났다. 그리하여 同知는 점차로 해당 지역의 정무를 주관하는 실질적인 관원으로서 변화하였다. 그가 주재하던 지역을 廳(=散廳)이라 했다. 散廳의 등급은 州縣과 비슷했으며, 同知는 점차 副職이 아니라 州縣官으로 받아들여졌다.

117) 土舍: 土司의 屬官이다. 그의 權力은 土司의 속관인 一般 大頭人과 같으나 그 地位는 大頭人보다 높다. 土舍는 土司의 親屬으로 土司의 職을 이을 자가 없을 경우에 그 직위를 계승할 수 있었다.

118) 廩生: 廩膳生員이라고도 한다. 명청시대 과거제도 속에 존재했던 생원 가운데 하나였다. 학교 입학시험의 응시생인 童生들은 응시할 때 반드시 廩을 갖추어 지급해주도록 요청하였는데, 이를 廩保라 하였다. 明나라에서는 원래 洪武 초에 府, 州, 縣學의 生員들에게 모두 每月 廩膳을 지급하여 생활을 보조해 주었다. 다만 이때는 각급 학교에 정원이 고정되어 있었는데 府學에는 40명, 州學에는 30명, 縣學에는 20명이었고 이들 모두에게는 한 사람당 매달 廩米 6斗씩을 지급하였다. 그 후에 생원수가 증대하면서 각 생원들을 구분하기 위해 처음에 생원 모두에게 廩膳制度가 시행될 때, 廩膳을 받던 生員을 廩膳生員 줄여서 廩生이라 칭했다. 宣德 3년(1428)부터 학교의 생원 정원을 늘렸는데, 정원이 늘어난 생원을 增廣生員 줄여서 增生이라 하였다. 그리고 正統 12년(1447)부터는 定員外로 생원을 더 선발하였는데, 이들을 附學生員 줄여서 附生이라고 하였다. 후에는 처음에 입학한 생원은 모두 附生이라고 하였고, 歲試와 科試에서 우수한 성적을 얻은 자를 增生이라 하였으며, 최우수자는 廩膳을 지급하며 廩生으로 칭했다. 청나라의 제도도 대략 비슷하였다(吳金成, 1986: 38~50).

119) 寄籍: 原籍地를 떠나 他鄉으로 가서 落戶 入籍하는 것을 말함.

120) 附籍: 外地人이 他地에서 戶籍을 附入하는 것을 말함.

121) 관련사항은『神宗實錄』卷415 萬曆 33년 11월 壬申條에 기록되어 있다.

崇禎十一年, 總督張鏡心疏報土官殺職官思明州黃日章·黃德志等, 鼓衆叛逆. 帝令速擒首惡以靖地方. 論者以黃玹神奸, 身逭大憝, 世濟其凶, 傳及四世, 猶幷思明州而有之, 王綱隳矣. 然骨肉相屠, 至是四見, 蓋天道云.

숭정(崇禎)[122] 11년(1637)에, 총독 장경심(張鏡心)[123]이 상소문을 올려 토관이 사명주의 관원 황일장(黃日章)·황덕지(黃德志) 등을 죽이고 무리를 부추겨 반역하였다고 보고하였다. 황제가 명령을 내려 신속하게 수괴(首魁)를 사로잡아 지방을 안정시키라고 하였다. 논자들은 황횡(黃玹)은 정신이 간악하여 몸이 달아나면서도 피가 크게 나도록 [관군을] 공격하여 흉악함이 4대에까지 전해졌으나 오히려 사명주(思明州)를 차지하고 있으니 임금의 법도가 무너졌다고 하였다. 그러나 골육이 서로를 죽이는 일이 지금까지 4대에 걸쳐 나타난 것은 대개 [이는] 하늘의 도리라고 한다.

思明州, 東抵思明府, 西抵交阯界, 南抵西平州, 北抵龍英州. 土官黃姓, 與思明府同族. 洪武初, 黃君壽歸附, 授世襲知州, 屬思明府, 後爲黃玹所幷. 萬曆十六年, 黃拱聖之亂, 改屬太平.

사명주(思明州)는 동쪽으로는 사명부에 이르고, 서쪽으로는 교지의 변경에 이르며, 남쪽으로는 서평주(西平州)에 이르고, 북쪽으로는 용영주(龍英州)에 이른다. 토관의 성은 황(黃)으로 사명부[의 토관]과 동족이다. 홍무 초에 황군수(黃君壽)가 투항하자, 세습 지주를 제수하였고 사명부에 소속시켰다. 후에 황횡(黃玹)에게 병탄되었다. 만력 16년(1588)에 황공성(黃拱

---

122) 崇禎: 명 왕조 마지막 황제인 思宗 朱由檢의 연호이다.

123) 張鏡心(1590~1656): 字는 孝仲, 號는 湛虛, 晦臣, 雲隱居士이다. 河北 磁州(지금의 河北省 磁縣) 사람이다. 天啓 2年(1622)에 進士학위를 취득하고 관직에 나가 知縣, 禮科給事中, 太常寺少卿, 大理寺少卿, 兵部右侍郎兼右副都御史總督兩廣軍務, 兵部尙書 등을 역임하였다. 1644년 明나라가 망한 후에는 歸鄕하여 淸에서 벼슬을 살지 않고 『周易』을 연구하며 性命을 보전하였으나 다섯째 아들 張溍은 順治 연간(1644~1661)에 進士에 급제하여 관직에 나갔다. 張鏡心의 저서로 『易經增注』, 『雲隱堂集』, 『馭交紀』 등이 있다.

聖)이 반란을 일으키자, 고쳐서 태평(太平)[부]에 소속시켰다.124)

上石西州, 宋屬永平寨, 元屬思明路. 明初屬思明府, 至萬曆三十八年改屬太平府. 州吏土官趙氏·何氏·黃氏凡三姓, 皆絶, 始改流官. 下石西州, 宋分石西州置, 元屬思明路. 洪武二年, 土官閉賢歸附. 授世襲知州, 設流官吏目佐之.

상석서주(上石西州)는 송나라 때는 영평채(永平寨)에 속했고, 원나라 때는 사명로(思明路)에 속했다. 명 초에는 사명부(思明府)에 속했고, 만력 38년(1610)에 고쳐서 태평부에 예속시켰다. 주(州)의 토관은 조씨(趙氏)·하씨(何氏)·황씨(黃氏)의 세 성이 번갈아 차지하였지만 모두 [후사가] 끊어지자, 비로소 유관(流官)으로 고쳤다. 하석서주(下石西州)는 송나라 때에 석서주를 나누어 설치하였으며, 원나라 때는 사명로에 속했다. 홍무 2년(1369)에 토관 폐현(閉賢)이 투항하였다. [이에] 세습 지주를 제수하고 유관의 이목(吏目)을 설치하여 보좌하게 하였다.

忠州, 宋置, 隷邕州. 元屬思明路. 洪武初, 土官黃威慶率子中謹歸附, 授威慶江州知州, 中謹忠州知州, 皆世襲, 設流官同知吏目佐之. 其隣地有四峒者, 界於南寧·思明·忠江之間, 思明·忠州屢肆侵奪. 副使翁萬達議改峒名四都, 隷之南寧, 地方稍定. 隆慶三年冬, 思明府土官黃承祖奏取四都地, 忠州土官黃賢相爭之, 遂擅立總管諸名目, 分兵數千戍守, 因縱令剽掠, 爲禍甚烈. 僉事譚惟鼎調永康典史李材以計擒賢相, 斃之於獄. 議改流官, 不果, 遂改隷州於南寧, 仍以州印予賢相子有瀚, 俾襲職.

충주(忠州)는 송나라 때에 설치하였고 옹주(邕州)에 예속되었다. 원나라 때는 사명로에 속했다. 홍무 초에 토관 황위경(黃威慶)이 아들 황중근(黃中謹)을 이끌고 투항하자, 황위경에게 강주(江州) 지주를 황중근에게는 충주(忠州) 지주를 제수하였는데, 모두 세습 관직이었으

124) 관련사항은 『神宗實錄』 卷196 萬曆 16년 3월 辛酉條에 기록되어 있다.

며 유관의 동지(同知)를 이목(吏目)으로 설치하여 보좌하게 하였다. 그 인접한 땅으로 사동(四峒)이 있어 남녕(南寧)·사명(思明)·충강(忠江)과 경계를 접하였는데, 사명(思明)·충주(忠州)는 여러 차례 멋대로 [사동을] 침략하고 [재물을] 탈취하였다. 부사(副使) 옹만달(翁萬達)이 논의하여 동(峒)의 이름을 사도(四都)로 고치고 남녕(南寧)에 예속시키자, 지방이 조금씩 안정되었다. 융경(隆慶) 3년(1569) 겨울에 사명부의 토관 황승조(黃承祖)가 상주(上奏)하여 사도의 땅을 차지하려하자 충주 토관 황현상(黃賢相)이 다투었고, 드디어 멋대로 총관 등의 명목을 세워 병사를 나누어 수천 명을 주둔시키면서 노략질하도록 내버려두니 화가 무척 심하였다. 첨사(僉事) 담유정(譚惟鼎)이 영강(永康) 전사(典史) 이재(李材)를 파견하여 계교로써 황현상을 사로잡게 하고 감옥에서 죽였다.[125] 유관으로 고치자고 논의하였으나 단행하지 못하고 드디어 [충]주를 고쳐서 남녕에 예속시키고, 그대로 [지]주의 인장은 황현상의 아들 황유한에게 주어 관직을 세습하게 하였다.

憑祥, 宋爲憑祥洞, 屬永平寨, 元屬思明路. 洪武十八年, 土蠻李升歸附. 置憑祥鎭, 授升巡檢, 屬思明府. 永樂二年置縣, 以升爲知縣.

빙상(憑祥)은 송나라 때는 빙상동(憑祥洞)이었으며 영평채(永平寨)에 속했는데, 원나라 때는 사명로에 속했다. 홍무 18년(1385)에 토만(土蠻) 이승(李升)이 투항하였다. [이에] 빙상진(憑祥鎭)을 설치해 이승에게 순검의 관직을 제수하고 사명부에 소속시켰다. 영락 2년(1404)에 [빙상]현을 설치하고 이승을 지현으로 삼았다.[126]

成化八年升爲州, 以升孫廣寧爲知州, 直隷布政司. 廣寧有十子, 廣寧死, 諸子爭立不決, 凡三四年, 乃以孫珠襲知州職. 嘉靖十年, 珠死, 族弟珍·玨爭立, 珍挈印走沉村, 玨攝州事. 十四年, 州目李清·趙琪等謀納珍, 許思明府黃朝以州屬之. 朝遂以兵納珍於憑祥, 玨奔罄柳. 旣珍悔屬思明, 與朝隙, 朝乃以外婦所生子時芳, 詭云

125) 관련사항은『穆宗實錄』卷43 隆慶 4년 3월 庚辰條에 기록되어 있다.

126) 관련사항은『太宗實錄』卷31 永樂 2년 5월 乙卯條에 기록되어 있다.

廣寧孫，以兵千人納之．時珍淫縱，爲部民所怨，於是廣寧季子寰以尊屬謀廢立．十七年，寰遂殺珍而附於安南，莫登庸藉爲向導．總督蔡經屬副使翁萬達擒之，論死．於是玨與時芳復爭立，時芳倚思明勢，州民皆右之．萬達黜玨而論時芳死，更立李佛嗣珍爲知州，憑祥遂定．

성화(成化) 8년(1472)에 [빙상]현을 [빙상]주로 승격시키고, 이승의 손자 이광녕(李廣寧)을 지주로 삼고 포정사(布政司)[127]에 직속시켰다. 이광녕에게 열 명의 아들이 있었는데, 이광녕이 죽자 여러 아들들이 [지주로] 되기를 다투었으나 매듭이 지어지지 않고, 3~4년이 지났다가 마침내 손자 이주(李珠)가 지주[의 관직]을 이었다. 가정(嘉靖) 10년(1531)에 이주가 죽으니, 친족 아우인 이진(李珍)·이각(李玨)이 자리를 다투다가 이진이 인신(印信)을 가지고 황촌(況村)으로 도주하자, 이각이 주의 일을 맡아서 처리하였다. [가정] 14년(1535)에 주목(州目) 이청(李淸)·조기(趙琪) 등이 이진을 모셔오기로 모의하고서, 사명부(思明府)의 황조(黃朝)에게 빙상주가를 사명부에 속하는 것을 허락했다. 황조가 드디어 병사를 보내어 이진을 빙상주로 모셔오게 하자, 이각은 경류(罄柳)로 달아났다. 곧 이진은 [빙상주가] 사명부에 속하게 된 것을 후회하였고 황조와 틈이 생겼는데, 황조는 이에 정부(情婦)가 낳은 황시방(黃時芳)을 이광녕의 손자라고 속이고 병사 천 명으로 그를 모셔오게 했다. 이때 이진은 음란하고 방탕하여 부민(部民)들에게 원망을 샀는데, 이에 이광녕의 막내아들 이환(李寰)이 존속[의 자격]으로 [이진을 지주에서] 폐하려고 도모하였다. 가정 17년(1538)에 이환이 드디어 이진을 죽이고 안남에 투항하자, 막등용(莫登庸)[128]이 그를 향도로 삼았다. 총독 채경(蔡經)이 부사(副使)

127) 布政司: 承宣布政使司의 간칭이다. 『明史』 卷75 「職官」4의 기록에 의하면, "承宣布政使司. 左右布政使各一人, 左右參政, 左右參議, 無定員...布政使掌一省之政, 朝廷有德澤禁令, 承流宣播, 以下於有司"라고 기록되어 있다. 즉, 포정사는 한 省의 戶口, 경작지 등의 조사와 등재를 포함한 모든 행정을 담당했다. 明初에는 元의 行中書省을 그대로 유지했지만 洪武 9년(1376)에 浙江, 江西, 福建, 北平, 廣西, 四川, 山東, 廣東, 河南, 陝西, 湖廣, 山西에 포정사를 두었으며, 永樂 5년(1407)에 交趾布政司를 두었다가 宣德 3년(1428)에 폐지했다. 永樂 11년(1413)에 귀주포정사를 설치해서 전국에 13포정사를 두었다.

128) 莫登庸: 宜陽 古齋 사람으로, 어려서 고기잡이를 생업으로 삼았다. 성장하면서 용맹하고 기력이 있었고, 武科에 力士 出身으로 합격하여 都指揮使 武川伯에 승진하였다. 官位가 太師 仁國公에 이르렀고 興安王에 봉해졌다(『大越史記全書』 卷15 「黎紀」 참조). 명측 기록인 『明文海』 卷349 蘓濬 「安南志」에는 "본래 廣東 廣州府 東莞縣의 蛋民으로, 부친이 安南 宜陽縣에 흘러들어가 社長이 되었다. 曰萍이라 이름 하였

옹만달(翁萬達)[129]에게 부탁하여 사로잡도록 하고 사죄(死罪)로 논하였다. 이에 이각과 이시방이 다시 서로 [지주의 관직을] 차지하려고 다투었는데, 황시방은 사명[부]의 세력을 의지하였으므로 주의 백성들이 모두 그를 지지하였다. 옹만달은 이각을 몰아내고 황시방을 사형으로 논죄하였으며, 다시 이불(李佛)을 세워 이진을 이어서 지주로 삼자, 빙상[주]가 드디어 안정되었다.

思恩
사은

思恩, 漢屬交阯. 唐爲思恩州, 屬邕, 乃澄州止戈縣地. 宋開寶間, 廢澄州, 以止戈·賀水·無虞三縣省入上林. 治平間, 以上林之止戈入武緣, 隷邕. 元屬田州路.

으며, 고기잡이를 업으로 삼았다. 勇力이 있어 黎睭가 莫登庸을 都力士로 삼았다"라고 기록하였다.

129) 翁萬達(1498~1552): 字는 仁夫이고 號는 東涯이다. 廣東 潮州府 揭陽(오늘날의 汕頭市 金平區 鮀浦 일대) 사람이다. 嘉靖 5년(1526)에 進士가 되어 官界에 진출하여 廣西 梧州府 知府를 역임하였다. 嘉靖 17년(1538)에 베트남의 莫登庸 父子가 帝位를 찬탈하고 광서의 土官들을 규합하여 명나라에 반란을 일으키자 황제가 兩廣總兵 仇鸞과 兵部尙書 毛伯溫에게 명하여 반란을 진압하게 하였다. 이때 翁萬達은 '대군으로 위협을 가하되 剿와 撫를 병행하여 항복하도록 압박한다'는 책략을 제시하여 毛伯溫과 兩廣總督 張經에게 받아들여져 중앙의 조정에 보고되었는데, 이것이 황제에게도 받아들여져 國策으로 채택되었다. 이에 翁萬達은 征南副使로 천거되어 활약하였다. 이 전쟁에서 翁萬達은 먼저 莫登庸에게 호응하는 少數民族 土司들의 叛亂을 평정하고 土官과 諸酋를 죽여서 안팎이 규합하는 통로를 차단하였다. 그런 후에 細作들을 安南으로 들여보내 적정을 염탐하고 내부에서 소요가 일어나도록 유도하니, 이미 고립무원이 된 莫登庸은 대세가 기울었음을 느끼고 투항하였다. 이리하여 명나라는 큰 전투를 치르지 않고도 승리하게 되었다. 兩廣總督 張經은 翁萬達의 신묘한 책략 때문에 승리하였다며 그의 공을 첫째로 돌렸고, 兵部尙書 毛伯溫도 翁萬達을 칭찬하는 상주문을 올렸다. 世宗은 嘉靖 20년(1541)에 翁萬達을 四川按察使로 승진시켰고, 그 후로 陝西左, 右布政使를 역임하였다. 또 兵部右侍郎總督宣(府)·大(同)·山西·保定軍務兼理糧餉·兵部尙書 등을 역임하면서 북변 방어를 지휘하여 몽골의 알탄(俺答) 칸이 거느리는 기병들의 남침을 막는데 주력하였다. 그리고 大同과 宣府 사이에 長城 800여 里를 쌓고 烽燧臺 300여 座를 쌓아 북변 방어에 만전을 기했으며, 매년 150만 兩에 달하던 변경 방어 비용을 절반으로 줄였다. 嘉靖 31년(1552)에 귀향하는 도중에 복건에서 사망하였다. 현재 전해지는 그의 저술로는 『東涯集』, 『稽愆集』, 『稽愆詩』가 있으며, 목록만 전하는 것으로는 『總督奏議』, 『三鎭兵守議』 等이 있다(『明史』 卷198 「翁萬達傳」).

歷代羈縻而已.

사은(思恩)은 한나라 때는 교지에 속했다. 당나라 때는 사은주(思恩州)였는데, 옹주에 속했으며 곧 징주(澄州) 지과현(止戈縣) 지역이다. 송나라 개보(開寶)130) 연간(968~976)에 징주(澄州)를 폐지하고 지과(止戈)·하수(賀水)·무우(無虞)의 세 현을 상림(上林)에 병합시켰다. 치평(治平)131) 연간(1064~1067)에 상림의 지과를 무연(武緣)에 병합시키고 옹주(邕州)에 예속시켰다. 원나라 때는 전주로(田州路)에 소속시켰다. 역대의 [사은은] 기미(羈縻)[주나현]일 따름이다.

明洪武二十二年, 田州府知府岑堅遣其子思恩州知州永昌貢方物. 二十八年, 歸德州土官黃碧言, 思恩州知州岑永昌旣匿五縣民, 不供賦稅, 仍用故元印章. 帝以不奉朝命, 命左都督楊文相機討之, 旣以荒遠不問. 永樂初, 改屬布政司, 時居民僅八百戶.

명 홍무 22년(1389)에, 전주부(田州府) 지부(知府) 잠견(岑堅)이 그 아들 사은주(思恩州) 지주(知州) 잠영창(岑永昌)을 보내 토산물을 공물로 바쳤다. [홍무] 28년(1395)에 귀덕주(歸德州)의 토관 황벽(黃碧)이 이르기를, 사은주 지주 잠영창이 다섯 현(縣)의 백성을 감추고 부세(賦稅)를 바치지 않으며, 망해버린 원나라의 인장(印章)을 여전히 사용하고 있다고 하였다. 황제가 [잠영창이] 조정의 명령을 받들지 않으므로 좌도독(左都督) 양문(楊文)132)에게 기회를

130) 開寶: 北宋 太祖(927~976; 재위 960~976)의 연호이다.

131) 治平: 北宋 英宗(1032~1067; 재위 1063~1067)의 연호이다.

132) 楊文(1350?~1406): 原籍은 直隸 和州 含山縣(오늘날의 安徽省 含山縣)이다. 그의 아버지 楊興이 元나라 至正 15년(1355)에 朱元璋에게 투항하여 管軍總管의 관직을 받았다. 至正 21년(1361)에 江州(오늘날의 江西省 九江市) 전투에서 사망하였다. 당시 楊文이 아직 어렸으므로 從軍할 수가 없어서 그의 叔父 楊旺이 대신해서 참전하였다. 그러다가 至正 23년(1363)에 楊旺도 鄱陽湖 전투에서 전사하였다. 楊文은 至正 24년(1364)부터 주원장의 군대에서 從軍하였다. 洪武 2년(1369)부터 이듬해에 걸쳐 楊文은 명군을 따라서 서북 지방의 鳳翔 等地를 종군하였다. 이때 세운 공을 인정받아 洪武 3년(1370)에 皇陵衛 百戶의 관직을 제수받았다. 洪武 4년(1371)에 廣西衛에 소속되었고, 그 후 그는 계속해서 남방에서 주둔하면서 군무를 집행하였다. 洪武 11년(1378)에 湖廣 安陸衛 右所의 試百戶를 제수받았다가

엿보아 토벌하도록 명령하였으나, 곧 [그 땅이] 거칠고 먼 곳에 있으므로 불문에 부치라고 명령하였다.[133] 영락 초년에 고쳐서 포정사에 소속시켰는데, 이때 주민은 겨우 8백 호였다.

永昌死, 子瑛襲. 宣德二年, 瑛遣弟璥貢馬. 正統三年進瑛職爲知府, 仍掌州事. 瑛有謀略, 善治兵, 從征蠻寇, 屢有功, 故有是命. 因與知府岑紹交惡, 各具奏, 下總兵官及三司議. 於是安遠侯柳溥等請陞思恩爲府, 俾瑛·紹各守疆土, 以杜侵爭, 從之. 六年, 瑛受屬挾詐事覺, 帝以土蠻宥不問, 令法司移文戒之. 瑛以府治僻隘, 橋利堡正當猺寇出沒之所, 且有城垣公廨, 乞徙置, 許之. 以思恩府爲思恩軍民府. 十二年設儒學, 置教授一員, 訓導四員, 俱從瑛請也.

잠영창이 죽자 그 아들 잠영(岑瑛)[134]이 뒤를 이었다. 선덕(宣德) 2년(1427)에, 잠영이 아우 잠경(岑璥)을 보내 말을 공물로 바쳤다. 정통(正統) 3년(1438)에 잠영의 관직을 승진시

이듬해에 본 위의 副千戶가 되었다. 洪武 17년(1384)에 楊文은 傅友德의 雲南 征伐에 종군하였고, 이듬해에는 공을 인정받아서 建昌衛 世襲 指揮僉事가 되었다. 洪武 25년(1392)에 建昌衛 指揮使인 月魯帖木兒가 叛乱을 일으키자 楊文도 藍玉을 따라 토벌에 동참하였다. 征討가 완료된 이후에 右軍都督府 都督僉事로 승진하고 世襲指揮使가 되었다. 洪武 27년(1394)에 倭寇가 浙東沿海를 침범하자 楊文은 황제의 명을 받들어 都督 劉德과 함께 절강 지방에서 왜구 방어를 지휘하였다. 燕王 朱棣가 靖難의 役을 일으키자 遼東 지방의 전략적 가치가 올라가게 되었는데, 惠帝는 楊文을 鎭守遼東으로 삼았다. 이에 楊文은 명나라의 첫 번째 遼東總兵官이 되었다. 楊文은 여러 차례 遼東의 병사들을 이끌고 산동 일대에서 남하하는 燕王軍을 견제하였으나 패전하여 결국 포로가 되었다. 영락제가 즉위한 후에 開國老將을 처형할 수 없다하여 석방하였으나 곧 病死하였다.

133) 관련사항은 『太祖實錄』 卷241 洪武 28년 9월 庚申條에 기록되어 있다.

134) 岑瑛(1386~1455): 字는 濟夫이며, 明나라 廣西土司로서 岑伯顔의 손자이다. 永樂 18년(1420)에 岑瑛은 兄인 岑瑞의 思明州 知州의 직책을 이어 받았다. 正統 元年(1436)에 朝廷에서 思明州를 思明府로 승격시키고 岑瑛을 廣西參政, 都指揮使로 加封하였다. 岑瑛은 조정으로부터 깊은 신뢰를 받는 土官이었다. 그는 휘하의 군사들을 거느리고 明 朝廷에 협력하여 여러 반란세력들을 공격하여 진압하였다. 이런 공로로 그의 관직도 수직으로 상승하여 正二品의 都指揮使가 되었는데, 당시 사람들로부터 '土臣之英杰者'라고 불렸다. 岑瑛의 家世에 대해서는 史書의 기록이 자세하지 않을뿐더러 서로 어긋나는 부분이 많다. 明代 『土官底簿』의 기록에 따르면, 岑瑛은 明初에 壯族 土官의 집안에서 출생하였다고 한다. 그의 祖父는 岑堅으로 원래는 田州府(府治는 오늘날의 田東縣 祥周鎭 祥周村舊州屯) 知府였다. 伯父 岑永泰, 아버지 岑永昌이 先後로 思恩州 知州로 부임하였다.

켜 [전주부] 지부(知府)로 삼고, 이전처럼 [사은]주의 일을 장악하게 하였다.[135] 잠영은 모략이 있고 병사들을 잘 다스렸으며 만구(蠻寇)들의 토벌에 종군하여 여러 번 공을 세웠으므로, 이렇게 명령한 것이었다. 이 일로 인해 [전주부] 지부 잠소(岑紹)와 사이가 나빠져서 각각 상주문을 올리니, 총병관(總兵官)과 삼사(三司)에 논의하도록 [안건을] 내려 보냈다. 이에 안원후(安遠侯) 유보(柳溥)[136] 등이 청하기를, 사은(思恩)을 승격시켜 부(府)로 삼고 잠영·잠소로 하여금 각각 [자신의] 강토를 지켜 침략하고 다투는 일을 그치게 하자고 하니, [황제가] 이를 허락하였다.[137] [정통] 6년(1441)에, 잠영이 기만행위를 묵인한 사실이 드러났으나 황제가 토만(土蠻)임을 이유로 용서하고 불문에 부쳤다.[138] 잠영이 [사은]부의 치소가 후미지고 좁은 곳에 위치하고 있는데, 교리보(橋利堡)는 요족(猺族)의 구적(寇賊)들이 출몰하는 곳에 위치하고 또 성벽과 관공서도 갖추어져 있으니 [치소를] 옮겨달라고 요청하자, 이를 허락하였다.[139] 사은부를 사은군민부(思恩軍民府)로 삼았다.[140] [정통] 12년(1447)에, 유학(儒學)[141]을 설치하고 교수(敎授) 1명, 훈도(訓導)[142] 4명을 두었는데, 이는 모두 잠영의 요청에

135) 관련사항은『英宗實錄』卷38 正統 3년 정월 壬寅條에 기록되어 있다.

136) 柳溥: 生卒年 未詳. 南直隸 安慶府 懷寧縣(오늘날의 安徽省 安慶市) 사람으로 明나라의 장수이다. 柳溥는 부친 柳升의 安遠伯 爵位를 세습하고 처음에는 中軍都督府事로 활동했으나 후에는 廣西로 가서 鎭守하였다. 청렴결백하고 행동거지가 조심스러웠다고 한다. 猺族과 僮族이 반란을 일으키자 柳溥는 柳州, 思恩 등지의 여러 寨들을 점령하여 반란을 진압하였다. 景泰 初年에 土木堡의 變이 발생하자 右軍都督府事로서 神機營을 總督하여 京師를 保衛하는 전투를 치렀다. 天順 初年에 宣府, 大同의 방어조직을 정비하였다. 후에 여러 차례 승진하여 太傅가 되었다. 陝西 지방으로 몽골이 침입하자 平虜大將軍으로서 방어에 나섰으나 성문을 닫고 나가서 싸우지 않았으며, 수십 명의 목을 베어 승전했다는 보고를 올려 탄핵을 당해 한직으로 물러났다가 다시 神機營을 관장하는 임무를 맡았다. 死後에 武肅이라는 謚號를 받았다(『明史』卷154「柳溥傳」).

137) 관련사항은『英宗實錄』卷60 正統 4년 10월 丙戌條에 기록되어 있다.

138) 관련사항은『英宗實錄』卷77 正統 6년 3월 戊戌條에 기록되어 있다.

139) 관련사항은『英宗實錄』卷83 正統 6년 9월 庚子條에 기록되어 있다.

140) 관련사항은『英宗實錄』卷147 正統 11년 11월 甲申條에 기록되어 있다.

141) 儒學: 명청시대에 각 지역에 존재했던 학교를 통칭하여 儒學이라고 하였다. 明나라의 學校는 대체로 宋元시대의 制度를 계승한 것이지만 府州縣 등 각 지방에 보편적으로 설치가 되었다는 점, 관리가 엄격하였다는 점, 그리고 학교가 과거와 결합하여 학교의 학생이 아니면 과거에 응시할 수 없었다는 점은 명나라(와 청나라) 학교의 특징이라 할 수 있다. 北京과 南京에는 國子監이 있었고 地方에는 府, 州, 縣에 존재한 학교 이외에 都司, 行都司 및 衛所에 학교가 설치되기도 하였다.

142) 訓導: 學官의 명칭이다. 明清시대 府, 州, 縣 儒學의 補助教職이다.『明史』「职官志」4에, '儒學 : 府, 教授

따른 것이다.[143)]

景泰四年, 總兵官陳旺奏:「思恩土兵調赴桂林哨守者, 離本府遼遠, 不便耕種, 稅糧宜暫免.」從之. 六月, 以瑛親率本部狼兵韋陳威等赴城操練, 協助軍威, 敕授奉議大夫, 賜彩緞, 韋陳威等俱給冠帶. 五年從瑛請建廟學, 造祭祀樂器. 又以瑛征剿瑤寇功, 免土軍今年應輸田糧之半, 進瑛從二品散官. 瑛屢領兵隨征, 以子鏜代爲知府. 鏜招集無賴, 肆爲不法. 瑛擧發其事, 請於總兵, 回府治之. 鏜聞其父將至, 自縊死. 事聞, 嘉其能割愛效忠, 降敕慰諭. 又以柳溥奏, 免思恩調用土軍千五百人·秋糧二千三百餘石.

경태(景泰) 4년(1453)에 총병관 진왕(陳旺)이 상주(上奏)하기를, "사은의 토병들로 계림(桂林)[144)]으로 징발되어 망보며 지키는 자들은 원래의 부(府)에서 멀리 떠나 있고 농사를 짓는 일도 편하지가 않으므로, 마땅히 세량(稅糧)을 잠시 면제해야 합니다"라고 하니, 이를 허락하였다.[145)] [그해] 6월에 잠영이 몸소 자신의 관할 하에 있는 낭인(狼人) 병사 위진위(韋陳威) 등을 이끌고 성에 이르러 훈련하고 군대의 위엄을 떨치는 일에 힘을 보태니, 칙서를 내려 봉의대부(奉議大夫)[146)]를 제수하고 채색 비단을 하사하였으며, 위진위 등에게도 모두 관대(冠帶)를 주었다.[147)] [경태] 5년(1454)에, 잠영의 요청에 따라서 학교에 공묘(孔廟)[148)]를

一人, 訓導四人. 州, 學正一人, 訓導三人. 縣, 教諭一人, 訓導二人. 教授, 學正, 教諭, 掌教誨所屬生員, 訓導佐之'라 기재되어 있고,『清史稿』「職官志」3에 '儒學 : 府教授, 訓導, 州學正, 訓導. 縣教諭, 訓導, 俱各一人'라 기재되어 있다.

143) 관련사항은『英宗實錄』卷150 正統 12년 2월 丁未條에 기록되어 있다.

144) 桂林: 현재 廣西 壯族 자치구 북동부에 있는 도시이다.

145) 관련사항은『英宗實錄』卷230 景泰 4년 6월 癸卯條에 기록되어 있다.

146) 奉議大夫: 文散官의 名稱이다. 金나라 때에 처음으로 正六品의 품계로 설치되었다. 元나라 때는 正五品으로 승격되었고, 明나라 때도 正五品으로 할당되었으며, 清나라 때는 폐지되었다.

147) 관련사항은『英宗實錄』卷230 景泰 4년 6월 乙巳條에 기록되어 있다. 단『英宗實錄』원문에 따르면 이때 景泰帝가 잠영에게 내린 散官은 正五品의 奉議大夫가 아니라 正三品의 正議大夫였다. 正議大夫가 되기 전에 잠영은 이미 正三品의 通議大夫였는데 (명의 正三品의 文散官은 初授嘉議大夫, 升授通議大夫, 加授正議大夫의 순서였다) 포상하면서 품계를 낮추는 일은 있을 수 없으므로『明史』本文의 기록은 오류이다.

건립하고 제사에 쓰는 악기를 만들었다. 또 잠영이 요족의 구적(寇賊)을 정벌하는 일에 공을 세웠으므로, 토군(土軍)들이 올해에 납부해야 할 전량의 절반을 면제하였고 잠영을 종2품의 산관(散官)[149]으로 승진시켰다.[150] 잠영은 여러 차례 병사를 이끌고 종군하였으므로 그 아들 잠빈(岑鑌)을 대신 지부로 삼았다. [그런데] 잠빈은 무뢰(無賴)[151]들을 불러 모아 거리낌

---

148) 孔廟: 공자의 사당인 孔廟의 종류를 분류하면, 세 가지로 나눌 수 있다. 첫째는 孔氏 家廟이다. 孔子는 전 479에 사망하였는데, 이듬해에 제자들이 그가 거주하던 3칸의 小屋을 사당으로 개조하고 孔氏의 族人들이 제사를 지냈다. 그렇게 283년을 경과한 후인 전 195년에 漢 高祖 劉邦이 몸소 曲阜의 孔廟에 이르러 공자에게 제사를 지낸 후에 家廟로서의 孔廟는 國廟로 성격이 변화되었다. 하지만 家廟로서의 孔廟는 남송시대에 다시 출현하였다. 화북 지방이 金나라에 점령당하자 공자 후손 가운데 일부가 남으로 도피하여 浙江 衢州에 建立한 孔氏 南宗의 家廟가 그것이다. 이리하여 孔氏의 家系와 家廟는 南宗과 北宗, 南廟와 北廟로 양분되었다. 南宗과 南廟는 孔子의 第48代孫인 衍聖公 孔端友가 族人들을 이끌고 浙江 衢州로 이주하여 건립한 것이다. 北宗은 曲阜에 그대로 남아 있던 孔氏 族人인 孔璠이 金 天眷 3년(1140)에 衍聖公의 작위를 계승함으로써 형성되었다. 둘째는 國廟이다. 여기에는 曲阜의 孔廟와 北京의 孔廟가 속한다. 이것은 전통시대 제왕과 관원들이 공자에게 오로지 제사지내는 용도로 활용되었다. 曲阜의 孔廟는 역대의 中央政府로부터 위임을 받은 孔氏 衍聖公(朝廷命官)이 관리했을 뿐만 아니라 國家의 재정적 후원을 받았다. 北京의 孔廟 역시 朝廷의 관원들이 관리하였으며 祭祀를 지내는 사람들도 皇帝 자신을 포함한 조정의 主要 관원이었다. 두 공묘는 漢代 이래 국가들의 이념적, 문화적 정통성을 보증하는 상징적인 廟宇였으므로 國廟라고 할 수 있다. 세째는 學廟이다. 이것은 역대의 왕조에서 儒教 經典을 공부하는 학교와 공자에게 제사지내는 廟를 결합시킨 것이다. 전국의 府州縣에 설치된 學校와 孔廟는 사실상 공간이 분리되지 않고, 같은 울타리 내에서 학교의 교육과 공자에 대한 제사가 행해졌다. 이런 의미에서 전국의 각 지방에 설치된 孔廟는 學廟라고 할 수 있다.

149) 散官: 官名은 존재하지만 고정된 업무가 없는 관원을 지칭하는 말로써 職事官에 대칭되는 말이다. 後漢 建安 연간(196~220)에 曹操가 처음 창시했으며, 北魏 天賜 원년(404)에 散官 5等을 두었다. 明 洪武 9년(1376)에 文武 散官의 품계를 정해, 文官의 경우 特進光祿大夫에서 將仕佐郎까지 42階를 두었으며, 武官은 特進光祿大夫에서 忠顯校尉까지 30階를 두었다.

150) 관련사항은 『英宗實錄』 卷248 景泰 5년 12월 壬寅條에 기록되어 있다.

151) 無賴: 무뢰는 棍徒, 土棍, 光棍, 奸人, 桀黠者, 破落戶 등 다양한 용어로 불리던 존재였다. 이들은 평소에 인간으로서의 최소한도의 본분도 지키지 않고 별로 재산도 없으면서 정상적인 생업에는 종사하지 않으며, 크고 작은 집단을 조직하여 폭력과 사기 같은 불법행위를 통해 사회에 기생하며 살아가는 자들이었다. 이들은 중국 고대사회에서부터 출현하였으나 명나라 중기인 15세기 중엽에서 16세기 중엽부터 뚜렷한 하나의 사회계층으로 출현하여 '黑社會'를 지배하며 백성에게 해를 끼치는 존재였다. 이들이 명 중기에 대대적으로 출현하는 까닭은 명나라의 지배체제였던 里甲制가 이 무렵에 심각하게 와해되면서 향촌을 떠나 유랑하는 무리가 증대하고, 그 중의 일부가 도시로 유입하였으나 제대로 정착하지 못하고 방황하는 현상이 지속되었기 때문이다. 무뢰의 존재 양태는 대략 아홉 가지로 정리할 수 있다. 도시나 수륙교통의 요지를 중심으로 주로 불법과 폭력을 배경으로 재물을 손에 넣는 일종의

없이 불법을 행하였다. 잠영이 그 사실을 적발하고는 총병에게 [사은]부(府)로 돌아가서 그를 징치하기를 청하였다. 이 사태를 다스리도록 해달라고 요청하였다. 잠빈은 아버지가 곧 온다는 소식을 듣고 스스로 목을 매달아 죽었다. 이 사실이 보고되자 [황제는 잠영이 사사로운] 애정을 끊고 [나라에] 충성을 바친 행동을 아름답게 여겨, 칙서를 내려서 위로하고 효유하였다.[152] 또 유보(柳溥)의 상주(上奏)에 따라서 사은부에서 징발하는 토군(土軍) 1,500명과 추량(秋糧)[153] 2,300여 석을 면제하였다.[154]

天順元年, 戶部奏:「思恩存留廣西操練軍一千五百人, 有誤種田納糧. 乞分爲三班, 留五百人操練, 免其糧七百七十餘石. 放回千人耕種, 征其糧千五百四十餘石, 俟寧靖日放回全征.」從之.

천순(天順)[155] 원년(1457)에 호부(戶部)에서 상주(上奏)하기를, "사은에 머무르는 광서(廣西)의 조련군(操練軍) 1,500명은 토지를 경작하고 세량을 납부하는데 착오가 있었습니다.

조직폭력배인 打行. 원래는 부두에서 물자의 하역노동을 담당하던 양민이었으나 광곤이나 곤도들이 끼어들어 무뢰로 변질시킨 脚夫. 객상과 농민을 대상으로 불법적인 아행 행세를 하면서 중간에서 이익을 갈취하는 白拉과 白賴. 아문을 출입하면서 관리의 부정에 관한 정보를 수집하거나 신사나 세력가, 민간의 행동을 염탐하여 관리의 고과나 징세, 재판 시에 사적 보복수단으로 활용한 窩訪과 訪行. 소송 과정에 개입하여 소장 작성, 소송 대행은 물론 소송을 걸도록 사주하는 등의 불법 행위를 통해 이익을 챙기는 訟師. 부자들에게 아첨을 떨고 그들을 즐겁게 해줌으로써 돈을 우려내는 帮閑. 돈이나 음식을 구걸하는 乞丐. 이처럼 다양한 무뢰들은 개인인 동시에 여러 무뢰집단에 가입하기도 했고, 평소에 서로 경쟁하면서도 이해관계에 따라서는 서로 교유하며 협조하기도 하였다. 그러므로 이런 다양한 무뢰집단들의 활동은 실제로는 구분하기 어렵게 중첩되어 있었다. 그리고 삼삼오오로 구성된 무수한 소규모의 무뢰 집단들도 어떤 형태로든지 대집단과 연결되어 불법적인 이득을 얻었다. 그리고 국가권력이 강력하고 평화스러운 시절에는 이들의 활동이 위축되었지만, 국가권력이 해이하고 동란이 발생한 시기에는 활발해지기도 하였다(吳金成, 2007: 374~397).

152) 관련사항은『英宗實錄』卷259 景泰 6년 10월 癸亥條에 기록되어 있다.

153) 秋糧: 官府에서 가을에 징수하던 田賦를 지칭하던 용어이다.『明史』「食货志」2에 보면, '租 曰夏稅, 曰秋糧, 凡二等. 夏稅無過八月, 秋糧無過明年二月'이라 기재되어 있다.

154) 관련사항은『英宗實錄』卷254 景泰 6년 6월 庚辰條에 기록되어 있다.

155) 天順: 명 왕조 제6대 황제인 英宗이 자신의 동생인 朱祁鈺(景泰帝)를 황위에서 몰아내고 다시 황위에 오른 후 天順이란 年號를 사용했다.

청컨대 세 무리로 나누어서 500명은 머물러 조련하고, 그들이 [내야 할] 세량 770여 석은 (납부를) 면제하게 하십시오. 1,000명은 돌아가서 경작하게 하고 세량 1,540여 석을 징수하되, [지방이] 평온해지는 날을 기다려 돌려보내고, 모두에게서 [세량을] 징수하게 하십시오"라고 하니, [황제가] 이를 허락하였다.[156]

三年, 鎭守中官朱祥奏請量遷瑛都司軍職. 帝以瑛歷練老成, 累有軍功, 改授都指揮同知, 仍聽總兵官鎭守調用, 以其子鐩爲知府.

천순(天順) 3년(1459)에 진수중관(鎭守中官)[157] 주상(朱祥)이 상주(上奏)하기를, 사정을 헤아려 잠영의 도사(都司)[158] 군직을 옮기도록 청하였다. 황제는 잠영이 경험이 풍부하고 노련하며 여러 차례 군공을 세웠다며, 고쳐서 도지휘동지(都指揮同知)의 벼슬을 제수하고 이전처럼 총병관이 진수하는데 조용(調用)하는 것을 허락하고, 그 아들 잠수(岑鐩)는 지부(知府)로 삼았다.[159]

成化元年遣兵科給事中王秉彛齎敕獎諭瑛父子, 幷賜銀幣. 二年命給瑛父母妻誥命, 從總兵趙輔請也. 十四年, 瑛卒. 瑛自襲父職, 頻年領兵於外, 多所斬獲. 歷陞知府·參政·都指揮使. 年且八十, 尙在軍中. 旣卒, 鐩以誥請, 帝念其勞, 特賜之.

---

156) 관련사항은 『英宗實錄』 卷295 天順 2년 9월 乙酉條에 기록되어 있다.

157) 鎭守中官: 鎭守는 한 지방을 總鎭하는 자라는 뜻으로 明代 武官職의 하나였는데, 洪熙 元年(1425)에 환관인 王安이 감숙성의 鎭守가 됨으로 최초로 환관이 鎭守에 임명되었고, 이후 正統 연간(1436~1449)에는 각 省의 여러 鎭에 환관이 두루 임명되었다. 鎭守太監, 鎭守宦官, 鎭守中官이라고도 부르는데, 이러한 명칭은 이로부터 나타났다. 그러나 이는 嘉靖 8년(1529)에 革罷되었다. 『明史』 卷73 「職官」3 宦官條 참조.

158) 都司: 都指揮使司의 약칭으로, 明 초기 전국 각지에 衛所를 설치하면서 이를 관할하는 지방 최고의 군사기관으로 세워졌다. 전국에 13개의 都指揮使司와 3개의 行都指揮使司를 요충지에 설치했는데, 후에 都指揮使司의 수가 16개로 증가했다. 이 기관의 장관인 都指揮使(正二品)는 중앙의 五軍都督府에 예속되어 있으면서, 都指揮同知와 都指揮僉事의 보좌를 받아 지방의 군정을 관장했다.

159) 관련사항은 『英宗實錄』 卷305 天順 3년 7월 庚辰條에 기록되어 있다.

성화(成化) 원년(1465)에, 병과급사중(兵科給事中)[160] 왕병이(王秉彝)에게 칙서를 주어 보내 잠영 부자를 격려하며 효유하고, 아울러 은폐(銀幣)를 하사하였다.[161] [성화] 2년(1466)에 잠영의 부모와 처에게 고명(誥命)[162]을 주도록 명했는데, 총병 조보(趙輔)의 청에 따른 것이

160) 給事中: 秦代에 처음으로 설치된 관직이다. 明代에는 관료들이 올리는 章奏의 시비를 가리고 六部 諸司를 감찰하고 百官을 彈劾하면서 御史와 상호보완 작용을 했다. 이 밖에 鄕試에서는 考試官으로, 會試에서는 同考官으로, 殿試에서는 受卷官으로 활동했다. 宗室이나 諸藩을 册封하거나 혹은 외국에 나가서 황제의 上諭를 반포할 때 正副使에 충당되었고 冤訟을 처리하기도 했다. 품계는 낮으나 권한은 막중하였다. 洪武 6년(1373)에 給事中(正七品) 12명을 두었는데, 처음으로 吏·戶·禮·兵·刑·工 六科로 나누어 각각 分科의 일을 담당하게 했다. 洪武 9년(1376)에는 定員을 10명으로 정했고, 洪武 10년(1377)에는 承敕監에 소속시켰으며, 2년 뒤에는 通政司로 소속을 변경했다. 후에 점차 정원이 늘어나서 81명이 되었다. 洪武 24년(1391)에는 六科에 각각 都給事中(正八品) 1명과 左右給事中(從八品) 各 1명 그리고 給事中 40명(正九品)을 설치했다. 이들은 吏科에 4명, 戶科에 8명, 禮科에 6명, 兵科에 10명, 刑科에 8명, 工科에 4명이 배치되었다. 建文 연간(1399~1402)에는 都給事中을 正七品, 給事中을 從七品으로 품계를 올리고 左右給事中은 폐지하였다. 永樂 연간(1403~1425)에는 다시 左右給事中을 설치하고 從七品으로 했으며, 六科官署를 午門 밖 直房에 설치했다. 그 후로 各科의 人員에 수시로 增減이 있었다. 淸初에도 明의 制度를 계승하여 역시 給事中을 두었는데, 고정된 정원은 없었다. 順治 18년(1661년)에 都給事中, 左右給事中에 滿漢 各 1명씩 두었다. 滿人은 正四品, 漢人은 正七品이었다. 康熙 연간(1661~1722)에는 都給事中을 掌印給事中으로 고치고 滿漢 各 1명씩 두었는데, 모두 正七品이었다. 아울러 滿漢 각 1명씩의 給事中을 두었는데 모두 正七品이었다. 雍正 初에는 皇權을 강화하면서 六科를 都察院에 편입시켰는데, 監察御史와 合稱하여 科道라고 칭했다. 諫諍, 題本에 대한 抄錄, 章奏의 審核, 六部·諸寺·府·監에 대한 監察임무는 수행했지만 황제의 詔令에 대한 검토는 유명무실해졌다. 雍正 7년(1729)에 正五品으로 품계가 올랐다. 이후 光緖 32년(1906)에 官制를 改革할 때, 六科는 폐지했으나 給事中 20명은 그대로 두고 都察院에 소속시키고, 이전 六科에서 담당하는 업무를 장악하도록 했다.

161) 관련사항은 『憲宗實錄』 卷13 成化 원년 정월 乙亥條에 기록되어 있다.

162) 誥命: 誥와 命을 말한다. '誥'란 황제가 밑에 사람들에게 고하는 말이며, '命'은 명령을 내리는 말을 뜻한다. '誥書'라고도 불리며 보통 황제가 관원에게 벼슬을 내릴 때 사용했던 문서이다. 황제가 관원을 임명하거나 追贈하는 데 사용하는 문서이다. 明代에 公·侯·伯을 追封할 경우에는 모두 1등급을 승진시켰고, 三品 이상으로 정치의 업적이 대단히 뛰어나거나 死諫·死節·陣亡者는 모두 贈官하였다. 現任에 있는 자가 처음으로 散階를 제수 받거나, 京官으로 一考(즉, 3년간의 평가)가 끝난 자 및 外官으로 一考가 끝난 자 중에서 성적이 으뜸인 자에게는 모두 본인에게 誥敕을 지급하였다. 七品 이상인 자는 모두 그 선조를 推恩할 수 있었으며, 五品 이상은 誥命을, 六品 이하는 敕命을 내려 제수하였다. 살아있는 자에게 제수하는 것을 封이라 하고, 죽은 자에게 제수하는 것을 贈이라 하였다. 誥命과 勅命은 모두 일반문서와는 달리 당시 매우 귀중했던 絲織物 위에 기록하였다. 明代의 誥命과 勅命은 工部 소속의 神帛制勅局, 즉 후에 南京織染局이라 칭하는 곳에서 織造하였다. 참고로 淸代에는 江寧織造에서

었다.[163] [성화] 14년(1478)에 잠영이 죽었다. 잠영은 아비의 관직을 이어받은 이래 해마다 병사를 밖으로 이끌고 가서 [정벌에 동참하여] 많은 적들을 참수하고 포로로 사로잡았다. 차례로 지부(知府)·참정(參政)[164]·도지휘사(都指揮使)로 승진하였다. 나이가 여든이 되어서도 오히려 군중(軍中)에 머물렀다. 죽은 후에 [아들] 잠수가 고명(誥命)을 내려주기를 청하자, 황제가 그의 공로를 참작하여 특별히 내려준 것이다.[165]

十六年, 田州府土目黃明作亂, 知府岑溥避入思恩, 鐩會鎭守等官討平之. 巡撫朱英請獎鐩功. 鐩死, 子濬襲.

[성화] 16년(1480)에, 전주부(田州府)의 토목(土目)[166] 황명(黃明)이 난을 일으켜 지부 잠부(岑溥)가 피하여 사은으로 들어가자, 잠수(岑鐩)가 진수(鎭守) 등의 관원과 회동하고 그를 토벌하여 평정하였다. [이에] 순무(巡撫)[167] 주영(朱英)[168]이 잠수의 공을 [표창하기를] 청하

만들었다. 한편 誥命과 勅命은 卷軸형식으로 만들고, 蒼色, 靑色, 黃色, 炙色, 黑色의 다섯 색깔로 나누어지며, 官品 등급의 고저에 따라 그 圖案과 軸頭도 엄격하게 구별되었다. 明代의 규정으로는 親王의 책봉 시에 親王의 생모는 夫人으로 봉하여 誥命을 주는데 圖案은 鳳錦이라 하였다. 鎭國將軍 및 夫人은 玉軸을, 輔國將軍 및 夫人은 犀牛角軸을 받는 등 각각 등급에 따른 규정이 있었다.

163) 관련사항은 『憲宗實錄』 卷30 成化 2년 5월 丁丑條에 기록되어 있다.

164) 參政: 宋에서는 最高 政務長官의 하나인 參知政事를 일컫는 말로서 平章事, 樞密使, 樞密副使와 함께 宰執으로 칭해졌다. 元에서는 中書省의 平章政事, 左, 右丞 아래에 參政을 두었다. 明代에는 各 省의 布政使 아래에 左右參政을 설치하고 各 道를 나누어 관할하게 하였다. 淸 入關 이전에는 六部와 理藩院에 承政과 參政을 두었는데, 順治 元年(1644)에는 이를 각각 尙書와 侍郞으로 고쳤다. 이로 보아 參政의 지위는 侍郞과 유사했음을 알 수 있다. 淸初에는 各 省의 布政使 아래에도 參政, 參議를 설치하였는데, 乾隆 18년(1753) 이후 폐지했다.

165) 관련사항은 『憲宗實錄』 卷175 成化 14년 2월 辛酉條에 기록되어 있다.

166) 土目: 土司制度 下에서 土司에 隷屬된 一種의 官銜이다. 封土와 軍隊 등을 옹유하여 文武를 兼理하는 비교적 높은 지위이며 世襲하는데, 그들의 권력은 시기와 지역에 따라 달랐다.

167) 巡撫: 본래는 지방을 巡視하면서 그 지역의 按撫를 담당했던 임시관원이었다. 唐 高宗 때에 河南과 河北 일대에 발생한 재해 구제를 위해 처음 설치되었으며, 이후 安撫, 存撫, 宣撫 등의 명칭으로 불리면서 구휼을 담당한 특별 관원이었다. 宋代에 이르러 정식 관원으로 등장했으며, 관직의 고저에 따라 巡撫大使, 副大使, 安撫使 등의 명칭으로 불렸지만 관직이 낮은 자에게는 '使'자를 뺀 巡撫라 칭했다. 明初에 이르러서도 정식 지방관은 아니었으며, 事案이 해결되면 職務가 정지되었다. 그러나 宣德 5년

였다. 잠수가 죽자 아들 잠준(岑濬)이 뒤를 이었다.[169]

(1430)에 각 省에 정식으로 설치됐으며, 清代에는 각 省에 고루 설치돼 軍政과 관리들의 평가, 구휼 등을 폭넓게 담당했다.

168) 朱英(1416~1484): 字는 時杰이고, 號는 誠菴이다, 湖南 桂陽縣(오늘날의 汝城) 사람이다. 明나라 중기의 저명한 政治家이자 理學家이며 詩人이다. 다섯 살 때 아버지를 여의고 어머니로부터 교육을 받았다. 아홉 살 때 과거공부를 시작하여 열다섯 살에 縣學生員이 되었다. 『毛詩』와 『尙書』를 집중적으로 익혔다. 열아홉 살에 廩生으로 선발되었다. 正統 9년(1444)에 湖廣 향시에서 합격하여 擧人 학위를 취득하였다. 이듬해인 正統 10년(1445)에 族兄인 朱海와 함께 殿試를 통과하여 進士 학위를 취득하였고, 당시 北京 사람들로부터 雙鳳이라고 불리게 되었다. 兵部에서 觀政進士로 활동하였다. 正統 12년(1447)에 浙江道 監察御史의 관직을 제수받았고, 景泰 3년(1452)에 廣東布政司 右參議로 승진하였으며, 天順 6년(1462)에는 廣東布政司 參政으로 승진하였다. 成化 元年(1465)에는 陝西布政司 右參政으로 자리를 옮기고, 成化 5년(1469)에는 福建 右布政使로 두 해 뒤에는 陝西 左布政使로 成化 10년(1474)에는 都察院右副都御史 겸 甘肅巡撫가 되었다. 이듬해에는 總督兩廣軍務兼理巡撫가 되었다. 成化 20년(1484)에는 북경으로 돌아와 掌都察院事 겸 太子少保가 되었으며, 이듬해인 成化 21년(1485)에 사망하였다. 榮祿大夫·太子太保를 추증하였다. 正德 14년(1519)에는 恭簡이라는 諡號를 내렸다. 兩廣總督으로 재직할 당시 朱英은 군대의 기강을 바로잡고 군사들을 단속하였으며 허장성세를 부리며 出兵을 청하거나 멋대로 살육하는 행위를 엄금하였다. 그리고 招撫한 瑤族과 壯族의 서민들을 戶籍에 편입시키고, 토지와 농사짓는 소를 나누어 주고 3년간의 賦稅 징수를 면제하여 이들이 安居樂業할 수 있게 하였다. 반면에 招撫를 거부하는 자들에 대해서는 토벌하고 목을 베었다. 요충지에 대해서는 미리 군량과 馬草를 비축하여, 긴급하게 원격지 수송을 하는 일이 없게 하여 병사와 서민들이 休養生息할 수 있도록 하였다. 이에 양광 지방에서 반란에 참가하였던 자들 가운데 귀순하는 자들이 날로 늘어나서 새로이 戶籍에 등록한 戶가 4만 3천여 口가 15만여에 달했다. 동시에 均徭法을 실시하여 10년에 한 번 勞役을 제공하도록 하고 9년은 쉬도록 하니, 백성들의 사정이 크게 나아졌다. 이런 일련의 정책들을 陝西, 福建, 甘肅 등지에서 관료로 활동했을 때에도 실시하였는데, 후에 조정에서는 이것들을 전국적으로 확대하여 실시하였다. 甘肅巡撫로 부임했을 때는 皇帝에게 28個條의 건의를 제출하였는데, 그 내용은 병사를 훈련시키고 군량을 비축하는 일, 둔전을 경작하는 일, 소수민족에게 유화책을 시행하는 일, 유리 방랑하는 자들을 안정시키는 일, 조공 바치러 오는 사신들에 대한 접대를 간소하게 하는 일 등에 관한 것으로 모두 변방의 요충지를 방어하는데 극히 필요한 사안들이었다. 成化 16년(1480)에 베트남이 라오스를 침범하자 조정에서 대신들이 이 사건을 처리하는 방책을 兩廣總督 朱英에게 질문하였다. 朱英은 '安南은 작은 나라여서 라오스와 변경의 작은 땅을 다투고 있을 뿐입니다. 먼저 聖諭를 내려서 그들 각자에게 본분을 지키고 輕擧妄動하지 못하게 하되 만일 이에 따르지 아니하면 군대를 내어 토벌하면 됩니다'고 답변하였다. 이에 황제는 그의 방책을 채택하여 시행하니, 베트남에서 謝罪하는 表文을 올리고 服從하였으므로 전쟁이 일어나는 것을 막을 수 있었다.

169) 관련사항은 『憲宗實錄』 卷199 成化 16년 정월 戊戌條에 기록되어 있다.

弘治十二年，田州土官岑溥爲子猇所殺，猇亦死．次子猛幼，頭目黃驥·李蠻構難，督府命濬調衆護猛．驥厚賂濬，幷獻其女，且約分地與濬．濬以兵屬驥，送猛至田州．不得入，猛遂久留濬所．及總鎭諸官攝濬，乃出猛襲知府．濬從索故分地，不得，怒，約泗城·東蘭二州攻劫田州，殺掠萬計，城郭爲墟．濬兵二萬據舊田州，劫龍州印，納故知府趙源妻岑氏．及總兵官詣田州勘治，黃驥懼，匿濬所．先是，濬築石城於丹良莊，屯兵千餘人，截江道以括商利，官命毁之，不聽．會官軍自田州還，乘便毁其城．濬兵來拒，殺官軍二十餘人．官軍敗之，俘其目兵九人．總鎭及巡按等官請治濬罪，而參政武淸納濬賂，曲護之．

홍치(弘治) 12년(1499)에 전주(田州) 토관 잠부(岑溥)가 아들 잠효(岑猇)에게 살해되고, 잠효 역시 죽었다. 둘째 아들 잠맹(岑猛)은 어렸는데, 부락의 우두머리 황기(黃驥)·이만(李蠻)이 원수가 되어 서로 싸우자 독부(督府)는 잠준(岑濬)에게 무리를 징발하여 잠맹을 보호하도록 명령하였다. 황기는 잠준에게 많은 뇌물을 주고 딸을 바쳤으며, 또 땅을 나누어 잠준에게 주기로 약속하였다. 잠준은 병사들을 황기에게 맡기고 잠맹을 전주로 보냈다. 잠맹이 전주로 들어가지 못하고서 마침내 오랫동안 잠준의 처소에 억류되었다. [이에] 총진(總鎭)의 여러 관원들이 잠준을 체포하고 곧 잠맹을 구출하여 지부(知府)의 관직을 잇도록 하였다. 잠준은 곧 이전에 나누기로 했던 땅을 요구했으나 얻지 못하자, 노하여 사성(泗城)[170]·동란(東蘭)[171] 두 주[의 사람들을] 이끌고 전주를 공격하여 죽이고 노략질 한 것이 만을 헤아렸으며

170) 泗城州: 宋나라 皇佑 연간(1049~1054)에 州를 설치하였는데, 治所는 오늘날 廣西 凌雲縣의 西南쪽에 두었다. 明나라 때는 治所를 오늘날의 凌雲縣으로 옮겼다. 淸나라 順治 초년에 府로 승격되었다가 얼마 지나지 않아서 軍民府가 되었다가 雍正 연간에 다시 府가 되고 流官이 설치되었다. 乾隆 초년에 凌雲縣에 府治를 증설하고 그 境內를 확장하였는데, 오늘날 廣西 西部의 布柳河, 澄碧水 流域 서쪽 지방이었다. 그러나 1913년에 폐지되었다.

171) 東蘭州: 廣西 서북부에 위치한 지금의 東蘭縣이다. 雲貴高原 지대의 남쪽 가장자리에 위치해 있으며, 紅水 중류지방에 해당한다. 동으로는 金城江 유역, 西로는 鳳山縣, 南으로는 大化縣과 巴馬縣, 북으로는 南丹縣과 天峨縣에 접해 있으며, 廣西壯族自治區의 首府인 南寧市와는 308km 떨어져 있다. 아열대 기후 지역에 속하여 비가 많고 따뜻하여 土地, 森林, 生物, 鑛物 등의 천연자원이 풍부하다. 沿革을 살펴보면 秦나라 때, 지금의 東蘭縣 東部 지역은 桂林郡에 西部 지역은 象郡에 속했다. 後漢, 三國시대에는 吳나라 鬱林郡에 속했다. 晋나라 때는 桂林郡 龍剛縣(오늘날의 宜山)에 속했다. 南朝 초에는 晋의

성곽을 폐허로 만들었다. 잠준의 병사 2만은 옛날의 전주를 점령하고 용주(龍州)[172] 지주의 인장을 빼앗아 고인이 된 지부 조원(趙源)의 처 잠씨(岑氏)에게 바쳤다. 총병관이 전주에 이르러 진상을 조사하고 징치하자, 황기가 두려워하여 잠준의 처소에 숨었다. 이에 앞서 잠준은 단량장(丹良莊)에 돌로 성을 쌓고 병사 천여 명을 주둔시키고, 수로를 막아 상업의 이익을 독차지 하자 관에서 이를 허물도록 명령했으나 따르지 않았다. 마침 관군이 전주에서 돌아오면서 기회를 잡아 그 성을 허물었다. [이에] 잠준의 병사들이 와서 저항하고 관군 20여 명을 죽였다. 관군이 그들을 무찌르고 그들의 우두머리 격인 병사 9명을 사로잡았다. 총진(總鎭)과 순안(巡按)[173] 등의 관원들이 잠준의 죄를 다스리도록 요청하였으나, 참정(參政) 무청(武淸)

제도를 계승하였으나 梁나라에서는 馬平郡에 소속되었다. 隋나라 때는 다시 鬱林郡에 속했고, 唐나라 때는 오늘날 東蘭縣의 땅이 嶺南道와 黔中道로 나뉘어 속했다. 五代 때는 楚에 속했으며, 宋나라 崇寧 5년(1106)에는 納土歸朝하였으므로 蘭州와 文州를 설치하고 慶遠府에 소속되었다. 元나라 때는 蘭州를 東蘭州로 개칭하고 慶遠南丹溪洞等處軍民安撫司에 소속시키고 州治를 오늘날의 蘭陽에 두었다. 明나라 洪武 12년(1379)에 安習州, 忠州, 文州를 병합하여 東蘭州에 소속시켰는데, 東蘭州는 慶遠府의 관할로 했고 州治를 오늘날의 蘭陽에 두었다. 成化 11년(1475)에 州治를 오늘날의 武篆鎭으로 옮겼는데, 嘉靖 14년(1535)에 東蘭의 土知州 韋起雲이 州治를 武篆에서 東院哨(오늘날의 縣城)으로 옮긴 이후 지금까지 변경되지 않았다. 淸나라 雍正 8년(1730)에 改土歸流하여 東蘭州로 칭하고 慶遠府 관할로 삼았다.

172) 龍州: 오늘날의 廣西 龍州縣이다. 廣西 西南部에 위치하고 있으며, 廣西의 首府인 南寧市에서 200km 떨어져 있고, 東으로는 崇左市 江州區, 南으로는 寧明縣과 憑祥市, 北東쪽으로는 大新縣, 北西쪽으로는 베트남과 경계를 접하고 있다. 唐나라 武德 4년(621)에 龍州를 설치하고 治所를 龍城(오늘날 廣西 龍州縣 北쪽)에 두고서 龍城, 柳嶺 두 縣을 관할하게 하였다. 貞觀 7년(633)에 柳嶺縣은 龍城縣에 병합시켜 南昆州에 소속시키고, 龍州를 폐지하였다. 元나라 때는 萬戶府를 설치하고, 치소를 오늘날의 龍州縣으로 옮겼다. 明나라 洪武 초년에 다시 龍州를 회복시켰다가 淸나라 雍正 3년(1725)에 폐지하였다.

173) 巡按: 巡按御史를 의미한다. 唐 天寶 5년(746)에 관원을 파견하여 '巡按天下風俗, 黜陟官吏'했다는 데에서, 巡按이라는 명칭이 처음으로 등장한다. 明 永樂 元年(1403) 이후에 정식으로 御史들의 巡按制度를 확립하고 13道監察御史 110명을 선발하였으며, 그들 가운데서 다시 巡按御史를 뽑아 각지에 파견했다. 13道監察御史 가운데서 巡按御史를 골라서 파견하는 절차는 무척 엄격하였다. 巡按御史 1명을 선발하기 위해 먼저 都察院에서 2명의 후보자를 골라서 황제에게 천거하면 황제가 그들을 引見한 후에 1명을 골랐다. 보통은 수도에서 업무를 보았지만(內差 혹은 常差라 불렀다), 황제의 명에 따라 특정 지방의 문제를 해결하기 위해 순시를 할 경우(外差 혹은 特差라 불렀다), 巡按御史라 불렀다. 경우에 따라서는 각 지역의 소금이나 漕運 문제를 살펴보기 위해 중앙에서 파견한 巡鹽御史나 巡漕御史도 있었다. 보통 監察御史는 正七品이었지만, "代天子巡狩"라는 말에서도 알 수 있듯이(『明史』 卷73 「職官」2), 天子의 巡狩를 대신하는 임무를 맡았으므로 各 省 및 府, 州, 縣의 行政長官들이 모두 그의 감찰 대상이 되었다. 大事는 皇帝의 裁決을 奏請했고, 小事는 즉시 處理하였으므로 권한이 막중했다. 淸初에도 巡按御史를 두었으나 順治 17년(1660)에 폐지했다.

은 잠준의 뇌물을 받고서 사리에 어긋나게 그를 비호하였다.[174)]

濬從弟業少從中官京師, 仕爲大理寺副三司. 總鎭請敕業往諭, 兵部以濬稔惡, 非業所能諭責, 宜敕鎭巡召濬至軍門, 諭以朝廷威德, 罪其首惡, 反侵地, 納所劫印, 幷官私財物, 乃可赦. 總督鄧廷瓚奏:「濬屢撫不服, 請調官軍土兵分哨逐捕按問. 如集兵拒敵, 相機剿殺, 幷將田州土官岑猛一幷區處, 以靖邊疆.」十六年, 總督潘蕃奏:「濬僭叛, 當用兵誅剿. 今濬從弟岑業以山東布政司參議在內閣制敕房辦事, 禁密之地, 恐有泄漏.」吏部擬改調, 而業亦奏乞養去. 十七年, 濬掠上林·武緣等縣, 死者不可勝計. 又攻破田州, 猛僅以身免, 掠其家屬五十人. 總鎭以聞, 兵部請調三廣兵剿之.

잠준의 종제(從弟)[175)]인 잠업(岑業)은 어려서 중관[176)](中官)을 따라 경사(京師)로 가서 대리시(大理寺)[177)] 부삼사(副三司) 벼슬을 살았다. 총진(總鎭)이 요청하기를, [황제가] 잠업에게 칙서를 내려 [잠준에게] 가서 효유하게 하자고 하자, 병부(兵部)에서는 잠준의 죄악이

174) 관련사항은 『孝宗實錄』 卷149 弘治 12년 4월 甲午條에 기록되어 있다.

175) 從弟: 伯父나 叔父의 아들로서 자기보다 나이가 어린 자를 지칭한다.

176) 中官: 內職의 官, 京官 등의 뜻이 있지만 일반적으로 환관을 일컬으며 閹人, 寺人이라고도 한다. 중국에서는 周代부터 淸末까지 환관이 있었는데, 『明史』 卷74 「職官志」3 宦官條에 의하면, 명나라 때의 환관기관으로는 宦官十二監이 있었고, 이들 기관에서 政事에 관여하지 않은 것이 없었다. 특히, 司禮監은 그 중심에 있었고, 각 기관에는 太監(正四品), 小監(從四品), 監丞(正五品), 典簿(正六品, 從六品인 長隨, 奉御 등의 職官이 있었다.

177) 大理寺: 刑獄 案件의 審理를 담당하는 官署 이름이다. 秦漢시대의 刑獄 담당 관원은 廷尉라고 하였는데 前漢 景帝와 哀帝, 後漢 獻帝, 南朝 梁 武帝 때 각각 廷尉를 大理로 고쳤으나 모두 곧 원래대로 복구하였다. 北齊에서 大理寺라고 고친 이후 각 왕조에서 모두 이를 계승하여 定制가 되었다. 고대에 刑을 장악하는 자를 士나 理라고 하였는데, 漢 景帝가 大字를 덧붙여서 大理가 되었다. 大理寺에서 斷案한 것은 반드시 刑部에 보고하여 심의를 받도록 하였다. 唐나라에서는 重大案件은 大理寺卿과 刑部尙書 및 刑部侍郎이 御史中丞과 회동하여 심의하였다. 明淸代에는 大理寺, 刑部, 都察院의 관원이 회동하여 심의하였는데, 이를 三法司라 하였다. 大理寺卿의 官秩은 隋初에는 正三品이었으나 煬帝가 從三品으로 고쳤는데, 唐나라에서도 같았다. 明淸시대에는 모두 正三品이었다. 淸 光緖 32년(1906)에 大理院으로 고쳤다.

무척 중대하여 잠업이 아니면 능히 효유하고 책망할 수 없다고 판단하고는, 마땅히 [황제가] 진순관(鎭巡官)[178]들에게 칙서를 내려서 잠준을 군문(軍門)으로 소환하여 [그가] 조정의 위엄과 덕망으로 효유하고 우두머리에게 죄를 주며 침탈한 토지를 되돌려주고, 아울러 빼앗은 [관원의] 인장 그리고 관청과 개인의 재물을 반납하면 용서할 수 있다고 하였다. 총독 등정찬(鄧廷瓚)[179]이 상주하기를, "잠준은 여러 차례 위무하였으나 순복(順服)하지 않았으므로 관군과 토병을 징발하여 초(哨)로 나누어 추적하여 붙잡아 추궁하고 심문하기를 청합니다. 만일 병사를 모아서 저항한다면 기회를 엿보아 토벌하여 죽이고, 또 전주의 토관 잠맹(岑猛)도 함께 처리하면 변경을 안정시킬 [수 있을] 것입니다"라고 하였다.[180] [홍치] 16년(1503)에 총독 반번(潘蕃)[181]이 상주하기를, "잠준이 참람하게도 배반하니 마땅히 군대를 동원하여

178) 鎭巡官: 鎭守와 巡撫의 합칭이다. 明代 중앙정부가 각 지역에 관원을 파견해 변방 지역의 민정을 살피도록 했는데, 文官을 巡撫, 武官을 鎭守라 했다.

179) 鄧廷瓚(?~1500): 巴陵 사람으로 字는 宗器이다. 景泰 5년(1454)에 進士가 되었고, 淳安縣 知縣이 되었으며, 후에 太僕寺丞으로 승진하였다. 貴州에 새로 程番府를 설치하였는데, 그 지역이 깊은 산속에 있어서 吏部에서는 부임할 관원을 선발하는데 어려움을 겪다가 그를 知府로 임명하였다 그는 부임 후 이곳의 城郭·學校·壇廟 등을 정비하였고, 그에 대한 공로를 인정받아서 山東左參政으로 승진하였으며, 후에 右布政使가 되었다. 弘治 2년(1489)에 右副都御史의 신분으로 貴州를 巡撫하였고, 弘治 8년(1495)에 南京都察院事가 되었으며, 얼마 후에 兩廣軍務와 巡撫를 담당하였다. 후에 左都御史로 승진하였다. 그의 시호는 襄敏이었다(『明史』 卷172 「鄧廷瓚傳」 참조).

180) 관련사항은 『孝宗實錄』 卷156 弘治 12년 11월 癸酉條에 기록되어 있다.

181) 潘蕃(1438~1516): 字는 廷芳, 號는 愚叟이며, 浙江 崇德(지금의 桐鄕) 사람이다. 처음에는 鐘이라는 姓을 冒稱했으나 揚名 후에는 원래의 姓인 潘을 회복하였다. 成化 2년(1466)에 進士가 되어 刑部主事에 제수되었으며, 곧 刑部郎中이 되었다. 雲南鎭守中官 錢能이 巡撫 王恕에게 탄핵 당하자 황제가 潘蕃에게 이 사건을 조사하도록 명령하여 전모를 명확하게 파악하였다. 그 후 安慶知府에 발탁되었고 다시 湖廣 鄖陽知府로 전임하였다. 당시 鄖陽府가 처음으로 설치되어 강서, 섬서를 비롯한 각 지역의 流民들이 모여들었는데, 潘蕃이 정성스레 이들을 위무하자 모두 정착하게 되었다. 그 후에 山東, 湖廣의 左右布政使를 역임하였다. 弘治 9년(1496)에 右副都御史巡撫四川兼提督松潘軍務로 활동하기 시작하자 蠻人들이 두려워 복종하였으며, 수레를 타고 호위병도 없이 松潘, 茂州 등지를 순행하여도 그를 해치지 못했다. 후에 南京 兵部右侍郎, 刑部右侍郎을 역임하였다. 弘治 14년(1501)에 右都御史로 승진하고 兩廣總督이 되어 부임하니 휘하에 보좌하는 사람이 수만 명을 밑돌지 않자 潘蕃은 그들을 가려 뽑아 사령장을 주었다. 符南蛇가 수만 명을 규합하여 海南縣 일대를 소란하게 하자, 潘蕃은 副使 胡富에게 狼人 土兵을 징발하여 그들을 토벌하고 죽이도록 명령하였으며, 그들의 소굴 1,200여 곳을 평정하였다. 이 공으로 左都御史로 승진하였다. 思恩知府 岑濬이 田州知府 岑猛이 서로 원수가 되어 죽이고 싸웠는데, 岑濬이 田州를 공격하여 함락시키자 岑猛의 처지가 궁해져서 도와줄 것을 요청하였다. 潘蕃은

목을 베어 죽여야 합니다. 지금 잠준의 종제(從弟)인 잠업이 산동포정사 참의[182]로서 내각(內閣)[183]에서 조칙을 작성하는 일에 참여하고 궁중의 비밀스런 곳에 있으니, [기밀이] 누설될까 두렵습니다"라고 하였다. [이에] 이부(吏部)에서 직책을 옮기려고 하였는데, 잠업도 역시 상

岑濬이 병사를 물리도록 효유하였으나 따르지 않자, 鎮守太監 韋經, 總兵官 伏羌伯 毛銳와 병사 10여 만 명을 모아서 六哨로 나누어 이들을 토벌하였다. 岑濬이 죽자 그 머리를 軍門에 메달게 하였으며, 4,700명의 목을 베어 그 땅을 평정하였다. 回軍하여 南海縣 豐湖의 賊 禤元祖를 토벌하고 평정하였다. 승전소식이 보고되자 황제는 노고를 치하하는 조서를 보냈다. 潘蕃이 上奏하기를, 思恩에는 마땅히 流官을 설치하고 岑猛은 분쟁을 일으켜 失地하였으므로 同知로 강등시켜서 舊土로 돌려보내 지키게 해야 한다고 하였다. 兵部尙書 劉大夏가 논의하기를, 岑猛은 兇惡하므로 舊地로 돌려보내 다스리게 해서는 안되니 思恩府와 田州府 모두에 流官을 설치하고 岑猛은 千戶로 강등시켜 福建으로 보내자고 하니, 황제가 이를 허락하였다. 正德 元年(1506)에 南京刑部尙書가 되었다가 이듬해에 致仕하였다. 처음에 潘蕃이 兩廣을 떠날 때, 岑猛은 田州에서 버티고 복건으로 떠나지 않았는데도 知府 謝湖는 岑猛의 사나움을 두려워하여 그대로 머물도록 방치해 두었다. 이 사건이 조정에 보고되자, 謝湖를 체포하여 獄에 가두도록 하였다. 그러자 謝湖는 그 죄를 潘蕃, 韋經, 毛銳에게로 떠넘겼고, 韋經은 다시 그 죄를 兵部尙書인 劉大夏에게 떠 넘겼다. 당시 실권자였던 환관 劉瑾은 마침 劉大夏를 싫어하였으므로 네 사람을 체포하였다. 劉大夏는 潘蕃의 말을 따르지 않았다며 죄를 받았고, 潘蕃 역시 岑猛을 慰撫하지 못했다고 죄를 받고 모두 肅州로 유배되어 戍자리를 섰다. 劉瑾은 戶部郎中 莊襗의 말에 따라 太監 韋霦을 보내어 廣東의 庫藏을 조사하게 하였는데, 그가 상주하기를 마땅히 수송해야 할 贓罰諸物들이 대부분 썩어 버렸고 梧州에 보관해 둔 鹽利로써 軍賞銀으로 지급할 60여 만 냥은 제때에 수송하지 않았다고 하였다. 이에 潘蕃과 前任總督 劉大夏, 前任 左布政使 沈銳 등 899명을 체포하여 심문하고 罰米를 부과하고 변경으로 운반하게 하였다. 毛銳은 이때는 南京刑部右侍郎으로 자리를 옮겼다가 고향으로 돌아가 쉬기를 요청하였는데, 이 사건에 연루되어 관직을 박탈당했다. 劉瑾이 처형을 당한 후에 潘蕃은 原官으로 致仕하였다가 6년 후에 사망하였다. 毛銳는 嘉靖 初에 이르러 復職 致仕하였다. 潘蕃이 관직을 내어 놓고 귀향하였을 당시 집이 없어서 다른 사람의 집에 稅를 주고 살았다고 한다(『明史』 卷186 「潘蕃傳」 참조).

182) 參議: 布政使 밑에 左右參議를 두어 各道의 糧儲, 屯田, 清軍, 驛傳, 水利 등의 일을 分守토록 하였다. 일정한 定員은 없었다.

183) 內閣: 明代 政務를 논하는 最高의 官署이다. 洪武 13년(1380)에 명 태조는 중앙집권체제를 강화하기 위해 재상제도를 폐지한 후, 洪武 15년(1382)에 宋代의 制度를 모방하여 華蓋殿·謹身殿·武英殿·文淵閣·東閣 등을 설치하고 이곳에 大學士를 두어 皇帝의 顧問역할을 하도록 했는가 하면 文華殿 大學士를 두어 太子를 보필토록 하였다. 이후 永樂 연간(1403~1424)에 들어와 文淵閣의 대학사를 機務에도 참여하게 하면서 內閣이라 칭하게 되었다. 대학사는 초기에 正五品의 낮은 품계였지만 洪熙 연간(1425) 이후, 尙書의 職에 있던 楊士奇·楊榮을 華蓋殿·謹身殿의 大學士에 임용하면서 내각의 權力은 더욱 강화되었으며, 점차 大學士의 朝位班次도 六部尙書의 앞에 서게 되었고, 地位도 높아져 內閣 大學士는 宰相의 이름은 없지만 실제로 宰相의 權限을 가지게 되었다.

주문을 올려서 고향으로 돌아가 부모 봉양하기를 요청했다.[184] [홍치] 17년(1504)에, 잠준이 상림(上林)[185]·무연(武緣)[186] 등의 현을 노략질하였는데 죽은 자가 이루 다 헤아릴 수 없었다. 또 전주(田州)를 공격하여 점령하였는데, 잠맹은 겨우 자신의 몸만 빠져나왔고 [잠준은] 그의 가속 50명을 노략질하였다. 총진(總鎭)이 보고하자 병부(兵部)에서는 삼광(三廣)[187]의 군사로써 토벌하기를 요청하였다.[188]

十八年, 總督潘蕃·太監韋經·總兵毛銳調集兩廣·湖廣官軍土兵十萬八千餘人, 分六哨. 副總兵毛倫·右參政王璘由慶遠, 右參將王震·左參將王臣及湖廣都指揮官纓

---

184) 관련사항은『孝宗實錄』卷206 弘治 16년 12월 戊申條에 기록되어 있다.

185) 上林縣: 오늘날 廣西 中南部, 大明山 동쪽 기슭에 위치하며, 주민의 대다수가 壯族이다. 秦나라 始皇帝 33년(전214)에 桂林郡을 설치하였는데, 上林縣의 地境은 桂林郡에 속하게 되었다. 漢 武帝 元鼎 6년(전111)에 南越을 평정하고 그 땅을 九郡으로 나누었는데, 交州 鬱林郡 아래에 潭中, 領方 等縣을 설치하였으며, 上林縣 경내의 대부분은 領方縣에 속하고 西北部는 潭中縣에 속하게 되었다. 吳 元興 元年(264)에는 領方縣을 臨浦縣으로 고치고 交州를 나누어 廣州를 설치하였다. 上林縣의 境內는 廣州 鬱林郡 臨浦縣 및 桂林郡 潭中縣으로 나누어 졌다. 東晉시대에는 鬱林郡 아래에 新林縣을 신설하였고, 上林縣의 境內는 新林縣, 潭中縣의 땅이 되었다. 梁 武帝 大同 3년(537)에 龍州를 설치하였고 新林縣은 龍州 馬平郡에 속하게 되었다. 또 定州(후에 南定州로 개칭) 領方郡을 설치하였다. 이리하여 上林縣의 境內는 馬平郡 新林縣, 領方郡 領方縣의 땅에 나누어 속하게 되었다. 唐 武德 4년(621)에 처음으로 上林縣이 설치되었다. 이후 宋元明清 시대에는 上林縣의 상급행정 단위가 邕州(宋), 賓州(宋, 元, 明初), 柳州府(明初 이후, 清), 思恩府(清 중기) 등지로 바뀌기는 했지만 上林縣은 존속하였다.

186) 武緣縣: 武鳴縣의 옛 명칭이 武緣縣이다. 1912년에 武緣縣에서 武鳴縣으로 이름을 바꾸어 지금에 이르렀다. 廣西의 首府인 南寧市의 管轄縣으로 廣西 壯族 自治區의 南部, 大明山 서쪽, 右江의 支流인 武鳴河 流域에 위치하고 있다. 隋나라 開皇 元年(581)에 처음으로 武緣縣이 설치되어 緣州에 속했다. 縣治는 오늘날의 南寧市邕寧區 伶俐鎭에 두었다. 大業 3년(607)에 武緣縣을 폐지하여 嶺山郡에 병합시켰다. 唐나라 武德 5년(622)에 다시 武緣縣을 설치하고 邕州에 소속시켰다. 宋 景祐 2년(1035)에 武緣縣의 治所를 原樂昌縣의 葛圩蘇村(지금의 武鳴縣 雙橋鄉 板蘇屯)으로 옮겼다. 元나라에서는 南寧路에 소속시켰다. 明 洪武 元年(1368)에는 武緣縣의 治所를 오늘날의 武鳴縣 縣城으로 옮기고 南寧府에 예속시켰다. 隆慶 6년(1572)에는 新寧州에 예속되었고, 萬曆 5년(1577)에는 思恩府에 예속시켰다. 清代에는 明代의 제도를 계승했으며 民國 元年(1912)에 思恩府를 철폐하고 本縣 출신의 陸榮廷이 廣西都督으로 부임하면서 '以武而鳴于天下'한다는 의미로 武緣縣의 이름을 武鳴縣으로 바꾸었다.

187) 三廣: 廣東·廣西·湖廣을 일컫는다.

188) 관련사항은『孝宗實錄』卷210 弘治 17년 4월 辛丑條에 기록되어 있다.

由柳州，左參將楊玉·僉事丁隆由武緣，都指揮金堂·副使姜綰由上林，都指揮何清·參議詹璽由丹良，都指揮李銘·泗城州土舍岑接由工堯，各取道共抵巢寨．賊分兵阻險拒敵，官軍奮勇直前，緣崖而進．濬勢蹙，遁入舊城，諸軍圍攻之．濬死，城中人獻其首，思恩遂平．前後斬捕四千七百九十級，俘男女八百人，得思恩府印二，向武州印一．自進兵及班師僅踰月．捷聞，帝以蕃等有功，璽書勞之．兵部議濬旣伏誅，不宜再錄其後，改設流官，擇其可者．以雲南知府張鳳陞廣西右參政，掌思恩府事，賜敕．

[홍치] 18년(1505)에, 총독 반번(潘蕃)·태감(太監)[189] 위경(韋經)·총병 모예(毛銳)[190]가

189) 太監: 宦官을 가리킨다. 전통시대 중국에서 거세되어 생식능력이 상실되어 남자도 여자도 아닌 中性으로서 황제나 군주 및 그 가족들을 위해 봉사하던 관원을 지칭한다. 하지만 선진시대나 전한시대에는 환관이 모두 거세된 자들만을 가리키는 것은 아니었으며, 후한시대에 들어와서 비로소 환관들은 모두 거세되었다. 그 계기는 외부와 격절된 황궁에 황태후나 태후, 황후, 비빈, 궁녀들의 수가 늘어나면서 이들이 출입하는 男侍들과 성적으로 접촉하는 일을 사전에 방지하기 위해서였다. 환관은 寺人·閹(奄)人·閹官·宦者·中官·內官·內臣·內侍·內監 等으로 칭해지기도 했다. 환관은 중국뿐만 아니라 고대 이집트, 그리스, 로마, 터키 등 유럽과 이슬람 세계 및 조선을 비롯한 아시아 국가에도 존재했다. 하지만 가장 장기적이고 대규모로 환관을 유지한 나라는 중국이었다. 唐 高宗 시절에 殿中省을 中御府로 고치면서 宦官을 太監과 少監으로 充任시켰는데 이후에 비교적 지위가 높은 宦官을 太監으로 칭하는 관행이 생기게 되었다. 明代에 이르러 宦官들의 권세가 날로 강화되어 이때부터는 모든 宦官들을 太監으로 존칭하게 되었고, 태감은 환관의 대명사가 되었다. 환관이 득세했던 원인으로는 환관 자신들이 황제에게 아부하는 사실도 빼놓을 수 없지만 간과할 수 없는 또 하나의 요인은 황제의 입장에서 볼 때, 환관은 권력을 찬탈하여 새로운 황제의 자리에 오를 수 없는 존재였다는 점이다. 관원들의 경우 황제와 잠재적인 권력의 경쟁자였지만 거세된 환관은 신체적 결함으로 인해 황제의 경쟁자가 될 수 없었다. 따라서 황제들은 환관들이 자신의 수족노릇을 수행하는 한 불법이나 비리를 눈감아주었다. 황제 독재권력이 강화된 明代에는 막강한 권세를 휘두르던 환관이라도 황제가 총애를 거두는 즉시 제거할 수 있었으므로 황제는 관료들보다는 훨씬 편하게 환관을 심복으로 부렸다. 명 중기 이후에 황제들이 東廠, 西廠과 같이 환관으로 조직한 特務機構를 만들어 운용한 사례에서도 이런 분위기를 감지할 수 있다. 하지만 환관들의 전횡이 도를 넘으면 왕조의 멸망을 초래하기도 했는데 후한, 당, 명조가 그러한 사례에 속한다. 그렇다고 해도 환관들의 고유한 업무 자체는 방대한 규모의 궁궐을 유지하는데 꼭 필요한 요소였다는 점은 인식할 필요가 있다. 明代 宮廷에는 司禮·內官·御用·司設·御馬 등 12監과 惜薪·鐘鼓·寶鈔·混堂 등 4司, 兵仗·銀作 등 8局 총칭해서 24衙門이 있었는데, 각각의 아문이 수행한 기능들 예컨대 器物을 마련한다든가, 말을 돌본다거나, 땔나무를 구한다든가 하는 따위는

양광·호광(湖廣)[191]의 관군과 토병 10만 8천여 명을 징발하여 여섯 초(哨)로 나누었다. 부총병 모윤(毛倫)·우참정 왕린(王璘)은 경원(慶遠)[192]에서, 우참장(右參將)[193] 왕진(王震)·좌참장 왕신(王臣) 및 호광도지휘 관영(官纓)은 유주(柳州)[194]에서, 좌참장 양옥(楊玉)·첨사

잘 드러나지는 않지만, 황제가 政事를 돌보고 황족들이 궁궐에서 생활하는데 반드시 필요한 일이었다.

190) 毛銳(?~1523): 陝西行都指揮使司 涼州衛(오늘날 甘肅省 武威縣) 사람이며, 작위는 伏羌伯이다. 毛銳는 毛忠의 손자로서 할아버지의 伯爵爵位를 세습하였다. 成化 연간(1465~1487)에는 南京 應天府를 弘治 初年에는 湖廣을 그 후에는 兩廣을 鎭守하였다. 민중반란을 평정하는데 여러 차례 공을 세웠다. 弘治 9년(1497)에 廣西의 반란을 평정하고 世祿 200石을 받았다. 그리고 이어서 思恩 土官 岑濬의 반란과 賀縣 僮族의 民亂을 평정하고서 太子太傅를 加封받았다. 正德 3년(1508)에 劉瑾이 兵部尙書 劉大夏와 毛銳를 연좌시켜 투옥하였지만 이후 劉瑾에게 뇌물을 바쳐서 漕運總督으로 기용되었다. 그 후 1년이 지나 劉瑾이 처형당하자 毛銳도 탄핵을 당했다. 正德 6년(1511)에 다시 기용되어 劉六·劉七의 반란을 평정하는 임무를 맡았는데, 그 이듬해에 패전하여 부상을 입고 將軍의 印도 분실했지만 援兵이 도착하여 구원받았다. 그 후에 여러 차례 言官들의 탄핵을 받고 소환되었다. 嘉靖 초에 다시 湖廣을 鎭守하다가 致仕하였고, 3년 후에 사망하였다. 사후 威襄이라는 謚號를 받았다.

191) 湖廣: 明代 湖廣省을 말한다. 康熙 3년(1664)에 湖南省과 湖北省으로 분리되었다. 『尙書』「禹貢」의 荊·揚·梁·豫 四州의 지역으로, 元나라 때는 湖廣等處行中書省을 두었다. 太祖 甲辰年(1364)에 陳理를 평정하고 湖廣等處行中書省을 두었다. 洪武 9년(1376)에 行中書省을 承宣布政使司로 고쳤고, 府 15·直隷州 2·屬州 17·縣 108·宣慰司 2·宣撫司 4·安撫司 5·長官司 21·蠻夷長官司 5곳을 관할하였다.

192) 慶遠府: 지금의 廣西 宜州市 및 그 일대에 상당한다. 唐나라 때 처음으로 粤州를 설치하였는데, 天寶 初에 龍水郡으로 고치고 嶺南道에 소속시켰다. 慶遠府라는 명칭이 최초로 붙여진 때는 宋나라 咸淳 연간(1265~1274)이었는데, 慶遠軍節度에서 유래하였다. 元나라 때는 慶遠路로 불렸다가 洪武 元年(1368)에는 다시 慶遠府로 고쳤으며, 民國 2년(1913)에 이르러 폐지되었다

193) 參將: 明代 관직명으로써, 변방 지역을 경비하는 統兵官을 말한다. 總兵이나 副總兵의 하위직이었으며, 품계나 정원은 따로 존재하지 않았다. 淸代에 들어와서 한 營을 책임지는 綠營軍 將領을 의미하는 것으로 바뀌었다. 지위는 副將 밑으로 正三品이었으며, 總督이나 巡撫, 提督, 總兵 등의 관할 하에 있었다.

194) 柳州: 廣西壯族自治區 中北部에 위치한 도시로서 史書에서는 龍城이라고도 한다. 壯, 漢, 瑤, 侗 等의 여러 소수민족이 거주하고 있다. 柳州라는 지명이 처음으로 붙여진 시기는 唐나라 太宗 貞觀 8년(634)이었다. 이때 改南昆州를 柳州로 고쳤는데, 柳州라는 지명은 柳江(현재 柳州市의 동쪽으로 흐르는 강)에서 유래하였다. 역사적으로 柳州는, 특히 木材의 집산지로 유명하였다. 柳江 상류에 위치한 龍江과 融江에서부터 大量의 木材가 강을 따라서 내려와 柳州에서 集散하였는데, 宋나라 大中祥符 연간(1008~1016)에 皇室에서 玉淸, 昭應 等의 道宮을 건축하였을 때, 특히 柳州의 杉木을 많이 사용하였다. 이에 柳州의 木制品이 유명해졌고 훗날 柳州의 棺材와 상관된 俗諺인 '穿在蘇州, 玩在杭州, 吃在廣州, 死在柳州'라는 말이 생기게 된 배경이 되었다. 明나라 洪武 元年(1368)에 柳州를 柳州府로 고치고 府의 治所를 柳城에서 馬平縣으로 옮겼는데, 이때 柳州는 2州 10縣을 통할하게 되었다. 明나라 중후기에

정릉(丁隆)은 무연(武緣)에서, 도지휘 김당(金堂)·부사 강관(姜綰)은 상림(上林)에서, 도지휘 하청(何淸)·참의 첨새(詹璽)는 단양(丹良)에서, 도지휘 이명(李銘)·사성주(泗城州) 토사 잠접(岑接)은 공요(工堯)에서 각각 길을 떠나 함께 [적의] 소굴인 채(寨)에 다다랐다. 적은 병사를 나누어 험준한 지세에 의지하여 저항하였는데, 관군은 용기를 내어 곧장 나아가 벼랑을 기어올라 전진했다. 잠준은 형세가 궁지에 몰리자 구성(舊城)으로 도망해 들어갔는데, 여러 군사들이 포위하고 공격했다. 잠준이 죽자 성안의 사람들이 그의 머리를 바쳤고, 사은(思恩)이 마침내 평정되었다. 선후로 베거나 사로잡은 자가 4,790급(級)이고, 포로로 잡은 자가 남녀 800명이며, 사은부(思恩府)의 관인(官印) 두 개와 향무주(向武州)의 관인 하나를 얻었다. 병사를 진격시켜서부터 개선할 때까지 겨우 한 달 남짓이었다. 승전 소식이 보고되자, 황제는 반번 등이 공을 세웠다고 새서(璽書)[195]를 내려 위로하였다.[196] 병부에서는 잠준이 이미 죄를 지어 처형당했으니 다시 그 후손에게 벼슬을 내리는 것이 타당하지 않다고 하여, 바꾸어 유관(流官)을 설치하고 적임자를 고르자고 논의하였다. [이에] 운남 지부(知府) 장봉(張鳳)을 광서 우참정(右參政)으로 승진시키고, 사은부(思恩府)의 일을 장악하게 하라고 칙서를 내렸다.[197]

正德七年增設鳳化縣治. 時初設流官, 諸蠻未服, 相繼作亂. 嘉靖四年, 都御史盛應期遣官軍平之. 六年, 土目王受與田州盧蘇謀煽亂, 勢復熾. 新建伯王守仁受命至, 一意招撫, 而檄受等破八寨賊, 因列思恩地爲九土巡檢司, 管以頭目, 授王受白山司

柳州는 廣西의 주요 도시로 급속히 발전하였는데 그 까닭 중 하나는 당시 포르투갈 상인들이 廣州에 와서 桐油를 사서 유럽으로 가지고 가서 판매하였는데, 그 桐油가 柳州의 產品이었기 때문이었다. 명청 교체기에는 남명 세력이 오랫동안 柳州 일대에서 주둔하며 청과 대치하였으므로 상당히 피폐해졌으나 淸이 南明을 평정한 후에는 정세가 안정되어 柳州는 廣東, 貴州, 湖南과의 交易 都市로 성장하였다. 淸 雍正 10년(1732)에는 柳州에 古州(오늘날 貴州 榕江縣) 運館이 설치되어 柳州와 古州 사이의 운항업무를 담당하였다. 柳州는 남방으로는 주로 木材, 糧食을 북방으로는 소금을 운송하였다. 淸나라 때 柳州에는 각 지역 商人과 客民들이 몰려들어 粵東會館, 湖南會館, 江西會館, 福建會館, 廬陵會館 등을 건립하고 활동하였다.

195) 璽書: 秦漢시대 이래 황제의 璽印을 찍은 문서의 총칭이다.

196) 관련사항은 『武宗實錄』 卷2 弘治 18년 2월 丙辰條에 기록되어 있다.

197) 관련사항은 『武宗實錄』 卷4 弘治 18년 8월 己未條에 기록되어 있다.

巡檢，得比於世官. 又以思恩舊治瘴霧昏塞，宜更之爽塏. 於是擇地荒田建新郡，割武緣止戈二里益之；又議割上林三里，而移鳳化縣治於其處. 蓋寓犬牙相錯之意. 巡撫林富謂遷郡及割止戈里應如守仁議，至以三里當設衛，而幷鳳化縣裁之，遂令府治益孤. 其後九司頭目日恣，所轄蠻民不堪，知府陳璜曲加綏戢. 目把劉觀·盧回以復土爲名，鼓衆作亂. 副使翁萬達因有事安南，計擒盧回殺之，招回從亂者三十餘人. 最後東蘭岑瑄詐稱岑濬子起雲，謀復土官，爲九司頭目所縛. 萬曆七年，督撫吳文華謂九司日以驕黠，編氓甚少，緩急難恃，奏割南寧武緣縣屬思恩，自是思恩稱巨鎭云.

정덕(正德) 7년(1512)에 봉화현(鳳化縣)의 치소(治所)를 증설하였다. 이때 비로소 유관(流官)을 설치하였는데, 여러 만족(蠻族)들이 복종하지 않고 잇달아 난을 일으켰다. 가정 4년(1525)에 도어사 성응기(盛應期)[198]가 관군을 보내 평정하였다. [가정] 6년(1627)에, 토목(土

---

198) 盛應期(1474~1535): 字는 思征이고, 號는 値庵이며, 南直隸 蘇州府 吳江縣(지금은 江蘇省 소속) 사람으로, 盛寅의 四代孫이다. 弘治 6년(1493)에 進士에 급제하여 都水主事에 제수되어 山東省 濟寧의 운하 갑문을 관리하는 직책을 담당하였다. 이때 太監 李廣의 家人이 私鹽을 밀거래하러 濟寧에 이르렀다가 盛應期를 두려워하여 소금을 물에 빠뜨리고 갔다. 이 일로 환관들과의 사이가 틀어져 工部侍郎으로 승진하였으나 宦官들의 모함으로 투옥되었다가 雲南의 驛丞으로 유배당했다. 이후 곧 祿豊知縣으로 옮겼다가 正德 초년에 雲南僉事가 되었다. 雲南 武定의 土知府 鳳應이 사망하자 그의 처가 知府의 일을 장악하였는데, 아들 朝鳴이 주위를 노략질하였다. 이에 盛應期가 홀로 그 地境에 들어갔는데, 母子가 그를 두려워하여 노략질을 멈추고 돌아갔다. 그는 鳳氏의 변란을 종식시키기 위해서는 이들의 品秩을 낮추고 流官을 설치해야 한다고 조정에 상주하였으나 받아들여지지 않았다. 이후 그는 御史 張璞, 副使 晁必登과 함께 鎭守太監 梁裕가 발호하는 것을 제지했는데, 이에 앙심을 품은 梁裕가 세 사람을 탄핵하여 이들은 모두가 투옥되고 張璞은 고문당해 죽었다. 이때 마침 乾淸宮에 불이 나서 황제가 죄인들을 사면하는 조치를 취해져, 盛應期는 復職되었고 陝西右布政使로 승진하였다. 그 후 右副都御史兼四川巡撫로 발탁되어 天全六番招討使 高文林의 반란을 평정하였다. 이 무렵 또 泉江 僰蠻 普法惡이 반란을 일으켰고 富順의 奸民 謝文禮, 文義가 합세했는데, 普法惡이 죽자 그는 指揮 何卿 등으로 하여금 謝文禮, 文義를 토벌하도록 하여 소란을 진압했다. 이후 그는 嘉靖 2년(1523)에는 江西巡撫가 되었는데, 당시 江西에서는 宸濠의 반란이 진압되었지만 아직 그 후유증에서 미처 회복되지 못하였으므로 그는 수십만 緡錢의 雜調 징수를 면제해주고, 南京으로 보내는 쌀 47만 석과 은 20만 냥을 강서에 存留시켜 굶주린 백성들에게 먹여야 한다고 상소하였다. 그리고 휘하의 府에 명령하여 흉년에 대비해 곡식 100여 만 석을 비축하게 하였다. 이후 곧 그는 兵部右侍郎兼總督兩廣軍務의 벼슬을 제수받아 廣東에 이르러 撫寧侯 朱麒와 함께 參將 李璋 등을 督率하여 思恩 土目 劉召를 토벌하였다.

目) 왕수(王受)가 전주의 노소(盧蘇)와 모의하여 선동하고 난을 일으키니, 그 세력이 다시 성하였다. 신건백(新建伯) 왕수인(王守仁)[199]이 황제의 명을 받고 이르러서,[200] 한편으로는 투항을 권유하고 위무하면서 격문을 왕수(王受) 등에게 내려 여덟 군데 채(寨)에 있는 적들을 무찌르게 하였는데,[201] 이리하여 사은(思恩)의 땅에 아홉 토순검사(土巡檢司)를 설치하고[202] 우두머리로서 관할하도록 하였으며, 왕수에게는 백산(白山) 순검사(巡檢司)의 관직을 주고 세습하는 관직에 비견되도록 하였다. 또 사은(思恩)의 옛 치소는 장무(瘴霧)[203]가 있어 어둡

조정에서 岑猛을 크게 토벌하자는 의론이 일어났는데, 그는 '方略七事'를 조목조목 언급하면서 兩廣의 병사들은 쇠약하여 전투에 동원할 수 없다고 상주하였다. 이에 撫寧侯 朱麒가 분개했으며, 御史 許中이 盛應期가 포학하다며 탄핵하였고, 朱麒도 이에 응하여 流言을 퍼뜨렸다. 또 御史 鄭洛書가 다시 盛應期가 權貴들과 결탁하고 뇌물을 받았다고 탄핵하였다. 당시 그는 工部侍郞으로 자리를 옮긴 뒤였는데, 질병을 이유로 사직하고 귀향하였다. 嘉靖 6년(1527)에 黃河의 물이 크게 넘쳐 漕運하는 水路로 흘러들어와 沛北 廟道口일대 수십 리가 진흙으로 막혀 조운선의 왕래가 단절되었으나 侍郞 章拯은 이를 복구하지 못하였다. 尙書 胡世寧, 詹事 霍韜, 僉事 江良材가 昭陽湖 동쪽에 별도의 漕運水路를 개통하는 것이 장구한 계책이라고 상주하였다. 盛應期는 右都御史가 되어 인부 6만 5천 명, 공사비 은 20만 냥에 6월이면 능히 운하를 소통시킬 수 있다고 주장했다. 마침 가뭄이 겹치자 많은 사람들이 운하를 새로 개통하는 것이 좋은 방책이 아니라고 말했다. 황제는 이에 공사를 중단시키고 제때에 공사를 완료하지 못했다는 혐의로 盛應期를 삭탈관직했다. 『明史』 卷223 「盛應期傳」 참조.

199) 王守仁(1472~1528): 浙江省 紹興府 餘姚 사람으로, 字는 伯安이고, 號는 陽明이다. 그는 28세에 진사시에 합격하였으며, 그의 관직은 南京兵部尙書·南京都察院左都御史에 이르렀다. 宸濠의 난을 평정한 공로로 新建伯에 책봉되었고, 隆慶 연간(1567~1572)에는 侯爵을 받았다. 그는 주자학의 권위에 의문을 던지고, 良知心學을 수립하여 강력하게 주자학을 비판했다. 주자학에서는 자력에 의한 자기 구제력(본래성)을 기본적으로는 인정하지만(성선설), 현실상 인간의 다양성이나 그가 가진 나약함 등을 고려해서, 선천적인 능력만으로는 자기를 구제할 수 없다고 한다. 거기에서 현실 존재(마음)를 초월해서 그것을 기저에서 지지하고, 하늘의 명령으로서 만인에게 보편적으로 내재하는 '性'을 조정해서 이 하늘에 지지된 '性'에 '마음'이 따르는 '性卽理'설을 주장했다. 왕수인의 주자학 체험의 좌절은 주희의 원뜻을 정확하게 이해했다고는 할 수 없지만, 당시의 주자학에 좌절해서 후에 大悟한 그는 주자학은 인간의 본래성을 억압하고, 인간이 지닌 자기구제 능력을 이해하지 못한다고 강력하게 비판했다. 또한 주자학의 知行分割論에 대해서도 일순의 현재에 실존하는 나(마음)의 양태를 知, 行이라고 구분하는 것이 무의미하고 주장한 '知行合一'설을 제창했다(종교학대사전, 1998, 한국사전연구사).

200) 관련사항은 『世宗實錄』 卷76 嘉靖 6년 5월 丁亥條에 기록되어 있다.

201) 관련사항은 『世宗實錄』 卷92 嘉靖 7년 9월 甲戌條에 기록되어 있다.

202) 관련사항은 『世宗實錄』 卷89 嘉靖 7년 6월 丙午條 그리고 『世宗實錄』 卷260 嘉靖 21년 4월 庚辰條에 기록되어 있다.

203) 瘴霧: 瘴氣라고도 한다. 瘴氣는 열대 원시림 속에서 동식물이 부패하여 발생하는 독기인데 습한 곳에서

고 답답하므로, 마땅히 시원하고 높고 건조한 곳으로 옮겨야 했다. 이에 황전(荒田)의 땅을 골라서 새로운 군(郡)을 설립하고 무연(武緣)과 지과(止戈)의 두(里)를 더하였다. 또 논의하여 상림(上林)의 삼리(三里)를 떼어서 봉화현(鳳化縣)의 치소를 그곳으로 옮겼다.[204] 대개 개의 이빨이 들쑥날쑥한 것과 같은 뜻을 담은 것이다. 순무 임부(林富)[205]가 이르기를, 군(郡)

안개처럼 뿌옇게 끼이며 질병을 일으킨다. 廣西 壯族 거주지에서는 일상적으로 瘴氣가 발생하였으므로 廣西를 '瘴鄕'이라고도 불렀다.

204) 관련사항은 『世宗實錄』 卷106 嘉靖 8년 10월 丙子條에 기록되어 있다.

205) 林富(1475~1541): 字는 省吾이며, 福建省 莆田縣 사람이다. 弘治 15년(1502)에 林富는 진사학위를 취득하고 大理評事의 관직을 제수받았다. 그가 兩廣巡撫를 역임하는 동안 작성한 두 편의 상소문, 곧 南海에서 생산되는 珍珠에 관한 상주문인 「乞罷采珠疏」와 「乞撤看守珠池內官疏」는 中國의 珍珠와 관련한 귀중한 사료로 활용되고 있다. 明나라 武宗이 즉위하자 宦官 劉瑾이 重用되고 그 무리인 '八虎'도 날뛰었다. 이때 조정의 대신들은 누차 武宗에게 政事를 바로 잡으라고 간언하다가 처벌당하였는데, 林富도 상주문을 올렸다가 劉瑾의 눈밖에 나서 투옥되었다가 潮陽丞으로 좌천되었고 곧 파직되어 罰米 100석이 부과되었다. 그 후에 劉瑾이 처형되자 林富는 袁州府 同知로 기용되었다가 寧波府 知府로 승진하였다. 이때 林富는 지방에 실질적인 도움이 되는 일들을 많이 시행하였다. 그 첫째는 百姓의 事情을 살펴서 정치를 행한 것이다. 당시 寧波府에서는 海防을 建設하고 鄕兵을 모집하면서 백성들에게 비용을 징수하였는데, 흉년이 들자 林富는 백성이 빈곤하다면서 징세를 중지하였다. 둘째는 市舶司 宦官의 횡포를 견제한 것이다. 市舶使 太監이 시장을 橫行하며 백성들의 絹을 빼앗자 林富는 기회를 엿보아 체포하고 법에 따라 처벌하였다. 이리하여 시장의 질서가 잡히고 絹織業에 종사하는 백성들의 생활이 안정되었다. 셋째는 백성들의 과중한 稅부담을 완화한 것이다. 寧波府에 위치한 廣德湖 流域은 土地가 肥沃하여 宋나라 이래 官田으로 등록되어 田租가 특히 무거웠는데, 명나라에서는 여기에 또 토산물의 징수도 부가하였다. 이에 백성들이 과중한 부담에 괴로워하자, 林富는 일률적으로 民田에서 征收하는 賦稅를 기준으로 삼아 세를 減免해주었다. 그의 공덕을 기려서 寧波府의 住民들은 白鶴山 위에 祠廟를 세웠다. 嘉靖 원년(1522)에는 廣西 參政으로 승진하였고, 후에는 廣東右布政使가 되었다. 이때 廣東에서는 勢豪들이 각지의 寺田을 점거하여 사유화하는 움직임이 일어났다. 林富는 이를 극력 저지하여 軍餉을 조달하는 재원으로 활용하고, 또 일부는 學田으로 삼아서 書院, 社學 등 교육기관의 재원으로도 활용하였다. 그리고 南海衛의 城壁을 수축하고 海防을 강화하여 抗倭 역량을 향상시켰다. 林富는 곧 廣西로 임지를 옮겼다. 이때 광서에서는 소수민족의 반란이 일어나 사방으로 노략질하였다. 林富는 강경책과 유화책을 동시에 시행하여 적들을 포섭하고 최종적으로는 盧蘇가 이끄는 반란의 무리 7만을 투항시켰다. 林富는 改土歸流 정책을 적극적으로 추진하여 思州는 마땅히 流官을 임명해야 한다고 건의 하였다. 반면에 田州의 土官은 폐지할 수는 없으나 그 권한은 분산시켜야 위로는 朝廷의 체면을 잃지 않고 아래로는 夷人들의 인심을 잃지 않는다고 건의하였는데, 조정에서 그의 의견을 채택하여 정책을 집행하였다. 그 후에도 林富는 四川左布政使, 都察院右副都御史를 역임하였다. 또 兵部右侍郎兼右僉都御史로서 廣州, 會寧 等地의 叛亂을 진압하고, 慰撫를 위주로 하는 善後策을 건의하여 민심을 수습하였다. 만년에는 귀향하였다가 66세를 일기로 사망하였다.

을 옮기는 것과 지과리(止戈里)를 떼어내는 것은 마땅히 왕수인이 논의한 바에 따르되, 삼리(三里)에 위를 설치하고 또 봉화현을 폐지함에 이르러서는 마침내 부의 치소(府治)가 더욱 고립되게 해야 한다고 하였다. 그 후에 구사(九司)의 우두머리들이 날로 방자해져 관할하는 만민(蠻民)들이 견디지 못하자, 지부(知府) 진황(陳璜)이 부드럽게 위무하였다. 목파(目把)[206] 유관(劉觀)·노회(盧回)가 땅을 회복한다는 명목으로 무리를 선동하여 난을 일으켰다. 부사(副使) 옹만달(翁萬達)이 안남(安南)에 사태가 발생하였으므로 계교를 써서 노회(盧回)를 사로잡아 죽이고, 난에 가담한 30여 명을 초무(招撫)하여 돌아오게 하였다.[207] 최후에 동란(東蘭)의 잠선(岑瑄)이 잠준의 아들 잠기운(岑起雲)이라고 사칭하고 토관을 회복하려고 도모하였으나, 구사(九司)의 우두머리에게 포박되었다. 만력 7년(1579)에 독무(督撫) 오문화(吳文華)[208]가 이르기를, 구사(九司)가 날로 교만하고 간교해지며 호적에 편입된 백성들이

---

206) 目把: 西南 소수민족의 작은 首領을 가리킨다.

207) 관련사항은『世宗實錄』卷260 嘉靖 20년 4월 庚辰條에 기록되어 있다.

208) 吳文華(1521~1598): 字는 子彬이고, 號는 小江이며, 晚年에 號를 容所로 바꾸었다. 福建省 連江縣 출신이다. 嘉靖 35년(1556)에 殿試를 통과하여 進士 학위를 취득하고 이듬해에 南京兵部車駕清吏司主事의 관직을 제수받았다. 얼마 지나지 않아 兵部武庫清吏司署郎中으로 승진하였다. 당시 各地 藩王들이 京師로 가는 도중에 南京을 통과하는 일이 많았는데, 隨從 인원들이 이를 틈타서 백성들을 괴롭히는 일이 잦았다. 吳文華는 이런 폐단을 철저하게 조사하여 행패를 부리는 수종 인원을 체포하게 하니, 이들이 경거망동하지 못했다. 공정하게 법을 집행하고 권귀들의 세도를 두려워하지 않았다. 嘉靖 42년(1563)에 湖廣按察司 提學僉事로 발탁되었고 그 후 10년 동안 四川右參議, 廣西學政, 山東參政, 江西右布政使, 河南左布政使 등을 역임하였다. 江西右布政使로 근무할 때는, 全省의 土地 소유자와 면적을 분명히 하고 丈量을 실시하여 豪强들의 兼併을 억제하고 賦役 부담을 공평하게 하였다. 河南左布政使가 되어서는 가뭄이 심하게 들어 罹災民들이 도망하자 民工들을 불러 모아 제방을 수축하고, 水路를 만들어 농사를 지을 수 있도록 하자 도망갔던 百姓들이 돌아와 정착하였다. 萬曆 元年(1573)에 神宗이 등극하여 전국에서 治績이 뛰어난 관원 25명을 표창하였는데, 吳文華의 실적이 으뜸이었다. 萬曆 3년(1575)에 右副都御史巡撫廣西로 승진하였다. 이때 廣西에 심한 가뭄이 들었는데도 地方官들이 과다하게 세금을 징수하니, 민심이 들끓고 瑤民들이 반란을 일으켰다. 吳文華가 구휼하고 荒田을 개간하게 하며 토지세를 공평하게 부과하고 驛傳의 부담을 공평하게 하니, 민심이 가라앉았다. 그런 연후에 軍制를 정비하고 士卒을 훈련시켜 1년 만에 南鄕, 陸平, 周塘, 板寨 등지의 諸瑤들을 평정하였다. 그리고 侗族 2만여 명을 招撫하여 21座의 堡를 건설하고 2.6만여 畝의 토지를 개간하니, 광서의 어지러운 사태가 점차 수습되었다. 萬曆 4년(1576)에 柳州의 北山에서 叛亂이 일어나자 70여 寨를 잇달아 함락시키고 4,800명의 목을 베었다. 萬曆 13년(1585) 봄에는 廣東에 홍수가 나서 백성들이 집을 잃고 떠돌자, 吳文華는 작은 배를 타고 다니며 구휼미를 분배하여 구휼하였다. 萬曆 15년(1587)에는 南京工部尙書로 승진하였고 몇 달 후에는 南京兵部尙書가 되었다. 萬曆 18년(1590)에는 太監 張鯨의 非理를 탄핵하였으나 황제

무척 적어 변고가 발생하였을 때 의지하기 어렵다 하여, 남녕(南寧)의 무연현(武緣縣)을 쪼개어 사은(思恩)으로 돌리도록 상주하였는데, 이로부터 사은(思恩)은 거진(巨鎭)으로 칭해졌다고 한다.

思恩府土巡檢九司, 皆嘉靖七年設, 曰興隆, 曰那馬, 曰白山, 曰定羅, 曰舊城, 曰下旺, 曰安定, 曰都陽, 曰古零.

사은부(思恩府)의 토순검(土巡檢) 구사(九司)는 모두 가정 7년(1528)에 설치되었는데, 그 이름은 흥륭(興隆), 나마(那馬), 백산(白山), 정라(定羅), 구성(舊城), 하왕(下旺), 안정(安定), 도양(都陽), 고령(古零)이다.

鎭安
진안

鎭安, 宋時於鎭安峒建右江軍民宣撫司, 元改鎭安路.

진안(鎭安)은 송나라 때에 진안동(鎭安峒)에 우강군민선무사(右江軍民宣撫司)를 세웠고, 원나라 때는 진안로(鎭安路)로 고쳤다.

明洪武元年, 鎭安歸附. 以舊治僻遠, 移建廢涷州, 改爲府. 授土官岑添保知府, 朝貢如例. 二十七年, 添保上言: 「往者征南將軍傅友德令郡民歲輸米三千石, 運雲南普安衛. 鎭安僻處溪洞, 南接交阯, 孤立一方, 且無所屬. 州縣人民鮮少, 舟車不通,

가 받아들이지 않자 병을 칭하고 은퇴하기를 구하였다. 萬曆 27년(1598)에 향년 77세로 사망하였다. 조정에서는 太子少保를 추증하고 襄惠라는 시호를 내렸다. 草書『千字文』帖을 남겼고, 『讀史隨筆』 10卷, 『督撫奏議』 6卷, 『留都疏稿』 2卷, 『濟美堂文集』 4卷, 『濟美堂後集』 등이 전해지고 있다.

陸行二十五日始到普安. 道遠而險, 一夫負米三斗, 給食餘所存無幾, 往往以耕牛及他物至其地易米輸納. 而普安荒遠, 米不易得, 民甚病之. 又歲輸本衛米四百石, 尤極艱難. 舊以白金一兩, 折納一石. 今願依前例, 以蘇民困.」從之.

명 홍무 원년(1368)에 진안(鎭安)이 귀부하였다. [이에] 옛날의 치소가 치우치고 멀리 있어서, 폐지된 동주(凍州)로 [치소를] 옮기고 부(府)로 고쳤다. [그리고] 토관 잠첨보(岑添保)를 지부(知府)로 삼았는데, 예제(例制)에 따라 조공하였다. [홍무] 27년에 잠첨보가 상주하여 아뢰기를, "이전에 정남장군(征南將軍) 부우덕(傅友德)[209]이 군민들에게 해마다 쌀 3천 석을

209) 征南將軍 傅友德(?~1394): 明나라의 開國 名將이다. 安徽省 宿州에 거주하다가 후에 안휘성 居碭山으로 이주하였다. 어려서부터 용맹하고 말타기와 활쏘기에 능하였는데, 元末에 백련교 반란이 일어나자 劉福通의 군대에 가담하였다. 李喜喜를 따라서 四川으로 들어갔다가 후에 明玉珍에게 투항하였으나, 명옥진이 등용하지 않자 武昌으로 가서 陳友諒에게 투항했다. 元 至正 21년(1361)에 朱元璋이 江州(지금의 江西 九江)을 공격하자 부우덕은 무리를 이끌고 투항했다. 주원장이 그의 재주를 기이하게 여겨 군사를 주어 廬州(지금의 安徽 合肥)를 공략하게 했다. 이후 鄱陽湖의 전투에 참전하여 진우량의 군대에 큰 타격을 입혔다. 그 후 호북, 강소 일대의 전장을 누비며 전공을 세우고 江淮行省 參知政事로 승진했다. 洪武 元年(1368) 5~8월 사이에 산동 臨淸 일대에 주둔했으며, 그해 11~12월에 太原에서 벌어진 擴廓帖木兒(Köke Temür)와의 전투에서 元軍을 물리쳤다. 洪武 3년(1370)에 徐達을 따라 서쪽으로 진공하여 擴廓帖木兒의 군대를 크게 격파하고 사천으로 진격하고 나아가 漢中을 취하였다. 이 전공으로 이 해 말에 颍川侯에 봉해졌다. 朱元璋은 「平西蜀文」에서 부우덕의 공이 첫째라고 상찬하였다. 洪武 5년(1372)에 주원장이 두 번째로 北征을 지시하였을 때, 부우덕은 감숙 일대의 원군과 일곱 번 싸워 모두 승리하고 평정하였다. 洪武 13년(1380)에 朱元璋은 徐達, 湯和, 傅友德에게 바다와 육지로 遼東으로 가서 나하추(納哈出)과 高麗가 연합하지 못하게 하였다. 洪武 14년(1381) 9월에 征南將軍의 벼슬을 받고 左副將軍 藍玉, 右副將軍 沐英과 함께 步兵과 騎兵 30만을 이끌고 雲南을 정벌하여 元軍을 격파하고 평정하였으며, 洪武 17년(1384)에는 颍國公에 봉해졌다. 洪武 20년(1387)에 제5차 北征沙漠 및 洪武 23년(1390) 제7차 北征沙漠에도 참전하여 전공을 세우고 太子太師의 벼슬을 더하였다. 太祖는 晩年에 독재권력을 강화하기 위해 공신들을 대거 숙청하였는데, 이때 부우덕도 숙청당했다. 洪武 27년(1394) 朱元璋이 문무관원을 모아 놓고 연회를 베풀면서 갑자기 부우덕의 둘째 아들에 대한 불만을 털어놓으며, 부우덕에게 둘째의 목을 베어오라고 명령했다. 둘째 아들의 목을 베어오자 주원장은 아직도 분을 삭이지 못하겠다고 말했다. 부우덕은 '단지 저희 부자의 머리만을 원하실 뿐이다'며 주원장의 면전에서 자결했다. 주원장은 傅家의 모든 남녀들을 요동과 운남으로 유배시켰다. 큰아들 傅雍은 禍를 면하고서 주원장의 외손자인 壽春公主의 아들의 집에서 살았다. 崇禎 17년(1644)에 가서야 麗江王으로 追尊되고, 武靖이라는 謚號를 받았다(『明史』 卷129 「傅友德傳」 참조).

바치되, 운남(雲南)의 보안위(普安衛)[210]로 운반하게 했습니다. 진안은 치우친 곳에 위치한 계동(溪洞)이고, 남으로는 교지(交阯)와 접하여 한 곳에 고립되어 있으며, 또 소속된 바가 없습니다. 주현(州縣)의 백성은 아주 적고 배와 수레도 통하지 않으며, 육지로 스무닷새를 걸어가야 비로소 운남의 보안위에 다다릅니다. 길은 멀고 험하여 장정 한 사람이 쌀 세 말을 지고 가는데, 먹을 [양식으로] 주고나면 남는 것이 얼마 되지 않아서 왕왕 논밭을 갈 때, 부리는 소나 그 밖의 물건을 가지고 그곳에 이르러 쌀과 바꾸어 바쳤습니다. 그러나 보안은 척박하고 멀어서 쌀을 쉽게 구할 수가 없어서 백성들이 무척 고통스러워하고 있습니다. 또 해마다 본 위(衛)에도 쌀 400석을 바쳐야 하니 그 어려움이 극에 달합니다. 이전에는 백금 한 냥으로 [쌀] 한 석을 절납(折納)하게 했습니다. 이제 원하건대 전례를 따름으로써 백성들의 괴로움을 덜어주십시오"라고 하였다. [이에 황제가] 이를 허락하였다.[211]

永樂中，向武知州黃世鐵侵奪鎭安高寨等地，朝廷遣兵討平之，以其地屬鎭安.

영락(永樂) 연간(1403~1424)에, 향무주(向武州) 지주(知州) 황세철(黃世鐵)이 진안(鎭安)의 고채(高寨) 등지를 침략하고 약탈하였는데, 조정에서 병사를 보내 토벌하고 평정하여 그 땅을 진안에 소속시켰다.

成化八年，知府岑永壽侄宗紹糾集土兵，攻破府治，殺傷嫡母，流劫鄕村，有司撫諭不服，都指揮岑瑛擒斬之.

성화 8년(1472)에, 지부(知府) 잠영수(岑永壽)의 조카 잠종소(岑宗紹)가 토병들을 모아 부의 치소를 공격하여 파괴하고, 적모(嫡母)[212]를 죽이고 떠돌아다니며 향촌을 약탈하면서 관원들의 위무와 효유에 복종하지 않자, 도지휘 잠영(岑瑛)이 사로잡아 베어 죽였다.[213]

210) 普安衛: 洪武 15년(1382)에 설치되었고, 治所는 지금의 貴州省 盤縣이며, 雲南都司에 예속시켰는데, 洪武 22년(1395)에 軍民指揮使司로 승격되었다. 그러나 淸 康熙 26년(1687)에 폐지되었다.

211) 관련사항은 『太祖實錄』 卷232 洪武 27년 3월 甲寅條에 기록되어 있다.

212) 嫡母: 庶子가 아버지의 正室을 이르는 말.

嘉靖十四年，田州盧蘇作亂，糾歸順州土官岑瓛攻毁鎭安府，目兵遇害者以萬計．按臣曾守約以聞，帝命守臣治之．時蘇倡亂，田州無主，鎭安府土官男岑眞寶以兵納岑邦佐於田州．歸順州岑瓛，蘇婿也，及向武州黄仲金皆與眞寶隙，乘眞寶入田州，蘇遣瓛及仲金襲破鎭安．眞寶聞亂，走還．蘇會目兵追圍之武陵寨，瓛等遂發眞寶父母墓，焚其骸，分兵占據諸洞寨．眞寶訴之軍門，督諭瓛等不退．久之乃解，官軍歸眞寶，於是瓛與眞寶互相訐．巡按御史言，土蠻自相仇，非有所侵犯，從末減．於是蘇·瓛·仲金各降罰有差，眞寶亦革冠帶，許立功自贖．二十二年以猺·僮作亂，防御需人，免眞寶諸土官來朝．

가정 14년(1535)에, 전주(田州)의 노소(盧蘇)가 난을 일으켜 귀순주(歸順州)[214]의 토관 잠환(岑瓛)과 합쳐서 진안부(鎭安府)를 공격하고 부수어, 토목(土目)의 휘하 병사로서 해를 당한 자가 만여 명을 헤아렸다. 안신(按臣) 증수약(曾守約)이 [이를] 보고하자, 황제는 수신(守臣)[215]에게 [이들을] 징치하도록 명령하였다.[216] 당시에 노소가 난을 일으켰는데, 전주(田州)에는 주인이 없었으므로 진안부 토관의 아들 잠진보(岑眞寶)가 군사를 거느리고 전주에서 잠방좌(岑邦佐)를 맞이하였다. 귀순주의 잠환은 노소의 사위였는데, [그와] 향무주의 황중금(黃仲金)은 모두 잠진보와 불화하였으므로, 잠진보가 전주로 들어간 틈을 타서 노소는 잠환과 황중금을 보내 진안을 점령하였다. 잠진보는 난이 일어났다는 소식을 듣고 빨리 돌아왔다. 노소는 토목들의 병사를 모아서 [잠진보를] 추격하여 무릉채(武陵寨)를 포위하였으며, 잠환 등은 드디어 잠진보 부모의 묘를 파헤쳐 그 해골을 불태우고 병사를 나누어 여러 동채(洞寨)를 점령하였다. 잠진보가 군문에 알리자 총독이 효유하였으나 잠환은 물러가지 않았다. 오랜

213) 관련사항은『憲宗實錄』卷106 成化 8년 7월 戊午條에 기록되어 있다.

214) 歸順州: 唐나라 元和 初(806년 이후)에, 歸淳州의 명칭을 歸順州로 바꾸고 邕州都督府에 소속시켰다. 元나라 至正 23년(1363)에 다시 설치하고 鎭安路이 소속시켰다가 初에 폐지하였고, 弘治 9년(1496)에 다시 설치하고 鎭安府에 소속시켰으며, 嘉靖 4년(1525)에는 思恩府에 소속시켰다. 淸 雍正 7년(1729)에 改土歸流가 되면서 사은부와 지리적으로 멀리 떨어졌다는 이유로 다시 鎭安府에 소속시켰다. 光緖 12년(1886)에는 歸順直隸州로 승격되어 太平思順道에 소속시켰고, 民國 元年(1912)에 歸順直隸州를 歸順府로 승격시켰으나 이듬해에 歸順府를 폐지하고 靖西縣으로 고쳤다.

215) 守臣: 각 지역을 지키고 다스리는 臣下, 즉 각 省의 巡撫, 布政使, 都事 등 鎭巡官을 일컫는다.

216) 관련사항은『世宗實錄』卷182 嘉靖 14년 12월 丁未條에 기록되어 있다.

후에 포위를 풀자 관군은 잠진보를 돌려보냈는데, 이에 잠환과 잠진보는 서로를 비방하였다. 순안어사(巡按御史)가 이르기를, 토만(土蠻)이 스스로 서로 원수가 되는 것은 [상대방을] 침범한 때문이 아니므로 [처벌을] 가볍게 해야 한다고 하였다. 이에 노소·잠환·황중금 등에게 각각 차등을 두어 벌을 내렸으며, 진보도 역시 관대(冠帶)를 빼앗기고는 공을 세워 스스로 속죄하도록 허락했다.[217] 가정 22년(1543)에 요족·동족이 반란을 일으키자, 방어하는 데 사람이 필요하였으므로 잠진보를 비롯한 여러 토관들이 내조하는 것을 면제해주었다.

鎭安所屬有上映洞·湖潤寨. 巡檢皆土人, 世官.

진안(鎭安)에 소속된 것으로, 상영동(上映洞)·호윤채(湖潤寨)가 있다. 순검은 모두 토인(土人)이며, 대대로 관직을 세습했다.

田州
전주

田州, 古百粵地. 漢屬交阯郡. 唐隸邕州都督府. 宋始置田州, 屬邕州橫山寨. 元改置田州路軍民總管府. 明興, 改田州府, 省來安府入焉. 後改田州, 領縣一, 曰上林.

전주(田州)는 옛날 백월(百粵)[218]의 땅이다. 한나라 때는 교지군(交阯郡)에 속했다. 당나라 때는 옹주도독부(邕州都督府)에 속했다. 송나라 때에 비로소 전주(田州)를 설치하고 옹주

217) 관련사항은 『世宗實錄』 卷196 嘉靖 16년 정월 乙巳條에 기록되어 있다.

218) 百粵: 中國 古代의 南方 越人의 總稱이다. 오늘날의 절강성, 복건성, 광동성, 광서성 등지에 분포하였는데 部落이 매우 많았으므로 百越이라 총칭하였다. 越은 곧 粤인데 古代에는 粤과 越을 通用하였다. 그래서 百越이 거주하는 지방을 百粤이라든가 諸越이라고 부르기도 하였다. 秦漢시대에는 관련 史書에서 中國 南方의 民族을 越族이라 칭하였으며, '北方胡, 南方越'이라는 방식으로 대비하여 사용하기도 하였다. 늦어도 漢나라 초기에 이르러 百越은 융성하여 여러 갈래로 분화하여 東甌, 閩越, 南越, 西甌雒越 등으로 나누어졌다.

횡산채(邕州横山寨)에 예속시켰다. 원나라 때는 고쳐서 전주로군민총관부(田州路軍民總管府)를 설치했다. 명이 건립되자 전주부(田州府)로 고쳤고, 내안부(來安府)를 폐지하여 [전주부에] 병합시켰다. 후에 전주(田州)로 고치고, 현(縣) 하나를 거느렸는데 [그 현의 이름은] 상림(上林)이라 하였다.

洪武元年, 大兵下廣西, 右江田州府土官岑伯顏遣使齎印詣平章楊璟降. 二年, 伯顏遣使奉表貢馬及方物, 詔以伯顏爲田州知府, 世襲, 自是朝貢如制. 六年, 田州溪峒蠻賊竊發, 伯顏討平之. 伯顏請振安州·順龍州·侯州·陽縣·羅博州·龍威寨人民, 詔有司各給牛米, 仍蠲其稅二年.

홍무 원년(1368)에, 명나라 군대가 광서(廣西)를 점령하였는데, 우강(右江) 전주부(田州府) 토관(土官) 잠백안(岑伯顏)이 사신에게 인장을 휴대하게 하고 평장(平章) 양경(楊璟)에게 이르러 투항하였다.219) [홍무] 2년(1369)에, 잠백안이 사신을 보내 표문을 올리고 말과 토산물을 공물로 바치자, [황제가] 조서를 내려서 전주[부] 지부로 삼고 세습하게 하였는데, 이로부터 제도에 따라서 조공하였다.220) [홍무] 6년(1373)에 전주 계동(溪峒)의 만적(蠻賊)이 몰래 반란을 일으키자, 잠백안이 토벌하여 평정하였다. 잠백안이 안주(安州)·순룡주(順龍州)·후주(侯州)·양현(陽縣)·나박주(羅博州)·용위채(龍威寨)의 백성을 구휼해주도록 요청하자, [황제가] 관원들에게 조서를 내려서 각지에 소와 쌀을 주고 두 해 동안의 세량을 면제하게 하였다.221)

十六年, 伯顏死, 子堅襲. 十七年, 都指揮使耿良奏:「田州知府岑堅·泗州知州岑善忠率其土兵, 討捕瑤寇, 多樹功績. 臣欲令選取壯丁各五千人, 立二衛, 以善忠之子振, 堅之子永通爲千戶, 統衆守御, 且耕且戰, 此古人以蠻攻蠻之術也.」詔行其言.

---

219) 관련사항은 『太祖實錄』 卷32 洪武 원년 7월 己巳條에 기록되어 있다.

220) 관련사항은 『太祖實錄』 卷43 洪武 2년 7월 丁未條에 기록되어 있다.

221) 관련사항은 『太祖實錄』 卷86 洪武 6년 11월 丁巳條에 기록되어 있다.

二十年，堅遣子思恩知州永昌朝貢，如例給賜.

[홍무] 16년(1383)에 잠백안이 죽자, 아들 잠견(岑堅)이 [전주부 지부의 관직을] 세습하였다. [홍무] 17년(1384)에 도지휘사 경양(耿良)이 상주하기를, "전주[부] 지부(知府) 잠견(岑堅)·사주(泗州) 지주(知州) 잠선충(岑善忠)이 토병(土兵)을 이끌고 요족(猺族)의 적구를 토벌하고 체포하여 공적을 많이 세웠습니다. 신은 장정 각 5천 명을 가려서 뽑아 두 개의 위(衛)를 세우고 잠선충(岑善忠)의 아들 잠진(岑振)과 잠견(岑堅)의 아들 잠영통(岑永通)을 천호로 삼아서 무리를 이끌고 지키게 하고, 한편으로 농사짓고 한편으로 싸우게 하고자 하는데, 이는 옛사람들이 만족(蠻族)으로 만족(蠻族)을 공격했던 책략입니다"라고 하니, [황제가] 조서를 내려 그의 말을 시행하였다.[222] [홍무] 20년(1387)에 잠견이 아들인 사은(思恩) 지주(知州) 잠영창을 보내 조공하니, 예에 따라 하사하였다.[223]

永樂元年，堅死，子永通襲. 永通，上隆州知州也，州以瓊代，而己襲父職. 正統八年，賜知府岑紹誥命，幷封贈其父母妻.

영락 원년(1403)에 잠견이 죽자, 그 아들 잠영통이 [전주부 지부의 관직을] 세습하였다. 잠영통은 상융주(上隆州)[224] 지주(知州)였으므로 [상융주 지]주는 잠경으로 대신하게 하고, 자신은 아비의 직책을 세습한 것이다. 정통 8년(1443)에 [전주부] 지부 잠소에게 고명(誥命)을 내리고 아울러 그 부모와 처에게도 작위를 수여하였다.[225]

---

222) 관련사항은『太祖實錄』卷157 洪武 16년 10월 丁巳條에 기록되어 있다.『明史』본문에서는 耿良이 상주문을 작성한 시기를 홍무 17년(1384)으로 기록하고 있으나『太祖實錄』원문에는 홍무 16년(1383) 10월로 기록하고 있다.

223) 관련사항은『太祖實錄』卷187 洪武 20년 12월 戊申條에 기록되어 있다.

224) 上隆州: 宋 崇寧 5년(1106)에 羈縻上隆州를 설치하고 治所를 현재의 廣西 巴馬瑤族自治縣 燕洞에 두었으며, 邕州(治所는 현재의 南寧市에 둠)에 예속시켰다. 元나라 때는 田州路에 소속되었으며, 明나라 때는 田州府에 속했다. 嘉靖 7년(1528)에 王守仁이 田州를 평정하고 나서 田州府를 강등하여 田州로 삼았는데, 이때 上隆州가 田州에 예속되었다. 淸 光緒 元年(1875)에 改土歸流하면서 上隆州도 폐지되었다.

225) 관련사항은『英宗實錄』卷105 正統 8년 6월 辛丑條에 기록되어 있다.

天順元年，田州頭目呂趙僞稱敵國大將軍，張旗幟，鳴鉦鼓，率衆劫掠南丹州，又據向武州．武進伯朱瑛以聞，兵部請命瑛及土官岑瑛剿捕．三年，巡撫葉盛奏：「田州叛目呂趙勢愈獗，殺知府岑鑑，占據地方，僞稱太平王，圖謀岑氏宗族，冒襲知府職事．」帝命總兵速討．四年，巡按御史吳禎奏：「奉敕剿捕反賊呂趙，選調官軍土兵，攻破功饒·埜鳳二關，直搗府城．呂趙攜妻子，挾知州岑鐸等宵遁．官軍追至雲南富州，奪回鐸等及其子若婿．斬首四十九級，賊衆悉降．趙以數騎走鎮安府，追及之，斬趙及其子四人，從賊十八人，獲其妻孥及僞太平王木印·無敵將軍銅印，幷鳳旗盔甲等物．復委知府岑鏞仍掌府事，撫安人民．」田州平，帝遣使齎敕奬諭禎等，幷敕鏞謹守法度，保全宗族．

천순(天順) 원년(1457)에, 전주의 두목 여조(呂趙)가 적국대장군이라 제멋대로 칭하고, 기치를 들고 징과 북을 울리며 무리를 이끌고 남단주(南丹州)[226]를 노략질하였으며, 또 향무주(向武州)[227]를 점령하였다. 무진백(武進伯) 주영(朱瑛)이 [이를] 보고하자, 병부에서 주영과

226) 南丹州: 오늘날의 廣西 서북쪽에 위치한 南丹縣이다. 壯, 漢, 瑤, 苗, 毛南, 水族 等 23개 소수민족이 거주하고 있다. 南丹州라는 지명은 宋나라 開寶 7년(974)에 최초로 붙여졌다. 당시 壯族의 土酋 莫洪燕이 宋에 투항하자, 宋은 羈縻明州를 폐지하고 南丹州라 고쳐 불렀으며, 慶遠府의 관할 하에 두었다. 宋 元豊 3년(1080)에 南丹의 土官 莫世忍이 朝廷에 貢物을 바치자, 宋 朝廷에서 '南丹州印'이라는 새로운 인장을 내려 주었다. 大觀 元年(1107)에 南丹州를 觀州로 고쳤는데, 얼마 후인 紹興 4년(1134)에 다시 觀州를 폐지하고 南丹州로 회복시켰다. 元 至元 14년(1278)에 南丹의 土官 莫大秀가 表文을 올리고 투항하자, 元에서 南丹州를 南丹安撫司로 고쳤다. 大德 元年(1297)에 南丹安撫司를 폐지하였다. 明 洪武 7년(1374)에 延州, 鸞州, 福州, 永州를 합병하여 南丹州로 삼고 慶遠府에 예속시켰으며, 洪武 28년(1395)에 南丹州를 폐지하고 南丹衛를 설치하였다. 正統 10년(1445)에 南丹州를 회복시켰고, 清 雍正 10년(1732)에 南丹州를 南丹土州로 고쳐 불렀으며, 河池州에 소속시켰다. 民國 元年(1912)에 南丹土州를 慶遠府에 예속시키고, 이듬해에 南丹土州를 柳江道에 소속시켰다. 民國 7년(1918)에 南丹土州를 폐지하고 南丹縣을 설립하였다.

227) 向武州: 北宋 皇祐 연간(1049~1054)에 설치하였다. 治所는 오늘날의 廣西壯族自治區 天等縣 向都의 東部에 두었고 邕州에 예속시켰다. 元나라 初에 治所를 지금의 天等縣 向都 西北으로 옮겼으나 延祐 연간(1314~1320)에 다시 이전의 治所로 복귀하였다. 明 洪武 28년(1395)에 向武千戶所로 고쳤으나 建文 元年(1399)에 다시 向武州로 복귀하였는데, 그 地境은 오늘날의 天等縣 일원이며 廣西布政使司에 直屬시켰다. 萬曆 45년(1617)에 治所를 지금의 天等縣 西北의 向都로 옮겼다. 淸나라 초에는 思恩府에 소속되었으며, 雍正 7년(1729)에는 鎭安府로 소속을 바꾸었다.

토관 잠영(岑瑛)에게 토벌하여 체포하라는 명령을 내리도록 [황제에게] 요청하였다.[228] [천순] 3년(1459)에 순무 섭성(葉盛)이 상주하기를, "전주의 반란 무리 두목인 여조의 세력이 더욱 거세져 지부 잠감(岑鑑)을 죽이고 지방을 점령하여 제멋대로 태평왕(太平王)을 칭하며, 잠씨의 종족인 것처럼 꾸미고 속여서 지부의 관직을 이으려고 합니다"라고 하니, 황제가 총병에게 속히 토벌하도록 명령하였다.[229] [천순] 4년(1460)에 순안어사 오정(吳禎)이 상주하기를, "칙명을 받들어 반란을 일으킨 도적 여조를 토벌하려고 관군과 토병을 고르고 징발하여, 공요(功饒)·분봉(棼鳳) 두 관(關)을 공격하여 점령하고 곧장 부성(府城)을 공격하였습니다. 여조는 처자를 데리고 지주(知州) 잠탁(岑鐸)을 끌고 밤에 도주하였습니다. 관군이 추격하여 운남의 부주(富州)에 이르러 잠탁 등과 그 아들들과 사위를 빼앗아 돌아와 49명의 목을 베니, 도적의 무리들이 모두 항복하였습니다. 여조는 몇 명의 기병을 데리고 진안부(鎭安府)로 도주하였으므로 추격하여 여조와 그 아들 4명, 그들을 따르던 도적 18명의 목을 베고, 그의 처와 자식 및 나무로 만든 거짓 태평왕의 인장·구리로 만든 무적장군(無敵將軍)의 인장 및 봉(鳳)이 수놓인 깃발과 투구와 갑옷 등의 물건을 노획하였습니다. 다시 지부 잠용(岑鏞)에게 그대로 부(府)의 일을 처리하도록 맡기고 인민들을 어루만져 편안하게 하였습니다"라고 하였다. 전주가 평정되자 황제는 사신을 보내 칙서를 갖고 가게 하여 오정 등을 포상하고 효유하였으며, 아울러 또 잠용에게 칙서를 내려 삼가하여 법도를 지키고, 종족(宗族)을 보전하도록 하였다.[230]

成化元年, 遣兵科給事中王秉彝齎敕諭鏞, 幷賜銀幣, 以兵部言其所部土官狼兵, 屢調剿有勞, 且有事於大藤峽也. 二年, 總兵官趙輔奏鏞從征有功, 請給誥命, 旌其父母幷妻, 從之. 五年, 復以輔言, 予鏞官誥.

성화(成化) 원년(1465)에, 병과급사중 왕병이(王秉彝)에게 칙서를 갖고 가게 하여 잠용(岑鏞)을 효유하고 아울러 은폐를 하사하였는데, [이는] 병부(兵部)에서 잠용이 거느리는 토관과

228) 관련사항은『英宗實錄』卷284 天順 원년 11월 甲戌條에 기록되어 있다.
229) 관련사항은『英宗實錄』卷306 天順 3년 8월 庚申條에 기록되어 있다.
230) 관련사항은『英宗實錄』卷313 天順 4년 3월 壬午條에 기록되어 있다.

낭족(狼族)의 토병들이 여러 차례 토벌하는데 징발되어 수고로움이 있었으며, 또한 대등협(大藤峽)[231]에서 [일어난 蜂起를 토벌하는] 일[232]이 있었기 때문이었다.[233] [성화] 2년(1466)에

231) 大藤峽: 廣西 境內에서 가장 크고 긴 峽谷이다. 峽谷의 중심은 廣西 桂平縣에서 武宣까지 100여 리에 걸쳐 있지만 그 주변으로 廣西 東南部에 위치한 潯州府, 梧州府, 平樂府 西部, 柳州府 南部 등 사방 600여 리에 걸친 지역도 모두 大藤峽地區에 속한다. 전설에 따르면 옛날에 큰 藤나무가 있어서 강물 위를 가로질러 뻗어 있었는데, 낮에는 강물에 잠겼다가 밤에는 떠올라서 사람들이 강을 건널 수 있게 해주었다고 하며, 大藤峽이라는 이름은 여기서 유래하였다. 협곡을 흐르는 강물은 구불구불하며 물살이 세고 물속에는 암초들이 무수하고 협곡 주변으로는 바위들이 높이 솟아, 전투가 발생하면 반드시 장악해야 할 전략적 요충지로 인식되었다. 일찍이 大藤峽을 斷藤峽으로 고쳤다가 다시 永通峽으로 고쳐 불렀다. 협곡의 절벽에는 明나라 때 새겨 놓은 '敕賜永通峽'이라는 글자가 아직도 남아 있다. 이곳에는 瑤族, 僮族 등의 소수민족이 거주하고 있는데 주민의 대부분은 瑤族이다.

232) 明나라 때의 大藤峽 蜂起: 瑤民이 중심이 되어 廣西 大藤峽 地區에서 洪武 연간(1368~1398)부터 天啓 연간(1621~1627)까지 전후 약 250여 년에 걸쳐 일으킨 봉기이다. 그 가운데 비교적 규모가 큰 봉기는 10여 차례였다. 大藤峽 蜂起는 역사상 廣西에서 발생한 소수민족 봉기 가운데 가장 규모가 컸으며, 明나라 중후기에 전국에서 발생한 봉기 가운데 비교적 규모가 큰 봉기 중의 하나였다. 당시 明 朝政은 비교적 일찍부터 이곳에서 改土歸流 정책을 실시하여 소수민족의 자치권을 박탈하였고, 이주한 漢族들은 瑤族과 僮族의 土地를 잠식해 들어갔을 뿐만 아니라 소금상인들은 食鹽을 전매하면서 이익을 농단하였으므로, 주민들은 정치·경제적으로 상당한 어려움에 처했다. 심지어 명나라에서는 食鹽이 廣西로 유입되는 것을 차단함으로써 瑤族, 僮族들을 통제하는 手段으로 활용하기까지 했다. 이리하여 大藤峽地區의 瑤族, 僮族을 비롯한 소수민족들은 봉기를 일으키게 되었는데, 그 가운데 중요한 것만 제시하면 이렇다. 洪武 19년(1386)에서 28년(1395)까지의 潯州 大亨, 老鼠, 羅祿山 일대의 瑤民蜂起. 永樂 3년(1405) 潯, 桂, 柳 3府의 瑤民蜂起와 13년(1415)의 胡通四, 韋保遵이 領導한 僮民蜂起. 宣德 4년(1429)에서 宣德 7년(1432)까지 覃公이 주도한 蜂起. 景泰 2년(1451) 侯遙二가 주도한 瑤民蜂起. 正統 연간(1436~1449)에서 成化 연간(1465~1487)에 걸친 藍受式, 侯大苟가 領導한 瑤族, 僮族蜂起. 侯大苟가 주도한 蜂起의 규모는 무척 커서 廣東까지 확대되었다. 成化 元年(1465) 右僉都御史 韓雍, 都督同知 趙輔等이 16萬의 군대를 이끌고 진압에 나서, 蜂起에 참여한 7,000여 명이 피살되고 侯大苟도 포로로 잡혀 죽임을 당했다. 이때 韓雍은 大藤을 찍어 없애도록 명령하고 大藤峽을 斷藤峽이라고 고쳐 불렀다. 그리고 이 일대에 武靖州를 설치하여 통제를 강화했다. 이듬해에 侯大苟의 잔여세력인 鄭昴과 胡公返이 또 擧兵하여 成化 8년(1472)까지 지속하였으나 진압당했다. 이후에는 大藤峽 일대에서 소수민족의 반항이 잠시 누그러지는 듯했으나 正德 연간(1506~1521)에 들어와 또 봉기가 발생했다. 正德 11년(1516)에 總督 陳金은 군사를 동원하여 진압한 후에 安撫策을 실시하였다. 그 내용은 漢人과 當地의 少數民族 사이에 互市를 여는 것, 少數民族의 武裝 허용, 大藤峽을 통과하는 商船에 세금을 징수하고 商船의 왕래를 허락하는 것이 골자였다. 陳金은 조정에 斷藤峽이라는 이름을 永通峽으로 고쳐주도록 요청했다. 官府의 압박으로 인해 嘉靖 연간(1522~1566)에 또 大藤峽에서 소수민족의 봉기가 크게 일어났다. 東으로는 柳州, 北으로는 慶遠, 忻城, 西로는 東蘭, 南으로는 上林에 걸친 지역에서 대규모

총병관 조보(趙輔)가 잠용이 토벌에 참여하여 공을 세웠다고 상주하여, 고명(誥命)을 주며 그의 부모와 처에게는 표창을 하도록 요청하자, 이를 허락하였다. [성화] 5년(1469)에, 다시 조보의 말에 따라서 잠용에게 관작(官爵)을 하사하는 조칙을 내렸다.[234]

十六年, 田州頭目黃明聚衆爲亂, 知府岑溥走避思恩. 總督朱英調參將馬義率軍捕明, 明敗走, 爲恩城知州岑欽所執, 幷族屬誅之. 已, 溥復與欽交惡. 欽攻奪田州, 逐溥, 殺五十餘家. 時泗城州岑應方恃兵强, 復黨欽, 殺擄人民二萬六千餘, 與欽分割田州而據其地.

[성화] 16년(1480)에, 전주의 두목 황명(黃明)이 무리를 모아 반란을 일으키자, 지부 잠부(岑溥)가 사은으로 도주하였다. 총독 주영(朱英)이 참장 마의(馬義)에게 군사를 이끌고 가서 황명을 체포하게 하였는데, 황명이 패하여 도망갔다가 은성(恩城) 지주 잠흠(岑欽)에게 사로잡혔고 아울러 그의 동족과 가솔들도 죽임을 당했다.[235] 얼마 후에 잠부와 잠흠이 사이가 나빠졌다. 잠흠은 전주를 공격하여 빼앗고 잠부를 몰아내었으며, 50여 가[의 사람들]를 죽였다. 이때 사성주(泗城州)의 잠응(岑應)은 바야흐로 자신의 병사들이 강한 것을 믿고 다시 잠흠과 무리를 짓고, 2만 6천여 명의 백성을 죽이거나 사로잡았으며 잠흠과 전주를 분할하고서 그 땅을 점거하였다.

弘治三年, 總制遣官護溥之子猇入田, 爲欽所遏, 居潯州. 按察使陶魯率官軍次南寧,

봉기가 발생하여 明의 廣西 통치를 심각하게 위협하였다. 이에 明에서는 嘉靖 6년(1527)에 王守仁에게 兵部尙書兼總制兩廣·江西·湖廣軍務의 직책을 주어 진압하게 하였다. 이듬해에 王守仁은 군대를 동원하여 胡緣二, 黃公豹의 蜂起를 진압하고 참가자 15,000여 명을 죽였다. 嘉靖 15년(1536)에 侯勝海, 侯公丁 형제가 또 瑤民蜂起를 일으켰으나 嘉靖 18년(1539)에 진압당했다. 天啓 6년(1626)에는 胡扶紀가 다시 저항했으나 이듬해에 진압당했다. 이리하여 전후 250여 년에 걸친 大藤峽 地區 소수민족의 蜂起는 실패를 고하게 되었다.

233) 관련사항은 『憲宗實錄』 卷13 成化 원년 정월 乙亥條에 기록되어 있다.

234) 관련사항은 『憲宗實錄』 卷63 成化 5년 2월 丁未條에 기록되어 있다.

235) 관련사항은 『憲宗實錄』 卷199 成化 16년 정월 戊戌條에 기록되어 있다.

欽拒敵，敗走．而應復援之入城，陳兵以備．巡撫秦紘請合貴州·湖廣及兩廣兵剿之，欽勢蹙，乞兵於應，遂匿應所，總鎭官因檄應捕欽．欽從應飲，殺應父子於坐，收其兵以拒官軍．已而應弟岑接佯以兵送欽至田州界，亦殺其父子以報．事聞，廷議仍命溥還田州．九年，總督鄧廷瓚言溥前以罪革職，比隨征有功，乞復其冠帶，領土兵赴梧州聽調，從之．

홍치(弘治) 3년(1490)에, 총제(總制)[236]가 관원을 보내 잠부(岑溥)의 아들 잠호(岑猇)를 호위하여 전[주]로 들여보냈으나, 잠흠(岑欽)에게 가로막혀 심주(潯州)에 머물렀다.[237] 안찰사(按察使) 도로(陶魯)[238]가 관군을 이끌고 남녕(南寧)에 주둔하자 잠흠이 저항하였으나 패하여 도망갔다. 그러나 잠응(岑應)이 다시 그가 성으로 들어가도록 돕고, 병사를 배치하고 지켰다. 순무 진굉(秦紘)[239]이 귀주·호광 및 양광(광동·광서)의 병사를 모아서 그를 토벌하

236) 總制: 總督의 다른 명칭이다. 明 正德 연간(1506~1521)에 武宗이 스스로를 '總督軍務威武大將軍總兵官'이라 칭했기 때문에 相避를 위해 總督을 總制라 불렀다.

237) 관련사항은 『孝宗實錄』 卷35 弘治 3년 2월 庚子條에 기록되어 있다.

238) 陶魯(?~1498): 字는 自强이며, 廣西 鬱林 사람이다. 蔭敍로 新會縣丞이 되었다. 당시 廣西에서는 瑤族들이 여러 府를 돌아다니며 약탈하고 城을 공략하여 관원들을 죽였다. 香山과 順德 사이에는 土寇들이 蜂起하였고 新會의 無賴들은 무리를 지어 호응하였다. 陶魯가 父老들을 모아 말하기를, "賊의 기운이 우리 城을 삼키고 있으니 일찍이 대비하지 않으면 함락될 것입니다. 여러분은 子弟들을 이끌고 능히 막을 수 있습니까?"라고 하였다. 모두들 좋다고 하자 堡砦를 쌓고 무장한 병사를 조직하여 전투 기술을 연마시켜 성을 방어하였다. 성곽을 쌓고 해자를 파며 성 밖에 鐵蒺藜와 刺竹을 깔아 놓아 성의 수비를 견고하게 하여 적의 침입을 막았다. 天順 7년(1463)에 임기가 만료되자 巡撫 葉盛이 그의 공적을 상주하여 知縣으로 발탁되었다. 얼마 지나지 않아서 賊을 물리친 공로를 인정받아 廣州 同知가 되었고, 후에는 按察使로까지 승진하였다. 陶魯는 병사들을 잘 위무하고 계책이 많았으며, 모략이 정해진 후에 전투에 임했다. 45년에 걸쳐 관직에 있었는데, 시종 軍事와 관련된 일을 담당하였으며 수십 번의 대소 전투에 참여하여 21,400여 명에 달하는 적의 목을 베었고, 포로로 사로잡힌 자들을 구출하거나 流民들을 원래의 產業으로 복귀시킨 것이 13만 7천여 명이었다. 兩廣 사람들은 그를 長城처럼 의지하였다. 그러나 陶魯는 병사들에게 武力만을 숭상하도록 가르치지는 않았다. 항상 '寇賊을 다스리는 데는 교화가 우선이며 부득이한 경우에만 죽여야 한다'고 말하였다. 賊을 평정하면 항상 학교를 세워서 교화에 힘썼다(『明史』 卷165 「陶魯傳」 참조).

239) 秦紘(1425~1505): 字는 世纓이며, 山東 單縣 사람이다. 景泰 2년(1451) 26세의 나이로 殿試를 통과하여 進士가 되어 南京御史를 제수 받고 후에 여러 차례 승진한 끝에 戶部尙書가 되었다. 강직하고 청렴결백하여 權貴들을 두려워하지 않았다. 天順 元年(1457)에 御史 練剛의 천거를 받아 雄縣(지금의 河北省

도록 요청하자, 잠흠은 궁지에 빠져 잠응에게 병사를 빌려주도록 청하였고, 마침내 잠응의 처소에 숨자 이에 총진관이 잠응에게 격문을 보내어 잠흠을 체포하도록 하였다. 잠흠은 잠응과 함께 술을 마시다가 잠응 부자를 그 자리에서 죽이고, 그의 병사들을 거두어 관군에게 저항하였다. 얼마 후에 잠응의 아우 잠접(岑接)이 군사를 거느리고 잠흠을 전주의 경계 지역으로 전송하는 척하다가 그 부자(父子)를 죽이고 원수를 갚았다. 이 사건에 관한 보고가 올라오자 조정에서 의논하여 잠부에게 이전처럼 전주로 돌아가도록 명령하였다.[240] 홍치 9년(1496)에, 총독 등정찬(鄧廷瓚)이 이전에 잠부가 죄로 인해 혁직(革職)되었으나 근래에 토벌에 참여하여 공을 세웠으므로, 그 관대를 회복시켜서 토병을 거느리고 오주(梧州)[241]로 가게

에 위치) 知縣으로 발탁되었다. 雄縣은 백조의 산지였는데 당시 이 縣의 權門勢家인 杜堅이 멋대로 백조를 포획하여 죽이곤 하였다. 秦紘은 그가 高官임을 개의치 않고 그의 隨從 인원들을 잡아서 곤장을 치자 杜堅은 이 일을 왜곡하여 황제에게 상주하였고, 皇帝는 사실을 살피지 않은 채 秦紘을 파면하고 하옥시켰다. 그러자 雄縣의 縣民 5천여 명이 上京하여 황제에게 상주하여 그를 석방해주도록 요청하였다. 황제는 사태가 소란스러워지는 것을 꺼려 秦紘을 석방하고 原職에 복직시켰다가 陝西 府谷縣 知縣으로 이동시켰다. 政績이 탁월하여 이후에 知州, 參政, 都御史 등의 관직을 역임하였다. 山西巡撫로 재임할 때 山西에 주둔하던 鎭國將軍 奇澗 父子는 비리를 저지를 뿐만 아니라 秦紘을 황제에게 모함하였는데, 황제는 이 말을 믿고 秦紘을 투옥시키고 家產을 몰수하도록 명령하였다. 太監 尙亨은 황제의 명령을 받들고 秦紘의 가산을 몰수하였지만 낡은 의복 몇 벌만을 찾아내었을 뿐이었다. 보고를 받은 황제는 '秦紘은 高官인데도 집안이 이렇게 가난하단 말인가!' 하고 감탄하며 즉각 그를 석방하도록 명령하고 상으로 동전 1만 관을 하사하여 그의 청렴함을 표창하였다. 동시에 奇澗 父子의 관직을 박탈하고 그들의 俸祿 절반을 삭감하였다. 弘治 元年(1488)에는 吏部尙書 王恕의 천거로 左副都御史로 발탁되었고 얼마 지나지 않아 右副都御史兼總督兩廣軍務로 승진하였다. 兩廣 지방에 부임한 후, 그는 원래 이곳에 근무하던 中官과 武將들이 부하들에게 도적과 결탁하도록 종용하여 商人들을 재물을 빼앗고, 무고한 사람들을 죽였으며 지방관들과도 결탁하여 백성들에게 해를 끼치고 있다는 사실을 알았다. 이에 秦紘은 상주하여, 惡吏를 징벌하고 탐관을 색출하며 社學을 설치하고 保甲을 편성하여 도적의 근원을 봉쇄하는 조치를 취하니, 兩廣 지방이 잘 다스려졌다. 당시 總兵 安遠侯 柳景은 무척 탐욕스럽고 포악하였으므로 秦紘은 그를 治罪하고 투옥시켰다. 柳景은 周太后와 姻戚이었으므로 太后는 皇帝의 面前에서 秦紘을 모함하였고, 이 때문에 秦紘은 두 차례나 체포, 투옥되었다. 후에 皇帝가 친히 이 사건을 조사하여 柳景과 周太后가 모함하였음을 알고서 옥중에서 秦紘을 석방하였으나 太后의 체면을 참작하여 그의 관직은 박탈하였다. 이에 조정 대신들의 불만이 높아지고 吏部尙書 王恕 등은 잇달아 상주하여 秦紘을 유임시켜줄 것을 요청하였다. 그러나 皇帝는 秦紘이 北京에서 관원으로 생활하는 것을 허락하지 않다가 몇 달 후에 南京 戶部尙書로 기용하였다(『明史』 卷178 「秦紘傳」 참조).

240) 관련사항은 『孝宗實錄』 卷60 弘治 5년 2월 甲辰條에 기록되어 있다.

241) 梧州: 廣西 동부에 위치하며 廣東, 홍콩, 마카오 등지와 水路로 연결되는 兩廣 地域의 經濟와 軍事, 文化 상의 거점 도시 중 하나이다. 前漢 高后 5년(전183)에 趙光이 蒼梧王이 되어 처음으로 蒼梧王城을

해서 징발을 기다리게 하자고 아뢰니, [황제가] 이를 허락하였다.[242]

十二年, 溥爲子猇所弑, 猇亦自殺. 次子猛方四歲, 溥母岑氏及頭目黃驥護之, 赴制府告襲. 歸至南寧, 頭目李蠻來迎. 驥慮蠻奪己權, 殺其使. 蠻率兵至舊田州, 驥懼, 誣蠻將爲變, 乞以兵納, 乃調思恩岑濬率兵衛猛. 濬受驥賂, 納其女, 挾猛, 約分其六甲地. 比至田州, 蠻拒不納, 驥復以猛奔思恩, 幽之. 事覺, 廷瓚檄副總兵歐磐等攝濬, 久乃出猛, 置於會城. 得奏, 命猛襲知府. 驥·濬怒其事之不由己出也, 要泗城岑接·東蘭韋祖鋐各起兵攻蠻. 接兵二萬先入田州, 殺掠男女八百餘人, 驅之溺水死者無算, 括府庫, 放兵大掠, 城郭爲墟. 濬兵二萬攻舊田州, 據之, 殺掠男女五千三百餘人, 蠻逃去. 副總兵歐磐·參政武清等詣田州府勘治, 遣兵送猛還府. 驥懼罪, 匿濬家, 有司請治濬罪.

[홍치] 12년(1499)에, 잠부가 아들 잠호에게 죽임을 당하고 잠호도 역시 자살했다. 둘째 아들 잠맹(岑猛)은 막 네 살이 되었으므로 잠부의 어미 잠씨와 두목 황기(黃驥)가 그를 보호하고, 순무(巡撫)에게 가서 세습하였음을 알렸다. 돌아가는 길에 남녕(南寧)에 이르렀는데 두목 이만(李蠻)이 와서 영접하였다. 황기는 이만이 자신의 권력을 빼앗을까 염려하여 그 사자를 죽였다. 이만이 병사를 이끌고 옛날의 전주(田州)에 이르자, 황기가 두려워하여 이만이 장차 변란을 일으킬 것이라고 무고(誣告)하고 병사로써 자신을 호송해 줄 것을 청하니, 이에 사은(思恩)의 잠준(岑濬)을 징발하여 병사를 이끌고 잠맹을 호위하였다. 잠준은 황기의 뇌물을 받고 그 딸에게 장가들어 잠맹을 협박하여 육갑(六甲)의 땅을 나누기로 약속하였다. 얼마 후 전주에 도착하였으나 이만이 항거하고 받아들이지 않자, 황기는 다시 잠맹을 데리고 사은으로 도주하였다가 그를 감금하였다. 일이 발각되자 등정찬(鄧廷瓚)은 부총병 구반(歐磐) 등에게 격문을 보내 잠준을 체포하도록 하였으나, 오랜 후에야 잠맹을 [구]출하여 성성(省城)

건설하였다. 前漢 武帝 元鼎 6년(전111)에 오늘날의 梧州 및 廣東 封縣 일대에 廣信縣을 설치하였는데, 廣信縣의 서쪽은 廣西, 廣信縣의 동쪽은 廣東이라 하여 兩廣이라는 명칭이 여기서부터 유래하였다. 唐나라 武德 4년(621)에 처음으로 梧州라는 명칭을 붙였다. 明 成化 6년(1470)에 憲宗이 梧州에 처음으로 중국 역사상 최초의 總督府를 설치하고, 廣東과 廣西를 관할하도록 하였다.

242) 관련사항은 『孝宗實錄』 卷116 弘治 9년 8월 壬寅條에 기록되어 있다.

에 안치하였다. 상주한 바를 황제에게 윤허를 얻어 잠맹이 지부(知府)를 세습하도록 하였다. 황기와 잠준은 그 일이 자기들[의 관여함으]로부터 시작되지 않은 것을 분하게 여겨서 사성(泗城)의 잠접(岑接)·동란(東蘭)의 위조횡(韋祖鋐)을 규합하여 각각 병사를 일으켜 이만을 공격하였다. 잠접의 병사 2만이 먼저 전주로 들어가서 남녀 800여 명을 죽이고 [재물을] 노략질 하였으며 그들을 쫓으니, 물에 빠져 죽은 자가 헤아릴 수 없었고 부의 창고를 몽땅 털고 병사를 풀어 크게 노략질하니, 성곽이 폐허로 변하였다. 잠준이 병사 2만으로 옛날의 전주를 공격하여 점령하고, 남녀 5,300여 명을 죽이고 [재물을] 노략질하자 이만은 도주하였다. 부총병 구반(歐磐)[243]·참정(參政) 무청(武清) 등이 전주부에 이르러 [진상을] 조사하여 처벌하고 병사를 보내 잠맹을 호송하여 [전주]부로 돌려보냈다. 황기는 죄를 두려워하여 잠준의 집에 숨었는데, 관원들이 잠준의 죄를 다스리도록 요청하였다.[244]

初, 蠻之迎猛也, 無他念, 及猛在外, 蠻守土以待其歸. 驥爭權首亂, 濬·接·祖鋐黨惡, 以致茲變. 清受濬賂, 曲右之, 且誣蠻占據府治, 阻兵弄權, 事竟不直. 於是廷瓚言思恩岑濬罪惡, 正在逐捕, 而田州岑猛亦宜乘此區畫, 降府爲州, 毋基異日尾大之患, 從之.

당초에 이만(李蠻)이 잠맹을 맞이한 것에는 다른 생각이 없었으며, 잠맹이 바깥에 있게 되자 이만은 땅을 지키며 그가 돌아오기를 기다렸다. 황기가 권세를 다투어 먼저 반란을

243) 歐磐: 生卒年 未詳. 安徽 滁州 사람이다. 歐磐은 指揮使의 직책을 세습하였다. 成化 연간(1465~1487)에 廣東都指揮僉事로 승진하였다. 후에 總督 朱英의 천거로 廣西 右參將에 임명되어 柳州, 慶遠을 分守하였다. 成化 23년(1487)에 廣西 鬱林·陸川의 黃公定, 胡公明이 叛亂을 일으키자 歐磐은 按察使 陶魯와 병사를 다섯 갈래로 나누어 공격하여 승리하고 都指揮 同知로 승진하였다. 弘治 연간(1488~1505)에 병으로 해임되었는데, 總督 秦紘이 그의 戰功과 才能을 아껴서 다시 기용해 줄 것을 상주하자 孝宗이 이를 받아들여 복직시켰다. 弘治 8년(1495)에 廣西 府江·永安 일대에서 壯族 반란이 일어나자 總督 閔珪가 6萬의 군대를 징발하여 평정하였는데, 이때 歐磐도 종군하여 181개의 山寨를 점령하고 6천여 명을 참수하여 都指揮使로 승진하고, 곧 廣西副總兵으로 발탁되었다. 후에 都御史 鄧廷瓚 等의 상주로 인해 都督僉事로 승진하였다. 弘治 15년(1502)에는 平蠻將軍으로서 湖廣을 鎭守하였다. 弘治 18년(1505)에 사직하였는데, 2년 후에 사망했다(『明史』 卷166 「歐磐傳」 참조).

244) 관련사항은 『孝宗實錄』 卷149 弘治 12년 4월 甲午條에 기록되어 있다.

일으키자 잠준·잠접·위조횡도 무리지어 나쁜 짓을 행하고 변란을 일으키기에 이르렀다. 무청은 잠준의 뇌물을 받고 뜻을 굽혀서 그를 감싸고, 또 이만이 부치(府治)를 점거하고 병사를 믿고 권력을 제멋대로 행사한다고 무고하자, 일이 마침내 바르지 않게 되었다. 이에 등정찬이 [상주하여] 아뢰기를, 사은의 잠준의 죄가 악하므로 곧장 뒤쫓아가 체포하고, 전주의 잠맹도 또한 틈을 타서 변란을 일으켰으므로 부(府)를 강등하여 주(州)로 삼아 훗날 세력이 강대해지는 화근을 만들지 말라고 하니, 이를 허락하였다.

十八年, 廷議以思·田旣平, 宜設流官; 岑猛世濟凶惡, 致陷府治, 宜降授千戶, 而遴選才望者假以方面職銜, 守田州, 仍賜敕以重其權. 帝然之, 於是以平樂知府謝湖爲右參政, 掌府事.

[홍치] 18년(1505)에 조정에서 논의하기를, 사[은]·전[주]가 이미 평정되었으니 유관을 설치하는 것이 마땅하다고 하였다. 잠맹은 대대로 전해내려 오는 흉악함으로 부의 치소를 함락시켰으니, 마땅히 [벼슬을] 낮추어 천호(千戶)의 직책을 주고 다시 인근에서 재주와 덕망이 있는 자를 골라서 한 방면(方面)을 관장할 수 있는 직함을 주어 전주(田州)를 지키게 하고, 또 칙서를 내려서 그 권한을 무겁게 해야 한다고 하였다. 황제가 옳다고 여기고, 이에 평락(平樂)[245] 지부 사호(謝湖)를 참정으로 삼아서 [전주]부의 일을 관장하게 하였다.[246]

時岑猛已降福建平海衛千戶, 遷延不行. 及湖至, 復陳兵自衛, 令祖母岑氏奏乞於廣西極邊率部下立功, 以便祭養, 詔總鎭官詳議以聞. 總督陳金奏:「猛據舊巢, 要求府

245) 平樂府: 원래는 百越의 땅이었으나 秦나라 때는 桂林郡, 漢나라 때는 蒼梧郡에 속했다. 三國 吳나라 때는 始安郡에 속했다. 隋나라 때는 桂林이라 하였다가 唐 武德 4年(621)에 처음으로 樂州를 설치하였다. 唐 貞觀 8年(634)에 昭州로 고쳤다가 唐 天寶(742~756) 初에 平樂郡이라 하였다. 唐 乾元(758~760) 初에 다시 昭州로 칭했으나 元 大德 연간(1297~1307)에 平樂府로 고치고 明나라도 역시 이를 계승하여 平樂府라 하였다. 平樂府의 경내에는 강들이 흐르고 수백 리에 걸친 골짜기에는 瑤族들이 살았는데 山田에는 샘이 솟아나 농사짓기가 편했다. 魚鹽을 얻는 것도 어렵지 않았다.

246) 관련사항은 『武宗實錄』 卷4 弘治 18년 8월 己未條에 기록되어 있다.

佐，不赴平海衛．參政謝湖不卽赴任，爲猛所拒，納饋遺而徇其要求，宜逮問.」時猛遣人重賂劉瑾，得旨，留猛而褫湖，幷及前撫潘蕃·劉大夏，猛竟得以同知攝府事．猛撫輯遺民，兵復振，稍復侵旁郡自廣．嘗言督撫有調發，願立功，冀復舊職．會江西盜起，都御史陳金檄猛從征，猛所至剽掠．然以賊平故論功，遷指揮同知．非猛初意，頗犯望．

이때 잠맹(岑猛)은 복건(福建) 평해위(平海衛)[247]의 천호(千戶)로 이미 강등되었으나 시일을 끌며 [임지로] 가지 않고, 사호(謝湖)가 이르자 다시 병사를 늘어놓고 스스로를 지켰으며, 할머니 잠씨로 하여금 상주문을 올려서 광서(廣西)는 변방의 끝이니 부하들을 이끌고 공을 세워 제사와 봉양에 편하게 해달라고 요청하게 하자, [황제가] 조서를 내려 총진관들에게 상세하게 의논하여 보고하도록 하였다.[248] 총독 진금(陳金)[249]이 상주하기를, "잠맹이 이전

247) 平海衛: 福建 莆田縣에 위치하였으며 오늘날의 福建省 莆田市 秀嶼區에 해당한다. 明初 洪武 16年(1383)에 朱元璋이 信國公 湯和를 파견하여 東南沿海를 순시하게 하고 해안 방어문제에 대해 궁리하였다. 洪武 20年(1387)에 江夏侯 周德興이 또 명을 받들어 복건을 방문하였다. 周德興은 福建의 沿海 지방을 순시한 후에 興化, 福州 等府에서 1만 5천의 병사를 징발하고 요충지인 平海, 莆禧 등지에 衛所를 설치하고 城을 쌓았다. 이듬해에는 平海等五都指揮使司를 설치하고 6個千戶所를 거느리게 하였다. 그리고 이 일대에 水寨와 巡檢司, 烽火臺를 설치하였다. 당시 쌓은 平海衛城은 모두 돌로 쌓아 견고하였으며 5,600여 명의 군대가 주둔하여 福建의 水陸방어 요충지로 특히 왜구 방어의 요충지로 활용되었다. 하지만 명나라 중기로 접어들면서 방어체계가 점차 느슨해져서 왜구를 방어하는 기능이 약화되었다. 嘉靖 41年(1562) 겨울에 倭寇 6천여 명이 興化府城을 함락시키고 노략질과 살육을 자행하고 이듬해 3월에는 興化府城에서 나와 平海衛를 소굴로 삼아 날뛰었다. 그해 4月에 戚繼光이 戚家軍을 비롯한 1만여 명의 군사를 이끌고 와서 平海衛를 공격하자 공세를 견디지 못한 倭寇들은 許家大巢로 도망하였다. 明軍은 왜구의 巢窟을 포위하고 화공을 가하여 이들을 大破하고 2,200여 명의 목을 베었다. 이를 平海衛 戰鬪라고 한다. 倭寇가 물러간 후에 隆慶 4年(1570)에 衛城을 重修하였다. 淸 康熙 22年(1683)에는 대만 정복을 총지휘한 장수 施琅의 水兵들이 이곳에 머물며 정복을 준비함으로써 平海衛는 대만정복의 전진기지로도 활용되었다.

248) 관련사항은 『武宗實錄』 卷22 正德 2년 윤정월 丙午條에 기록되어 있다.

249) 陳金(1446~1529): 字는 汝礪이고, 號는 西軒이며, 湖廣 武昌縣(지금의 湖北省 武昌) 사람이다. 成化 8년(1472)의 進士로 婺源知縣에 제수되었고 이어 南京御史로 승임하였다. 弘治 初에 浙江 지역을 巡按하고 돌아와 災異와 관련하여 文武臣僚 19명을 탄핵하였고, 곧 山西副使를 이어 雲南左布政使를 역임하면서 竹子箐 叛苗를 토벌하였다. 弘治 13년(1500)에 右副都御史로 雲南의 巡撫가 되어 孟養 酋長 思祿과

부터 살던 소굴을 점거하여 지부를 보좌하겠다고 요구하면서 평해위로 부임하지 않았습니다. 참정 사호도 즉각 부임하지 않고 잠맹에게 가로막혔는데, 막혀서 [잠맹이 보낸] 선물을 받고 그의 요구에 따랐으니 마땅히 체포하여 심문해야 합니다"라고 했다.[250] 이때 잠맹은 사람을 보내 유근(劉瑾)[251]에게 많은 뇌물을 바쳐 성지(聖旨)를 받았는데, 잠맹은 머물게 하고 사호의 관직은 박탈하며 아울러 전임 순무 반번(潘蕃)·유대하(劉大夏)[252]에게도 [징계가] 미쳤으

孟密 酋長 思揲을 征討하였다. 이후 南京戶部右侍郎이 되었고, 正德 연간(1506~1521)에 들어와 右都御史가 되어 兩廣軍務를 總督했으며, 苗民의 起義를 평정한 功으로 正德 3년(1508)에 南京 戶部尙書가 되었다. 이듬해 左都御史에 임명되어 江西·福建 등지의 農民起義를 토벌하여 太子少保가 더해졌다. 正德 10년(1515)에 다시 兩廣軍務를 총독했으며, 正德 14년(1519)에 都察院의 일을 관장했다. 그러나 正德 16년(1521)에 나이를 이유로 歸鄕을 청했으며, 嘉靖 8년(1529)에 병으로 세상을 떠났다. 그의 나이 83세였다. 『明史』 卷187 「陳金傳」 참조.

250) 관련사항은 『武宗實錄』 卷32 正德 2년 11월 辛酉條에 기록되어 있다.

251) 劉瑾(?~1510): 陝西省 興平縣 사람으로 魏忠賢, 王振과 더불어 명나라 때 惡한 宦官 가운데 한 사람으로 꼽힌다. 원래 姓은 談氏였으나 그를 천거한 太監의 姓을 따서 劉氏로 改姓하였다. 成化 연간(1465~1487)에 입궁하여 太監이 되었고, 正德 연간(1506~1521)에 武宗의 총애를 받아 司禮監을 관장하였다. 당시 武宗을 같이 모셨던 馬永成·高鳳·羅祥·魏彬·丘聚·谷大用·張永 등과 함께 이른바 '八虎'라 불렸는데, 이들 가운데 유근이 가장 교활하고 잔인하였다. 그는 각종 전횡을 일삼다가 모반죄로 太監 張永에 의해 고발당하여 1510년에 磔刑에 처해졌다(『明史』 卷304 「劉瑾傳」; 尹貞粉, 2013: 86~88 등 참조).

252) 劉大夏(1436~1516): 字는 時雍이고 號는 東山이다. 湖廣 華容縣(지금은 湖南에 속함) 사람으로 王恕, 馬文升과 더불어 '弘治三君子'로 불린다. 天順 3年(1459)에 湖廣鄕試 解元(1등)으로 합격하였다. 天順 8年(1464)에 進士 학위를 취득하고 翰林院 庶吉士를 제수받았다. 成化 元年(1465)에는 兵部 職方司主事가 되었다. 安南王 黎灝이 라오스 침공에 실패하자 宦官 汪直은 憲宗에게 이 기회를 틈타서 베트남을 공략하자고 진언하면서 兵部에 대해 永樂年間에 安南을 정벌했을 때 만든 軍事册籍과 航海地圖를 제출하라고 요구하였다. 이때 劉大夏는 汪直의 주장에 반대하여 圖册을 깊숙이 감추어 버렸다. 그래서 圖册을 管理하던 官員들은 찾아낼 수가 없었다. 이들은 매일 劉大夏를 추궁하고 때렸으나 그는 입을 열지 않고 오히려 兵部尙書 余子俊에게 '제가 맞아 죽으면 한 사람의 목숨이 죽는 것에 불과하지만 만일 安南에 전쟁을 일으키면 죽는 사람이 어찌 천이나 만에 그치겠습니까?'라고 말했다. 이에 余子俊이 다시는 圖册의 소재를 추궁하지 않았다. 弘治 3年(1490)에 廣西 田州, 泗城에서 岑猛의 叛亂이 일어나자 劉大夏은 조정의 명령을 받들어 진압에 나섰는데 한 사람의 군사도 쓰지 않고 반란을 평정하였다. 弘治 6年(1493)에는 都察院 右副都御史로서 황하의 치수에 착수하여 성공하여 그 공으로 두 해 뒤에는 左副都御史로 승진하고 얼마 후에는 戶部侍郞으로 발탁되었다. 弘治 13年(1500)에는 總督兩廣軍務兼巡撫가 되어 鎭守太監과 總兵의 私兵처럼 부려지던 1천여 명의 군사를 군영으로 복귀시켰다. 이듬해에 兵部尙書로 승진하였다. 正德 元年(1506)에 劉大夏는 武宗의 어리석고 용렬함을 보고 낙망하여 사직을 청하여 華容으로 귀향하였다. 正德 3年(1508) 3월에 宦官 劉瑾에게 모함을 당해 투옥되고 肅州에서 充軍하라는 처분을 받았다. 充軍하러 길을 떠날 때 그를 배웅하는 사람들이 길을 메웠고

며, 잠맹은 마침내 동지(同知)로서 부(府)의 일을 관장하였다.253) 잠맹이 유민들을 어루만지고 모으자 다시 병사들[의 세력]이 다시 떨치게 되어, 점차로 주변의 부(府)들을 침략하여 스스로 [지역을] 넓혔다. 일찍이 [잠맹이] 일찍이 독무에게 아뢰기를, 군사를 징발할 일이 있으면 공을 세워 이전의 관직을 회복하기를 원한다고 하였다. 마침 강서에서 도적이 일어나자 도어사 진금이 잠맹에게 격문을 보내어 정벌에 참여하게 하였는데, 잠맹은 이르는 곳마다 노략질하였다. 그러나 도적떼가 평정되었으므로 공을 논하여 지휘동지[의 관직으]로 옮겼다. [그런데] 잠맹의 처음 뜻이 아니었으므로 마음속으로 깊이 원망을 품었다.

正德十五年, 猛奏:「田州土兵每征調, 輒許戶留一二丁耕種, 以供常稅. 其久勞於外者, 乞量振給, 免其輸稅.」從之.

정덕(正德) 15년(1520)에 잠맹이 상주하기를, "전주의 토병들은 매번 징발될 때 번번이 호(戶)마다 한 둘의 장정이 남아 경작하기를 허락받아 정해진 세금을 바쳤습니다. 바깥에서 오랫동안 힘쓰는 자들에게는 정상을 참작하여 납부해야 할 세금을 면제해 주십시오"라고 하니, [황제가] 이를 허락하였다.254)

嘉靖二年, 猛率兵攻泗城, 拔六寨, 遂克州治. 岑接告急於軍門, 言猛無故興兵攻寨. 猛言接非岑氏後, 據其祖業, 欲得所侵地. 時方有上思州之役, 征兵皆不至, 總督張嵿以狀聞. 四年, 提督盛應期・巡按謝汝儀議大征猛, 條征調事宜, 詔報可. 而應期以他事去, 詔以都御史姚鏌代, 命懸金購猛. 然鏌知猛無反心, 猛方奏辯, 鏌亦欲緩師. 而巡按謝汝儀與鏌却, 乃誣鏌之子淶納猛萬金, 廉得淶書獻之. 鏌惶恐, 乃再疏

父老들은 음식을 가져와 대접하였으며 商人들은 罷市하고 분향하면서 生還을 기원하였다고 한다. 두 달 후에 劉瑾이 처형되면서 劉大夏는 사면되어 華容으로 귀향하였다. 正德 11年(1516)에 향연 81세로 사망하였다. 謚號는 忠宣이며 詩文集으로 『東山詩集』과 『劉忠宣公集』이 있다(『明史』 卷182 「劉大夏傳」 참조).

253) 관련사항은 『武宗實錄』 卷42 正德 3년 9월 辛酉條에 기록되어 있다.

254) 관련사항은 『武宗實錄』 卷194 正德 15년 12월 庚子條에 기록되어 있다.

請征. 於是部趣鏌克期進, 鏌偕總兵官朱麒發兵八萬, 以都指揮沈希儀·張經等統之, 分道幷入. 猛聞大兵至, 令其下毋交兵, 裂帛書冤狀, 陳軍門乞憐察. 鏌不聽, 督兵益急, 沈希儀斬猛長子邦彦於工堯隘. 猛懼, 謀出奔, 而歸順州知州岑璋, 猛婦翁也, 其女失愛, 璋欲藉此報猛, 乃甘言誘猛走歸順, 鴆殺之, 斬首以獻.

가정(嘉靖) 2년(1523)에, 잠맹(岑猛)이 병사를 이끌고 사성(泗城)을 공격하여 여섯 채(寨)를 공격하여 수중에 넣고, 드디어 주의 치소를 점령하였다. 잠접(岑接)이 군문에 급변을 고하여 아뢰기를, 잠맹이 아무런 까닭도 없이 병사를 일으켜 채를 공격한다고 하였다. 잠맹은 잠접이 잠씨의 후예가 아니면서도 조상들의 [유]업을 차지하였으므로 침점(侵占)당한 땅을 찾으려한다고 하였다. 이때 마침 상사주(上思州)의 전쟁이 있었으나 징발한 병사들이 모두 도착하지 않았다.[255] [가정] 4년(1525)에, 제독 성응기(盛應期)·순안 사여의(謝汝儀)[256]가 대대적으로 잠맹을 토벌하기를 논의하여 [병사를] 징발하는 일의 타당함을 조목조목 아뢰니, [황제가] 조서를 내려 가(可)하다고 하였다. 그러나 성응기는 다른 일 때문에 자리를 옮겼고, [황제는] 조서를 내려 도어사 요막(姚鏌)[257]으로 대신하게 하고 현상금을 내걸어 잠맹을 체포

255) 관련사항은 『世宗實錄』 卷25 嘉靖 2년 4월 甲午條에 기록되어 있다.

256) 謝汝儀: 生卒年未詳. 字는 國正이며 浙江 鄞縣人이다. 正德 9年(1514)에 進士 학위를 취득하였다. 嘉靖 연간(1522~1566)에 福建按察司 副使가 되자 詔安縣을 설치하고 墩台를 건설하며 番兵을 길러서 一方의 保障이 되도록 하자는 상주문을 올렸다. 晋江縣 巡檢 張隆이 해적에게 피살되었으나 범인을 체포하지 못하였는데 마침 漳州의 民 陳大淵等이 곡식을 販賣하러 배를 타고 왔는데 배 속에서 도적을 막기 위한 무기가 발견되자 범인으로 지목되어 투옥되고 일행 중 6명이 사망하였다. 謝汝儀는 사건을 조사하여 이들이 범인이 아님을 알고 석방하였다. 후에 巡按御史, 江西按察使 등의 관직을 역임하였다.

257) 姚鏌(1465~1538): 字는 英之이며 浙江 慈溪縣 출신이다. 弘治 6年(1493)에 進士 학위를 취득하여 禮部主事를 제수 받았다가 곧 員外郞으로 승진하였으며 廣西提學僉事로 발탁되었다. 이때 姚鏌은 宣成書院을 설립하고 五經 전문가들을 초빙하여 士子들을 교육하였다. 처음 廣西에 부임했을 때 廣西人들은 山魈 卓旺을 숭배하였으므로 姚鏌은 像을 철거하고 風俗을 바꾸었다. 후에 福建 副使로 옮겼다가 곧 學政이 되었다. 正德 9年(1514)에는 貴州按察使로 발탁되었다. 正德 15年(1520)에는 右副都御史巡撫延綏가 되어 邊務六事를 상주하여 모두 시행하였다. 嘉靖 元年(1522)에 吉囊이 涇陽을 침범하자 姚鏌은 군사를 이끌고 밤중에 습격하여 두 명의 장수를 베니 吉囊은 놀라서 도주하였다. 朝廷에서는 姚鏌을 포상하고 곧 工部右侍郎으로 승진시켰다. 嘉靖 4年(1525)에는 右都御使史提督兩廣軍務兼巡撫로 발탁되었다. 田州의 土官 岑猛이 반란을 도모하자 姚鏌이 8만의 군사를 지휘하여 토벌하는 데 성공하였다. 朝廷에서는 공을 인정하여 姚鏌을 左都御史로 삼고 太子少保의 직함을 더하였다. 姚鏌은 田州에 流官

하도록 명령하였다.[258] 그러나 요막은 잠맹이 반란을 일으키려는 마음이 없음을 알고 있었는데, 마침 잠맹이 상주문을 올려 [스스로를] 변호하였으므로 요막도 출병하는 일을 늦추고자 하였다. 그러나 순안 사여의는 요막과 알력이 있어서 요막의 아들 요래(姚淶)가 잠맹에게서 은 만 냥[의 뇌물]을 받았다고 무고(誣告)하고 요래의 편지를 찾아내어 바쳤다. 요막은 당황하고 놀라서 다시 상주문을 올려 토벌하기를 요청하였다. 이에 병부에서 요막에게 진격하는 날짜를 정하도록 독촉하자, 요막은 총병관 주기(朱麒)와 함께 병사 8만을 동원하여 도지휘 심희의(沈希儀)·장경(張經)에게 통솔하게 하고 길을 나누어 진격하였다. 잠맹은 대군이 온다는 소식을 듣고 부하들에게 싸우지 말라고 명령하고, 비단을 찢어서 억울한 사연을 기록하여 총독의 군문에 진열하고서 어여삐 여겨 살펴주기를 청하였다. 요막은 듣지 않고 군사들을 더욱 급하게 휘몰았으며, 심희의는 잠맹의 맏아들 잠방언을 공요애(工堯隘)에서 베었다. 잠맹은 두려워하여 도망하기를 도모하였는데, 귀순주의 지주 잠장은 잠맹의 장인이었는데 그 딸이 [잠맹에게] 총애를 잃었으므로 잠장은 이를 기회로 삼아 잠맹에게 보복하려고 했으며, 달콤한 말로 잠맹에게 귀순주로 도망해오도록 유인하여 짐독[259]을 먹여서 죽이고 목을 베어 바쳤다.[260]

六年, 鏌以田州平, 告捷京師, 乃請改田州爲流官, 并陳善後七事, 詔俱從之.

설치와 善後七事를 진언하였는데 모두 시행되었다. 이리하여 參議 汪必東, 僉事 申惠와 參將 張經이 군사 만여 명을 거느리고 田州 일대를 鎭守하였다. 애초에 廣東提學 魏校가 절과 道觀의 田 수천 畝를 빼앗아서 모두 霍韜, 方獻夫에게 넘겨주었는데 姚鏌이 廣東에 부임한 후에 그 땅을 모두 원래의 주인에게 돌려주었다. 霍韜와 方獻夫는 이 일로 인해 姚鏌을 무척 원망하다가 조정의 張璁 등과 연합하여 姚鏌을 배척하는 상주를 올리면서 大同은 마땅히 토벌해야 하나 도리어 慰撫했고 田州는 응당 慰撫해야 하나 토벌하였으므로 비용은 많이 지출하고도 나랏일은 이뤄지지 못하고 남방과 북방에 화를 키웠다고 하였다. 그리고 御史 石金도 이들을 편들어 姚鏌을 탄핵하자 황제는 姚鏌을 閒職으로 물러나게 했다. 얼마 후에 다시 岑猛의 잔여세력인 盧蘇·王受 등이 반란을 일으키자 大學士 費宏은 황제에게 다시 그를 기용하도록 천거하였다. 이리하여 嘉靖 13年(1534)에 姚鏌은 兵部尙書總制三邊軍務로 임명되어 부임하러 가려는데 費宏이 사망하자 姚鏌은 辭職을 청하였고 분노한 황제는 그를 파직시켰다. 姚鏌은 수년 후에 사망하였다. 文集으로 『錦囊瑣綴』 8卷이 전한다(『明史』 卷200 「姚鏌傳」 참조).

258) 관련사항은 『世宗實錄』 卷57 嘉靖 4년 11월 辛酉條에 기록되어 있다.

259) 鴆: 짐새라는 毒鳥의 깃을 담근 毒酒를 가리킨다. 이 술을 마시면 사람이 죽는다고 한다. 『春秋左氏傳』 莊公 32年條에 "使鍼季酖之(注) 酖, 鳥名, 其羽有毒, 以畫酒酖之則死"라는 내용이 있다.

260) 관련사항은 『世宗實錄』 卷72 嘉靖 6년 정월 己卯條에 기록되어 있다.

[가정] 6년(1527)에, 요막이 전주를 평정하고 경사(京師)에 승전소식을 알리고는 전주[에 토관을 임명하던 것을] 고쳐서 유관을 임명하도록 요청하였으며, 동시에 선후책 일곱 항목을 진언하였는데, [황제가] 조서를 내려 모두 허락하였다.[261]

鏌留參議汪必東·僉事申惠·參將張經以兵萬人鎭其地, 知府王熊兆署府事. 會必東·惠皆移疾他駐, 惟經·熊兆在府, 兵勢分, 防守稍懈. 於是逆黨盧蘇·王受等乃爲僞印, 誑言猛在, 且借交阯兵二十萬, 以圖興復. 蠻民信之, 聚衆薄府城. 經出擊, 兵少不敵, 欲引還, 而城中陰爲內應, 呼噪四出, 官軍腹背受攻, 力戰不支, 突圍渡江走, 賊逼其後, 爭舟溺死者甚衆. 賊沿江置闌索, 伏藥弩, 夾岸幷起. 官軍且戰且行, 抵向武, 失士卒三四百人. 賊遂入據府城, 燒倉粟以萬計. 御史石金上其事, 頗委罪前撫盛應期生事召釁, 而給事中鄭自璧因請仍檄湖廣永順·保靖兵幷力剿賊. 帝以四方兵數萬方歸休, 豈可復調, 命再計機宜以聞.

요막이 참의 왕필동(汪必東)·첨사 신혜(申惠)·참장 장경(張經)에게 병사 만 명을 거느리고 그 땅에 머물러 진수하게 하고, 지부 왕웅조(王熊兆)는 [지]부의 일을 서리(署理)하게 하였다. 마침 왕필동과 신혜는 모두 질병으로 인해 다른 곳에 주둔하였고, 단지 장경과 왕웅조만이 [전주]부에 있었으므로 병력이 분산되어 방어하는 것이 점차로 느슨해졌다. 이에 반역의 무리 노소(盧蘇)·왕수(王受) 등이 거짓 인장을 만들어, 잠맹이 살아 있으며 또 교지(交阯)의 병사 20만을 빌려서 부흥을 꾀한다고 속여서 말하였다. 만족(蠻族) 백성들이 이를 믿고서 무리를 모아 부성(府城)을 압박하였다. 장경이 [성을] 나가 공격하였으나 병사들의 수가 적어서 대적하지 못하였으므로, [병사들을] 이끌고 돌아오려 하였으나 성 중에서 몰래 내응하여 함성을 지르며 사방에서 나오니, 관군은 앞뒤에서 공격을 받아 힘껏 싸웠으나 버티지 못하고 포위망을 뚫고 강을 건너 도주하였는데, 적들이 그 뒤를 압박해오므로 [관군들은] 다투어 배를 타려다가 물에 빠져 죽은 자가 매우 많았다. 도적들은 강을 따라서 배를 가로막는 동아줄을 설치하고 독화살을 쏘는 쇠뇌 [부대를] 매복해 두고 강 양쪽에서 함께 공격하였다. 관군은 한편으로 싸우고 한편으로 후퇴하면서 향무(向武)에 이르렀는데, 사졸(士卒) 3~4백 명을 잃었다. 도적

261) 관련사항은 『世宗實錄』 卷73 嘉靖 6년 2월 己巳條에 기록되어 있다.

들은 드디어 부성(府城)으로 들어가 점령하고, 창고의 곡식 1만여 석을 태웠다. 어사 석금(石金)이 이 사태를 보고하자 많은 이들이 전임 순무 성응기(盛應期)가 사단(事端)을 만들어 화를 불렀다며 죄[의 책임을] 그에게로 돌렸으나, 급사중(給事中) 정자벽(鄭自璧)[262]은 호광의 영순(永順)[263]·보정(保靖)[264]의 병사들에게 격문을 보내 힘써 도적들을 소탕하라는 명령을 내리자고 요청하였다. 황제는 각지의 병사 수만 명이 이제 막 돌아와 휴식하고 있는데 어찌 다시 징발할 수 있겠느냐며, 다시 대책을 상의하여 보고하라고 명령했다.[265]

---

262) 鄭自璧: 生卒年未詳. 河南 開封府 祥符縣(지금의 開封市) 출신으로 字는 采東이며 正德 12年(1517)에 進士 학위를 취득하고 翰林院 庶吉士를 거쳐 工科給事中을 제수받았다. 正德 연간(1506~1521)에 환관들이 백성들의 토지를 빼앗아 자신들의 莊田으로 삼는 일이 많아지자 백성들이 이를 소송하였고 조정에서는 使者를 보내 실정을 조사하게 하였다. 鄭自璧이 실정을 파악한 후에 그 폐단을 상세하게 아뢰자 황제가 이를 엄히 다스리도록 하여 백성들의 근심이 점차 제거되었다. 嘉靖 3年(1524)에 兵科都給事中으로 嘉靖 6年에 宣府가 몽골에 점령되는 사태가 발생하자 鄭自璧은 總兵 傅鐸과 鎭守 中官 王玳, 巡撫 周金 등을 탄핵하였다. 이후에도 관료들의 부정과 비리를 탄핵하다 황제의 노여움을 사서 江陰縣丞으로 유배되었다. 『明史』 卷208 「鄭自璧傳」 참조.

263) 永順: 湖南 西部의 土家族·苗族 自治州 北部에 위치하고 있다. 戰國시대에는 楚나라의 黔中에 속했고 秦나라에서는 黔中郡에 속했다. 前漢 高祖 元年(전206)에는 酉陽縣이 설치되었다. 이후부터 南北朝시기 까지 모두 酉陽縣에 속했다. 隋나라 때는 酉陽縣을 폐지하고 遷陵縣과 합하여 大鄕縣으로 고쳤다. 元나라 때에 永顺宣撫司를 설치하고 四川行省에 소속시켰는데 이때 永順이라는 지명이 최초로 붙여졌다. 明나라 洪武 2年(1369)에는 永顺軍民安撫司를 설치하였다가 洪武 6년(1373)에는 永顺軍民宣慰使司로 승격되어 3개 州와 여섯 長官司를 관할하였다. 淸나라 雍正 5年(1727)에 永顺土司 彭肇槐가 관할구역을 청조에 바치자 流官을 설치하였다. 雍正 7年(1729)에 永顺縣을 최초로 설치하고 辰沅永靖道 永顺府에 소속시켰다.

264) 保靖: 湖南 西部의 土家族·苗族 自治州 東部에 위치하고 있다. 春秋戰國 시대에는 楚나라 땅이었다. 楚 威王 3年(전337)에 黔中郡을 설치했는데 保靖의 땅은 여기에 속했다. 漢나라 高祖 5年(전202)에 黔中郡을 武陵郡으로 바꾸었는데 이후 三國시대와 南北朝시대에도 대체로 武陵이라고 불려졌다. 宋나라 太祖 建隆 6年(960)에 羁縻保靖州가 설치되고 荆湖北路에 예속되었는데 이때 최초로 保靖이라는 이름이 등장하였다. 元나라 초기에는 保靖州로 개칭되었으며 至正 26年(1366)에는 保靖州軍民安撫司로 고쳐졌다. 明 洪武 元年(1368)에는 安撫司를 宣慰司로 고쳤으며 洪武 6年(1373)에는 保靖州軍民宣慰使司로 승격되어 湖廣布政使司에서 管轄하였다. 후에 湖廣都司에 소속되어 五寨長官司와 竿子坪長官司를 가느렸다. 雍正 4年(1726)에 同知를 설치하였으며 雍正 7年(1729)에는 改土歸流를 단행하여 土司를 폐지하고 保靖縣을 설치하여 治所를 遷陵에 두고 永顺府에 소속시켰다.

265) 관련사항은 『世宗實錄』 卷74 嘉靖 6년 3월 乙未條에 기록되어 있다.

時盧蘇等雖據府叛，佯聽撫，遣人迎署府事王熊兆．而其黨王受等糾衆萬餘，攻據思恩城，執知府吳期英·守備指揮門祖廕等．已而釋期英等，亦投牒上官，願聽招撫．都御史姚鏌以兵未集，姑受之以緩其謀．遣諜者檄東蘭·歸順·鎭安·泗城·向武諸土官，各勒兵自效，且責失事守巡参將等官立功自贖．復疏調湖廣永·保土兵，江西汀·贛畲兵，俱會於南寧，幷力進剿．帝以蠻亂日久，鎭巡官受命大征，未及殄絶，輒奏捷散兵，使餘孽復滋，罪不容逭．姑赦前過，益圖新功．乃起原任兵部尙書新建伯王守仁總督軍務，同鏌討之．

이때 노소(盧蘇) 등은 비록 부성(府城)을 점령하고 반란을 일으켰지만 거짓으로 초무(招撫)를 받아들이는 체하면서, 사람을 보내어 지부(知府)의 일을 서리(署理)하던 왕웅조를 맞이하였으나, 그의 무리인 왕수(王受) 등은 무리 만여 명을 모아 사은[부]성을 공격하여 점령하고 지부 오기영(吳期英)·수비지휘(守備指揮)[266] 문조음(門祖廕) 등을 사로잡았다. 그러나 곧 오기영 등을 석방하고 상관에게 공문을 올려서 초무 받기를 바란다고 하였다. 도어사 요막(姚鏌)은 병사들이 아직 집결하지 않았으므로 잠시 이를 받아들여서 그의 계획을 늦추었다. 그리고 심부름꾼에게 격문을 보내 동란(東蘭)·귀순(歸順)·진안(鎭安)·사성(泗城)·향무(向武)의 여러 토관들에게 각각 병사를 거느리고 조정을 위해 자신의 힘을 바치라고 명령하고, 또 [성을] 잃은 수비, 참장 등의 관원에게 공을 세워 죄를 면제 받도록 하였다. 다시 상주문을 올려서 호광의 영순(永順)·보정(保靖)의 토병과 강서(江西) 정(汀)·감(贛)[267]의 사족(畲族)[268] 병사를 징발하여, 모두 남녕(南寧)에서 모으고 힘을 합쳐서 진격하여 토벌하자고 하였

266) 守備: 明代의 武官으로 직제 상으로는 游擊 아래의 직책이다. 明初 南京에 1명을 설치하고 公, 侯, 伯으로 充任했다. 協同守備 1명도 두고 侯, 伯, 都督으로 充任시켜 南京의 防守事務와 南京 地區의 各衛所 管理를 담당시켰다. 淸代에는 正五品으로 綠營兵을 통솔하였으며, 직제상 都司 아래의 직책이었다. 漕運總督이 관할하는 各 衛에도 守備가 설치되어 運軍을 거느리고 漕糧을 수송하기도 했다. 四川, 雲南 등지의 土司들 가운데는 土守備가 설치되었다.

267) 江西 汀·贛의 畲族: 汀州府는 江西省이 아니라 福建省 소속이다.

268) 畲族: 중국 동남 지역 소수민족의 하나이다. 畲族의 원래 분포 지역은 福建, 廣東, 江西 세 省이 만나는 곳이었으며 福建 남부와 潮汕의 주요 原住民 중의 하나였다. 元, 明, 淸 시대에 들어와 이들은 원주지에서부터 이주하여 점차 복건 동부, 절강 남부, 안휘 동남부 등의 山地와 半山地로 이동하였다. 이들은 전형적인 散居民族의 하나로서 그들 스스로는 山哈이라고 불렀다. 南宋 末年에 역사상 처음으로 문헌상

다. 황제는 만족(蠻族)의 반란이 오래도록 지속되자, 진안관에게 대대적인 토벌을 명령하는 [조칙을] 받고서 아직 도적을 완전히 없애지도 않았는데, 갑자기 승전했다는 보고를 올려 병사들을 해산하여 그 잔당들이 다시 세력을 떨치게 하니, 그 죄를 면할 수가 없다고 하였다. 잠시 이전의 허물을 용서하니 더욱 [힘써서] 새로운 공을 세우라고 하였다. 이에 전임 병부상서 신건백(新建伯) 왕수인(王守仁)을 총독(總督) 군무(軍務)로 기용하여 요막과 함께 토벌하도록 하였다.[269]

> 時受旣入思恩, 封府庫, 以賊兵守之, 而自攻武緣. 守巡官鄒輗等率兵至思恩, 思恩千夫長韋貴·徐伍等遣壯士由間道入城爲內應, 夜引官兵奪門, 殺賊二十餘人, 收府印及庫物, 護送期英於賓州, 因招撫城中未下者. 時受攻武緣甚急, 參將張經堅壁拒守. 鎭守頭目許用與戰, 斬其渠帥一人. 賊見援兵大集, 乃遁去. 鏌以聞.

이때 왕수는 사은(思恩)에 들어가서 부의 창고를 봉하여 도적 병사가 지키게 하고, 스스로는 무연(武緣)을 공격하였다. 수순관(守巡官) 추예(鄒輗) 등이 병사를 이끌고 사은에 이르자, 사은의 천부장(千夫長) 위귀(韋貴)[270]·서오(徐伍) 등은 장사를 보내어 샛길로 성으로 들어가

에서 '畲民' '拳民' 이라는 칭호가 출현하였다. 畲(she)라는 글자의 뜻은 刀耕火種인데 중화인민공화국이 건국된 후에 이렇게 고쳐 불렀다. 2000年에 시행된 전국 인구통계에 따르면 畲族의 인구수는 약 71만 명에 달한다. 畲族의 극히 일부분은 畲語를 사용하지만 9할 이상이 客家 방언에 가까운 언어를 구사한다. 고유한 문자는 없다. 景寧畲族自治縣은 浙江 南部의 山地에 위치한 유일한 畲族自治縣이다. 景寧縣의 畲族은 唐나라 永泰 2年(766)에 복건에서 이주하여 이곳에 정착하였다. 이들은 산간지대에 梯田을 만들어 살면서 중국 동남부 산간지대 개발에 참여하였다. 역사적으로 보면 이들은 여러 차례 중앙정부에 반란을 일으키거나 한족과 연합하여 이민족의 침입에 항거하였다. 예컨대 唐나라 초에 廣東 潮州 일대에 살던 畲族들은 唐王朝의 통치에 반항하는 투쟁을 벌였고 宋末元初에 福建의 畲族들은 畲軍을 조직하여 한족인 文天祥, 張世杰 등과 연합하여 抗元 무장투쟁에 나서기도 하였다. 明 正德 연간(1506~1521)에는 江西의 畲民들이 謝志珊(山), 藍天鳳 등의 지도하에 廣東 俐頭, 江西 大庚 等地의 한족 봉기군과 서로 호응하면서 明 王朝의 통치에 저항하는 투쟁을 벌였다. 한편으로 이들은 明代의 抗倭투쟁이나 청 말의 太平天國 운동에도 참여하였다.

269) 관련사항은 『世宗實錄』 卷74 嘉靖 6년 3월 乙巳條에 기록되어 있다.

270) 韋貴: 生卒年未詳, 明代 廣西 馬山縣 출신의 壯族으로 思恩府 千夫長을 지냈다. 嘉靖 6年(1527)에 王受가 반란을 일으켜 병사를 동원하여 思恩府城을 함락시키고 知府 吳期英과 守備指揮 門祖廕을 사로잡고

서 내응하게 하고 밤에 관병을 이끌고 가서, 성문을 탈취하여 도적 20여 명을 죽이고 [사은지]부의 인장과 창고의 물건들을 거두어 들였으며, 오기영을 빈주(賓州)로 호위하여 보내고 성 중에서 항복하지 않은 자들을 초무(招撫)하였다. 이때 왕수는 무연을 무척 급하게 공격하였으나 참장 장경(張經)이 성벽을 견고하게 하고 [이에 의지하여] 막아서 지켰다. 진수하던 [무리들의] 우두머리 허용(許用)은 도적들과 싸워서 큰 우두머리 한 사람을 베었다. 도적들은 구원병이 많이 모인 것을 보고 도주해서 숨었다. 요막이 [조정에] 보고하였다.[271)]

帝以田州·思恩賊鋒雖挫, 首惡未擒, 仍令守仁亟督兵剿撫. 守仁威名素重, 及督軍務, 調兵數萬人至, 諸蠻心懾. 守仁至南寧, 道中見受等勢盛, 度亦未可卒滅, 上疏極陳用兵利害. 兵部議以守仁所見未確, 復陳五事, 令守仁詳計其宜, 於是守仁又疏云:

황제는 전주(田州)·사은(思恩) 도적들의 날카로움이 비록 꺾였으나 악한 자들의 우두머리가 아직 사로잡히지 않았으므로, 그대로 왕수인에게 즉시 병사를 거느리게 하여 토벌하고 위무하게 하였다. 왕수인의 위엄 넘치는 명성이 원래부터 무척 컸고 [그가] 군무를 감독하여 징발한 군사 수만 명이 이르자, 여러 만족(蠻族)들이 마음속으로 두려워하였다. 왕수인이 남녕(南寧)으로 이르는 도중에 왕수 등의 세력이 성한 것을 보고서, 이들을 모두 멸하여 없애지 못하겠다고 생각하여 병사를 사용하[여 발생하]는 이익과 손해를 빠뜨림 없이 아뢰었다. 병부에서 왕수인이 헤아린 바가 확실하지 않다고 의논하자 [왕수인이] 재차 다섯 항목에 걸쳐 진술하였는데, 왕수인으로 하여금 그 타당함을 상세하게 아뢰도록 하자 이에 왕수인이 또 [다음과 같이] 상소하였다.

臣奉命於去年十二月至廣西平南縣, 與巡按御史石金及藩臬諸將領等會議. 思·田禍結兩省, 已踰二年. 今日必欲窮兵盡剿, 則有十患. 若罷兵行撫, 則有十善. 臣與諸

武緣縣城도 공격하였다. 이때 千夫長 韋貴는 건장한 土兵을 이끌고 밤에 思恩府城으로 잠입하여 내응하고 관병과 함께 성을 탈환하였다. 韋貴는 후에 王守仁을 따라 八寨의 농민반란을 진압하는데도 공을 세워 嘉靖 7年(1528)에 興隆土司의 첫 번째 세습 土巡檢이 되었다.

271) 관련사항은 『世宗實錄』 卷79 嘉靖 6년 8월 乙丑條에 기록되어 있다.

臣, 攄心極論, 今日之局, 撫之爲是.

신은 작년 12월에 황명을 받들어 광서 평남현(平南縣)[272]에 도착하여 순안어사 석금(石金)과 포정사, 안찰사, 여러 장수들과 함께 회동하여 논의하였습니다. 사은(思恩)과 전주(田州)의 화가 두 성(省)에 미친 지 두 해가 넘었습니다. 오늘 반드시 극력 병사들을 휘몰아 모두를 토벌하여 없애고자 한 즉, 열 가지 근심거리가 있습니다. 만일 병사들을 물리치고 초무(招撫)를 행하면, 열 가지 좋은 점이 있습니다. 신과 여러 신하들이 마음을 터놓고 끝까지 논의하였는데, 오늘의 정세는 어루만지는 것[을 위주로 함]이 옳다는 [결론을 내렸습니다].

臣抵南寧, 遂下令盡撤調集防守之兵. 數日內解歸者數萬, 惟湖兵數千, 道阻遠, 不易卽歸, 仍使分留南寧, 解甲休養, 待間而動. 而盧蘇·王受先遣其頭目黃富等訴告, 願得歸境投生, 乞宥一死. 臣等諭以朝廷威德, 令齎飛牌, 歸巢曉諭, 期以速降無死. 蘇·受等得牌, 皆羅拜踴躍, 歡聲雷動.

신은 남녕(南寧)에 이르러 마침내 징집하여 방어하도록 한 병사들을 모두 철수하도록 명령을 내렸습니다. 며칠 내로 [갑옷을] 벗고 [고향으로] 돌아간 자가 수만 명이었으나 오직 호광(湖廣)의 병사 수천 명만은 길이 험하고 멀어서 즉시로 돌아가는 것이 쉽지 않아, 그대로 남녕에 나누어 머물며 갑옷을 벗고 쉬다가 [돌아갈] 틈을 기다려 움직이도록 하였습니다. 그런데 노소(盧蘇)·왕수(王受)가 먼저 그 두목 황부(黃富) 등을 보내어 알리기를, 원래 [살던] 지경으로 돌아가서 목숨을 건지기를 원하니 죽음은 면하도록 용서해달라고 빌었습니다. 신 등은 조정의 위엄과 덕망으로 효유하고 그들로 하여금 비패(飛牌)를 갖고 소굴로 돌아가서

---

272) 平南縣: 廣西 壯族自治區 東南部에 위치하고 있다. 唐나라 貞觀 7年(633)에 武林縣을 쪼개어 南平縣을 설치하였다가 후에 平南縣으로 고치고 治所는 오늘날의 平南鎭에 두었는데 平南이라는 지명은 이때부터 생겼다. 宋나라 開寶 5年(972)에 武林, 隋建, 大同, 陽川을 폐지하여 平南에 병합시켰다. 嘉祐 2年(1057)에는 또 武郎縣을 폐지하여 平南縣에 병합시키고 平南縣은 龔州에 예속시켰다. 紹興 6年(1136)에는 龔州를 폐지하고 平南縣은 潯州에 예속시켰다. 이후 平南縣은 元나라에서는 潯州路에, 明과 淸나라에서는 潯州府에 예속되었다.

효유에 [승복하여] 기한 내에 빨리 항복해서 죽는 자가 없도록 하였습니다. 노소·왕수 등이 [비]패를 얻고, 모두 늘어서서 절하고 뛰며 환호하는 소리가 우레처럼 울려 퍼졌습니다.

尋率衆至南寧城下, 分屯四營. 蘇·受等囚首自縛, 與頭目數百人赴軍門請命. 臣等復諭之曰:「朝廷旣赦爾罪, 爾等擁衆負固, 騷動一方. 若不示罰, 何以雪憤?」於是下蘇·受於軍門, 各杖一百, 乃解其縛. 又諭之曰:「今日宥爾死者, 朝廷好生之德; 必杖爾者, 人臣執法之義.」衆皆叩首悅服, 願殺賊立功. 臣隨至其營, 撫定其衆七萬餘人, 復委布政使林富等安插, 於二月二十六日悉命歸業. 是皆皇上至孝達順之德, 神武不殺之威, 未期月而蠻民率服, 不折一矢, 不傷一人; 而全活數萬生靈, 卽古舞干之化, 奚以加焉.

얼마 후에 [신은] 무리를 이끌고 남녕성(南寧城) 아래에 이르러서 네 개의 군영으로 나누어 주둔하였습니다. 노소(盧蘇)·왕수(王受) 등 죄인의 우두머리들은 스스로를 묶어서 두목 수백 명과 함께 군문에 이르러 명령을 [내려주기를] 요청하였습니다. 신 등은 다시 효유하여 이르기를, "조정은 이미 너희들의 죄를 용서하였으나 너희들은 무리를 모아 지세의 험준함을 의지하여 한 지방을 소란스럽게 만들었다. 만약 벌을 내리지 않는다면 어떻게 분을 풀 수 있겠는가?"라고 하였습니다. 이에 노소·왕수를 군문에 넘겨 각각 장 일백을 치고 그 포박을 풀어주었습니다. [그리고] 또 효유하여 이르기를, "오늘 너희들을 죽음에서 용서하는 것은 조정이 살리는 것을 좋아하는 덕이니라. 반드시 너희들에게 장형(杖刑)을 가하는 것은 신하된 자가 법을 집행하는 도리이다"라고 하니, 무리들이 모두 머리를 조아리고 기뻐하며 복종하였고, 도적을 죽여서 공을 세우기를 원하였습니다. 신은 그들을 따라서 군영(軍營)으로 가서 그 무리 7만여 명을 초무(招撫)하고 또 포정사 임부(林富) 등에게 맡겨서 안치하게 하여 2월 26일에 모두 본업에 복귀하도록 명령하였습니다. 이것은 모두 황상(皇上)의 지극히 효성스럽고 크게 순복(順服)하는 덕이며 신령스런 무위(武威)를 떨쳐 사람을 죽이지 않는 위엄으로서, 한 달이 채 지나지 않아서 만민들이 모두 항복하여 화살 한 대 부러지지 않고 사람 하나 상하지 않았습니다. 그리고 수만 명의 사람을 온전하게 살렸으니, [이것은] 곧 옛날의 문덕(文德)으로 감화하여 교화시켰다는 것으로 어찌 이것보다 더 [나은] 것이 있겠습니까?[273]

疏聞，帝嘉之，遣行人齎敕奬賚．於是守仁復疏言：

상주문이 보고되자 황제는 기뻐하며, 행인에게 칙서를 가지고 가 표창하고 하사품을 내려주게 하였다. 이에 왕수인이 다시 [다음과 같이] 상주하여 아뢰었다.

思·田久構禍，荼毒兩省，已踰二年．兵力盡於哨守，民脂竭於轉輸，官吏疲於奔走．

273) 관련사항은『世宗實錄』卷88 嘉靖 7년 5월 壬午條에 기록되어 있다. 王守仁이 주장한 토벌할 때의 열 가지 근심거리(十患)란 다음과 같다. ① 수만의 무고한 백성들이 곤경에 처하는 것 ② 막대한 전쟁비용 지출로 梧州 일대의 재정이 바닥난 것 ③ 군사들의 징발 기간이 오래되면서 病死와 도주가 지속되어 군대가 순식간에 와해 될 수 있음 ④ 광동 광서 주민들이 농사와 베 짜기 같은 생업에 종사하지 못한지 오래되어 소요 사태를 일으킬까 염려됨 ⑤ 병사를 징발할 때 탐욕스런 무뢰들이 몰려 올 수 있음 ⑥ 양광 지역의 도적이나 猺族, 獞族의 소굴이 무척 많아 이들을 막기 위해 늘 군사를 모집하지만 그 수를 다 채우지 못하는데 지금 思恩, 田州로 군사를 집결시키면 다른 곳에서 변고가 일어날 때 대응할 수 없음 ⑦ 군사를 움직이면 군량을 수송하는 인력과 말을 모두 南寧 일대에서 징발해야 하는데 그러면 백성들의 곤궁함이 극에 달해 모두 죽을 것임 ⑧ 兩廣의 土官이나 土目들은 협력하지 않을 것이고 湖廣의 병사들은 징발된 지 오래되어 병에 걸려죽은 자가 절반을 넘는데 또 다시 이들을 징발하려하면 도망자들이 속출하여 한 지방에 대한 작은 분풀이를 하려다가 세 省 土民의 마음을 잃을까 염려됨 ⑨ 심산유곡에 거주하는 猺族, 獞族을 모두 죽인다면 훗날에 改土歸流하고자 한들 누구를 대상으로 할 수 있겠는가 ⑩ 전쟁에서 이기더라도 병사를 징발하여 지켜야 하는데 그러면 수고로움과 비용 지출이 끝이 없고 혹시 병사들을 제어하지 못하면 兵亂이 일어날 수도 있다. 반면에 招撫할 때의 열 가지 좋은 점(十善)이란 이렇다. ① 무고하게 죽을 수많은 목숨을 살림으로써 황상의 仁이 드러나게 되어 遠夷들이 그 德에 감격할 것 ② 전쟁비용의 지출을 줄이고 잉여를 비축하여 다른 사태에 대비할 수 있고 백성들은 곤궁함에서 벗어날 수 있음 ③ 오랫동안 수자리를 섰던 병사들이 귀향하게 되어 질병으로 죽는 참상에서 벗어남 ④ 제 때에 농사를 지을 수 있어서 막다른 처지에 몰려 양민이 도적이 되는 일이 없어짐 ⑤ 土官의 병사를 해산시켜 돌려보내고 地境을 보존시킴으로써 그들의 사납고 교활한 기운을 누그러뜨리고 배신하려는 간사한 마음을 꺾을 수 있음 ⑥ 원근의 병사들이 원래 주둔지로 복귀함으로써 이전의 변경과 연해 수비 체계가 모두 복구되며 이것을 돌아보다가 저것을 잃는 근심이 없어짐 ⑦ 군량 수송이 중지되어 인부와 말의 징발이 그쳐 백성들의 극심한 고통이 해소됨 ⑧ 토민들은 免死狐悲의 근심을 풀고 토관들은 脣亡齒寒의 위험이 없어져서 안심하게 됨 ⑨ 思田의 남은 자들이 복귀하여 土俗에 따라서 추장을 두고 스스로 지키게 함으로써 안으로는 猺族, 獞族을 제압하고 밖으로는 邊夷들에게서 中土를 킬 수 있음 ⑩ 土民들이 자발적으로 복속하여 병사를 두어 지키거나 그들을 지원하는 물자를 조달하지 않게 되어 백성들이 편안히 살게 된다는 것이다.

地方鯤脆，如破壞之舟，漂泊風浪，覆溺在目，不待智者而知之矣．必欲窮兵雪憤，以殲一隅，無論不克，縱使克之，患且不測．況田州外捍交阯，內屛各郡，深山絶谷，瑤·僚盤據．使盡誅其人，異日雖欲改土爲流，誰爲編戶？非惟自撤其藩籬，而拓土開疆以資隣敵，非計之得也．

사은·전주는 오랫동안 화란(禍亂)을 일으켰으며, 두 성(省)에 해독을 끼친 지 두 해가 넘었습니다. 병력은 방어하는 도중에 모두 소모되었고 백성들의 재물은 (병사들의 씀씀이로) 운송하느라고 없어졌으며, 관리들은 바쁘게 돌아다니느라고 피곤하였습니다. 지방은 위태롭기가 마치 부서진 배처럼 풍랑 속에서 이리저리 떠돌며 눈앞에서 곧 침몰하려는 것과 같아 지혜로운 자[의 말을] 기다리지 않아도 압니다. 반드시 병사를 휘몰아 분을 풀려면 한 지방[의 주민]을 섬멸해야 하는데, [그랬다가는] 이기지 못한다면 말할 것도 없고 설사 이긴다 하더라도 근심은 헤아릴 수가 없습니다. 하물며 전주는 밖으로는 교지(交阯)를 방어하고 안으로는 여러 군(郡)의 병풍이며, 깊은 산과 막다른 골짜기는 요족(瑤族)·요족(僚族)이 점거하고 있습니다. 만일 그들 모두를 죽이면 훗날 비록 개토귀류(改土爲流)를 하고자 해도 누가 호적에 편성이 되겠습니까? 그 울타리를 스스로 철거할 뿐만 아니라 영역을 개척하여 이웃한 적(敵)에게 밑천으로 넘겨주는 것은 이득이 되는 계책이 아닙니다.

今岑氏世效邊功，猛獨詿誤觸法，雖未伏誅，聞已病死．臣謂治田州非岑氏不可，請降田州府爲田州，而官其子，以存岑氏之後．查猛有二子，長邦佐，自幼出繼爲武靖州知州．武靖當瑤賊之沖，邦佐才足制馭，宜仍舊職．而今所建州，請以猛幼子邦相授吏目，署州事，俟後遞陞爲知州，以承岑氏之祀．設土巡檢諸司，卽以盧蘇·王受等九人爲之，以殺其勢．添設田寧府，統以流官知府，以總其權．

이제 잠씨(岑氏)는 대대로 변방을 지키는 공업(功業)에 힘을 쏟았으나 잠맹이 홀로 과오를 저질러 법에 저촉되었고, 비록 처형당하지는 않았으나 이미 병으로 사망했다는 소식을 들었습니다. 신이 [생각컨대] 전주를 다스리는 데는 잠씨가 아니면 불가하오니 전주부(田州府)를 강등시켜 전주(田州)로, 삼고 그 아들에게 [전주 지주] 관직을 주어 잠씨의 후사(後嗣)를 보존하기를 청합니다. 조사해 보니 잠맹에게는 두 아들이 있는데, 맏아들은 잠방좌(岑邦佐)로서 어려서 나가 무정주(武靖州) 지주를 계승하였습니다. 무정은 요적(猺賊)들의 교통 요지에 위치해 있는데, 잠방좌는 재주가 그들을 제어하기에 충분하므로 마땅히 그대로 원래의 직책을 담당토록 해야 합니다. 그러나 지금 설치하는 [전]주는 청컨대 잠맹의 어린 아들 잠방상에게 이목의 관직을 제수하고 주의 일을 서리하게 하다가, 훗날을 기다려 점차 승진시켜서 [전주] 지주로 삼아서 잠씨의 제사를 잇게 해야 합니다. 토순검사(土巡檢司)들을 설치하여 노소·왕수 등 아홉 사람에게 [토순검(土巡檢)의 직무를]행하게 하면 그들의 세력을 약화시킬 것입니다. 전녕부(田寧府)를 추가로 설치하여 유관(流官)의 지부로 통솔하게 하여, 그 권한을 총괄토록 [해야]합니다.

從之. 惟以守仁所奏岑猛子, 與撫按所報異, 令再覆.

[이에 대해 황제가] 이를 허락하였다. 다만 왕수인이 상주한 바, 잠맹의 아들[에 대한 사항]은 무안(撫按)이 보고한 것과는 달랐으므로 [황제가] 다시 조사하도록 명령했다.[274)]

於是守仁言:「臣初議立岑氏後, 該府土目及耆老俱言岑猛本有四子: 長邦佐, 妻張氏出; 次邦彦, 妾林氏出; 次邦輔, 外婢所生; 次邦相, 妾韋氏出. 猛嬖溺林氏而張失愛, 故邦佐自幼出繼武靖. 邦彦旣死, 邦佐得武靖民心, 更代亦難其人. 欲立邦輔, 土目謂外婢所生, 名實不正. 惟邦相系猛正派, 質貌厚重, 堪繼岑氏. 故當時直謂猛子存者二人, 亦所以正名愼始, 杜後日之爭也.」疏上, 如議行.

이에 왕수인이 아뢰기를, "신이 처음에 논의하여 잠씨의 후사를 세울 때 그 [전주]부(府)의 토목(土目)과 기로(耆老)들이 모두 말하기를, 잠맹에게는 원래 네 아들이 있다고 했습니다. 맏아들은 잠방좌(岑邦佐)로서 처 장씨(張氏)가 낳았습니다. 그 다음은 잠방언(岑邦彦)인데

274) 관련사항은 『世宗實錄』 卷89 嘉靖 7년 6월 丙午條에 기록되어 있다.

첩 임씨(林氏)가 낳았습니다. 그 다음은 잠방보(岑邦輔)인데 외비(外婢)의 소생입니다. 그 다음은 잠방상(岑邦相)으로 첩 위씨(韋氏)가 낳았습니다. 잠맹은 임씨를 총애하였고 장씨는 총애를 잃었으므로, 잠방좌는 어려서부터 밖으로 나가 무정(武靖)[주 지주(知州)]의 관직을 이었습니다. 잠방언이 죽은 후에 잠방좌가 무정의 민심을 얻자, 다시 그를 바꾸고자 해도 역시 적합한 사람을 찾기 어려웠습니다. 잠방보를 세우고자 해도 토목들이 말하기를, 외비(外婢)의 소생[을 세우는 것]은 명분과 실제에 부합하지 않는다고 했습니다. 잠방상은 잠맹의 정통 지파를 이었으며 바탕과 생김새가 중후하여 잠씨를 이을만하였으므로, 당시에 곧장 잠맹에게 두 아들이 있다고 말한 것 또한 정명(正名)에 부합하도록 신중하게 처리한 것으로, 훗날의 다툼을 막기 위함이었습니다."라고 했다. 상주문이 올라오니 논의한 바대로 시행토록 하였다.[275]

八年，守仁於思·田旣議設流官，又議移南丹衛於八寨，改思恩府城於荒田，改設鳳化縣治於三里，添設流官縣於思龍，增築五鎭城堡於五屯．及侍郎林富繼之，又言：「田州界居南寧·泗城，交通雲·貴·交阯，爲備非一，不宜改設流官．南丹衛設在賓州，旣不足以遙制八寨，遷八寨又不得以還護賓州．爲今日計，獨上林之三里，守仁所議設縣者，可遷南丹衛於此．夫設縣則割賓州之地以益思恩，是顧彼而失此也．遷衛則扼八寨之吭以還護賓州，是一擧而兩得也．然不宜屬田州，而仍屬南寧爲便．」其議與守仁頗有異同，詔從富言．

[가정] 8년(1529)에, 왕수인이 사은·전주에 유관(流官)을 설치하자고 논의하여 확정한 후에, 또 [상주하여] 남단위(南丹衛)를 팔채(八寨)로 옮기고 사은부성을 황전(荒田)으로 옮기며, 봉화현(鳳化縣)의 치소를 삼리(三里)로 옮기고 사룡(思龍)에 유관이 다스리는 현을 더하여 설치하며, 오둔(五屯)에 다섯 진(鎭)의 성보(城堡)를 증축하자고 논의하였다. 시랑 임부(林富)가 와서 그의 [후임으로] 뒤를 잇고 또 아뢰기를, "전주의 땅 경계는 남녕(南寧)·사성(泗城)과 접하고 있으며 운남·귀주·교지(交阯)와 서로 통하고 있으니, 대비해야 할 것이 한 가지 만이 아니므로 유관을 설치하는 것은 적합하지 않습니다. 남단위를 빈주(賓州)에 설치하

275) 관련사항은 『世宗實錄』 卷93 嘉靖 7년 10월 癸亥條에 기록되어 있다.

여 두면 멀리서 팔채(八寨)를 제압하는 데 부족하므로, 팔채를 옮기고도 빈주를 보호할 수 없습니다. 오늘을 위해 계책을 올리자면, 오직 상림(上林)의 삼리(三里)만이, [이곳은] 왕수인이 현을 설치하자고 논의한 바입니다만, 남단위를 옮겨갈 수 있는 곳입니다. 현을 설치하여 빈주의 땅을 떼 내어 사은에 더한다면, 이는 저것을 돌아보느라 이것을 잃어버리는 것입니다. [남단]위를 옮기면 팔채의 목구멍을 눌러서 빈주를 보호할 수 있으므로 이는 일거양득이 됩니다. 그러나 전주에 소속시키는 것은 적합하지 않으니 그대로 남녕에 소속시키는 것이 편할 것입니다. 그의 논의는 왕수인과 자못 달랐으나 [황제는] 조서를 내려 임부의 말을 따랐다.[276)]

初, 邦相兄邦彦有子芝, 依大母林氏·瓦氏居, 官給養田. 其後邦相惡蘇專擅, 密與頭目盧玉等謀誅蘇及芝. 蘇知之, 會邦相又侵削二氏原食莊田, 二氏遂與蘇合謀, 以芝奔梧州, 赴軍門告襲, 蘇又爲芝疏請. 尋令人刺邦相, 邦相覺, 殺行刺者. 而蘇遂伏兵殺盧玉等, 以兵圍邦相宅, 誘邦相出, 乘夜與瓦氏縊殺之. 巡按御史曾守約以聞, 帝命守臣亟爲勘處. 蘇之殺邦相也, 歸順·鎭安·泗城·向武諸土官群起構難, 互相訐奏. 當事者謂以岑芝承襲未定, 田州無主, 致令隣封覬覦, 當給劄付令芝管事. 蘇又請早給芝冠帶, 以撫田州, 而自悔罪, 願裹糧立功, 及追補累年所逋糧賦. 巡按御史諸演疏聞, 部議以土蠻自相仇殺, 當從末減, 皆令立功, 方准贖罪復官.

당초에 잠방상(岑邦相)의 형 잠방언(岑邦彦)에게 잠지(岑芝)라는 아들이 있었고 [그는] 할머니 임씨(林氏)·와씨(瓦氏)에게 의지해 살았는데, 관에서 생계를 꾸릴 수 있는 토지를 주었다. 그 후에 잠방상은 노소(盧蘇)가 권력을 전단(專斷)하는 것을 싫어하여 비밀리에 두목 노옥(盧玉) 등과 모의하여 노소와 잠지를 죽이기로 하였다. 노소가 이를 알아차렸는데 마침 잠방상이 또 임씨·와씨가 이전부터 생계를 의지하던 토지를 침탈하자, 임씨·와씨는 드디어 노소와 함께 모의하였고 잠지는 오주(梧州)로 달아나 군문(軍門)에 이르러 세습을 허락해 달라고 아뢰었고, 노소도 잠지를 위하여 상주문을 올려서 요청하였다. 얼마 지나지 않아 사람을 보내 잠방상을 찌르도록 했는데, 잠방상이 눈치를 채고 [자신을] 찌르려 하던 자를 죽였다.

276) 관련사항은 『世宗實錄』 卷106 嘉靖 8년 10월 丙子條에 기록되어 있다.

그러나 노소는 드디어 복병을 두어 노옥 등을 죽였고, 병사를 풀어서 잠방상의 집을 포위하고서 잠방상이 밖으로 나오도록 유인하여 밤을 틈타 와씨와 함께 그를 목 졸라 죽였다. 순안어사 증수약(曾守約)이 이를 보고하자, 황제는 수신(守臣)에게 명하여 신속하게 조사하여 처리하도록 하였다. 노소가 잠방상을 죽이자, 귀순(歸順)·진안(鎭安)·사성(泗城)·향무(向武)의 여러 토관들이 무리를 지어 일어나 서로 싸우고 상주문을 올려서 상대방의 잘못을 폭로하였다. 당권자(當權者)들은 말하기를, 잠지가 계승하여 뒤를 잇는 일이 아직 정해지지 않아서 전주(田州)에 주인이 없으므로 이웃한 토관들이 분수에 넘치게도 [전주 지주의 관직을] 탐내니, 마땅히 공문을 내려서 잠지가 [전주 지주의] 일을 관장하도록 해야 한다고 하였다. 노소도 또 먼저 잠지에게 관대(冠帶)를 주어 전주를 위무하도록 요청하였으며, 스스로는 죄를 뉘우치고 식량을 싸서 [출정하여] 공을 세우며 여러 해 동안 체납한 세량을 소급하여 완납하기를 바란다고 하였다. 순안어사 제연(諸演)이 상주문을 올려 보고하자, 부(部)에서는 토만(土蠻)이 서로 원수가 되어 죽인 일은 마땅히 가볍게 처벌하므로, [해당자] 모두에게 공을 세우도록 명하여 [그렇게 하면] 속죄를 허락하고 원래 관직으로 복귀하게 해야 한다고 논의하였다.[277)]

三十二年, 芝死, 子大壽方四歲. 土人莫葦冒岑姓, 及土官岑施, 相煽構亂, 提督郎檟奏令思恩守備張啓元暫駐田州鎭之, 報可. 三十四年, 田州土官婦瓦氏以狼兵應調至蘇州剿倭, 隷於總兵兪大猷麾下. 以殺賊多, 詔賞瓦氏及其孫男岑大壽·大祿銀幣, 餘令軍門獎賞. 四十二年以平廣西瑤·僮功, 准岑大祿實受知州職.

[가정] 32년(1553)에 잠지가 죽었는데, 아들 잠대수(岑大壽)는 막 네 살이 되었다. 토인 막위(莫葦)가 잠씨를 사칭하고 토관 잠시(岑施)와 서로 선동하고 난을 일으켰으므로, 제독 낭가(郎檟)가 상주문을 올려 사은 수비(守備) 장계원(張啓元)에게 잠시 전주로 옮겨서 진수하도록 하니, 황제가 비답을 내려 하락했다.[278)] [가정] 34년(1555)에 전주 토관의 처 와씨(瓦氏)가 [광서 소수민족 출신의] 낭병(狼兵)을 징발하여 소주(蘇州)로 가서 왜적을 토벌하였는데, 총병 유대유(兪大猷)[279)] 휘하에 예속되었다. [왜]적을 죽인 것이 많으므로 조서를 내려 와씨

277) 관련사항은 『世宗實錄』 卷196 嘉靖 16년 정월 乙巳條에 기록되어 있다.
278) 관련사항은 『世宗實錄』 卷404 嘉靖 32년 11월 丁未條에 기록되어 있다.

와 그 손자 잠대수·잠대록(岑大祿)에게 은폐를 상으로 주고, 나머지는 군문에서 표창을 하고 상을 주도록 명령하였다.[280] [가정] 42년(1563)에 광서의 요족(瑤族)·동족(僮族)[281]을 평정하는데 공을 세우자, 잠대록이 실질적으로 지주의 직무를 계승하도록 [황제가] 허락하였다.[282]

泰昌元年，總督許弘綱奏：「田州土官岑懋仁肆惡起釁，竊占上林，納叛人黃德隆等，糾衆破城，擅殺土官黃德勳，擄其妻女印信，乞正其罪.」詔令岑懋仁速獻印，執送諸

---

279) 俞大猷(1504～1580): 字는 志輔 혹은 遜堯이며 號는 虛江이다. 福建 泉州 출신으로 祖籍은 安徽 鳳陽府이다. 始祖 俞敏이 明의 개국공신으로 泉州衛의 世襲百戶가 되었다. 嘉靖 元年(1522) 俞大猷가 20세 때에 부친이 사망하여 世襲百戶가 되었다, 嘉靖 14年(1535)에 武科擧 會試에 참여하여「安國全軍之道」라는 책론을 써서 武進士가 되었다. 嘉靖 32年(1553)에는 浙江 普陀山의 왜구 소굴을 소탕하였고 이듬해에는 寧波의 왜구들과 싸우다가 패하였다. 그후 戴罪剿賊하여 吳淞일대에서 왜구를 격파하여 사면을 받고 蘇松副總兵이 되어 平望, 六金壩일대에서 왜구 3천 명을 죽였다. 倭寇 2만이 松江 일대를 공격하자 閩浙總督 張經이 싸움을 독촉하였으나 俞大猷는 永順, 保靖의 지원병을 기다렸다가 왜구를 대파하였다. 왜구 소탕의 공은 嚴嵩父子, 浙江巡撫 胡宗憲 등에게 돌아가고 張經은 失機하여 왜구가 날뛰도록 방치했다는 罪名으로 투옥되고 俞大猷도 降職 처분을 받았다. 嘉靖 34年(1555)에 왜구가 蘇州 일대를 침범하자 俞大猷는 戴罪한 상태로 왜구를 대파하였다. 嘉靖 42年(1563)에는 戚繼光과 함께 복건 興化 일대에서 왜구를 대파하고 興化府城을 탈환하고 포로로 사로잡힌 3천여 명을 석방하였다. 이 전공으로 戚繼光은 都督同知로 승진하였으나 俞大猷는 은 40냥을 상으로 받았을 뿐이었다. 隆慶 6年(1572)에는 巡按 李良臣에게서 간사하고 탐욕스럽다는 탄핵을 당했으나 兵部의 옹호를 받아 고향으로 돌아가 임용을 기다리라는 처분만 받았다. 그 후에 곧 福建 總兵官이 되었다. 萬曆 元年(1573) 가을에 澎湖의 왜구를 공격하여 패하자 다시 奪職되었다가 署都督僉事로 복귀하였으나 연로하여 사직하고 萬曆 8년(1580)에 78세의 나이로 사망하였다. 左都督을 추증 받았으며 武襄이라는 시호를 받았다. 廣東 崖州, 饒平과 福建의 武平, 金門 그리고 浙江의 寧波 등지에 그의 사당이 세워졌다. 저서로는『兵法發微』,『劍經』,『洗海近事』,『鎮閩議稿』등이 있다. 명 중기에 왜구를 소탕한 장수로서 戚繼光과 이름을 나란히 하며 泉州에 俞大猷公園이 있다.

280) 관련사항은『世宗實錄』卷421 嘉靖 34년 4월 戊辰條에 기록되어 있다.

281) 僮族: 壯族을 의미하며, 중국 소수민족 가운데 가장 많은 인구를 차지하고 있다. 宋의 史書에 撞, 僮, 仲의 명칭으로 처음 등장하며, 明淸시대에 이르러 僮人, 혹은 土人 등으로 불렸다. 주로 廣西, 雲南, 廣東과 貴州에 많이 분포해 있지만 광서 지역에 압도적으로 많이 존재한다. 1965년 이후 壯族이라 불리기 시작했다.

282) 관련사항은『世宗實錄』卷522 嘉靖 42년 6월 辛酉條에 기록되어 있다.

犯，聽按臣分別正法，違則進剿．天啓二年，巡撫何士晉請免懋仁逮問，各率土兵援剿，有功優敍，從之．

태창(泰昌)[283] 원년(1620)에 총독 허홍강(許弘綱)[284]이 상주하기를, “전주의 토관 잠무인(岑懋仁)은 사악한데 사단(事端)을 일으켜 상림(上林)을 엿보다가 차지하였으며, 반란을 일으킨 황덕륭(黃德隆) 등을 받아들여 무리를 모아 성을 점령하고 제멋대로 토관 황덕훈(黃德勳)을 죽이고 그의 처와 딸 그리고 인신(印信)을 노략질 하였으니, 그 죄를 다스려주시기를 법니다”라고 하였다. [이에 황제가] 조서를 내려 잠무인에게 속히 인신을 바치며 여러 범인들은 사로잡아 호송하도록 하고, 안신들이 분별하여 법으로 처리하기를 허락하되 순응하지 않으면 나아가 토벌하도록 하였다.[285] 천계(天啓) 2년(1622)에 순무 하사진(何士晉)[286]이 요청하기를, 잠무인을 체포하여 심문하는 일을 면제하고 각각 토병을 이끌고 토벌하는 것을 도와, 공을 세우면 상을 내리고 관직을 승진시키자고 하니, [황제가] 허락하였다.[287]

---

283) 泰昌: 明 王朝 제15대 황제인 光宗의 年號임.

284) 許弘綱(1554~1638): 字는 張之이고 號는 少薇이며 浙江 金華府 東陽縣 출신이다. 萬曆 8년(1580)에 진사 학위를 취득하고 績溪縣 知縣, 順天府尹, 總督兩廣軍務 등의 관직을 거쳐 天啓 5年(1625)에는 南京兵部尙書로 발탁되었다. 후에 宦官 魏忠賢과 不和하여 귀향하였다. 績溪縣 知縣으로 부임하였을 때는 張居正이 전국적으로 萬曆 丈量을 추진하던 때였는데 許弘綱은 丈量을 추진하면서 土地가 없는 백성들의 租稅를 면제하였다. 金壇縣 知縣이 되어서는 서리들의 횡포를 견제하기 위해 백성들이 익명으로 서리들의 비리를 고발할 수게 하였다. 또, 富豪들이 은닉한 土地를 찾아내어 賦稅의 탈루를 막았다.

285) 관련사항은『熹宗實錄』卷1 泰昌 원년 9월 甲午條에 기록되어 있다.

286) 何士晉: 生卒年未詳. 字는 武莪이며 江蘇 宜興 출신이다. 萬曆 26년(1598)에 진사 학위를 취득하고 寧波 推官, 工科給事中, 廣西參議 등을 거쳐 天啓 2年(1622)에 右僉都御史巡撫廣西가 되었다. 이때 安南과의 분쟁이 일어나 여러 차례 무력으로 충돌하였는데 何士晉 군사를 독려하여 물리쳤다. 天啓 4年(1624)에 兵部右侍郎總督兩廣軍務로 발탁되고 巡撫廣東을 겸하였다. 이듬해 4월에 魏忠賢이 조정을 장악하여 亂政하고 있을 때 御史 田景新은 何士晉이 10여 만 명의 彝族反軍을 지휘하던 安邦彥(?~1629)으로부터 10만 금의 뇌물을 받고 구원병을 파견하지 않았다며 誣告하였다. 이 때문에 何士晉은 해임되고 뇌물은 軍餉으로 몰수하였는데 실제로 조사해보니 家産은 數百金에 불과하였다. 何士晉은 울분에 차서 죽었으나 崇禎帝 즉위 후에 누명을 씻고 復官되었다.

287) 관련사항은『熹宗實錄』卷28 天啓 2년 11월 壬申條에 기록되어 있다.

田州世岑氏，改流者再，而終不果．盧蘇再叛弑主，終逸於罰，論者以爲失刑云．

전주(田州)는 대대로 잠씨가 [다스렸는데, 토관을 폐지하고] 유관으로 바꾸려 한 것이 두 차례였지만 끝내 그렇게 하지 못하였다. 노소가 다시 반란을 일으켜 주인을 시해하였지만 결국 처벌받지 아니하였으므로, 논자들은 형[벌을 내림]에 [타당함을] 잃어버렸다고 하였다.

上林在田州東，宋置，隷橫山寨．元屬田州路．洪武二年，土官黃嵩歸附，授世襲知縣，流官典史佐之．

상림(上林)은 전주(田州)의 동쪽에 있는데, 송나라 때에 설치되어 횡산채(橫山寨)에 예속되었다. 원나라 때는 전주로(田州路)에 속했다. 홍무 2년(1369)에 토관 황숭(黃嵩)이 투항하자, 세습 지현(知縣)을 제수하고 유관의 전사(典史)로 보좌하게 하였다.

恩城
은성

恩城州，唐置，宋·元仍舊．明初因之，隷廣西布政司，朝貢如例．成化十九年，知州岑欽，田州土官岑溥叔也，相仇殺．溥敗，欽入田州，焚府治，大肆殺掠．溥訴於制府，下三司官鞫理．弘治三年，欽復入田州，與泗城土官岑應分據其地．巡撫秦紘請調兵剿之．兵部言兵不可輕動，惟令守臣諭令應縛欽自贖．五年，欽走岑應所借兵，總鎭檄應捕之，欽遂殺應父子．已而應弟接佯以兵送欽，亦殺欽父子．有司以恩城宜裁革，從之，州遂廢．

은성주(恩城州)는 당나라 때에 설치하였는데, 송·원나라 때는 변한 것이 없이 이전과 같았다. 명 초에도 옛날과 같았고, 광서포정사(廣西布政司)에 예속되어 예제(例制)에 따라서 조공하였다. 성화 19년(1483)에 지주(知州) 잠흠(岑欽)은 전주 토관 잠부(岑溥)의 숙부인데, 둘이 서로 원수가 되어 싸우고 죽였다. 잠부가 패배하였는데 잠흠은 전주로 들어가서 [전주]부의 치소를 불태우고 크게 죽이고 노략질하였다. 잠부가 총독에게 이 사실을 알리자 [총독은] 삼사관(三司官)[288]에게 [이 안건을] 내려 국문하여 처리하도록 했다.[289] 홍치 3년(1490)에 잠흠이 다시 전주로 들어가 사성(泗城) 토관 잠응(岑應)과 함께 그 땅을 나누어 점거하였다. 순무 진굉(秦紘)이 병사를 징발하여 토벌하기를 요청하였다. 병부(兵部)에서 아뢰기를, 병사는 가벼이 움직일 수 없으며 오직 수신(守臣)들에게 잠응을 효유하여 잠흠을 포박하게 해서 스스로 속죄하게 해야 한다고 하였다.[290] 홍치 5년(1492)에 잠흠이 잠응의 처소로 가서 병사를 빌리려하였는데 총진이 격문을 보내 잠응에게 그를 체포하라고 명령하자, 잠흠은 마침내 잠응 부자를 죽였다. 얼마 지나지 않아서 잠응의 아우 잠접(岑接)이 거짓으로 병사를 거느리고 잠흠을 호송하다가, 역시 잠흠 부자를 죽였다. 관원들이 은성(恩城)을 마땅히 철폐해야 한다고 하자 [황제가] 이를 허락하였으므로, [은성]주는 마침내 폐지되었다.[291]

上隆
상륭

上隆州, 宋置, 隸橫山寨. 元屬田州路, 明因之. 後改隸布政司. 洪武十九年, 上隆知州岑永通遣從子岑安來貢, 賜綺帛鈔錠. 洪熙元年, 土官知州岑瓊母陳氏來朝, 貢馬, 賜鈔幣. 宣德四年以陳氏爲知州. 時瓊已卒, 無子, 土人訴於朝, 願得陳氏襲職, 故有是命.

상륭주(上隆州)는 송나라 때에 설치하였는데, 횡산채(橫山寨)에 예속되었다. 원나라 때는

288) 三司官: 明代 各省에 都司(都指揮司), 布政司(承宣布政使司), 按察司(提刑按察使司)를 설치하고 각각 軍事, 民政, 司法을 나누어 주관하게 하였는데 이 세 기관을 합쳐서 三司라고 불렀다. 그리고 각 기관의 우두머리인 都指揮使, 布政使, 按察使를 합하여 三司官이라고 칭하였다.

289) 관련사항은 『憲宗實錄』 卷243 成化 19년 8월 丁亥條에 기록되어 있다.

290) 관련사항은 『孝宗實錄』 卷38 弘治 3년 5월 庚辰條에 기록되어 있다.

291) 관련사항은 『孝宗實錄』 卷60 弘治 5년 2월 甲辰條에 기록되어 있다.

전주로(田州路)에 속했으며, 명나라 때에도 그대로였다. 후에 고쳐서 [광서]포정사에 예속되었다. 홍무 19년(1386)에, 상륭주 지주 잠영통(岑永通)이 종자(從子) 잠안(岑安)을 보내 공물을 바치자, [황제는] 기백(綺帛)292)과 초정(鈔錠)을 하사하였다.293) 홍희(洪熙) 원년(1425)에, 토관 지주 잠경(岑瓊)의 어미 진씨(陳氏)가 내조하여 말을 공물로 바치니, 초폐(鈔幣)294)를 하사하였다.295) 선덕(宣德) 4년(1429)에 진씨를 [상륭주] 지주로 삼았다. 이때 잠경(岑瓊)은 이미 죽었고 자식이 없었는데 토인들이 조정에 호소하기를, 진씨가 지주의 관직을 잇기를 원한다고 하였으므로 이렇게 명령한 것이다.296)

都康
도강

都康州，宋置，隸橫山寨．元屬田州路．洪武間，爲蠻僚所據．三十二年復置，隸布政司．土官馮姓．其界東南抵龍英，西至鎭安，北至向武．

도강주(都康州)는 송나라 때에 설치하였는데, 횡산채(橫山寨)에 예속되었다. 원나라 때는 전주로(田州路)에 속했다. 홍무 연간(1368~1398)에 만족(蠻族)인 요인(僚人)들에게 점령되었다.297) [홍무] 32년(1399)298)에 다시 설치하여 [광서]포정사에 예속시켰다. 토관의 성은

---

292) 綺帛: 무늬를 넣어 짠 비단을 가리킨다.

293) 관련사항은 『太祖實錄』 卷177 洪武 19년 2월 乙卯條에 기록되어 있다.

294) 鈔幣: 明代의 법정통용지폐인 大明通行寶鈔를 가리킨다. 明나라는 洪武 7년(1374)에 寶鈔提擧司를 설치하고, 이듬해(1375)에 大明寶鈔를 만들어 민간에 통행시켰다. 桑穰, 즉 뽕나무 가지껍질로 만든 섬유를 사용하여 만들었는데, 모양은 네모였고 높이는 1尺, 폭은 6寸이었으며, 바탕은 청색이고 바깥은 용의 문양과 꽃무늬였다. 횡으로 그 額面에 '大明通行寶鈔'라 쓰고, 그 안의 상변 양쪽에 篆文으로 '大明寶鈔天下通行'이라 썼다. 가운데에는 동전꾸러미를 그려 넣었는데, 10串을 1貫으로 삼았다. 등급은 모두 여섯으로 1관, 500문, 400문, 300문, 200문, 100문이었다. 처음에는 中書省으로 하여금 전담케 했으나 中書省이 철폐가 된 뒤에는 戶部에서 발행하도록 하였다. 보초에 대한 보다 상세한 설명은 朴元熇 등, 2008: 314~319 참조.

295) 관련사항은 『宣宗實錄』 卷4 洪熙 원년 7월 癸巳條에 기록되어 있다.

296) 관련사항은 『宣宗實錄』 卷51 宣德 4년 2월 庚子條에 기록되어 있다.

297) 洪武 연간(1368~1398)에 征南將軍 左都督 楊文 휘하의 左副將軍 韓觀이 거느리는 明軍이 僚人과 싸운

풍(馮)이다. 그 경계는 동남으로는 용영(龍英)에 이르고, 서로는 진안(鎭安)에 이르며, 북으로는 향무(向武)에 이른다.

사례는 『太祖實錄』 卷242 洪武 28년 10월 癸卯條에 기록되어 있다.

298) 洪武 32년: 실제로 洪武 32년(1399)은 없다. 명 太祖 朱元璋이 홍무 31년(1398)에 사망하자 그의 손자 朱允炆이 황제로 즉위했기 때문이다. 따라서 홍무 32년은 실제로는 建文 元年(1399)이지만 정난의 변을 일으켜 제위에 오른 永樂帝가 建文 연호를 삭제하였다. 永樂帝는 대신에 建文帝가 즉위한 4년을 역사상 존재하지 않은 洪武 32년부터 洪武 35년으로 표기하도록 하고 자신이 수도 남경을 함락시킨 이듬해인 1403년을 永樂 元年으로 開元하였다.

| 참고문헌 |

국사편찬위원회, 『中國正史朝鮮傳譯註』, 서울: 신서원, 2004

동북아역사재단 편, 『譯註中國正史外國傳(1～15)』, 서울: 동북아역사재단, 2009～2013

顧祖禹 撰, 『讀史方輿紀要』, 北京: 中華書局, 2005

谷應泰, 『明史紀事本末』, 臺灣: 商務印書館, 1956

同治5年, 『來鳳縣志』

『大越史記全書』, 東京: 東京大學 東洋文化硏究所附屬東洋學文獻センター, 1984

羅日褧, 『咸賓錄』, 北京: 中華書局, 2000

박원호 등 역, 『명사식화지역주』, 서울: 소명출판, 2008

申時行 等 修, 『明會典』(萬曆朝重修本), 北京: 中華書局, 1989

嚴如熤, 『苗防備覽』(中華文史叢書), 臺北: 華文書局, 1969

嚴從簡, 『殊域周咨錄』, 北京: 中華書局, 1993

王圻, 『續文獻通考』, 上海: 上海古籍出版社, 1995

李國祥 主編, 『明實錄類纂』, 武漢: 武漢出版社, 1993

二十五史, 北京: 中華書局, 1959～1977

李賢 等撰, 『明一統志』(文淵閣四庫全書本), 上海: 上海古籍出版社, 1987

錢大昕, 『二十二史考異』, 上海: 上海古籍出版社, 1995

田汝成, 『炎徼紀聞』, 臺北: 藝文印書館, 1967

周國林 分史 主編, 『二十四史全譯: 明史』, 上海: 漢語大詞典出版社, 2004

陳誠・李暹, 周連寬 校注, 『西域行程記・西域番國志』, 北京: 中華書局, 1991

黃本驥, 『歷代職官表』, 臺北: 樂天出版社, 1974

『明實錄』, 臺北: 中央硏究院 歷史語言硏究所 校引本, 1965～1966

『土官底簿』(文淵閣本四庫全書影印本), 上海: 上海古籍出版社, 1987

박인수, 『환관-황제의 비서실장』, 서울: 석필, 2003

吳金成, 『中國近世社會經濟史硏究－明代紳士層의 形成과 社會經濟的 役割』, 서울: 一潮閣, 1986

유인선, 『베트남과 그 이웃 중국－양국관계의 어제와 오늘』, 서울: 창비, 2012

정철웅, 『자연의 저주－명청시대 장강 중류 지역의 개발과 환경』, 서울: 책세상, 2012

龔陰,『中國土司制度』, 昆明: 雲南民族出版社, 1992
藍武,『元明時期廣西土司制度研究』暨南大學博士論文, 2005
佘貽澤 編,『明代土司制度』, 臺北: 學生書局, 1968
吳晗 저·박원호 역,『주원장전』, 서울: 지식산업사, 2003
張建民,『湖北通史』(明淸卷), 武漢: 華中師範大學出版社, 1999
周琼,『淸代雲南瘴氣與生態變遷研究』, 北京: 中國社會科學出版社, 2007
陳傳平 主編,『曲阜孔廟孔林孔府』, 西安: 三秦出版社, 2004
湖南省民族研究所組編,『湖南民族關係史』(上·下), 北京: 民族出版社, 2006
H. J. Wiens, *Han Chinese Expansion in South China*, New Haven, 1954
S. Harrell, ed., *Cultural Encounters on China's Ethnic Frontiers*, Seattle & London, 1995
Nicola Di Cosmo and Don J. Wyatt ed., *Political Frontiers, Ethnic Boundaries, and Human Geographies in Chinese History*, London & New York, 2003
J. C. Scott, *The Art of Not Being Governed: An Anarchist History of Upland Southeast Asia*, Yale University Press, 2010

김홍길,「명대의 彝族정권과 토사」,『중국과 한국』, 서해문집, 2005
吳金成,「明末·淸初의 社會變化」,『講座中國史』 IV, 知識産業社, 1989
吳金成,「무뢰」,『명청시대사회경제사』, 이산출판사, 2007
尹貞粉,「正德年間(1506~1521)의 정국운영과 經筵」,『中國史硏究』 85, 2013
李俊甲,「明淸交替期의 淸과 琉球-淸朝의 第一次 琉球使行 派遣과 正使 張學禮의 使行活動을 중심으로」,『明淸史硏究』 39, 2013
崔晶姸,「明朝의 統治體制와 政治」,『講座中國史』 IV, 知識産業社, 1989
賈霄鋒·王力,「近百年來中國土司制度的史料整理及研究綜述」,『青海民族研究』, 2003-3
龔陰,「20世紀中國土司制度研究的理論與方法」,『思想戰線』, 2002-5
龔陰,「略論土司制度的作用與流弊」,『西南民族大學學報(人文社科版)』, 1989-2
納春英,「明中央與西南土司關係: 以賜服制爲中心的考察」,『廣西民族大學學報(哲學社會科學版)』 30, 2008
唐曉濤,「明代中期廣西“狼兵”, “狼人”的歷史考察」,『民族研究』, 2012-3(『復印報刊 明淸史』 2012년 7월호에 재수록)
藍武,「明代廣西改土歸流進程中關于設土與設流問題的論爭」,『廣西師範大學學報(哲學社會科學版), 2010-5

藍武, 「明代廣西地區改土歸流的多重性特徵」, 『廣西民族 師範學院學報』, 2011-2
雷翔, 「明初整齊土司官制過程小考」, 『湖北民族學院學報(哲學社會科學版)』, 1994-1
李世愉, 「明朝土司制度述略」, 『中國邊疆史地研究』, 1994-1
于玲, 「土司制度新論」, 『中南民族學院學報(哲學社會科學版)』, 1997-4
韋東超, 「明代廣西土司制度散論」, 『中南民族學院學報(哲學社會科學版)』, 1995-2
韋東超, 「明代廣西土司地區政局的穩定化趨勢考析」, 『廣西民族研究』, 1994-3
衛心, 「土司制度」, 『青海民族研究』, 1993-3
劉蒸, 「明朝土司制度述論」, 蘭州大學碩士論文, 2008
陸韌, 「泛朝政化與史料運用偏差對邊疆史地研究的影響」, 『中國邊疆史地研究』 20-1, 2010
張曉松, 「論元明清時期的西南少數民族土司土官制度與改土歸流」, 『中國邊疆史地研究』, 15-2, 2005년 6월
沈乾芳, 「明清時期彝族土司鳳(那)氏聯姻關係研究」, 『曲靖師範范學院學報』 28, 2009
吴永章, 「明代廣西土司制度述略」, 『學術論壇』, 1983-3
馮海曉, 「明代西南·西北邊疆地區土司制度比較研究」, 雲南大學碩士學位請求論文, 2011
許立坤, 「明代土司制度述略－明王朝民族政策研究之一」, 『廣西社會主義學院學報』, 1998-3
許立坤, 「淺述明代羈縻衛所制－明王朝民族政策研究之二」, 『廣西社會主義學院學報』, 1998-4
胡腊芝, 「從元明清印信論貴州土司制度」, 『貴州文史叢刊』, 1994-5
胡仁亮, 「初論湖南明清瑤官制度」, 『民族論壇』, 1996-3
華林, 「明清清西南土司承襲制度和文書」, 『貴州文史叢刊』, 1994-4
谢永雄, 「明代廣西土司制度的發展及改土歸流的特点」, 『廣西社會科學』, 1992-2
岡野昌子, 「明代土司制度考」, 『待兼山論叢』 1, 1967
岡田宏二, 「明代華南地域における土司の設置について」, 『東洋研究』 170, 2008

종교학사전편찬위원회, 『종교학대사전』, 서울: 한국사전연구사, 1998
戴逸 主編, 『二十六史大辭典』, 吉林: 吉林文史出版社, 1993
史爲樂 主編, 『中國歷史地名大辭典』, 北京: 中國社會科學出版社, 2005
臧勵酥 等 編, 『中國古今地名大辭典』, 臺北: 商務印書館, 1931
『中國歷史地圖集』, 北京: 地圖出版社, 1987
『中國人名大辭典』, 鄭州: 中州古籍出版社, 1993

사성·이주·용주·귀순·향무·봉의·강주·사릉 광동경주부부전 (泗城·利州·龍州·歸順·向武·奉議·江州·思陵 廣東瓊州府附傳)

명사(明史) 권319 광서토사(廣西土司) 3

- 역주: 권인용
- 교열: 송정수

「사성·이주·용주·향무·봉의·강주·사릉 광동경주부 부전(泗城·利州·龍州·歸順·向武·奉議·江州·思陵 廣東瓊州府附傳)」 해제

『명사』 권319 「토사전」 '광서토사 3'은 광서(廣西)의 서부 일대에 해당하는 사성(泗城), 이주(利州), 용주(龍州), 귀순(歸順), 향무(向武), 봉의(奉議), 강주(江州), 사릉(思陵) 등을 다루고 있는데, 그 말미에 광동(廣東) 경주부(瓊州府)를 부기(附記)하고 있다. 사성은 광서의 가장 서북방에 자리잡고 있다. 사성의 서방이 이주이다. 사성의 남방에는 봉의가 놓여 있다. 봉의의 동남방이 향무, 서남방이 귀순이다. 즉 진안부(鎭安府)를 사이에 두고 동쪽에 향무, 서쪽에 귀순이 서로 마주보고 있다. 그 남방의 태평부(太平府)에서 서남쪽이 용주, 동남쪽이 강주이고, 최남단이 사릉이다. 따라서 광서의 서부 지역을 북, 중, 남으로 다시 세분해 보면, 서북부에 사성과 이주, 서중부에 봉의·향무·귀순, 서남부에 용주·강주·사릉으로 각각 묶을 수 있다. 한편 광동의 경주부는 현재 중국에서 가장 넓은 도서(島嶼)이자 최남단의 성(省)인 해남도(海南島)에 해당한다. 경주부는 명청시대에 광동성의 관할 아래에 있었으나, 민국 20년(1931)에 분리되었고, 36년(1947)에 해남성(海南省)으로 개명되어 오늘날에 이르고 있다. 따라서 본 '광서토사 3'은 광서 장족자치구(壯族自治區)의 서부 지역과 현재 해남성 일대에 설치된 토사가 그 대상이 된다.

이들 지역은 동족(僮族), 즉 장족(壯族)과 요족(瑤族) 등 여러 소수민족이 집중적으로 거주하고 있던 곳이었다. 명(明) 중앙정부는 명 초 이래 주로 토지주(土知州) 등의 토관(土官)을 임명하여 사실상의 자치를 허용하지 않을 수 없었다. 하지만 이들 토사와 중앙정부의 관계는 그리 원만하지 못했다. 각 지역에 따라 경중의 차이는 있을지언정 명 초부터 명 말에 이르기까지 크고 작은 반란과 진압이 그치지 않았다. 무력충돌로 폭발되는 격한 갈등이 시종 반복되는 양상을 보였던 것이다. 그런데 다른 토사전과 마찬가지로 '광서토사 3' 역시 중화주의(中華主

義) 내지 중앙정부의 시각에서 양자 간의 관계를 서술하고 있으므로, 이들 소수민족의 입장은 사실상 배제되어 있다. 따라서 갈등의 원인과 진상을 파악하기는 매우 힘들다. 다만 본전의 내용을 통해 볼 때 시간이 흐를수록 중앙정부의 영향력은 확대되어 갔던 것 같다. 그럼에도 불구하고 개토귀류(改土歸流)가 실시된 곳은 없었다. 중앙정부에 의한 직접 지배의 단계까지는 미치지 못했던 셈이다. 이러한 점에서 이들 지역에서 소수민족의 자율성 정도는 비교적 높았던 것으로 짐작된다.

본전에서 제일 먼저 다루고 있는 곳은 사성주(泗城州)이다. 사성주는 정현(程縣)과 안륭(安隆) 및 상림(上林)의 두 장관사(長官司)를 관할하는데, 광서의 여러 주(州) 가운데 가장 면적이 넓다. 게다가 이곳은 북송(北宋) 인종(仁宗) 황우(皇祐) 5년(1053)에 사성주가 설치될 때부터 청(淸) 옹정(雍正) 5년(1727)에 개토귀류가 실시될 때까지 명대 전 시기는 물론 앞뒤로 674년 동안 잠씨(岑氏)가 대를 이어 지배하였다. 관할하의 정현도 정통(正統) 연간부터 70여 년 동안 잠씨가 3대를 연이어 통치하였다. 안륭장관사는 명대 사성주의 제1대 토관 잠선충(岑善忠)의 차자(次子) 잠자득(岑子得)이, 상림장관사는 잠선충의 삼자(三子) 잠자성(岑子成)이 각각 세습하여 지배하였다. 즉, 사성주 일대는 명대에 광서에서 토사제도가 지속된 대표적인 곳이었다. 본전에서 이곳이 가장 먼저 서술되고 있을 뿐 아니라 분량도 전체의 약 1/3에 달할 정도로 비중이 높은 것은 우연이 아니다.

사성주는 홍무(洪武) 초에 명군(明軍)이 점령한 이래 토관 잠씨(岑氏)가 귀부하면서 비교적 우호적인 관계로 출발했다. 그러나 약 60년 뒤인 선덕(宣德) 연간에 이르러 후계자를 둘러싼 내분 끝에 권력을 장악한 잠표(岑豹)가 등장하면서 본격적인 긴장관계에 돌입하였다. 잠표는 인근 지역으로까지 세력을 넓혀 나갔는데, 이 과정에서 상호 분쟁이 확산되었고, 종국에는 통제의 범위를 벗어난 잠씨 토사와 명조의 충돌이 불거졌다. 잠표 당대는 물론 그 아들 잠응(岑應)과 잠접(岑接) 등 모두 3대에 걸쳐 사성주 토사와 명조와의 대결이 자못 치열하게 전개되었다. 그 이후 명조의 군사동원에 협조하는 등 다소 우호적인 관계 속에 명 중앙정부의 영향력이 점차 확대되어 갔다. 하지만 명 말에 이르기까지 명나라는 끊임없이 분할책을 통하여 그 세력을 약화시키기 위해 여러 노력을 기울여야 했다. 사성주 토사의 위상은 의연하게 견지되었던 것이다.

사성주 이외의 상황은 비교적 간략하게 기술되고 있다. 이주(利州)의 토관 또한 잠씨였다. 다만 정통(正統) 연간에 사성주 잠표의 침공을 받은 이후 그 지배하에 들어갔다. 가정(嘉靖)

연간에 이르러 결국 사성에 합병되었다. 교지(交阯), 즉 안남(安南)과 경계를 접하고 있는 용주(龍州)는 홍무 연간에 명과 우호적인 관계로 출발했다. 즉 명조는 조씨(趙氏)를 토관으로 삼아 세습토록 하였다. 한편 홍무제는 당시 대표적인 개국공신이자 일급 무장인 상우춘(常遇春)의 장자 상무(常茂)를 이곳에 귀양 보냈다. 이후 현지에서 상무까지 연루된 내분이 일어나 끝내는 명나라에 반기를 들었다. 홍무제는 안남에 사신을 보내 협조를 구하는 한편 호광(湖廣)과 강서(江西) 소속 위소(衛所) 관군 6만여 명, 경위(京衛) 관군 3만여 명은 물론 남녕위(南寧衛)와 유주위(柳州衛) 병사 각각 1천 명을 동원하여 대대적인 압박을 가하였다. 토관 조종수(趙宗壽)는 직접 경사에 이르러 사죄하지 않을 수 없었다. 가정(嘉靖) 연간에 다시 내분이 생기면서 명과의 긴장이 격화되었으나, 결국에는 명의 영향력 확산과 토사제도의 유지라는 선에서 타협이 이루어졌다. 한편 귀순주(歸順州)는 영락(永樂) 연간부터 잠씨가 토관으로 임명된 이후 명 말에 이르기까지 토사제도가 유지되었는데, 명조의 군사작전에 동원되는 등 상대적으로 우호적인 관계를 지속했다. 향무주(向武州)는 홍무 연간부터 황세철(黃世鐵)을 토지주로 삼아 이후 세습토록 하였다. 봉의주(奉議州)는 토지주로 임명된 황세철의 부친 황지위(黃志威)가 세습토록 하였다. 강주(江州)는 토관 황위경(黃威慶)이, 사릉(思陵)은 토관 위연수(韋延壽)가 각각 홍무 연간에 세습 토사로 임명되었다.

끝으로 광서의 토사를 다루는 본전 말미에 수록된 곳이 광동 경주부(瓊州府)이다. 광동 각지에 여러 소수민족이 존재했지만, 경주부처럼 요족(瑤族)과 여족(黎族) 등 소수민족이 집중적으로 거주한 곳은 없었다. 광동성의 토사전을 따로 두지 않고 다만 경주부의 사례만을 본전에 부기한 것은 그런 연유일 것이다. 명 초 이래 경주부의 소수민족 세력과 명나라 중앙정부와의 관계는 결코 순탄치 않았다. 이는 반란과 진압이 끊이지 않았던 점으로부터 유추가 가능하다. 영락 연간 이후 명나라는 강경진압 외에 효유공작도 병행했지만, 이 방식도 여의치만은 않았다. 특히 홍치(弘治) 연간 명나라 지방 관료의 가렴주구로 촉발된 여족 부남사(符南蛇)의 반란은 순식간에 해남도의 약 절반이 반란군의 수중에 떨어질 정도로 큰 파장을 몰고 왔다. 명나라는 2만여 명의 진압군을 보냈지만 도리어 참패를 당했고, 다시 10만의 대군을 동원해서야 비로소 진압하였다. 다만 이에 관한 기사는 최소한에 그치고 있다. 가정 연간의 반란과 관련해서는 급사중(給事中) 정정곡(鄭廷鵠)이 올린 상언(上言)이 비교적 자세하게 실려 있는 점이 퍽 인상적이다. 만력 연간에도 반란이 일어났지만, 여족의 투항으로 일단락되었다. 요컨대 명대 경주부의 토사 관련 내용은 본전에 서술된 광서 지역과 마찬가지로 현지세력과 중앙정부와의 충돌이 상당히 치열한 편이었음에도 불구하고 점차 명 조정의 통제가 확대되는 방향으로 수렴되는데, 이는 당연히 중앙정부의 시각과 의지를 반영했다고 해야 할 것이다.

「사성·이주·용주·향무·봉의·강주·사릉 광동경주부부전(泗城·利州·龍州·歸順·向武·奉議·江州·思陵 廣東瓊州府附傳)」 역주

泗城
사성

泗城州，宋置，隷橫山寨. 元屬田州路. 其界東抵東蘭，西抵上林長官司，南抵田州，北抵永寧州.

사성주(泗城州)[1]는 송나라 때 설치되어 횡산채(橫山寨)[2]에 예속되었다. 원나라 때는 전주

1) 泗城州: 北宋 仁宗 皇祐 5년(1053)에 儂智高를 평정하고 泗城州를 설치하였다. 治所는 지금의 廣西 凌雲縣 西南쪽에 있었다. 明 洪武 6년(1373)에 土司 岑氏가 治所를 凌雲縣으로 옮겼다. 泗城州는 明代에 廣西에서 가장 큰 直隷州였다. 당시 '百粵椎尊, 兩江上郡'이라는 美稱이 있었다. 清代 順治 13년(1655)에 土司 岑繼祿이 清朝에 투항하여 南明 정권 공격에 공을 세웠다. 順治 15년(1658)에 그 공으로 泗城府로 승격되어, 岑繼祿이 土知府로서 세습되었다. 18년(1661)에 泗城軍民府로 바꾸었다. 雍正 5년(1727)에 泗城府로 복귀되면서 流官이 설치되어 改土歸流가 실시되었다. 아울러 南盤江을 경계로 江의 以北을 貴州의 관할로 하고, 江의 以南을 廣西 泗城府 관할로 나누었다. 乾隆 5년(1740)에 凌雲縣을 증설하였다. 현재의 廣西 壯族自治區 서부의 布柳河와 澄碧水 유역 以西 지구에 상당한다. 民國 2년(1913)에 泗城府를 폐지하고 凌雲縣으로 편입시켰다. 결국 1053년~1657년까지의 604년 동안은 泗城州 시대, 1658년~1913년까지의 255년 동안은 泗城府 시대로 양분되는데, 그 가운데 1053년~1727년까지 674년 동안은 岑氏 世襲土司의 통치시기라고 할 수 있다.

2) 橫山寨: 지금의 廣西 壯族自治區 武鳴縣의 남쪽으로 40리 거리에 위치한다. 明 正統 연간(1436~1449)에 이곳에 巡司를 설치하였다.

로(田州路)에 속하였다. 그 경계는 동으로는 동란(東蘭)[3]에 이르고, 서로는 상림장관사(上林長官司)[4]에 이르며, 남으로는 전주(田州)[5]에 이르고, 북으로는 영녕주(永寧州)[6]에 이른다.

洪武五年, 征南副將軍周德興克泗城州, 土官岑善忠歸附, 授世襲知州. 十三年, 善忠子振作亂, 寇利州, 廣西都司討平之. 十四年, 善忠來貢方物. 二十六年, 振遣人貢馬及方物, 詔賜以鈔錠.

홍무(洪武)[7] 5년(1372)에 정남부장군(征南副將軍) 주덕흥(周德興)[8]이 사성주를 점령[9]하니, 토관(土官)[10] 잠선충(岑善忠)[11]이 귀부(歸附)하여 세습의 지주(知州)[12]를 수여하였다.

---

3) 東蘭: 廣西의 서북쪽에 위치하고 있으며, 雲貴고원의 남쪽 가장자리이며, 紅水河의 중류에 있다.

4) 上林長官司: 지금의 廣西 壯族自治區 西部에 위치한다. 泗城州에서 서로 100리의 거리에 있다. 漢代에는 交趾郡의 땅이었는데, 후에 蠻地가 되었다. 宋代에는 上林峒이라 하여 泗城州에 속했다. 元代에도 마찬가지였다. 明初 永樂 7년(1409)에 上林長官司가 설치되어 廣西布政司에 예속되었는데, 泗城의 土官 岑善忠의 三子 岑子成을 세습의 長官으로 삼았다. 嘉靖 초에 泗城이 혼란 속에 쇠락해지자 岑子成의 후예도 모두 대가 끊어졌다. 이후 流官 吏目으로 長官司의 일을 처리하여 16甲을 관할하도록 하였다. 『讀史方輿紀要』 卷111 「廣西6」 참조.

5) 田州: 漢代에는 郁林郡의 땅이었고, 唐代에 田州를 설치하였다. 宋代에도 田州라고 칭했고, 元에서는 田州路로 삼았으며, 明初에는 田州府로 칭했다가 州로 승격시켰다. 『讀史方輿紀要』 卷111 「廣西6」 참조.

6) 永寧州: 지금의 貴州省 關嶺 布儂族 苗族 自治縣 서남의 永寧鎭 일대에 해당한다.

7) 洪武: 明朝를 창업한 太祖 朱元璋의 年號이다. 한편 明 太祖 以來로 1世 1元, 즉 한 황제가 하나의 연호만을 제정하여 사용하는 제도가 확립되어 관례화하였다. 다만 예외적으로 明나라의 英宗만이 두 차례 즉위식을 가졌기 때문에 正統(1336~1449)과 天順(1457~1464)이라는 두 개의 연호를 사용하였다.

8) 周德興(?~1392): 지금의 安徽 鳳陽 출신으로 明初의 將領이다. 후에 朱元璋에게 살해되었다. 주원장이 어렸을 때 같이 놀던 사이로 주원장이 兄이라고 불렀다. 周德興은 주원장 거병 당초부터 가담하여 戰功을 세워 左翼大元帥로 승진했고, 후에는 指揮使, 湖廣行省左丞이 되었다. 洪武 3년(1370)에는 江夏侯로 봉해졌고, 후에는 將軍으로 임명되어 湖南, 四川 및 廣西 등지로 出征하였다. 洪武 20년(1387) 3월에는 福建에서 倭寇 방어의 重任을 맡아 16곳의 城을 축조하기도 하였다. 洪武 25년(1392)에 아들 周驥가 宮女와의 불미스런 관계가 폭로되면서 父子가 연좌되어 伏誅되고 말았다.

9) 『太祖實錄』 卷75 洪武 5년 9월 戊午條 참조.

10) 土官: 정해진 임기가 있어서 滿期가 되면 다른 관직을 맡게 되는 流官에 대응하는 용어이다. 대개 어떤 지역에서 절대적인 권한을 누리며 세습이 가능한 官員이나 통치자에게 하사하는 관직을 가리킨다. 宋代에 처음으로 소수민족을 통치하는 관직 혹은 관원에 대한 호칭으로 사용되었다. 明代에는 元代의

[홍무] 13년(1380)에 잠선충의 아들 잠진(岑振)이 반란을 일으켜 이주(利州)[13]를 노략질하니, 광서도사(廣西都司)[14]가 토벌하여 이를 평정하였다.[15] [홍무] 14년(1381)에 잠선충이 내조(來朝)하여 방물(方物)을 바쳤다.[16] [홍무] 26년(1393)에 잠진이 사람을 보내 마필과 방물을 바치니, 조서(詔書)[17]를 내려 초(鈔)[18]와 정(錠)[19]을 하사하였다.[20]

토관제도를 이어받아 이를 확대하여 실시하였는데, 특히 西北과 西南의 각 소수민족 지구에 土司를 설치하여 해당 소수민족의 지도자를 토관에 임명하였다. 등급에 따라 宣慰使, 宣撫使, 安撫司 등의 武職 및 土知府, 土知縣 등의 文職으로 나누었는데, 자손으로 세습토록 하였다. 대개 陝西 등 북변 지역에는 衛所의 관직인 武職을, 서남 지역에는 州·縣 등을 설치하여 文職을 제수하였다. 洪武 7년(1374)에 西南의 諸蠻夷가 朝貢을 하자 元代의 직책에 의거하여 관직을 제수하였는데, 宣慰司 11·招討司 1·宣撫司 10·安撫司 19·長官司 173곳이었다. 府·州·縣의 正官과 佐貳官은 土官 혹은 중앙에서 파견한 流官으로 임명하였다. 이들은 疆土를 지키고, 명나라에 貢物과 賦稅와 徭役 등을 제공하였다.

11) 岑善忠: 泗城 東道宣慰使 岑福廣의 長子이다. 洪武 2년(1369)에 부친의 직위를 계승하였다. 그해에 明軍이 廣西로 들어오자, 岑善忠이 투항하여 明朝에 歸附하고 아울러 州治를 古勘峒, 즉 지금의 凌雲縣城으로 옮겼다. 洪武 6년(1373)에 古勘峒에 州署를 설치하고 岑善忠을 泗城 土知州로 승격시켰다. 이로써 岑善忠은 泗城의 제1대 土知州가 되었다.

12) 知州: 관직명으로 宋나라 때 조정의 관원들을 각 州의 책임자로 충원하면서 '權知某軍州事'라 칭했는데, 간략하게 知州라고 하였다. 權知는 임시로 주관한다는 의미이고, 軍은 해당 지역의 군대, 州는 民政을 가리킨다. 明淸시대에는 知州가 정식 관직명이 되었고, 각 州의 행정장관을 일컬었다.

13) 利州에 대해서는 뒤에서 상술함.

14) 廣西都司: 廣西都指揮使司의 약칭이다. 明 洪武 6년(1373)에 桂林府城에 廣西都衛를 설치하였고, 洪武 8년(1375)에 廣西都指揮使司로 변경하였다. 指揮使司 1명, 指揮同知 2명, 指揮僉事 4명을 두어서 廣西의 軍務를 관할하게 하였고, 각 衛所를 통할하면서 左軍都督府에 예속되었다. 職能기관으로는 經歷司·斷事司·司獄司가 있다.

15) 『太祖實錄』 卷129 洪武 13년 2월 丙子條 참조.

16) 당시 岑善忠은 방물 외에 마필을 함께 바쳤다. 이상의 내용은 『太祖實錄』 卷136 洪武 14년 3월 壬寅條 참조.

17) 詔書: 황제가 관리와 천하의 백성들에게 내리는 문서를 말한다. 周代에는 君臣 모두가 '조서'라는 명칭을 사용했지만 秦이 천하를 통일한 후, 진시황이 자신을 이른바 "三皇의 덕을 겸비하고, 공은 五帝보다 드높다(德兼三皇, 功高五帝)"라는 견지에서 자신을 황제로 칭하면서 황제의 명령을 '詔'라 부르게 되었다. 唐宋 시기에는 이 단어를 사용하지 않았으나 元代에 다시 사용하게 되었으며, 明代에는 조서를 이용하여 중대한 명령을 반포하거나 신하들을 훈계했다.

18) 鈔: 寶鈔, 즉 明代의 법정 통용지폐인 大明通行寶鈔를 가리킨다. 명나라는 洪武 7년(1374)에 寶鈔提擧司를 설치하고, 이듬해(1375)에 大明寶鈔를 만들어 민간에 통행시켰다. 桑穰, 즉 뽕나무 가지껍질로 만든 섬유를 사용하여 만들었는데, 모양은 네모였고, 높이는 1척, 폭은 6촌이었으며, 바탕은 청색이고, 바깥은 용의 문양과 꽃무늬였다. 횡으로 그 額面에 '大明通行寶鈔'라 쓰고, 그 안의 상변 양쪽에 篆文으로 '大明寶

宣德元年, 女土官盧氏遣族人岑臺貢馬及銀器等物, 賜賚有差. 八年, 致仕女土官盧氏奏, 襲職土官岑豹率土兵千五百餘人謀害己, 又棄毁故土官岑瑄塑像, 所爲不孝, 難俾襲職. 豹叔利州知州顔亦奏豹興兵謀殺盧氏, 州民被害. 都督山雲奏:「豹實故土官瑄侄, 人所信服, 應襲職. 盧氏, 瑄妻, 豹伯母, 初借襲, 今致仕, 宜量撥田土以贍終身. 仍請敕豹無肆侵擾.」兵部請從雲奏. 帝命行人章聰·侯璡齎敕, 諭雲會三司巡按究豹與盧氏是非, 從公判決.

선덕(宣德)[21] 원년(1426)에 여성 토관 노씨(盧氏)가 족인(族人) 잠대(岑臺)를 보내 마필과 은기(銀器) 등의 방물을 바치니,[22] 차등을 두어 하사품을 보냈다.[23] [선덕] 8년(1433)에 치사(致仕)[24]한 여성 토관 노씨가 상주(上奏)하여, 관직을 계승한 토관 잠표(岑豹)가 토병(土兵)[25] 1,500여 명을 거느려 자기[=노씨]를 살해할 것을 도모했고, 또 이미 죽은 토관 잠선(岑瑄)의 소상(塑像)[26]을 파괴한 뒤 내다버려 행하는 바가 효성스럽지 않으니, 그로 하여금 관직을 계승토록 하기 어렵다고 아뢰었다. 잠표의 숙부인 이주(利州) 지주(知州) 잠안(岑顔) 또한 상주하여, 잠표가 거병하여 노씨를 살해할 것을 도모했고, 사성주의 백성들이 화를 입었다고

鈔天下通行'이라 썼다. 가운데에는 동전 꾸러미를 그려 넣었는데, 10串을 1貫으로 삼았다. 등급은 모두 여섯으로 1貫, 500文, 400文, 300文, 200文, 100文이었다. 처음에는 中書省으로 하여금 주조를 전담케 했으나, 中書省이 철폐가 된 뒤에는 戶部에서 만들도록 하였다. 보초에 대한 보다 상세한 설명은 朴元熇 등 역, 2008: 314~319 참조.

19) 錠: 화폐를 헤아리는 단위로, 鈔 5貫에 해당하는 단위이다. 참고로 明代에는 鈔 1貫은 錢 1,000文, 銀 1兩에 준하고, 4貫을 황금 1兩에 준하도록 정하였다. 『明史』 卷81 「食貨」5 錢鈔條 참조.

20) 『太祖實錄』 卷227 洪武 26년 4월 癸酉條 참조.

21) 宣德: 明朝 제5대 황제인 宣宗 朱瞻基의 年號이다.

22) 『宣宗實錄』 卷14 宣德 원년 2월 己巳條 참조.

23) 『宣宗實錄』 卷14 宣德 원년 2월 癸未條 참조.

24) 致仕: 관원의 정상적인 퇴직을 가리킨다. 致事, 致政, 休致 등으로도 불린다. 周代에 기원하는 이 致仕는 漢代 이후 제도화되었다.

25) 土兵: 宋代에 西北 邊境 및 廣南 兩路에 설치한 일종의 지방병사로서 土軍이라고도 한다. 元豊 3년(1080)에 福建路 提點刑獄 閭丘孝直의 奏議를 받아들여 처음 설치하였다. 다만 본문의 土兵은 변경지대 소수민족으로 구성된 병사를 의미한다.

26) 塑像: 기념 혹은 선전 등의 목적으로 조각한 사람 모양의 形象을 가리킨다.

아뢰었다. 도독(都督)[27] 산운(山雲)[28]이 아뢰기를, "잠표는 실제로 이미 죽은 토관 잠선의 조카로서 사람들이 믿고 따르고 있으니 응당 관직을 계승할 만합니다. 노씨는 잠선의 아내이고 잠표의 백모(伯母)로서 당초 가탁하여 관직을 계승했지만 지금 치사하였으니, 마땅히 사정을 참작해서 전토(田土)를 주어 여생을 보낼 수 있도록 해야 합니다. 아울러 청컨대 칙서를 내려 잠표로 하여금 멋대로 침탈하여 소란을 일으키지 않도록 해주시기 바랍니다"라고 하였다. 병부(兵部)에서 산운의 진언에 따를 것을 청하였다. 선덕제는 행인(行人)[29] 장총(章聰)·후진(侯璡)[30]에게 명하여 칙서(勅書)를 가지고 가서 산운에게 효유(曉諭)하여 삼사(三司)[31]

---

27) 都督: 明代 전국의 군대를 통괄하는 五軍都督府의 長을 말한다. 左·右都督이 있으며, 品階는 正一品이고, 그 밑에 從一品인 都督同知와 正二品인 都督僉事가 이를 보좌하였다.

28) 山雲(?~1438): 江蘇 徐州 출신이다. 그의 부친은 燕王 朱棣가 거병하였을 때 공을 세워 都督僉事가 되었다. 山雲은 그 부친의 공을 세습하여 金吾左衛指揮使를 除授받았다. 여러 차례 永樂帝의 北征을 수행하였고, 후에는 中軍都督府都督僉事가 되었다. 宣德 元年(1426)에 北京行都督府로 옮겨서 都御史 王彰과 함께 山海關에서 居庸關까지 巡視하는 업무를 맡았다. 宣德 3년(1428)에 征蠻將軍의 印章을 패용하고서 南安·廣源 등지를 공략하였고, 이듬해(1429) 다시 토벌하여 攻破하였다. 당시 廣西의 여러 지역에서는 韓觀이 사망한 후, 반란이 빈발하였는데, 山雲은 廣西의 병사가 적으므로 貴州의 군대를 활용하여 潯州·柳州·平樂·桂林·宜山·思恩 등지를 평정할 것을 주장하였다. 이때 공을 세워 都督同知로 승진하였고 이후 右都督까지 올랐으나, 正統 3년(1438)에 사망하였다(『明史』 卷166 참조).

29) 行人: 朝貢 관련 외교 업무를 담당하던 관직명으로, 行人司行人의 약칭이다. 周代에는 秋官에 속해 大行人과 小行人 2官이 있었고, 멀리서 天子를 알현하고자 온 賓客의 접대를 맡았다. 漢代에는 大鴻臚의 屬官으로 行人令이 있었지만 府內 郎官들에 대한 관리를 담당했다. 『明史』「職官志」에 따르면, 明代 行人司에 장관인 司正(正七品)과 부관인 左右司副(從七品)를 보좌하는 行人 37명(正八品)을 두어 捧節과 出使 등의 임무를 맡겼다. 하지만 洪武 13년(1380)에 처음으로 行人司가 설치될 때 行人은 正九品이었으나, 洪武 27년(1394)에 品秩을 승격시키고 孝廉科 출신의 인재를 등용하였다. 建文帝는 行人司를 없애고 鴻臚寺에 예속시켰으나 永樂帝가 다시 복귀시켰다. 행인은 행인사에 소속되었는데 행인사는 조칙 반포, 종실 책봉, 번왕 위무, 인재 초빙, 賞賜, 위문, 재난구제, 군대, 제사 등의 일에 관여하였다(全淳東, 2007: 114~115).

30) 侯璡(1398~1450): 字는 廷玉으로 澤州 출신이다. 宣德 2년(1427)에 進士로 급제하여 行人司의 行人이 되었다. 당시 雲南의 土官 烏撒과 烏蒙이 서로 다투자 宣德帝는 侯璡과 同官 章聰에게 명하여 화해시키도록 하였다. 후에 임무를 완수한 뒤 귀환하였다. 副侍郎 章敞을 수행하여 交趾로 出使하고 돌아와 兵部主事로 승진되었다. 正統 연간에는 尙書 柴車 등을 수행하여 鐵門關으로 나아가 阿臺를 방어하였다. 후에 郎中으로 승진하였다. 그 후 王驥를 따라 麓川으로 出征하여 평정에 공을 세웠다. 禮部右侍郎으로 승진하여 雲南軍務를 參贊하였다. 다시 王驥를 따라 出征하여 공을 세움으로써 禮部左侍郎으로 승진하였다. 宣德 9년(1434)에 모친상을 당했는데, 상복을 벗은 후에 兵部侍郎으로 기용되었다. 宣德 11년(1436)에 楊寧를 대체하여 雲南을 鎭守하였다. 후에 다시 반란을 진압하였다. 景泰 원년(1450)에 貴州의 苗族이

및 순안(巡按)[32]과 함께 잠표와 노씨의 시비(是非)를 철저하게 조사해서 공정하게 판결하도록 하였다.[33]

正統元年, 豹遣人入貢. 二年, 豹攻利州, 掠其叔顏妻子財物. 朝廷官至撫諭, 負固不服, 增兵拒守. 雲以聞, 乞發兵剿之. 帝敕雲曰:「蠻夷梗化, 罪固難容, 然興師動衆, 事亦不易, 其更遣人諭之.」 五年, 顏奏豹侵占及掠擄罪. 頭目黃祖亦奏豹殺其弟, 籍其家. 瑄女亦奏豹占奪田地人民, 囚其母盧氏. 帝復遣行人朱昇·黃恕齎敕諭之, 幷敕廣西·貴州總兵官親詣其地, 令速還所侵掠, 如不服, 相機擒捕. 六年, 總兵官柳溥奏:「行人恕·昇同廣西三司委官諭豹退還原占利州地, 豹時面從, 及回, 占如故. 今顏欲以利州·利甲等莊易泗城·古那等甲, 開設利州衙門, 宜從其請, 發附近官軍送顏赴彼撫治蠻民. 倘豹仍拒逆, 則率兵剿捕.」從之. 八年, 豹遣人奉貢, 賜彩幣. 十年, 豹復奏顏占據其地, 帝令速予議處, 不可因循, 貽邊方害.

정통(正統)[34] 원년(1436)에 잠표가 사람을 보내 입조(入朝)하여 방물을 바쳤다.[35] [정통]

반란을 일으키자 군대를 거느리고 가서 진압하였다. 후에 兵部尙書로 승진했고, 다시 苗族의 반란을 진압하였다. 그해 8월에 과로로 普定에서 병사하였다.

31) 三司: 명조의 3司는 행정을 담당하는 承宣布政使司, 감찰을 담당하는 提刑按察使司, 군사를 담당하는 都指揮使司를 가리킨다.

32) 巡按: 監察御史의 일종인 巡按御史를 가리킨다. 원래 監察御史는 隋代에 창설되었는데, 법규를 위반한 관리에 대하여 탄핵을 가할 뿐 아니라 황제가 부여한 권력을 통하여 행정관원을 직접 심판할 수 있었으며, 아울러 府州縣道 등의 衙門에 대하여 실질적인 감독을 행할 수 있었다. 唐代에 御史臺는 三院으로 나뉘는데, 그 가운데 監察御史는 察院에 속하였다. 明代에는 都察院 隸屬의 13道 監察御史가 두어졌는데, 모두 110명으로 구성되며 官品은 正七品이었다. 그 가운데 浙江, 江西, 河南, 山東은 각각 10명이었고, 福建, 廣東, 廣西, 四川, 貴州는 각각 7명이었으며, 陝西, 湖廣, 山西는 각각 8명이었고, 雲南은 11명이었다. 永樂 연간(1403~1424)에 監察御史를 각지에 보내 巡視토록 했는데, 이들을 巡按御史, 약칭으로 巡按이라 불렀다. 雅稱은 '代天巡狩'였다. 巡按御史는 北直隸 2명, 南直隸 3명, 宣大 1명, 遼東 1명, 甘肅 1명, 13省 각각 1명이었다. 巡按御史는 각 省의 大臣과 府州縣 장관의 각 방면에 대하여 감찰하고, 특히 탄핵의 권한을 가지고 있었으며, 大事는 황제에게 上奏하고 小事는 현장에서 裁決하였다. 이처럼 순안어사의 관품은 낮았지만 그 직권과 책임은 매우 중대하였다. 특히 중앙집권을 유지하고 吏治의 감찰에 중요한 역할을 수행하였다.

33) 『宣宗實錄』 卷104 宣德 8년 8월 丁未條 참조.

2년(1437)에 잠표가 이주(利州)를 공격하여 그의 숙부인 잠안의 처자(妻子)와 재물을 약탈하였다. 조정의 관원이 현지에 이르러 어루만지며 효유하였으나, [잠표는] 견고한 지세에 의지하여 복종하지 않고, 병사를 증원해서 항거하였다. 산운이 이러한 사실을 보고하며 군대를 동원하여 평정할 것을 청하였다. 정통제는 산운에게 칙서를 내려 이르기를, "만이(蠻夷)는 완고해서 그 죄는 진실로 용인하기 어렵지만, 그러나 군대를 일으켜 많은 사람들을 동원하는 일도 쉽지 않으니, 다시 사람을 보내 효유하도록 해야 할 것이다"라고 하였다.[36] [정통] 5년(1440)에 잠안이 잠표의 침점(侵占)과 약탈의 죄행(罪行)을 상주하였다. 두목 황조(黃祖) 또한 상주하여, 잠표가 그 아우를 죽이고 그의 재산을 몰수했음을 아뢰었다. 잠선의 딸[37] 또한 상주하여, 잠표가 전지(田地)와 백성을 점탈하고 그 어미 노씨를 감금했음을 아뢰었다. 정통제는 다시 행인 주승(朱昇)·황서(黃恕)를 보내어 칙서를 가지고 가서 그를 효유토록 했고, 아울러 광서(廣西)[38]와 귀주(貴州)[39]의 총병관(總兵官)[40]에게 칙서를 내려 친히 그

34) 正統: 명나라 제6대이자 제8대 황제인 英宗 朱祁鎭의 첫 번째 年號이다. 참고적으로 그의 두 번째 연호는 天順이다. 英宗은 明淸시대에 유일하게 두 개의 연호를 사용한 황제였다.

35) 『英宗實錄』 卷14 正統 원년 2월 丁酉條 참조.

36) 『英宗實錄』 卷26 正統 2년 정월 庚戌條 참조.

37) 姓名은 岑定이다. 이에 관한 내용은 『英宗實錄』 卷70 正統 5년 8월 甲午條 참조.

38) 廣西: 중국 남부 해안에 위치한 省으로, 현재는 소수민족 자치구로 되어 있으며, 2010년 현재 인구는 약 4,600만 명이다. 『尙書』 「禹貢」의 기록을 보면, 荊州와 荊·揚 2州의 塞外 지역으로, 元나라에서는 廣西兩江道宣慰使司를 두고 靜江路를 治所로 삼았다. 湖廣行中書省에 속하였으나 順帝 至正 연간(1341~1367) 말에 宣慰使司를 廣西等處行中書省으로 고쳤다. 明에 들어와 초기에는 元의 제도를 답습하여 廣西等處行中書省으로 그대로 칭했으나, 洪武 9년(1376)에 行中書省를 承宣布政使司로 고쳤다. 府 11·州 48·縣 50·長官司 4곳을 관할하였다. 漢나라 때는 南海郡尉 趙佗가 이 지역의 桂林郡, 象郡 등을 점령해 南越國을 세웠지만, 漢 武帝 元鼎 6년(전111)에 漢나라에게 점령당했다. 明 洪武 9년(1376)에 이 지역에 廣西承宣布政使司를 설치하면서 廣西라는 명칭이 나타났다. 중화인민공화국성립 이후 1957년에 이곳을 廣西僮族自治區로 설치 인준했으며, 1965년에 國務院은 그 명칭을 廣西壯族自治區로 바꾸었다.

39) 貴州: 중국 서남 지역에 위치한 省이다. 貴州 지역은 옛 牂牁國이 있었던 곳이며, 秦 통일 이후 巴郡, 蜀郡, 黔中郡, 象郡 관할로 각각 분할되었다. 적어도 3세기 이후부터 慕俄格, 播勒, 烏蒙, 烏撒, 車里와 같은 다양한 소수민족 정권이 들어섰다는 설명으로 미뤄(John E. Herman, 2007: 24~28) 귀주 지역 일대는 옛날부터 소수민족 사이에 치열한 경쟁이 존재했던 곳이기도 하다. 귀주라는 명칭이 등장한 시기는 宋代부터였으며, 明 永樂 11년(1413)에 貴州承宣布政使司가 설치된 이후 정식으로 貴州省이라 불렸고, 府 8·州 1·縣 1·宣慰司 1·長官司 39곳을 관할하였다. 근자의 통계에 의하면, 전체 인구 구성 중 소수민족이 약 36%를 차지하고 있으며, 이 가운데 苗族, 布依族, 土家族, 侗族, 彝族이 약 82%를

지역에 가서 침점하여 약탈한 것을 속히 돌려주도록 하되, 만약 [이에] 따르지 않으면 기회를 보아 체포하도록 하였다.[41] [정통] 6년(1441)에 총병관 유부(柳溥)[42]가 상주하기를, "행인 황서·주승이 광서 삼사(三司)의 위임관료와 함께 잠표에게 효유하여 원래 침점한 이주(利州)의 토지를 반환하도록 하였는데, 잠표가 당시에는 면전에서 따르는 듯했으나, [그들이] 돌아간 뒤에는 예전대로 점탈하였습니다. 지금 잠안은 이주와 이갑(利甲) 등의 장(莊)을 사성(泗城)·고나(古那) 등의 갑(甲)과 바꾸어 이주의 아문(衙門)을 개설하고자 하니, 마땅히 그의 요청을 받아들여 부근의 관군(官軍)을 파견하여 잠안에게 보내어 현지에 가서 만족(蠻族) 백성을 어루만져 다스리도록 해야 합니다. 만약 잠표가 여전히 거역한다면 곧 병사를 거느려 토벌하고 [그를] 체포토록 해야 할 것입니다"라고 아뢰니, [정통제는] 이를 윤허하였다.[43] [정통] 8년(1443)에 잠표가 사람을 보내어 방물을 바치니, [정통제는] 채폐(綵幣)[44]를 하사하였다.[45] [정통] 10년(1445)에 잠표가 다시 상주하여 잠안이 그의 토지를 점거하였음을 아뢰니, 정통제는 영(令)을 내려 속히 논의하여 처리하도록 하고, [더 이상] 시간을 지체시켜 변방

차지하고 있다.

40) 總兵官: 전쟁 등 유사시에 公·侯·伯 등의 勳臣이나 都督 등의 관리 가운데 充任하고, 일이 끝나면 본래의 직무로 돌아가게 하였다. 그러나 점차 변경에 일이 많아지자 현지에 계속 머물면서 鎭守하게 되었고, 이로 인해 사실상 鎭의 최고 무관직으로 고정되었다. 황제의 직접적인 지휘를 받기 때문에 그 권한은 매우 컸으며, 品級과 定員은 없었다. 명 중기 이후에는 설치된 곳이 날로 늘어나 점차 流官으로 충임되었고, 총독과 순무의 지휘를 받았다.

41) 『英宗實錄』 卷70 正統 5년 8월 甲午條 참조.

42) 柳溥: 生卒年 미상. 明朝의 將領으로서 安遠侯로 봉해졌다. 南直隷 安慶府 懷寧縣(현재의 安徽省 安慶市) 사람이다. 融國公 柳升의 子이다. 처음에는 中軍都督府의 일을 담당하였는데 후에 廣西의 鎭守를 맡았다. 그의 사람됨은 성실하고 일처리는 청렴하였으나 武官으로서의 모략은 갖추지 못했다는 평가를 받았다. 廣西의 瑤族·僮族이 서로 반란을 일으키자, 柳溥는 大藤峽에서 일어난 반란을 토벌한 후 柳州·思恩의 여러 寨를 공파하였으나, 반란은 끊이지 않았다. 景泰 연간(1450~1456) 초에 土木堡의 變으로 군사적 상황이 긴박해지자 柳溥는 소환되어 右軍都督府의 일을 담당하면서 神機營을 총괄하였다. 天順 연간(1450~1464) 초에 宣府·大同을 방어하는 일을 맡았고, 후에 太傅로 승진하였다. 陝西에 긴급 상황이 발생하자 平虜大將軍印을 패용하고 방어하는 일을 맡았다. 그러나 몽골인들이 涼州를 다시 공격하였을 때, 柳溥는 성문을 굳게 닫고 출격하지 않아 몽골인들이 약탈하여 돌아갔다. 이에 柳溥는 탄핵을 당했으나 얼마 후에 다시 神機營 감독을 맡았다. 그의 시호는 武肅이다.

43) 『英宗實錄』 卷79 正統 6년 5월 丁巳條 참조.

44) 綵幣: '綵'는 무늬가 있는 비단이고, '幣'는 絹織의 帛을 말하는 것으로, 무늬가 있는 絹織物을 일컫는다.

45) 『英宗實錄』 卷109 正統 8년 10월 丁未條 참조.

에 해를 끼치지 않도록 하였다.[46]

成化元年，豹聚衆四萬，攻劫上林長官司，殺土官岑志威，據其境土．兵部言：「豹强獷如此，宜調兵擒捕，明正典刑．」從之．未幾，豹死．

성화(成化)[47] 원년(1465)에 잠표가 무리 4만 명을 모아 상림장관사(上林長官司)를 공격하여 약탈했으며, 토관 잠지위(岑志威)를 죽이고 그가 관할하던 지역을 점거하였다. 병부(兵部)에서 아뢰기를, "잠표의 사나움이 이와 같으니, 마땅히 군대를 동원하여 체포해서 공개적으로 법에 따라 극형(極刑)으로 치죄(治罪)[48]해야 할 것입니다"라 하니, [성화제가] 이를 받아들였다.[49] 얼마 지나지 않아 잠표가 죽었다.

弘治三年，土官知州岑應復據上林長官司及貴州鎭寧等處一十八城．時恩城土官岑欽攻奪田州府，逐知府岑溥．應與欽黨，旣復相仇，兩家父子交相仇殺．事聞，兵部奏：「欽連年構禍，而應黨之，復據上林長官司，流毒不少，今天厭禍，假手相殘，實地方

46) 廣西 泗州城 土官知州 岑豹가 利州土官 岑顔이 거병하여 점거한 일을 上奏하자, 正統帝가 이 일을 兵部에 내려 논의케 하였다. 兵部에서 잠표와 잠안의 뿌리 깊은 갈등의 연원과 현황을 보고하며 현지조사를 행한 뒤 조취를 취하기를 청하자, 正統帝가 廣西와 貴州의 總兵官과 參將 및 廣西와 貴州의 三司와 巡按御史에게 공동으로 명백하게 현지조사를 통하여 시비를 밝혀 처리해서 '因循'하여 시간을 끌어 변방에 후환을 남기지 말 것을 명하였다. 이에 대해서는 『英宗實錄』 卷130 正統 10년 6월 辛亥條 참조.

47) 成化: 명나라의 제9대 황제 憲宗 朱見深의 年號이다.

48) 明正典刑: 明은 겉으로 드러내어 밝힌다, 즉 공개한다는 뜻이고, 正은 治罪한다는 뜻이며, 典刑은 法律을 가리킨다. 결국 공개적으로 법에 따라 極刑, 즉 사형을 가한다는 의미이다. 이 용어는 대부분 범죄인의 처형을 정하는 公文이나 布告에 주로 쓰였다.

49) 泗城州 土官 岑豹의 약탈과 점거 행위는 巡撫兩廣右僉都御史 吳禎의 上奏를 통하여 明 朝廷에 전달되었다. 이에 대하여 兵部에서 成化帝에게 上言하기를, "잠표의 사나움이 이와 같으니, 일찍 도모하지 않으면 변방에 우환을 남길까 걱정되므로, 마땅히 吳禎 등에게 공문을 보내어 慰撫할 수 있으면 위무해야겠지만, 그렇게 할 수 없다면 군대를 동원하여 체포해서 공개적으로 법에 따라 극형으로 치죄해야 할 것입니다"라 하였다. 따라서 본문은 兵部의 上言 중에 일부를 생략한 것임을 알 수 있다. 이에 대해서는 『憲宗實錄』 卷13 成化 원년 정월 辛酉條 참조.

之幸. 應所占隣壤及土官印信數多, 亦宜勘斷, 以除禍本, 幷令應弟接退還侵地及印信, 乃許承襲. 泗城地廣兵多, 宜選頭目, 量授職銜, 分轄以殺其勢.」詔下總鎮官區處. 接遣人朝正, 賜彩緞鈔錠.

홍치(弘治)[50] 3년(1490)에, 토관 지주(知州) 잠응(岑應)이 다시 상림장관사 및 귀주의 진녕(鎭寧) 등지의 18성(城)을 점거하였다. 당시 은성(恩城) 토관 잠흠(岑欽)이 전주부(田州府)를 공격하여 탈취하고 지부(知府) 잠부(岑溥)를 축출하였다.[51] 잠응과 잠흠이 한 패거리를 이루었으나, 얼마 후에 다시 서로 원수지간이 되어 양가(兩家)의 부자(父子)가 서로 원망하여 죽였다. 사건이 보고되자, 병부에서 상주하기를, "잠흠이 해마다 재난을 일으켰고 잠응이 그와 한 패거리를 이루었으며, 다시 상림장관사를 점거하여 널리 퍼진 해독(害毒)이 적지 않은데, 지금 하늘이 재난을 싫어하여 [그들의] 손을 빌어 서로 죽게 하니 실로 해당 지역의 행운입니다. 잠응이 빼앗은 인근 지역 및 토관의 인장(印章)의 수량이 많으니, 또한 마땅히 조사해서 재결(裁決)하여 재난의 뿌리를 제거하고, 아울러 잠응의 아우 잠접(岑接)으로 하여금 침탈한 땅 및 인장을 반환토록 한 뒤에야 비로소 계승을 허락하시기 바랍니다. 사성(泗城)의 땅은 넓고 병사는 많으니, 마땅히 두목을 선발하여 [실정을] 참작해서 직함(職銜)을 주고, 관할하는 범위를 나누어서 그 세력을 약화시키시기 바랍니다"라 아뢰었다. 조서를 총진관(總鎭官)에게 내려 처리하도록 하였다.[52] 잠접이 사람을 보내어 신년(新年)을 하례(賀禮)하도록 하니, [홍치제는] 채색의 비단과 초(鈔) 및 정(錠)을 하사하였다.[53]

十年, 總督鄧廷瓚奏:「接往年隨征都勻·府江等處有功, 乞略其祖父罪, 令承襲世職, 以圖報效.」廷臣議:「劫印侵地, 雖系接祖父罪, 然再四撫諭, 接不肯歸之於官, 遽使襲職, 則志益驕, 非馭土官法.」

50) 弘治: 명나라의 제10대 황제 孝宗 朱祐樘의 年號이다.

51)『孝宗實錄』卷38 弘治 3년 5월 庚辰條 참조.

52)『孝宗實錄』卷60 弘治 5년 2월 甲辰條 참조.

53) 廣西 思恩軍民府 土官知府 岑浚과 泗城州 土官의 아우 岑接이 각각 관리와 頭目을 보내 朝賀하자, 차등을 두어 綵緞과 鈔 및 錠을 하사한 것이다. 이에 관한 내용은『孝宗實錄』卷70 弘治 5년 12월 甲寅條 참조.

[홍치] 10년(1497)[54]에 총독(總督)[55] 등정찬(鄧廷瓚)[56]이 상주하기를, "잠접이 왕년에 관군을 따라 도균(都勻)·부강(府江) 등지에 출정하여 공을 세웠으니, 청컨대 그 조부와 부친의 죄를 상쇄시켜서 [그로 하여금] 세습 관직을 계승토록 하여 은혜를 갚도록 하시기 바랍니다"라 하였다. 조정의 대신[57]이 건의하기를, "인장을 탈취하고 토지를 침탈한 것은 비록 잠접의 조부와 부친의 죄이기는 하지만 여러 차례 어루만져 효유했는데도 잠접이 기꺼이 관부에 [이를] 반환하려 하지 않았거늘 갑자기 그로 하여금 관직을 계승토록 한다면 뜻이 더욱 교만해질 것이니, 토관을 제어하는 방법이 아닙니다"라고 하였다.[58]

十二年, 田州土目黃驥作亂, 要接爲聲援, 殺掠男婦, 劫燒倉庫民廬, 又劫府學及橫山驛印記, 遂據興仁. 十四年, 貴州賊婦米魯作亂, 提督王軾請調接領土兵二萬營於砦布河, 因敕接自備兩月餉, 克期赴調.

---

54) 이하 기사를 『孝宗實錄』에서 찾아보니, 모두 弘治 9년 8월 壬寅條에서 동일한 내용이 발견되었다. 아마도 본문의 [弘治] '十年'은 '九年'의 誤記로 보아야 할 것이다. 『孝宗實錄』 卷116 弘治 9년 8월 壬寅條 참조.

55) 總督: 正統末~景泰初에 처음 등장한 지위로, 처음에는 南京과 北京의 軍務를 담당했으며, 사안이 종식되면 폐지하는 일종의 임시직이었다. 그러나 成化 5년(1469) 兩廣 지역에 總督을 설치한 후, 정식 지위로 자리 잡게 되었다. 明代의 總督이 주로 軍事 업무를 관장하는 직위였던 데 비해, 清代가 되면 한 省 혹은 2~3개 省을 총괄하는 正二品의 지방 최고의 장관이었다. 통상 巡撫와 함께 督撫로도 불렸지만, 巡撫보다 권한이 많았다. 清代에는 直隸, 兩江, 四川, 閩浙, 雲貴, 湖廣, 兩廣, 東三省, 陝甘總督이 있었으며, 河道總督이나 漕運總督처럼 특정 사안을 총괄하는 경우에도 總督이란 지위를 사용했다. 한편 본문의 總督의 정식 官名은 總督兩廣右都御史였다. 이에 대해서는 『孝宗實錄』 卷116 弘治 9년 8월 壬寅條 참조.

56) 鄧廷瓚(?~1500): 巴陵 사람으로, 字는 宗器이다. 景泰 5년(1454)에 進士가 되어 淳安縣 知縣에 제수되었으며, 이후 太僕寺丞으로 승진하였다. 貴州에 새로 程番府를 설치하였는데, 그 지역이 깊은 산속에 있어서 吏部에서는 부임할 관원을 선발하는데 어려움을 겪었으나, 그를 知府로 임명하였고, 그는 부임 후 城郭·學校·壇廟 등을 정비하였다. 그 공으로 그는 山東左參政으로 승진하였고, 후에 右布政使가 되었다. 弘治 2년(1489)에 右副都御史의 신분으로 貴州를 巡撫하였고, 弘治 8년(1495)에는 南京都察院事가 되었으며, 곧 이어 兩廣軍務와 巡撫를 담당하였다. 후에 左都御史로 승진하였다. 그의 시호는 襄敏이다(『明史』 卷172, 「鄧廷瓚傳」 참조).

57) 鄧廷瓚의 上奏에 대하여 弘治帝가 兵部에 내려 논의케 하자, 兵部에서 廷臣의 의견을 모은 바 있다. 따라서 본문의 廷臣은 특정인을 지칭한다기보다는 논의에 참가한 조정의 대신, 즉 그들의 집약된 의견을 가리키는 것으로 보아야 할 것이다. 이에 대해서는 『孝宗實錄』 卷116 弘治 9년 8월 壬寅條 참조.

58) 『孝宗實錄』 卷116 弘治 9년 8월 壬寅條 참조.

[홍치] 12년(1499)에 전주(田州)의 토목(土目)[59] 황기(黃驥)가 반란을 일으킨 뒤 잠접에게 성원토록 하여 남녀를 살육하고 창고와 민가를 약탈하고 방화했으며, 또 부학(府學) 및 횡산역(橫山驛)의 인장(印章)을 빼앗고는 드디어 흥인(興仁)을 점거하였다.[60] [홍치] 14년(1501)에 귀주(貴州)의 여적(女賊) 미노(米魯)[61]가 반란을 일으키자 제독(提督)[62] 왕식(王軾)[63]이 잠접이 거느리는 토병(土兵) 2만 명을 이동시켜 채포하(砦布河)에 군영을 설치할 것을 청하니, [홍치제는] 이로 인하여 잠접에게 칙서를 내려 스스로 두 개월의 군량을 갖추어 기한 내에 현지에 이르도록 하였다.[64]

---

59) 土目: 土司制度 下에서 土司에 隷屬된 一種의 官銜이다. 封土와 軍隊 등을 옹유하여 文武를 兼理하는 비교적 높은 지위이며 世襲職인데, 그들의 권력은 시기와 지역에 따라 다르다.

60) 『孝宗實錄』 卷149 弘治 12년 4월 甲午條 참조.

61) 米魯: 貴州 普安州 苗族의 土司 判官인 隆暢의 妻로, 절세의 미녀로 알려져 있다. 沾益州의 土知州 安民의 딸인 그녀는 결국 隆暢과의 불화로 친정으로 돌아와 현지의 또 다른 土司인 阿保와 私通하였다. 이때 隆暢은 이미 연로하여 米魯와의 사이에서 태어난 자식이 아닌 그의 아들 隆禮에게 土司 직위를 넘겨주고, 隆禮를 米魯에게 보내어 돌아오도록 하였다. 그러나 도리어 隆禮는 米魯와 通姦하고 阿保와 결탁하였다. 이 소식을 전해들은 隆暢은 크게 노하여 阿保를 공격하여 근거지를 불태우는 한편 숨어있던 아들 隆禮를 죽였다. 이에 米魯는 阿保와 연합하여 반격을 가해 隆暢을 죽이고서 더 나아가 明 조정에 대항하여 반란을 일으켰다.

62) 提督: 武職의 官名으로서 全稱은 提督軍務總兵官이다. 한 省의 陸路와 水路의 官兵을 통할하였다. 明代의 提督은 대부분 勳戚大臣 및 太監으로 충당했다. 嘉靖 연간에 京營에는 提督總兵官이 설치되었는데, 얼마 후에 總督京營戎政으로 바꾸었다. 隆慶 초년에 總督을 提督으로 삼았고, 후에는 6명의 提督으로 늘렸는데, 얼마 후에 總督戎政으로 개칭하였다. 각 省의 巡撫와 鎭守總兵官은 대개 提督軍務나 提督 등의 官銜을 가지고 있었다. 따라서 明代의 提督은 많이 보이기는 해도 정식 官名은 아니다. 한편 淸代에는 대체로 한 省마다 提督軍務總兵官 1명을 두어 이를 提督이라 불렀는데, 한 省의 綠營兵의 최고 장관으로서 總督 혹은 巡撫의 지휘를 받았다.

63) 王軾(1439~1506): 字는 用敬으로 湖北 公安 출신이다. 天順 8년(1464)에 進士로 급제하여 大理寺評事로 제수되었다. 四川按察副使, 按察使, 南京右僉都御史, 右副都御史, 貴州巡撫 등의 관직을 역임하였다. 한편 四川副使 재직 시에 흉년이 들자 王軾은 官銀 10만 냥을 풀었다. 후에 京師로 돌아와 大理寺卿이 되었다. 弘治 13년(1500)에 南京 戶部尙書로 옮겼는데, 얼마 후 左副都御史의 직함을 받고 군대를 동원하여 貴州 普安의 여성 土司 米魯의 반란을 평정하였다. 평정 기간 5개월 동안 1,000여 곳의 寨를 공략하였다. 후에 兵部尙書가 되어 機務에 참여하였다. 正德 원년(1506) 4월에 太子少保가 추가되면서 致仕하였다. 그해 11월에 사망하니 향년 68세였다. 太保로 추증되었고, 襄敏이란 謚號를 받았다.

64) 『孝宗實錄』 卷182 弘治 14년 12월 己丑條 참조.

十八年，泗城土官族人岑九仙奏：「自始祖岑彭以來，世襲土官．至豹子應罹欽之禍，子孫滅亡殆盡，其弟接，衆推護印，累著勞勩，乞令襲職，俾掌轄蠻衆．」兵部尚書劉大夏等議：「豹乃叛臣餘孽，子應復自取滅亡．今接者，人皆傳稱爲梁接，非應親枝，又不知岑九仙是何逋逃，冒爲奏擾．臣大夏先在兩廣，見岑氏譜．岑之始祖木納罕於元至正年間，與田州知府之祖伯顔，一時受官．今九仙妄援漢岑彭世次，塵瀆聖聽，請治其罪．其岑接應襲與否，前已令鎭巡官勘奏，岑九仙雖蠻人難以深究，亦當摘發以破其奸．」從之．

[홍치] 18년(1505)에 사성(泗城) 토관의 족인(族人) 잠구선(岑九仙)이 상주하기를, “시조 잠팽(岑彭)[65]으로부터 대대로 토관을 승계하여 왔습니다. 잠표(岑豹)의 아들 잠응(岑應)이 잠흠(岑欽)에게 화를 당함에 이르러 자손이 거의 끊어지게 되었는데, 그 아우 잠접(岑接)은 무리들의 추대로 관인(官印)을 지키면서 매년 계속해서 힘쓰고 수고했으니, 청컨대 관직을 계승토록 해서 그로 하여금 만족(蠻族)의 무리들을 관장토록 하시기 바랍니다”라고 하였다. 병부상서 유대하(劉大夏)[66] 등이 건의하기를, “잠표는 곧 배반한 신하의 후손이고, 아들 잠응은 다시 스스로 자멸하여 죽었습니다. 지금 잠접이란 자는 사람들이 모두 양접(梁接)이지 잠응의 친족 중의 지손(支孫)이 아니라고 말하며, 또 잠구선은 어디에서 도망쳐 온 자인지도 모르는데 이름을 가탁하여 상주해서 [성상(聖上)의 눈을] 어지럽히고 있습니다. 신(臣) 유대하는 전에 양광(兩廣)[67]에 있을 때 잠씨의 가보(家譜)를 본 적이 있습니다. 잠씨의 시조 목납한(木納罕)은 원나라 지정(至正)[68] 연간(1341~1368)에 전주(田州) 지부(知府)의 선조 백안

65) 岑彭(?~35): 字는 君然으로 南陽 棘陽(지금의 河南 陽新野) 출신이다. 東漢의 中興 名將이다. 王莽 시에는 本縣의 縣長이었는데, 후에 劉秀에게 귀의하여 刺奸大將軍으로 임명받았다. 劉秀가 즉위하자 廷尉, 行大將軍事로 임명되었다. 舞陰侯로 봉해지고 益州牧이 되었으나, 자객에게 죽임을 당했다.

66) 劉大夏(1436~1516): 字는 時雍, 號는 東山이다. 湖廣(지금의 湖南) 華容 출신이다. 王恕, 馬文升과 함께 ‘弘治三君子’로 불렸다. 天順 8년(1464)에 進士로 급제하여 庶吉子로 있다가 職方郎中으로 제수되었다. 弘治 6년(1493)에 張秋鎭의 河務를 처리하고 戶部左侍郎으로 발탁되었다. 11년(1498)에 병으로 사직하고 귀향아여 東山 아래에 草堂을 짓고 독서하니 東山先生으로 불렸다. 2년 뒤에 右都御史로 기용되어 兩廣의 軍務를 總制하였다. 15년(1502)에는 兵部尙書로 배수되었다. 作詩에도 뛰어났는데, 문집으로 『東山詩集』, 『劉忠宣公集』 등이 전한다.

67) 兩廣: 廣東省과 廣西省을 가리킨다.

(伯顏)과 함께 같은 시기에 관직을 받았습니다. 지금 잠구선이 망령되게도 한(漢)나라 잠팽의 세계(世系)를 끌어들여 성상의 귀를 더럽히고 있으니, 청컨대 그의 죄를 다스리시기 바랍니다. 그 아우 잠접이 계승해야 할지의 여부는 전에 이미 진순관(鎭巡官)[69]으로 하여금 조사해서 상주하도록 했으니, 잠구선이 비록 만인(蠻人)으로 깊이 따져 들어가 처리하기는 어렵다 해도 또한 마땅히 적발해서 그의 간계(奸計)를 깨뜨려야 할 것입니다"라 하니, [홍치제는] 이를 윤허하였다.[70]

正德十二年, 泗城及程縣各遣官族來貢. 後期, 賞減半. 泗城貢厚, 仍全給之.

정덕(正德)[71] 12년(1517)에, 사성 및 정현(程縣)에서 각자 파견한 토관의 족인(族人)이 내조(來朝)하여 방물[72]을 바쳤다. 기한을 넘긴 자에게는 하사품을 반으로 줄였다. 사성에서 바치는 방물이 많아서 예전처럼 [하사품의 액수를] 전량(全量) 지급해주었다.[73]

嘉靖二年, 田州岑猛率兵攻泗城, 拔六寨, 進薄州城, 克之. 接告急軍門, 言猛無故攻寨. 猛言接非岑氏後, 據其祖業, 欲得所侵地. 詔下勘處.

가정(嘉靖)[74] 2년(1523)에 전주의 잠맹(岑猛)[75]이 병사를 거느리고 사성을 공격하여 6채

---

68) 至正: 元 順帝(토곤 테무르)의 세 번째 연호이다.

69) 鎭巡官: 각 省의 巡撫, 布政使, 都事 등을 鎭巡官이라 일컫는다.

70) 『孝宗實錄』 卷222 弘治 18년 3월 甲辰條 참조.

71) 正德: 명나라 제11대 황제 武宗 朱厚照의 年號이다.

72) 여기서 方物은 馬匹과 銀器를 가리킨다. 이에 관한 내용은 『武宗實錄』 卷150 正德 12년 6월 癸亥條 참조.

73) 『武宗實錄』 卷150 正德 12년 6월 癸亥條 참조.

74) 嘉靖: 명나라 제12대 황제인 世宗 朱厚熜의 연호이다.

75) 岑猛(1489~1526): 字는 濟夫이다. 廣西 田州의 同知로서 土司였다. 岑瑛의 손자 岑傳의 次子이다. 弘治 9년(1496) 岑傳가 長子 岑猇를 내쫓았다. 홍치 12년(1499)에 岑猇가 奪位하면서 그 부친 岑傳가 사망했는데, 岑猇 또한 黃驥 등에게 살해되고 말았다. 正德 3년(1508)에 明 조정으로부터 승인을 받아 同知로 승격되었다. 嘉靖 2년(1523)에 謀反한다는 同族의 무고를 받았다. 가정 5년(1526) 都御史 姚鏌이 岑猛을

(寨)를 빼앗고, 진격하여 주성(州城)[76]을 핍박해서 이를 함락시켰다. 잠접이 군문(軍門)에 긴급을 고하며, 잠맹이 아무 이유 없이 채(寨)를 공격했다고 말하였다. 잠맹은 잠접이 잠씨의 후예도 아닌데 자기의 조부의 재산을 빼앗았으니 그 침탈당한 땅을 [돌려]받기 원한다고 말하였다. [가정제는] 조서를 내려 조사해서 처리하도록 하였다.[77]

十六年, 田州盧蘇作亂. 泗城土舍岑施以兵納岑邦佐. 兵敗, 弗克納. 二十七年詔土舍施襲替, 免赴京, 以嘗聽調有勞也. 隆慶二年, 泗城蠻黃豹·黃豸等據貴州程番府麻向·大華等司, 時出擄掠, 官軍剿之, 豹等遁去.

[가정] 16년(1537)에 전주의 노소(盧蘇)가 반란을 일으켰다. 사성의 토사(土舍)[78] 잠시(岑施)가 병사들을 잠방좌(岑邦佐)에게 들여보내려 하였다. [그러나] 전투에서 패하여 들여보낼 수 없었다.[79] [가정] 27년(1548)에 조서를 토사 잠시에게 내려 관직을 승계하되 경사에 오는 것은 면제해주었는데, 일찍이 군대 동원에 공로가 있었기 때문이었다.[80] 융경(隆慶)[81] 2년(1568)에 사성의 만인(蠻人) 황표(黃豹)·황치(黃豸) 등이 귀주 정번부(程番府)[82]의 마향(麻向)·대화(大華) 등의 사(司)를 점거했고, 때때로 출경(出境)하여 [사람들을] 포로로 잡고 [재화를] 약탈하니, 관군이 이를 토벌하자 황표 등이 달아났다.[83]

공격하여 대파하였다. 그해 9월 결국 岑猛은 사망하였다.

76) 薄州城을 가리킨다. 이에 대해서는 『世宗實錄』 卷25 嘉靖 2년 4월 甲午條 참조.

77) 『世宗實錄』 卷25 嘉靖 2년 4월 甲午條 참조.

78) 土舍: 土司의 屬官을 가리킨다. 그의 權力은 土司의 속관인 一般 大頭人과 같으나 그 地位는 大頭人보다 높았다. 土舍는 土司의 親屬으로 土司의 職을 이을 자가 없을 경우에 그 직위를 계승할 수 있었다.

79) 『世宗實錄』 卷196 嘉靖 16년 정월 乙巳條 참조.

80) 岑施는 이때 廣西 向武州 土官 黃仲金, 那地州 土官 羅廷鳳과 함께 관직을 승계하되, 京師에 오는 것을 면제받는 특전을 받았다. 이에 대해서는 『世宗實錄』 卷343 嘉靖 27년 12월 乙卯條 참조.

81) 隆慶: 명나라 제13대 황제인 穆宗 朱載垕의 연호이다.

82) 程番府: 成化 12년(1476)에 貴州宣慰司를 나누어 程番府를 설치해서 貴州布政司에 예속시켰다. 治所는 程番長官司로 지금의 貴州 惠水縣이다. 隆慶 2년(1568)에 치소를 지금의 貴州 貴陽市로 옮겨 이듬해(1569)에 貴陽府로 바꾸었다.

83) 『穆宗實錄』 卷20 隆慶 2년 5월 乙巳條 참조.

萬曆二年，泗城土官岑承勳等貢馬及香爐等物．四十一年，土官岑雲漢貢方物．初，雲漢乃紹勳嫡嗣，紹勳寵庶孽雷漢，頭目黃瑪等從中煽禍，以至焚劫稱兵．雲漢紿母出印，扶弟以奔，撫按以聞．廷議請釋紹勳罪以存大倫，杖雷漢·黃瑪等以息囂孽，雲漢從寬削銜，戴罪管事．詔可．天啓二年，巡撫何士晉請復雲漢知州職，量加都司職銜，令率土兵援黔．從之．

만력(萬曆)[84] 2년(1574)에 사성 토관 잠승훈(岑承勳) 등이 마필과 향로(香爐) 등의 방물을 바쳤다. [만력] 41년(1613)에 토관 잠운한(岑雲漢)이 방물을 바쳤다.[85] 당초에 잠운한은 곧 잠소훈(岑紹勳)의 적자(嫡子)였는데, 잠소훈이 서자 잠뢰한(岑雷漢)을 총애하자 두목 황마(黃瑪) 등이 내부에서 반란을 선동하여 불을 지르고 약탈하며 칭병(稱兵)[86]하기에 이르렀다. 잠운한이 어미를 속여 관인(官印)을 가지고 나와 아우를 데리고 달아나니, 순무(巡撫)[87]와 순안(巡按)이 [이 사실을] 보고하였다. 조정에서 의논하여 청하기를, 잠소훈의 죄를 사면해주어 대륜(大倫)[88]을 보존해주고, 잠뢰한·황마 등에게 장형(杖刑)을 가하여 시끄러운 재화(災禍)[가 재연될 소지]를 종식시키며, 잠운한은 관대하게 조치하여 관직을 벗기되 죄를 짊어지고 사무를 처리하도록 하자 하니, [만력제는] 조서를 내려 [이를] 허가하였다. 천계(天啓)[89]

84) 萬曆: 명나라 제14대 황제인 神宗 朱翊鈞의 年號이다.

85) 『神宗實錄』 卷508 萬曆 41년 5월 丙戌條 참조.

86) 稱兵: 興兵 혹은 擧兵이라고도 한다. 무력을 동원하여 군사행동, 즉 전쟁을 일으킨다는 의미이다.

87) 巡撫: 明清시대 지방의 최고 軍政大員 가운데 하나로서 撫臺라고도 칭한다. 각지의 軍政과 民政을 巡視하는 大臣이다. 北周와 唐初에 관료를 각지에 파견하여 巡撫토록 한 일이 있었는데, 모두 임시직이었고, 아직 官名은 아니었다. 明代에 巡撫의 이름은 洪武 24년(1391)년에 처음으로 보인다. 즉, 洪武帝는 皇太子 朱標를 陝西로 보내어 巡撫토록 한 바 있다. 永樂 19년(1421)에는 蹇義 등 26명을 各 省으로 나누어 보내 巡撫토록 하였다. 宣德 5년(1430)에는 于謙과 周忱 등 6명을 南·北直隸 等處로 나누어 巡撫토록 했는데, 이로부터 各 省에 巡撫를 두는 것이 제도로 정착되었다. 巡撫가 처음 두어졌을 때는 稅糧督理, 河道總理, 流民撫治, 邊關整飭 등을 주로 맡았는데, 후에는 점차 軍事에 편중되어 갔다. 明代에 巡撫는 대부분 進士出身이 맡았다. 당초에 內地巡撫는 吏部가 戶部와 회동하여 推擧했고, 邊地巡撫는 吏部가 兵部와 회동하여 推擧하였는데, 嘉靖 14년(1535)에 처음으로 內地와 邊地를 불문하고 九卿이 廷推하였다. 明代에 巡撫는 비록 지방의 정식 軍政長官은 아니었지만, 地方을 巡撫하며 三司 즉 布政司, 按察司, 都指揮司를 節制하여 실제로는 지방의 軍政大權을 장악하였다.

88) 大倫: 근본적인 倫理와 道德을 가리킨다.

2년(1622)에 순무(巡撫) 하사진(何士晉)[90]이 잠운한의 지주(知州) 직무를 회복시키고 실정을 감안하여 도사(都司)[91]의 직함을 더해 주어 그로 하여금 토병(土兵)을 거느려 검(黔)[92]을 지원하도록 하자고 청하니, [천계제가] 이를 받아들였다.[93]

泗城延袤頗廣，兵力亦勁，與慶遠諸州互相雄長．其流惡自豹而應而接，且三世．領縣一，曰程縣；長官司二，曰安隆，曰上林．

사성은 면적이 자못 광활하고 병력도 강대하여 경원(慶遠)[94] 등 여러 주(州)와 서로 으뜸을 다투었다. 그 널리 퍼진 죄악이 잠표로부터 잠응을 거쳐 잠접에 이르기까지 3대에 걸쳤다. 관할하는 현(縣)은 하나였는데 정현(程縣)이라 하고, 장관사(長官司)[95]는 둘이었는데 안륭

---

89) 天啓: 명 왕조 16대 황제인 熹宗 朱由校의 年號이다.

90) 何士晉: 字는 武莪로 宜興 출신이다. 萬曆 26년(1598)에 進士로 급제하였다. 天啓 2년(1622)에 右僉都御史의 직함으로 廣西巡撫가 되었다. 당시 安南이 침입하자 將吏를 동원하여 물리쳤다. 천계 4년(1624)에 兵部右侍郎으로 승진하여 兩廣의 軍務를 總督하고 아울러 廣東巡撫가 되었다. 이듬해(1625) 4월에 환관 魏忠賢이 國政을 농단하면서 대규모 옥사를 일으켜 忠良의 인사를 탄압했는데, 何士晉도 무함을 받아 革職되었다. 얼마 후에 분함을 이기지 못하고 사망하였다. 崇禎帝가 즉위한 뒤 魏忠賢이 축출되고 체포되어 끝내 자살하자 何士晉이 비로소 平反되어 억울함을 씻을 수 있었다.

91) 都司: 都指揮司의 간칭이다. 都指揮使司를 일컬으며, 一省의 軍政을 담당하는 기관인데, 都指揮使(正二品) 1명, 都指揮同知(從二品) 2명, 都指揮僉事(正三品) 4명으로 편성되어 있다.

92) 黔: 貴州省의 別稱이다. 貴州는 『尙書』「禹貢」의 荊·梁 二州의 徼外 지역이다. 元代에는 湖廣·四川·雲南 三行中書省의 지역으로, 洪武 15년(1382)에 貴州都指揮使司를 두고, 貴州宣慰司를 治所로 삼았다. 永樂 11년(1413)에 貴州等處承宣布政使司를 두었고, 府 8·州 1·縣 1·宣慰司 1·長官司 39곳을 관할하였다. 본문의 黔은 문맥상 貴州巡撫 鄒文盛을 가리킨다.

93) 『熹宗實錄』 卷29 天啓 2년 12월 辛未條 참조.

94) 慶遠: 南宋의 咸淳 원년(1265)에 宜州를 度宗의 潛邸로 삼으면서 慶遠府로 승격시켰고, 治所는 宜山에 두었다. 元代에는 路로 변경하였다가 慶遠南丹溪洞等妻軍民安撫司로 고쳐 설치하였다. 明에서는 府로 변경하여 설치하였다. 淸에서는 지금의 廣西 宜山·東蘭·忻城·環江·河池 등 縣을 모두 관할하였다.

95) 長官司: 元代에 개시된 지방관아이다. 다만 그 성격은 상이한 바가 있다. 즉 內蒙古, 河北, 河南, 陝西, 甘肅 등지에 설치된 長官司는 오로지 匠戶만을 통할하는 데 비하여 西南의 소수민족 지구에 설치한 蠻夷長官司는 蠻夷를 관할토록 하였다. 후자에는 다루가치, 長官, 副長官 등을 두었는데, 대부분 土人으로 임명하였다. 明代에 이르러 전자는 폐지하고 후자만을 존속시켜 대개 土官이 세습하는 비교적 低級의 정식 지방정권으로 기능하였다. 湖廣, 四川, 雲南, 廣西, 貴州 등에 설치하였다. 黃開華, 1968: 34~35

(安隆)과 상림(上林)이라 한다.

程縣在泗城州之東北，舊號程丑莊．明初歸附，隸泗城州．洪武二十一年改爲縣，編戶一里．後改屬慶遠府，尋復隸泗城州，設流官知縣．正統間，爲岑豹所逼，棄官遁去，典史攝印，旋亦罹害．豹遂奪其印，據縣治．事聞，屢遣官諭之，歷岑應·岑接凡七十餘年不服．嘉靖二年，接爲諸土官攻殺，督府遣官按問，得縣印，貯於官，後僅存荒土．泗城·南丹·那地俱欲得之，時治兵相攻云．

정현[96]은 사성주(泗城州)의 동북에 위치하는데, 과거에는 정축장(程丑莊)이라 불렸다. 명초(明初)에 귀부(歸附)하여 사성주에 예속되었다. 홍무 21년(1388)에 현(縣)으로 바꾸었고, 각 호(戶)를 1리(里)로 편성하였다. 후에 고쳐 경원부(慶遠府)에 예속시켰다가 얼마 후 다시 사성주에 예속시켜 유관(流官)[97]의 지현(知縣)을 두었다. 정통(正統) 연간(1436~1449)에 [지현이] 잠표에게 핍박을 받아 관직을 버리고 달아나니, 전사(典史)[98]가 관인(官印)을 보관했으나 얼마 후에 [전사] 또한 화를 당하였다. 잠표가 드디어 그 관인을 탈취하여 현치(縣治)를 점거하였다. 이 일이 보고되자 [조정은] 누차 관리를 파견하여 [잠표를] 효유하였으나, 잠응(岑應)·잠접(岑接)을 거치도록 모두 70여 년 동안 복종하지 않았다. 가정 2년(1523)에 잠접이 여러 토관에게 공격을 받고 살해되자, 독부(督府)에서 관리를 파견하여 조사·심문하여 현인(縣印)을 획득하여 관부(官府)에 보존하였는데, 후에는 겨우 황지(荒地)만 남게 되었다. 사성·남단(南丹)[99]·나지(那地)[100]가 모두 이곳을 얻고자 하여 때때로 군대를 동원하여

참조.

96) 程縣: 泗城州에서 동북으로 320리의 거리에 위치하는데, 동으로 南丹州의 경계까지는 200리이다. 『讀史方輿紀要』 卷111 「廣西6」 참조.

97) 流官: 明淸 시기 四川, 雲南, 貴州 등에 중앙정부가 임명한 행정관원을 통칭하는 말이다. 그들은 중앙정부에서 파견하며 임기가 있고, 다른 지역으로 이동한다는 점에서 세습하는 土官과는 다르기 때문에 流官이라고 칭했다.

98) 典史: 元代에 처음으로 설치된 관직으로, 明과 淸에서도 이를 계승하였다. 품급은 없으며, 知縣 아래에서 緝捕·監獄을 관리하는 속관이다. 縣丞이나 主簿가 없으면 典史가 그 일을 담당하였다.

99) 南丹: 廣西의 서북쪽의 위치하고 있다. 이곳은 '兵家喉地'라고 불렸는데, 廣西, 貴州, 四川으로 통하는 교통의 요지이다. 宋에서 南丹州를 설치하였고, 明에서도 南丹州를 두었으며, 淸에서는 南丹土州를 설치

서로 공격하였다고 한다.

安隆長官司, 東抵泗城, 西抵雲南, 南抵上林長官司, 北抵貴州宣慰司, 元泗城州地也. 洪武元年, 泗城州土官岑善忠以次子子得領安隆峒. 三十年, 子得來朝, 貢馬. 設治所. 永樂元年設安隆長官司, 以子得爲長官, 撫其衆. 十二年貢馬, 賜鈔幣, 予世襲.

안륭장관사[101]는 동으로 사성에 이르고, 서로는 운남(雲南)[102]에 이르며, 남으로는 상림장관사에 이르고, 북으로는 귀주선위사(貴州宣慰司)[103]에 이르는데, 원나라 때 사성주의 땅이었다. 홍무 원년(1368)에 사성주의 토관 잠선충(岑善忠)이 차자(次子) 잠자득(岑子得)을 기용하여 안륭동(安隆峒)을 다스리도록 하였다. [홍무] 30년(1397)에 잠자득이 내조하여 마필을 바쳤다. [이에] 치소(治所)를 설치하였다.[104] 영락(永樂) 원년(1403)에 안륭장관사를 설치하

하였다.

100) 那地: 那地州를 일컫는데, 지금의 廣西 南丹縣 서남쪽에 위치한 那地이다. 동쪽으로는 河池, 서쪽으로는 貴州의 羅斛, 남쪽으로는 東蘭, 북쪽으로는 南丹州가 있다. 서남쪽으로는 紅水河를 사이에 두고 泗城과 마주보고 있다. 那地州는 明 이전에는 那州(지금의 天峨縣 六排鎭 納州屯)와 地州(지금의 南丹縣 吾隘鄕 那地村)로 나뉘어져 있었는데, 那州가 먼저 설치되었다.

101) 安隆長官司: 泗城州에서 서로 40里의 거리에 있고, 남으로 上林長官司와는 200리 거리이다. 漢代에는 交趾郡의 땅이었다. 唐·宋 시대에는 모두 蠻峒地였다. 元代에 安隆砦를 두어 泗城州에 예속시켰다. 明代 永樂 원년(1403)에 安隆長官司를 설치하여 泗城의 土官 岑善忠의 次子 岑子德을 세습의 장관으로 삼았다. 弘治 4년(1491)에 泗城의 추장 岑接에게 살해되었다. 이루부터 자주 泗城으로부터 침공을 받았는데, 嘉靖 초년에 비로소 반란이 평정되었다. 『讀史方輿紀要』 卷111 「廣西6」 참조.

102) 雲南: 『尙書』 「禹貢」의 梁州 塞外의 지역이다. 元代에 雲南等處行中書省을 설치하였는데, 洪武 15년(1382)에 이를 평정하고 雲南等處承宣布政使司를 설치하여 府 58·州 75·縣 55·蠻部 6곳을 관할하게 하였으며, 후에는 府 19·禦夷府 2·州 40·禦夷州 3·縣 30·宣慰司 8·宣撫司 4·安撫司 5·長官司 33·禦夷長官司 2곳을 관할케 하였다.

103) 貴州宣慰司: 洪武 5년(1372)에 八番順元宣慰司로 바꾸어 四川行省에 예속시켰다. 治所는 지금의 貴州 貴陽市이다. 永樂 11년(1413)에 貴州布政司로 바꾸어 예속시켰다. 成化 10년(1474)에 程番府(후에 貴陽府로 바꿈)를 分置하여 관할하는 영역이 축소되었다. 淸初에 폐지되었다.

104) 이 기사는 『太祖實錄』에서는 찾을 수 없고, 『太宗實錄』에 관련 내용이 있다. 즉 『太宗實錄』 卷14 洪武 35년 11월 丙午條에 "廣西安隆峒土酋岑子得來朝貢馬, 請設治所"라 하였다. 여기서 洪武 35년은 建文

여 잠자득을 장관으로 삼아 그 무리를 안무토록 하였다.[105] [영락] 12년(1414)에 마필을 바치니, [영락제는] 초폐(鈔幣)[106]를 하사하고 세습을 인준해주었다.[107]

上林長官司, 東北俱抵泗城界, 西抵安隆長官司, 南抵雲南. 宋・元號上林峒, 屬泗城州, 明興因焉. 永樂初置長官司, 以泗城州土官岑善忠三子子成爲長官, 撫其民. 永樂四年, 子成遣子保貢方物, 賜鈔幣, 自是貢賜不絶. 成化元年, 泗城岑豹攻劫上林, 殺長官志威, 滅其族, 劫印, 占其境上. 兵部移文議豹罪, 仍以地與印給上林. 弘治三年, 上林長官司遣頭目入貢, 禮部以過期至, 給半賞. 旣而泗城岑應復奪據上林長官司, 然正・嘉・隆・萬間朝貢猶時至.

상림장관사는 동북으로 모두 사성의 경계에 이르고, 서로는 안릉장관사에 이르며, 남으로는 운남에 이른다. 송나라와 원나라 때는 상림동(上林峒)이라 불렀고 사성주에 속하였는데, 명나라가 일어나자 그대로 [이를] 이어받았다. 영락 초년(初年)에 장관사를 두어 사성주의 토관 잠선충의 셋째 아들 잠자성(岑子成)을 장관으로 삼고 그 백성을 안무하도록 하였다. 영락 4년(1406)에 잠사성이 아들 잠보(岑保)를 보내어 방물을 바치니, [영락제는] 초폐를 하사하였는데,[108] 이로부터 공물과 하사가 끊이지 않았다. 성화(成化) 원년(1465)에 사성의 잠표가 상림을 공격하여 약탈하고, 장관 잠지위(岑志威)를 죽이고 그의 족인을 모두 죽여 없애버리고 관인을 빼앗아 그의 관할 지역을 점거하였다. 병부에서 이문(移文)[109]하여 잠표의 죄를 논하였는데, 예전대로 땅과 관인은 상림에게 돌려주었다.[110] 홍치 3년(1490)에 상림장관사에서

4년(1402)을 가리킨다. 永樂帝는 '靖難의 役' 이후 皇位에 오른 뒤, 建文 연호를 취소하고 洪武 연호를 연장해서 사용토록 했기 때문이다.

105) 이에 관한 내용이 『太宗實錄』 卷15 洪武 35년 12월 丙午條에 보이는데, 즉 "設廣西安隆長官司, 給印信, 隷泗城州, 以安隆峒土酋岑子得爲長官"이라 하였다. 따라서 본문에 安隆長官司를 두어 岑子得을 그 長으로 삼은 연도는 永樂 원년이 아니라 太宗 35년, 즉 建文 4년(1402)으로 정정함이 옳을 듯하다.

106) 鈔幣: 중국 고대의 지폐를 일컫는데, 여기서는 明나라의 법정통용지폐인 大明通行寶鈔를 가리킨다. 보다 상세한 설명은 鈔에 관한 앞의 주석을 참조.

107) 『太宗實錄』 卷158 永樂 12년 11월 丁未條 참조.

108) 『太宗實錄』 卷60 永樂 4년 10월 戊申條 참조.

109) 移文: 公文을 移牒한다는 뜻이다.

두목을 보내어 입조하여 방물을 바쳤는데, 예부(禮部)에서 기한을 넘겨 이르렀다는 이유로 하사품을 반으로 줄여 지급하였다.[111] 얼마 후에 사성의 잠응(岑應)이 다시 상림장관사를 탈취하여 점거하였지만,[112] 정덕·가정·융경·만력 연간에 조공사절은 여전히 때에 맞추어 이르렀다.

利州
이주

利州, 漢屬交阯, 號阪麗莊. 宋建利州, 隷橫山寨, 元因焉. 土官亦岑姓, 洪武初歸附. 授知州, 以流官吏目佐之, 直隷布政司. 宣德二年, 利州知州岑顔遣頭目羅嚮貢馬.

이주(利州)[113]는 한나라 때 교지(交阯)[114]에 속하였는데 판려장(阪麗莊)이라 불렸다. 송나라 때 이주를 건립하여 횡산채(橫山寨)에 예속되었고, 원나라에서 그대로 [이를] 계승하였다.

---

110) 관련 기사가 『憲宗實錄』 卷12 天順 8년 12월 戊申條에 보인다. 따라서 본문의 成化 원년은 天順 8년(1464)으로 정정함이 옳을 듯하다.

111) 『孝宗實錄』 卷38 弘治 3년 5월 己卯條 참조.

112) 『孝宗實錄』 卷38 弘治 3년 5월 庚申條 참조.

113) 利州: 南宋代에 羈縻州를 설치하여 邕州 橫山寨에 예속시켰다. 治所는 지금의 廣西 田林縣 동부의 利周瑤族鄕에 두어졌다. 元代에는 田州路에 속했다. 明 洪武 7년(1374)에 廣西布政司에 예속되었다. 嘉靖 2년(1523)에 철폐되어 泗城에 편입되었다. 『讀史方輿紀要』 卷111 「廣西6」 참조.

114) 交阯: 15세기 초에 베트남 지역에 설치된 承宣布政使司의 명칭이다. 永樂帝는 胡季犛를 토벌한다는 명분으로 베트남에 出兵하여 永樂 5년(1407)에 이곳을 병합하는 동시에 交阯承宣布政使司를 두어 통치하였다. 그러나 黎利를 首長으로 하는 독립군이 일어나면서 明軍과 전쟁에 돌입하였다. 결국 明軍이 패배하면서 宣德 2년(1427)에 交阯布政使司를 폐지하고 베트남 독립을 인정하였다. 한편 이곳은 옛날 南交의 땅으로서 周代에는 越裳氏의 땅이었고, 秦始皇 初에 百粤과 병합하여 桂林, 南海, 象郡을 두었으며, 그 후 南海尉라 하였다. 前漢 武帝 元鼎 6년(전111)에 南越을 멸망시키고 9郡 중 하나로 설치했는데, 후에 交州로 개칭하였다. 元帝 때에 交阯刺史가 七郡을 다스렸는데 交阯·日南·九眞이 지금의 안남 땅에 해당된다. 交阯는 지금의 통킹만 지역, 九眞은 통킹만 남쪽 해안지대로 淸化·乂安·河靜省 등 지역, 日南은 九眞의 남쪽인 廣平·廣治·承天省 등 지역을 가리킨다.

토관 또한 잠성(岑姓)이었는데, 홍무 초년에 [명나라 조정에] 귀부하였다. [그에게] 지주(知州) 직을 제수하고 유관(流官)의 이목(吏目)[115]으로 하여금 보좌토록 했으며, 포정사(布政司)[116]에 직속시켰다. 선덕 2년(1427)에 이주 지주 잠안(岑顔)이 두목 나향(羅嚮)을 보내어 마필을 바쳤다.

正統元年, 泗城岑豹侵據利州地, 幷掠顔妻子財物. 總兵官山雲以聞, 帝敕鎭巡官撫諭之. 四年, 顔遣族人岑忻貢銀器方物. 五年, 顔奏:「本州地二十五甲, 被豹興兵攻占, 母覃被囚, 妻財被掠, 累奉敕撫諭, 猖獗不服.」帝遣行人黃恕·朱昇敕諭豹, 事具前傳. 七年, 豹復與顔相仇殺, 帝敕總兵官吳亮宣布恩威, 令各罷兵, 而豹終殺顔及其子得, 奪州印去, 遂以流官判州事. 數十年間, 屢經諸司勘奏, 移檄督追, 歷岑應·岑接二世如故.

정통 원년(1436)에 사성의 잠표가 침범하여 이주의 땅을 침입하여 점거하고, 아울러 잠안의 처자와 재물을 약탈하였다. 총병관 산운(山雲)이 사실대로 보고하니, 정통제는 진순관(鎭巡官)에게 칙서를 내려 [잠안을] 안무하고 [잠표를] 효유토록 하였다.[117] [정통] 4년(1439)에 잠안이 족인 잠흔(岑忻)을 보내어 은기(銀器)와 방물을 바쳤다. [정통] 5년(1440)에 잠안이

115) 吏目: 관부의 문서를 관장하는 직이다. 이미 元나라 때에 提擧司 및 中·下 규모의 州에 관원을 보좌하는 吏目을 두었고, 明代에도 太常寺·鹽課提擧司·市舶提擧司·京衛指揮使司·太醫院·五城兵馬司 및 지방의 知州 아래 吏目을 두어 문서를 관장하게 하였다. 淸朝에서도 太醫院·五城兵馬司 및 知州 아래 吏目을 두어 刑獄과 문서를 담당하게 하였다. 본문에서의 吏目은 知州를 보좌해서 문서를 담당하는 관원으로 보인다.

116) 布政司: 承宣布政使司의 略稱으로 官署名이다. 『明史』 卷75 「職官」4의 기록에 의하면, "承宣布政使司. 左右布政使各一人, 左右參政, 左右參議, 無定員 …… 布政使掌一省之政, 朝廷有德澤禁令, 承流宣播, 以下於有司"라고 기록되어 있다. 즉, 포정사는 한 省의 戶口와 田土 등의 조사와 등재를 포함한 제반 民政을 담당했다. 明初에는 元의 行中書省 제도를 그대로 유지했지만, 洪武 9년(1376)에 浙江, 江西, 福建, 北平, 廣西, 四川, 山東, 廣東, 河南, 陝西, 湖廣, 山西 등지에 포정사를 두었으며, 永樂 5년(1407)에 交趾布政司를 두었다가 宣德 3년(1428)에 폐지했다. 永樂 11년(1413)에 貴州布政司를 설치해서 전국에 모두 13개 布政司를 두었다.

117) 관련 기사가 『英宗實錄』 卷26 正統 2년 정월 庚戌條에 보인다. 따라서 본문의 正統 원년은 正統 2년(1437)으로 정정함이 옳다. 한편 이 기사의 주요 내용은 앞의 泗城州 條의 正統 2년의 기사에도 보인다.

상주하기를, "본주(本州) 지역에 25갑(甲)이 있는데, 잠표의 거병으로 [그에게] 빼앗겼고, 모친 담씨(覃氏)는 구금되고 처자와 재물은 약탈되어 누차 칙서를 받들고 가서 위무하고 효유토록 했으나 [잠표는] 멋대로 날뛰며 복종하지 않습니다"라 하였다. 정통제는 행인 황서(黃恕)·주승(朱昇)을 보내어 잠표를 효유토록 하였는데, 이 일은 앞의 전기(傳記)에 갖추어 실었다.[118] [정통] 7년(1442)에 잠표가 다시 잠안과 서로 원수가 되어 죽이[고자 하]니, 정통제가 총병관 오량(吳亮)[119]에게 칙서를 내려 은위(恩威)[120]를 펼쳐서 각자 전쟁을 중지케 하였으나,[121] 잠표는 끝내 잠안 및 그 아들 잠득(岑得)을 죽이고 주인(州印)을 빼앗아 가니, [조정에서는] 드디어 유관으로써 주(州)의 사무를 처리토록 하였다. 수십 년 동안 누차 여러 사(司)가 현지조사를 [통]하여 상주했고, 격문(檄文)을 보내어 추구(追究)[122]를 독려했는데, 잠응(岑應)·잠접(岑接) 두 세대를 거치도록 [다름없이] 여전하였다.

嘉靖二年歸幷泗城.

가정 2년(1523)에 사성(泗城)에 귀속하여 합병되었다.

118) 『英宗實錄』 卷70 正統 5년 8월 甲午條 참조.

119) 吳亮(?~1446): 來安 출신이다. 永樂 초년에 旗手衛指揮僉事가 되어 蕭授의 副將으로서 湖廣과 貴州를 鎭守하였다. 普定의 阿遲의 반란을 평정한 뒤 都督同知로 승진하였다. 計沙의 苗族 반란을 진압한 뒤 右都督으로 승진하였다. 麓川 宣慰使 思任發이 반란을 일으키자 英宗은 吳亮을 副總兵으로 임명하여 병사 5만 명을 거느리고 가서 征討하도록 하였다. 都督僉事로 임명되어 征南副將軍의 印章을 가지고 湖廣과 貴州를 鎭守하였다. 正統 11년(1446) 11월에 사망하였다.

120) 恩威: 대개는 仁政과 刑治를 지칭하지만, 여기서는 원래의 뜻인 恩惠와 威力를 가리킨다. 즉 전쟁을 중지하면 조정으로부터 상응하는 은혜를 받겠지만, 그렇지 않으면 무력을 동원하여 응징할 것임을 의미한다.

121) 『英宗實錄』 卷95 正統 7년 8월 庚寅條 참조.

122) 追究: 事後에 철저히 조사해서 실제의 원인을 밝히고 책임을 추궁한다는 뜻이다.

龍州
용주

龍州，古百粵地．漢屬交阯．宋置龍州，隸太平寨．元大德中，升州爲萬戶府．

용주(龍州)[123]는 옛날 백월(百粵)[124]의 땅이다. 한나라 때는 교지에 속했다. 송나라 때에 용주가 설치[125]되어 태평채(太平寨)에 예속되었다. 원나라 대덕(大德) 연간(1297~1307)에 주(州)를 승격시켜 만호부(萬戶府)[126]로 삼았다.

洪武二年，龍州土官趙帖堅遣使奉表，貢方物．詔以帖堅爲龍州知州，世襲．八年改隸廣西布政司．時帖堅言：「地臨交阯，所守關隘二十七處，有警須申報太平，達總

---

123) 龍州: 廣西 서남부에 위치하는데, 南寧에서 약 200km 거리이다. 元代 至元 22년(1285)에 廣元路에 속했다가 至正 연간(1341~1360)에 이르러 明玉珍이 龍州宣慰司로 바꾸었다. 明 洪武 6년(1373)에 龍州로 복귀되었다. 洪武 9년(1376)에 布政司에 직속되었다. 현재의 廣西 龍州縣 지역이다. 『讀史方輿紀要』 卷111 「廣西6」 참조.

124) 百粵: 百越이라고도 한다. 중국 고대 남방 越人의 總稱이다. 오늘날의 浙江, 福建, 廣東, 廣西 등지에 분포하는데, 部落이 많았기 때문에 百越이라 총칭하였다. 粵과 越은 고대에 통용된다. 秦漢시대에 관련 史籍에서 중국 남방의 민족을 越族이라 通稱하니, 예를 들면, "北方胡, 南方越" 등이 바로 그것이다. 漢代 초기에 百越族은 점차 몇 개의 비교적 강성하고 분명한 범주로 나뉘었으니, 곧 東甌, 閩越, 南越, 西甌 및 雒越 등이 여기에 해당한다. 중국 역사에서 광대한 江南의 땅 즉 이른바 "交趾에서 會稽에 이르기까지의 7,000~8,000리"가 秦漢 이전에는 모두 百越族의 거주지였다. 그들이 사용한 古越語는 중국의 북방에서 사용한 古漢語와 차이가 매우 커서 서로 말이 통하지 않을 정도였다. 이들을 夏朝에서는 '于越', 商朝에서는 '蠻越' 혹은 '南越', 周朝에서는 '揚越' 혹은 '荊越'이라 불렀는데, 戰國時代에 들어와 비로소 '百越'이라 칭하였다.

125) 南宋 紹興 원년(1131) 때 政州를 龍州로 改稱하였다.

126) 萬戶府: 金나라 初에 설치된 관청으로, 그 長인 萬戶는 세습의 軍職이다. 都統에 예속되어 千戶(猛安)·百戶(謀克)를 統領하였다. 元代에도 이를 이어받아 萬戶府를 설치했는데 樞密院에 예속시켰으며, 각 路에 駐箚하는 萬戶는 行省에 分屬시켰다. 萬戶府는 千戶所를 統領했는데, 7,000명 이상의 군사를 통솔하는 萬戶를 上萬戶府라 칭하고, 5,000명 이상을 통솔하는 萬戶를 中萬戶府, 3,000명 이상을 통솔하는 萬戶를 下萬戶府라 칭하였다. 路의 萬戶府는 각기 다루가치[達魯花赤] 1명, 萬戶(正3品) 1명을 두었다.

司, 比報下, 已涉旬月, 恐誤事機, 乞依奉議 · 泗城二州, 隷廣西使.」從之. 十六年, 帖堅以孝慈皇后喪, 上慰表, 貢馬及方物, 賜綺帛鈔錠有差.

홍무 2년(1369)에 용주 토관 조첩견(趙帖堅)이 사자(使者)를 보내 표문(表文)[127]을 받들고 방물을 바쳤다. [이에] 조서를 내려 조첩견을 용주 지주(知州)로 삼아 세습토록 하였다.[128] [홍무] 8년(1375)에 바꾸어 광서포정사(廣西布政司)에 예속시켰다.[129] 당시 조첩견이 아뢰기를, "땅은 교지에 임하고, 지키는 바의 관애(關隘)[130]는 27곳이 있는데, 위급 상황이 발발하면 반드시 태평(太平)에 보고하여 총사(總司)에 이르게 하는데, 답보(答報)가 내려짐에 미치면 이미 열흘 혹은 달포가 지나 일의 기미를 어그러뜨릴까 걱정이 되니, 청컨대 봉의(奉議)·사성(泗城)의 두 주(州)의 예에 따라 광서에 예속시켜 편하게 해주시기 바랍니다"라 하니, [홍무제가] 이를 받아들였다.[131] [홍무] 16년(1383)에, 조첩견이 효자황후(孝慈皇后)[132]의 상사(喪

127) 表文: 황제에게 바치는 문서를 가리킨다. 洪武 14년(1381)에 進賀表箋禮儀를 정하였는데, 황제의 생일인 天壽聖節과 正旦·冬至에 在外 각 아문은 미리 상주문(표문)을 바치고 賀禮하였다. 天壽聖節인 경우에 在外 五品 이상의 衙門은 단지 表文 1通을 바치고, 正旦·冬至에는 中宮과 皇太子에게 箋文 各 1通을 더 바쳤다. 조선·베트남 등도 명나라에 입조할 때 표문을 바쳤다. 명 초에 表文 등으로 인해 朝鮮과 明나라 사이에 외교적인 문제가 발생하기도 했는데, 그 실상에 대해서는 朴元熇, 2002: 6~30 참조.

128) 당시 廣西 右江의 田州府 土官 岑伯顏, 來安府의 岑漢忠, 向武州의 黃世鐵과 左江의 太平府 黃英衍, 思明府 黃忽都와 함께 龍州 趙帖堅이 각각 使者를 보내 表文을 받들고 와서 마필과 방물을 바쳤다. 洪武帝는 각각을 해당 지역의 知府 혹은 知州로 임명했는데, 특히 趙帖堅을 龍州知州 겸 萬戶로 삼고, 세습을 허락해 주었다. 이에 대해서는 『太祖實錄』 卷48 洪武 2년 6월 丁未條 참조.

129) 左江의 太平府 所屬 龍州를 廣西布政司로 예속시킨 것을 말한다. 이에 대해서는 『太祖實錄』 卷106 洪武 9년 6월 壬子條 참조.

130) 關隘: 險要의 關口를 가리킨다.

131) 『太祖實錄』 卷106 洪武 9년 6월 壬子條 참조.

132) 孝慈皇后(1332~1382): 明太祖 朱元璋의 황후인 孝慈高皇后 馬氏를 가리킨다. 安徽 宿州 출신이다. 인자하고 총명하며 검소하고 見識이 뛰어난 황후로 알려져 있다. 부친 馬公이 평소 紅巾軍 수령과 친했는데, 喪妻 후에 결국 딸을 郭子興에게 양녀로 입양시켰다. 후에 곽자흥은 양녀를 주원장과 결혼시켰다. 朱元璋의 稱帝 전후로 馬氏는 주원장에게 적잖은 도움을 주었다. 예를 들어, 讒言에 휘둘린 곽자흥이 주원장을 배제하려 할 때마다 馬氏가 보이지 않게 養父에게 잘 말해주어 오해를 풀어주었으며, 文書 정리 및 메모 방면에도 발군의 실력을 발휘하여 주원장에게 제공하였을 뿐 아니라 주원장에게 '擾民'과 '濫殺'을 하지 말도록 간하여 주원장의 칭찬을 듣기도 하였다. 皇后가 된 뒤에는 內治에 힘쓰면서 외척의 발호 여지를 차단하는 데에도 중대한 공헌을 하였다. 주원장이 功臣들을 대량 살해할 때에도

事)로 인하여 위로의 표문을 올리고 마필 및 방물을 바치니, [홍무제는] 비단과 초(鈔) 및 정(錠)을 차등 있게 하사하였다.[133]

二十一年, 帖堅病, 無子, 以其從子宗壽代署州事. 帖堅卒, 宗壽襲. 鄭國公常茂以罪謫居龍州. 帖堅妻黃氏有二女, 一爲太平州土官李圓泰妻, 茂納其一爲妾. 時宗壽雖襲職, 帖堅妻猶持土官印, 與茂·圓泰專擅州事, 數陵逼宗壽. 會茂以病卒, 其閽者趙觀海等亦肆侮宗壽. 宗壽乃與把事等以計取土官印, 上奏, 言茂已死, 幷械觀海等至京. 於是帖堅妻惶懼, 使人告宗壽擄掠, 又與圓泰謀刼茂妾幷其奴婢往太平州, 又盡掠趙氏祖父官誥諸物, 又欲幷取龍州之地. 乃自至京, 告宗壽實從子, 不應襲, 宗壽亦上章言狀. 帝乃詔宗壽勿問, 下吏議帖堅妻與圓泰罪, 旣而以遠蠻俱釋之.

[홍무] 21년(1388)에 조첩견이 병이 들었는데, 자식이 없어 그 조카 조종수(趙宗壽)로 하여금 대신 주(州)의 사무를 처리하도록 하였다.[134] 조첩견이 죽자 조종수가 계승하였다. 정국공(鄭國公) 상무(常茂)[135]가 죄를 지어 좌천되어 용주에서 살았다.[136] 조첩견의 처 황씨(黃氏)

여러 차례 간하여 적지 않은 大臣의 목숨을 구하기도 하였다. 明初의 대학자 宋濂이 대표적인 예이다. 洪武 15년(1382)에 향년 51세로 세상을 떠났는데, 주원장은 매우 비통해하며 다시는 황후를 두지 않았다. 그해 9월에 孝陵에 묻고 孝慈皇后의 시호를 내렸다. 永樂 원년(1403) 6월에 高皇后라는 尊號를 올렸다.

133) 『太祖實錄』 卷153 洪武 16년 4월 戊子條 참조.

134) 『太祖實錄』 卷190 洪武 21년 4월 癸酉條 참조.

135) 常茂: 自稱 茂太爺라 하는데, 常遇春의 長子이다. 明나라가 開國하는 과정에서 제1선에서 맹활약한 猛將인데, 전투와 智謀가 뛰어났으며, 사람들은 常茂를 '無敵大將'이라 불렀다. 건국 후 朱元璋은 常茂를 孝義永安王으로 봉하였다. 常茂는 長城 지대에서 주둔하며 방비했는데, 洪武帝는 충분한 糧草를 지급하지 않아 한때 常茂가 도주한 적도 있었다. 후에 燕王 朱棣를 따라 靖難의 役을 일으켜 군공을 세웠다. 한편 常茂는 부친 常遇春의 작위를 이어받아 鄭國公으로 봉해져 2,000石의 食祿을 받았다. 洪武 20년(1387)에 洪武帝는 常茂에게 명하여 大將軍 馮勝을 따라 金山에서 納哈出을 征討하도록 하였다. 馮勝은 常茂의 장인이었다. 하지만 常茂는 馮勝의 지휘를 따르지 않아 자주 질책을 받았다. 얼마 후 納哈出이 항복을 청하기 위해 右副將軍 藍玉의 병영에 이르렀다. 그곳에서 벌어진 술자리에서 納哈出과 藍玉이 서로 무례한 행동을 하였다. 納哈出이 술을 땅에 부으며 부하에게 몇 마디 일렀다. 당시 常茂가 옆에 배석하고 있었다. 그 휘하의 趙指揮가 몽골어를 알아들을 수 있었는데, 常茂에게 納哈出이 달아나려 한다고 가만히 알려주었다. 이에 常茂가 앞으로 나아가면서 제지했고, 크게 놀란 納哈出이 급히 말에

에게 두 딸이 있었는데, 한 명은 태평주(太平州) 토관 이원태(李圓泰)의 처였고, 상무는 다른 한 명을 첩으로 맞아들였다. 당시 조종수가 비록 관직을 계승했지만, 조첩견의 처가 여전히 토관의 관인을 가지고 있으면서 상무·이원태와 함께 주(州)의 사무를 오로지 장악하였으며, 자주 조종수를 능멸하며 핍박하였다. 마침 상무가 병으로 죽었는데, 그의 문지기 조관해(趙觀海) 등이 또한 조종수를 멋대로 모욕을 주었다. 조종수는 이에 집사 등과 함께 계책을 써서 토관의 인장을 취득하고, 상주하여 상무가 이미 죽었음을 아뢰었으며, 아울러 조관해 등에게 칼을 씌워 경사에 이르게 하였다. 이에 조첩견의 처가 당황하고 두려워하여 사람을 시켜 조종수의 노략질을 고하고, 다시 이원태와 함께 모의해서 상무의 첩과 그 노비를 협박하여 태평주에 가도록 했으며, 또 조씨(趙氏) 조부와 부친의 관고(官誥) 등 여러 물품을 모두 약탈하고, 다시 용주의 땅을 모두 취하고자 하였다. 이에 직접 경사에 이르러 조종수는 실제로는 조카라서 승계가 마땅치 않음을 고하였고, 조종수 또한 상주하여 상황을 설명하였다. 홍무제는 이에 조서를 내려 조종수를 문죄(問罪)하지 말도록 하고, 옥리(獄吏)에게 내려 조첩견의 처와 이원태의 죄를 논의토록 했는데, 얼마 후에 원방(遠方)의 만인(蠻人)이라는 이유로 모두 석방시켰다.137)

久之, 復有人告茂匿龍州未死, 前宗壽所言皆妄. 遂詔右軍都督府榜諭宗壽及龍州官民, 言:「昔鄭國公常茂有罪, 上以開平王之功, 不忍遽置於法, 安置龍州. 土官趙帖堅故, 其妻與茂結爲婚姻, 誘合諸蠻, 肆爲不道. 帖堅侄宗壽襲職, 與黃氏互相告訐, 言茂已死. 上以功臣子, 猶加憐憫, 釋二人告訐罪. 今有人言茂實未死, 宗壽等知狀. 已遣散騎舍人諭宗壽捕茂, 延玩使者久不復命, 其意莫測. 特命榜諭爾宗壽等知之, 如茂果存, 則送至京師以贖罪, 如茂果死, 宗壽亦宜親率大小頭目至京, 具陳其由.」

올라타려 했지만, 常茂가 칼을 휘둘러 어깨를 베었다. 納哈出의 부대가 이 소식을 듣고는 크게 동요하였다. 후에 馮勝이 이 소식을 접하고 常茂에게 더욱 노하여 罪狀을 부풀려서 常茂가 激變했다고 上奏하고는 칼을 씌워 京師로 보냈다. 常茂 역시 馮勝의 여러 不法의 일을 아뢰었다. 이에 洪武帝는 馮勝으로부터 總兵의 印을 회수하고, 常茂는 龍州에 安置시켰다.

136) 納哈出에게 칼을 휘둘러 어깨에 부상을 입혀 그 부대를 동요시킨 일로 인하여 장인 馮勝과 서로 고발한 일이 있는데 常茂는 결국 멀리 龍州로 배치되었다. 이에 대해서는 앞의 常茂에 관한 주석 참조.

137) 『太祖實錄』 卷236 洪武 28년 2월 庚辰條 참조.

한참 시간이 흐른 뒤에 다시 어떤 자가 고하기를, 상무가 용주에 잠닉하여 아직 죽지 않았고 전에 조종수가 말한 것은 모두 거짓이라 하였다. [홍무제는] 드디어 우군도독부(右軍都督府)에 조서를 내려 조종수와 용주의 관민(官民)에게 방(榜)을 붙여 유시(諭示)를 내려 이르기를, "전에 정국공 상무가 죄를 지었는데 황상(皇上)께서 개평왕(開平王)[138]의 공훈이 있다는 이유로 차마 곧바로 처벌할 수 없어 용주에 안치(安置)시키신 바 있다. 토관 조첩견이 죽자 그 처가 상무와 혼인관계로 결합하여 여러 만인(蠻人)들을 꾀어 취합해서 멋대로 부도(不道)한 짓을 자행하였다. 조첩견의 조카 조종수가 관직을 계승하여 황씨와 서로 고발하여 상무가 이미 죽었다고 아뢰었다. 황상께서는 [상무가] 공신의 아들이었기 때문에 오히려 가련하게 여겨 두 사람의 고발의 죄를 면제해주셨다. 지금 어떤 자가 상무는 실은 아직 죽지 않았고, 조종수 등은 실상을 알고 있다고 아뢰었다. 이미 산기사인(散騎舍人)[139]을 보내어 조종수에게 유시를 내려 상무를 체포토록 하였는데, [조종수는] 사자(使者)를 지체시키고 농락하여 오랫동안 복명(復命)하지 못하도록 하니, 그 뜻을 헤아릴 수 없다. 특별히 명을 내려 방을 붙여 그대 조종수 등에게 유시를 내려 이를 알도록 하니, 만약 상무가 생존해 있다면 곧 경사로 보내어 속죄(贖罪)케 하고, 만약 상무가 죽었다면 조종수 또한 마땅히 친히 대소(大小)의 두목을 거느리고 경사에 와서 그 연유를 모두 갖추어 진술하도록 하라"고 하였다.[140]

廣西布政司言宗壽屢詔赴京, 拒命不出, 又言南丹·奉議等蠻梗化. 帝復命致仕兵部尚書唐鐸往諭宗壽, 訖不從命. 詔發湖廣·江西所屬衛所馬步官軍六萬餘, 各齎三月糧, 期以秋初俱赴廣西. 命都督楊文佩征南將軍印, 爲總兵官, 都指揮韓觀爲左將軍,

138) 開平王: 鄭國公 常茂의 부친 常遇春(1330~1369)을 가리킨다. 常遇春은 字가 伯仁, 號가 燕衡이었다. 安徽省 懷遠縣 常家墳鎮 永平崗 출신이다. 明나라의 개국 명장으로 유명하다. 元 順帝 至正 15년(1355)에 朱元璋에게 歸附하여 스스로 선봉을 청하였다. 일찍이 스스로 10만의 군대를 부릴 수 있다고 호언장담하여 軍中에서는 그를 '常十萬'이라 불렀다. 관직은 中書平章軍國重事를 맡기에 이르렀고, 鄂國公에 봉해졌다. 洪武 2년(1369)에 軍中에서 病死하였다. 開平王은 死後에 추증을 받은 封號이다. 한편 常茂가 부친의 공훈 덕택에 처벌을 면하고 龍州에 安置된 일에 대해서는 『太祖實錄』 卷236 洪武 28년 2월 庚辰條를 참조.

139) 散騎舍人: 宮中을 侍衛하고 扈從하는 皇帝의 親兵을 가리킨다. 원래 舍人은 明代 軍衛의 世襲의 子弟라는 뜻이다.

140) 『太祖實錄』 卷236 洪武 28년 2월 庚辰條 참조.

都督僉事宋晟爲右將軍, 劉眞爲參將, 率京衛馬步軍三萬人至廣西, 會討龍州及奉議·南丹·向武等州叛蠻. 師行, 帝撰文遣使祭嶽鎭海瀆, 復遣禮部尙書任亨泰·監察御史嚴震直安南, 諭以討龍州趙宗壽之故, 令陳日焜愼守邊境, 毋助逆, 勿納叛. 遣人諭文調南寧衛兵千人, 江陰侯吳高領之, 柳州衛兵千人, 安陸侯吳傑領之, 皆令其建功自贖. 又詔文等, 如兵至龍州, 宗壽親來見, 具陳茂已死之由, 則宥其罪. 若詐遣人來, 則進兵討之. 旣, 鐸還京, 言宗壽伏罪來朝, 乞罷兵勿征. 詔文移兵於奉議, 仍命鐸至軍參軍事. 宗壽偕耆民農里等六十九人來朝謝罪, 貢方物.

광서포정사에서 조종수가 누차 경사에 오라는 조서를 받았으나 명을 어기고 나오지 않았다고 아뢰었고, 또 남단(南丹)·봉의(奉議) 등 만인의 완고함을 아뢰었다. 홍무제는 다시 치사(致仕)한 병부상서 당탁(唐鐸)[141]에게 명하여 현지에 가서 조종수를 효유토록 했으나, [조종수는] 끝내 명에 따르지 않았다.[142] 조서를 내려 호광(湖廣)[143]과 강서(江西)[144] 소속 위소

141) 唐鐸(1329~1397): 字는 振之로 虹(지금의 安徽 泗縣) 출신이다. 朱元璋이 起兵할 때 左右에서 侍衛하였다. 洪武 원년(1368) 湯和가 延平을 공략한 뒤 唐鐸을 延平知府로 삼았는데 慰撫를 잘 하여 士民들이 편안히 여겼다. 홍무 3년(1370) 京師로 들어와 殿中侍御史가 되었다가 다시 紹興知府로 나갔다. 홍무 6년(1373)에 刑部尙書가 되었다. 이듬해(1374)에 太常卿이 되었는데, 모친상을 당하자 특별히 俸祿의 반을 지급하였다. 洪武 14년(1381)에 兵部尙書로 기용되었다. 洪武 26년(1393)에 太子賓客이 되어 太子少保의 작위를 추가 받았다. 홍무 28년(1395)에 龍州 土官 趙宗壽가 鄭國公 常茂의 죽음에 대해 거짓으로 보고하자 洪武帝는 楊文에게 명하여 大軍을 동원하여 征討케 하고, 唐鐸에게 招諭토록 했다. 반란 진압 이후 唐鐸은 奉議衛 및 向武 등지에 守禦千戶所를 두고 官軍을 주둔시킬 것을 청하여 승인을 받았다. 唐鐸의 사람됨은 長者의 기질이 있어서 행동거지가 신중하며 경거망동하지 않았다. 사람들과의 교제에서도 안색을 바꾸는 일이 없고 나쁜 말을 하는 적도 없었다고 한다. 홍무 30년(1397) 7월에 京師에서 사망하니 향년 69세였다. 洪武帝는 有司에게 명하여 시신을 고향으로 보내어 후하게 장례를 치르도록 하였다.

142) 『太祖實錄』 卷238 洪武 28년 4월 甲申條 참조.

143) 湖廣: 明代 湖廣省을 가리킨다. 淸 康熙 3년(1664)에 湖南省과 湖北省으로 분리되었다. 『尙書』「禹貢」의 荊·揚·梁·豫 四州의 지역으로, 元代에 湖廣等處行中書省을 두었다. 明 太祖 甲辰年(1364)에 陳理를 평정하고 湖廣等處行中書省을 두었다. 洪武 9년(1376)에 行中書省을 承宣布政使司로 고쳤고, 府 15·直隸州 2·屬州 17·縣 108·宣慰司 2·宣撫司 4·安撫司 5·長官司 21·蠻夷長官司 5곳을 관할하였다.

144) 江西: 長江 중류 이남에 위치한 중국 22개 省 가운데 하나로, 別稱은 贛省이다. 唐 廣德 2년(764)에 江南西道를 설치했다가 宋代에 江南西路를 설치하였다. 元代에는 江西等處行中書省을 두었고, 明 太祖

(衛所)[145]의 기병과 보병의 관군 6만여 명에게 각각 3개월 군량을 휴대하여 초가을을 기한으로 삼아 모두 광서로 가도록 하였다.[146] 도독 양문(楊文)[147]에게 정남장군(征南將軍)[148]의

壬寅年(1362)에 元代의 제도에 따랐으나 洪武 9년(1376)에 行中書을 承宣布政使司로 고쳤으며, 府 13·州 1·縣 77곳을 관할하였다.

145) 衛所: 軍戶에서 징발된 軍丁은 각 지방의 衛所에 분산 소속되어 군역에 종사하였는데, 明代 위소제에 대해서는 『明史』의 기록에 근거하여 劉基가 확립한 것이라는 견해를 많은 학자들이 답습하고 있다. 그러나 사실상 위소제도는 유기에 의해 처음으로 창설된 것이 아니라, 元代 軍事制를 모방하여 주원장이 元末 農民叛亂에 참가하였을 때, 이미 확립된 제도였다. 위소제도의 특징은 평시에는 군대를 각 지방에 분산시켜 주둔케 하고 전시에만 장수로 하여금 출병하게 하였다. 이때 장수는 중앙에서 파견되는 사람으로 개인적으로는 평시에 사병을 거느리지 못하고, 전시에만 이들을 이끌고 싸움에 임할 수 있었다. 따라서 평상시의 군사들은 이들을 직접적으로 통솔하는 將領이 설치되어 있는 것이 아니라 군적이나 출병권에 의해 황제의 수중에 장악되었다. 즉, 군호를 기입한 군적은 병부가 관리하고 군사의 통솔권만 五軍都督府가 장악하였는데, 이때 출병의 명령은 황제나 번왕의 수중에 있어 장수는 전시에만 조정에서 파견되어 군사를 통솔하여 싸움에 임할 뿐이었다. 이처럼 明代의 군사권은 철저하게 견제를 통해 직접 간접적으로 황제의 수중에 장악되었다. 明代 위소제도에 관해서는 『明史』 卷90 「兵志」2에 보면, 一衛는 대체로 5,600명, 一千戶所는 1,120명, 一百戶所는 112명으로 구성되어 있고, 百戶所에는 2개의 總旗가 있다. 一總旗는 5小旗를 거느리고, 小旗는 10명의 군사를 거느린다고 되어 있다. 그러나 처음 위소제도가 성립되었을 때는 원대 군사제도와 마찬가지로 십·천·만 단위로 구성되었다. 즉 一衛는 10千戶所, 一千戶所는 10百戶所로 되었고, 百戶所에는 2總旗, 一總旗는 5小旗를 거느리고, 一小旗는 10명의 군사를 통솔하였던 것으로 보인다. 이렇게 볼 때 당초의 一衛의 軍官과 軍士를 계산해 보면, 모두 11,311명(군사 10,000, 소기 1,000, 총기 200, 백호 100, 천호 10, 도지휘 1)이 된다. 그런데 위소제도가 실시된 후 얼마 뒤에는 一衛의 군관과 군사수가 실제로는 5,656명(군사 5,000, 소기 500, 총기 100, 백호 50, 천호 5, 도지휘 1)이 되는데, 명대는 계속하여 이것을 원칙으로 하였다. 따라서 명대 위소제도가 완비되었을 때는 군사의 숫자가 이전보다 약 2분의 1로 감소된 것을 알 수 있다. 이렇게 구성된 위소는 각 都司에 소속되었는데 洪武 26년(1393)에는 전국적으로 도사 17개, 행도사 3개, 유수사 1개이며, 內外衛 329개, 守禦千戶衛 65개였다. 永樂 연간(1403~1424) 이후에는 위소가 증설되어 도사가 21개, 유수사 2개, 내외위 493개, 守禦屯田群牧千戶衛가 359개로 되었다(윤정분, 1984: 315~317).

146) 湖廣과 江西 소속 衛所의 기병과 보병의 官軍 6만여 명 및 諸衛의 達達 官軍에게 3개월의 양식을 가지고 秋初를 기한으로 정해 모두 廣西로 가서 大軍을 따라 龍州와 奉議 등의 지역을 정벌토록 하였다. 이에 대해서는 『太祖實錄』 卷238 洪武 28년 4월 乙巳條 참조.

147) 楊文(?~1406): 朱元璋과 같은 고향 출신의 武將이다. 洪武 2년(1369)부터 洪武 3년(1370)까지 西北 지역의 군사 활동에 참여하였고, 皇陵衛의 百戶가 되었다. 홍무 4년(1371)에는 廣西衛로 배치되었다. 그 후에는 줄곧 남방 지역에서 軍務를 집행하였다. 洪武 11년(1378)에는 湖廣 安陸衛右所의 百戶가 되었고, 洪武 12년(1379)에는 副千戶가 되었다. 洪武 17년(1384)에는 傅友德을 따라 雲南을 정벌하였

인장을 착용하도록 해서 총병관으로 임명하고, 도지휘(都指揮)[149] 한관(韓觀)[150]은 좌장군

고, 전쟁 후에 建昌衛의 世襲 指揮僉事가 되었다. 洪武 25년(1392)에는 建昌衛 指揮使 月魯帖木兒가 반란을 일으켰는데, 이때 楊文은 藍玉을 수행하여 토벌에 참여하였다. 그 공을 인정받아서 右軍都督府의 都督僉事가 되었고, 驍騎將軍에 책봉되었다. 洪武 연간(1368~1398) 말에는 遼東總兵으로서 이 지역의 수비를 총괄하였다. 홍무 27년(1394) 7월에는 左都督으로 승진했는데, 이는 武將으로서는 최고의 官品이었다. 이듬해(1395) 2월에 倭寇가 浙東 沿海에 출몰하자 楊文은 都督 劉德 등과 함께 兩浙 지역을 巡視하며 왜구를 방어하였다. 홍무 28년(1395) 廣西의 龍州, 奉議, 南丹 등지의 土官이 거병하자 明 조정은 湖廣과 江西 소속 衛所의 馬軍과 步兵 6만여 명을 동원하고, 또 征南將軍 楊文을 總兵官으로 임명하여 京衛의 마군과 보병 3만 명을 거느리고 동시에 廣西에 가서 토벌토록 하였다. 楊文 등은 반란을 평정하는 동시에 조정의 뜻을 따라 현지에서 改土歸流를 실시하여 衛所를 설치하고 관원을 添設하여 현지를 관리토록 하였다. 그 후에 貴州에서도 반란이 일어났지만, 楊文 등이 다시 진압하였다. 조정에서는 楊文에게 征虜前將軍의 印을 하사하고 總兵官으로 삼았다. 홍무 30년(1397) 정월 遼東으로 파견되어 주원장의 15번째 아들 遼王 朱植의 王府를 건설하였다. 홍무 31년(1398) 5월 주원장은 臨終 직전에 左軍 都督 楊文에게 勅諭를 내려 燕王 朱棣의 지휘 하에 開平을 방비토록 하였다. 建文 원년(1399) 朱棣가 '靖難의 變'을 일으키자 楊文은 배후에서 燕王軍을 위협하였다. 하지만 건문 3년(1401)에 결국 燕王軍의 장군 劉江에게 대패를 당했다. 건문 4년(1402) 5월에 楊文은 濟南 공격을 감행했지만, 참패로 끝나며 결국 이 戰役에서 포로로 잡히고 말았다. 永樂帝는 楊文이 開國의 老將임을 감안하여 사형은 시키지 않았다. 영락 4년(1406) 정월에 楊文은 끝내 病死하니 향년 57세였다. 楊文은 明初의 개국공신이자 제2세대 將領이었다. 비록 그의 재능은 제1세대 將領에 비하여 다소 손색의 감이 없지 않았지만, '胡藍之獄'으로 조성된 武將의 결핍이라는 객관적 형세 하에서 살아남아 결국 최고 무장의 대열에 올랐다. 특히 남방에서 일어난 두 차례의 반란을 평정한 공으로 朱元璋의 주목을 받아 北平總兵이 되었다. 靖難의 役이 발발하자 建文帝는 그를 遼東鎭守로 임명하였다. 이로써 楊文은 明代 제1대 遼東總兵官이 되었다. 하지만 끝내 燕王軍에 포로로 잡히며 武將으로서 그의 운명은 비극으로 마감하고 말았다.

148) 征南將軍: 정벌을 의미하는 '征'字를 붙인 장군, 즉 四征將軍(征東, 征西, 征南, 征北)의 명칭이 처음 출현한 시기는 漢代이지만 後漢末 전쟁이 잦은 탓에 曹操는 이런 명칭을 붙인 장군을 일상적으로 두었다. 따라서 曹魏 文帝 시기(220~226)에는 四征將軍의 품계가 二品에 달해 三公 다음의 지위를 차지했지만(『晋書』 卷24 「職官志」14), 唐 왕조 이후에는 사실상 폐지되었다. 『明史』에는 이 명칭이 정식으로 등장하지는 않는데, 이로 미루어, 明代에는 군사상 필요가 있을 때마다 하사했던 직함이었다고 생각된다.

149) 都指揮: 明代 지방 군정장관인 都指揮使(正二品)를 가리킨다. 明初 전국 각지에 衛所를 설치하면서 衛所를 관할하는 都指揮使司(간략하게 都司)를 설치했는데, 이 기관을 관장하는 지방 최고의 군사장관이 바로 都指揮使이다. 전국에 13개의 都指揮使司와 3개의 行都指揮使司를 요충지에 설치되었는데, 후에 都指揮使司의 수가 16개로 증가했다. 都指揮使는 중앙의 五軍都督府에 예속되어 있으면서, 都指揮同知와 都指揮僉事의 보좌를 받아 지방의 군정을 수행했다.

150) 韓觀(?~1414): 桂林右衛의 指揮僉事를 除授받았다. 洪武 19년(1386)에 柳州·融縣의 民變을 진압하여

(左將軍)으로, 도독첨사(都督僉事)[151] 송성(宋晟)[152]은 우장군(右將軍)으로, 유진(劉眞)은 참장(參將)[153]으로 삼아 경위(京衛)의 기병과 보병 3만 명을 거느리고 광서에 이르도록 하여 공동으로 용주 및 봉의·남단·향무(向武)[154] 등 주(州)에서 반란을 일으킨 만인을 토벌토록

廣西都指揮使로 승진하였다. 洪武 22년(1389)에 富川를 토벌하여 평정하고, 洪武 25년(1392)에 賓州·上林의 민변을 토벌하여 진압하였다. 洪武 27년(1394) 湖廣의 군대와 회동하여 全州·灌陽 등 지역을 평정하였고, 이듬해(1395) 宜山縣에서의 반란을 진압하였다. 그 후에는 征南左副將軍에 임명되어 都督 楊文과 함께 龍州 土官 趙宗壽의 반란을 토벌하였고, 군대를 이동하여 南丹·奉議·都康·向武·富勞·上林·思恩·都亮 등 鎭諸을 정벌하였다. 洪武 29년(1396)에는 소환되어서 都督同知로 승진하였는데, 이듬해(1397)에 다시 楊文을 따라 吉州·五開 苗族의 叛亂을 진압하였고, 또한 顧成과 함께 水西 등을 평정하였다. 永樂 연간(1403~1424)에는 征南將軍의 印章을 패용하고, 廣西를 진수하였으며, 廣西에서 반란이 일어나자 토벌을 상소하였다. 永樂 4년(1406)에 명의 군대가 安南을 공략하였는데, 이때 그는 군량을 운송하는 책임을 맡았고, 永樂 10년(1412)에는 張輔에게 糧草을 공급하는 일을 담당하였다. 그는 永樂 12년(1414)에 사망하였다.

151) 都督僉事: 明代 전국의 군대를 통괄하는 五軍都督府에 속해 있는 관직으로, 正一品인 左·右都督, 從一品인 都督同知 다음에 위치한 正二品의 관직이다.

152) 宋晟(1342~1407): 字는 景陽으로 定遠 출신이다. 明나라의 西域을 개척한 제일의 名將이다. 10세 때부터 부친과 형을 따라 朱元璋에게 歸附하였다. 후에 부친의 직위를 세습하였고, 군공을 세워 都指揮同知가 되어 江西, 大同, 陝西 등지를 鎭守하였다. 洪武 17년(1384)에 반란을 일으킨 西番의 추장을 토벌하였다. 얼마 후에 右 軍都督府都督僉事가 되어 涼州를 鎭守하였다. 홍무 25년(1392)에는 藍玉을 수행하여 罕東으로 出征하였다. 군공으로 中軍都督府都督僉事가 되었다. 홍무 29년(1396)에 征南右副將軍으로 배수되어 廣西의 苗寨를 공략하여 7,000여 명을 죽이거나 생포하였다. 永樂帝 즉위 후 조정에 들어와 後軍都督府左都督으로 승진하였다. 平羌將軍으로 배수되어 涼州로 돌아왔다. 永樂 6년(1408) 永樂帝는 宋晟이 建國과 靖難之役에 세운 공적을 감안하여 特恩으로 西寧侯의 작위를 내렸다. 그 후손들은 대대로 그 작위를 세습하였는데, 侯의 작위는 11代 14人에 계승되었다. 宋氏 家族은 宋晟부터 시작해서 明朝의 멸망에 이르기까지 著名한 世家의 하나가 되었다.

153) 參將: 명대 중엽 북변에 처음으로 설치한 武官으로, 定員은 없었고 總兵, 副總兵의 아래에 위치하여 군사를 통솔하고 군무를 처리했다. 그밖에 총병의 지휘 하에 軍糧, 布疋, 軍器, 火藥 등의 군수물자를 수송하는 일을 담당하는 경우도 있었다. 淸나라에 들어서도 正三品 綠營武官의 하나로서, 總兵 혹은 副總兵 아래 都司와 游擊의 위에 위치했다. 淸나라는 漢人들의 군대를 綠營으로 불렀는데, 各 省에 주둔시켰다. 지방의 최고위급 군사 장관은 總督으로 하나에서 두셋의 省을 통솔하였다. 1개 省의 최고 軍事長官은 提督 혹은 提督을 겸하는 巡撫였다. 省 아래에는 鎭을 설치하였는데, 鎭의 長官은 總兵이었다. 鎭 아래에는 協을 설치했는데 協의 長官은 副將이었다. 協의 아래에는 營을 설치했고 營의 長官으로는 營이 설치된 지역의 전략적 가치에 따라서 參將, 游擊, 都司, 守備를 두었다. 營의 아래에는 汛을 설치했는데 汛도 설치된 지역의 중요도에 따라서 그 長官은 각각 千總, 把總, 外委千總, 外委把總이 배치되었다.

하였다. 군대가 출발하자 홍무제는 제문(祭文)을 지어 사자(使者)를 보내 악 · 진 · 해 · 독(嶽 · 鎭 · 海 · 瀆)[155]을 제사지냈고,[156] 다시 예부상서 임형태(任亨泰)[157] · 감찰어사(監察御史) 엄진직(嚴震直)[158]을 안남(安南)[159]에 파견하여 용주 조종수를 토벌하는 연고를 효유하여 진일

---

154) 向武: 후에 詳述한다.

155) 嶽鎭海瀆: 秦漢시대부터 明淸시대에 이르기까지 중국의 名山大川에 대한 皇家의 제사 대상을 가리킨다. 물론 이 山川은 天下를 대표한다. 嶽은 五嶽, 鎭은 五鎭, 海는 四海, 瀆은 四瀆을 각각 생략한 것이다. 먼저 五嶽은 東嶽인 泰山(山東省 泰安市 소재), 南嶽인 衡山(湖南省 衡山縣 소재), 中嶽인 嵩山(河南省 登封市 소재), 西嶽인 華山(陝西省 華陰市 소재), 北嶽인 恒山(山西省 渾源縣 소재)을 가리킨다. 五鎭은 東鎭인 沂山(山東省 臨朐縣 소재), 南鎭인 會稽山(浙江省 紹興市 소재), 中鎭인 霍山(山西省 霍州市 소재), 西鎭인 吳山(陝西省 寶鷄市 소재), 北鎭인 醫巫閭山(遼寧省 北寧市 소재)을 가리킨다. 四海는 東海, 南海, 西海, 北海를 가리키고, 四瀆은 長江, 黃河, 淮河, 濟水를 각각 가리킨다.

156) 『太祖實錄』 卷240 洪武 28년 8월 丁卯條 참조.

157) 任亨泰: 생졸년 미상. 明初의 大臣이다. 字는 古雍이고, 湖廣 襄陽(지금의 湖北 襄陽) 출신이다. 襄樊지역 출신으로 明代 유일의 壯元이자 중국에서 최초로 聖旨로 壯元坊으로 表彰한 장원이기도 하다. 부친은 杜氏였는데, 그는 外祖의 姓을 따랐다. 모친은 元代 烏古倫氏 公州로서 色目人이다. 妻는 몽골인이다. 그는 어렸을 때부터 총명했다. 洪武 21년(1388)에 장원으로 進士 급제하였는데, 洪武帝가 직접 그를 장원으로 뽑았다고 한다. 翰林修撰으로 임명되었다. 관직은 禮部尙書에까지 올랐다. 安南으로 出使하기도 하였는데, 吳伯宗의 뒤를 이어 두 번째 壯元 출신으로 安南에 파견된 것으로서 '吳任'으로 竝稱되었다. 洪武帝는 그의 學行을 높이 평가했으며, 항상 그를 '襄陽任'으로만 불러 이름은 부르지 않았다. 후에 蠻人을 奴婢로 부린 일로 인하여 御史로 강등되었다. 얼마 후에는 安南과의 境界 분쟁으로 말미암아 罷職되었다. 저서로는 『使交集』 등이 전한다.

158) 嚴震直(1344~1402): 初名은 子敏이고, 字가 震直이었는데, 永樂帝가 일찍이 그의 字로 불렀기에 드디어 字를 이름으로 삼았다. 號는 西塞山翁이다. 烏程(지금의 浙江 吳興 織里鎭 驥村) 출신이다. 明代의 名宦으로 관직은 工部尙書에까지 올랐다. 洪武 연간에 집안이 부유하여 糧長으로 뽑혀 매년 田糧 1만石을 가지고 경사에 이르렀는데, 한 번도 기간을 어기지 않아 洪武帝의 칭찬을 들었다. 홍무 23년(1390)에 通政司 參議로 특별 제수되었다. 후에 戶部郎中이 되었고, 다시 工部侍郎을 거쳐 26년(1393)에 尙書로 승진하였다. 28년(1395)에는 龍州를 토벌하기 위하여 尙書 任亨泰를 수행하여 함께 安南에 出使하여 曉諭하기도 하였다. 建文 연간(1399~1402)에 山東에서 督餉하다가 致仕하였다. 永樂 연간에 工部尙書로 복직되어 山西를 巡視하였다. 澤州(지금의 山西 晋城, 高平 등지)에 이르러 病死하였다.

159) 安南: 현재의 베트남 북부에서 중부에 이르는 지역에 베트남 인에 의해 세워진 국가를 가리키는데, 安南이란 용어는 唐代에 설치된 安南都護府에서 유래한다. 중국과의 관계는 기원전 3세기 말 漢 武帝가 南越을 정복하면서 시작되었다. 10세기 전반에 독립하면서 안남은 조공제도를 통해 중국의 침략을 방지하는 한편, 중국의 문물과 제도를 수용하였다. 明 太祖 朱元璋은 明나라 건립 후 안남에 사신을 보내 자신의 즉위 사실을 알렸고, 이에 안남이 조공사절을 파견하면서 두 나라의 관계가 시작되었다. 15세기 초에는 안남 역사에서 가장 오랫동안 지속된 레(黎) 왕조(1428~1788)가 출현하였다. 이 시대

혼(陳日焜, 1378~1399; 재위 1388~1398)[160]으로 하여금 신중하게 변경을 지키도록 하고, 반역의 무리를 돕지 말 것이며, 반군(叛軍)을 들이지 말라 하였다.[161] 사람을 보내 양문에게 유시를 내려 남녕위(南寧衛) 병사 1,000명을 동원해서 강음후(江陰侯) 오고(吳高)[162]가 그들을 통솔토록 하고, 유주위(柳州衛) 병사 1,000명을 동원해서 안륙후(安陸侯) 오걸(吳傑)[163]이 그들을 통솔토록 해서 모두 각자 공을 세워 스스로 속죄하도록 하였다.[164] 또 양문 등에게 조서를 내려, 만약 병사가 용주에 이르러서 조종수가 친히 와서 뵙기를 청하고, 상무가 이미 죽은 연유를 갖추어 진술한다면 곧 그의 죄를 용서해주도록 하였다. 만약 거짓으로 사람을 보내 내조한다면 곧 군대를 보내 토벌토록 하였다.[165] 얼마 후 당탁이 경사로 돌아와 조종수

에 안남은 儒教국가의 성격이 강화되었다. 다만 1527년에 莫登庸의 왕조 찬탈 사건 이후부터 18세기 말 레 왕조가 멸망하기까지의 2세기 반 동안 안남의 국내 정세는 분열과 혼란의 연속이었다(유인선, 2002: 182~246 참조).

160) 陳日焜: 또 다른 이름은 陳顒이다. 藝宗, 즉 진숙명의 막내아들로 洪武 21년(1388) 12월에 황제위에 올라 9년여 재위하다 22세로 죽었다. 胡季犛(黎季犛)의 장녀와 결혼하였으나, 후에 그에게 살해당하였다. 『大越史記全書』 卷8, 「陳紀」 참조.

161) 『太祖實錄』 卷240 洪武 28년 8월 戊辰條 참조.

162) 吳高: 明나라의 軍事將領으로 吳良의 아들이다. 일찍이 山西, 北平, 河南 등지에서 練兵했으며, 부대를 거느리고 百夷를 征討했다. 후에 죄를 입어 廣西로 이동배치 되었는데, 그곳에서 土司 趙宗壽를 征討하였다. 燕王 朱棣가 거병했을 때 吳高는 遼東을 鎭守하면서 楊文과 함께 여러 차례 永平으로 進攻하였다. 朱棣가, "吳高는 비록 膽은 작지만 일 처리가 세밀하고, 楊文은 용감하지만 智謀가 없다. 吳高를 제거하면 楊文은 힘을 쓸 수가 없을 것이다"라 말하고서는 이간책을 썼다. 결국 建文帝는 吳高의 작위를 강등시켜 廣西로 보내고, 楊文으로 하여금 홀로 遼東을 鎭守토록 하는 자멸책을 취하였다. 永樂 연간에 다시 吳高를 기용하여 大同을 鎭守토록 했다. 永樂 8년(1410) 永樂帝가 北征 후에 개선했을 때 吳高가 稱病하면서 朝會에 나오지 않았기 때문에 탄핵을 받아 平民으로 강등되었다. 洪熙 원년(1425)에 仁宗이 그의 이름을 보고는, 과거에 항상 자신에게 無禮했다는 이유로 海南으로 귀양을 보내려 했으나, 당시 吳高는 이미 죽은 뒤였다. 그 家人들이 결국 遷徙할 수밖에 없었지만, 후에 大赦를 만나 돌아왔다.

163) 吳傑: 黔國公 吳復의 아들로서 安徽 合肥 출신이다. 安陸侯를 계승하였다. 여러 차례 山西, 陝西, 河南, 北平으로 나아가 練兵하고 出征에 참가하였다. 洪武 28년(1395)에 죄를 지어 龍州 出征에 참여했는데, 공을 세워 贖罪하였다. 建文 연간에 군대를 거느리고 眞定을 구원하고 白溝河에서 싸웠으나 여의치 못하여 南寧衛 指揮使로 좌천되었다. 永樂 원년(1403)에 아들 璟이 직위의 승계를 청했고, 正統 연간에 再三 요청했지만, 모두 불허하였다. 한편 弘治 6년(1493) 璟의 손자 鐸이 승계를 요청했지만 역시 불허하였다. 18년(1505)에 자손의 千戶 세습을 비로소 認准하였다.

164) 『太祖實錄』 卷240 洪武 28년 8월 丙子條 참조.

165) 『太祖實錄』 卷240 洪武 28년 8월 己卯條 참조.

가 자신의 죄를 인정하고 내조한다는 사실을 아뢰고서 군대를 혁파하여 정벌하지 말 것을 청하였다. 양문에게 조서를 내려 군대를 봉의로 옮기도록 하고, 여전히 당탁에게 명하여 군중(軍中)에 이르러 군사(軍事)를 보좌하도록 하였다.166) 조종수는 기민(耆民)167) 농리(農里) 등 69명과 함께 내조하여 사죄(謝罪)하고 방물을 바쳤다.168)

宗壽死, 子景升襲. 景升死, 無嗣, 以叔仁政襲. 仁政再傳爲趙源, 源死無子. 思恩土官岑浚率兵攻田州回, 劫龍州, 奪其印, 納故知府源妻岑氏. 詔下鎭巡官剿賊, 而議立爲源後者. 以源庶兄浦有二子, 相居長當立. 相弟楷不能無望, 則謀於岑氏, 以僕韋隊子璋詭云遺腹. 岑氏恃兄子猛方兵雄, 楷遂奏言, 璋實源子, 當立, 爲相所簒. 事下督府勘, 未決. 璋賂鎭守太監傅倫舍人, 詭稱有詔, 檄猛調二萬兵, 納璋入龍州. 左江大震, 相挈印奔況村. 都御史楊旦討璋, 猛殺之, 相乃歸. 相二子, 長燧, 次寶. 相枝拇, 寶亦枝拇, 相絶愛之, 曰:「肖我當立.」猛乃以寶去, 髡爲奴.

조종수가 죽고 아들 조경승(趙景升)이 계승하였다. 조경승이 죽고 후사가 없어 숙부 조인정(趙仁政)이 계승하였다. 조인정이 다시 조원(趙源)에게 [관직을] 전하였는데, 조원 사후에 자식이 없었다. 사은(思恩)의 토관 잠준(岑浚)이 병사를 거느리고 전주(田州)를 공격한 뒤 돌아와 용주를 약탈하고 그 관인을 탈취하였으며, 죽은 지부(知府) 조원의 처 잠씨(岑氏)를 [아내로] 맞아들였다. [이에] 조서를 진순관(鎭巡官)에게 내려 구적(寇賊)을 토벌토록 하고, 상의해서 조원의 후사를 세우도록 하였다. 조원의 서형(庶兄) 조포(趙浦)에게 두 아들이 있었는데, 조상(趙相)이 장자로서 [후사로] 결정됨이 마땅하였다. 조상의 아우 조해(趙楷)가 [후사가 되기를] 바라는 마음이 없을 수 없었는데, 곧 잠씨에게 모의하여 복인(僕人) 위대(韋隊)의 아들 위장(韋璋)을 거짓으로 유복자(遺腹子)라 칭하였다. 잠씨는 오빠의 아들 잠맹(岑猛)이 바야흐로 병력이 강성함을 믿었으며, 조해가 드디어 상주하여 위장이 실로 조원의 아들이어서 마땅히 후사가 되어야 하는데 조상에게 찬탈 당했다고 아뢰었다. 이 일을 독부(督府)에게

166)『太祖實錄』卷240 洪武 28년 8월 辛卯條 참조.

167) 耆民: 나이가 많고 덕망이 높은 사람을 가리킨다.

168)『太祖實錄』卷241 洪武 28년 9월 丙申條 참조.

내려 조사토록 했으나 결정되지 못하였다. 위장이 진수태감(鎭守太監)[169] 부륜(傅倫)의 사인(舍人)에게 뇌물을 주어 거짓으로 조서(詔書)가 있다고 말하고, 잠맹에게 2만의 병사를 동원하여 위장에게 보내 용주로 들어오도록 하였다. 좌강(左江)[170]이 크게 진동하니 조상이 관인(官印)을 가지고 황촌(況村)으로 달려갔다. 도어사(都御史)[171] 양단(楊旦)[172]이 위장을 토벌하니, 잠맹이 그를 죽였고 조상이 이에 돌아왔다. 조상에게 두 아들이 있었는데, 장자가 조수(趙燧), 차자가 조보(趙寶)였다. 조상은 엄지손가락에 또 하나의 손가락이 자라났는데, 조보 역시 엄지손가락에 또 하나의 손가락이 자라나자 조상이 특별히 그를 사랑하여 말하기를, "나를 닮았으니 후사가 됨이 마땅하다"고 하였다. 잠맹이 이에 조보를 데리고 떠나 두발을 깎아 노복으로 삼았다.

169) 鎭守太監: 鎭守는 한 지방을 總鎭하는 자라는 뜻으로 明代 武官職의 하나였는데, 洪熙 元年(1425)에 환관인 王安이 감숙성의 鎭守가 되었는데 이것은 최초로 환관이 鎭守에 임명된 사례이다. 이후 正統 연간(1436~1449)에는 각 省의 여러 鎭에 환관이 두루 임명되었다. 鎭守太監 혹은 鎭守宦官이라는 명칭은 이로부터 나타났다. 그러나 이는 嘉靖 8년(1529)에 革罷되었다. 이에 대해서는『明史』卷73「職官」3 宦官條 참조.

170) 左江: 珠江의 支流로서 廣西 壯族 自治區 西南部에 위치한 郁江의 上流 지역이다. 左江의 상류는 南·北盤江이다. 貴州 慕役長官司에서 합류하여 泗城州 경계로 흘러들어오는데, 다시 동남 방향으로 田州 지역으로 들어간다.

171) 都御史: 明代 감찰기구인 都察院의 長官을 말한다. 洪武 15년(1382)에 明나라는 감찰기구를 정비하면서 도찰원을 설치했다. 都御史는 正二品이었으며, 副都御史는 正三品이었다. 그들은 감찰, 큰 사건에 대한 심리, 관리의 근무 평가 등을 담당했다. 명 초 도어사는 모두 도찰원에만 머물러 있었지만 永樂~宣德 연간에 總督과 巡撫가 설치된 이후로 督撫들이 都御史를 담당하게 되었다. 한편 南京에도 도찰원을 두어 좌·우도어사를 설치했으며, 淸代에 이르러서는 從一品인 左都御史가 도찰원 長官을, 正二品인 左副都御史가 副長官을 맡았다.

172) 楊旦: 字는 晋叔이다. 楊榮의 曾孫이고, 楊曄의 從弟이다. 建安 출신이다. 弘治 연간에 進士로 급제했다. 관직은 太常卿에까지 올랐다. 劉瑾에게 미움을 받아 溫州知府로 좌천되었는데, 후에 浙江提學副使가 되었다. 劉瑾이 사망하자 승진을 거듭하여 戶部侍郎으로 발탁되었다. 京倉과 通州倉을 감독하고, 甘肅에서 軍餉 조달을 담당하였다. 경사로 돌아와서는 右都御史로 兩廣總督을 맡아 瑤族의 반란을 평정하였다. 嘉靖 초년에 南京吏部尙書가 되었다. 張璁과 桂萼이 파격적인 승진을 하자 楊旦이 九卿을 대표하여 불가함을 極言하였다. 마침 吏部尙書 喬宇가 罷職되자 楊旦이 후임이 되었지만, 給事中 陳洸에게 탄핵을 받아 致仕하지 않을 수 없었다. 70을 넘겨 세상을 떠났다.

嘉靖元年, 相死, 州人立燧. 楷弑之, 州人立其族弟暖. 時王守仁提督兩廣, 幕客岑伯高用事, 楷賂伯高, 言暖非趙氏裔, 當立者楷也. 遣上思州知州黃熊兆核之. 熊兆黨伯高, 言楷當立, 以州印畀楷. 楷遂殺暖, 龍州大亂. 州目黃安等潛往田州購寶. 寶時爲奴楊布家十三年矣, 安等行百金購得之. 言之督府, 都御史林富謂楷勢已張, 毋持之急, 乃令楷攝職, 俟寶長讓之. 楷復時時謀殺寶. 富諭楷, 令以印還寶, 寶謝以五千金, 益以腴田三十一村. 楷計寶弱易與, 不如邀厚利而徐圖之, 遂聽命. 楷復求韋璋之子應育之, 令往來寶所. 寶妻黃氏, 思明府土官黃朝女也, 貳於寶而與應通. 應乃厚結州目, 又數遣人與向武州締好, 乞兵爲衛. 寶日荒悍, 刑狡男子王良爲閹. 楷知良恨寶, 激使內應, 良許之. 楷以千人夜至寶寢門呼良, 良開門納楷兵, 執寶寢所, 斬之, 以他盜聞. 應以兵千人據州, 幷結朝自援.

가정 원년(1522)에 조상이 죽자, 그 주(州)의 사람들이 조수를 후사로 세웠다. 조해가 그를 시해하자 주의 사람들이 그의 족제(族弟) 조난(趙暖)을 후사로 세웠다. 당시 왕수인(王守仁)[173]이 양광(兩廣)을 제독(提督)하고 있었는데, 막객(幕客)[174] 잠백고(岑伯高)가 전횡하여,

173) 王守仁(1472~1529): 浙江省 紹興府 餘姚 출신으로, 字는 伯安이고, 號는 陽明이다. 明代에 저명한 思想家, 政治家, 文學家 및 軍事家였다. 28세에 進士로 급제하였으며, 관직은 南京兵部尚書·南京都察院左都御史에 이르렀다. 宸濠의 반란을 평정한 공로로 新建伯에 책봉되었고, 隆慶 연간(1567~1572)에는 侯爵을 받았다. 그는 宋明心學의 集大成者일 뿐 아니라 一生의 事功도 탁월한 성취를 이루어내었다. 특히 사상 방면에서 朱子學의 권위에 의문을 던지고, 良知心學을 수립하여 강력하게 주자학을 비판했다. 또 주자학의 知行分割論에 대해서도 현재에 실존하는 나(=마음)의 양태를 知와 行으로 구분하는 것이 무의미하다고 주장한 '知行合一說'을 제창했다. 정치 방면에서 그의 역정은 순탄치만은 않았다. 刑部主事, 兵部主事를 역임하다가 당시 전횡을 일삼던 환관 劉瑾에게 미움을 받아 貴州의 龍場驛丞으로 좌천되었다. 얼마 후에 劉瑾이 사망하자 관직에 복직되어 승진을 거듭한 끝에 正德 11년(1516)에는 右僉都御史로 南贛巡撫가 되어 寧王 宸濠의 반란을 진압하였다. 隆慶 연간에 兵部尚書가 되었고, 후에는 兩廣總督이 되었다. 군사 방면으로도 그의 재능은 탁월해서 '大明軍神'으로까지 불렸다. 특히 宸濠의 반란을 진압할 때 鄱陽湖의 決戰에서 '赤壁之戰'을 원용하여 叛軍을 격파하고, 宸濠의 父子 등을 생포하였다. 文學 방면으로도 뛰어나 그의 작품 다수가 『古文觀止』에 수록되어 있다. 書法 방면에도 一家를 이루었는데, 특히 行草에 뛰어났다.

174) 幕客: 대개는 文武 官署 내의 보좌인원에 대한 汎稱으로서 幕僚·幕職이라고도 하는데, 여기서는 幕府에서 統帥를 보좌하는 속관 정도의 의미로 보인다.

조해가 잠백고에게 뇌물을 주면서 조난은 조씨의 후예가 아니므로 마땅히 후사가 될 자는 조해라고 말하였다. [이에] 상사주(上思州)[175] 지주(知州) 황웅조(黃熊兆)를 보내어 이를 조사하도록 하였다. 황웅조는 잠백고와 한 패거리가 되어 조해가 마땅히 후사가 되어야 한다고 말하고 주인(州印)을 조해에게 주었다. 조해가 드디어 조난을 죽이니 용주가 크게 혼란에 빠졌다. 주의 두목 황안(黃安) 등이 몰래 전주(田州)로 가서 조보를 사가지고 돌아왔다. 조보는 당시 양포(楊布)의 집에서 노복이 된 지 13년이 되었는데, 황안 등이 가서 100냥의 백은(白銀)으로 그를 샀던 것이다. 이 일을 독부(督府)에게 말하자, 도어사 임부(林富)[176]가 조해의 세력이 이미 장대(壯大)하므로 일을 조급하게 해서는 안 된다고 말하니, 이에 조해로 하여금 직무를 대리하고 조보가 자란 후를 기다려 양위케 하였다. 조해가 다시 때때로 조보를 살해할 것을 꾀하였다. 임부가 조해에게 경계하여 말하여 그로 하여금 관인을 조보에게 반환토록 하니, 조보가 [조해에게] 5,000냥의 백은으로 사례하고 31개 촌의 비옥한 땅을 더하여 주었다. 조해는 조보가 나약하여 쉽게 응수할 수 있을 것을 헤아리고서는, 두터운 이익을 맞이[하여 차지]한 뒤 서서히 도모하는 것이 낫겠다하여 드디어 명을 따랐던 것이다. 조해가 다시 위장의 아들 위응(韋應)에게 부양토록 해서 위응으로 하여금 조보의 처소를 왕래토록 하였다. 조보의 처 황씨(黃氏)는 사명부(思明府)[177] 토관 황조(黃朝)의 딸인데, 조보에게 [배반의] 딴 마음을

175) 上思州: 元나라 때는 思明路에 속하였으나, 洪武 초에 州를 폐하였다. 이후 洪武 21년(1388)에 다시 설치하여 思明府에 속하게 하였다(이 내용은 『鄭開陽雜著』卷6, 「安南圖說」 참조). 현재의 廣西省 上思縣이다.

176) 林富: 字는 省吾로서 成化 11년(1475) 福建 莆田의 名門望族 '九牧林' 집안에서 태어났다. 九牧林이란 唐代 天寶 연간에 그의 조상 가운데 한 어머니에게서 태어난 9명의 아들이 전부 학문이 뛰어나고 관직은 刺史에 이르렀기 때문에 붙여진 것이었다. 正德 연간 劉瑾이 전횡을 일삼았지만, 林富는 두려움 없이 上疏하고 進言하여 劉瑾의 미움을 받아 罷職되었다. 유근 사후 복직되었다. 寧波知府로서 많은 政績을 쌓았다. 嘉靖 원년(1522)에는 廣西參政이 되었고, 이듬해(1523)에는 廣東右布政使로 승진하였다. 海防 건설에도 공을 세워 후에 倭寇 방어에 큰 공헌을 하였다. 얼마 후에 廣西로 돌아와 소수민족의 반란을 진압하고 改土歸流를 추진하였다. 廣西를 떠나 四川에서 左布政使가 되었고, 연이어 都察院右副都御史로 승진하였다. 얼마 후에는 兵部右侍郎 겸 右僉都御史로 總督의 職을 代理하여 廣州와 會寧 등지의 반란을 평정하였다. 莆田으로 歸鄕하여 山東에 조그마한 정자를 지어 여생을 마쳤는데, 향년 66세였다.

177) 思明府: 元나라 때의 思明路이다. 洪武 2년(1369) 7월에 府로 되었고, 廣西等處行中書省에 직속되었다. 洪武 9년(1376)에 廣西布政司에 예속되었으며, 州 3곳을 관할하였다. 현재의 廣西 寧明縣 東明江鎭이다. 『讀史方輿紀要』 卷111 「廣西6」 참조.

품어 위응과 사통하였다. 위응은 이에 주의 두목과 두터이 결탁하였고, 다시 자주 사람을 보내 향무주(向武州)와 우호관계를 맺고 병사를 청하여 방위하였다. 조보는 나날이 사나워져 아름다운 용모의 남자 왕량(王良)에게 궁형(宮刑)을 가하여 문지기로 삼았다. 조해는 왕량이 조보에게 원한을 품고 있음을 알고서 [그를] 격분시켜 내응(內應)토록 하니, 왕량이 이를 허락하였다. 조해가 1,000명을 데리고 밤에 조보의 침실 문 앞에 이르러 왕량을 부르니, 왕량은 문을 열어 조해의 병사를 맞아들여 조보를 침소에서 붙잡아 그를 죽이고는 다른 도적이 행한 것으로 보고하였다. 위응은 병사 1,000명을 거느리고 용주를 점거하였으며, 아울러 황조와 결탁하여 자구책을 강구하였다.

都御史蔡經屬副使翁萬達謀之. 萬達謂楷狙詐, 未可速圖. 韋應巽懦寡慮, 可旦夕擒, 斷其中堅, 然後可次第獲, 督撫善之. 萬達行部至太平, 使人以他事召朝, 諭之計, 論應當死, 言楷才勇, 正須藉爲龍州當一面耳. 時諸言楷事者, 故不爲理, 州人大嘩. 萬達愈厚楷, 楷信之, 遂統精兵千人詣萬達言狀, 幷以三十一村地獻. 萬達召楷及州目鄧瑀等入見, 伏壯士劫之, 曰: 「汝罪大, 宜自爲計. 誠死, 尚可爲爾子留一官.」 楷自分無生理, 乃手書諭其黨曰: 「業已如此, 亂無益也, 可善輔我子以存趙.」 萬達卽杖楷, 斃之, 以楷書諭其州人. 時楷子匡時, 生四年矣, 立之, 一州悉定. 乃以十三村還龍州, 十八村隷崇善縣, 於是龍州趙氏仍得襲.

도어사 채경(蔡經)[178]이 부사(副使) 옹만달(翁萬達)[179]에게 위임하여 일을 획책하도록 하

178) 蔡經: 生卒年 未詳. 『世宗實錄』 卷211, 嘉靖 17년 4월 丁巳條에 보면, 당시 그의 관직은 '提督兩廣軍務兵部侍郎'이고, 이름이 蔡經으로 표기되어 있는데, 『明史』 卷205, 「張經傳」에는 '初冒蔡姓, 久之乃復'이라 되어 있다. 따라서 채경과 장경은 동일 인물임을 알 수 있다. 그의 字는 廷彝로, 福建 福州府 侯官縣 사람이다. 正德 12년(1517)의 進士로 嘉興知縣에 제수되었고, 嘉靖 연간(1522~1566)에 兵部左侍郎을 역임하였다. 毛伯溫과 함께 계획을 입안하여 安南을 위무하고 평정하여 右都御史에 오르고, 思恩九土司 및 瓊州黎를 토벌하여 兵部尙書로 승진하였다. 嘉靖 말에는 南京戶部尙書로 동남 지방에 발생한 倭寇의 禍를 진압하는 데 공을 세웠으나 嚴嵩의 무고로 巡撫 李天寵과 함께 斬刑을 당하였다.

179) 翁萬達(1498~1552): 字는 仁夫, 號는 東涯로 揭陽 사람이다. 嘉靖 5년(1526)에 進士가 되어 戶部 廣西淸吏司 主事로 관직을 시작하여, 兵部尙書, 宣大總督 등을 역임했다. 嘉靖 12년(1533)에 廣西 梧州府 知府 재직시절에 "治行第一"이라는 명성이 높았다. 嘉靖 18년(1539)에 安南王 莫登庸이 반란을 일으켰

였다. 옹만달이 아뢰기를, 조해는 교활하여 아직 급히 도모할 수 없고, 위응은 나약하고 사려가 부족하여 아침 저녁으로 사로잡을 수 있으니, 그의 중견(中堅)[180]을 끊은 연후에 순서에 따라 포획할 수 있을 것이라고 하니, 독무(督撫)가 옳다고 하였다. 옹만달이 관할 구역을 순행(巡行)하여 태평(太平)에 이르러서 사람을 시켜 다른 일로 황조를 불러 그에게 계책을 말하기를, 위응은 사형을 당할 것이고, 조해는 재간이 있고 용맹하여 바로 모름지기 그에게 의지하여 용주에서 일방의 중임을 감당할 수 있을 것이라고 말했다. 당시 각각 조해의 일을 말하는 자들을 [옹만달이] 고의로 주목하지 않자, 주(州)의 사람들이 큰 소리로 떠들며 의논이 분분하였다. 옹만달이 더욱 조해를 두터이 대하자 조해가 그를 믿어 드디어 정예병 1,000명을 통솔하여 옹만달의 거처에 이르러서 상황을 설명하고, 아울러 31개 촌의 땅을 바쳤다. 옹만달이 조해 및 주의 두목 등우(鄧瑀) 등을 불러 안으로 들여 접견하였는데, 매복한 장사(壯士)가 그를 위협하여 말하기를, "너의 죄가 크니 마땅히 스스로 고려해야 할 것이다. 만약 죽는다면 그래도 너의 아들에게 하나의 관직을 남길 수 있을 것이다"라 하였다. 조해는 스스로 헤아려보니 생환할 가능성이 없어 이에 친필로 자기의 패거리에게 일러 말하기를, "이미 이러한 지경에 이르렀으니 반란을 일으켜도 이익이 없다. 내 아들을 잘 보좌하여 조씨(趙氏)를 보존하는 것이 좋겠다"고 하였다. 옹만달이 곧 조해에게 장형을 가하여 그를 때려 죽이고, 조해의 서신으로 그 주(州)의 사람들에게 효유하였다. 당시 조해의 아들 조광시(趙匡時)는 4살이었는데, 그를 후사로 세우니 온 주(州)가 모두 안정되었다. 곧 13개 촌을 용주에 돌려주고, 18개 촌은 숭선현(崇善縣)에 예속시키니, 이에 용주의 조씨는 예전대로 계승할 수 있었다.

을 때, 廣西 按察副使로 안남을 평정하여 參政으로 진급하고, 다시 四川 按察使로 발탁되었다. 嘉靖 23년(1544)에 陝西 布政使, 이듬해(1545)에는 陝西 巡撫가 되었다가, 兵部 右侍郎이 되어 宣府, 大同, 山西, 保定 등의 軍務를 總督하였다. 嘉靖 28년(1548)에 부친상을 당했으나 北邊의 상황이 위급하여 조정에서는 그를 다시 임용하고자 했으나 嚴嵩의 반대로 重用되지 못하고 결국 관직에서 쫓겨나 民이 되었다. 嘉靖 31년(1552)에 嘉靖帝가 그를 兵部尙書에 복직시키고자 하였으나 귀향 도중 사망하였다. 사후 15년인 隆慶 원년(1567)에 太子少保에 追贈되었고, 謚號는 襄毅이다.

180) 中堅: 원래는 군대에서 가장 강하고 精銳에 해당하는 병사들을 가리키는데, 여기서는 배후의 후견인 정도의 의미이다.

歸順
귀순

歸順州, 舊爲峒, 隷鎭安府. 永樂間, 鎭安知府岑志綱分其第二子岑永綱領峒事, 傳子瑛, 屢率兵報效. 弘治九年, 總督鄧廷瓚言:「鎭安府之歸順峒, 舊爲州治, 洪武初裁革. 今其峒主岑瑛每效勞於官, 乞設州治, 授以土官知州. 凡出兵令備土兵五千, 仍歲領土兵二千赴梧州聽調.」詔從之, 增設流官吏目一員. 瑛死, 子璋襲. 復從璋奏, 以本州改隷布政司.

귀순주(歸順州)181)는 과거에는 동(峒)182)이었고, 진안부(鎭安府)에 예속되었다. 영락 연간(1403~1424)에 진안 지부(知府) 잠지강(岑志綱)이 그 둘째 아들 잠영강(岑永綱)에게 나누어 주어 동(峒)의 사무를 처리하도록 하였고, 그 아들 잠영(岑瑛)에게 전위(傳位)하니, [잠영은] 누차 병사를 이끌고 나라를 위해 힘을 다하였다. 홍치 9년(1496)에 총독 등정찬(鄧廷瓚)이 아뢰기를, "진안부의 귀순동은 일찍이 주치(州治)였는데, 홍무 초년에 혁파되었습니다. 지금 그 동의 군주 잠영이 매번 관부에 수고로움을 다하고 있으니, 청컨대 주치(州治)를 설치하여

181) 歸順州: 지금의 廣西 靖西縣 新靖鎭 舊州村에 위치한다. 唐 元和 초년에 歸淳州를 歸順州로 이름을 바꾸고 邕州都督府에 귀속시켰다. 唐末에 폐지하였다. 元代 至正 23년(1363)에 다시 설치하여 鎭安路에 예속시켰다. 明初에 폐지했다가 弘治 9년(1496)에 다시 설치하여 鎭安府에 예속시켰다. 嘉靖 4년(1525)에 思恩府에 귀속시켰다. 淸代 雍正 7년(1729)에 改土歸流를 실시하였는데, 思恩과의 거리가 멀다는 이유로 다시 鎭安府에 예속시켰다. 光緖 12년(1886)에 歸順州를 歸順直隷州로 승격시켜 太平思順道에 귀속시켰다. 民國 원년(1912) 6월에 歸順州를 폐지하고 歸順府를 설치하였다. 이듬해(1913) 6월에 歸順府를 폐지하고 靖西縣을 설치하였다. 『讀史方輿紀要』卷111「廣西6」참조.

182) 峒: 洞으로도 표기되는데, 대체로 소수민족이 사는 마을을 지칭하는 단어는 '峒(洞)'과 '寨'라는 명칭이 가장 보편적이다. 그러나 사료의 설명으로 미뤄 '峒(洞)'이란 단어는 漢族이 자신의 전통적인 행정단위를 기준으로 불렀던 명칭이며, '寨'는 소수민족 지역의 전형적인 가옥 형태와 그 구성이 지닌 특성을 살려 부른 명칭으로 판단된다. 즉, 同治『來鳳縣志』卷27「土司志」에 등장하는, "宋參唐制析其種落, 大者爲州, 小者爲縣, 又小者爲峒, 其酋皆世襲"이란 말은 전자의 경우이고, 嚴如熤이 生苗의 풍습을 설명하면서 "寨中有父子兄弟數人數十人, 强梁健鬪或能見官府講客話者, 則寨中畏之, 共推爲寨長...又各自爲黨, 故一寨一長, 或一寨數長, 皆以盛衰强弱, 遞變更易, 不能如他部之有酋長, 世受統轄也"라는 언급은 후자의 경우라 할 수 있다. 嚴如熤,『苗防備覽』卷8「風俗」上 참조.

토관의 지주(知州)로 제수하시기 바랍니다. 무릇 출병(出兵) 시에 그로 하여금 토병 5,000명을 갖추도록 하고, 여전히 해마다 토병 2,000명을 거느리고 오주(梧州)[183]에 가서 동원 명령을 기다리도록 하시기 바랍니다"라 하니, [홍치제는] 조서를 내려 이를 받아들이고, 유관(流官)의 이목(吏目) 1명을 증설하였다.[184] 잠영이 죽자 아들 잠장(岑璋)이 계승하였다. 다시 잠장의 상주를 받아들여 본주(本州)를 포정사에 바꾸어 예속시켰다.

璋多智略. 田州岑猛以不法獲譴, 都御史姚鏌將擧兵討之. 璋, 猛婦翁也. 鏌慮璋黨猛, 召都指揮沈希儀謀. 希儀雅知璋女失寵, 恨猛, 又知部下千戶趙臣雅善璋. 希儀因使趙臣語璋圖猛, 璋受命. 時猛子邦彥守工堯隘, 璋詐遣兵千人助邦彥, 言:「天兵至, 以姻黨故, 且與爾同禍. 今發精兵來, 幸努力堅守.」邦彥欣納之. 璋遣人報希儀曰:「謹以千人內應矣.」時田州兵殊死拒戰, 諸將莫利當隘者, 希儀獨引兵當之. 約戰三合, 歸順兵大呼曰:「敗矣!」田州兵驚潰, 希儀麾兵乘之, 斬首數千級, 邦彥死焉. 猛聞敗, 欲自經. 而璋先已築別館, 使人請猛. 時猛倉皇不知所出, 遂挈印從璋, 使走歸順. 璋詭爲猛草奏, 促猛出印實封之. 璋旣知猛印所在, 乃鴆殺猛, 斬其首, 幷府印函之, 間道馳軍門. 爲讒言所阻, 竟不論功.

잠장은 지략이 많았다. 전주(田州)의 잠맹(岑猛)이 법을 어겨 견책을 당했는데, 도어사 요막(姚鏌)[185]이 장차 군대를 일으켜 그를 토벌하려 하였다. 잠장은 잠맹의 장인이었다. 요막은

183) 梧州: 漢나라에서는 蒼梧郡, 唐나라에서는 梧州, 宋나라에서는 醒州蒼梧郡이라 불렀고, 元나라에서는 梧州路라 하였다. 明나라에서는 梧州府라 하였고, 淸에서는 그것을 계승하였는데, 廣西에 예속시켰다.

184) 『孝宗實錄』 卷116 弘治 9년 8월 壬寅條 참조.

185) 姚鏌(1465~1539): 字는 英之이다. 浙江 慈溪 출신이다. 明代의 名臣이자 저명한 軍事家였다. 弘治 6년(1493)에 進士로 급제하였다. 禮部主事를 거쳐 員外郎으로 승진하였다. 후에는 廣西提學僉事로 발탁되었다. 姚鏌은 宣成書院을 창설하여 五經의 전문가를 초빙하여 士子들을 가르쳤다. 후에 福建副使로 임명되었다가 얼마 뒤에는 學政으로 바뀌었다. 正德 9년(1514)에는 貴州按察使로 발탁되었다. 정덕 15년(1520)에는 右副都御史로 배수되어 延綏巡撫가 되었다. 嘉靖 원년(1522) 吉囊이 涇陽을 침입하자 半夜에 군대를 거느리고 가서 습격하여 두 명의 敵將을 베었다. 이후 工部右侍郎으로 승진하였다. 가정 4년(1525)에는 右都御史가 되어 兩廣軍務提督 겸 巡撫가 되었다. 田州 土官 岑猛이 반란을 일으키자 姚鏌은 永順과 保靖의 兵馬를 동원하고, 沈希儀 등으로 하여금 병사 8만 명을 지휘하여 길을 나누어

잠장이 잠맹과 한 패거리가 될 것을 염려하여 도지휘(都指揮) 심희의(沈希儀[186])를 불러 상의하였다. 심희의는 전부터 잠장의 딸이 총애를 잃어 [잠장이] 잠맹에게 원한을 품고 있음을 알았고, 또 부하 천호(千戶)[187] 조신(趙臣)이 줄곧 잠장과 좋은 관계임을 알았다. 심희의는 이를 이용하여 조신으로 하여금 잠장에게 잠맹을 도모할 것을 말하니, 잠장이 명을 받아들였다. 당시 잠맹의 아들 잠방언(岑邦彥)이 공요애(工堯隘)를 지키고 있었는데, 잠장이 거짓으로 병사 1,000명을 보내어 잠방언을 돕도록 하고 말하기를, "천병(天兵)이 온 것은 인당(姻黨)[188]의 연고 때문이니 장차 너와 화(禍)를 같이 할 것이다. 지금 정예병을 내어 [이곳으로] 왔으니, 힘을 다하여 굳게 지키고자 한다"고 하였다. 잠방언은 흔쾌히 이를 받아들였다. 잠장이 사람을 보내 심희의에게 보고하여 말하기를, "삼가 1,000명으로 내응하겠습니다"라고 하였다. 당시 전주(田州)의 병사가 죽음을 무릅쓰고 저항하여 싸우니, 여러 장수 가운데 관애(關隘)를 지키는 자들[과 교전하는 것]을 이롭다고 여기는 자가 없었는데, 심희의만이 홀로 병사를 데리고 가서 교전하였다. 대략 세 번 싸우니 귀순의 병사가 큰 소리로 "졌습니다"라 말하였다. 전주의 병사가 놀라 궤멸되니 심희의가 병사들을 지휘하여 기세를 타고서 추격해 수천 급을 참수하였는데, 잠방언이 [이 싸움에서] 사망하였다. 잠맹이 패전의 소식을 듣고는 스스로 목을 매[어

토벌토록 하였다. 沈希儀의 계략을 채용하여 岑猛을 대파하였다. 조정에서는 姚鏌을 左都御史로 승진시키고 太子少保를 더해 주었다. 姚鏌은 流官 설치를 청하면서 '善後七事'를 올렸는데, 모두 채택되었다. 이후 張璁 등과의 不和로 사직하고 귀향하였다. 嘉靖 13년(1534) 三邊軍務總制로 임명받았다. 大學士 費宏이 姚鏌을 추천하여 결국 兵部尚書 자격으로 三邊軍務를 總制토록 명을 받았으나, 費宏이 사망하자 姚鏌은 다시 사직하였다. 이에 대해 嘉靖帝는 불쾌하게 여겨 결국 姚鏌은 낙향하고 말았고, 끝내 다시는 기용되지 못했는데, 몇 년 후에 사망했다.

186) 沈希儀(1494~1554): 明代의 將領이다. 字는 唐佐, 號는 紫江이다. 貴縣(지금의 貴港) 출신이다. 正德 3년(1508) 부친의 직위를 계승하여 奉議衛 指揮使가 되었고, 정덕 12년(1517)에 廣西都指揮僉事로 승진하였다. 3년 후에 荔浦 등지의 농민반란을 진압하고, 都指揮同知로 승진하였다. 嘉靖 5년(1526) 계략을 써서 田州府 土官 岑猛의 반란을 평정하였다. 이듬해(1527) 思恩參將이 되었다. 후에 柳慶參將이 되어 柳州를 駐守하면서 泉州, 武宣 등지의 瑤族 반란을 진압하였다. 嘉靖 16년(1537)에는 思恩府 土官 岑金의 반란을 평정하고, 또 總督 張經을 따라 大藤峽 등의 반란 근거지를 공략하였다. 후에는 四川左參將, 都督僉事, 都督同知 등의 관직을 역임하였다. 앞뒤로 貴州, 兩廣, 江淮 등지를 鎭守하고, 海南 五指山 黎族과 貴州 銅仁 苗族의 반란을 진압하였다. 嘉靖 32년(1553)에는 군대를 거느리고 倭寇의 침공을 막으려 했으나, 아무런 전공을 세우지 못하여 탄핵을 받고 귀향하였다. 이듬해(1554)에 病死하였다.

187) 千戶: 明代 각 지역에 주둔하는 衛所制下 世襲職의 하나인 千戶所의 長으로서 軍戶 1,120명을 거느린다.

188) 姻黨: 姻族 즉 姻親이라는 의미이다.

자살하]려 하였다. 그런데 잠장은 앞서 이미 별관(別館)을 만들어 놓고서, 사람을 시켜 잠맹을 청하였다. 당시 잠맹은 총망하고 급박하여 도망갈 곳을 알지 못했는데, 드디어 관인을 가지고 잠장을 따라가니, [잠장은] 그로 하여금 귀순으로 가도록 하였다. 잠장은 거짓으로 잠맹을 위해 상주문의 초안을 작성하고는, 잠맹에게 관인을 꺼내어 봉함할 것을 독촉하였다. 잠장은 잠맹의 관인이 어디에 있는 지를 파악한 뒤에 곧 독주(毒酒)로 잠맹을 죽이고, 그 머리를 잘라 부인(府印)과 함께 포장하여 지름길로 빨리 군문(軍門)에 보냈다. [그러나] 참언 때문에 방해를 받아 끝내 공로를 인정받지 못했다.

璋死, 次子瓛襲. 嘉靖四年, 提督盛應期以瓛先助猛逆攻泗城, 許自新, 出兵討賊自贖. 從之. 十四年, 田州盧蘇叛, 糾瓛攻鎭安府. 瓛破鎭安, 幷發岑眞寶父母墳墓. 事聞, 革冠帶, 許立功贖. 瓛後從征交阯, 卒於軍. 子代襲, 萬曆間以貢馬違限, 給半賞.

잠장이 죽은 뒤 차자(次子) 잠헌(岑瓛)이 계승하였다. 가정 4년(1525)에, 제독 성응기(盛應期)[189]가 잠헌이 이전에 반역을 꾀한 잠맹을 도와 사성(泗城)을 공격했기 때문에 [잠헌] 스스

189) 盛應期(1474~1535): 字는 思征이고, 號는 値庵이며, 南直隷 蘇州府 吳江縣(지금은 江蘇省 소속) 사람으로, 盛寅의 四代孫이다. 弘治 6년(1493)에 進士에 급제하여 都水主事에 제수되어 山東省 濟寧의 운하 갑문을 관리하는 직책을 담당하였다. 이때 太監 李廣의 家人이 私鹽을 밀거래하러 濟寧에 이르렀다가 盛應期를 두려워하여 소금을 물에 빠뜨리고 갔다. 이 일로 환관들과의 사이가 틀어져 工部侍郎으로 승진하였으나 宦官들의 모함으로 투옥되었다가 雲南의 驛丞으로 유배당했다. 이후 곧 祿豊知縣으로 옮겼다가 正德 초년에 雲南僉事가 되었다. 雲南 武定의 土知府 鳳應이 사망하자 그의 처가 知府의 일을 장악하였는데, 아들 朝鳴이 주위를 노략질하였다. 이에 盛應期가 홀로 그 地境에 들어갔는데, 母子가 그를 두려워하여 노략질을 멈추고 돌아갔다. 그는 鳳氏의 변란을 종식시키기 위해서는 이들의 品秩을 낮추고 流官을 설치해야 한다고 조정에 상주하였으나 받아들여지지 않았다. 이후 그는 御史 張璞, 副使 晁必登과 함께 鎭守太監 梁裕가 발호하는 것을 제지했는데, 이에 앙심을 품은 梁裕가 세 사람을 탄핵하여 이들은 모두 투옥되고 張璞은 고문당해 죽었다. 이때 마침 乾清宮에 불이 나서 황제가 죄인들을 사면하는 조치를 취해져, 盛應期는 복직되었고 陝西右布政使로 승진하였다. 그 후 右副都御史兼四川巡撫로 발탁되어 天全六番招討使 高文林의 반란을 평정하였다. 이 무렵 또 泉江 僰蠻 普法惡이 반란을 일으켰고 富順의 奸民 謝文禮, 文義가 합세했는데, 普法惡이 죽자 그는 指揮 何卿 등으로 하여금 謝文禮, 文義를 토벌하도록 하여 소란을 진압했다. 이후 그는 嘉靖 2년(1523)에는 江西 巡撫가 되었는

로 새로운 사람이 되어 군대를 내어서 구적(寇賊)을 토벌해 스스로 속죄하도록 허락하자고 하니, [가정제가] 이를 인준하였다. [가정] 14년(1535)에 전주(田州)의 노소(盧蘇)가 반란을 일으키자, 잠헌과 힘을 합쳐 진안부를 공격하였다. 잠헌이 진안부를 격파하고, 아울러 잠진보(岑眞寶) 부모의 분묘를 파헤쳤다. 이 일이 보고되자, 관대(冠帶)[190]를 벗기되 공을 세워 속죄할 것을 허락하였다. 잠헌은 후에 관군을 따라 교지(交阯)로 출정했는데, 군중(軍中)에서 죽었다. 아들 잠대(岑代)가 계승하였는데, 만력 연간(1573~1619)에 마필을 진헌하는 데 기한을 어겼다는 이유로 하사품을 반으로 줄여 지급하였다.

向武
향무

向武州, 宋置, 隷橫山寨. 元隷田州路. 其界東北抵田州, 西抵鎭安, 南抵鎭遠.

데, 당시 江西에서는 宸濠의 반란이 진압되었지만 아직 그 후유증에서 미처 회복되지 못하였으므로 그는 수십만 緡錢의 雜調 징수를 면제해주고, 南京으로 보내는 쌀 47만 석과 은 20만 냥을 강서에 存留시켜 굶주린 백성들에게 먹여야 한다고 상소하였다. 그리고 휘하의 府에 명령하여 흉년에 대비해 곡식 100여 만 석을 비축하게 하였다. 이후 곧 그는 兵部右侍郎兼總督兩廣軍務의 벼슬을 제수받아 廣東에 이르러 撫寧侯 朱麒와 함께 參將 李璋 등을 督率하여 思恩 土目 劉召를 토벌하였다. 조정에서 岑猛을 크게 토벌하자는 의론이 일어났는데, 그는 '方略七事'를 조목조목 언급하면서 兩廣의 병사들은 쇠약하여 전투에 동원할 수 없다고 상주하였다. 이에 撫寧侯 朱麒가 분개했으며, 御史 許中이 盛應期가 포학하다며 탄핵하였고, 朱麒도 이에 응하여 유언비어를 퍼뜨렸다. 또 御史 鄭洛書가 다시 盛應期가 權貴들과 결탁하고 뇌물을 받았다고 탄핵하였다. 당시 그는 工部侍郎으로 자리를 옮긴 뒤였는데, 질병을 이유로 사직하고 귀향하였다. 嘉靖 6년(1527)에 黃河의 물이 크게 넘쳐 漕運하는 水路로 흘러들어와 沛北 廟道口일대 수십 리가 진흙으로 막혀 조운선의 왕래가 단절되었으나 侍郎 章拯은 이를 복구하지 못하였다. 尙書 胡世寧, 詹事 霍韜, 僉事 江良材가 昭陽湖 동쪽에 별도의 漕運水路를 개통하는 것이 장구한 계책이라고 상주하였다. 盛應期는 右都御史가 되어 인부 6만 5천, 공사비 은 20만 냥에 6월이면 능히 운하를 소통시킬 수 있다고 주장했다. 마침 가뭄이 겹치자 많은 사람들이 운하를 새로 개통하는 것이 좋은 방책이 아니라고 말했다. 황제는 이에 공사를 중단시키고 제때에 공사를 완료하지 못했다는 혐의로 盛應期를 삭탈관직했다. 『明史』 卷223 「盛應期傳」 참조.

190) 冠帶: 帽子와 腰帶를 일컫는데, 官職을 상징한다. 따라서 본문에서 관대를 벗겼다는 것은 관직을 박탈하는 것을 의미한다.

향무주(向武州)[191]는 송나라 때 설치되어 횡산채(橫山寨)에 예속되었다. 원나라 때는 전주로(田州路)에 예속되었다. 그 경계는 동북으로 전주에 이르고, 서로는 진안에 이르며, 남으로는 진원(鎭遠)에 이른다.

> 洪武二年七月，土官黃世鐵遣使貢馬及方物．詔以世鐵爲向武州知州，許世襲．二十一年，廣西布政司言向武州叛蠻梗化．時都督楊文佩征南將軍印，討龍州·奉議等處，復奉命移師向武．文調右副將軍韓觀分兵進討都康·向武·富勞諸州縣，斬世鐵．以兵部尙書唐鐸言，置向武州守禦千戶所．

홍무 2년(1369) 7월에, 토관 황세철(黃世鐵)이 사자(使者)를 보내 마필 및 방물을 바쳤다. [홍무제는] 조서를 내려 황세철을 향무주 지주(知州)로 삼고 세습을 허락하였다.[192] [홍무] 21년(1388)에 광서포정사에서 아뢰기를, 향무주에서 반란을 일으킨 만인이 완고해서 교화에 따르지 않는다고 하였다. 당시 도독 양문(楊文)이 정남장군의 관인을 패용하고 용주·봉의 등지를 토벌하였고, 다시 명을 받들어 군대를 향무로 옮겼다.[193] 양문이 우부장군(右副將軍) 한관(韓觀)을 보내어 병사를 나누어 진격하여 도강·향무·부로(富勞) 등의 여러 주현(州縣)을 토벌하고 황세철을 참수하였다. 병부상서 당탁의 말에 따라 향무주 수어천호소(守禦千戶所)[194]를 설치하였다.[195]

---

191) 向武州: 北宋 皇祐 연간(1049~1053)에 向武州를 설치하였는데, 현재의 廣西 壯族自治區 天等縣 서북의 向都 동쪽 지역에 해당한다. 邕州羈縻州에 속하였다. 元初에 治所를 지금의 天等縣 向都 서북으로 옮겼고, 延祐 연간(1314~1320)에 舊址로 돌아갔다. 明 洪武 28년(1395)에 向武千戶所로 변경하였고, 洪武 32년(1399)에 다시 向武州를 설치하였으며, 廣西承宣布政使司에 예속시켰다. 萬曆 45년(1617)에 治所를 지금의 天等縣 西北의 向都로 옮겼다. 淸初에는 思恩府에 예속되었는데, 雍正 7년(1729)에 鎭安府 소속으로 바뀠다. 1917년에 都康과 上映의 두 土州와 합치되어 向都縣이 설치되었다.『讀史方輿紀要』卷111「廣西6」참조.

192)『太祖實錄』卷43 洪武 2년 7월 丁未條 참조.

193) 원문에서는 洪武 21년으로 되어 있으나, 實錄의 관련 사료를 찾아보면 洪武 28년의 일로 되어 있다. 이에 대해서는『太祖實錄』卷240 洪武 28년 8월 丁卯條 참조.

194) 守禦千戶所: 簡稱하여 守禦所라고 한다. 明의 軍制의 하나로 洪武 23년(1390)에 전국에 衛所制度가 설립되었다. 각 省의 都指揮使司의 관할 하에 몇 개의 衛가 설치되고, 그 밑에 일정의 千戶所와 百戶所가 설치되었는데, 이들 천호소 가운데 어느 한 곳에 單獨으로 주둔하여 직접 都指揮使司가 관할하는 千戶

永樂二年，土官知州黃彧遣頭目羅以得貢馬，賜鈔幣．宣德四年，故土官知州黃謙昌子宗蔭貢馬，賜鈔．

영락 2년(1404)에 토관 지주 황욱(黃彧)이 두목 나이득(羅以得)을 보내 마필을 바치니, [영락제가] 초폐(鈔幣)를 하사하였다.[196] 선덕 4년(1429)에 죽은 토관 지주 황겸창(黃謙昌)의 아들 황종음(黃宗蔭)이 마필을 바치니, [선덕제가] 초(鈔)를 하사하였다.[197]

嘉靖四年，田州岑猛叛，向武土官以兵助猛．提督盛應期議大征，檄向武出兵討賊，以功贖罪．

가정 4년(1525)에 전주의 잠맹이 반란을 일으키자 향무의 토관이 병사를 동원하여 잠맹을 도왔다. 제독 성응기(盛應期)가 대규모 원정을 건의하자 향무에 격문을 보내어 병사를 내어 구적(寇賊)을 토벌하여 공[을 세움]으로써 속죄하도록 하였다.[198]

十六年，田州盧蘇叛，鎭安土官岑眞寶以兵納岑邦佐，蘇求助於向武．時土官黃仲金怨眞寶，遂與合兵，破鎭安．事聞，革仲金冠帶．二十七年，以仲金聽調有勞，詔許承襲原職，免赴京．四十二年，又以剿平瑤寇功，加仲金四品服．

[가정] 16년(1537)에 전주의 노소(盧蘇)가 반란을 일으키자 진안의 토관 잠진보(岑眞寶)가 병사를 잠방좌(岑邦佐)에게 보냈는데, 노소가 향무에 도움을 요청하였다. 당시 토관 황중금

所를 守禦千戶所라 부른다.

195) 『太祖實錄』 卷241 洪武 28년 10월 癸卯條 참조.

196) 『太宗實錄』 卷34 永樂 2년 9월 丁卯條 참조.

197) 원문에는 宣德 4년으로 되어 있으나, 實錄의 관련 자료를 찾아보면, 宣德 5년으로 바꾸어야 할 것이다. 이에 대해서는 『宣宗實錄』 卷65 宣德 5년 4월 癸酉條 참조.

198) 『世宗實錄』 卷57 嘉靖 4년 11월 辛酉條 참조.

(黃仲金)이 잠진보에 원한을 품고 있었는데, 드디어 [노소와] 군대를 합쳐서 진안을 격파하였다. 이 일이 보고되자 황중금의 관대를 벗겼다.[199] [가정] 27년(1548)에 황중금이 군대 동원에 공로가 있다는 이유로 조서를 내려 원래의 관직을 계승토록 허락하되 경사에 이르는 것은 면제해 주었다.[200] [가정] 42년(1563)에, 다시 요족(瑤族)[201]의 구적을 평정한 공로로 인하여 황중금에게 4품의 관복을 더해주었다.[202]

向武領縣一, 曰富勞, 元置. 洪武間, 爲蠻僚所據. 建文時復置, 仍隸向武州. 永樂初, 省武林入焉. 土官亦黄氏世襲.

향무는 관할하는 현이 하나가 있는데 부로(富勞)라 하며, 원나라 때 설치되었다. 홍무 연간(1368~1398)에 만족의 요(僚)에게 점거되었다. 건문(建文)[203] 시기에 다시 설치되었는데, 여전히 향무주에 예속되었다. 영락 초년에 무림(武林)을 덜어서 이곳으로 편입시켰다. 토관도 황씨가 세습하였다.

---

199) 『世宗實錄』 卷196 嘉靖 16년 정월 乙巳條 참조. 관대를 벗겼다는 것은 관직을 박탈했다는 뜻인데, 이에 대해서는 앞의 주 190) 참조.

200) 『世宗實錄』 卷343 嘉靖 27년 12월 乙卯條 참조.

201) 瑤族: 중국 소수민족 중 하나로서, 勉, 金門, 布努 등으로 스스로 칭하기도 한다. 대체로 고대 시기 호남 지역의 長沙와 武陵 일대에 있던 蠻族의 일부가 분화되어 발전된 것으로 파악되고 있지만, 五谿蠻과 山越에서 비롯되었다는 설도 있다. 南朝를 거쳐 唐代까지는 莫徭라 불렸다가 宋代에 비로소 傜族으로 불리기 시작했다. 元明 시기에 이르러 兩廣 지역의 깊은 곳까지 들어가 거주했으며, 明清 시기에 이르러서는 雲南, 貴州 일대까지 그 거주 지역이 확대됐지만, 현재 廣西省에 가장 많이 분포하고 있다. 요족이 거주하는 지역에는 宋나라 이래로 특별히 瑤官을 설치해 요족들을 다스리게 했다. 이러한 통치방식은 여러 규정에 대한 준수를 엄격하게 강요했던 土司制度와는 달리 瑤官들에 대한 통제는 비교적 느슨한 편이었다. 胡仁亮, 1996: 80~81 참조.

202) 『世宗實錄』 卷522 嘉靖 42년 6월 辛酉條 참조.

203) 建文: 明 王朝 2대 皇帝인 建文帝 朱允炆의 年號이다.

奉議
봉의

> 奉議州，宋置．初屬靜江軍，後屬廣西經略安撫司．元屬廣西兩江道宣慰司．

봉의주(奉議州)[204]는 송나라 때 설치되었다. 처음에는 정강군(靜江軍)에 속하였다가 후에 광서 경략안무사(經略安撫司)에 속하게 되었다. 원나라 때는 광서 양강도선위사(兩江道宣慰司)에 속하였다.

> 洪武初，土官黃志威舊爲田州府總管，來歸附．二年，詔授其子世鐵爲向武州知州，世襲．三年，志威入朝貢．六年，招撫奉議等州百十七處人民，皆款服．帝嘉志威功，命以安州・侯州・陽縣屬之．七年，以志威爲奉議州知州兼守禦，直隷廣西行省．二十六年，奉議州知州黃嗣隆遣人貢馬及方物，賜以鈔錠．

홍무 초년에 토관 황지위(黃志威)는 과거에 전주부 총관(總管)이었는데, 내조하여 귀부하였다. [홍무] 2년(1369)에 조서를 내려 그 아들 황세철에게 향무주 지주[의 직위]를 주어 세습토록 하였다.[205] [홍무] 3년(1370)에 황지위가 입조하여 방물을 바쳤다.[206] [홍무] 6년(1373)에, 봉의 등 주(州)의 117곳의 백성들을 불러 위무하니 모두 성심으로 복종하였다.

---

204) 奉議州: 北宋 皇祐 5년(1053)에 奉議州를 설치하여 羈縻州로 삼았다. 治所는 지금의 廣西 田陽縣 田州鎭 興城村 那賴屯에 두어졌는데, 지형이 복숭아 열매와 매우 흡사하여 까닭에 '桃城'이라는 別稱이 생겼다. 처음에는 右江道 鎭安軍民宣撫司에 속했는데, 후에는 廣南西路 邕州의 관할로 바뀌었다. 元代에 田州를 田州路로 승격시키고, 奉議州는 廣西行中書省 田州路의 관할로 바꾸었다. 明 洪武 2년(1369)에 奉議土州를 來安府로 편입시켰다. 홍무 7년(1374)에 다시 奉議 土州를 두고, 동시에 治所를 那賴屯에서 發祥屯(지금의 興城屯)으로 옮겨 廣西布政使司에 직속시켰다. 嘉靖 6년(1527)에 思恩府 예속으로 바꾸었다. 清 雍正 7년(1729)에 鎭安府(府治는 지금의 德保縣) 예속으로 바꾸었다. 民國 원년(1912)에 州를 縣으로 바꾸어 奉議州는 奉議縣이 되었다. 『讀史方輿紀要』 卷111 「廣西6」 참조.

205) 『太祖實錄』 卷43 洪武 2년 7월 丁未條 참조.

206) 『太祖實錄』 卷57 洪武 3년 10월 己巳條 참조.

홍무제는 황지위의 공을 가상히 여겨 안주(安州)·후주(侯州)·양현(陽縣)을 그에게 귀속시키도록 명하였다.[207] [홍무] 7년(1374)에 황지위를 봉의주 지주 겸 수어(守禦)로 삼고, 광서행성(行省)에 직속시켰다.[208] [홍무] 26년(1393)에 봉의주 지주 황사륭(黃嗣隆)이 사람을 보내 마필 및 방물을 바치니, [홍무제는] 초와 정을 하사하였다.[209]

二十八年, 廣西布政司言, 奉議·南丹等處蠻人梗化. 時都督楊文討龍州, 伏罪, 帝命移兵奉議剿賊, 遣使諭文等:「近聞奉議·兩江溪峒等處, 林木陰翳, 蛇虺遺毒草莽中, 雨過, 流毒溪澗, 飲之令人死. 師入其地, 行營駐劄, 勿飲山溪水泉, 恐餘毒傷人. 宜鑿井以飲, 爾等其愼察之.」文發廣西都司及護衛官軍二萬人, 調田州·泗城等土兵三萬八千九百人從征. 師至奉議州, 蠻寇聞官軍至, 悉竄入山林, 據險自固. 文督諸將分兵捕之, 復調參將劉眞等領兵分道攻南丹叛寇. 初, 文等駐師奉議州之東南, 分兵追捕賊黨, 且遣人招降其脅從者. 賊皆焚廬舍, 走山谷, 憑險阻立柵自固. 文督將士屢攻破之, 賊衆潰散. 左副將軍韓觀等遂分兵追討都康·向武·富勞·上林諸州縣, 破其更吾·蓮花·大藤峽等寨, 斬向武土官黃世鐵幷其黨萬八千三百餘人, 招降蠻民復業者六百四十八戶, 徙置象州武山縣, 蠻寇遂平. 時兵部尙書致仕唐鐸參議軍事, 以朝廷嘗命征剿畢日, 置衛守之. 乃會諸將相度形勢, 置奉議等衛幷向武·河池·懷集·武仙·賀縣等處守禦千戶所, 設官軍鎭守. 詔從其言.

[홍무] 28년(1395)에 광서포정사에서 봉의·남단 등지의 만인이 완고해서 교화에 따르지 않는다고 아뢰었다.[210] 당시 도독 양문이 용주를 토벌하여, [그들이] 죄를 자인하자 홍무제는 군대를 봉의로 옮겨 구적을 소탕할 것을 명하고, 사자를 보내어 양문 등에게 효유하여 말하기를, "근자에 듣건대, 봉의·양강계동(兩江溪峒) 등지에 수림(樹林)이 울창하여 독사가 풀 속에 남긴 독이 비가 내린 뒤에 계곡물 속으로 흘러들어가 이를 마시면 사람을 죽게 한다고 한다.

207)『太祖實錄』卷85 洪武 6년 10월 丁酉條 참조.
208)『太祖實錄』卷87 洪武 7년 정월 己亥條 참조.
209)『太祖實錄』卷227 洪武 26년 5월 癸酉條 참조.
210)『太祖實錄』卷238 洪武 28년 4월 甲申條 참조.

군대가 그곳에 들어가 행군하다가 주둔해서는 산속의 계곡물을 마시지 말아야 할 것이니, 남겨진 독이 사람을 해칠까 걱정된다. 마땅히 우물을 파서 마셔야 하니, 너희들은 신중하게 살피도록 하라"고 하였다.[211] 양문이 광서 도사(都司) 및 호위 관군 2만 명을 출동시켰는데, 전주·사성 등지의 토병 3만 8,900명을 동원하여 종군토록 하였다.[212] 군대가 봉의주에 이르자 만족의 구적이 관군이 이르렀다는 소식을 듣고는 모두 산림 속으로 숨어들어가 험준함에 의거하여 스스로 견고히 방어하였다. 양문이 여러 장수들을 인솔하여 병사를 나누어 그들을 체포했고, 다시 참장(參將) 유진(劉眞) 등을 보내 병사를 거느려 길을 나누어 남단의 반란 구적을 공격하도록 하였다.[213] 처음 양문 등이 봉의주의 동남방에 군대를 주둔할 때 병사를 나누어 구적의 무리를 추격하여 사로잡았고, 또 사람을 보내 그들의 협박에 [부득이하게] 따르는 자들을 불러 투항토록 하였다. 구적들이 모두 가옥을 불 지르고 산골짜기로 달아나 험준함에 의지하여 목책을 세워 스스로 굳건히 지켰다. 양문이 장사(將士)들을 통솔하여 누차 공격하여 이를 격파하니, 구적의 무리가 궤멸되어 흩어졌다. 좌부장군(左副將軍) 한관(韓觀) 등이 드디어 병사를 나누어 추격하여 도강(都康)[214]·향무(向武)·부로(富勞)·상림(上林) 등 여러 주현을 토벌해서 그 경오(更吾)·연화(蓮花)·대등협(大藤峽) 등의 채(寨)를 깨뜨리고, 향무 토관 황세철 및 그 무리 1만 8,300여 명을 죽이고, 만족 백성 가운데 원래의 직업으로 되돌아 온 자 648호(戶)를 불러 투항시켜 상주(象州) 무산현(武山縣)으로 옮겨 안치(安置)시키니, 만족 구적이 드디어 평정되었다. 당시 병부상서로 치사(致仕)한 당탁이 군사(軍事)에 대한 논의에 참여한 것은 조정에서 일찍이 그에게 명하여 정벌과 평정이 끝나는 날 위(衛)를 설치하여 지키도록 했기 때문이었다. 이에 여러 장수들과 회합하여 서로 형세를 헤아려 봉의 등의 위(衛) 및 향무·하지(河池)[215]·회집(懷集)·무선(武仙)·하현(賀縣)[216] 등지의 수어천

211) 『太祖實錄』 卷242 洪武 28년 윤9월 丁卯條 참조.

212) 『太祖實錄』 卷242 洪武 28년 윤9월 癸酉條 참조.

213) 『太祖實錄』 卷242 洪武 28년 10월 庚子條 참조.

214) 都康: 北宋에서 都康州를 설치하였는데, 현재의 廣西 壯族自治區 天等縣의 서북지역을 관할하였다. 元에서는 田州路에 속하였는데, 明에서는 廣西布政司에 예속시켰다. 淸에서는 都康土州라고 칭했고, 思恩府에 예속시켰다. 都康은 평소 '水稻之鄕'이라는 美稱으로 불렸고, 俗稱 '天等糧倉'이라 하여 天等縣城의 대부분의 大米는 都康에서 공급되었다. 동시에 대량의 과일과 야채가 거의 매일 天等의 시장으로 공급되었다.

215) 河池: 先秦시기에는 百越의 땅이었다. 秦에서는 이곳을 桂林郡과 黔中郡에 예속시켰고, 漢에서는 鬱林郡, 隋나라에서는 始安郡에 예속시켰다. 宋에서는 이곳에 慶遠府를 설치하였고, 元에서는 慶遠南丹溪洞

호소를 설치하여 관군을 두어 진수(鎭守)하도록 하였다. [홍무제가] 조서를 내려 그의 건의를 받아들였다.217)

宣德二年, 署州事土官黃宗廕遣頭目貢馬. 正統五年, 宗廕科斂劫殺, 甚且欲戕其母. 母避之, 殺母侍者以泄怒, 爲母所告. 僉事鄧義奏其事, 帝敕總兵官柳溥及三司按驗以聞.

선덕 2년(1427)에 주(州)의 사무를 대리하던 토관 황종음(黃宗廕)이 두목을 보내 마필을 바쳤다.218) 정통 5년(1440)에 황종음이 부세와 요역을 징수하고 사람을 죽였으며, 심지어는 자신의 모친을 죽이고자 하였다. 모친이 이를 피하자 [그는] 모친에게 시중을 들던 자를 죽여 분노를 씻었기에 모친에게 고발을 당했다. 첨사(僉事) 등의(鄧義)가 그 일을 아뢰니, 정통제는 총병관 유부(柳溥) 및 삼사(三司)에게 칙서를 내려 조사해서 보고하도록 하였다.219)

嘉靖四年, 田州岑猛叛, 奉議土官嘗助猛攻泗城州. 至是提督盛應期言, 許其自新, 令出兵討賊, 以功贖罪. 後土官知州死, 皆以土判官掌州事. 論者以奉議彈丸地, 三面交迫田州, 獨南界鎭安, 其勢甚蹙. 明初置衛, 銓官如宋·元故事, 蓋欲中斷田·鎭, 以伐其謀云.

軍民安撫司를 두었다. 明淸시대에는 慶遠府·思恩府·柳州府에 속했다. 이 지역은 광서의 서북쪽 끝자락과 雲貴고원의 남쪽 산기슭에 맞닿아 있다. 동쪽으로는 柳州와 이어져 있고, 남쪽으로는 南寧, 서쪽으로는 百色, 북쪽으로는 貴州省黔南布依族苗族自治州와 이웃하고 있다.

216) 賀縣: 현재의 廣西省 壯族自治區 동부에 해당하는 지역이다. 明 洪武 10년(1377)에 賀州를 賀縣으로 강등시키고, 臨賀縣을 賀縣으로 개명하였다. 治所는 지금의 廣西 賀州市 賀街鎭에 위치하는데, 平樂府에 예속되었다. 民國 3년(1914)에 道觀察使를 두었는데, 6년(1917)에 道尹으로 바꾸었으며, 賀縣은 桂林道에 예속시켰다.

217) 『太祖實錄』 卷242 洪武 28년 10월 癸卯條 참조.

218) 『宣宗實錄』 卷25 宣德 2년 2월 癸卯條 참조.

219) 『英宗實錄』 卷64 正統 5년 2월 癸巳條 참조.

가정 4년(1525)에 전주의 잠맹이 반란을 일으키자, 봉의의 토관이 일찍이 잠맹을 도와 사성주를 공격하였다. 이에 이르러 제독 성응기(盛應期)가 말하기를, 그가 스스로 새로운 사람이 되는 것을 허락해주어 그로 하여금 병사를 내어 구적을 토벌하여 공[을 세움]으로써 속죄시키자고 하였다.[220] 후에 토관 지주(知州)가 죽자 모두 토판관(土判官)으로 주(州)의 사무를 관장토록 하였다. 논자들은 봉의가 탄환의 땅으로서 삼면에서 전주의 핍박을 받고 유독 남쪽으로 진안과 경계를 이루어 그 형세가 매우 긴박하다고 하였다. 명 초(明初)에 위(衛)를 설치하여 관리를 전형(銓衡)[221]하기를 송나라와 원나라의 고사와 같이 하였는데, [이는] 대체로 중간에서 전주와 진안을 절단하여 그들의 도모를 깨뜨리려 한 것이라고 한다.

江州
강주

江州界, 東抵忠州, 西抵龍州, 南抵思明, 北抵太平府. 其州宋置, 隸古萬寨. 元屬思明路.

강주(江州)[222]의 경계는 동으로 충주(忠州)[223]에 이르고, 서로는 용주에 이르며, 남으로는 사명(思明)에 이르고, 북으로는 태평부에 이른다. 그 주(州)는 송나라 때 설치되어 고만채(古萬寨)에 예속되었다. 원나라 때는 사명로(思明路)에 속하였다.

明初, 土官黃威慶歸附. 授世襲知州, 設流官吏目以佐之, 直隸布政司. 嘉靖四十二年, 以平瑤·僮功, 准江州土官子黃恩暫署本職.

---

220) 『世宗實錄』 卷57 嘉靖 4년 11월 辛酉條 참조.

221) 銓衡: 인재를 考核하여 선발한다는 의미이다.

222) 江州: 지금의 廣西 壯族自治區 서남부에 해당한다. 左江의 중상류 지역에 위치하는데, 水陸 양 방면의 교통이 매우 편리하였다. 水路는 南寧을 거쳐 바로 廣州와 홍콩 및 마카오 등지로 갈 수 있어서 평소부터 廣西 서남 지역의 교통요지이자 상품의 집산지로 유명하였다. 『讀史方輿紀要』 卷111 「廣西6」 참조.

223) 忠州: 廣西 南寧府의 서남방에 위치하는데, 江州의 동방에 인접한다.

명 초에 토관 황위경(黃威慶)이 귀부하였다. [그에게] 세습의 지주(知州) 직을 제수하고 유관(流官)의 이목(吏目)을 두어 그를 보좌케 하였고, 포정사에 직속시켰다. 가정 42년(1563)에 요족(猺族)·동족(僮族)[224]을 평정한 공으로 강주 토관의 아들 황은(黃恩)에게 잠시 본직(本職)을 대리하는 것을 인준해 주었다.[225]

領縣一, 曰羅白. 洪武初, 土官梁敬賓歸附, 授世襲知縣. 敬賓死, 子復昌襲. 永樂間, 從征交阯被陷, 子福里襲.

관할하는 현은 하나인데, 나백(羅白)이라 한다. 홍무 초년에 토관 양경빈(梁敬賓)이 귀부하여 [그에게] 세습의 지현을 제수하였다. 양경빈이 죽자 아들 양복창(梁復昌)이 승계하였다. 영락 연간(1403~1424)에 관군을 따라 교지를 정벌하다가 전사하자 아들 양복리(梁福里)가 승계하였다.

思陵
사릉

思陵州, 宋置, 屬永平寨. 元屬思明路. 洪武初, 省入思明府. 二十一年復置思陵州. 二十七年, 土官韋延壽貢馬及方物. 宣德四年, 護印土官韋昌來朝, 貢馬, 賜鈔幣. 正統間, 貢賜如制. 其界東至忠州, 西北至思明, 南至交阯.

사릉주(思陵州)[226]는 송나라 때 설치되어 영평채(永平寨)에 속하였다. 원나라 때는 사명로

224) 僮族: 壯族을 의미하며, 중국 소수민족 가운데 가장 많은 인구를 차지하고 있다. 宋의 史書에 撞, 僮, 仲의 명칭으로 처음 등장하며, 明淸시대에 이르러 僮人, 혹은 土人 등으로 불렸다. 주로 廣西, 雲南, 廣東과 貴州에 많이 분포해 있지만 광서 지역에 압도적으로 많이 존재한다. 1965년 이후 壯族이라 불리기 시작했다.

225) 『世宗實錄』 卷522 嘉靖 42년 6월 辛酉條 참조.

226) 思陵州: 唐代에 설치되었다. 治所는 지금의 廣西 壯族自治區 寧明縣 동남방의 思陵에 위치한다. 明代에

에 속하였다. 홍무 초년에 병합되어 사명부로 편입되었다. [홍무] 21년(1388)에 다시 사릉주를 설치하였다. [홍무] 27년(1394)에 토관 위연수(韋延壽)가 마필 및 방물을 바쳤다.[227] 선덕 4년(1429)에 호인(護印) 토관 위창(韋昌)이 내조하여 마필을 바치니, [선덕제가] 초폐(鈔幣)를 하사하였다.[228] 정통 연간(1436~1449)에 공물과 하사가 규정에 따라 행해졌다. 그 경계는 동으로는 충주에 이르고, 서북으로는 사명에 이르며, 남으로는 교지에 이른다.

廣東瓊州府

광동경주부

瓊州, 居環海中. 漢武帝平南粵, 始置珠崖·儋耳二郡. 歷晉·隋·唐·宋叛服不一, 事具前史. 元改置瓊州路, 屬海北海南道宣慰司. 天曆初, 改乾寧軍民安撫司.

경주(瓊州)[229]는 대해(大海) 속에 위치한다. 한(漢)나라 무제(武帝, 전156~전87; 재위 전141~전87)[230]가 남월(南粵)[231]을 평정하고 처음으로 주애(珠崖)·담이(儋耳)의 두 군(郡)을

는 思明府에 예속되었다. 洪武 3년(1370)에 폐지했다가 21년(1388)에 다시 설치하여 廣西省에 직속시켰다. 관할하는 지역은 지금의 廣西 寧明縣 남부 지역에 해당한다. 淸代에 土州로 강등되었다.

227) 『太祖實錄』 卷231 洪武 27년 정월 癸丑條 참조.

228) 『宣宗實錄』 卷65 宣德 5년 4월 癸巳條 참조.

229) 瓊州: 海南省의 별칭이기도 한 瓊州는 지금의 海南에 해당한다. 瓊州는 唐代 貞觀 5년(632)에 처음 설치되었는데, 관할하는 지역은 海南島의 북부였다. 元代에 瓊州路로, 明淸시대에는 瓊州府로 각각 이름을 바꾸었다. 관할하는 지역은 전체 海南島로 확대되었다. 府治는 瓊山縣(治所는 지금의 海南 瓊山府 城鎭)이었다. 과거 瓊山縣의 범위는 이미 오늘날 海口市의 범위를 포괄한다. 『讀史方輿紀要』 卷105 「廣東6」 참조.

230) 武帝: 前漢 제7대 황제인 劉徹의 諡號이다. 7세 때에 황태자로 봉해져 16살에 등극했다. 재임 시에 제후들의 세력을 약화시키고 董仲舒의 건의를 받아들여 儒學을 官學으로 채택했다. 또한 桑弘羊의 건의에 따라 소금과 철을 전매했으며, 무엇보다 衛靑과 郭去病 등의 장군을 파견해 흉노를 무찌른 황제로 이름이 높다. 그의 흉노 정책 덕분에 오늘날 널리 알려진 비단길이 개척되었다. 그는 한나라를 명실상부한 강국으로 만들었지만, 흉노와의 전쟁 등으로 국가 재정이 많이 소모되었으며, 말년에는 토지 겸병과 같은 여러 사회모순이 나타났다.

231) 南粵: 南越이라고도 한다. 百越의 일부라 할 수 있는 南越은 嶺南 일대에 대한 泛稱으로서 오늘날의 廣東에 해당한다.

설치하였다.[232] 진(晉)나라·수(隋)나라·당(唐)나라·송(宋)나라를 거치도록 반역과 복종이 한결같지 않았는데, 그 사정은 이전의 사서(史書)에 갖추어져 있다. 원나라 때 고쳐서 경주로(瓊州路)를 설치하고 해북·해남도선위사(海北海南道宣慰司)에 귀속시켰다. 천력(天曆) 초년[233]에 건녕군민안무사(乾寧軍民安撫司)로 바꾸었다.

洪武元年, 征南將軍廖永忠平廣東, 改乾寧安撫司爲瓊州府, 以崖州吉陽軍·儋州萬安軍俱爲州, 南建州爲定安縣隸焉.

홍무 원년(1368)에, 정남장군 요영충(寥永忠)[234]이 광동을 평정하고 건녕안무사를 경주부(瓊州府)로 바꾸고, 애주(崖州)의 길양군(吉陽軍)과 담주(儋州)의 만안군(萬安軍)을 모두 주(州)로 바꾸었는데, 남건주(南建州)는 정안현(定安縣)에 예속되었다.[235]

六年, 儋州宜倫縣民陳昆六等作亂, 攻陷州城. 廣東指揮使司奏言: 「近儋州山賊亂, 已調兵剿. 其儋·萬二州, 山深地曠, 宜設兵衛鎮之.」 詔置儋·萬二州守禦千戶所. 七年, 儋州黎人符均勝等作亂, 海南衛指揮張仁率兵討平之. 又海南羅屯等洞黎人作亂, 千戶周旺等討平之. 澄邁縣賊王官舍亂, 典史彭禎領民兵捕斬之. 十五年, 萬·崖二州民陳鼎叔等作亂, 陷陵水縣, 爲海南衛官軍擊敗, 追至藤橋, 斬鼎叔等三百餘

232) 元封 원년(전110)의 일이다.

233) 天曆은 元 文宗과 明宗의 年號인데 기간은 1328~1329년의 두 해에 불과하다. 따라서 본문의 初年이라는 표현을 보면 1328년을 가리키는 것 같다.

234) 寥永忠(1323~1375): 南京 廬州府 巢州 사람으로, 楚國公 寥永安의 동생이다. 형이 강소성 싸움에서 패하자 형의 직책을 이어받아 樞密僉院이 되어 군사를 통솔하였다. 張士誠의 군대와 일전을 겨룬 鄱陽湖 전투에서 陳友諒의 둘째 아들인 陳理를 포로로 잡는 군공을 세우자, 주원장이 특별히 「功超群將, 智邁雄師」이라는 八字를 하사하여 문에 걸도록 하는 영예를 얻었다. 洪武 원년(1368)에는 복건·광동·광동·광서를 평정하는 데 참가하였으며, 대장군 徐達과 함께 北征에도 참여하였다. 四川을 정벌하는 데 종군하여 공적을 세우자 주원장은 '平蜀文'을 지어 그의 공적을 표창하였다. 그러나 洪武 8年(1375)에 황제의 표징이라 할 수 있는 龍鳳을 사용하였다는 죄에 연루되어 자결을 명받았다.

235) 『太祖實錄』 卷35 洪武 원년 9월 丁酉條 참조.

人，餘黨悉平．十七年，儋州宜倫縣黎民唐那虎等亂，海南衛指揮張信發兵討之．那虎及其黨鄭銀等敗遁，信追擒之，送京師．知州魏世吉受賄，縱銀去．帝謂兵部曰：「知州不能捕賊，及官軍捕至而反縱之乎?」命遣力士卽其州杖世吉，責捕所縱者．

[홍무] 6년(1373)에 담주의 의륜현(宜倫縣) 백성 진곤륙(陳昆六) 등이 반란을 일으켜 주성(州城)을 공격하여 함락시켰다.[236] 광동 지휘사사(指揮使司)에서 상주하여 아뢰기를, "근자에 담주의 산적이 반란을 일으켜 이미 병사를 보내 토벌하였습니다. 그 담주·만안 두 주(州)는 산이 깊고 땅이 광활하니, 마땅히 병위(兵衛)를 설치하여 진수(鎭守)해야 합니다"라고 하였다.[237] [홍무제가] 조서를 내려 담주·만안 두 주에 수어천호소를 설치하도록 하였다. [홍무] 7년(1374)에 담주의 여족(黎族) 부균승(符均勝) 등이 반란을 일으키자, 해남위(海南衛) 지휘 장인(張仁)이 병사를 거느리고 이를 토벌하여 평정하였다.[238] 또 해남 나둔(羅屯) 등 동(洞)의 여족이 반란을 일으키자 천호 주왕(周旺) 등이 이를 토벌하여 평정하였다.[239] 징매현(澄邁縣)의 구적 왕관사(王官舍)가 반란을 일으키자, 전사(典史) 팽정(彭禎)이 민병(民兵)을 거느리고 그를 생포하여 참수하였다.[240] [홍무] 15년(1382)에 만안·애주 두 주의 백성 진정숙(陳鼎叔) 등이 반란을 일으켜 능수현(陵水縣)을 함락시켰지만 해남위의 관군에게 격파되었으며, [관군이] 추격하여 등교(藤橋)에 이르러 진정숙 등 300여 명을 참수하니, 나머지 일당이 모두 평정되었다.[241] [홍무] 17년(1384)에 담주 의륜현의 여족 백성 당나호(唐那虎) 등이 반란을 일으키자, 해남위 지휘 장신(張信)이 병사를 내어 그를 토벌하였다. 당나호 및 그 일당 정은(鄭銀) 등이 패하여 달아나니, 장신이 추격하여 생포해서 경사로 보냈다. [그런데] 지주 위세길(魏世吉)이 뇌물을 받고 정은을 풀어주어 달아나도록 하였다. 홍무제가 병부에 일러 말하기를, "지주(知州)가 구적을 체포할 수 없어 관군이 생포함에 이르렀는데 도리어 그를 풀어주었단 말인가?"라 하였다. 역사(力士)를 파견하여 그 주(州)에 가서 위세길에게

236)『太祖實錄』卷82 洪武 6년 5월 甲子條 참조.
237)『太祖實錄』卷83 洪武 6년 6월 乙卯條 참조.
238)『太祖實錄』卷87 洪武 7년 정월 辛亥條 참조.
239)『太祖實錄』卷91 洪武 7년 7월 丙戌條 참조.
240)『太祖實錄』卷92 洪武 7년 8월 丁酉條 참조.
241)『太祖實錄』卷147 洪武 15년 8월 乙巳條 참조.

장형을 가하고 책임을 물어 석방된 자들을 체포해내도록 명령하였다.[242]

永樂三年, 廣東都司言:「瓊州所屬七縣八洞生黎八千五百人, 崖州抱有等十八村一千餘戶, 俱已向化, 惟羅活諸洞生黎尚未歸附.」帝命遣通判劉銘齎敕撫諭之. 御史汪俊民言:「瓊州周圍皆海, 中有大·小五指, 黎母等山, 皆生熟黎人所居. 比歲軍民有逃入黎洞者, 甚且引誘生黎, 侵擾居民. 朝廷屢使招諭, 黎性頑狠, 未見信從. 又山水峻惡, 風氣亦異, 罹其瘴毒, 鮮能全活. 近訪宜倫縣熟黎峒首王賢祐, 嘗奉命招諭黎民, 歸化者多. 請仍詔賢祐, 量授以官, 俾招諭未服, 戒約諸峒, 無納逋逃. 其熟黎則令隨産納稅, 悉免差徭; 其生黎歸化者, 免稅三年; 峒首則量所招民數多寡授以職. 如此庶幾黎人順服.」從之. 遣知縣潘隆本齎敕撫諭.

영락 3년(1405)에 광동 도사(都司)에서 아뢰기를, "경주 소속의 7현(縣) 8동(洞)에 생여(生黎)[243] 8,500명, 애주 포유(抱有) 등 18촌(村)의 1,000여 호(戶)가 모두 이미 귀순하였는데, 오직 나활(羅活) 등 여러 동(洞)의 생여 사람들이 아직 귀부하지 않고 있습니다"라고 하였다. 영락제는 통판(通判)[244] 유명(劉銘)을 파견하여 칙서를 가지고 가서 그들을 효유토록 명령을 내렸다.[245] 어사 왕준민(汪俊民)이 아뢰기를, "경주 주위는 모두 바다이고, 그 가운데에는 대(大)·소(小)의 오지(五指), 여모(黎母) 등의 산이 있는데, 모두 생여와 숙여(熟黎)[246] 사람들이 살고 있습니다. 해마다 군민(軍民) 가운데 도망하여 여동(黎洞)에 들어간 자가 심지어는

242)『太祖實錄』卷163 洪武 17년 7월 癸丑條 참조.

243) 生黎: 明나라에 귀순하지 않은 黎族을 가리킨다.

244) 通判: 唐末·五代에 등장한 藩鎭 武將들의 兵權을 축소시키기 위해, 宋代에 이르러 조정의 문신들이 지방의 군사 업무를 담당했는데 그들의 명칭이 權知軍 혹은 州事였다. 이와 동시에 州郡에 通判을 설치해 權知軍이나 主事와 공동으로 정사를 담당하도록 했다. 그러나 南宋代에 이르러 通判은 州郡官이나 縣官의 모든 정황을 황제에게 보고할 수 있는 권한을 지니게 되어 사실상 감찰 업무를 담당하게 되었다. 아울러 명청시대에 이르러서는 각 府에 통판을 설치해 미곡 수송, 水利, 屯田, 牧馬, 江防, 海方 등의 업무를 분담하도록 했다. 淸代에는 各州에 州判이 설치되어 糧運, 水利, 海防, 管河 등의 사무를 分掌했다. 따라서 명청시대의 通判은 기본적으로 知府를 보좌하는 역할이었다.

245)『太宗實錄』卷41 永樂 3년 4월 辛丑條 참조.

246) 熟黎: 明나라에 귀순한 黎族을 가리킨다.

생여 사람들을 유인하여 거주민을 침탈하여 교란하고 있습니다. 조정에서는 누차 사자를 보내어 초무하고 효유하였지만, 여족의 성품이 완고하고 사나워 아직 믿음으로 복종하는 자가 보이지 않습니다. 또 산과 물이 험준하고 열악하며 기풍과 습속이 또한 달라 풍토병에 걸리면 온전히 살 수 있는 자가 드뭅니다. 근자에 탐방(探訪)한 의륜현의 이미 귀순한 여동(黎峒) 수령 왕현우(王賢祐)가 일찍이 명을 받들어 여족 백성들을 초무하고 효유하여 귀화한 자가 많습니다. 청컨대 다시 왕현우에게 조서를 내려 사정을 참작해서 관직을 주어 그로 하여금 아직 복종하지 않는 자들을 초무하고 효유하도록 하고, 여러 동(峒)을 경계하고 단속하여 도망간 자들은 받아들이지 않도록 하시기 바랍니다. 숙여 사람들은 토산물로 납세하도록 하되 차역(差役)[247]은 모두 면제해 주고, 생여 사람으로서 귀화한 자는 3년 동안 세금을 면제하도록 하며, 동의 수령은 초무한 백성 수치의 다과를 헤아려 관직을 제수하시기 바랍니다. 이와 같이 한다면 거의 여족 사람들은 귀순하여 복종할 것입니다"라 하니, [영락제가] 이를 받아들였다.[248] [그리고] 지현 반릉본(潘隆本)을 보내 칙서를 가지고 가서 위무하고 효유하도록 하였다.[249]

四年, 瓊州屬縣生黎峒首羅顯·許志廣·陳忠等三十三人來朝. 初以生黎多未向化, 遣銘招撫. 至是向化者萬餘戶, 顯等從銘來朝, 且乞以銘撫其衆. 帝遂授銘瓊州知府, 專職撫黎, 仍授顯等知縣·縣丞·巡檢等官, 賜冠帶鈔幣, 遣還. 自是諸黎感悅, 相繼來歸. 瓊山·臨高諸縣生黎峒首王罰·鍾異·王琳等來朝, 命爲主簿·巡檢. 六年, 銘復率土黎峒首王賢祐·王惠·王存禮等來朝, 貢馬. 命賢祐爲儋州同知, 惠·存禮爲萬寧縣主簿. 八年, 文昌縣斬脚寨黎首周振生等來歸, 賜以鈔幣, 俾仍往招諸峒. 九年, 臨高縣典史王寄扶奉命招至生黎二千餘戶, 而以峒首王乃等來朝. 命寄扶爲縣主簿, 幷賜王乃等鈔. 十一年, 瓊山縣東洋都民周孔洙招諭包黎等村黎人王觀巧等二百三十戶, 願附籍爲民. 從之. 臨高民黃茂奉命招撫深峒·那呆等二十四峒生黎, 率

247) 差役: 중국의 전통 왕조시대 백성들에게 부과한 노역을 말한다.

248) 『太宗實錄』 卷44 永樂 3년 7월 己酉條 참조.

249) 관련 사항을 實錄에서 찾아보면, 永樂 2년 12월의 일로 되어 있다. 선후 관계에 모종의 착오가 있었던 듯하다. 이에 관해서는 『太宗實錄』 卷37 永樂 2년 12월 己卯條 참조.

黎首王聚·符喜等來朝貢馬，黎民來歸者戶四百有奇．通計前後所撫諸黎共千六百七十處，戶三萬有奇，蓋皆本爾算云．

[영락] 4년(1406)에, 경주 소속의 현 가운데 생여(生黎)의 동(峒) 수령 나현(羅顯)·허지광(許志廣)·진충(陳忠) 등 33명이 내조하였다. 처음에는 생여(生黎) 사람들 대부분이 아직 귀화하지 않아 유명(劉銘)을 보내 그들을 불러들여 위무하도록 하였다. 이에 이르러 귀화한 자가 1만여 호(戶)에 달했는데, 나현 등은 유명을 따라 내조하였고, 또 유명으로 하여금 그 무리를 위무토록 해달라고 청하였다. 영락제가 드디어 유명에게 경주지부를 제수하여 오로지 여족을 위무토록 하고, 계속해서 나현 등에게 지현·현승(縣丞)[250]·순검(巡檢)[251] 등의 관직을 제수하고 관대와 초폐를 하사하여 돌아가도록 하였다. 이로부터 여러 여족이 감격하고 기뻐하여 서로 이어서 내조하여 귀부하였다.[252] 경산·임고(臨高) 등 여러 현의 생여(生黎)의 동(峒) 수령 왕벌(王罰)·종이(鍾異)·왕림(王琳) 등이 내조하자 주부(主簿)[253]·순검을 맡도록 명하였다.[254] [영락] 6년(1408)에 유명이 다시 토족의 여동 수령 왕현우(王賢祐)·왕혜(王惠)·왕존례(王存禮) 등을 데리고 내조하여 마필을 바쳤다. [이에] 왕현우를 담주 동지(同知)[255]로

---

250) 縣丞: 관직명으로 전국시대에 처음으로 만들어졌는데, 縣令을 도와 縣政을 관장토록 하였다. 秦漢시대에도 이 관직명이 등장하며 통상 1인을 두었다. 품계는 200~400석 사이였다. 明代에는 正8品職이었으며, 知縣의 업무를 나누어 맡아 稅糧, 馬匹, 범법자의 포획 등의 사무를 담당했지만, 20리에 미치지 않는 縣에는 설치하지 않았다. 清代에는 기본적으로 내지의 모든 縣에 설치되었는데 貳尹, 分縣, 左堂이라고도 불렸다(Ch'u T'ung-tsu, 1962: 8 참조).

251) 巡檢: 元, 明, 清代에 縣級 衙門의 밑에 治安秩序를 유지하기 위해 설치된 巡檢司의 관원을 일컫는다.

252) 『太宗實錄』 卷52 永樂 4년 3월 乙未條 참조.

253) 主簿: 관직명으로 각 관청의 책임자 밑에서 문서를 관장하는 임무를 맡았던 일종의 비서직이었으며, 漢代에 처음 설치했다. 隋唐 이전에는 각 관청의 首長들과 매우 근접해 있었기 때문에 권한이 막중했으며 중요한 일을 담당했지만, 隋唐 이후에는 그 권한이 약해졌다. 明清代에 太僕寺와 鴻臚寺 등에 主簿를 설치했지만 모두 품계가 낮은 사무관이었으며, 正八品이었던 縣丞에 뒤이은 正九品이었다.

254) 『太宗實錄』 卷53 永樂 4년 4월 戊子條 참조.

255) 同知: 명청시대의 官職名이다. 知府의 副職으로 正5品이었으며, 知府와 함께 지역의 여러 업무를 분담했다. 康熙 연간(1662~1772) 이후 한 업무만을 관장하는 同知가 출현했으며, 특정 지역에서는 실제 그들이 장관이 되었는데, 그러한 지역을 '廳'이라 불렀다. 이러한 지역의 同知는 州縣官과 동일하게 취급했기 때문에 副職이 아니었다.

임명하고, 왕혜와 왕존례를 만녕현(萬寧縣) 주부로 임명하였다.[256] [영락] 8년(1410)에 문창현(文昌縣) 참각채(斬脚寨)의 여족 수령 주진생(周振生) 등이 내조하자 초폐를 하사하고, 그로 하여금 계속해서 여러 동에 가서 초무하도록 하였다.[257] [영락] 9년(1411)에 임고현의 전사 왕기부(王寄扶)가 명을 받들어 생여족(生黎族) 2,000여 호를 초무하여 불러들였는데, 동의 수령 왕내(王乃) 등이 내조하였다. 왕기부를 현의 주부로 임명하고, 아울러 왕내 등에게 초를 하사하였다.[258] [영락] 11년(1413)에 경산현 동양도(東洋都)의 백성 주공수(周孔洙)가 초무하여 효유한 포여(包黎) 등 촌의 여족 사람 왕관교(王觀巧) 등 230호가 부적(附籍)하여 [조정의] 백성이 되기를 원하였다. [영락제가] 이 청원을 받아들였다.[259] 임고의 백성 황무(黃茂)가 명을 받들어 심동(深峒)·나태(那呆) 등 24동의 생여족(生黎族)을 불러들여 위무하고, 여족 수령 왕취(王聚)·부희(符喜) 등을 거느리고 내조하여 마필을 바치니, 여족 백성으로서 내조하여 귀화한 자가 400호 남짓 되었다. 앞뒤로 위무한 여러 여족을 통틀어 계산하면 모두 1,670곳에 3만 호 남짓인데, 대개 모두 묘산(廟算)[260]에 근거한 것이라 한다.[261]

十四年, 王賢祐率生黎峒首王撤·黎佛金等來朝貢, 帝嘉納之. 命禮部曰:「黎人遠處海南, 慕義來歸, 若朝貢頻繁, 非存撫意. 自今生黎土官峒首俱三年一貢, 著爲令.」十六年, 感恩土知縣樓吉祿率峒首貢馬. 十九年, 寧遠土縣丞邢京率峒首羅淋朝貢. 時崖州民以私忿相戰鬬, 衛將利漁所欲, 發兵剿之. 瓊州知州王伯貞執不可, 曰:「彼自相仇殺耳, 非有寇城邑殺良民之惡, 不足煩官軍.」衛將不從, 伯貞乃遣寧遠縣丞黃童按視. 果仇殺, 逮治數人, 黎人遂安.

[영락] 14년(1416)에 왕현우가 생여(生黎)의 동(峒) 수령 왕살(王撒)·여불금(黎佛金) 등을 거느리고 와서 방물을 바치니, 영락제는 가상히 여기며 이를 받아들였다. [영락제는] 예부에

256) 『太宗實錄』 卷76 永樂 6년 2월 丙午條 참조.
257) 『太宗實錄』 卷111 永樂 8년 12월 甲午條 참조.
258) 『太宗實錄』 卷122 永樂 9년 12월 壬子條 참조.
259) 『太宗實錄』 卷136 永樂 11년 정월 庚子條 참조.
260) 廟算: 朝廷 혹은 帝王이 戰事에 대하여 행한 謀劃을 가리킨다.
261) 『太宗實錄』 卷141 永樂 11년 7월 甲申條 참조.

명을 내려 말하기를, "여족 사람들이 멀리 해남(海南)[262]에 살면서도 인의(仁義)를 경모(敬慕)하여 와서 귀의하였는데, 만약 입조하여 방물을 바치는 것이 [지나치게] 빈번하다면 [조정에서 그들을] 위무하는 뜻에 부합하지 않는다. 지금부터 생여(生黎)의 토관(土官)과 동(峒)의 수령은 모두 3년에 1번 방물을 바치도록 하고, 이를 제도화하도록 하라"고 하였다.[263] [영락] 16년(1418)에 감은(感恩)의 토관 지현(知縣) 누길록(樓吉祿)이 동의 수령을 데리고 와서 마필을 바쳤다. [영락] 19년(1421)에 영원(寧遠)의 토관 현승(縣丞) 형경(邢京)이 동의 수령 나림(羅淋)을 데리고 와서 방물을 바쳤다.[264] 당시 애주(崖州)의 백성들은 사적인 원망으로 서로 싸우고 있었는데, 위(衛)의 장수가 [중간에서] 취하고자 하는 바의 것을 얻어내려고 병사를 내어 토벌하고자 하였다. 경주 지주 왕백정(王伯貞)이 완강하게 버티며 불가하다면서 말하기를, "저들은 스스로 서로 원수가 되어 살해하고 있을 뿐이지 성읍(城邑)을 노략질하고 양민(良民)을 죽이는 악행은 없었으므로, 관군을 번거롭게 하기에는 족하지 않다"라 하였다. 위의 장수가 [이에] 따르지 않자, 왕백정은 이에 영원의 현승 황동(黃童)을 보내 살펴 조사토록 하였다. 과연 원수가 되어 살해한 것이었으므로, 몇 명을 체포하여 처벌하니, 여족 사람들이 드디어 안정되었다.[265]

宣德元年, 樂會土主簿王存禮等遣黎首黎寧及萬州黎民張初等來貢, 帝謂尙書胡濙曰:「黎人居海島, 不識禮儀, 叛服不常, 昔專設官撫綏, 今來朝, 當加賚之.」九月, 澄邁縣黎王觀珠·瓊山縣黎王觀政等聚衆殺瓊山土知縣許志廣, 流劫鄉村, 殺掠人畜, 命廣東三司勘實討之. 二年, 指揮王瑀等追捕黎賊, 兵至金鷄嶺, 賊率衆拒敵, 敗之, 生擒賊首王觀政及從賊二百六十二人, 斬首二百六十七級, 餘衆潰, 奔走入山, 招撫復業黎八百一十二戶, 以捷聞, 械送觀政等至京. 帝謂尙書蹇義曰:「蠻性雖難馴, 然至爲變, 必有激. 宜嚴戒撫黎諸官, 寬以馭之, 若生事激變, 國有常刑.」

262) 海南: 海南島 즉 瓊州를 가리킨다.

263) 『太宗實錄』 卷177 永樂 14년 6월 乙亥條 참조.

264) 『太宗實錄』 卷233 永樂 19년 정월 己卯條 참조.

265) 『太宗實錄』 卷178 永樂 14년 7월 丁酉條 참조.

선덕 원년(1426)에 낙회(樂會)의 토관 주부(主簿) 왕존례(王存禮) 등이 여족 수령 여녕(黎寧) 및 만주(萬州)의 여족 백성 장초(張初) 등을 파견하여 내조하여 방물을 바치니,[266] 선덕제가 상서(尙書) 호영(胡濙)[267]에게 이르기를, "여족 사람들이 해도(海島)에 살며 예의(禮儀)를 몰라 배반과 복종이 반복되어, 예전에 [이 때문에] 오로지 관리를 두어 어루만지고 안정시켰

266) 『宣宗實錄』 卷19 宣德 원년 7월 丙申條 참조.

267) 胡濙(1375~1463): 字는 源洁, 號는 洁庵이다. 江蘇 武進 출신으로 明代의 高官, 文學家, 醫學家였다. 태어나면서 白髮이었는데, 달포 쯤 지나자 검은색으로 바뀌었다. 建文 2년(1400)에 進士로 급제하여 兵科給事中으로 제수되었다. 永樂 원년(1403)에 戶科都給事中으로 승진하였다. 한편 靖難의 變 과정에서 建文帝가 행방불명이 되자 永樂帝는 胡濙 등을 사방으로 보내 建文帝를 찾도록 했다. 胡濙은 이 일로 약 10년 동안 천하를 돌아다니며 보고들은 바를 永樂帝에게 보고하였다. 永樂 14년(1416)에 조사를 마치고 조정으로 돌아와 母親의 喪禮를 치루기 위하여 휴가를 청하였으나, 永樂帝는 이를 허락하지 않고 '奪情起復'하도록 하면서 禮部左侍郎으로 발탁하였다. 영락 17년(1419) 다시 명을 받고 江·浙·湖·湘 등지를 돌아다니며 建文帝의 행방을 찾았다. 영락 21년(1423) 北京으로 돌아왔으나, 마침 永樂帝는 北征을 위해 宣府에 머물고 있었다. 胡濙이 宣府에 이르렀을 때 永樂帝는 이미 잠자리에 들었는데, 胡濙이 이르렀다는 소식을 듣자마자 바로 접견하여, 두 사람은 四更에 이르도록 談論을 나누었다고 한다. 洪熙帝 즉위 후에 胡濙은 行在禮部侍郎이 되었는데, 北京建都는 좋지 않다면서 南都로 還都하는 것이 供億轉運의 번거로움을 덜 수 있다고 주장하여 洪熙帝가 이를 嘉納하였다. 다만 이전에 永樂帝에게 자신에 대하여 密疏를 올린 적이 있다는 이야기를 듣고 胡濙을 의심하여 부르지는 않았다. 이에 太子賓客 겸 南京國子祭酒로 삼았다. 洪熙帝 사후 宣德帝가 즉위했을 때 胡濙은 5명의 托孤大臣 가운데 한 명이었다. 당시 胡濙은 禮部左侍郎으로 관직을 옮겼다가 얼마 후 行在禮部尙書로 승진하였다. 漢王이 반란을 일으키자 胡濙은 楊榮과 함께 親征을 중장하였다. 반란 진압 후 두터운 상을 받았다. 宣德 4년(1429)에 詹事府를 겸하여 관할하였다. 宣德 6년(1431)에는 行在戶部도 겸하여 관할하였다. 正統帝가 즉위하여 冗費를 줄이라는 詔書를 내리자 胡濙은 上供의 액수를 줄이고, 法王 이하의 番僧 400~500명을 덜어낼 것 등을 上奏하여 큰 성과를 거두었다. 行在禮部의 印章이 없어졌지만 正統帝는 불문에 붙이고 다시 만들 것을 명하였다. 얼마 후 또 印章을 잃어버리자 탄핵을 받고 하옥되었다. 하지만 얼마 지나지 않아 잃어버린 印章을 찾아내 복직되었다. 宣德 9년(1434) 나이 70에 이르자 致仕를 요청했지만, 正統帝는 이를 허락하지 않았다. 正統帝가 1449년 土木堡의 變으로 오이라트의 에센 군에게 생포되자 조정의 群臣들이 남방으로 천도를 주장했지만, 胡濙은 侍郎 于謙과 함께 견결히 반대하였다. 景泰帝가 즉위하자 太子太傅로 승진하였다. 다만 正統帝의 귀환과 관련한 각종 의례 방면에서 최대한 간략한 의례를 원하는 景泰帝와 의견이 맞지 않았다. 英宗이 復位하자 胡濙은 入朝하여 은퇴를 요청하였다. 天順帝는 두터운 상을 하사하였다. 胡濙은 6명의 황제를 섬기기를 대략 60년 동안 하였는데 내외로 '耆德'이라 칭해졌다. 귀향함에 이르러 세 명의 동생이 있었는데, 모두 古稀가 넘어 머리와 수염이 하얀 형제가 一堂에 모였다 하여 이를 '壽愷'라 하였다. 7년 뒤에 사망하니 향년 89세였다. 太保로 추증하고, 忠安이라는 시호를 내렸다. 胡濙은 평생 검소하고 寬厚하며 喜怒哀樂의 감정을 겉으로 드러내지 않았고 겸손한 처신으로 일관하였다.

는데, 지금 내조하였으니 마땅히 추가로 하사품을 주어야 할 것이다”라 하였다.[268] 9월에 징매현(澄邁縣)의 여족 왕관주(王觀珠)·경산현(瓊山縣)의 여족 왕관정(王觀政) 등이 무리를 모아 경산 토관 지현 허지광(許志廣)을 살해하고, [사방으로] 돌아다니면서 마을을 노략질하며 사람과 가축을 죽이고 약탈하자, [조정에서는] 광동 삼사(三司)에게 명하여 실상을 조사하여 토벌하도록 하였다.[269] [선덕] 2년(1427)에 지휘 왕우(王瑀) 등이 추격하여 여족의 구적(寇賊)을 체포하는데, 관병(官兵)이 금계령(金鷄嶺)에 이르자 구적이 무리를 거느리고 저항하며 맞섰지만 [왕우 등이] 그들을 격파하고, 구적 수령 왕관정 및 수종(隨從)하는 구적 262명을 생포하고 267명을 참수하니 나머지 무리들은 궤멸되어 도망쳐 달아나 산 속으로 들어갔는데, 여족 812호(戶)를 불러들여 위무하여 생업으로 복귀시키고,[270] 승전했다고 보고하였으며,[271] 왕관정 등을 칼을 씌워 경사로 보냈다. 선덕제가 상서 건의(蹇義)[272]에게 이르기를, “만족(蠻族)의 본성이 비록 순치시키기 어렵지만 변란에까지 이른 데에는 반드시 격발된 바가 있는 법이다. 마땅히 엄히 여족의 여러 관리들을 경계하고 위무하며 관대함으로써 그들을 통제해야 하는데, 만약 사단을 일으키고 변란을 격발시킨다면 나라에 정해진 형법이 있는 것이다”라 하였다.[273]

---

268) 『宣宗實錄』 卷19 宣德 원년 7월 丁未條 참조. 한편 이때 이들에게 차등을 두어 하사한 물품은 鈔·布·帛·襲衣 등이었다.

269) 『宣宗實錄』 卷21 宣德 원년 9월 丁巳條 참조.

270) 『宣宗實錄』 卷24 宣德 2년 정월 辛亥條 참조.

271) 승전을 보고한 것은 廣東의 三司 즉 都司, 布政司, 按察司였다. 이에 대해서는 『宣宗實錄』 卷24 宣德 2년 정월 甲戌條 참조.

272) 蹇義(1364~1435): 明代의 大臣이다. 字는 宜之이고, 巴縣(지금의 重慶) 출신이다. 初名은 蹇瑢이었다. 홍무 18년(1385)에 進士로 급제하여 中書舍人으로 제수 받았다. 上奏한 내용이 洪武帝의 뜻에 부합하는 일이 많았는데, 洪武帝는 그의 성실함을 좋아하여 특별히 그를 위하여 親筆로 ‘義’라는 글자를 내려 주어 이름을 바꾸도록 했다. 建文 시기에는 吏部右侍郎으로 특별 발탁되었다. 靖難의 役으로 燕王 朱棣가 大統을 잇자 蹇義는 永樂帝를 迎附하였다. 蹇義의 관직은 吏部左侍郎을 거쳐 吏部尙書로 승진하였다. 永樂 2년(1404)에는 太子詹事를 겸하였는데, 永樂帝와 太子 모두에게 신임을 얻었다. 太子少保, 太子少師 등의 職銜을 얻었다. 戶部尙書 夏原과 함께 ‘蹇夏’라 불렸다. 그 후 洪熙帝와 宣德帝 시기에도 두 황제의 신임을 두터이 받았다. 正統帝 즉위 직후에 病死하였다. 死後에 太師로 추증되었고, 忠定이란 시호를 받았다. 蹇義의 사람됨은 질박하고 성실하였다. 오랫동안 吏部尙書를 역임했으며, 모두 5명의 황제를 모셨는데, 典章制度의 정립에 힘을 쓰는 등 明初의 정계에 깊은 발자취를 남겼다.

273) 『宣宗實錄』 卷24 宣德 2년 정월 甲戌條 참조.

正統九年，崖州守禦千戶陳政聞黎賊出沒，偕副千戶洪瑜領軍搜捕賊，乃圍熟黎村，黎首出見，政等輒殺之．又令軍旗孫得等十五人焚其廬舍，殺其妻孥數人，擄其財物．各黎激變，政及官軍百人，皆爲所殺．巡按御史趙忠以聞，坐瑜激變律斬．

정통 9년(1444)에, 애주(崖州)의 수어(守禦) 천호(千戶) 진정(陳政)이 여족 구적의 출몰 소식을 듣고 부천호(副千戶) 홍유(洪瑜)와 함께 군대를 거느리고 구적을 수색하여 체포하였고, 이에 숙여(熟黎)의 마을을 포위하니 여족 수령이 모습을 드러내자 진정 등이 곧 그를 살해하였다. 다시 명령을 내려 군기(軍旗) 손득(孫得) 등 15명으로 하여금 그의 가옥을 불사르고 그의 아내와 자식 몇 명을 죽이고 그의 재산을 노략질하도록 하였다. [이로 인해] 모든 여족 사람들이 격발되어 변란을 일으키니, 진정 및 관군 100명이 모두 [그들에게] 살해되었다. 순안어사(巡按御史) 조충(趙忠)이 [이 사실을] 보고하니, 홍유를 격변률(激變律)[274]에 연좌시켜 참수하였다.[275]

景泰三年敕萬州判官王琥曰：「以爾祖父能招撫黎人，特授土官．爾能繼承父志，亦旣有年．玆特降敕付爾，撫諭該管村峒黎人，各安生業，不得倣效別峒生黎所爲．其官軍亦不得擅入村峒，擾害激變．」

경태(景泰)[276] 3년(1452)에 만주의 판관(判官)[277] 왕호(王琥)에게 칙서를 내려 이르기를, "너의 조부가 여족 사람들을 잘 초무(招撫)했기 때문에 특별히 토관을 제수하였다. 네가 부친의 뜻을 잘 계승한 지도 또한 이미 여러 해가 지났다. 이에 특별히 칙서를 내려 너에게 주노니,

274) 激變律: 『大明律』 권14, 「兵律」 2, 軍政의 '激變良民' 條에 "무릇 牧民官이 [양민을] 잘 어루만지지 못하고 법에 저촉되는 행동을 자행하여 양민의 변란을 불러일으켜 이로 인하여 [양민이] 무리를 이루어 반란을 일으켰는데 城池를 지키지 못하게 되는 경우는 참형에 처한다(凡牧民之官, 失於撫字, 非法行事, 激變良民, 因而聚衆反叛, 失陷城池者, 斬)"라 되어 있다.

275) 『英宗實錄』 卷116 正統 9년 5월 壬申條 참조. 한편 孫得 등은 正統帝의 명으로 巡按監察御史 趙忠과 廣東 三司의 再讞을 거쳐 死罪에서 감형되어 杖 100에 廣西 邊衛로 보내 軍戶로 充當시켰다.

276) 景泰: 明나라 제7대 황제 景泰帝 朱祁鈺의 年號이다.

277) 判官: 재판 등을 담당하는 관원으로 從七品職이다.

관할하는 마을과 동(峒)의 여족 사람들을 어루만지고 효유하여 각자 생업에 편안케 해서 다른 동의 생여족(生黎族)의 행위를 모방하지 않도록 하라. 관군 또한 멋대로 마을과 동에 난입하여 소란을 피우고 해를 끼쳐 변란을 격발하지 않도록 하라"고 하였다.[278]

天順五年敕兩廣巡撫葉盛, 以海南賊五百餘占據城池, 可馳至瓊, 相機撫捕, 勿使滋蔓.

천순(天順)[279] 5년(1461)에, 양광(兩廣) 순무(巡撫) 섭성(葉盛)[280]에게 칙서를 내려 해남 구적 500여 명이 성지(城池)를 점거하였다고 하니, 급히 속도를 내어 경주에 이르면 기회를 보아 위무하고 체포하여 소란이 널리 뻗어가지 않도록 하라고 하였다.[281]

弘治二年, 崖州故土官陳迪孫·冠帶舍人陳崇祐朝貢. 以其能撫黎人之逋逃復業者, 厚賜之.

---

278) 『英宗實錄』 卷217 景泰 3년 6월 己卯條 참조.

279) 天順: 明나라 제8대 황제인 英宗 朱祁鎭의 年號이다. 영종은 원래 명조 제6대 황제로 즉위했지만 '土木堡의 變'으로 몽골에 포로로 잡혀갔다가 生還하여, 天順 元年(1457)에 이른바 '奪門의 變'이라는 政變을 통해 景泰帝를 이어 제8대 황제로 재차 즉위하였고, 이때 天順이라는 연호를 새롭게 제정하여 사용하였다.

280) 葉盛(1420~1474): 字는 與中, 號는 蛻庵, 自號는 白泉, 別號는 涇東道人, 澱東老漁이다. 江蘇 崑山 출신이다. 正統 10년(1445)에 進士로 급제하여 兵科給事中이 되었다. 정통 14년(144) 오이라트의 에센군이 土木堡에서 英宗을 생포한 후 北京으로 육박해오자 葉盛은 于謙을 도와 重兵을 동원하여 城外에서 오이라트군을 격퇴하였다. 이후 都給事中으로 승진하였다. 뒤에는 山西右參政으로 발탁되어 宣府鎭(지금의 山西 大同)의 錢餉 조달을 감독하였다. 景泰 3년(1452) 巡邊御史 李秉의 추천으로 獨石 등 4城의 軍務를 보좌하였다. 任職 5년 동안 吏治를 정돈하고 武備에 힘썼으며 경지의 개간에 노력하여 큰 성과를 거두었다. 天順 2년(1458) 4월에는 都察院右僉都御史로 발탁되어 兩廣을 巡撫하였다. 天順 7년(1463)에 京師로 소환되어 左僉都御史가 되어 宣府鎭을 巡撫하였다. 成化 3년(1467)에 禮部右侍郎으로 승진하였다. 成化 8년(1472)에 吏部左侍郎으로 옮겼다. 成化 10년(1474)에 病死하였다. 文莊이란 謚號를 받았다.

281) 『英宗實錄』 卷324 天順 5년 정월 戊申條 참조.

홍치 2년(1489)에, 애주의 전임 토관 진적손(陳迪孫)·관대사인(冠帶舍人) 진숭우(陳崇祐)가 입조하여 방물을 바쳤다. [홍치제는] 그들이 여족 사람으로서 도망갔다가 생업으로 복귀한 자들을 잘 위무했기 때문에 두터이 상을 하사하였다.[282]

十五年, 黎賊符南蛇反, 鎭兵討之, 不下. 戶部主事馮顒奏:「府治在大海南. 有五指山峒, 黎人雜居. 外有三州·十縣·一衛·十一所. 永樂間, 置土官州縣以統之, 黎民安堵如故. 成化間, 黎人作亂, 三度征討. 將領貪功, 殺戮無辜. 迨弘治間, 知府張桓·余浚貪殘苛斂, 大失黎心, 釀成今日南蛇之禍. 臣本土人, 頗知事勢, 乞仍考原設應襲土官子舍, 使各集土兵, 可得數萬, 聽鎭巡官節制. 有能擒首惡符南蛇者, 復其祖職. 以蠻攻蠻, 不數月可奏績矣.」詔從之.

[홍치] 15년(1502)에, 여족의 구적 부남사(符南蛇)[283]가 반란을 일으키자 진수하던 군대가 그를 토벌했지만 공략하지는 못하였다. 호부주사(戶部主事) 풍옹(馮顒)[284]이 상주하여 아뢰

282) 본문에서는 弘治 2년이라 했지만, 實錄에서는 弘治 원년(1488) 6월 條에 해당 기사가 나온다. 이에 대해서는『孝宗實錄』卷15 弘治 원년 6월 戊申條 참조. 한편 陳崇祐가 잘 위무한 도망갔다가 생업으로 복귀한 여족의 수는 1,360여 戶였다.

283) 符南蛇(1465~1502): 符蚺이라고도 한다. 儋州 七坊峒(지금의 海南省 儋縣 海頭鎭 七坊村) 출신이다. 明代 黎族 반란군의 領袖이다. 대대로 경작과 수렵생활을 영위했다. 符南蛇는 평소에 창과 곤봉에 능숙했고 특히 활쏘기를 잘 했는데, 峒人 符那攬 등과 結義兄弟하면서 현지에서 자못 영향력을 행사하였다. 弘治 연간(1488~1505)에 瓊州에 水害와 旱災가 일어났지만, 張桓과 余浚 두 知府가 백성의 어려움을 고려하지 않고 여전히 가렴주구를 하여 크게 민심을 잃었다. 수많은 黎族 災民들이 고통을 감내하지 못하여 弘治 14년(1501) 여름에 符南蛇의 지휘 하에 반란을 일으켰다. 순식간에 海南島의 절반 가량이 반란군의 수중에 떨어졌다. 明의 官軍 2만여 명이 동원되어 5路로 나누어 반란군의 거점을 향해 진격했다. 반란군은 지리적 利點을 최대한 이용하여 관군 3,000여 명을 섬멸하였다. 조정에서는 급히 兩廣을 鎭守하던 '征瑤將軍' 毛稅로 하여금 10만의 대군을 데리고 가서 征討하도록 명하였다. 반란군은 완강하게 저항하였다. 홍치 15년(1502) 符南蛇는 전투 과정에서 화살을 맞고 부상당했고, 끝내는 강물 속으로 떨어져 사망하였다. 官軍은 七坊峒을 점령했고, 그해 12월에 반란군은 결국 진압되고 말았다.

284) 馮顒: 생졸년 미상. 瓊山 출신이다. 弘治 9년(1496)에 進士로 급제하여 監察御史로 제수되었다. 官軍이 符南蛇의 반란을 평정하는 데 가담하여 尙書 劉大夏의 칭찬을 받았다. 正德 초년에 宦官 高金과 함께 涇王이 占有한 莊園을 현지를 방문하여 철저히 조사하였다. 후에 劉瑾에게 미움을 받아 무고를 당해

기를, “부(府)의 치소(治所)는 대해(大海)의 남쪽에 있습니다. 오지산동(五指山洞)이라는 곳에 여족 사람들이 섞여 살고 있습니다. 그 외에 3개의 주(州)·10개의 현(縣)·1개의 위(衛)·11개의 소(所)가 있습니다. 영락 연간(1403~1424)에 토관의 주현을 두어 그들을 통치하였는데, 여족 백성들이 예전 그대로 편안하게 생활하였습니다. 성화 연간(1465~1487)에 여족 사람들이 반란을 일으켜 세 차례에 걸쳐 토벌하였습니다. 장령들이 공을 탐하여 무고한 자들을 살육하였습니다. 홍치 연간(1488~1505)에 이르러 지부(知府) 장환(張桓)·여준(余浚)이 탐욕스럽고 잔인하게 가렴주구를 하여 크게 여족의 민심을 잃어 오늘날 부남사의 화를 양성(釀成)하였습니다. 신은 본디 현지인으로서 자못 사정의 형세를 알고 있으니, 청컨대 예전처럼 원래 설치하여 응당 계승할 토관의 아들들을 찾아 그들로 하여금 각각 토병(土兵)을 모으도록 한다면 수만 명을 얻을 수 있을 것이니, 진순관(鎭巡官)의 통제를 받도록 하시기 바랍니다. 수악(首惡) 부남사를 능히 체포할 자가 있다면 그 조상의 관직을 회복시키시기 바랍니다. 만족(蠻族)으로써 만족을 치게 한다면 몇 개월이 지나지 않아 [성공의] 실적을 아뢸 수 있을 것입니다”라 하였다. [홍치제는] 조서를 내려 그의 의견을 받아들이도록 하였다.[285)]

嘉靖十九年, 總督蔡經以崖·萬二州黎岐叛亂, 攻逼城邑, 請設參將一員, 駐劄瓊州分守.

가정 19년(1540)에, 총독 채경(蔡經)이 애주와 만주 두 주의 여족과 기족(岐族)이 반란을 일으켜 성읍(城邑)을 공격하고 핍박한다는 이유로, 참장(參將) 1명을 두어 경주에 주차(駐箚)하며 나누어 지키게 할 것을 청하였다.[286)]

二十八年, 崖州賊首那燕等聚衆四千人爲亂, 詔發兩廣官軍九千剿之. 給事鄭廷鵠言: 瓊州諸黎盤居山峒, 而州縣反環其外. 其地彼高而我下, 其土彼膏腴而我鹹鹵, 其勢

결국 자살하였다.

285) 『孝宗實錄』 卷193 弘治 15년 11월 壬申條 참조.

286) 『世宗實錄』 卷238 嘉靖 19년 6월 戊辰條 참조. 한편 당시 蔡經의 직위는 提督兩廣都御史였다.

彼聚而我散. 故自開郡來千六百餘年, 無歲不遭黎害, 然無如今日甚矣. 今日黎患, 非九千兵可辦, 必添調狼土官兵, 兼召募打手, 集數萬衆, 一鼓而四面攻之, 然後可克.

[가정] 28년(1549)에 애주의 구적 두목 나연(那燕) 등이 무리 4,000명을 모아 반란을 일으키자, [가정제가] 조서를 내려 양광(兩廣)의 관군 9,000명을 보내 토벌하도록 하였다.[287] 급사중 정정곡(鄭廷鵠)[288]이 아래와 같이 아뢰었다.

"경주의 여러 여족이 산동(山峒)을 점거하니 주현은 도리어 그 외부를 둘렀습니다. 지세는 그들이 높고 우리가 낮으며, 토양은 그들이 비옥하고 우리가 척박하며, 형세는 그들이 집중되고 우리가 분산되어 있습니다. 까닭에 군(郡)을 설치한 이래 1,600여 년 동안 여족의 해를 입지 않은 해가 없었지만, 오늘날과 같이 심한 적은 없었습니다. 오늘날 여족의 근심은 9,000명의 관병으로 해결할 수 없으니, 반드시 낭토(狼土)[289]와 관병을 추가로 동원하고 아울러 타수(打手)를 초모(招募)하여, 수만 명의 무리를 모아 일거에 사방에서 진공한 연후에야 이길 수 있을 것입니다.

---

287) 『世宗實錄』 卷351 嘉靖 28년 8월 庚申條 참조.

288) 鄭廷鵠(1505~1563): 字는 元侍, 號는 篔溪이다. 海南 瓊山 출신이다. 15세에 海貞范 門下에서 修學하였는데, 丘浚의 曾孫 邱郊 및 邱祁와 동창이 된다. 海先生은 鄭廷鵠가 奇才임을 보고 후일에 반드시 大器가 되리라 생각해서 딸(海瑞의 고모)과 결혼시켰다. 郡學에 入學한 뒤에는 丘浚의 著作을 연마하며 그의 爲人과 학식에 탄복했다고 한다. 鄭廷鵠은 일찍이 海瑞의 啓蒙教師가 되었는데, 그의 심원한 학식과 고매한 품행은 海瑞의 성장에 큰 영향을 끼쳤다. 嘉靖 17년(1538) 會試에서 제3등으로 합격했고, 殿試에서 進士出身으로 급제하였다. 工部都水司主事, 吏科給事中, 工科左給事를 역임했는데, 모두 공명정대하고 청렴결백하였다. 嘉靖 28년(1549) 8월에 崖州 黎族 추장 那燕이 무리 4,000여 명을 모아 鄉寨를 노략질하고 城郭을 공격하자 반란 평정의 계책을 上言하였는데, 兵部에서 모두 그대로 시행하여 이듬해(1550) 7월에 반란을 평정할 수 있었다. 그해에 外官의 考察을 주관하였는데, 모두 公正無私하여 내외의 칭찬을 받았다. 同年 會試의 同考官을 맡았는데, 일시에 그 門下에서 나온 자들이 모두 海內의 名士였다. 얼마 후에는 江西의 督學副使가 되었는데, 諸生들이 敬服하였다. 임기를 채운 뒤에 江西布政司右參政이 되었다. 후에 모친의 養老를 위해 은퇴를 청하여 귀향하였다. 家鄉에서 著書 외에 石湖書院을 創建하였다. 晚年에 仕宦의 뜻을 완전히 접고 끝내 朝廷의 기용을 謝絕하였다.

289) 狼土: 狼族의 土兵, 즉 狼兵을 가리킨다. 狼兵은 明 중엽에 廣西·廣東 일대에서 모집한 군대를 지칭하는데, 이들이 정예부대가 되었다. 그 부대는 주로 壯族과 瑶族으로 구성되어 있었는데 土官의 통제를 받았다. 狼兵은 兵籍에 기재되지 않는 비정규 군대였으나 그들의 전투능력이 뛰어나서 여러 진압작전에 투입되었다.

嘗考剿除黎患，其大舉有二．元至元辛卯，曾空其穴，勒石五指山．其時雖建屯田府，立定安・會同二縣，惜其經略未盡，故所得旋失．嘉靖庚子，又嘗大渡師徒，攻毁巢岡，無處不至．於是議者謂德霞地勢平衍，擬建城立邑，招新民耕守．業已舉行，中道而廢，旋爲賊資，以至復有今日．謹條三事：

일찍이 여족의 근심을 제거한 일을 살펴본 적이 있는데, 그 가운데 대규모 용병은 두 차례였습니다. 원나라 지원(至元)[290] 신묘(辛卯)[291]년(1291)에 일찍이 그 소굴을 깨끗이 소탕한 뒤 오지산(五指山)[292]에서 돌에 [공훈을] 새겨 넣었습니다. 그 때 비록 둔전부(屯田府)를 건립하고 정안(定安)·회동(會同)의 두 현을 세웠지만 안타깝게도 그 경략이 미진하였고, 그런 까닭에 얻은 바의 것을 곧바로 잃어버렸습니다. 가정(嘉靖) 경자(庚子)년[293](1540)에 다시 일찍이 크게 군대를 바다 건너 파견하여 [구적의] 산속의 소굴을 공격하여 파괴하였는데, 이르지 않는 곳이 없었습니다. 이에 논의하는 자들은 덕하(德霞)의 지세가 평탄하고 넓다면서 성읍을 건설하고 새로 온 백성을 불러 모아 경작하고 수비하도록 하고자 하였습니다. 이미 [그대로] 거행했지만 중도에 폐기되어 얼마 후에는 구적의 자산이 되어버려 다시 오늘날에 이르게 되었습니다. 삼가 세 가지 사항으로 나누어 진술합니다.

一，崖黎三面郡縣，惟東面連郎溫・嶺脚二峒岐賊，實當萬州陵水之沖．崖賊被攻，必借二峒東訌以分我兵勢．計須先分奇兵攻二峒，而以大兵徑擣崖賊．彼此自救不暇，莫能相顧，則殲滅可期．傳聞賊首那燕已入凡陽構集岐賊．此必多方誤我，且訛言搖

290) 至元: 元나라 때 世祖와 惠宗(順帝) 두 황제가 사용한 年號이다. 본문 중에서 언급한 至元 연간은 世祖 쿠빌라이(Kubilai)칸의 연호이다.

291) 元 世祖 至元 28년(1291)을 가리킨다.

292) 五指山: 瓊州府 瓊山, 崖州, 儋州, 萬州 등지에서 모두 바라보이는 산이다. 五指山이라는 명칭은 이 산에 다섯 개의 봉우리가 높이 솟아 있는 것이 마치 손가락처럼 보인다는 데에서 유래한다. 일명 黎母山이라고도 한다. 이 五指山 주위에 黎族들이 모여 사는데 안쪽이 生黎, 바깥쪽이 熟黎가 각각 분포되어 있었다. 이상은 『讀史方輿紀要』 卷105 「廣東6」 참조.

293) 明 世宗 嘉靖 19년(1540)을 가리킨다.

惑，以堅諸部助逆之心．宜開示慰安，以解狐疑之黨．

하나, 애주의 여족은 세 방향으로 군현을 마주보고 있는데, 동쪽으로는 낭온(郎溫)·영각(嶺脚) 두 동(峒)의 기족(岐族)의 구적과 연접(連接)하고 있으니, 실로 만주(萬州) 육수(陵水)의 요충지에 해당합니다. 애주의 구적이 공격을 당하면 반드시 두 동 동쪽에서의 분란을 이용하여 우리의 병력을 분산시킵니다. 헤아려 보면, 모름지기 먼저 기병(奇兵)을 나누어 두 동을 공격하고, 대규모 군대로 애주의 구적을 곧바로 공격해야 합니다. [구적들은] 피차에 스스로 구할 겨를도 없어 서로 돌아볼 수 없을 것이니, 곧 섬멸을 기약할 수 있습니다. 들리는 소식에 의하면, 구적의 수령 나연(那燕)이 이미 범양(凡陽)으로 들어와 기족의 구적을 모았다고 합니다. 이는 반드시 여러 방면에서 우리를 혼란에 빠뜨리고 또 유언비어로 현혹해서 여러 부락이 반역을 돕는 마음을 견고히 하고자 하는 것입니다. 마땅히 위로와 안무(安撫)[의 방침]을 공개적으로 제시하여 머뭇거리는 패거리들을 와해시켜야 할 것입니다.

一，隋·唐郡縣，輿圖可考，今多陷入黎中．蕩平後悉宜恢復，幷以德霞·千家·羅活等膏腴之地盡還州縣，設立屯田，且耕且守．仍由羅活·磨斬開路，以達定安，由德霞沿溪水以達昌化．道路四達，井邑相望，非徒懾奸銷萌，而王路益開拓矣．

하나, 수나라·당나라의 군현은 지도로 살필 수 있는데, 지금 대부분 여족 수중으로 들어가 있습니다. 소탕하여 평정한 후에 모두 마땅히 회복시키고, 아울러 덕하(德霞)·천가(千家)·나활(羅活) 등 비옥한 땅을 모두 주현으로 되돌려 둔전을 설치해서 한편으로는 경작하고 한편으로는 수비토록 해야 합니다. 예전대로 나활·마참(磨斬)으로부터 길을 열어 정안(定安)에 이르고, 덕하에서 계곡물을 따라 창화(昌化)에 도달토록 해야 합니다. [그러면] 도로가 사방으로 연결되고, 도시와 향촌이 서로 바라보게 되니, 간사한 자들을 두렵게 하여 [반역의] 싹을 없앨 수 있을 뿐만 아니라 왕조의 길도 더욱 개척되고 확장될 것입니다.

一, 軍威旣振, 宜建參將府於德霞, 各州縣許以便宜行事, 以鎭安人心. 其新附之民中有異志者, 或遷之海北地方屯田, 或編入附近衛所戎籍, 如漢徙潳山蠻故事. 又擇仁明慈惠之長, 久任而安輯之, 則瓊人受萬世利矣.

하나, 관군의 위세가 떨쳐진 뒤에는 마땅히 참장부(參將府)를 덕하에 세워 각 주현에서 편의에 따라 일을 처리하도록 허용하여 민심을 안정시켜야 할 것입니다. 새로 귀부(歸附)한 백성 가운데 딴 마음을 품는 자가 있다면, 해북(海北) 지방으로 이주시켜 둔전토록 하거나 부근 위소의 군적(軍籍)으로 편입시켜, 한(漢)나라 때 도산(潳山)으로 이주시킨 만족의 고사처럼 해야 할 것입니다. 또 어질고 현명하며 자혜로운 수장(首長)을 선택하여 오랫동안 [일을] 맡겨서 그들을 안정시키도록 한다면, 경주 사람들은 만대의 이익을 향유하게 될 것입니다."

疏下兵部議, 詔悉允行.

주소(奏疏)를 병부에 내려 논의케 한 뒤, 조서를 내려 모두 윤허하여 실행케 하였다.[294]

二十九年, 總兵官陳圭·總督歐陽必進等督兵進剿, 斬賊五千三百八十級, 俘一千四十九人, 奪牛羊器械倍之, 招撫三百七十六人. 捷聞, 帝嘉其功, 賜圭·必進祿米廕襲有差.

[가정] 29년(1550)에 총병관(總兵官) 진규(陳圭)[295]·총독 구양필진(歐陽必進)[296] 등이 군

294) 이상 鄭廷鵠의 上言과 윤허의 詔書에 대해서는 모두 『世宗實錄』 卷351 嘉靖 28년 8월 庚申條 참조.
295) 陳圭(1509~1554): 字는 世秉이다. 南直隸 合肥縣(지금의 安徽 合肥市) 출신이다. 平江伯 陳瑄의 후예이고, 陳熊의 再從子로서 平江伯의 작위를 세습 받았다. 宿衛를 거느리며 京營僉書中軍府를 관장했다. 천거를 받고 兩廣으로 出鎭하여 封川 등지의 농민반란을 진압하여 太子太保의 작위를 추가로 받았다. 陳圭는 士卒들과 同苦同樂하며 적의 소재를 보고받으면 곧바로 갑옷을 두르고 선두에 서서 진격하였는데, 피하는 바가 없어 향하는 곳마다 승리했다고 한다. 廣東 일대에서 10여 년간 활동하며 小賊을

대를 통솔하여 진공해서 토벌하여 구적 5,380명의 수급을 베고 1,049명을 생포했고, 소와 양 및 무기를 탈취한 것이 그 두 배였으며, 376명을 불러들여 위무하였다. 승전의 보고를 듣고 가정제는 그들의 공로를 가상하게 여겨 진규와 구양필진에게 봉록의 미곡과 봉음(封廕)의 승계를 차등을 두어 하사하였다.[297)]

萬曆十四年, 長田峒黎出掠, 兵備道遣兵執戮之. 草子坡諸黎召衆來報復, 戰於長沙營, 斬黎首百餘級, 於是黃村·田尾諸峒黎皆出降.

만력 14년(1586)에 장전동(長田峒)의 여족이 나와서 약탈하자 병비도(兵備道)[298)]가 군대

섬멸한 것은 이루 헤아릴 수 없을 지경이었다. 후에 北京으로 소환되어 後軍府를 관장했다. 陳圭의 아내는 仇氏로서 咸寧侯 仇鸞의 동생이었는데, 陳圭와 仇鸞의 사이가 나빴다. 仇鸞이 자주 嘉靖帝에게 陳圭를 헐뜯어 거의 得罪할 정도였는데, 끝내는 역전되어 이후는 오히려 嘉靖帝의 총애를 받았다. 얼마 후에 京營의 戎政을 總督하고 京師의 外城 工程을 提督하였다. 工程이 끝나자 太子太傅의 작위가 추가되었다. 嘉靖 33년(1554) 12월 23일에 官府에서 순직하니 나이 46세였다. 太傅로 추증되고 武襄이란 諡號를 받았다.

296) 歐陽必進(1491~1567): 子字는 任夫, 號는 約庵이다. 安福縣 平都鎭 仙壇村 출신이다. 明代의 저명한 정치가이자 과학자이다. 正德 8년(1513) 江西의 鄕試에 합격하고, 12년(1517)에 進士로 급제하여 禮部主事가 되었다. 관직은 浙江布政使, 鄖陽巡撫, 兩廣總督, 兩京都御史 및 刑部, 吏部, 工部尙書 등을 역임하였다. 특히 嘉靖 23년(1544) 鄖陽(지금의 湖北 鄖縣)巡撫 재직 시에 현지에서 牛疫이 창궐하여 耕牛가 거의 전멸할 지경이 되었다. 백성들은 겨우 人力으로 쟁기를 끌어 경작해야 했으므로 그 고통은 이루 말할 수 없었다. 이에 歐陽必進은 家鄕에서의 경험과 자료 조사 등의 방법을 결합하여 직접 人力耕作機械를 발명하였는데, 그 효과가 대단하여 농민들의 큰 환영을 받았다. 현지 농민들은 歐陽必進이 발명한 경작기계를 통하여 牛疫의 피해를 극복할 수 있었다. 이 기계의 발명은 중국 고대의 농업과학기술사에서도 한 페이지를 장식하는 쾌거였다. 한편 刑部尙書 재임 시에는 법 적용을 엄정하게 하고 滅私奉公하며 밤낮으로 나태하지 않아 嘉靖帝로부터 '端愼老成'이란 칭찬을 받았다. 工部尙書 재임 시에는 皇宮의 午門, 天安門 및 太和殿, 中和殿, 保和殿 重修를 主持하기도 하였다.

297) 『世宗實錄』 卷363 嘉靖 29년 7월 辛丑條 참조.

298) 兵備道: 明代에 각 省의 重要지방에 兵備를 위해 설치한 道員이다. 洪武 연간에 처음 설치하였는데, 원래는 布政司參政 혹은 按察副使를 總兵 근무지에 보내어 문서를 정리하고 機要에 참여케 하는 임시적인 差遣이었다. 弘治 연간에 비로소 각 省의 군사 요충지에 兵備를 위한 道員을 두어 이를 兵備道라 칭하였다. 軍事를 감독하고, 아울러 作戰行動에 직접 참여케 하였다. 兵備道는 按察使 혹은 按察僉事로 充任하였는데, 分巡道의 일종이 된다.

를 파견하여 그들을 붙잡아 살육하였다. 초자파(草子坡)의 여러 여족이 무리를 불러 모아 보복하러 왔는데, 장사영(長沙營)에서 교전하여 여족 100여 명의 수급을 베니, 이에 황촌(黃村)·전미(田尾) 등 여러 동의 여족이 모두 나와서 투항하였다.

瓊州黎人, 居五指山中者爲生黎, 不與州人交. 其外爲熟黎, 雜耕州地. 原姓黎, 後多姓王及符. 熟黎之産, 半爲湖廣·福建奸民亡命, 及南·恩·藤·梧·高·化之征夫. 利其土, 占居之, 各稱酋首. 成化間, 副使塗棐設計犁掃, 漸就編差. 弘治間, 符南蛇之亂, 連郡震驚, 其小醜侵突, 無時而息云.

경주의 여족 사람들 가운데 오지산 속에서 사는 자를 생여(生黎)라 하는데 [이들은] 주(州)의 사람들과 왕래하지 않았다. 오지산 바깥에 사는 자들을 숙여(熟黎)라 하는데 [이들은] 주(州)의 땅에서 잡거하며 경작하였다. 원래의 성(姓)은 여(黎)였는데, 후에는 대부분 왕(王) 및 부(符)를 성으로 삼았다. 숙여로 출생한 자 [가운데 나머지] 반이 호광과 복건의 망명한 간민(奸民) 및 남(南)·은(恩)·등(藤)·오(梧)·고(高)·화(化)의 정부(征夫)[299]였다. [그들은] 이곳의 토지를 탐하여 점거하여 거주하면서 각자 추장이라 칭하였다. 성화 연간(1465~1487)에 부사(副使) 도비(塗棐)가 계책을 내어 이들을 소탕하고는 점차 [이들을] 호적에 편성시켜 요역을 부과하였다. 홍치 연간(1488~1505)에 부남사의 반란으로 인접 군(郡)[300]이 크게 놀랐는데, 그 미천한 무리들의 침탈이 그칠 때가 없었다고 한다.

299) 征夫: 服役을 위해 징발된 자를 가리킨다.
300) 郡: 府의 雅稱이다.

| 참고문헌 |

국사편찬위원회, 『中國正史朝鮮傳譯註』, 서울: 신서원, 2004

동북아역사재단 편, 『譯註 中國正史 外國傳(1~15)』, 서울: 동북아역사재단, 2009~2013

박원호 등 역, 『명사식화지 역주』, 서울: 소명출판, 2008

顧祖禹 撰, 『讀史方輿紀要』, 北京: 中華書局, 2005

谷應泰, 『明史紀事本末』, 臺灣: 商務印書館, 1956

羅日褧, 『咸賓錄』, 北京: 中華書局, 2000

申時行 等 修, 『明會典』(萬曆朝重修本), 北京: 中華書局, 1989

嚴從簡, 『殊域周咨錄』, 北京: 中華書局, 1993

李國祥 主編, 『明實錄類纂』, 武漢: 武漢出版社, 1993

李賢 等撰, 『明一統志』(文淵閣四庫全書本), 上海: 上海古籍出版社, 1987

周國林 分史 主編, 『二十四史全譯: 明史』, 上海: 漢語大詞典出版社, 2004

陳誠・李暹, 周連寬 校注, 『西域行程記・西域番國志』, 北京: 中華書局, 1991

黃本驥, 『歷代職官表』, 臺北 : 樂天出版社, 1974

『明實錄』, 臺北: 中央研究院 歷史語言研究所 校引本, 1965~1966

데라다 다카노부・서인범, 송정수 역, 『대명제국』, 서울: 혜안, 2006

마크엘빈 지음・정철웅 옮김, 『코끼리의 후퇴』, 서울: 사계절, 2011

吳晗 저・박원호 역, 『주원장전』, 서울: 지식산업사, 2003

유인선, 『베트남의 역사』, 서울: 이산, 2002

정철웅, 『자연의 저주』, 서울: 책세상, 2012

최병욱, 『동남아시아사』, 서울: 대한교과서주식회사, 2006

龔陰, 『中國土司制度』, 昆明: 雲南民族出版社, 1992

藍武, 『元明時期廣西土司制度研究』, 暨南大學博士論文, 2005

林惠祥, 『中國民族史』上・下册, 臺北: 商務印書館, 1998

馬大政 主編, 『中國邊疆經略史』, 鄭州: 中州古籍出版社, 2000

馬西沙・韓秉方, 『中國民間宗教史』, 上海: 上海人民出版社, 1992

孟森,『明代史』, 臺北: 中華叢書委員會, 1957

范中義,『明代軍事史』, 北京: 軍事科學出版社, 1998

費孝通,『中華民族多元一体格局』, 北京: 中央民族學院出版社, 1989

楊紹猷・莫俊卿,『明代民族史』, 北京: 新華書店, 1996

余貽澤,『明代土司制度』, 臺北: 臺灣學生書局, 1968

吳永章,『中國土司制度淵源與發展述略』, 成都: 四川民族出版社, 1988

尤中,『中國西南邊疆變遷史』, 昆明: 雲南教育出版社, 1987

張德信,『明朝典章制度』, 長春: 吉林文史出版社, 1999

张鸿翔,『明代各民族人士入仕中原考』, 北京: 中央民族大学出版社, 1999

程大位,『算法統宗』, 上海: 江東書局印行, 1912

陳名杰,『明代西南土司制度研究』, 中央民族大學 博士論文, 2002

鄒逸麟,『中國歷史地理概述』, 厦門: 福建人民出版社, 1999

H. J. Wiens, *Han Chinese Expansion in South China*, New Haven, 1954

S. Harrell, ed., *Cultural Encounters on China's Ethnic Frontiers*, Seattle & London, 1995

Nicola Di Cosmo and Don J. Wyatt ed., *Political Frontiers, Ethnic Boundaries, and Human Geographies in Chinese History*, London & New York, 2003

J. C. Scott, The Art of Not Being Governed: *An Anarchist History of Upland Southeast Asia*, Yale University Press, 2010

김홍길, 「명대의 彝族 정권과 토사」, 『중국과 한국』, 서해문집, 2005

박사명, 「중국의 영향과 동남아의 대응: 상호적 접근시각」, 『동남아시아연구』 21-2, 2011

賈霄鋒, 「近百年來中國土司制度的史料整理研究」, 『貴州文史叢刊』, 2004-1

賈霄鋒, 「二十多年來土司制度研究綜述」, 『中國邊疆史地研究』, 2004-4

賈霄鋒・王力, 「近百年來中國土司制度的史料整理及研究綜述」, 『青海民族研究』 2003-3

龔陰, 「20世紀中國土司制度研究的理論與方法」, 『思想戰線』, 2002-5

龔陰, 「略論土司制度的作用與流弊」, 『西南民族大學學報(人文社科版)』 1989-2

納春英, 「明中央與西南土司關係: 以賜服制爲中心的考察」, 『廣西民族大學學報(哲學社會科學版)』 30, 2008

談琪, 「廣西"改土歸流"的社會基礎」, 『廣西民族學院學報』, 1984-7

藍武, 「廣西土司制度研究的回顧與前瞻」, 『廣西民族研究』, 2006-6

藍武, 「明代廣西改土歸流進程中關於說土與說流問題的論爭」, 『廣西師範大學學報(哲學社會科學

版), 2010-5
藍武, 「明代廣西地區改土歸流的多重性特徵」, 『廣西民族師範學院學報』, 2011-2
藍武, 「元明時期廣西土司制度研究」, 『暨南大學』, 2005-4
藍武, 「認同差異與“復流爲土”-明代廣西改土歸流反復性原因分析」, 『廣西民族研究』 2010-3
黎家磷, 「廣西土司制度消亡的原因」, 『廣西大學學報』, 1990-3
雷堅, 「試論明代廣西土司的置・廢・改流及其歷史特色」, 『廣西民族研究』, 1992-9
雷翔, 「明初整齊土司官制過程小考」, 『湖北民族學院學報(哲學社會科學版)』, 1994-1
粟冠昌, 「廣西土官民族成份初探」, 『中國民族』, 1963-4
李世愉, 「明朝土司制度述略」, 『中國邊疆史地研究』, 1994-1
李天雪, 「少數民族的祖先記憶與華夏認同－以廣西泗城岑氏土司爲例」, 『廣西民族師範學院學報』, 2012-1
謝永雄, 「明代廣西土司制度的發展及改土歸流的特點」, 『廣西社會科學」, 1992-2
成臻銘, 「明清時期湖廣土司自署職官初探」, 『吉首大學學報(社會科學版)』 23-4, 2002
楊楊花, 「明代渝東南地區土司制度研究」, 重慶師範大學碩士論文, 2011
冉敬林, 「明代酉陽土司制度特點」, 『貴州文史叢刊』, 1995-4
吳永章, 「明代廣西土司制度述略」, 『學術論壇』, 1983-3
王暉, 「廣西土官“漢裔”認同過程－以泗城岑氏爲例」, 『廣西民族大學學報』, 2009-1
王暉, 「凌雲壯族七十二巫調與岑氏土司」, 『廣西民族研究』, 2008-3
于玲, 「土司制度新論」. 『中南民族學院學報(哲學社會科學版)』, 1997-4
韋東超, 「明代廣西土司制度散論」, 『中南民族學院學報(哲學社會科學版)』, 1995-2
韋東超, 「明代廣西土司地區政局的穩定化趨勢考析」, 『廣西民族研究』, 1994-3
衛心, 「土司制度」, 『青海民族研究』, 1993-3
劉燕, 「明朝土司制度述論」, 蘭州大學碩士論文, 2008
陸韌, 「泛朝政化與史料運用偏差對邊疆史地研究的影響」, 『中國邊疆史地研究』 20-1, 2010
沈乾芳, 「明清時期彝族土司鳳(那)氏聯姻關係研究」, 『曲靖師範范學院學報』 28, 2009
馮海曉, 「明代西南·西北邊疆地區土司制度比較研究」, 『雲南大學碩士學位請求論文, 2011
許立坤, 「明代土司制度述略－明王朝民族政策研究之一」, 『廣西社會主義學院學報』, 1998-3
許立坤, 「淺述明代羈縻衛所制－明王朝民族政策研究之二」, 『廣西社會主義學院學報』, 1998-4
胡起望, 「≪明史・廣西土司傳≫校補」, 『民族研究』, 1979-3
胡仁亮, 「初論湖南明清瑤官制度」, 『民族論壇』, 1996-3
胡腊芝, 「從元明清印信論貴州土司制度」, 『貴州文史叢刊』, 1994-5

華林, 「明清清西南土司承襲制度和文書」, 『貴州文史叢刊』, 1994-4

黃明光, 「≪明史・廣西土司傳≫續考」, 『中央民族學院學報』, 1989-8

岡野昌子, 「明代土司制度考」, 『待兼山論叢』 1, 1967

岡田宏二, 「明代華南地域における土司の設置について」, 『東洋研究 』170, 2008

栗原 悟, 「明代彝族系土司にみられる種族連合の紐帶－彝族(ロロ・ノス系)の民族史的研究の一考察」, 『東南アジア. 歷史と文化』 11, 1982

戴逸 主編, 『二十六史大辭典』, 吉林: 吉林文史出版社, 1993

史爲樂 主編, 『中國歷史地名大辭典』, 北京: 中國社會科學出版社, 2005

臧勵酥 等 編, 『中國古今地名大辭典』, 臺北: 商務印書館, 1931

『中國歷史地圖集』, 地圖出版社, 1987

『中國人名大辭典』, 中州古籍出版社, 1993

京大東洋史辭典編纂會, 『新編東洋史辭典』, 東京: 創元社, 1980

下中邦彥 編, 『アジア歷史事典』, 東京: 平凡社, 1962

연표

연도	호광 · 사천 · 운남토사	귀주 · 광서토사
1364	호광 호광안정선무사(湖廣安定宣撫使) 상사명(向思明)의 요청으로 안정(安定) 등지에 선무사(宣撫司) 두 곳을 설치함	
1365		귀주 사남선위(思南宣慰)와 사주선무(思州宣撫)가 솔선하여 명에 귀부(歸附)해 와서 원래의 관직을 대대로 세습토록 함
1366	호광 용미선무사(容美宣撫使) 전광보(田光寶)의 요청을 받아들여 그를 사천행성(四川行省) 참정(參政)에 임명하고 태평(太平), 대의(臺宜), 마료(麻寮) 등 10채(寨) 장관사(長官司)를 설치함	귀주 용미선무사(容美宣撫使) 전광보(田光寶)의 요청을 받아들여 그를 사천행성(四川行省) 참정(參政)에 임명하고 태평(太平), 대의(臺宜), 마료(麻寮) 등 10채(寨) 장관사(長官司)를 설치함
1368	호광 보정안무사(保靖按撫使) 팽만리(彭萬里)가 아들 팽덕승(彭德勝)을 보내 표(表)를 올리고 말과 방물(方物)을 바침. 안무사(按撫司)를 보정 선위사(宣慰司)로 승격시키고 팽만리를 선위사(宣慰使)로 임명하라고 명했으며, 호광도지휘사사(湖廣都指揮使司)에 예속시킴	광서 태평(太平)의 토관 황영연(黃英衍) 등이 사신을 보내 토관의 인신(印信)을 휴대시켜 평장(平章) 양경에게 투항 사동주(思同州)의 토관 황극사(黃克嗣)가 투항하자 세습 지주(知州)의 관직을 제수함 결안주(結安州)의 토관 장사영(張仕榮)이 투항하자 세습 지주의 관직을 제수함
1369		귀주 사주(思州) 선위사(宣慰使) 전인후(田仁厚)가 죽고 아들 홍정(弘正)이 세습함 광서 경원부(慶遠府)를 경원남단군민안무사(慶遠南丹軍民安撫司)로 변경함 오주부(梧州府)에서 남류현(南流縣)을 울림주(鬱林州)에, 보녕현(普寧縣)을 용주(容州)에 병합시킴 태평에 태평부(太平府)를 설치하고 왕영연을 지부(知府)로 삼고 세습하게 함 결륜주(結倫州) 결안동장(結安峒長) 풍만걸(馮萬傑)이 투항하자 세습 지주의 관직을 제수함 사명부(思明府) 토관 황홀도(黃忽都)가 사신을 보내 말과 토산물을 공물로 바치자 그를 사명부의 세습 지부로 삼음 전주부(田州府)의 백안(伯顏)이 사신을 보내 표문을 바치고 말과 토산물을 조공으로 바치자 백안을 전주부(田州府) 지부로 삼고 세습을 허락함 용주(龍州) 토관 조첩견(趙帖堅)이 방물을 바치니, 지주(知州)로 삼아 세습토록 함 향무(向武) 토관 황세철(黃世鐵)이 방물을

		바치니, 지주로 삼아 세습토록 함
1370	호광 자리(慈利) 안무사(按撫使) 담후(覃垕)가 약탈을 자행하자, 정남장군(征南將軍) 주덕흥(周德興)이 그들을 평정함	귀주 진주위(辰州衛) 지휘(指揮) 유선무(劉宣武)가 호이(湖耳)·담계(潭溪)·신화(新化)·만평강(萬平江)·구양(歐陽)의 여러 동(洞)을 초무하여 항복시키자 그들이 모두 내조(來朝)하여 원조(元朝)에게서 받은 인칙(印敕)을 바침. 황제는 그들의 원래의 직함을 그대로 가지도록 하고 진주위(辰州衛)에 소속시킴 광서 남녕부(南寧府)에 남녕·유주(柳州) 두 위(衛)를 설치함 봉의: 황지위가 방물을 바침
1371	호광 선녕후(宣寧侯) 조량신(曹良臣)이 상식(桑植)을 공격해 점령함. 용미동(容美洞)의 시남도선위사(施南道宣慰使) 일행이 입조(入朝)해 원대(元代) 금호부(金虎符)를 바쳤으며, 시주선위사를 종삼품(從三品)에 제수함 사천 마호로(馬湖路) 총관 안제(安濟)가 귀순하자 마호로를 마호부(馬湖府)로 고침. 안제를 마호부 지부로 삼고 세습시킴 영녕위(永寧衛)가 설치됨	귀주 신첨(新添)장관사(長官司)를 설치함 원대의 금축(金筑) 안무(安撫) 밀정(密定)이 내조하여 말을 바치니 조서를 내려 비단 3필을 하사하고 금축장관사를 두어 정6품으로 하며 사천행성(行省)에 소속시켜 밀정으로 장관을 삼고 세습시킴 광서 오주부에 오주 수어천호소(梧州守禦千戶所)를 설치함
1372	호광 정남장군(征南將軍) 등유(鄧愈)와 부장군(副將軍) 오량(吳良) 등이 다시 오개(五開)와 고주(古州) 등의 만족(蠻族) 223동(洞)을 정벌함 충건원수(忠建元帥) 묵지(墨池)가 입조해 원대(元代) 금호부(金虎符)를 바쳤으며, 충건장관사(忠建長官司)와 연변계동장관사(沿邊溪洞長官司)를 설치하고 묵지 등을 장관(長官)으로 임명함 영순선위사(永順宣慰使) 순덕(順德)과 왕륜(汪倫), 당애안무사(堂厓按撫使) 월직(月直)이 사람을 보내 그들이 받은 하(夏)의 가짜 인장을 바침. 영순 일대에 군민선위사사(軍民宣慰使司)를 설치하고 호광도지휘사사(湖廣都指揮使司)에 예속시킴 사천 군민선위사(軍民宣慰司) 염여표(冉如彪)가 아우를 파견하여 내조하여 공물을 바치니, 명은 유양주(酉陽州)를 설치하여 염여표를 지주(知州)로 삼음	귀주 귀주선위(貴州宣慰) 애취(靄翠)와 송몽골알(宋蒙古歹) 및 보정부(普定府) 여총관(女總管) 적이(適爾) 등이 앞서거니 뒤서거니 하면서 내귀(來歸)하여 와서 모두들 원래의 관직을 세습토록 함 보정부(普定府) 여총관(女總管) 적이(適爾)와 그 동생 아옹(阿甕)이 내조(來朝)하니 적이를 지부(知府)로 삼고 세습을 허가함 봄에 신첨안무(新添安撫) 송역련진(宋亦憐眞)의 아들 인(仁)이 내조함. 가을에는 평벌(平伐)·노산(盧山)·산목(山木) 등의 채장(砦長)이 와서 항복함 광서 선화현(宣化縣)의 무리들이 남녕부를 공격함 정남부장군(征南副將軍) 주덕흥(周德興)이 사성주(泗城州)를 점령함. 토관(土官) 잠선충(岑善忠)이 귀부(歸附)하니 세습의 지주(知州)를 수여함
1373	사천 무주의 임시 지주 양자칠(楊者七)과 토관들이 공물을 바침 천전6번 초토사 고영(高英)이 공물을 바침 고영을 정초토(正招討)로 양장복(楊藏卜)	귀주 보정부(普定府)에 유관(流官) 두명을 설치함 광서 전주(田州) 계동(溪峒)의 만족(蠻族)들이 반란을 일으키자 전주부 지부인 백안(伯

	을 부초토(副招討)로 삼음 용주(龍州)의 설문승(薛文勝)이 귀순하자 용주 지주(知州)로 임명. 파주선위사 양견(楊鏗) 등이 귀순하며 방물을 바침 영녕위 만족(蠻族) 편장(編張) 등이 반란을 일으켰지만 평정되고, 잔당이 운남(雲南)으로 들어감	顔)이 이들을 토벌하여 평정함 황지위에게 안주(安州) 등의 땅을 귀속시킴 담주의 진곤륙(陳昆六) 등이 반란을 일으켜 주성(州城)을 함락시킴 담주와 만안 두 주에 수어천호소를 설치함
1374	사천 파주의 강도(江渡) 만족(蠻族)의 반란이 평정됨 영녕 군민안무사(軍民按撫司)가 선무사사(宣撫使司)로 승급됨 석주의 안무사(安撫使) 마극용(馬克用)이 아들 등을 파견하여 입조하여 방물을 바침	귀주 신첨(新添)의 평벌(平伐)·곡하(谷霞)·곡랑(谷浪) 등의 묘적이 적오(的敖)의 여러 채(寨)를 공격하여 겁략하자 지휘첨사(指揮僉事) 장대(張岱)가 토벌하여 크게 격파하고 적령(的令)과 적약(的若)을 사로잡아 돌아옴 광서 계림부(桂林府)의 계양(桂陽)등 여러 주에서 반란을 일으킴 경원부(慶遠府)의 토관 막금(莫金)에게 문기(文綺) 6필(匹)을 내려주었고, 남단주(南丹州)를 설치하여 경원부에 예속시켰으며, 막금을 지주(知州)로 삼음 광동경주부의 여족 등이 반란을 일으키자 해남위(海南衛) 지휘 장인(張仁) 등을 보내 평정함
1375	사천 한원현을 철폐하고 여주 장관사를 설치. 작덕(芍德)을 장관으로 삼음 파주선위사 양견이 동생을 파견하여 방물을 바침 영녕선위사 녹조(祿照)가 선무사(宣撫使)로 임명됨 유양주(酉陽州)를 선무사(宣撫司)로 바꾸고 염여표를 선무사(宣撫使)로 임명함 석주안무사를 선무사로 바꾸어 중경부(重慶府)에 예속시킴	귀주 평월(平越)의 강력(江力)·강송(江松)·날회(剌回)의 40여 채(寨)의 묘족 파구(把具)·파공통(播共桶) 등이 묘족과 요족(僚族) 2천 명과 연결하여 난을 일으키자 평월안무사(平越安撫司)가 구원해 줄 것을 청하니 지휘동지(指揮同知) 호여(胡汝)에게 명하여 토벌케 함 귀주 경원부의 나지현(那地縣) 토관 나모(羅貌)가 내조하였음 심주부(潯州府) 대등협(大藤峽)의 요민이 반란을 일으킴 용주(龍州) 조첩견의 요청이 받아들여져 광서포정사에 예속됨
1376	호광 영순선위(永順宣慰) 팽첨보(彭添保)가 동생 팽의보(彭義保) 등을 보내 말과 방물(方物)을 바쳤으며, 이 시기 이후 진공 횟수를 삼년일공(三年一貢)으로 정함	귀주 사남(思南) 선위사(宣慰使) 전인지(田仁智)가 입조하여 금사(金絲)로 짠 직물과 비단을 하사함 평월(平越) 황평(黃平)의 요족(僚族) 도마언(都麻堰)이 난을 일으키자 선무사(宣撫司)가 쳤으나 이기지 못하고 천호소(千戶所)가 공격하였으나 역시 패함. 이에 중경(重慶)의 제위(諸衛)에 명하여 같이 치도록

		하여서 크게 격파하고 그 지역을 평정함
1378	사천 여주 장관사를 여주 안무사로 승격시키고 작덕을 안무사로 삼음 무주위 지휘사사를 설치	귀주 전인지(田仁智)의 아들 대아(大雅)가 선위사 직을 세습하고 표(表)를 올려 사은함
1379	사천 반주(潘州)를 송주(松州)에 합병시키고 송주위지휘사사를 설치	
1380	사천 송주위(松州衛)는 첩첩 산중에 있고 둔전해도 자급자족할 수 없어 철폐. 곧 송주는 사천 번인(番人)들의 요충이라며 다시 설치. 건창위 지휘사사를 설치. 원의 평장(平章)인 월노첩목아(月魯帖木兒) 등이 운남 건창에서 와서 말 180필을 공물로 바치고 원나라에서 준 부인(符印)도 바침. 그를 건창위 지휘사를 삼음	광서 사성(泗城) 잠선충의 아들 잠진(岑振)이 반란을 일으키니, 광서(廣西) 도사(都司)가 토벌하여 평정함
1381	호광 시주위군민지휘사사(施州衛軍民指揮使司)를 개설하고 호광도사(湖廣都司)에 예속시킴. 강하후(江夏侯) 주덕흥(周德興)이 수진원(水盡源), 통탑평(通塔平), 산모(散毛) 등 일대를 토벌함 사천 烏蒙·烏撒의 각 부족 추장에게 조공을 바치도록 권유 작덕이 사신을 보내 말을 공물로 바침. 이때부터 3년에 한번 들어와 공물을 바침 송반등처 안무사를 설치. 13족장관사를 설치 운남 양왕(梁王)을 멸하고 운남부(雲南府)를 설치하였으며, 도지휘사사(都指揮使司)를 설치하고 도독첨사(都督僉事) 풍성(馮誠)에게 사(司)의 일을 대리하도록 했음 단명(段明)이 대리(大理)의 선위사(宣慰使)에 제수됨 곡정(曲靖) 선위사(宣慰司)가 정토됨 무정(武定)의 여토관(女土官) 상승(商勝)이 귀순함	귀주 수동선위(水東宣慰) 송몽골알(宋蒙古歹), 즉 송흠(宋欽)이 죽자 처 유숙정(劉淑貞)이 아들 성(誠)과 함께 내조(來朝)함 수서선위(水西宣慰) 애취(靄翠)가 죽자 처 사향(奢香)이 대습(代襲)함 사남(思南) 선위사(宣慰使) 전대아(田大雅)가 입조함 보정(普定)에 성을 쌓음 평월(平越)에 위(衛)를 설치함 금축(金筑)장관사(長官司)를 안무사(安撫司)로 승격시키고, 계속해서 밀정(密定)을 안무사(安撫使)로 삼고 세습시킴 광서 사성(泗城) 잠선충이 내조하여 방물을 바침
1382	호광 시남선무사(施南宣撫司)를 시주위(施州衛)에 예속시킴 사천 東川·烏撒·烏蒙·芒部에 諸衛指揮使司를 설치. 烏撒의 여러 蠻族들이 반란. 穎國公 傅友德·安陸侯 吳復·平涼侯 費聚·西平侯 沐英이 烏撒·烏蒙의 반란을 일으킨 蠻族들을 토벌 파주선위사가 귀주(貴州)에 예속됨 운남 토관(土官) 양저(楊苴)가 난을 일으켜 만	귀주 보정군민지부(普定軍民知府) 자액(者額)이 내조(來朝)하니 쌀과 옷 및 지폐를 하사하고 돌아가거든 그 무리들에게 일러 자제가 있으면 모두 학교에 입학시키도록 하라고 명함 광서 광동경주부에서 반란이 일어났으나, 해남위 지휘 장신(張信)을 보내 평정함

	(蠻)의 무리 20여 만을 이끌고 운남성(雲南城)을 공격 명의 공격을 받고 대리(大理)의 추장(酋長) 단세(段世)가 사로잡힘 대리로(大理路)를 대리부(大理府)로 바꾸었으며, 위(衛)를 설치하고 지휘사사(指揮使司)를 둠 임안로(臨安路)를 임안부(臨安府)로 바꾸었으며, 선위사(宣慰司)를 폐지하고 임안위(臨安衛) 지휘사사(指揮使司)를 설치 징강로(澂江路)를 징강부(澂江府)로 바꿈 경동(景東)의 토관 아도(俄陶)가 귀부하여 경동부(景東府)를 설치했으며, 아도(俄陶)를 지부(知府)에 임명 광남서로(廣南西路)를 광남부(廣南府)로 고치고 토관 농낭금(儂郎金)을 동지(同知)로 임명 진원(鎭沅)의 총관(總管) 도평(刀平)과 그의 형 도나직(刀那直)이 귀부하여, 천부장(千夫長)에 임명 순녕(順寧)이 귀부해 오니, 토추(土酋) 아열공(阿悅貢)에게 부(府)의 일을 대신 처리하도록 함 맹정부(孟定府)를 설치하고 도혼립(刀渾立)을 지부로 임명 곡정 천호소(曲靖千戶所)를 곡정 군민지휘사사(軍民指揮使司)로 바꿈 요안부(姚安府) 토관(土官) 자구(自久)의 반란을 진압 무정군민부(武定軍民府)이 설치되었고 상승(商勝)이 부(府)의 일을 담당하였음 심전부(尋甸府)의 인덕토관 아공(阿孔) 등이 말과 방물을 바쳤고, 심전부(尋甸府)를 심전군민부(尋甸軍民府)로 변경 여강부(麗江府)를 설치 위원만붕부(威遠蠻棚府)를 위원주(威遠州)로 변경 진강부(鎭康府)를 설치 남전로(南甸路)군민총관부(軍民總管府)를 남전부(南甸府)로 바꿈 망시로(茫施路)군민총관부(軍民總管府)를 망시부(茫施府)로 바꿈 운원로(雲遠路)군민총관부(軍民總管府)를 운원부(雲遠府)로 바꿈 차리군민부(車里軍民府)를 설치하고, 도감	

	(刀坎)을 지부(知府)로 삼음	
1383	호광 산모(散毛)·연변안무사(沿邊按撫司) 담야왕(覃野旺)의 아들 담기자(覃起剌)가 래조하고, 그를 안무사 첨사(僉事)로 임명함 사천 운남 소속의 오살·오몽·망부 3부를 사천포정사사로 소속 변경. 오몽·오살·동천·망부의 부족 추장 120여 명이 조근하고 토산물을 진공 월노첩목아가 조근하고 아들을 국자감에 입학시키기를 청함 송반등처 안무사 소속의 백성을 호적대장에 등록하고 역부로 충당시켜 요역을 제공하게 함. 송반의 강민(羌民)들이 반란을 일으키자 토벌하고 송주와 첩계성을 쌓음 석주의 만족이 시주(施州)를 노략질했지만 평정됨 운남 품전(品甸)의 토추(土酋) 두혜(杜惠)가 내조(來朝)하여, 천부장(千夫長)에 임명됨 토관 보덕(普德)에게 광서부(廣西府)의 일을 대신 맡김 곡정 점익주(霑益州) 토관 안색숙(安索叔)·안자(安磁) 등이 명에 방물을 바침 곡정 나웅주(羅雄州) 토추(土酋) 납거(納居)가 내조함 무정부(武定府)의 상승(商勝)이 내조하여, 말을 바쳤음 심전부(尋甸府)의 토관 안양(安陽)이 내조하여 말과 호피(虎皮)·전삼(氈衫) 등 물품을 바침 여강부(麗江府)의 목덕(木德)이 내조하여 말을 바침 여강부(麗江府)의 목덕을 지부(知府)로, 나극(羅克)을 난주(蘭州) 지주(知州)로 임명 영창주(永昌州)에 금치위(金齒衛)를 설치함 영창주(永昌州)의 토관 신보(申保)가 내조함 차리군민부의 지부 도감이 그의 조카 풍록(豊祿)을 명에 보내 방물을 바침	귀주 보정부(普定府)를 안순주(安順州)로 고치고 사천(四川)에 소속시킴 보정군민지부(普定軍民知府) 자액(者額)이 동생 아창(阿昌) 및 81채(砦)의 수장(首長) 아와(阿窩) 등을 보내 내조(來朝)함 금축안무사(金筑安撫使) 밀정(密定)이 사신을 보내 특산물을 바침 광서 용주의 조첩견이 효자황후(孝慈皇后)의 상사(喪事)를 맞이하여 표문을 올리고 방물을 바침
1384	사천 송반 팔적족(八積族), 노호(老虎) 등 채(寨)의 만족(蠻族)이 반란을 일으키자 관군이 평정 雲南의 東川府를 떼어 사천 포정사에 소속시킴. 烏撒·烏蒙·芒部를 모두 府에서 軍民府로 바꾸고 賦稅를 정함 회천 토동지 마성(馬誠)이 조근(朝覲)하자	귀주 수서선위(水西宣慰) 사향(奢香)이 무리를 이끌고 내조(來朝)하여 도독(都督) 마엽(馬曄)이 변란을 유도한 상황을 호소함. 홍무제는 마엽을 벌주기 위하여 소환함 평월(平越)위(衛)를 고쳐 군민지휘사사(軍民指揮使司)로 하고 사천에 소속시킴

	회천부를 세우고 무안(武安)·영창(永昌)·마룡(麻龍)등 주(州)를 예속 영녕선위사 녹조가 말을 공물로 바침 **운남** 대리의 토관(土官) 아저(阿這)가 등천(鄧川) 지주(知州)에 임명되고, 아산(阿散)은 태화부(太和府) 정천부장(正千夫長)에 임명되었으며, 이주(李朱)는 부천부장(副千夫長)에, 양노(楊奴)는 운남 현승(縣丞)에 임명됨 임안의 토관 화녕(和寧)이 아미(阿迷) 지주(知州)에 임명되고, 농생(弄甥)이 영주(寧州) 지주(知州)에 임명되었으며, 육선(陸羨)은 몽자(蒙自) 지현(知縣)에, 보소(普少)는 납루차전(納婁茶甸)의 부장관(副長官)에 임명되었음 토관 고정(高政)이 초웅부(楚雄府) 동지(同知)에 임명되고, 아노(阿魯)가 정변(定邊) 현승(縣丞)에 임명됨 아일공(阿日貢)을 순녕(順寧) 지부(知府)에 임명함 토추(土酋) 좌화(左禾)가 몽화주 판관(判官)에, 시생(施生)이 정천부장(正千夫長)에 임명됨 곡정부 역좌현(亦佐縣) 토추(土酋) 안백(安伯)이 난을 일으킴 동사(董賜)를 학경(鶴慶)의 지부(知府), 고중(高仲)을 동지(同知), 동절(董節)을 안녕(安寧) 지주(知州)로, 양노(楊奴)를 검천(劍川) 지주로 임명함 학경부(鶴慶府)의 동사(董賜)가 내조(來朝)하여 말과 방물(方物)을 바쳤음 화곡주(和曲州) 토관 두파(豆派)를 지주(知州)로 임명함 심전부(尋甸府) 토관 사침(沙琛)을 지부(知府)로 임명함 원강부(元江府)의 토관 나직(那直)이 내조하여 코끼리를 바쳤음 신보(申保)를 영창부동지(永昌府同知)로 임명함 영창주(永昌州)의 금치(金齒) 토관 단혜(段惠)가 내조하여 조공함 만전현(灣甸縣)을 설치함 녹천(麓川)의 사윤발(思倫發)이 방물과 원조(元朝)에서 받은 선위사사(宣慰使司)의 인장(印章)을 바침	

	차리군민부의 지부 도감이 그의 아들 도사불(刀思拂)을 명에 보내 진공하니, 군민선위사사(軍民宣慰使司)로 바꾸어 설치하고 도감을 선위사(宣慰使)로 삼음	
1385	호광 오개(五開) 만족(蠻族)인 오면아(吳面兒)의 반란을 초왕(楚王) 주정(朱楨)과 정로장군(征虜將軍) 탕화(湯和)가 진압함 사천 송반 강(羌)족들이 반란을 일으키자 관군이 평정 영녕선위사 녹조가 아우를 보내 내조(來朝)하여 세량 감면을 요청함 석주선무 동지(同知) 진세현(陳世顯)이 아들 진흥조(陳興潮)를 보내 방물을 바침 운남 임안부 천호(千戶) 납속정(納速丁) 등이 내조함 백이(百夷)의 사윤발(思倫發)이 반기를 들고, 무리 10여 만을 이끌고 경동의 북길채(北吉寨)를 공격 광남부(廣南府) 동지(同知) 농낭금(儂郎金)이 명에 내조함 요안부(姚安府) 토관(土官) 자구(自久)가 품전(品甸)을 공략함 영창주(永昌州)에 금치위지휘사사(金齒衛指揮使司)를 설치함	귀주 사주(思州) 여러 동(洞)의 만족(蠻族)이 난을 일으키자 신국공(信國公) 탕화(湯和) 등에게 명을 내려 토벌토록 함 금축안무사(金筑安撫使) 밀정(密定)이 동생 보주(保珠)를 보내어 공물을 바침
1386	사천 건창부의 사망한 토관 안사정(安思正)의 처 사극(師克) 등이 조근하고 말 99필을 공물로 바침. 사극에게 지부를 제수하고 동천과 망부 및 적수하 등 반란을 일으킨 만족 토벌을 명함 월수 군민지휘사사를 공부주에 설치 운남 운남 이해위(洱海衛) 지휘사사가 설치되고 뇌진(賴鎭)이 지휘첨사(指揮僉事)에 임명됨	귀주 도균(都勻)안무사(安撫司)를 설치함 평월위(平越衛) 마합(麻哈)의 묘족 양맹(楊孟) 등이 난을 일으키자 부우덕(傅友德)에게 평정토록 함. 그때 마합 장관(長官) 송성(宋成)이 전장에서 죽어서 그 아들이 잇도록 명함
1387	사천 월수위 설치 송주위를 송반등처 군민지휘사사로 고치고 송반 안무사를 용주로 고침 명의 요구로 파주선위사 양견이 입조하여 말 14필을 바침 운남 광서부 토관 보덕(普德)과 미륵(彌勒) 지주(知州)인 적선(赤善)·사종(師宗) 지주(知州)인 아적(阿的)이 명에 내조함 곡정부 월주(越州)의 토추(土酋) 아자(阿資)가 나웅주 영장(營長) 발속(發束) 등과 더불어 모반을 일으킴	귀주 사남(思南) 선위(宣慰)를 진원(鎭遠)으로 옮기자 선위사 전대아(田大雅)가 와서 사은함 사주(思州) 선위사(宣慰使) 전홍정(田弘正)이 죽고 아들 침(琛)이 세습함 진원주(鎭遠州) 예하 토관(土官) 조사능(趙士能)이 내조하여 말을 바침 보정(普定)·안순(安順) 등 주(州)의 여섯 장관(長官)을 수도로 오게 하여 은(銀) 20만 냥으로 쌀을 매입해 놓으라 하고, 보정후(普定侯) 진환(陳桓) 등을 보내어 군사를 이끌고

	요안부(姚安府)의 토관 고보(高保)가 동생을 보내 말을 바치고 내조함 요안부(姚安府) 검천(劍川) 토관 양노가 반란을 일으킴	보안(普安)에 주둔하여 둔전(屯田)토록 함
1388	사천 동천(東川)을 토벌하고 반란에 참가한 만족 5,538명을 포로로 사로잡음 건창부 토관 안배가 아들 등 42명을 국자감에서 독서하게 함 천전6번 초토사를 무직(武職)으로 바꿈 운남 원강부(元江府)에 학교를 설치함	귀주 귀주지역의 조세 체납분을 감면해 줌 월주(越州)의 묘족 아자(阿資)가 난을 일으켜 보안(普安)에 쳐들어와 부치(府治)를 불태우고 마음껏 노략질을 함. 정남장군(征南將軍) 부우덕(傅友德)이 공격하자 군문(軍門)에 나아와 항복하니 이에 군민부(軍民府)를 고쳐 지휘사사(指揮使司)로 함 광서 용주의 조첩견이 병사하자 조카 조종수(趙宗壽)가 승계함. 조첩견의 처 황씨(黃氏)와 내분이 발발함 향무에서 반란이 일어나자 도독 양문(楊文)이 군대를 보내 토벌하고 황세철을 참수함. 향무주에 수어천호소를 설치함
1389	호광 충건선무사(忠建宣撫使) 전사진(田思進)의 아들 전충효(田忠孝)가 선무사를(宣撫使) 세직(世職)하도록 함 운남 원강부(元江府)의 지부 나영(那榮)과 백문옥 등이 내조하여 조공함	귀주 도독(都督) 하복(何福)이 도균(都勻)에서 난을 일으킨 묘족을 토벌하여 4,700여 급(級)을 참하고 6,390여 명을 사로잡았으며 152곳의 채(寨)·동(洞)의 항복을 받았다고 상주함 평월위(平越衛)의 찰롱(察隴)·우장(牛場)·건계(乾溪)의 묘족이 난을 일으켰는데 부우덕(傅友德)이 평정함 광서 계림부(桂林府) 부천현(富川縣)의 도망한 관리인 수사(首賜)가 묘적(苗賊)과 함께 반란을 일으킴 광서(廣西) 도지휘(都指揮) 한관(韓觀)은 천호(千戶) 요춘(寥春) 등을 보내 계림부(桂林府)의 반란을 토벌 전주부(田州府) 지부(知府) 잠견(岑堅)이 아들 사은주(思恩州) 지주(知州) 영창(永昌)을 보내어 토산물을 공물로 바침
1390	호광 량국공(涼國公) 람옥(藍玉)이 산모동(散毛洞)을 공략했으며, 대전군민 천호소(大田軍民千戶所)를 설치하고 시주위(施州衛)에 예속시킴 사천 건창위 지휘사사 월노첩목아가 덕창·회천·미역·백홍·공부 및 서번의 토군(土軍) 만여 명을 규합하여 반란. 남옥이 월노첩목아와 그 아들 반백(胖伯)을 유인하여 항복시킴. 월노첩목아는 경사(京師)로 압송되어 처형당함	귀주 서평후(西平侯) 목영(沐英)이 상주하기를, 보안(普安)의 백부장(百夫長) 밀즉(密卽)이 난을 일으켜 둔전(屯田) 관군(官軍) 및 역승시백호(驛丞試百戶)를 죽여서 지휘(指揮) 장태(張泰)에게 토벌케 하였으나 패배하여 다시 지휘 장문통(蔣文統)에게 오살(烏撒)·필절(畢節)·영녕(永寧) 3위(衛)의 군을 합쳐 치게 하니 이에 도망갔다고 함 도균위(都勻衛)에 성을 쌓고 지휘동지(指揮同知) 동용(董庸)에게 지키도록 함

	오살 토지부(土知府)와 오몽과 망부의 토관(土官)들이 자제를 국자감으로 보내 독서하게 함 운남 목영이 사윤발을 정토하여 경동 지역을 수복함 순녕의 토추 맹구(猛丘)·토지부 자구(子丘) 등이 징수한 부세(賦稅)를 납부하지 않고, 서로 원수가 되어 죽임 곡정부 육량위(陸涼衛) 지휘사사(指揮使司)를 설치 곡정부 월주위(越州衛)를 설치함 심전부(尋甸府)의 전두역용역(甸頭易龍驛)에 목밀관(木密關) 수어천호소(守禦千戶所)를 설치함 영창부(永昌府)를 없애고 금치위를 군민지휘사사(軍民指揮使司)로 변경함	연안후(延安侯) 당승종(唐勝宗)에게 황평(黃平)·평월(平越)·진원(鎭遠)·귀주의 여러 곳에 가서 군사를 훈련시키고 둔전을 감독하다가 기회를 보아 도적을 토벌하도록 명함 신첨(新添)장관사(長官司)를 고쳐서 위(衛)로 함 광서 오주부 용현(容縣)에 수어천호소를 설치함 사명부(思明府) 지부 황홀도의 아들 황광평(黃廣平)이 사주 자주(思州 知州) 황지명(黃志銘)을 보내 조공하게 했는데 15개 주의 토관이 함께 와서 내조함. 황광평에게 사명부 지부의 직을 세습하게 함
1391	사천 명이 경천후(景川侯) 조진(曹震)을 보내 노주(瀘州)에서 물길을 소개(疏開)하여 조운(漕運)을 통하게 함 석주선무사 동지 진홍조와 그 아들 진문의(陳文義)에게 산모동(散毛洞) 토벌을 도왔다는 이유로 백금 100냥이 하사됨 운남 월주위를 육량주(陸涼州)로 옮김 학경부(鶴慶府)를 설치함 영평위(永平衛)를 설치함 대후장관사(大侯長官司)를 설치함 도섬답(刀暹答)이 도감의 뒤를 이어 선위사(宣慰使)가 되어 명에 사신을 보내 코끼리와 방물을 바침 팔백대전군민선위사(八百大甸軍民宣慰使司)를 설치함 팔백(八百)의 토관(土官) 도판면(刀板冕)이 명에 사신을 보내 코끼리와 방물을 바침	
1392		귀주 수서선위(水西宣慰) 사향(奢香)의 아들 안적(安的)이 내조함 도균(都勻) 독산(獨山)의 구명구성(九名九姓)의 만족이 난을 일으켜 도독(都督) 하복(何福)에게 평정토록 함 광서 사명주(思明州) 지주(知州) 문삼귀(門三貴)가 사명부(思明府) 지부(知府) 황광평을 모살하여하다 도리어 그에게 죽임을 당함
1393	사천 회천부를 폐지하고 회천위군민지휘사사(會川衛軍民指揮使司)로 고침. 월노첩목아가 반란을 일으키자 토지부 왕춘(王春)이	귀주 보정(普定)의 서보(西堡) 장관사(長官司) 아덕(阿德) 및 여러 채장(寨長)이 난을 일으키니 귀주 도지휘(都指揮) 고성(顧成)

	이에 호응한 때문 영녕선위사 녹조의 아들 아섭(阿聶)이 관직을 승계함 운남 이해위(洱海衛) 지휘동지(指揮同知) 뇌진(賴鎮)에게 경동을 지키도록 함 팔백국(八百國) 사신이 명에 입조하여 공물을 바침 면전(緬甸)이 판남속랄(板南速剌)을 명에 보내 방물을 바침	에게 토벌케 함 광서 사성의 잠진이 마필과 방물을 바침 봉의의 지주 황사륭(黃嗣隆)이 마필 및 방물을 바침
1394	사천 위룡(威龍)의 토지주이자 월노첩목아의 처형(妻兄) 보습(普習)이 반란을 일으켰다 죽임 당함 유양선무사 염흥방(冉興邦)이 관직 승계를 위하여 내조함 운남 곡정부 월주(越州)의 토추(土酋) 아자(阿資)가 다시 모반을 함 녹천(麓川)의 사윤발(思倫發)이 내조하여 말·코끼리·방물을 바침 면중(緬中)선위사사(宣慰使司)를 설치하고, 복날랑(卜剌浪)을 선위사(宣慰使)로 삼음	광서 계림부(桂林府)의 전주(全州)·관양(灌陽) 현과 평천(平川) 각 원(源)의 요민(瑤民)들을 반란 사릉의 토관 위연수(韋延壽)가 마필 및 방물을 바침
1395	운남 광남부(廣南府)의 농정우(儂貞佑)가 명군에 항거함 월주(越州)의 토추(土酋) 아자(阿資)를 붙잡아 참수하니, 월주가 평정됨 난창위(瀾滄衛)를 설치함 면중(緬中)선위사(宣慰使) 복날랑이 명에 사신을 보내 방물을 바치면서 백이(百夷)의 사윤발(思倫發)이 영토를 침범하여 약탈했다고 호소함 차리의 선위사 도섬답(刀暹答)이 고명(誥命)을 받고서 명에 사은함	귀주 고성(顧成)이 서보(西堡)의 토관(土官) 아방(阿傍)을 토벌하여 평정함 도균(都勻) 독산(獨山) 소속의 풍녕(豐寧)과 삼람(三藍) 등의 채(寨)에서 난이 일어나니 고성(顧成)에게 평정토록 명함 광서 도지휘 한관(韓觀)이 군대를 이끌고 경원부의 의산(宜山) 등지를 토벌함 사은주: 귀덕주(歸德州) 토관 황벽(黃碧)이 조정에 아뢰기를 사은주(思恩州) 지주(知州) 잠영창(岑永昌)이 다섯 현의 주민을 감추어 부세(賦稅)를 바치지 않으며 원나라의 인장을 사용한다고 하자 홍무제가 토벌하려다가 땅이 거칠고 멀어서 불문에 부침
1396	사천 건창로(建昌路)를 건창위(建昌衛)로 고치고 군민지휘사사를 설치. 안씨(安氏)가 지휘사를 세습하였으나 [관]인은 주지 않음 오몽 군민부 지부 실철(實哲)이 말과 털로 짠 윗도리를 공물로 바침. 이때부터 오몽의 토지부들은 3년에 한 번씩 공물을 바침 운남 면중(緬中)의 선위사(宣慰使) 복날랑이 다시 사신을 보내 사윤발(思倫發)이 영토를 침범했다고 호소함	귀주 수서선위(水西宣慰) 사향(奢香)이 죽어 조정에서 사자를 보내어 제사를 지내줌. 아들 안적(安的)은 말을 바쳐 사은(謝恩)함 청수강(淸水江) 만인(蠻人) 김패황(金牌黃)이 난을 일으키자 도사(都司)가 그 무리 500여 명을 잡아 수도에 보냈으나 죽음을 면해주고 먼 위(衛)의 병졸로 보냄. 후에 김패황이 선위(宣慰)집에 숨어 있다는 말이 있었으나 황제는 죄를 묻지 말라 함 도균(都勻) 안무사(安撫司)를 군민지휘사사(軍民指揮使司)로 고치고 사천에 소속시킴

		도균(都匀) 평랑(平浪)의 만인(蠻人)이 토관(土官) 왕응명(王應名)을 죽이자 도지휘(都指揮) 정섬(程暹)이 평정함. 왕응명의 처 오(吳)가 아홉 살난 아들 아동(阿童)을 데리고 와서 호소하니 황제가 세습을 허가함 신첨위군민지휘사사(新添衛軍民指揮使司)를 설치하고 장관사 다섯을 관할하에 둠 금축안무사(金筑安撫司)를 귀주군민지휘사사(貴州軍民指揮使司)에 예속시킴 광서 홍무제가 경원부에 둔전을 설치하고 경우(耕牛)와 종자를 주도록 지시 평락부(平樂府) 부천현(富川縣)을 부천 천호소로 옮김
1397	운남 여강부(麗江府)를 여강군민부(麗江軍民府)로 변경함 백이(百夷)의 부락 수령인 도간맹(刀幹孟)이 난을 일으켜 사윤발을 쫓아냄	귀주 사남(思南) 선위사(宣慰使) 전대아(田大雅)의 모(母) 양씨(楊氏)가 내조함 진원주(鎭遠州) 귀장정(鬼長箐) 등지의 묘족이 난을 일으켜 지휘(指揮) 만계(萬繼)·백호(百戶) 오빈(吳彬)이 전사함. 도지휘(都指揮) 허능(許能)이 편교위(偏橋衛)군과 함께 공격하여 패배시킴 고주(古州)의 만인(蠻人) 임관(林寬)이 소사(小師)라 칭하면서 무리를 모아 난을 일으켜 용리(龍里)를 공격함. 천호(千戶) 오득(吳得)과 진무(鎭撫) 정부(井孚)가 힘써 싸웠으나 죽고, 임관은 신화(新化)를 범하고 평차(平茶)에 돌진하자 천호(千戶) 기달(紀達)이 선전(善戰)함. 호광 도지휘사(都指揮使) 제양(齊讓)을 평강장군(平羌將軍)으로 삼아 5만 명을 이끌고 토벌케 하고 또 초왕(楚王) 정(楨)과 상왕(湘王) 백(柏)에게도 나아가 치도록 하니 얼마 안 가 임관(林寬) 등을 사로잡아 수도로 압송하여 처형시킴
1398		귀주 임관(林寬) 난의 남은 무리들을 토벌하여 삼십강(三十岡) 등의 동만(洞蠻) 2,900명을 사로잡아 본래 거주지로 돌아가게 하고 토벌군을 회군시킴 보정(普定)의 서보(西堡) 창랑채(滄浪寨)의 수장 필막(必莫)이 무리를 모아 난을 일으키니 아혁방(阿革傍) 등이 또한 3,000여 명을 규합하여 도왔으나 고성(顧成)이 모두 쳐서 참하니 그 지역이 모두 평정됨
1402	운남 진원주(鎭沅州)를 설치하고 도평(刀平)을 지주(知州)로 임명함 운원부(雲遠府)를 맹양부(孟養府)로 고치	

	고 토관(土官) 도목단(刀木旦)을 지부(知府)로 삼음	
1403	호광 보정(保靖)의 일족(一族)인 대충가의(大蟲可宜) 등이 서로 원수처럼 싸우자 어사(御史) 유종정(劉從政)에게 칙서를 보내 그들을 훈계하도록 함 사천 공부(邛部)를 장관사로 고치고 월수위에 예속 운남 초웅부(楚雄府) 소속 현(縣)에 학교를 설치함 녹천(麓川)의 사윤발(思倫發)의 아들 사산붕(思散朋)이 내조하여 말을 바침 면전(緬甸)의 추장 나라탑(那羅塔)이 명에 사신을 보내 공물을 바치자, 면전선위사사(緬甸宣慰使司)를 설치하고 나라탑을 선위사(宣慰使)에 임명함 간애장관사(干崖長官司)를 설치함 노강장관사(潞江長官司)를 설치함 자락전장관사(者樂甸長官司)를 설치하여 운남도사(雲南都司)에 예속시킴 맹양부의 지부 도목단이 사람을 명에 보내 방물과 금은기(金銀器)를 바침 차리의 선위사 도섬답(刀暹答)이 그의 부하에게 명하여 위원(威遠) 지주(知州) 도산당(刀算黨)과 백성들을 노략질해서 돌아오게 함 노과(老撾) 군민선위사사(軍民宣慰使司)를 설치함	
1404	호광 산모(散毛)와 시남(施南)에 장관사(長官司)를 다시 설치함 사천 고경양(高敬讓)이 와서 조근하고 아들을 국자감에 입학시킴 운남 맹정(孟定) 토관 도경발(刀景發)이 명에 말을 바치고, 명으로부터 신부(信符)·금자홍패(金字紅牌)를 받음 명조가 간애장관사에 신부(信符)·금자홍패(金字紅牌)를 내려줌 명조가 노강장관사에 신부·금자홍패를 내려줌 명조가 차산장관사(茶山長官司)에 신부·금자홍패를 내려줌 목방군민선위사사(木邦軍民宣慰使司)를 설치하고 한적법(罕的法)을 선위사(宣慰使)로 삼음 맹양부를 군민선위사사(軍民宣慰使司)로 승	귀주 신첨위(新添衛)에 단행(丹行)·단평(丹平)의 두 장관(長官)을 설치함 광서 심주부 계평현(桂平縣)에서 반란이 일어남 빙상(憑祥) 순검 이승(李升)이 그 땅이 안남과 가깝고 인구가 날로 늘어나므로 縣으로 고쳐줄 것을 청하자 조정에서 허락하여 이승을 지현으로 삼고 유관(流官) 전사(典史) 한 사람을 두어 보좌하게 함 향무의 토관 지주(知州) 황욱(黃彧)이 마필을 바침

	격시켜 도목단을 선위사로 삼음 차리의 선위사 도섬답이 명의 효유를 받고 두려워하여 도산당과 위원의 땅을 되돌려주고 사죄함 도선알(刀線歹)을 노과(老撾) 선위사(宣慰使)로 임명함 팔백(八百)에 두 개의 군민선위사사(軍民宣慰使司)를 설치하고서 토관(土官) 도초니(刀招你)를 팔백자내(八百者乃)의 선위사(宣慰使)로 삼고, 그의 동생 도초산(刀招散)을 팔백대전(八百大甸)의 선위사로 삼음 팔백대전의 선위사 도초산이 팍백대전을 지나는 명의 사신을 저지함	
1405	호광 진주위지휘(辰州衛指揮) 공능(龔能) 등이 간자평(筸子坪) 등의 생묘(生苗) 묘료표(苗寥彪) 등을 초유(招諭)하고 각자 아들을 보내 입공(入貢)하자, 간자평장관사(筸子坪長官司)를 설치함 운남 진원주(鎭沅州)의 지주 도평(刀平)이 명에 내조하여 방물을 바침 맹간부(孟艮府)를 설치하고 토추(土酋) 도애(刀哀)를 지부(知府)로 삼 원강부(元江府)의 지부 나영(那榮)이 내조함 위원주(威遠州)의 도산당(刀算黨)이 내조하여 코끼리를 바침 대후장관사(大侯長官司) 장관 도봉우(刀奉偶)가 아들 도봉동(刀奉董)을 보내 말과 은그릇을 바침 간애의 장관(長官) 낭환(曩歡)이 명조에 표(表)를 올리고 말과 무소·코끼리·금은기(金銀器)를 바치며 사은함 목방의 선위사 한적법이 명에 사신을 보내 코끼리·말·방물을 바치고 사은함 한적법이 죽자 그의 아들 한빈발(罕賓發)이 목방 선위사를 이음 명의 사신이 팔백대전(八百大甸)을 지나다 팔백의 선위사 도초산(刀招散)에게 저지당하자 차리의 선위사 도섬답이 군대를 동원해 팔백을 공격하겠다고 청함 팔백자내(八百者乃)의 선위사 도초니(刀招你)가 명에 사신을 보내 금루표문(金縷表文)을 올리고, 금결사모(金結絲帽)와 방물을 바침	
1406	호광 시남(施南)과 산모(散毛)를 이전대로 선	귀주 진원후(鎭遠侯) 고성(顧成)이 도균부(都

	무사(宣撫司)로 개설(改設)함 사천 첩계 천호소 설치 파주선위사의 황전(荒田)에 대한 조세가 면제됨 영녕선위사의 황전에 대한 조세가 면제됨 유양선무사의 황전에 대한 조세가 면제됨 운남 진원주(鎭沅州)를 부(府)로 승격시키고 도평을 지부(知府)로 임명함 영녕(永寧)에 랄차화(剌次和), 와로지(瓦魯之), 혁전(革甸), 향라(香羅) 4개의 장관사(長官司)를 설치하고, 토추(土酋) 장수(張首) 등을 장관(長官)으로 삼음 영녕을 부(府)로 승격시키고, 토지주(土知州) 각길팔합(各吉八合)을 지부(知府)로 승진시킴 맹련장관사(孟璉長官司)를 설치하고 도파송(刀派送)을 장관으로 삼음 맹양(孟養)과 알리(戛里)가 서로 원수가 되어 살육을 하자, 면전의 선위 나라탑(那羅塔)이 이 기회를 틈타 맹양의 선위 도목단과 그의 아들 사란발(思欒發)을 죽이고서 그 지역을 점거함 차리의 선위사 도섬답이 그의 아들 도전(刀典)을 명에 보내 국학(國學)에 입학시켰으나 영락제가 그를 위로하고 효유해서 돌려보냄 팔백대전의 선위사 도초산이 명에 사람을 보내 방물을 바치고 사죄함	勻府) 예하 합강주(合江州)의 15채(寨)를 초유하여 귀순시킴 광서 광동경주부의 여족(黎族)으로 귀화한 자가 1만여 호에 달함
1407	사천 마자장관사(馬剌長官司)를 설치 유양선무사 염흥방이 부장(部長) 등을 보내 방물을 바치고, 유학(儒學) 설립에 대하여 감사를 표함 운남 북승주(北勝州)의 토관 백부장(百夫長) 양극즉아구(楊克卽牙舊)이 와서 말을 바침 녹천(麓川)의 맹외(孟外) 두목 도발맹(刀發孟)이 내조하여 코끼리와 금그릇을 바침 면전의 선위사 나라탑이 명에 사신을 보내 방물을 바치고, 맹양(孟養)을 점거한 일을 사죄(謝罪)함 간애의 장관 낭환이 아들 도사낭(刀思囊)을 명에 보내 공물을 바침 목방 선위사 한빈발(罕賓發)이 명에 사신을 보내 사은함 노과 선위사 도선알이 명에 사신을 보내 공	

	물을 바침 팔백대전의 선위사 도초산이 다시 명에 진공사신을 보내 사죄함	
1408	[운남] 광남부 부주(富州)의 토지주(土知州)인 심현경(沈弦經)이 명에 입조하여 공물을 바침 맹간부(孟艮府) 토지부 도교(刀交)가 동생 도합홍(刀哈哄)을 명에 보내 코끼리와 금은기를 바침 만전주(灣甸州)의 토관 도경발(刀景發)이 사람을 보내 내조하였고, 말과 방물을 바침 대후장관사(大侯長官司) 장관 도봉우(刀奉偶)가 내조하여 조공함 녹천(麓川)의 사행발(思行發)이 말과 방물을 바침 면전의 선위사 나라탑이 다시 명에 사신을 보내 공물을 바침 명조가 리마장관사(里麻長官司)를 설치하여 운남도사에 예속시키고, 도사방(刀思放)을 장관으로 삼음 촉와(促瓦)·산금(散金) 두 장관사를 설치하여 운남도사에 예속시키고 주전팔(注甸八) 등을 장관으로 삼음 노과 선위사 도선알이 명에 사신을 보내 코끼리와 말·방물을 바침	[광서] 광동경주부의 여족 수령이 내조함
1409	[사천] 파주선위사 양승(楊昇)이 만인(蠻人)을 초유하여 명에 귀순토록 함 [운남] 만전주(灣甸州)의 도경발의 아들 도경현(刀景懸)등이 내조하여 말을 바침 녹천(麓川)의 사행발(思行發)이 내조하여 조공함 명조가 중관(中官) 운선(雲仙) 등을 면전의 추장에게 보내 금직문기(金織文綺)를 하사함	[광서] 유주부(柳州府)의 도촌채(道村寨)에서 반란이 일어남
1410	[운남] 차산장관사의 장관(長官) 조장(早張)이 명에 사신을 보내 말을 바침 리마장관사 장관 도사방(刀思放)이 명에 말을 바침	[귀주] 사남(思南) 선위사(宣慰使) 전대아(田大雅)가 죽고 아들 종정(宗鼎)이 세습함 [광서] 광동경주부의 여족 수령이 내조함
1411	[호광] 선위(宣慰) 팽용렬(彭勇烈)이 사람을 보내 입공(入貢)함 [운남] 임안부 계처전장관사(溪處甸長官司) 부장관(副長官)인 자은(自恩)이 내조함 몽화(蒙化)의 토지주(土知州) 좌화(左禾)·정천부장(正千夫長) 아속(阿束)이 명에 내조하여 말을 바침	[광서] 유주부 빈주(賓州)의 천강현(遷江縣)·상주(象州)의 부선현(武仙縣) 고봉(古逢)에서 반란이 일어남 광동경주부의 여족 2,000여 호가 귀순함

	녹천(麓川)의 사행발(思行發)이 도문내(刀門奈)를 보내 와서 조공함 노강장관사의 낭벽(曩壁)이 아들 유라법(維羅法)을 명에 보내 말과 방물을 바치니, 안무사(安撫司)로 승격시킴 와전장관사(瓦甸長官司)를 금치에서 운남도사에 예속시킴	
1412	운남 진원부에 녹곡채장관사(祿谷寨長官司)를 설치 노과 선위사 도선알이 명에 사신을 보내 공물을 바침	
1413	운남 녹천(麓川)의 사임발(思任發)이 사신을 보내 표문(表文)을 바치고 내조하여 조공함 목방의 선위사 한빈발이 면전의 성을 공파하고 명에 사신을 보내 포획한 면전의 포로를 바침 차리의 선위사 도섬답이 죽자 그의 장자 도경맹(刀更孟)이 스스로 선위사를 칭함. 그러나 곧 도경맹도 죽자 장자인 도패선(刀霸羨)이 나이가 어림으로 무리들은 도경맹의 동생 도새(刀賽), 즉 도파한(刀怕漢)을 선위사로 추거함	귀주 사남(思南)과 사주(思州)가 서로 원수가 되어 죽이니 진원후(鎭遠侯) 고성(顧成)이 명을 받아 병사 5만으로 그들을 잡아 경사(京師)에 보냄. 이에 그 땅을 8부(府) 4주(州)로 나누어 귀주포정사사(貴州布政使司)를 설치함 호광에 속해 있던 진원주(鎭遠州)를 부(府)로 하여 귀주에 소속시킴 여평(黎平) 장관사(長官司) 지역에 부(府)를 설치하여 여평(黎平)과 신화(新化)의 두 부(府)를 둠 사천에 소속시켰던 도균(都勻)군민지휘사사(軍民指揮使司)를 귀주에 속하게 함 석천부(石阡府)를 설치하여 귀주에 소속시키고 장관사 넷을 관할케 함 광서 광동경주부의 여족 230호를 초무하여 부적(附籍)함
1414	호광 간자평(竿子坪)의 구적(寇賊) 오자니(吳者泥)가 묘왕(苗王)을 자칭하며 반란을 일으키자, 총병(總兵) 양복(梁福)이 평정함 운남 원강부(元江府)의 토지부 나직의 아들 나방(那邦)이 입조하여 방물을 바침 남전부(南甸府)를 남전주(南甸州)로 바꾸어 운남포정사에 예속시킴	
1415		귀주 보안(普安)안무사(安撫司)를 고쳐 보안주(普安州)로 함
1416	운남 진강주장관사(鎭康州長官司)가 사람을 보내 말을 바침 재차 맹양선위사(孟養宣慰司)를 설립하고 도목단의 둘째 아들 도득맹(刀得孟)을 선위사로 삼고, 도목단의 조카 도옥빈(刀玉賓)을 동지(同知)로 삼음	귀주 보안(普安)의 안무(安撫)였던 자장(慈長)이 다스리던 지역을 차지하여 경영하기를 꾀하고 또한 백성의 처를 빼앗아 첩으로 삼고 그 남편을 죽이며 그 자식을 거세함. 일이 보고되자 포정사(布政司) 맹기(孟驥)에게 실상을 조사토록 하니 자장(慈長)이

		병사 만여 명을 규합하여 맹기(孟驥)를 포위하였으나 맹기(孟驥)가 계략으로 그를 사로잡아 수도로 보내니 옥에서 죽음 [광서] 유주부의 융주(融州) 요민이 반란을 일으킴 광동경주부의 왕현우(王賢祐)가 여족 수령을 데리고 내조함
1417	[운남] 맹양의 선위사 도득맹이 명에 사신을 보내 말과 방물을 바침 명조가 차리의 선위사에 도롱(刀弄)을 임명하고 도경맹의 종제(從弟)인 도쌍맹(刀雙孟)을 동지(同知)로 삼음	
1418	[호광] 선위(宣慰) 팽원(彭源)의 아들 팽중(彭仲)이 토관(土官)과 부장(部長) 667명을 데리고 와 말을 바침	[광서] 광동경주부 감은토(感恩土) 지현 누길록(樓吉祿)이 여족 수령을 데리고 내조함
1420	[운남] 자락전장관사의 장관 도담(刀談)이 명에 내조하여 말을 바침	
1421	[운남] 차리의 선위사 도롱이 여러 차례 군대를 이끌고 만인 백성을 침범하여 약탈하므로 동지인 도쌍맹이 따로 관서(官署)를 세워 무리들을 안무하겠다고 하니, 명조는 땅을 나누어 정안선위사사(靖安宣慰使司)를 설치하고 도쌍맹을 선위사로 승진시킴	[광서] 유주부의 융현(融縣)에서 반란이 일어남 광동경주부 영원(寧遠) 토현승(土縣丞) 형경(邢京)이 여족 수령을 데리고 내조함
1423	[호광] 선위(宣慰) 팽약합비(彭藥哈俾)가 사람을 보내 진공(進貢)함 [운남] 진강주(鎭康州)의 도맹광(刀孟廣)이 내조하여 말을 바침	
1424	[운남] 위원주(威遠州)의 토관 도경한(刀慶罕) 등이 내조하여 말과 방물을 바침	
1425	[운남] 금치군민지휘사(金齒軍民指揮司)와 등충(騰衝) 수어천호소 등 토관들이 말을 바침 명조가 내관(內官) 단충(段忠)·서량(徐亮)을 면전에 보내 즉위조(卽位詔)를 내려 효유함	
1426	[호광] 영순선위(永順宣慰) 팽중(彭仲)의 아들 팽영(彭英)이 황제 알현 시기에 늦었음을 예부(禮部)가 지적하고 처벌을 청했지만, 용서함 선위(宣慰) 팽대충가의(彭大蟲可宜)가 아들 팽순(彭順)을 보내 진공(進貢)함 [운남] 광남부 토관 농낭거(儂郞擧)가 명에 내조하여 말을 바침 무정부(武定府)의 원모현(元謀縣)의 옛 토	[귀주] 도균(都勻) 평랑(平浪)의 기나(紀那)·아로(阿魯) 등이 부장관(副長官)의 땅을 점거하고 엽과(葉果)의 여러 채(寨)를 살략(殺掠)하여서 초유(招諭)하였으나 듣지 않아 소수(蕭授)에게 평정토록 함 신첨(新添)의 토사(土舍) 송지도(宋志道)가 만족(蠻族)을 규합하여 멋대로 노략질을 하자 소수(蕭授)가 토벌하여 사로잡음 [광서] 유주부에서 동족(僮族) 수령 위경효(韋

	지현 오충(吾忠)의 아들인 오정(吾政)이 내조함 명조가 면전에 사신을 보내 금기(錦綺)를 하사함 노강안무사의 낭벽이 명에 말을 바치고서 운남포정사(雲南布政司)에 예속시켜 주기를 청하여 허락을 받음	敬曉) 등이 명 조정에 귀부하였음 숭선현(崇善縣)의 토지현(土知縣) 조섬(趙暹)이 좌주(左州)를 공격하여 노략질하고 40여 곳의 촌동(村洞)을 점거함. 총병관(總兵官) 고흥조(顧興祖)가 광서의 삼사(三司)와 회동하여 토벌 사명부(思明府)에서 선덕제의 생일 축하 표문을 기한을 넘겨서 올리자 예부에서 죄를 청하였으나 황제가 문죄하지 말라고 지시함 사성의 여성 토관 노씨(盧氏)가 마필과 은기(銀器) 등의 방물을 바침 광동경주부의 여족 수령이 방물을 바침
1427	호광 검남장관사(劍南長官司)를 설치하고 충로안무사(忠路按撫司)에 예속시킴 사천 마아잡(麻兒匝)이 귀순하였고 라마(喇嘛) 저팔양복(著八讓卜)도 귀순. 마아잡 안무사를 설치하고 라마 저팔양복을 안무사로 삼음. 송반 위소에서 관할하는 아용(阿用) 등 채(寨)의 만구(蠻寇)들이 만여 명이 반란. 명조는 반란 원인을 제공한 한족 무관들을 처형하고 반란군은 관군이 토벌 운남 망득랄(莽得剌)을 면전의 선위사(宣慰使)로 삼음	광서 조섬의 반란에 동참한 남녕(南寧)의 백호(百戶) 허선(許善)을 죽임 영강현(永康縣) 토관의 후예인 손양웅이 무리 2천여 명을 모아 선화현(宣化縣)을 노략질 함. 총병관 조보(趙輔)가 체포하여 죽이고 유관을 설치함 이주(利州)의 지주(知州) 잠안(岑顏)이 마필을 바침 봉의의 대리 토관 황종음(黃宗蔭)이 마필을 바침 광동경주부의 여족이 일으킨 반란을 진압함
1428	사천 파주선위사 양승이 만수절(萬壽節) 축하를 위해 입조함 운남 위원주(威遠州)의 토관 도경한(刀慶罕) 두목 초강(招剛)·도저중(刀著中)을 보내 내조하여 조공함 노강(潞江)의 천부장(千夫長) 도불랑반(刀不浪班)이 반기를 들고 녹천(麓川)에 귀부하여 낭벽을 금치(金齒)로 쫓아냄 남전(南甸)이 녹천에게 침략을 당해 탈취됨 한문법(罕門法)이 목방의 선위사를 세습함 차리의 선위사인 도롱과 도쌍맹이 서로 원수가 되어 살육하다가 도롱이 땅을 버리고 노과(老撾)에 투항함	
1429	호광 보정(保靖)의 두 선위(宣慰)들이 하나는 살해당하고 하나는 살인죄로 사형을 받을 처지에 있으며, 동지(同知) 이하 관원들도 없다는 병부(兵部)의 주청에 따라, 도독(都督) 소수(蕭授)로 하여금 명망있는 자를 선택해 보고하라고 명령함 운남 영녕의 만채(蠻寨) 시불랄비(矢不剌非)가 사천(四川) 염정위(鹽井衛)의 토관 마랄	광서 향무의 죽은 토관 지주 황겸창(黃謙昌)의 아들 황종음(黃宗蔭)이 마필을 바침 사릉의 위창(韋昌)이 마필을 바침

	비(馬剌非)를 규합하여 각길팔합을 죽임 북승주(北勝州)의 토판관(土判官) 고림(高琳)의 아들 고영(高瑛)이 와서 방물을 바침 대후장관사(大侯長官司)를 대후주(大侯州)로 승격함	
1430	사천 6번 초토사에서 바치는 오차(烏茶)는 면제하고 아차(芽茶)만 바치게 함 석주선무사 마응인(馬應仁)의 아들 마진(馬鎭)이 선무사 직을 승계함 운남 임안부 동산구(東山口)에 순검사(巡檢司)를 설치하고, 토관(土官) 보각(普覺)을 순검(巡檢)에 임명함 초웅부 토지부(土知府) 고정(高政)의 여식(女息)을 동지(同知)로 임명함 맹면장관사(孟緬長官司)를 설치하고 경동에 속하게 했으며, 강숭(姜嵩)을 장관에 임명함 금치군민지휘사사등충주(金齒軍民指揮使司騰衝州)를 설치하고 토지주 1명을 둠 금치(金齒)의 광읍채(廣邑寨)에 주(州)를 설치하고 아도노(阿都魯)를 지주(知州)로 임명함 남전주(南甸州)에 네 개의 순검사(巡檢司)를 설치함 차산장관사에 전탄순검사(滇灘巡檢司)를 설치함 맹양의 동지 도옥빈(刀玉賓)이 사임발로부터 맹양을 회복시켜 주기를 명조에 청함	광서 총병관 산운(山雲)이 경원부를 토벌함
1431	운남 대후(大侯)의 토지주(土知州) 도봉한(刀奉漢)이 경동부의 맹면(孟緬) 지역을 침략하여 점거함 간애장관사를 운남도사(雲南都司)에 예속시킴 명조가 사신을 보내 노과의 선위사 도선달(刀線達)을 표창함	귀주 여평(黎平)의 영종(永從) 만이장관사(蠻夷長官司)를 영종현(永從縣)으로 바꾸고 유관(流官)을 설치함. 이는 토관(土官) 이영(李瑛)의 대가 끊어졌기 때문이라 함 석천부(石阡府) 갈창갈상(葛彰葛商) 장관 안민(安民)이 상주하여 "이전에는 관초(官鈔)로써 양식을 사서 비축해 놓고 만민(蠻民)에게 지키도록 했는데 사는 곳이 험하고 편벽되어 쓸 곳이 없어서 세월이 오래되면 썩을까 두렵고 배상도 하기 어려우니 관리의 제사나 공무로 통과하는 사람들에게 지급하는 용도로 쓰길 청합니다."고 하여 이를 따름 광서 사은군민부(思恩軍民府)에 유학(儒學)을 설치하고 교수(教授) 한 명과 훈도(訓導) 네 사람을 둠

1432	[사천] 용주를 선무사로 승격시키고 토지주 설충의(薛忠義)를 선무사로 삼음 파주선위사 초당(草塘) 소속의 만인이 반란을 일으켰지만 평정됨 [운남] 차리의 토사(土舍) 도패선(刀霸羨)이 선위사를 세습함 팔백대전의 선위사 도초산이 명에 진공사신을 보내 파륵(波勒)의 추장을 토벌해 주기를 청함	[귀주] 총병관(總兵官) 소수(蕭授)가 동인(銅仁)·평두(平頭) 등지의 묘족반란을 진압하고 상소를 올림 도균(都匀)의 진몽(陳蒙)·난토(爛土)의 부장관(副長官) 장면(張勉)이 상주하여 자신의 지역이 위(衛)와는 거리가 멀고 고주(古州)의 생묘(生苗)와는 땅이 닿아 있으며 광서(廣西)의 요동(僚洞)과는 가까운데 화종(化從)의 채장(寨長) 위옹동(韋翁同) 등이 난을 선동하고 있으니 보(堡)를 세워 사성주(泗城州)의 토병(土兵) 1,000명을 동원하여 지키도록 하자고 청하니 허가함
1433	[사천] 오몽의 유학(儒學)에 教授와 訓導를 1명씩 설치 고(故) 영녕선위사 아섭의 처 사소(奢蘇)가 입조하여 공물을 바침 [운남] 임안부 하저(河底)에 순검사(巡檢司)를 설치하고, 원우(袁瑀)를 순검(巡檢)에 임명함 남안주(南安州) 낭정(琅井)의 토순검(土巡檢) 이보(李保)를 주(州)의 판관(判官)에 임명함 신화주(新化州)의 토사의 속관 보녕(普寧) 등이 내조하여 말을 바침 대후주(大侯州)에서 내조하여 조공함 면전의 선위사 망득랄이 명에 사람을 보내 공물을 바치니, 명조는 다시 운선(雲仙)을 면전에 보내 상을 내리고 목방의 영토를 침범하지 말도록 효유함 금치의 영창(永昌) 천호소(千戶所)를 노강주(潞江州)로 고쳐 운남포정사에 예속시키고 천부장 도진한(刀珍罕)을 지주로, 도불랑반(刀不浪班)을 동지로 삼았으며, 이목(吏目)과 청수관(淸水關) 순검(巡檢) 각 1명씩을 둠 남전주(南甸州)의 뇌방합(賴邦哈)·구랑(九浪)·망맹동(莽孟洞) 세 곳에 각기 순검(巡檢)을 설치함 뉴올장관사(鈕兀長官司)를 설치하고 임자(任者)를 장관에, 타비(陀比)를 부장관에 임명함 와전장관사의 곡석(曲石)·고송파(高松坡)·마면(馬緬)에 순검사(巡檢司)를 설치함 목방이 녹천·면전과 더불어 각기 토지를 다투면서 명조에 호소함	[광서] 사성의 여성 토관 노씨가 치사(致仕)한 뒤 잠표(岑豹)가 승계했지만 내분이 발발함

1434	호광 목책장관사(木册長官使) 전곡좌(田谷佐)의 주청을 받아들여 고라안무사(高羅按撫司)에 예속됐던 목책장관사(木册長官司)를 시주위(施州衛)에 예속시킴 사천 영녕선위사 사소가 상주하여 영녕의 감생(監生) 이원(李源)이 유학(儒學)의 훈도(訓導)가 됨 운남 요안부(姚安府) 토지부(土知府)이 고현(高賢)이 사신을 보내 말을 바침 정안(靖安)의 선위사 도패공(刀霸供)의 요청으로 정안(靖安)선위사를 혁제(革除)하여 예전처럼 차리에 귀속시키고, 도패공·도패선을 함께 선위사(宣慰使)로 임명함 노과 조공사신의 귀환을 보호하기 위해 신부(信符)를 수여하고, 맹간(孟艮)·차리(車里)로 하여금 이들을 보호하도록 함	귀주 화종(化從)의 채장(寨長) 위옹동(韋翁同)이 하고대도(下高大刀)의 만인을 규합하고 광서(廣西)의 위만량(韋萬良) 등과 힘을 합하여 멋대로 살략(殺掠)하니 지휘(指揮) 진원(陳原)이 토벌하여 위만량 등 3명을 사로잡았음. 위옹동은 마침내 초무를 받아들였으나 낙창(落昌)·채랑(蔡郎) 등 40채(寨)는 여전히 무리를 모아 저항하여 총병(總兵) 소수(蕭授)가 지휘(指揮) 고용(顧勇)을 보내어 토벌하여 평정함 신첨위(新添衛) 단행(丹行)의 토사(土舍) 나조(羅朝)가 채장(寨長) 복장(卜長)과 도민(逃民) 나아기(羅阿記) 등을 선동하여 와룡번(臥龍番) 장관 용보(龍保)의 땅을 점거하고 또 유평채(猱平寨)를 공격하여 불지르고 겁략함. 그때에 묘민이 본래 지휘(指揮) 이정(李政)을 꺼렸는데 상서 왕기(王驥)가 상주하여 이정을 보내 무유(撫諭)하게 함
1435	사천 송반·첩계 등지 군량이 거의 소모되어 사천에서 매년 수송하는 군량에서 2할을 더하여 공급함 운남 북승(北勝)의 토지부 고영이 내조하여 조공함	귀주 신화부(新化府)를 병합하여 여평부(黎平府)에 통합시키고 예하에 13장관사(長官司)를 거느리도록 함 금축안무사(金筑安撫司)를 귀주포정사(貴州布政司)에 직접 소속시킴 광서 경원부의 남단 토관 막정(莫禎)이 내조함
1436	호광 팽중(彭仲)의 아들 팽세웅(彭世雄)의 습직(襲職)을 허락함	광서 사성의 잠표가 방물을 바침 이주의 잠표가 이주의 땅을 점거하고 약탈하니, 명조는 진순관을 보내 효유토록 함
1437	운남 곡정부 점익주(霑益州)에 송소(松韶) 순검(巡檢)을 설치함 위원주(威遠州)의 토지주 도개한(刀蓋罕)이 사람을 보내 말과 은기(銀器)를 바침	귀주 오라부(烏羅府)를 폐하고 소속의 치고(治古)·답의(答意) 두 장관사(長官司)도 폐하여 오라(烏羅)·평두저가(平頭著可)로써 동인(銅仁)에 소속시킴 광서 사성의 내분을 해결하라고 효유하는 명조의 관원에 대하여 잠표가 불복하고 항거함
1438	호광 산모선무사(散毛宣撫使) 담우량(覃友諒)의 아들 담선(覃瑄)의 선무사 시직(試職)을 명함 사천 마호부 거인(擧人) 왕유학(王有學)이 서리(胥吏)로 근무하는 것을 면제해줌. 왕유학은 회시(會試)에 응시했으나 기한 안에 도착하지 못해 예에 따라 서리에 충당. 암주(岩州) 장관사 양달(讓達)이 잡도(雜道)의 변경을 침범	귀주 진원주(鎭遠州)를 없애고 진원(鎭遠)과 시병(施秉)의 두 장관사(長官司)를 진원부(鎭遠府)에 예속시킴 사천(四川)의 안순주(安順州)를 귀주에 소속시킴

	운남 대후주(大侯州)의 토관 도봉한의 아들 도봉송(刀奉送)이 내조하여 조공함 간애를 금치(金齒)군민지휘사사(軍民指揮使司)에 예속시킴 노강안무사(潞江安撫司)를 다시 예전처럼 금치에 예속시킴	
1439	운남 맹련장관사가 사임발의 공격을 받아 녹천에 항복함	귀주 계초(計砂)의 묘적(苗賊) 묘금충(苗金蟲) 등이 홍강(洪江)의 생묘(生苗)를 규합하여 사방을 겁략하자 도독(都督) 소수(蕭授)에게 토벌케 함. 적의 우두머리 묘총패(苗總牌) 등이 도독 오량(吳亮)에게 죽자 홍강의 생묘가 항복함. 소수(蕭授)는 천호(千戶)윤승(尹勝)에게 명하여 묘금충(苗金蟲)을 사로잡아 참(斬)함 광서 이주의 잠안이 은기와 방물을 바침
1440	운남 경동 토지부(土知府) 도찬(陶瓚)이 녹천(麓川) 사임발(思任發)에 대한 정토에 따라가 공을 세움 와전장관사의 장관 조귀(早貴)를 안무(安撫)로 삼고 채폐와 고명(誥命)을 하사함 목방의 선위사 한개법(罕蓋法)이 그의 조모와 함께 맹정(孟定)·맹련(孟璉) 지역에서 녹천(麓川)과 싸워 대승을 거두고 말과 코끼리와 병기(兵器)를 노획함 차리의 선위사 도패선(刀霸羨)이 명에 공물을 바치니, 칙서 및 기백(綺帛)을 하사함 팔백대전이 명에 진공사신을 보냄	귀주 금축(金筑)의 안무(安撫) 김용(金鏞)이 말을 바침 광서 이주의 잠안이 잠표의 점탈을 호소하니, 명조는 행인(行人)을 보내어 잠표를 효유토록 함 봉의의 황종음이 모친과 알력으로 고발을 당함
1441	운남 광남부 부주(富州)의 토관인 심정(沈政)과 농낭거(儂郎擧)가 서로 비방하며 침범함 명조가 면전에 신부·금패를 주고, 사임발을 토벌하고자 군대 동원을 명함 간애 부장관(副長官) 도파편(刀怕便)을 승진시켜 장관(長官)으로 삼고 채폐(綵幣)를 하사함 녹천(麓川)의 선위(宣慰) 사윤발(思倫發)이 반기를 드니, 명조가 차리(車里)에 신부·금패를 주고서 군대를 모아 적을 토벌하도록 명함	
1442	사천 오살 군민부의 통판·추관·지사·검교 각 1명씩을 없앰 운남 금사강(金沙江)을 건너 맹광(孟廣)으로 달아나는 사임발의 군대를 면전이 공격함 망시(芒市)의 도맹(陶孟) 도방혁(刀放革)이 명에 사신을 보내 사기발(思機發) 형제를	광서 심주부에서 요민 남수이(藍受貳) 등이 반란을 일으킴 이주: 잠표의 공격으로 잠안이 살해됨. 명조는 유관(流官)을 보내 이주의 사무를 처리토록 함

	붙잡아 바치겠다고 함 명조가 녹천을 정복한 후, 맹련의 예전 장관사(長官司) 도파한(刀派罕)의 아들 도파락(刀派樂) 등에게 채폐(綵幣)를 하사함 목방의 선위사 한개법이 녹천의 판한(板罕)·공장(貢章) 등의 채(寨)를 공격하여 함락시키고, 사임발의 자식과 코끼리를 포획함	
1443	운남 면전이 명에 사신을 보내 붙잡은 사임발을 금년 겨울까지 보내겠다고 함 사기발이 동당(同黨)인 연맹차(涓孟車) 등에게 망시(芒市)를 공격하라고 했지만 관군에게 패퇴당함 망시장관사(芒市長官司)를 설립하여 도맹(陶孟)인 도방혁을 장관으로 삼고 금치위(金齒衛)에 예속시킴 목방이 명조로부터 세판금(歲辦金) 14,000냥을 면제받고서, 붙잡은 사임발의 가속을 명조에 바침	광서 사성의 잠표가 방물을 바침
1444	사천 흑호(黑虎) 등 채(寨)의 번만(番蠻)이 숙원(椒園)·송계(松溪) 등의 관보(關堡)를 포위하고 공격하여 관민을 죽임 운남 간애를 선무사(宣撫司)로 승격시키고 도파편을 선무부사(宣撫副使)에 임용함 남전주(南甸州)를 선무사(宣撫司)로 승격시키고 지주(知州)인 도락경(刀落硬)을 선무사(宣撫使)로 임용함	광서 광동경주부의 여족이 일으킨 반란을 진압함
1445	운남 이전에 받은 금패와 신부가 섬라국(暹羅國)의 적병에 의해 불에 타 훼손되었기 때문에 명조가 팔백대전선위사(八百大甸宣慰司)에 금패·신부 각 하나씩을 다시 줌	
1446	사천 오몽과 동천의 지사와 검교 각 1명씩을 없애고 오살과 오몽의 체운소(遞運所)를 폐지 운남 대후(大侯)지주 봉외법(奉外法) 등이 은그릇·코끼리·말을 바침 목방(木邦)의 선위(宣慰) 한개법(罕蓋法)과 면전의 이전 선위의 아들 마합성(馬哈省)·이속랄(以速剌)이 명에 사신을 보내 사임발의 수급과 여러 포로들을 쳤으며, 명조는 마합성·이속랄을 모두 선위사에 임명함	
1447	운남 목방이 명조로부터 세판은(歲辦銀) 8정(錠)을 3년 동안 면제받음	광서 좌주(左州)의 세습 지주(知州) 직책을 폐지하고 유관을 설치함
1448	운남 몽화주(蒙化州)가 부(府)로 승격되고, 좌가(左伽)가 지부(知府)에 임명됨	

	명조가 맹양의 옛 선위 도맹빈(刀孟賓)을 안치하여 향도(向導)로 삼아 사기발(思機發)을 사로잡고자 함	
1449	호광 보정선위(保靖宣慰)와 그의 일족인 팽남목답(彭南木答)이 서로를 비방하는 상주(上奏)를 올렸다가 화의했으며, 쌀을 보내 속죄(贖罪)를 원하자 허락함 사천 파주선위사 양강(楊綱)의 노환으로 그 아들 양휘(楊輝)가 관직을 대신함 운남 명조가 맹양의 땅을 면전의 선위 마합성(馬哈省)에 주어 다스리도록 하고, 사기발을 체포하도록 명함	귀주 묘족의 살략(殺掠)으로 편교위(偏橋衛)의 존립이 위태로워져 구원토록 함
1450	사천 오살에서 올린 萬壽節의 表文이 기한을 넘기자 이후부터 기한을 넘겨서 조공하거나 표전(表箋)이 이르지 않으면 토관들에게 내리는 상을 절반으로 줄임 운남 목방의 선위사 한개법이 농천(隴川) 경계(境界)에 있는 자란경선(者闌景線) 땅을 명조에 요구하고서 그의 아들 한락법(罕落法)을 보내 갑자기 점거해버림 노과에서 토관의 의복을 하사해 주기를 청했으나 명조는 의복 대신 금폐(錦幣)를 내려줌	귀주 정통(正統)말년에 일어난 진원(鎭遠) 만묘(蠻苗)의 난으로 평월(平越)·신첨(新添) 등의 위(衛)가 포위를 당한지 반년이 되어 보정백(保定伯) 양보(梁瑤)에게 평만장군(平蠻將軍)의 인(印)을 주어 군대를 이끌고 나아가 토벌케 하여 적을 대파하고 80여 채(寨)를 평정하여 적수(賊首) 왕아동(王阿同) 등을 사로잡으니 평월(平越)의 여러 위(衛)의 포위가 이에 풀리게 됨
1451	호광 산모선무사(散毛宣撫使) 황진선(黃縉瑄)의 친형 모살(謀殺) 죄는 대속(代贖)이 불가하다는 예부(禮部)의 주청을 받아들여, 속죄(贖罪)로 바친 말의 해당 가격을 지불하도록 함 사천 영녕선위사 세과국(稅課局)의 보초(寶鈔)가 경감됨 운남 명조가 문자를 음각(陰刻)한 금패·신부를 면전에 하사함 사임발의 아들 사복발(思卜發)이 명조에 사신을 보내 공물을 바치고서 맹양의 옛 지역을 관할하겠다고 청함	귀주 도어사(都御史) 왕래(王來)가 귀주의 묘족 위동렬(韋同烈)이 흥륭(興隆)의 절동(截洞)에서 무리를 모아 다시 평월(平越)·청평(淸平) 등 위(衛)를 공격한다고 상주하니 양보(梁瑤)는 원주(沅州)로부터 군사를 끌고 동쪽길로부터, 도독(都督) 방영(方瑛)은 서쪽길로부터 군사를 끌고 와 흥륭(興隆)에서 합쳐서 그들을 격파하니 위동렬(韋同烈)이 향로산(香鑪山)으로 물러감. 방영과 도독 진우(陳友)·모복수(毛福壽) 등이 길을 나누어 적을 격파하면서 향로산(香鑪山) 밑에 모이니 무리가 위동렬을 결박하여 항복해와 동렬을 수도로 압송함 묘적이 신첨(新添)에서 겁략을 행하고 서려(西廬)에서 모이는 자들이 있어 관군이 격파하고 사실을 보고함
1452	운남 차리의 선위사 도패선이 군대를 징발하여 공을 세움으로, 명조가 아직 상환하지 않은 차발금(差發金)을 면제해 줌	
1453	운남 한락법이 그의 부친 한개법을 이어 목방의 선위사를 세습함	

1454	운남 면전이 붙잡은 사기발과 그의 처자를 명에 보내옴 족인(族人)이 세습을 반대하여 난리를 일으키자 목방 선위사 한락법이 맹경(孟更)으로 피난함	귀주 귀주 순무 왕영수(王永壽)가 묘적(苗賊) 몽능(蒙能)이 용리(龍里)·신화(新化)·동고(銅鼓)의 성(城)을 포위 공격하니 군대를 내어 토벌토록 청하자 남화백(南和伯) 방영(方瑛)을 평만장군(平蠻將軍)으로 삼아 호광의 제군(諸軍)을 거느리고 토벌케 함. 몽능(蒙能)이 3만 명을 규합하여 평계위(平溪衛)를 공격하다 죽자 이진(李珍) 등이 묘중(苗衆)을 거느리고 맞서 싸웠으나 명군은 그를 사로잡고 동고(銅鼓)·우동(藕洞)을 회복하며 귀판(鬼板) 등 160여 채(寨)를 연파하여 담동(覃洞)·상릉(上隆)의 묘족이 모두 항복함 부총병(副總兵) 이귀(李貴)가 상주하여 평월(平越)의 여종(黎從) 등의 채(寨)에서 적수(賊首) 아나(阿挐)·왕아방(王阿傍)·묘금호(苗金虎) 등이 묘왕을 칭하며 동고(銅鼓)의 여러 적(賊)들과 서로 호응하니 군사를 더 해달라고 청함 광서 광서 계림부(桂林府) 고정(古丁)에서 반란이 일어남
1455	운남 맹간부(孟艮府) 토지부(土知府) 경마랄(慶馬辣)이 명에 입공함 위원주(威遠州)의 도개한(刀蓋罕)·수내오(隨乃吾) 등이 내조하여 조공함	
1456	호광 동고(銅鼓), 오개(五開), 려평(黎平)의 여러 만족(蠻族)을 토벌하기 위해 보정(保靖)의 토병(土兵)을 보내라고 명함 사천 파주선위사 양휘가 묘족의 반란을 토벌하고 상을 하사받음 유양 선무첨사(宣撫僉事) 염정장(冉廷璋)이 명의 요구에 따라 묘족의 반란을 토벌함 운남 농천선무(隴川宣撫) 다외민(多外悶)이 사람을 보내 코끼리·말과 금은그릇·방물을 바침	귀주 평두저가(平頭著可) 장관사가 지역에 만적(蠻賊)의 침해가 많다고 토성을 쌓아 방비하기를 청하니 조정에서 허가함 순무 장림(蔣琳)이 평월(平越)에서 묘적(苗賊)을 토벌하여 400여 급을 참수하였다고 상주함. 그 왕아방(王阿傍) 등은 차완채(車碗寨)에 근거를 두고 여전히 청평(清平)·평월 지방에서 발호하여 지휘(指揮) 왕기(王杞)를 죽이고 향로산(香鑪山)에 웅거하여 편교(偏橋)를 약탈함
1457	호광 총독(總督) 석박(石璞)이 천당(天堂), 소평(小坪), 묵계(墨溪) 일대 227채(寨)를 정복해 묘족(苗族) 반란을 평정함 용미선무사(容美宣撫使) 전조미(田潮美)가 자신의 아들 전보부(田保富)에게 대직(代職)시키겠다는 주청을 허락함 사천 망부에서 관할하는 백강(白江)의 만적(蠻賊) 천여 명이 난을 일으켜 균련현(筠連縣)의 치소(治所)를 포위	광서 전주(田州)의 우두머리 여조(呂趙)가 반란을 일으키고 무리를 이끌고 남단주(南丹州)를 노략질함

	[운남] 차리의 선위사 도패선이 자살하고 그의 동생 판아충(板雅忠) 등이 형 삼보역대(三寶歷代)를 선위사로 추거하였으나 또 판아충이 난을 일으켜 팔백(八百)을 규합하여 삼보역대와 서로 원수가 되어 살육함	
1458	[호광] 팽세웅(彭世雄)에게 군사를 모집해 귀주(貴州)의 동묘(東苗) 토벌을 도우라고 명령함 선위(宣慰) 팽사파비(彭捨怕俾)에게 즉시 군사를 선발해 토벌에 나서라고 명령함 [운남] 남전(南甸)에 역승(驛丞) 1명을 설치함 목방의 선위사 한락법이 사갱(思坑)·낭한농(曩罕弄) 등에게 공격당하자 군대를 보내 초무하여 멸해주기를 명나라에 청함	
1459	[호광] 보정(保靖)이 여름에 재해를 당했다고 상주(上奏)함	[귀주] 동묘(東苗)의 난 때 수서선위(水西宣慰) 농부(隴富)가 불시(不時)에 출병하여 조정의 주의를 들음 여평(黎平)의 곡종(谷種) 지역이 동묘(東苗)의 우익(羽翼)이라 하여 독리군무도어사(督理軍務都御史) 백규(白圭)에게 선제 공격토록 함. 또한 방영(方瑛)은 청애(青崖)로, 총병(總兵) 이귀(李貴)는 우피정(牛皮箐)으로, 참장(參將) 유옥(劉玉)은 곡종(谷種)으로, 참장(參將) 이진(李震)은 귀산(鬼山)으로 각각 진격케 하여 수차패(水車壩) 등 117채(寨)를 이기고 석문산(石門山)을 공격하여 파상(擺傷) 등 39채를 이긴 후 군사를 네길로 나누어 동농(董農)·죽개(竹蓋)·갑저(甲底) 등 437채에 진공하니 우두머리 간파저(干把豬)는 육미산(六美山)으로 물러가 지켰으나 군사를 모아 쳐들어가 5,000여 급을 베고 그를 사로잡아 경사(京師)에 보내어 처형당하게 함. 조세 체납으로 묘족 지역에 들어가 왕을 칭하며 노략질을 하던 마성(麻城) 사람 이첨보(李添保)도 이때 이진(李震)에게 패배하여 귀지(鬼池) 및 교동(絞洞)의 여러 채(寨)에 들어가 다시 중림(中林)·용리(龍里)를 공격하였으나 역시 이진(李震)에게 사로잡혀 처형됨 [광서] 전주(田州)의 우두머리 여조(呂趙)가 지부(知府) 잠감(岑鑑)을 죽이고 태평왕(太平王)을 칭함. 이듬해에 여조가 아들과 추종자와 함께 사로잡혀 참수형을 당함
1460		[귀주] 보정(普定) 서보(西堡)의 만적(蠻賊)이 무리를 모아 불지르고 겁략하니 진수귀주(鎭守貴州)내관(內官) 정충(鄭忠)과 우부총

		병(右副總兵) 이귀(李貴)가 청하여 사천과 운남의 도사(都司) 관병 2만 명과 귀주선위(宣慰) 안롱부(安隴富)의 병사 2만 명으로 나아가 토벌함. 아과(阿果)에 이르러 우두머리 초득륭(楚得隆) 등을 사로잡고 2백여 급(級)을 참수하니 남은 적들이 백석애(白石崖)로 달아나 다시 7백여 급을 참수하고 그 근거지를 불태운 후 돌아옴
1461		광서 양광 순무 섭성(葉盛)에게 해남(海南)의 구적을 위무하고 체포토록 함
1462	호광 시주(施州) 목책장관사(木册長官使) 담문수(譚文壽)의 죄를 모친이 대속(代贖)하는 것은 불가능하다는 예부(禮部)의 주청을 받아들임	
1463		귀주 총병관(總兵官) 이진(李震) 이안(李安) 등에게 명하여 귀주 홍강(洪江)의 묘충하(苗蟲蝦) 등의 난을 토벌케 함 광서 심주부 대등협(大藤峽)의 반란세력이 오주성(梧州城)에 들어감
1465	사천 영녕선위사의 만족이 강안(江安) 등의 현을 약탈함 운남 위원주(威遠州)의 도삭한(刀朔罕)이 사람을 보내코끼리와 말, 금은 그릇을 바침 명조가 노과에 금패·신부를 내려줌	광서 편수(編修) 구준(丘濬)이 양광(兩廣)의 용병(用兵)에 대해서 상주함 사성의 잠표가 상림장관사(上林長官司)를 공격하여 점거함. 얼마 후 잠표가 사망함
1466	호광 세라동(洗羅峒) 장관(長官)의 공격을 막아달라고 요파동(搖把洞) 장관(長官) 향맥답종(向麥答踵)이 주청(奏請)함 보정선위(保靖宣慰) 팽현종(彭顯宗)이 만족(蠻族) 정벌에 공을 세워 고명(誥命)을 내리라고 명함	
1467	호광 병부상서(兵部尙書) 정신(程信)이 영순(永順) 지방의 군사를 도장만(都掌蠻)의 정벌에 동원해야 한다고 주청함 보정(保靖)의 병사를 도장만(都掌蠻) 토벌에 다시 보냄	
1468	사천 백초의 번인(番人)들이 안현(安縣)·석천(石泉) 등지를 노략질	
1469	호광 용미선무사(容美宣撫司) 전보부(田保富) 등이 바친 공물(貢物) 수량이 규정이 맞지 않자, 그것을 조사해야 한다는 예부(禮部)의 주청(奏請)을 받아들임 광서(廣西) 및 형양(荊襄), 귀주(貴州) 지역 토벌의 공을 들어, 보정선위(保靖宣慰) 여러	

	토사(土司)들의 성화(成化) 2년(1466) 세량(稅糧) 852석(石)을 면제해 줌 운남 만전주(灣甸州)의 토관의 사인 경졸법(景拙法)이 사신 도호맹(刀胡猛) 등을 보내 내조하여 코끼리·말·금은 그릇을 바침 진강주(鎭康州)의 지주 도문알(刀門戛)이 사신을 보내 말과 금은 그릇을 바침	
1471	호광 팽현종(彭顯宗)이 연로해 정사(政事)를 담당하지 못해, 그의 아들 팽사롱(彭仕瓏)이 대직(代職)하도록 명함 운남 명조가 노과군민선위사사인(老撾軍民宣慰使司印)을 주조해 줌	
1472		광서 진안(鎭安) 지부(知府) 잠영수(岑永壽)의 조카인 종소(宗紹)가 토병을 모아 부치(府治)를 공격하여 점령하고 친어미를 살상하였으며 향촌을 노략질하다가 명나라 군사에 사로잡혀 참수당함
1473	사천 흑호채의 우두머리 야합(夜合) 등이 관보(關堡)를 공격	귀주 가뭄으로 신첨위(新添衛)의 조세를 면제해 줌
1474	사천 파주선위사 양휘의 병환으로 그 아들 양애(楊愛)가 선위사를 대신함. 총병관(總兵官)을 따라 구적(寇賊)을 토벌함 운남 목방(木邦)이 관할하는 맹밀(孟密)의 만인(蠻人) 부녀(婦女) 낭한농(曩罕弄)이 반란을 일으켜 농천(隴川)을 약탈함	
1475		귀주 총병관(總兵官) 이진(李震)이 오라(烏羅) 지역에서 명왕(明王)이라 칭하고 난을 일으킨 석전주(石全州)를 사로잡았다고 상주함
1476	사천 오살 토지부 농구(隴舊) 등이 선정을 베푼 오살 동지(同知) 강정(剛正)의 9년 임기가 만료되자 다시 3년 동안 근무할 수 있도록 상주하여 허락을 얻음 파주선위사의 만족(蠻族) 반란 진압에 양애가 역부족이었기에 명(明)은 양휘를 재기용하여 토벌토록 함	
1477	호광 묘족 토벌의 공을 들어 선위(宣慰) 팽현영(彭顯英)의 산관(散官) 지위를 한 단계 올려줌 묘족 평정의 공들 들어 팽현종(彭顯宗)과 팽사롱(彭仕瓏)의 직위를 한 단계 올려줌	
1478		귀주 귀주총병(總兵) 오경(吳經)이 안순주(安順州) 서보(西堡)의 사자공동(獅子孔洞) 등의 묘족이 난을 일으켰으니 먼저 운남군 8천

		명을 동원하여 방어를 돕게 하도록 청하였다가 운남에 위급한 일이 있는 걸 듣고서는 다시 원주(沅州)와 청랑(清浪)의 군사를 보내어 돕도록 청함 도균(都匀)의 진몽(陳蒙)·난토(爛土) 장관사(長官司) 장용(張鏞)이 요패간(夭壩干)의 우두머리 재과(齎果)가 침입하여 노략질을 하니 침탈당한 대진(大陳)·대보(大步) 등의 채(寨)에 사(司) 하나를 설치하여 안녕(安寧) 선무(宣撫)에 예속시키기를 청하였고 풍녕(豊寧) 장관사 양태(楊泰) 역시 봉동(峰峒)의 육광옹(陸光翁) 등이 난토(爛土)에서 무리를 모아 난을 일으켰다고 보고함
1479	호광 영순(永順)의 세금을 면제해 줌 재해 발생으로 보정(保靖)의 세량과 부역을 면제해 줌	귀주 귀주총병(總兵) 오경(吳經)이 서보(西堡)의 사자공동(獅子孔洞) 등에서 난을 일으킨 묘족의 수장 아둔(阿屯)·견루(堅婁) 등을 이미 잡아 참(斬)하였다고 승리를 보고함
1480	운남 교지(交阯)의 여호(黎灝)가 명에 반기를 들고서 차리에 제멋대로 칙서를 반포하여, 군대를 모아 함께 팔백(八百)을 공격하자고 함 안남(安南)이 노과를 공격함	귀주 도균(都匀)의 진몽(陳蒙)·난토(爛土) 장관사(長官司) 장용(張鏞)이 요패간(夭壩干) 적수(賊首) 재과(齎果)가 구성(九姓)·풍녕(豊寧) 및 여파(荔波)의 적(賊) 만 명을 규합하여 겁략을 더욱 급히 한다고 상주(上奏)하니 진수태감(鎭守太監) 장성(張成)과 총병(總兵) 오경(吳經)에게 명하여 기회를 보아 초무(剿撫)토록 함 광서 전주부(田州府) 토목(土目) 황명(黃明)이 반란을 일으키자 지부(知府) 잠부(岑溥)가 도주하고 진수관(鎭守官) 등이 평정함
1481	운남 광서부 토지부(土知府) 앙귀(昂貴)가 죄를 지어 그 직을 혁제(革除)하고 미륵주(彌勒州)에 안치시켰으며, 유관(流官)을 두어 토성(土城)을 쌓음 안남의 여호(黎灝)가 애뢰(哀牢)를 격파하고 노과의 경내에 침입해 노과의 선위사 도판아(刀板雅)와 두 명의 아들을 죽임 도판아의 막내아들 파아새(怕雅賽)가 노과의 선위사를 세습함 팔백의 토관 도람나(刀攬那)가 안남(安南) 여호(黎灝)의 귀로를 막고서 만여 명을 습격하여 죽이자, 명조는 그에게 상을 내림	
1482	사천 석주선무사의 연과(鉛課)를 면제해 줌. 마휘(馬徽)가 선무사가 됨 운남 맹밀의 낭한농이 전후로 목방의 지역 27	광서 사명주(思明州) 토관의 손자 황의(孫黃義)가 족인(族人) 황소(黃紹)에게 살해됨

	곳을 점령하여 탈취함 맹양 금사강(金沙江)의 사육발(思陸發)이 명에 사람을 보내 코끼리와 말을 바침	
1483	운남 맹밀의 사병(思柄)이 명에 사람을 보내 공물을 바침	
1484	운남 맹밀안무사(孟密安撫司)를 설치하고, 사병(思柄)을 안무사(安撫使)로 삼음 명조가 차리 등에 칙서를 내려 강역을 굳건히 지켜 교지인이 침범해 들어오는 것을 막도록 함 팔백의 토관 도람나(刀攬那)가 명에 사람을 보내 공물을 바침	귀주 도균(都勻) 난토(爛土)의 묘적(苗賊) 용낙도(龍洛道)가 왕을 칭하고 도균(都勻)과 청평(淸平)의 여러 위(衛)를 치겠다고 공언함. 도균부(都勻府) 독산주(獨山州)의 풍녕(豊寧) 장관(長官) 양태(楊泰)가 토목(土目) 양화(楊和)와 사이가 벌어지자 광서(廣西) 사성주(泗城州) 농민 9,000명을 꾀어 철갱(銕坑) 등 100여 채(寨)를 살략(殺掠)케 하니 이에 묘족으로 인한 근심이 더욱 심해짐
1486	사천 파주선위사 양애와 그 형 양우(楊友) 사이에 내분이 일어남. 양애가 직위를 회복하고, 양우는 보녕(保寧)으로 축출됨	광서 경원부 흔성현(忻城縣)의 담소관(覃召管)이 반란을 일으킴
1487	운남 맹양 금사강(金沙江)의 사육발(思陸發)이 도맹(陶孟) 도긍흔(刀肯痕) 등을 명에 보내 코끼리와 말 및 금은기를 바침	
1488	사천 파주선위사의 중안(重安)에 수어천호소(守禦千戶所)가 증설됨 운남 면전이 명에 내조하여 공물을 바침	
1489	호광 목책장관(木册長官) 전현(田賢) 및 퇴임한 용미장관(容美長官) 전보부(田保富)가 말을 바치면서 토인(土人) 담경보(譚敬保) 등의 속죄(贖罪)를 요청했으나, 형부(刑部)가 허락하지 않음 사천 송반 번인(番人)들이 평이보(平夷堡)를 공격 운남 팔백의 토관 도람나의 손자 도정뢰(刀整賴)가 명나라에 방물을 바치며 할아버지의 직을 세습하기를 청함	귀주 묘적(苗賊) 7,000명이 양안보(楊安堡)를 포위 공격하니 도지휘(都指揮) 유영(劉英)이 군사를 거느리고 동정을 살피다가 곤란한 지경에 놓이게 되었는데 진순관(鎭巡官)이 가서 구원하여 빠져나옴 광서 광동경주부 애주(崖州)의 전임 토관 진적손(陳迪孫) 등이 방물을 바침
1490	운남 간애의 토사(土舍) 도유파(刀愈怕)가 조카인 도파락(刀怕落)이 어림으로 업신여기고서 관인(官印)을 빼앗아 직위를 탈취함	광서 사성의 토관지주(知州) 잠응(岑應)이 상림장관사 및 귀주의 진녕(鎭寧) 등 18성(城)을 공격하여 점거함. 은성(恩城) 토관 잠흠(岑欽)과 한 패거리를 이루었으나, 얼마 후 원수지간이 되어 서로 공격하여 살해함. 잠응의 아우 잠접(岑接)이 사람을 보내 신년을 조하(朝賀)함
1492		귀주 진원후(鎭遠侯) 고부(顧溥)에게 관병 8만 명을 이끌게 하고 순무 등정찬(鄧廷瓚)에게는 군무(軍務)를 제독(提督)시키고 태

		감(太監) 강덕(江德)에게는 제군(諸軍)을 감독시키면서 도균(都勻) 양안보(楊安堡)의 묘적(苗賊)을 치게 함
1493	[운남] 맹밀안무사를 예전처럼 운남포정사에 예속시킴	
1494	[사천] 송반 공심채(空心寨)의 번인(番人)들이 경계를 침범 파주선위사 양애가 묘적 평정에 공을 세웠다는 이유로 칙서를 받음	[귀주] 진원후(鎭遠侯) 고부(顧溥) 등의 군대가 길을 나누어 양안보(楊安堡)의 묘적(苗賊)을 치는데 숙묘(熟苗)에게 거짓으로 적에게 항복하여 그들을 유인해서 쳐들어오게 한 후 복병으로 그들을 사로잡고 바로 그 근거지를 공격하여 110여 채(寨)를 부수어 승리를 보고함. 이에 도균부(都勻府) 및 독산(獨山)·마합(麻哈)의 두 주(州)를 설치하게 됨 도균(都勻)군민지휘사사(軍民指揮使司)를 부(府)로 고치고 마합(麻哈)과 독산(獨山)의 두 주(州)와 청평현(淸平縣) 하나, 그리고 여덟 장관사(長官司)를 예하에 두도록 함
1495	[호광] 귀주 지역 묘족 반란 진압에 공을 세운 이유를 들어 선위(宣慰) 팽세기(彭世麒) 등이 직급 상승을 주청했지만, 병부(兵部)는 이에 반대하는 대신 팽세기를 소용장군(昭勇將軍)으로 제수함 [사천] 마호 토지부 안오가 죄를 지어 처형. 마호부를 유관 지부가 다스리는 곳으로 고침	
1496	[호광] 용미선무사(容美宣撫使)가 말과 향(香)을 공물로 바쳤으나, 규정량에 미치지 못함 팽세기(彭世麒)가 말을 진공(進貢)해 은혜에 보답함 [운남] 목방의 선위 한알법(罕挖法)과 맹밀의 토사(土舍) 사설이 각기 명에 사신을 보내 공물을 바침	[광서] 귀순의 잠영(岑瑛)을 토관 지주(知州)에 제수하고, 유관(流官) 이목(吏目) 1명을 증설함
1497	[호광] 금동안무사(金峒按撫使) 담언룡(覃彥龍)이 삼천금(三千金)에 달하는 삼목(杉木)을 조정에 바치려 했으나, 규정에 없다는 이유로 공부(工部)가 거절함 팽세영(彭世英)과 팽사롱(彭仕瓏) 사이에 영토 분쟁이 발생함	[귀주] 진원(鎭遠)의 금용금달(金容金達) 장관사(長官司)를 진원주(鎭遠州)로 고치고 유관(流官)을 설치함 [광서] 사명부의 황소(黃紹)가 사명(思明)·상석(上石)·하석(下石) 세 주(州)를 침범하고 지부(知府) 황도(黃道) 부자를 죽임
1498	[운남] 노과선위사의 사인(舍人) 초람장(招攬章)이 노과 선위사(宣慰使)의 직을 계승하고서 사람을 보내 명에 내조하여 공물을 바침	[귀주] 보안주(普安州) 토판관(土判官) 융창(隆暢)의 처(妻) 미로(米魯)가 난을 일으킴. 미로는 점익주(沾益州) 토지주(土知州) 안민(安民)의 딸이어서 진압하는데 10위(衛)의 군사와 여러 토병(土兵) 13,000명으로 길을 나누어 나아가게 함과 동시에 안민에게 반적

		을 잡아 속죄토록 하니 안민은 미로와 정을 통한 영장(營長) 아보(阿保) 부자를 공격하여 참하였으나 미로에게는 몰래 도와줌. 진순관(鎭巡官)이 모두 미로의 뇌물을 받고 공격을 늦추다가 관군이 아마파(阿馬坡)에서 패하여 도지휘(都指揮) 오원(吳遠)은 사로잡히고 보안(普安)이 함락될 지경에 처함. 후에 황제는 남경 호부상서 왕식(王軾)과 순무 진금(陳金) 그리고 도지휘(都指揮) 이정(李政)에게 나아가 토벌할 것을 명하여 20여 채(寨)를 격파하고 도망간 미로를 붙잡아 처형시킴. 안민은 처지를 변명하여 용서를 받음
1499	호광 팽사룡(彭仕瓏)이 장관(長官) 팽세영(彭世英)을 함부로 공격하고 여러 해 동안 사람을 죽이니, 병사를 보내 토벌해야 한다고 영순선위사(永順宣慰司)가 상주(上奏)함	광서 경원부의 위조횡(韋祖鋐)이 전주를 공격함 전주부(田州府)의 토관 잠부(岑溥)가 그 아들 효(猇)에게 살해당하고 효 역시 자살함. 잠부의 어린 아들 맹(猛)이 전주부 지부가 됨
1500	사천 번인(番人)들이 송반, 패주(壩州), 파저관(坡抵關)을 침범 오살에 큰비가 내려 집과 다리가 부서지고 사람과 가축들이 떼죽음 당함 여주 안무사를 사천도사에 소속시킴	
1501	호광 보정선위(保靖宣慰) 등이 군사 파견에 응하자 이듬해 입조(入朝)를 면제해 줌 사천 파주선위사가 명의 요구로 귀주의 여적(女賊) 미노(米魯) 등의 토벌에 파주 군대 5,000명을 보냄 유양선무사가 군대 5,000명을 동원하여 명군을 도와 귀주의 여적(女賊) 미노(米魯) 토벌에 나섬	광서 귀주의 여적(女賊) 미노(米魯)의 반란 토벌에 잠접의 군대 2만 명을 동원함
1502	호광 북변(北邊)에 위급 상황이 발생하자 팽세기(彭世麒)가 토병(土兵) 1만여 명을 연수(延綏)로 보내 반란을 진압하겠다고 주정했지만, 병부(兵部)가 반대함	광서 광동경주부의 여족이 일으킨 반란을 진압함
1503	호광 팽세영(彭世英)과 팽사룡(彭仕瓏)을 체포해 죄를 물음 운남 명의 순무 진금(陳金)이 금등(金騰)의 참장(參將) 노화(盧和)를 보내 사육발을 안무하고 효유하자, 이전에 점거한 만막(蠻莫) 등 13곳을 되돌려 주고 금사강을 건너 돌아감	
1505		광서 상사주(上思州)에 유관(流官)을 파견하여 남녕부에 예속시켰음 명 조정에서 잠맹(岑猛)이 흉악하여 부치

		(府治)를 함락시켰다며 천호(千戶)로 강등시킴. 또 평락 지부(平樂知府) 사호(謝湖)를 우참정(右參政)으로 삼아 전주부의 일을 장악하게 함
1506	호광 토적(討賊)의 공을 세운 팽세기(彭世麒)에게 금기린복(金麒麟服)을 하사하자, 팽세기는 그 보답으로 말을 바침	귀주 미로가 독살한 보안주(普安州) 토판관(土判官) 융창(隆暢)의 족부(族婦) 적찰(適擦)이 토판관(土判官) 직을 이어받고 수도에 와 조공하니 황제가 칭찬함. 혹자는 말하기를 적찰(適擦)이 융창의 첩이었다고도 함
1507	호광 황후(皇后) 책립을 축하하기 위해 말을 바침 사천 명은 파주선위사 양빈(楊斌)을 사천안찰사(四川按察使)로 승진시키며 선위 사무를 관리토록 함 운남 무정부(武定府) 소속의 남전현(南甸縣)을 화곡주(和曲州)에, 석구현(石舊縣)을 녹권주(祿勸州)로 행정구역을 바꾸었음	
1508	사천 명은 양빈의 파주안찰사 직을 박탈하고 파주선위사로 복직시킴 유양선무사가 호광(湖廣) 등지의 묘족의 약탈에 대하여 토벌을 요청함 운남 무정부(武定府) 토지부(土知府) 봉영(鳳英)을 우참정(右參政)으로 승진시킴	귀주 도균장관사(都勻長官司) 오흠(吳欽)이 그 일족 오민(吳敏)과 직위 세습을 놓고 원수가 되어 싸우니 진순관(鎭巡官)이 "오흠의 조상 오뢰(吳賴)는 홍무년간에 공을 세워 장관이 되었고 전장에서 죽은 자라 그 후손인 오흠이 마땅히 뒤를 이어야 한다"고 보고하니 이에 따름
1509	호광 용미선무사(容美宣撫司)와 초산마노장관사(椒山瑪瑙長官司)가 파견한 통사(通事) 유사조(劉思朝) 등이 진공(進貢)을 위해 북경에 왔지만, 주변 역참(驛站)에서 다량의 물품을 거둬들인 사실이 발각됨 운남 무정부(武定府) 토지부(土知府) 봉영(鳳英)이 말을 바쳐 사은(謝恩)함	
1510	호광 영순(永順)과 보정(保靖) 사이에 토지 분쟁이 발생해 조정에 고발하자, 각각 벌미(罰米) 300석(石)을 납부하도록 명함	
1511	호광 사천(四川)의 람정서(藍廷瑞)와 언본서(鄢本恕) 등이 반란을 일으켜 그 피해가 귀주(貴州)와 호광(湖廣) 지역까지 확대됨	귀주 서보(西堡)와 사자공(獅子孔) 두 지역에서 조세를 납부하지 않다가 두려워 자살한 토관(土官) 온개(溫愷)의 아들 정서(廷瑞)가 호소하여서 순무(巡撫) 소충(蕭翀)이 그 조세는 납부하되 군사를 쓰는 것은 면해 줄 것을 청하여 조정의 허가를 받음 광서 남녕부의 토목(土目) 황치(黃鎡)가 반란을 일으킴
1512	호광 유삼(劉三) 등이 난을 일으키자, 선위(宣	

	慰) 팽명보(彭明輔) 및 도지휘(都指揮) 조붕(曹鵬) 등이 토군(土軍)을 이끌고 그들을 추격함	
1513	사천 유양선무사 염원(冉元)이 대목(大木) 20그루를 헌상함 운남 임안부 몽자(蒙自)의 토사(土舍) 녹상(祿祥)이 아버지의 직을 잇고서 그의 형 녹인(祿仁)을 죽였는데, 안남장관사의 토사(土舍) 나대(那代)가 그를 도와 난을 일으킴 명조는 몽자(蒙自) 토관(土官)을 혁제(革除)하고, 장관사를 신안(新安) 수어천호소(守禦千戶所)로 바꿈	
1514	호광 대전 천호소(大田千戶所) 천호(千戶) 염빈(冉霦)의 아들 염순경(冉舜卿)을 지휘첨사(指揮僉事)로 임명함	
1515	호광 퇴임한 선위(宣慰) 팽세기(彭世麒)가 대목(大木) 30 그루와 규격이 약간 작은 나무 200그루를 친히 북경까지 운반해 헌상했으며, 그의 아들 팽명보(彭明輔)도 동일하게 진상함 운남 노강안무사(潞江安撫司)의 토관(土官) 안봉(安捧)이 그의 종제(從弟)인 안엄(安掩)의 장전(莊田)을 탈취함	
1516	호광 용미선무사(容美宣撫使) 전수(田秀)가 어린 아들에게 세습하자 전수의 형 백리비(白俚俾)가 아버지와 동생을 살해함	귀주 순무 진금(秦金)에게 명하여 평월(平越) 향로산(香鑪山)의 왕아방(王阿傍) 등의 묘적을 토벌케 함. 순무 추문성(鄒文盛)·총병관(總兵官) 이앙(李昂) 등이 한병(漢兵)과 토병(土兵)을 반씩 나누어 앞의 책문(柵門)을 무너뜨리고 몰래 절벽을 오르게 하여 적의 근거지를 불태우고 왕아방을 사로잡았으나 나머지 적들이 굳게 지켜 함락되지 않자 참장(參將) 낙충(洛忠) 등이 초무(招撫)한다고 속여 말하고는 산뒤로부터 공격하여 섬멸하고 군대를 용두(龍頭)·여(黎)·난(蘭) 등의 채(寨)로 옮겨 모두 격파하니 적이 마침내 평정되었음
1517		광서 사성에서 방물을 바쳤는데 비록 기한을 넘겼지만 방물의 양이 많아 하사품 전량(全量)을 지급받음
1518	호광 팽세기(彭世麒)가 대남목(大楠木) 470그루를 진상했으며, 그의 아들 팽명보(彭明輔)도 대목(大木)을 진상함	
1519	호광 보정(保靖) 양강구(兩江口) 토사(土舍)	

	팽혜(彭惠)는 선위(宣慰) 팽구소(彭九霄)와 원한 관계에 있었으며, 인척지간인 영순선위(永順宣慰) 팽명보(彭明輔)가 팽혜(彭惠)를 도와 팽구소(彭九霄)와 수년 동안 분쟁을 일으킴	
1520	호광 용미선무사(容美宣撫司) 동지(同知) 전세영(田世瑛)이 진남군민부(鎭南軍民府)의 고인(古印)을 획득했다고 주청(奏請)하면서, 선무사(宣撫司)를 군민부(軍民府)로 승격해달라고 했지만, 예부(禮部)가 거절함 사천 망부의 북만(僰蠻)과 아우상(阿又磉) 등을 토벌하여 목을 벰 초토 고문림(高文林) 부자가 반란을 일으키자 부초토 양세인(楊世仁)도 가담. 고문림과 노산현 주민들 사이에 토지 분쟁이 일어났는데 지현이 노산현 주민의 편을 들자 반란이 일어남. 해를 넘겨서 고문림을 죽이고 아들 계은(繼恩)을 사로잡음. 고씨 친족을 택해 초토 직을 잇게 함	
1521	사천 파주선위사 양빈이 망의(蟒衣)와 옥대(玉帶)를 하사받음	
1522	사천 망부의 관인을 담당하던 토사(土司)의 속관 농수(隴壽)에게 지부의 직을 세습하게 함. 농수의 세습에 불만을 품은 농정(隴政)이 묘족을 규합하여 반란을 일으킴. 하경 등이 토벌하여 200여 명의 목을 베고 20여 명을 사로잡고 수백 명을 항복시키자 농정은 오살로 달아남 파주선위사 양빈의 아들 양상(楊相)의 상주에 따라 파주 유학(儒學)에 『사서집주(四書集注)』가 하사됨 운남 대리의 12관(關) 장관사(長官司)를 일포강(一泡江)의 서쪽으로 옮김 임안의 영주(寧州)에 유관(流官) 지주(知州)를 설치하고, 토지주(土知州) 녹씨(祿氏)는 순포(巡捕)의 직무를 맡도록 함 광서부 미륵주 18채 수어천호소를 설립함 영창군민부(永昌軍民府)를 설치함	광서 용주: 내분이 발발함
1523		광서 잠맹(岑猛)이 군사를 거느리고 사성(泗城)을 공격하여 여섯 채를 깨뜨리고 주치(州治)를 점령함 사성에서 내분이 일어나자 명나라는 사람을 보내 실상을 조사토록 함. 잠접이 여러 토관의 공격을 받고 살해됨

		이주를 사성(泗城)에 귀속하여 합병함
1525	[사천] 농정이 농수를 유인하여 죽이고 망부 지부의 인신(印信)을 빼앗음. 관군은 농정을 사로잡고 망부 지부의 인신을 찾고 674명을 죽이고 167명을 생포하였으며 49채(寨)를 초무	[광서] 명군이 잠맹(岑猛)을 공격하자 잠맹은 도주하여 귀순주로 감. 귀순주(歸順州) 지주(知州) 잠장(岑璋)은 짐독(鴆毒)으로 그를 죽이고 참수하여 머리를 명군에 바침 전주(田州)의 잠맹이 반란을 일으키자 항무의 토관이 병사를 보내 잠맹을 도움. 격문을 붙여 병사를 내어 구적(寇賊)을 토벌함으로써 속죄토록 함 봉의의 토관이 잠맹을 도왔다 하여 군공으로 속죄케 함
1526	[사천] 병부에서 망부의 농씨(隴氏) 친족과 지파는 끊어져 세습할 사람이 없다며 망부를 진웅부(鎭雄府)로 고쳐서 유관(流官) 지부를 두어 다스림	
1527	[호광] 잠맹(岑猛)의 포획 공로를 인정해, 팽종한(彭宗漢)의 습직(襲職) 허락을 받기 위해 북경으로 오는 일을 면제해 줌 잠맹(岑猛) 포획의 공을 들어 팽구소(彭九霄)를 호광참정(湖廣參政)으로 승진시키고 은폐(銀幣)를 하사함 [사천] 망부의 사보(沙保) 등이 농(隴)씨를 복위시키고자 농수의 아들 농승(隴勝)을 옹위하고 진웅성(鎭雄城)을 진웅부 지부를 사로잡아 인(印)을 빼앗고 수백 명을 죽임 [운남] 심전부(尋甸府)의 안전(安銓)이 반란을 일으킴	[광서] 전주(田州)에 토관을 없애고 유관(流官)을 설치함
1528	[호광] 용미선무사(容美宣撫司) 용담(龍潭)의 진공(進貢) 인원이 1000여 명에 달하자, 예부(禮部)가 100명을 넘지 못하도록 제한함 [사천] 사천과 귀주의 군대가 함께 망부의 사보를 토벌함. 진중부에 유관(流官)을 설치. 망부·오살·무항의 묘만(苗蠻)과 농혁(隴革) 등이 재차 난을 일으켜 필절의 둔보(屯堡)를 공격. 사천순무가 망부의 토관을 없애고 유관을 파견한 후로 각 부족은 불안하여 자주 반란을 일으키니 토관을 회복시키도록 상주. [운남] 무정부(武定府) 토사(土舍) 봉조문(鳳朝文)이 반란을 일으킴 맹양(孟養)의 사륜(思倫)이 목방의 선위사 한렬(罕烈)과 함께 면전을 공격하여 탈취한 땅을 분할함 명의 총병관 목소훈(沐紹勳)·순무 구양중	[광서] 사은부(思恩府)에 아홉 군데의 토순검사(土巡檢司)를 설치함

	(歐陽重)이 맹양의 사윤(思倫)을 효유하니, 상아·토금(土錦)·금은기를 바치고, 탈취한 땅을 되돌려 바침	
1530	사천 진웅부의 유관 지부를 없애고 농승을 통판으로 삼아 진웅부의 서리 지부에 임명 운남 노과의 선위사 초람장(招攬章)이 숙부로부터 쫓겨난 교지의 광소(光紹)를 받아들임	
1532	운남 면전이 파고(擺古)를 점거하고서 여러 만인을 병탄하자, 차리의 선위사 도나맹(刀糯猛)이 굴복하여 면전에 귀순함	
1534	운남 명조가 농천(隴川)을 평정하고 맹련장관사를 다시 설치함	
1535		광서 전주(田州)의 노소(盧蘇)가 난을 일으켜 귀순주(歸順州) 토관 잠환(岑瓛)을 규합하여 진안부(鎭安府)를 공략하고 파괴함 전주의 노소가 반란을 일으키자 귀순의 잠헌(岑瓛)이 연대하여 진안부(鎭安府)를 공격한 일이 보고됨. 잠헌의 관대(冠帶)를 벗기고 공을 세워 속죄하도록 함
1536		귀주 도균부(都勻府) 평랑(平浪)의 묘족 왕총(王聰)이 개구둔(凱口屯)을 공격하여 빼고 순안(巡按) 양춘방(楊春芳)이 무유(撫諭)하라고 보낸 참장(參將) 이우(李佑) 등을 억류하며 명나라가 이전에 빼앗은 토지와 관인 등을 돌려달라고 청함. 이를 양춘방이 보고하니 순무로 하여금 관군 3만 명을 이끌고 치게 하였으나 3개월 동안 이기지 못하자 귀주선위(宣慰) 안만전(安萬銓)의 군사를 오게 하여 함께 토벌함. 안만전이 힘써 싸워 적을 깨트리니 왕총(王聰) 등이 모두 처형되고 전후해서 260여 급을 참수하였으며 묘채(苗寨) 150여 개와 남녀 2만여 명의 항복을 받음
1537	운남 무정부(武定府)의 토지부 구씨(瞿氏)에게 인장을 관리하게 함	광서 전주의 노소와 연합하여 진안을 공격하였다 하여 향무의 토관 황중금(黃仲金)의 관대를 벗김
1539		광서 명의 군대가 심주부의 자형(紫荊)·석문(石門)·매령(梅嶺)·목묘(木昴)·등충(藤沖)·대갱(大坑) 등을 공격함
1540		광서 여기(黎岐)의 반란을 진압하기 위하여 참장(參將) 1명을 경주(瓊州)에 분수(分守)토록 함

1542	호광 벌목(伐木) 때문에 유양(酉陽)과 영순(永順)이 서로 원수가 돼 사람을 죽이는 일이 발생하고, 보정(保靖)은 그 틈을 노려 선동해 이 지역의 우환이 됨. 영순(永順)의 추량(秋糧)을 영원히 면제해 줌	
1543		귀주 평두(平頭)의 묘족 용상과(龍桑科)가 난을 일으켜 호광의 계양(桂陽)에 이르는 지역을 다니며 겁략하자 도어사(都御史) 만당(萬鏜)에게 토벌토록 함 광서 전주(田州) 일대에서 만족(蠻族)인 요(瑤)족과 동(僮)족이 난을 일으킴
1544	사천 파주선위사 양상의 적자 양렬(楊烈)과 서자 양후(楊煦) 사이의 내분 끝에 양렬이 부친의 직위를 승계함	귀주 도어사(都御史) 만당(萬鏜)이 평두(平頭)에서 난을 일으킨 묘족을 차례차례 섬멸해가자 용모수(龍母叟)가 항복해 옴
1545	운남 노과의 토사(土舍) 파아(怕雅)가 안남을 정토하겠다고 명나라에 청함	
1546	사천 영녕선위사 여성 토관 사록(奢祿)이 대목(大木)을 헌상함	
1547	호광 랍벽동(臘壁峒) 등의 장관사(長官司)가 입공했지만, 그들의 도장과 문서가 위조임이 드러나 그들에게 내린 상을 거둬들이고 진상 조사를 명함 보정(保靖)의 추량(秋糧)을 면제해 줌	
1548		광서 경원부의 토관 나정봉(羅廷鳳)이 공로가 있어 관직세습을 허락함 사성의 토사(土舍) 잠시(岑施)의 관직 승계를 인준함 항무의 토관 황중금의 공로를 참작하여 원래의 관직을 계승토록 함
1549		광서 애주(崖州)의 나연(那燕) 등이 반란을 일으켜 양광의 관군 9,000여 명을 동원하여 토벌함
1551	호광 선위(宣慰) 팽신신(彭藎臣)에게 휘하 3000여 명을 이끌고 소주(蘇州)와 송강(松江)으로 가 왜적을 토벌하라 명함	
1552	호광 팽신신(彭藎臣)의 군대가 석당만(石塘灣)에서 왜적을 만나 그들을 대패시킴	
1554	호광 호광(湖廣)·천귀(川貴) 총독(總督)이 용미(容美) 14사(司)를 관할함 영순(永順)의 토병(土兵)을 소주(蘇州)와 송강(松江) 일대 왜적(倭賊)을 토벌하는 데 보냄	

1555		광서 전주(田州) 토관부(土官婦) 와씨(瓦氏)가 병사를 이끌고 소주(蘇州)로 가서 왜적을 막는데 공을 세워 조정에서 은폐(銀幣)를 상으로 줌
1556	호광 용미선무(容美宣撫)의 전구소(田九霄)가 안무사(按撫使)를 습직(襲職)하도록 명령함	
1560	사천 동천부 토지부 녹경(祿慶)이 죽자 아들 녹위(祿位)가 어려 녹경의 처 안씨가 지부의 일을 관장하자 영장(營長) 아득혁(阿得革)이 관직을 빼앗으려 음모를 꾸미다가 토관에게 죽임을 당함. 아득혁의 아들 아당(阿堂)이 도망가 오살 토관 안태(安泰)에게 뇌물을 주고 동천으로 가서 안씨의 관인을 빼앗음. 귀주선위(貴州宣慰) 안만전(安萬銓)은 녹씨의 인척이었으므로 아당이 저주하는 채(寨)를 공격하여 깨뜨림. 관부에서는 녹씨의 후사에 관해 묻자 아당이 자기 아들을 녹철(祿哲)이라 속임 운남 면전이 명나라에 반기를 들고서 간애의 여러 토관들을 불러 모아 침범해 옴	귀주 평두(平頭)의 묘족 반란을 총병관(總兵官) 석방헌(石邦憲)이 토벌하고 우두머리 용노라(龍老羅) 등을 사로잡음
1561	사천 영장(營長) 자아역(者阿易)이 아당을 암살하고 아들 아철(阿哲)을 사로잡음. 아당이 죽자 동천부 지부의 관인을 찾았으나 찾지 못함	
1562	사천 사천 동천부 지부의 관인을 다시 주조해 줌	
1563	호광 대목(大木) 헌상에 대한 공을 다시 논의해, 팽명보(彭明輔)에게 도지휘사(都指揮使)를 다시 제수했으며 망의(蟒衣)를 하사하고, 선위사사(宣慰司事) 우참정(右參政)인 그의 아들 팽익남(彭翼南)을 우포정사(右布政使)에 임명함	광서 광서의 요(瑤)족·동(僮)족을 평정하는 임무에 공을 세운 잠대록(岑大祿)을 전주 지주(知州)에 임명함 향무에서 요족의 구적을 평정한 공로로 황중금에게 4품관을 제수함 강주에서 요(瑤)·동(僮)을 평정한 공으로 토관의 아들 황은(黃恩)에게 잠시 본직(本職)을 대리하게 함
1564	운남 초웅의 반만(叛蠻) 아방(阿方) 이 역문소(易門所)를 비롯하여 여러 주현(州縣)을 약탈하고 왕을 참칭(僭稱)함	
1565	호광 영순이 다시 대목(大木)을 헌상하자, 팽명보(彭明輔)와 팽익남(彭翼南)에게 이품복(二品服)을 더해서 내리라고 명령함 사천 용주 선무사 설조건(薛兆乾)과 부사 이번(李蕃)이 서로 비방하여 설조건이 이번	

	부자를 때려죽임. 설조건이 도주하였으나 관군에게 붙잡힘 운남 무정부(武定府)에 부통판(府通判) 1명을 추가 설치함 노과의 토사(土舍) 파아란장(怕雅蘭章)이 명나라에 사람을 보내 무패아상(舞牌牙象) 2두(頭)·모상(母象) 3두·서각(犀角) 10개를 진헌함	
1566	사천 설조건이 처형당함. 용주선무사를 용안부(龍安府)로 고치고 토관을 없애고 유관(流官)을 설치	
1567	호광 시주위(施州衛) 충로안무(忠路安撫) 담대녕(覃大寧)이 하루에 다섯 번씩 주청한 내용에 거짓 내용이 많다는 이과급사(吏科給事) 주회(朱繪)의 말에 따라 사실을 밝히도록 명령함	
1568	운남 목방의 토사(土舍) 한발(罕拔)이 세습을 청했는데, 담당 관원이 뇌물을 요구하면서 청을 들어주지 않자 그의 동생 한장(罕章)과 더불어 군대를 모아 왕래하는 길을 막아버림	광서 사성의 황표(黃豹)·황치(黃豸) 등이 귀주 정번부(程番府)의 마향(麻向)·대화(大華) 등의 사(司)를 점거하고, 때때로 출경(出境)하여 약탈하니, 명군이 이를 토벌하자 황치 등이 달아남
1569		광서 조정 회의에서는 광서에 단독 순무(巡撫)를 설치를 논의 심주부의 우강(右江)에서 반란이 일어남
1570	호광 담벽(覃璧)이 난을 일으켜 관군(官軍)을 살상(殺傷)하자, 무안관(撫按官)이 여러 신하들의 죄상을 다스려 줄 것을 요청함	귀주 귀주선위(貴州宣慰) 안국형(安國亨)이 숙조(叔祖) 안만전(安萬銓)의 아들 신(信)을 살해하자 그 형 지(智)가 국형이 모반했다고 고함 광서 충주(忠州) 토관 황현상(黃賢相) 등이 남녕부(南寧府) 일대에서 반란을 일으켰으나 영강(永康) 전사(典史) 이재(李材)가 꾀를 써서 그 무리를 유인하니 그들이 황현상을 묶어서 항복함
1571	호광 순무(巡撫) 유각(劉慤)이 담벽(覃璧)의 반란을 평정하고, 다섯 가지의 사후 대책을 제시함 사천 파주선위사 양렬이 죽자 아들 양응룡(楊應龍)이 관직 승계를 요청함	
1572	사천 양응룡이 파주선위사를 제수받음	광서 순무 곽응빙(郭應聘)·총독 은정무(殷正茂)가 평락부에서의 반란을 토벌할 것을 청함
1573	사천 영녕의 토관 사효충(奢效忠) 사후에 적서(嫡庶) 사이에 내분이 발생함. 그 첩의 아들 사숭주(奢崇周)가 성인이 되어 관직을	

	승계하는 것으로 정해짐 운남 순무(巡撫) 추응룡(鄒應龍)과 총병관(總兵官) 목창조(沐昌祚)가 요안의 반란을 진압함 면전의 군대가 농천(隴川)에 이르러 침입함	
1574	운남 맹양(孟養)의 사개(思箇)가 거세게 면전에 항거함	광서 사성의 토관 잠승훈(岑承勳) 등이 방물을 바침
1575		광서 양리주(養利州)에서 일어난 반란을 평정하고 토관을 폐지하여 유관(流官)을 설치함
1576	운남 면전이 대규모로 군대를 보내어 사개(思箇)를 공격했으나 결국 명의 원병과 사개의 군대에게 패퇴를 당함	
1577	운남 맹양의 사개가 다시 면전에 귀순함	
1578	운남 명조가 사신을 맹양에 보내어 붙잡은 면전의 병사와 코끼리를 되돌려 보내도록 함	귀주 흑묘(黑苗)의 요표(夭漂)라는 자가 내부(內附)를 청하여 도어사(都御史)가 지휘(指揮) 곽회은(郭懷恩)과 장관(長官) 김전(金篆)을 보내어 상황을 알아보게 하였지만 자아(者亞)에게 막히어 멀리 돌아가야 하였고 묘평(苗坪)과 당은(黨銀) 등도 역시 자아에게 막혀 길이 통하지 못하였음. 도어사(都御史) 왕집(王緝)이 자아(者亞)와 그 부장(部長) 아두(阿斗) 등이 한족 요금귀(夭金貴) 등의 계책대로 양선(養善) 지역을 습격하려는 계획을 알아내었지만 요금귀(夭金貴)만 처벌하고 자아는 여전히 양선에 속하게 하자 비로소 길이 통하여 묘평(苗坪)과 요표(夭漂)가 모두 조세를 바치고 백성이 되고자 하니 이에 그 지역을 귀화(歸化)라 이름하고 도균부(都匀府)에 예속시킴 광서 총제 잠운익(潛雲翼)·순무 오문화(吳文華)가 요족을 토벌함 평락부의 북산(北山)에서 담공병(譚公柄)이 행인들을 괴롭히는 일이 발생함
1579	운남 농문거(儂文擧)가 광남부의 동지(同知)에 임명됨 사충(思忠)이 영창(永昌)의 천호(千戶) 신봉(辛鳳)을 붙잡아 면전에 보냈으나, 면전이 이들을 되돌려 보내고서 다시 맹양을 공격하여 알살(戛撒)에서의 원한을 갚음. 이때 사개는 패하여 등월(騰越)로 달아났으나 그의 부하에게 붙잡혀 망서체에게 보내져 살해되고, 맹양은 면전에 병탄됨	귀주 자아(者亞)와 아두(阿斗)를 반란죄로 처형함. 이에 낙평(樂平) 이목(吏目)을 폐하고 마합주(麻哈州)의 주판(州判) 한명을 증설하여서 낙평사(樂平司)에 주재토록 하고 양아(養鵝)·자아(者亞)·양장(羊腸)의 제묘(諸苗)를 소속시킴
1580	운남 면전이 명의 초무(招撫)를 받았으나 응	

	하지 않음	
1582	[운남] 농천(隴川)의 악봉(岳鳳)이 면전의 군대를 인도하여 간애(干崖)를 습격하여 격파함	
1583	[호광] 시주위(施州衛) 시남(施南) 등의 각 선무사(宣撫司) 관리들을 진간 참장이 통제하도록 해, 업무 처리를 통일해야 한다는 호광순무(湖廣巡撫)의 주청을 허락함 [운남] 면전이 시전(施甸)을 약탈하고 순녕(順寧)을 노략질했으나, 이후 명의 유정(劉綎)과 등자룡(鄧子龍)에게 반지화(攀枝花) 지역에서 크게 패함 유정(劉綎)이 농천을 공파하자 악봉이 항복함 면전이 목방의 토사(土舍) 한발(罕拔)을 유인하여 죽임 면전이 유정(劉綎)에게 패퇴당하자 맹양(孟養)의 사위(思威)가 면전의 사신을 죽이고서 유정에게 투항함 원강(元江)의 토사(土舍) 나서(那恕)의 초무에 응해 차리의 선위사 도나맹(刀糯猛)이 다시 명에 귀순하여 사죄함	
1584	[운남] 경마안무사(耿馬安撫司)를 설치하여 문한(們罕)을 안무사(安撫使)로 삼음 명이 요관(姚關)에서 면전의 군대를 격파하고서 한흠(罕欽)을 목방의 선위사로 세움 맹밀(孟密)의 안무사(安撫使) 사충(思忠)이 명에 귀순해 오니 선무사(宣撫使)로 임명함	
1585	[운남] 농천(隴川)이 평정되자 맹양에 장관사(長官司)를 세움	[귀주] 귀주선위(貴州宣慰) 안국형(安國亨)이 파주선위(播州宣慰) 양응룡(楊應龍)의 예를 따라 대목(大木)을 바치면서 관대(冠帶)와 고봉(誥封)을 내려달라고 청함
1586	[사천] 파주선위사 양응룡이 대목(大木) 70그루를 헌상하고 도지휘사(都指揮使) 관함을 받음 영녕의 선무사를 대리하던 사숭주가 사망하자 사효충의 조카 사숭명(奢崇明)에게 관리토록 했지만 내분이 일어남.	[귀주] 도균부(都勻府) 예하 토사(土舍) 오남(吳楠)과 왕국빙(王國聘)이 답간(答干)·계고(鷄賈)·갑다(甲多)의 제채(諸寨)를 몽조(蒙詔)에 소속시키고 선위영(宣威營)을 세워주기를 청하고 또 매년 조세를 바치겠다고 청하였으나 자아(者亞)와 아두(阿斗)의 난에 호응하였던 답간채(答干寨)의 아기(阿其)는 홀로 그에 따르지 않고 계고(鷄賈)·갑다(甲多)·앙고(仰枯)의 제묘(諸苗)와 함께 귀화(歸化)를 겁략함. 이에 독산(獨山) 토리(土吏) 몽천권(蒙天眷)이 계교로 아기(阿其)를 안심시켜 방비를 허술하게 해놓은 다음 기습하여 아기를 참하니 계고(鷄賈)와

		갑다(甲多)가 모두 항복함 광서 장전동(長田峒)의 여족이 반란을 출경(出境)하여 약탈하자 병비도(兵備道)가 군대를 보내 체포하여 살해함
1587	운남 한갈(罕葛)의 후손 영(榮)에게 맹정부(孟定府)의 인장(印章)을 내려줌	
1588		광서 사명주(思明州) 토관 황공성(黃拱聖)이 세습 지주의 관직을 빼앗고자 어미와 형 등을 살해하자 사명부 지부 황승조(黃承祖)가 이에 동조하여 약탈함. 사명주(思明州)에 유관(流官) 지주를 임명함
1589	사천 유양선무사 염유병(冉維屏)이 대목 20그루를 헌상함 운남 맹양의 선위 사원(思遠)이 명에 코끼리와 방물을 바침	
1590	운남 면전이 맹광(孟廣)을 함락함	
1591	사천 첩계·무주의 번인(番人)들이 반란을 일으키자 관군이 토벌. 용안부에 평무현(平武縣)을 설치 여주 안무사 마상(馬祥)이 후사가 없이 죽자 마상의 조카가 성을 공격하고 관인을 빼앗음. 관군이 토벌 위주(威州)·무주(茂州)의 번인(番人)들이 난을 일으킴 파주선위사 양응룡이 반란을 일으킴 운남 면전의 군대가 만막(蠻莫)을 포위함	
1592	사천 파주선위사 양응룡이 중경(重慶)에 가서 조사를 받고, 왜(倭) 정토(征討)에 참여함으로써 속죄(贖罪)를 청하여 석방됨. 명의 순무(巡撫) 왕계광(王繼光)이 신병을 확보하려 하였으나, 이에 저항함	
1593	사천 파주선위사 양응룡이 명군(明軍)을 공격함. 명의 소탕작전이 실패함	
1594	사천 석주선무사의 여성 토관 담씨(覃氏)가 선무사 사무를 관장함. 내분이 일어남	
1595	사천 파주선위사 양응룡을 송감(松坎)에서 심문조사를 하여 속죄로 판결하고, 관직은 그 아들 양조동(楊朝棟)이 대신함 석주선무사 담씨의 차자(次子) 마천사(馬千駟)가 파주로 들어가 양응룡과 연합하여 반란을 일으킴. 장자 마천승(馬千乘)이 선무사직을 승계하여 양응룡 토벌에 나섬	

	운남 면전에 속한 맹련(孟璉)·맹간(孟艮) 두 토사(土司)가 명에 조공을 청함	
1596	사천 여주 안무사를 강등시켜 여주 천호소로 삼음 파주선위사 양응룡이 여경(餘慶) 등지를 약탈함	
1597	호광 동쪽 지역에 변고가 일어나자 영순(永順) 지역 병사 만여 명을 보내 원조함 사천 파주선위사 양응룡이 귀주를 약탈하고 호광을 공격함	
1598	운남 면전에 귀순했던 노과가 다시 명에 귀복해 와 직공(職貢)을 받들면서 인장을 하사해 주기를 청하니, 명조가 다시 노과군민선위사사인(老撾軍民宣慰使司印)을 주조하여 내려줌	귀주 귀주선위(貴州宣慰) 안국형(安國亨)의 아들 강신(疆臣)이 선위직을 세습함 동인(銅仁) 장관사(長官司)를 현치(縣治)로 바꾸고 예하에 다섯 장관사(長官司)를 둠
1599	사천 파주선위사 양응룡이 귀주의 토벌군 3,000명을 섬멸시킴	
1600	사천 파주선위사 양응룡이 명군(明軍)의 공격을 받고 자살함	귀주 피림(皮林)의 묘족 오국좌(吳國佐)·석찬태(石纂太) 등이 난을 일으켜 상황보(上黃堡)를 포위하고 그들을 치러온 참장(參將) 황충소(黃沖霄)를 패배시키며 수비(守備) 장세충(張世忠)을 죽이고 오개(五開)를 불사르며 영종현(永從縣)을 격파하고 중조소(中潮所)를 포위함. 총병(總兵) 진량빈(陳良玭)과 진린(陳璘)이 호광과 귀주의 병을 합쳐 나아가 쳤으나 패배함 광서 사동주(思同州)를 폐지하여 영강주(永康州)에 병합시킴 영강현(永康縣)을 영강주(永康州)로 승격시킴
1601		귀주 순무(巡撫) 강탁(江鐸)에게 명하여 군사를 모아 7로(路)로 나누어 오국좌(吳國佐) 등을 치게 하자 묘족측은 험지(險地)에 의지하여 나오지 않음. 진린(陳璘)이 비밀리에 군사를 내어 험지를 빼앗고 화공(火攻)을 하여 오국좌를 사로잡고 석찬태(石纂太)도 다른 장수에게 잡혀 모두 처형됨
1602	운남 만막의 추장 사정(思正)이 면전으로부터 공격을 받자 맹양의 토관 사굉(思轟)이 구원하러 옴	
1603	사천 파주선위사 양응룡의 잔당이 반란을 일으켰지만 평정됨 운남 아와(阿瓦)의 옹한(雍罕)과 목방(木邦)	

	의 한발(罕拔)의 아들 한개(罕稿)가 함께 명에 내조하여 공물을 바침	
1604	운남 면전이 이서(迤西)로 공격해 오자 맹양의 토관 사굉이 달아나다 죽음	광서 계림부·평악부의 요족과 동족이 반란을 일으킴
1606	운남 면전이 목방의 성을 함락하고 한개(罕稿)를 사로잡음	귀주 귀주 순무(巡撫) 곽자장(郭子章)이 귀주의 묘적을 토벌하여 수장 오로교(吳老喬)·아륜(阿倫)·아개(阿皆) 등 12명을 참수하거나 사로잡고 사람들을 항복시킨 수도 매우 많았음. 파주(播州)의 난을 진압한 후 명조의 재력이 고갈된 것을 살핀 그들이 명나라를 가벼이 보고 여러 해에 걸쳐 겁략을 한 때문이었음
1607	사천 영녕선위사 염종전(閻宗傳)이 투항하고, 검(黔)의 독군(督軍)이 철군함	
1608		귀주 귀주선위(貴州宣慰) 안강신(安疆臣)이 죽고 동생인 요신(堯臣)이 뒤를 이음
1610	호광 팽원금(彭元錦)에게 도지휘(都指揮) 직함을 내렸으며 망의(蟒衣)를 하사하고, 그의 처 왕씨(汪氏)는 부인으로 봉(封)함 사천 동천부의 토사들에게 운남의 통제를 받게 함	광서 사명부에 소속되어 있던 상석서주(上石西州)를 태평부(太平府)로 소속을 변경시킴
1612	운남 노과 선위사가 명에 방물을 바치면서 인신(印信)이 불에 훼손되었다면서 다시 하사해주기를 청함	귀주 축안무(金筑安撫) 토사(土舍) 김대장(金大章)이 개토위류(改土爲流)를 청하니 김대장에게 토지주(土知州)를 제수하고 4품 복색을 주며 정사에는 관여하지 않게 하고 자손은 직위를 세습시키고 주(州)는 귀양부(貴陽府)에 소속시키는 것으로 함. 이에 마침내 금축안무사(金筑安撫司)를 광순주(廣順州)로 고침
1613	사천 오살 토사(土司)의 속관 안효량(安效良)이 안운상(安雲翔)과 점익주 토지주 직을 다툼. 조정에서는 적통(嫡統)인 안효량을 세움 운남 명나라가 다시 노과에 인장을 내려주니, 코끼리와 은기·면전의 돗자리를 바침	귀주 귀주선위(貴州宣慰) 안요신(安堯臣)이 오살(烏撒) 토사(土舍)가 안효량(安效良)을 축출할 계획을 세우자 병사 수만 명을 이끌고 운남에 침입함 광서 사성 토관 잠운한(岑雲漢)이 방물을 바침
1615		귀주 도균부(都勻府) 예하 평주(平州)의 장관(長官) 양진웅(楊進雄)이 형 계록(繼祿)의 아들 가(珂)를 핍박하여 서로 싸우면서 각기 상소하니 이들을 심문하라는 조서가 내려와 도어사(都御史) 조익(趙釴)이 양진웅을 불법하다 하여 감옥에 넣음
1618	사천 명이 유양선무사 선무 염약룡(冉躍龍)에게 군대 4,000명을 동원하여 요(遼)를 구원	

	하도록 함	
1619	호광 영순(永順)의 공마(貢馬) 시기가 기일보다 늦자, 상(賞)의 하사를 감함 보정의 군사 5,000명을 파견하고 선위(宣慰) 팽상건(彭象乾)이 친히 그 부대를 이끌고 가 요동(遼東) 지역을 도우라고 명함 사천 유양선무사 염약룡이 아들 등을 보내 군대를 거느리고 요양(遼陽)으로 가도록 함. 혼하(渾河)에서 패전함. 요양으로 철수했지만, 700여 명이 전사함	
1620	호광 팽상건(彭象乾)에게 지휘사(指揮使) 지위를 다시 내림 운남 몽화부(蒙化府)의 운룡(雲龍) 토지주(土知州) 단룡(段龍)이 죽자 아들 단가룡(段嘉龍)이 지주에 제수됨	
1621	사천 영녕선위사 사숭명이 요(遼)에 대한 원조를 자청한 뒤 반란을 일으켜 중경(重慶)을 점거하고 성도(成都)를 포위함 유양선무사 염약룡이 선위사 직을 제수받음	
1622	호광 팽상건(彭象乾)이 도독첨사(都督僉事)로 진급함 사천 영녕선위사: 명군이 중경을 수복함 유양선무사 사숭명의 반란으로 염약룡이 구원군을 보내어 중경을 포위함 운남 면인(緬人)이 맹내(猛乃)·맹간(孟艮)을 공격함	귀주 안방언(安邦彦)이 어린 조카 귀주선위(貴州宣慰) 안위(安位)를 강박하여서 사숭명(奢崇明)에 호응하여 반란을 일으키고 나전왕(羅甸王)이라 자칭함 광서 사성 토관 잠운한의 직무를 회복시키고 도사(都司)의 직함을 더해주어 토병을 이끌고 검(黔)을 지원토록 함
1623	사천 사천 군대가 준의(遵義)를 수복하고 영녕으로 진격하여 점령함	
1624	사천 유양선무사 염약룡이 군대를 동원한 데 대하여 상과 무휼을 청함	귀주 귀주 순무 왕삼선(王三善)이 안방언(安邦彦)군의 매복에 걸려 죽임을 당함 개리(凱里) 토사(土司) 양세위(楊世慰)가 난을 일으켜 안방언의 군대와 합쳐서 평차(平茶)의 묘족 무리와 함께 평월(平越)에 와서 원수를 갚고자 다시 향로산(香鑪山)을 엿보니 사위(四衛)가 요동하고 양식 운반의 길이 막힘. 총독 양술중(楊述中)이 총병 노흠(魯欽)에게 청평(淸平)으로 급히 오게 하여 기회를 보아 토벌토록 하고 부사(副使) 안욕장(顔欲章) 등은 뒤에서 구원토록 함. 노흠은 장수들을 독려하여 암두(巖頭)를 공파하고 군사를 나누어 평차(平茶)의 묘적의 구원을 끊으며 독을 묻힌 화살과 대포로 적을 살상하니 적이 밤을 틈타 멀리 달아나 이

		로부터 다시는 감히 향로산(香鑪山)을 넘보지 못하여 사위(四衛)가 안전하게 됨
1625		귀주 귀주 순무 부종룡(傅宗龍)이 묘적(苗賊)의 창궐로 말미암아 편원(偏沅) 순무의 관아를 편교(偏橋)로 옮겨야한다고 상주하여 재가를 받음
1626	운남 경동의 토사(土舍) 도명경(陶明卿)이 전(滇)에 침략해 온 귀주(貴州) 수서(水西)의 안방언(安邦彦)의 반군을 공격하여 궤멸시킴 차리의 선위사 도온맹(刀韞猛)이 면전에 침략을 당한 맹간(孟艮)의 구원요청에 응해 군대를 파견했다가, 면전의 보복을 당해 포로로 잡혀감	
1628	사천 안효량이 죽자 안기작 모자에게 오살을 관할시킴. 안효량의 처 안씨는 점익의 토관 안변에게 재가하고 안기작 모자에게 맞섬	귀주 귀주·운남·사천·광서의 총독에 임명된 주섭원(朱燮元)이 안방언군 진압을 위하여 귀주에 옴

1629	사천 총독 주섭원(朱燮元)이 한족 병사와 토병들을 징발하여 운남 군사와 회동하여 오살의 경내로 진격. 안변과 안씨는 도주. 안변은 자신은 안소경의 적손이므로 점익주 지주 직을 세습해야한다고 주장. 안변 사망	
1637		귀주 귀주선위(貴州宣慰) 안위(安位)가 후사 없이 죽음. 예하의 여러 묘족이 토사인(土司印)을 바침
1638		광서 사명주의 토관이 사명주의 유관(流官) 황일장(黃日章)·황덕지(黃德志) 등을 죽이고 무리를 모아 반란을 일으킴
1639	호광 곡적(穀賊)이 다시 반란을 일으키자 용미선무(容美宣撫) 전원(田元)이 진압군을 보냈지만, 등유창(鄧維昌)과 담정빈(譚正賓)이 세력을 규합해 진압을 방해한다는 전원(田元)의 상소가 있었지만, 행정문란으로 그들의 죄상을 묻지 못함	

*시기 표시: 서력 표기를 원칙으로 하지만, 음력을 사용하던 당시 역법의 연말은 서력으로 볼 때 사실상 그 이듬해일 수도 있다.

호광

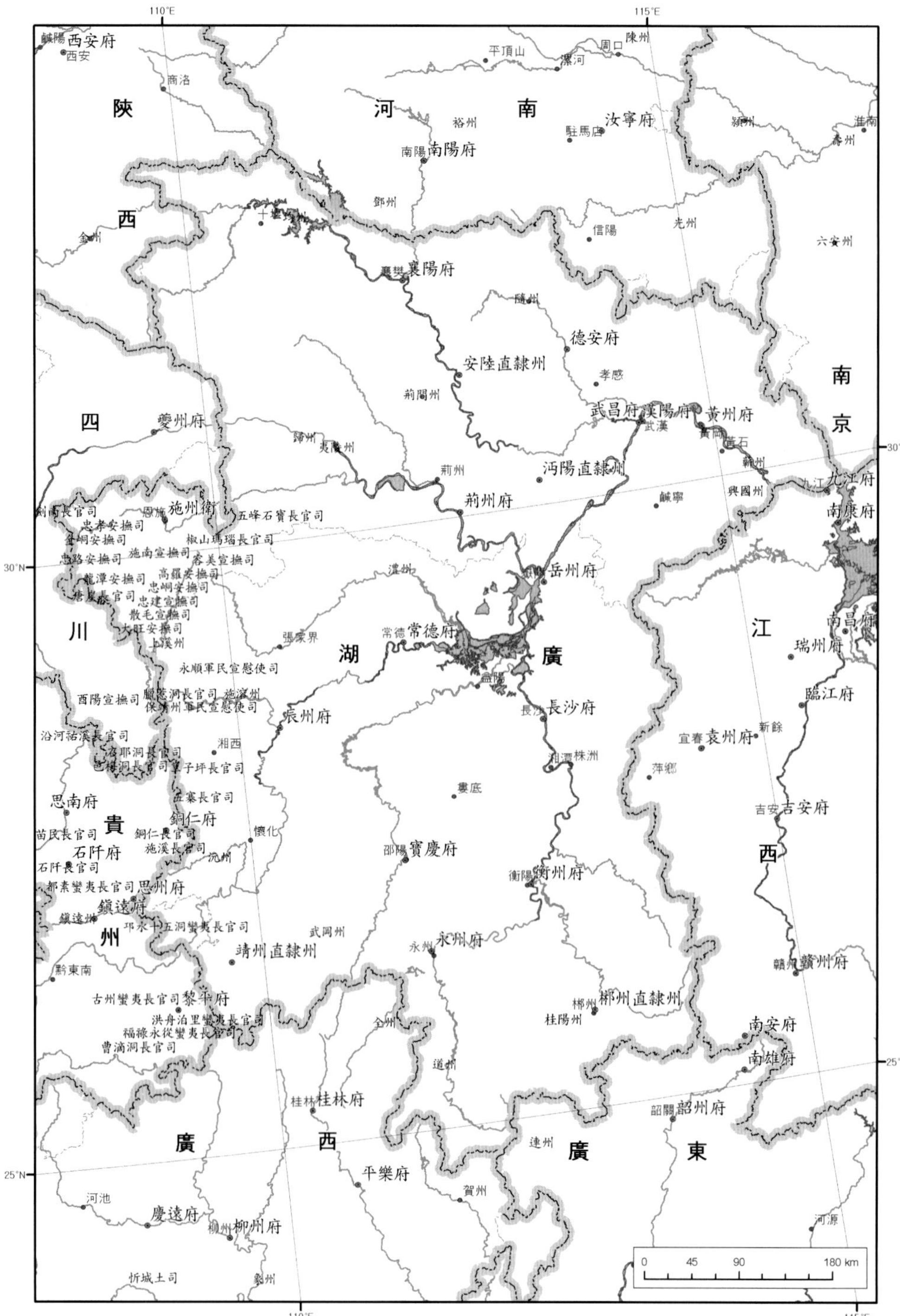

110°E
115°E
30°N
25°N
西安府
西安
商洛
陝
西
河
南
平頂山
漯河
周口
陳州
裕州
汝寧府
駐馬店
南陽
南陽府
鄧州
信陽
光州
六安州
襄陽府
德安府
孝感
安陸直隸州
荊門州
南
京
四
川
夔州府
武昌府
漢陽府
黃州府
武漢
黃石
沔陽直隸州
荊州
荊州府
咸寧
興國州
九江
九江府
南康府
施州衛
五峰石寶長官司
忠孝安撫司
椒山瑪瑙長官司
施南宣撫司
容美宣撫司
高羅安撫司
忠峒安撫司
龍潭安撫司
忠建宣撫司
散毛宣撫司
大旺安撫司
澧州
岳州府
常德
常德府
張家界
湖
廣
江
西
南昌府
瑞州府
永順軍民宣慰使司
酉陽宣撫司
辰州府
長沙
長沙府
臨江府
湘西
宜春
袁州府
新餘
湘潭
株洲
萍鄉
婁底
吉安
吉安府
思南府
貴
州
銅仁府
銅仁長官司
懷化
石阡府
石阡長官司
苗民長官司
施溪長官司
沅州
邵陽
寶慶府
衡陽
衡州府
思州府
鎮遠府
鎮遠州
武岡州
永州
永州府
靖州直隸州
黔東南
古州蠻夷長官司
黎平府
洪舟泊里蠻夷長官司
福祿永從蠻夷長官司
曹滴洞長官司
全州
郴州
郴州直隸州
桂陽州
贛州府
南安府
南雄府
道州
桂林
桂林府
韶關
韶州府
廣
西
連州
廣
東
平樂府
賀州
河池
慶遠府
柳州
柳州府
河源
忻城土司
象州
0
45
90
180 km

사천

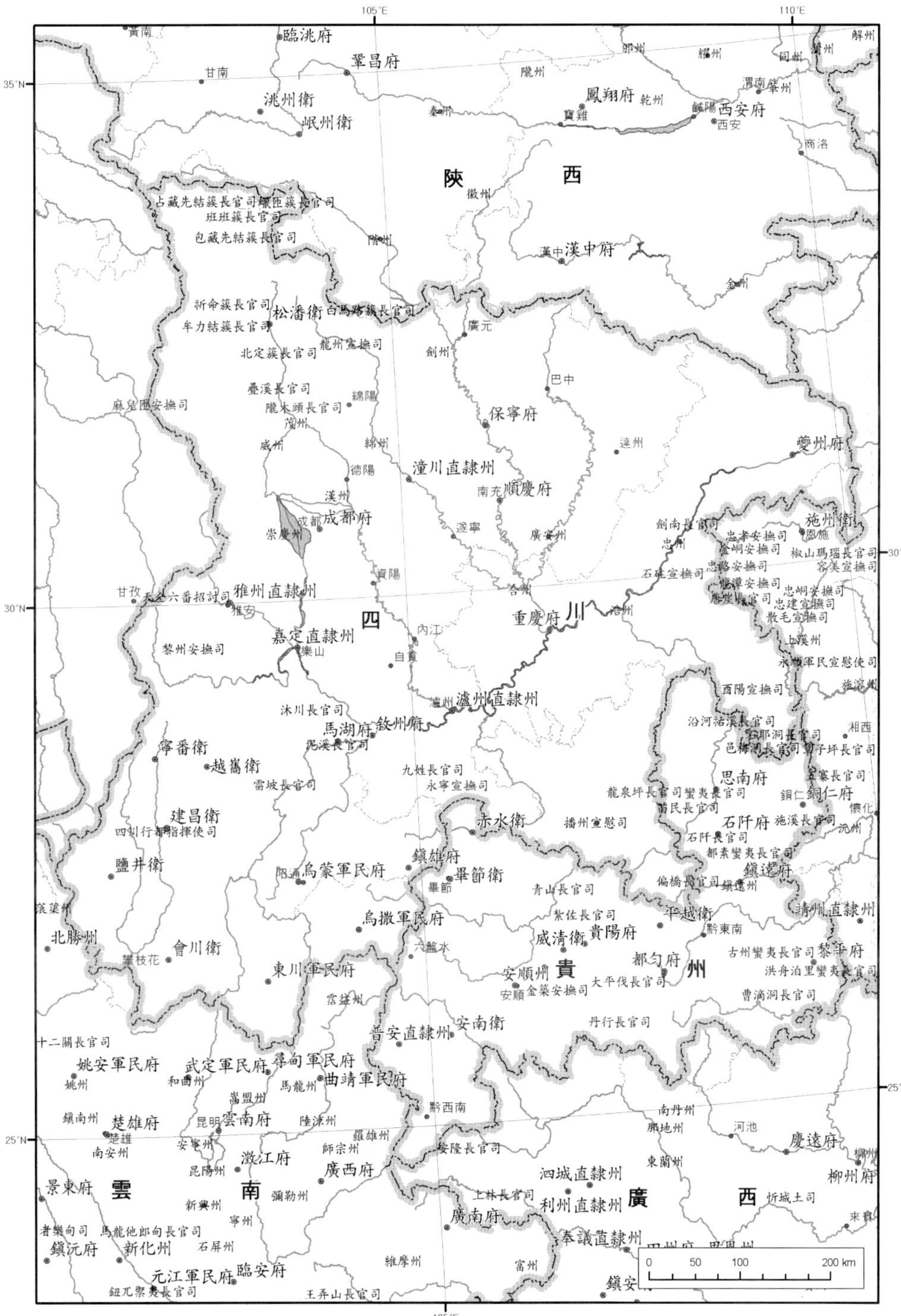
105°E
110°E
35°N
30°N
25°N
陝
西
四
川
貴
州
雲
南
廣
西
臨洮府
鞏昌府
洮州衛
岷州衛
鳳翔府
西安府
漢中府
松潘衛
保寧府
夔州府
潼川直隷州
順慶府
成都府
雅州直隷州
嘉定直隷州
重慶府
瀘州直隷州
敘州府
馬湖府
寧番衛
越巂衛
建昌衛
鹽井衛
烏蒙軍民府
鎮雄府
畢節衛
赤水衛
播州宣慰司
思南府
銅仁府
石阡府
鎮遠府
偏橋衛
平越衛
貴陽府
威清衛
安順州
都勻府
黎平府
烏撒軍民府
東川軍民府
北勝州
會川衛
普安直隷州
安南衛
姚安軍民府
武定軍民府
尋甸軍民府
曲靖軍民府
楚雄府
雲南府
澂江府
廣西府
景東府
鎮沅府
新化州
元江軍民府
臨安府
廣南府
泗城直隷州
利州直隷州
奉議直隷州
慶遠府
柳州府
施州衛
0 50 100 200 km

운남

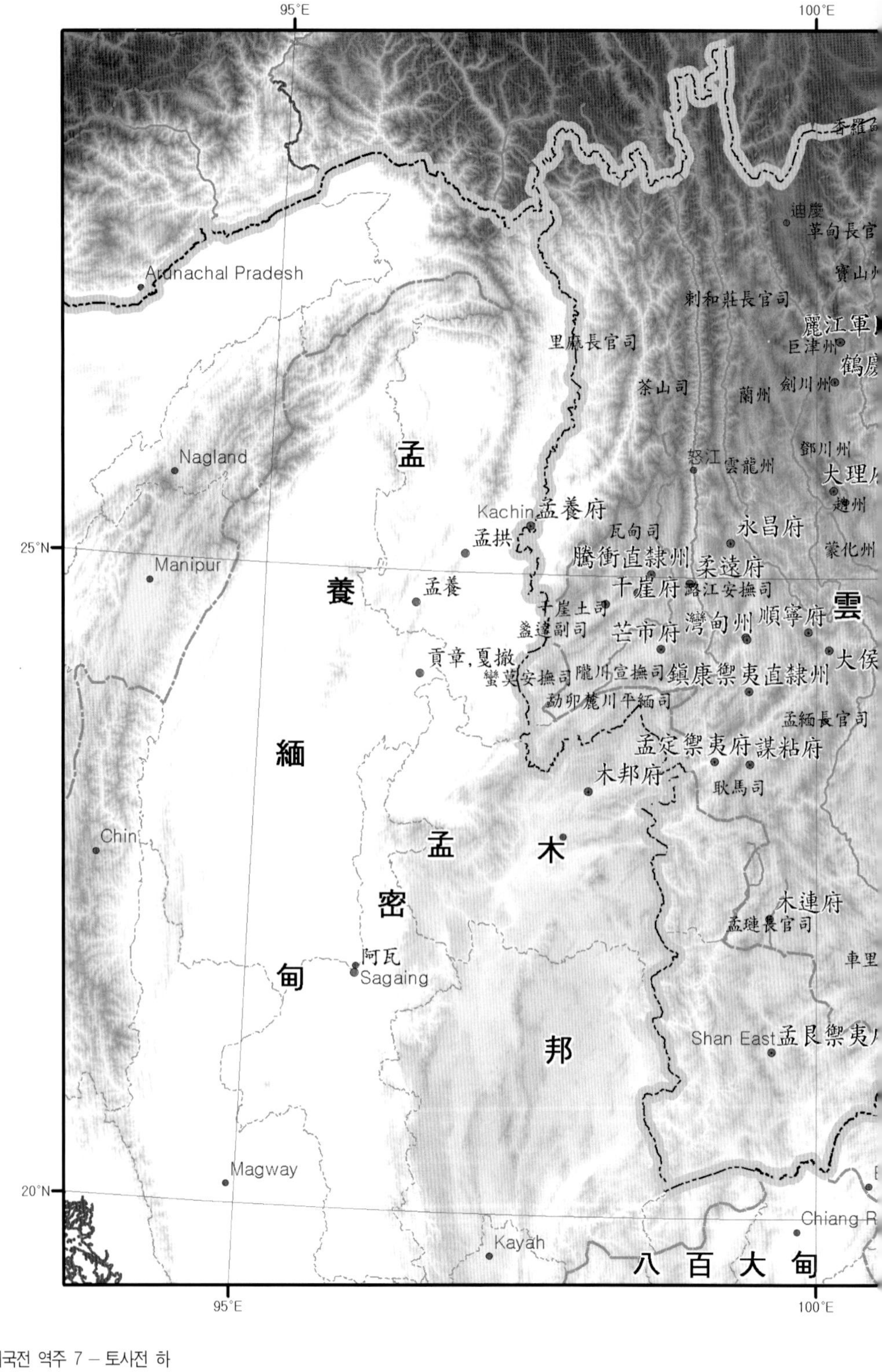
95°E
100°E
25°N
20°N
Arunachal Pradesh
Nagland
Manipur
Chin
Magway
Kayah
Sagaing
Kachin
Shan East
孟
養
緬
甸
孟
密
木
邦
八 百 大 甸
雲
迪慶
剌和莊長官司
里麻長官司
巨津州
劍川州
茶山司
蘭州
怒江
雲龍州
鄧川州
趙州
孟養府
瓦甸司
永昌府
孟拱
騰衝直隸州
柔遠府
蒙化州
干崖府
潞江安撫司
孟養
干崖土司
盞達副司
芒市府
灣甸州
順寧府
大侯
貢章, 夏撒
蠻莫安撫司
隴川宣撫司
鎮康禦夷直隸州
勐卯麓川平緬司
孟緬長官司
孟定禦夷府
謀粘府
木邦府
耿馬司
木連府
孟璉長官司
車里
阿瓦

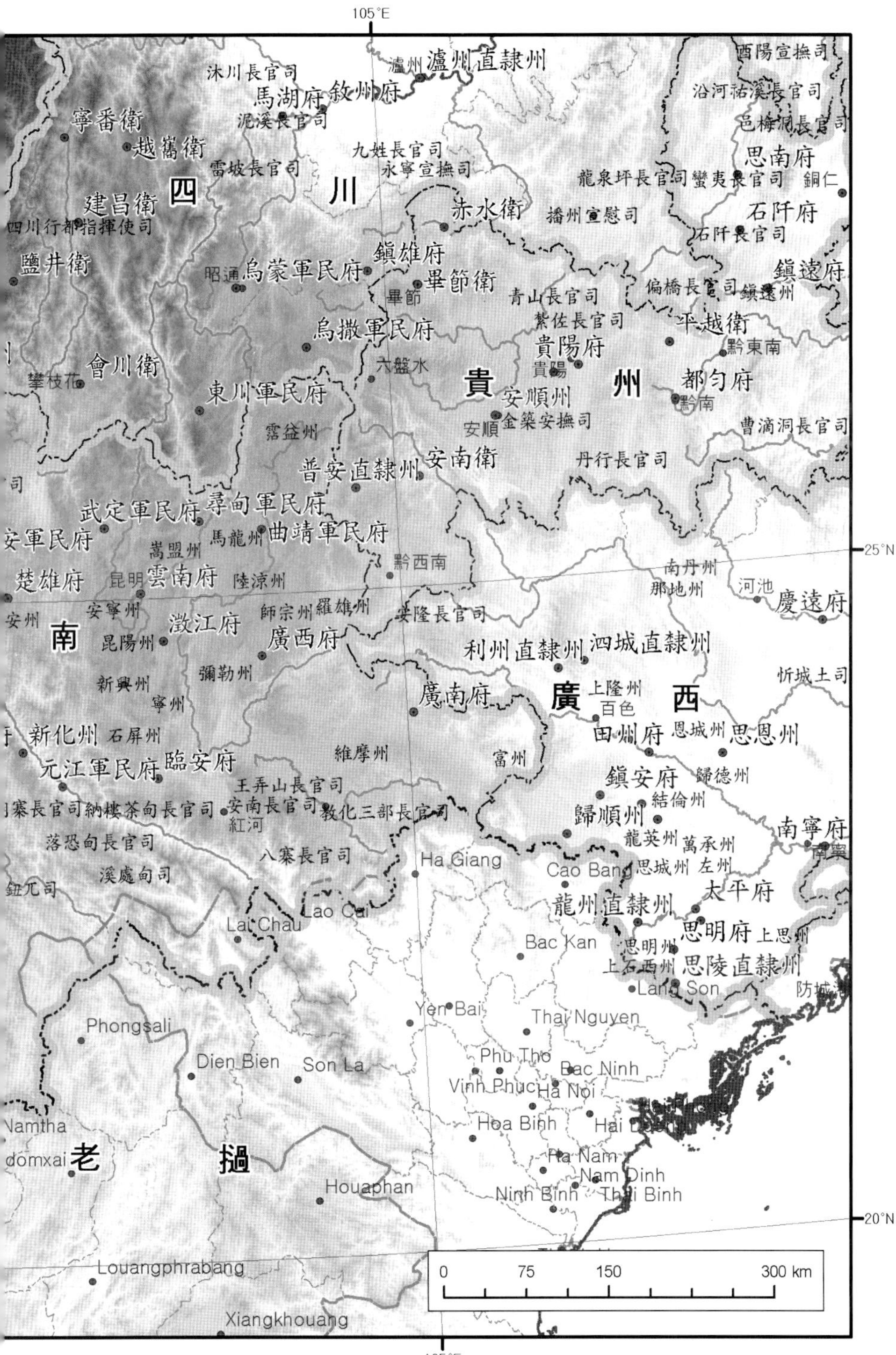
105°E
瀘州
瀘州直隸州
沐川長官司
馬湖府
敘州府
泥溪長官司
寧番衛
越嶲衛
雷坡長官司
九姓長官司
永寧宣撫司
四
川
建昌衛
四川行都指揮使司
赤水衛
播州宣慰司
鹽井衛
昭通
烏蒙軍民府
鎮雄府
畢節衛
畢節
青山長官司
烏撒軍民府
紫佐長官司
貴陽府
貴陽
會川衛
攀枝花
六盤水
貴
州
安順州
安順
金築安撫司
東川軍民府
霑益州
普安直隸州
安南衛
丹行長官司
武定軍民府
尋甸軍民府
馬龍州
曲靖軍民府
嵩盟州
安軍民府
楚雄府
昆明
雲南府
陸涼州
黔西南
安寧州
安州
南
澂江府
師宗州
羅雄州
安隆長官司
昆陽州
廣西府
彌勒州
新興州
寧州
新化州
石屏州
元江軍民府
臨安府
維摩州
廣南府
富州
王弄山長官司
納樓茶甸長官司
安南長官司
教化三部長官司
紅河
落恐甸長官司
八寨長官司
溪處甸司
鈕兀司
酉陽宣撫司
沿河祐溪長官司
邑梅洞長官司
思南府
龍泉坪長官司
蠻夷長官司
銅仁
石阡府
石阡長官司
鎮遠府
偏橋長官司
鎮遠州
平越衛
黔東南
都匀府
黔南
曹滴洞長官司
25°N
南丹州
那地州
河池
慶遠府
利州直隸州
泗城直隸州
忻城土司
上隆州
百色
廣
西
田州府
恩城州
思恩州
鎮安府
歸德州
結倫州
歸順州
龍英州
萬承州
南寧府
南寧
Ha Giang
Cao Bang
思城州
左州
太平府
龍州直隸州
思明府
上思州
Lao Cai
Lai Chau
Bac Kan
思明州
上石西州
思陵直隸州
Lang Son
防城
Yen Bai
Thai Nguyen
Phongsali
Phu Tho
Bac Ninh
Dien Bien
Son La
Vinh Phuc
Ha Noi
Namtha
Hoa Binh
Hai Duong
老
撾
domxai
Ha Nam
Nam Dinh
Houaphan
Ninh Binh
Thai Binh
20°N
0
75
150
300 km
Louangphrabang
Xiangkhouang
105°E

귀주

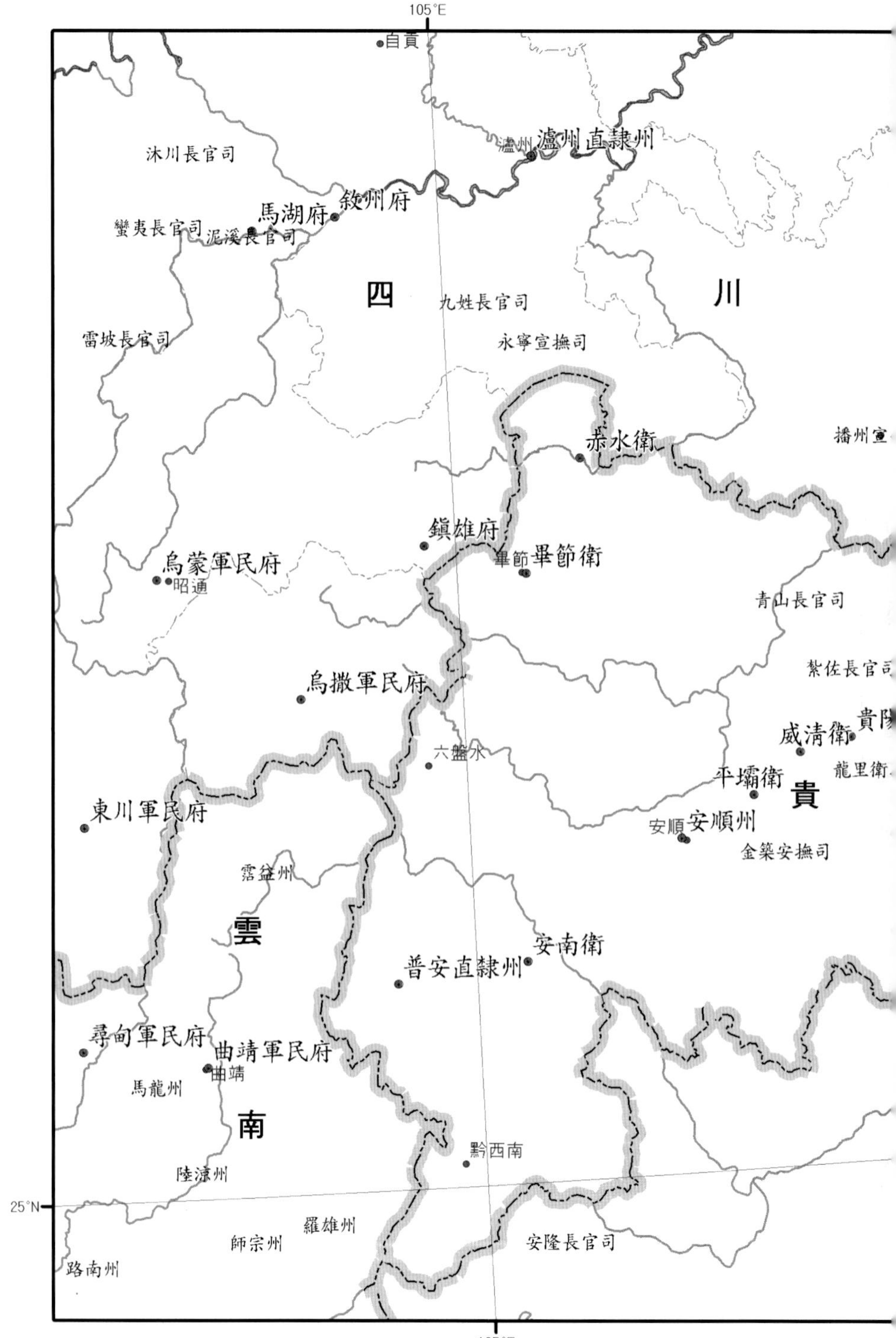
105°E
自貢
沐川長官司
瀘州
瀘州直隷州
馬湖府
敘州府
蠻夷長官司
泥溪長官司
四
川
九姓長官司
雷坡長官司
永寧宣撫司
赤水衛
播州宣
鎮雄府
烏蒙軍民府
昭通
畢節
畢節衛
青山長官司
紫佐長官司
烏撒軍民府
貴陽
威清衛
六盤水
龍里衛
平壩衛
貴
東川軍民府
安順
安順州
金築安撫司
霑益州
雲
安南衛
普安直隷州
尋甸軍民府
曲靖軍民府
曲靖
馬龍州
南
黔西南
陸涼州
25°N
羅雄州
師宗州
安隆長官司
路南州
105°E

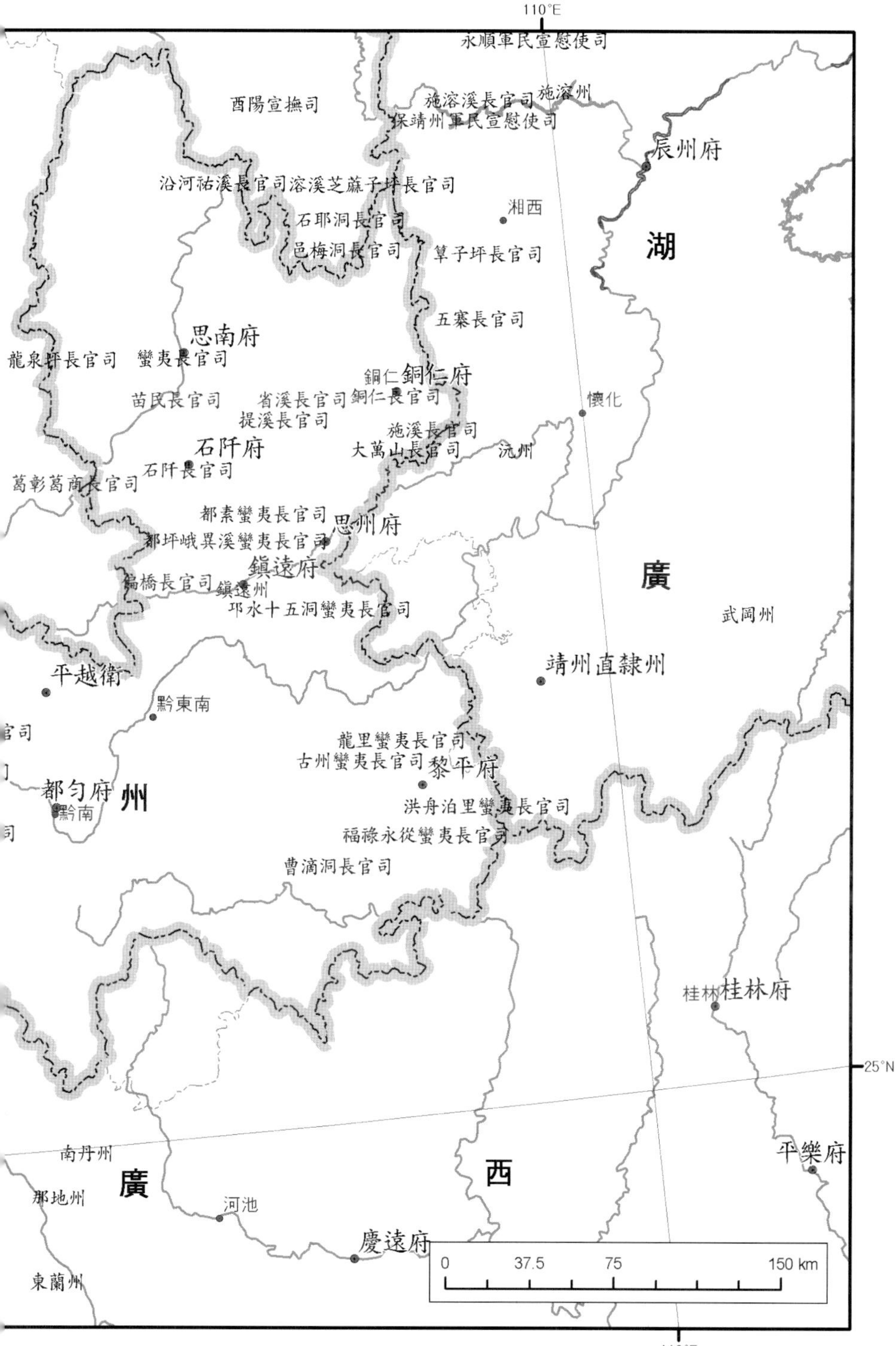
110°E
永順軍民宣慰使司
酉陽宣撫司
施溶溪長官司
施溶州
保靖州軍民宣慰使司
辰州府
沿河祐溪長官司
溶溪芝蔴子坪長官司
湘西
石耶洞長官司
邑梅洞長官司
篁子坪長官司
湖
五寨長官司
思南府
龍泉坪長官司
蠻夷長官司
銅仁
銅仁府
懷化
苗民長官司
省溪長官司
銅仁長官司
提溪長官司
施溪長官司
石阡府
大萬山長官司
沅州
葛彰葛商長官司
石阡長官司
都素蠻夷長官司
思州府
都坪峨異溪蠻夷長官司
鎮遠府
廣
偏橋長官司
鎮遠州
邛水十五洞蠻夷長官司
武岡州
平越衛
靖州直隸州
黔東南
龍里蠻夷長官司
古州蠻夷長官司
黎平府
都勻府
州
黔南
洪舟泊里蠻夷長官司
福祿永從蠻夷長官司
曹滴洞長官司
桂林
桂林府
25°N
南丹州
平樂府
廣
西
那地州
河池
慶遠府
0
37.5
75
150 km
東蘭州
110°E

광서

105°E
25°N
紫佐長官司
平越衛
黔東南
威清衛
貴陽府
新添長官司
六盤水
龍里衛軍民指揮使司
平壩衛
貴
都匀府
州
黔南
安順
安順州
大平伐長官司
金築安撫司
丹行長官司
安南衛
普安直隸州
黔西南
南丹州
那地州
河池
安隆長官司
東蘭州
利州直隸州
泗城直隸州
上林長官司
廣
上隆州
廣南府
百色
奉議直隸州
恩城州
田州府
思恩府
維摩州
雲
南
富州
果化州
歸德州
鎮安府
向武直隸州
文山
都康州
都康直隸州
歸順州
龍英州
全茗州
萬承州
思同州
思城州
左州
太平州
Ha Giang
Cao Bang
太平府
上下凍州
龍州直隸州
江州直隸州
上思州
思明州
思明府
Bac Kan
石西州
思陵直隸州
Lang Son
Tuyen Quang
Yen Bai
Thai Nguyen

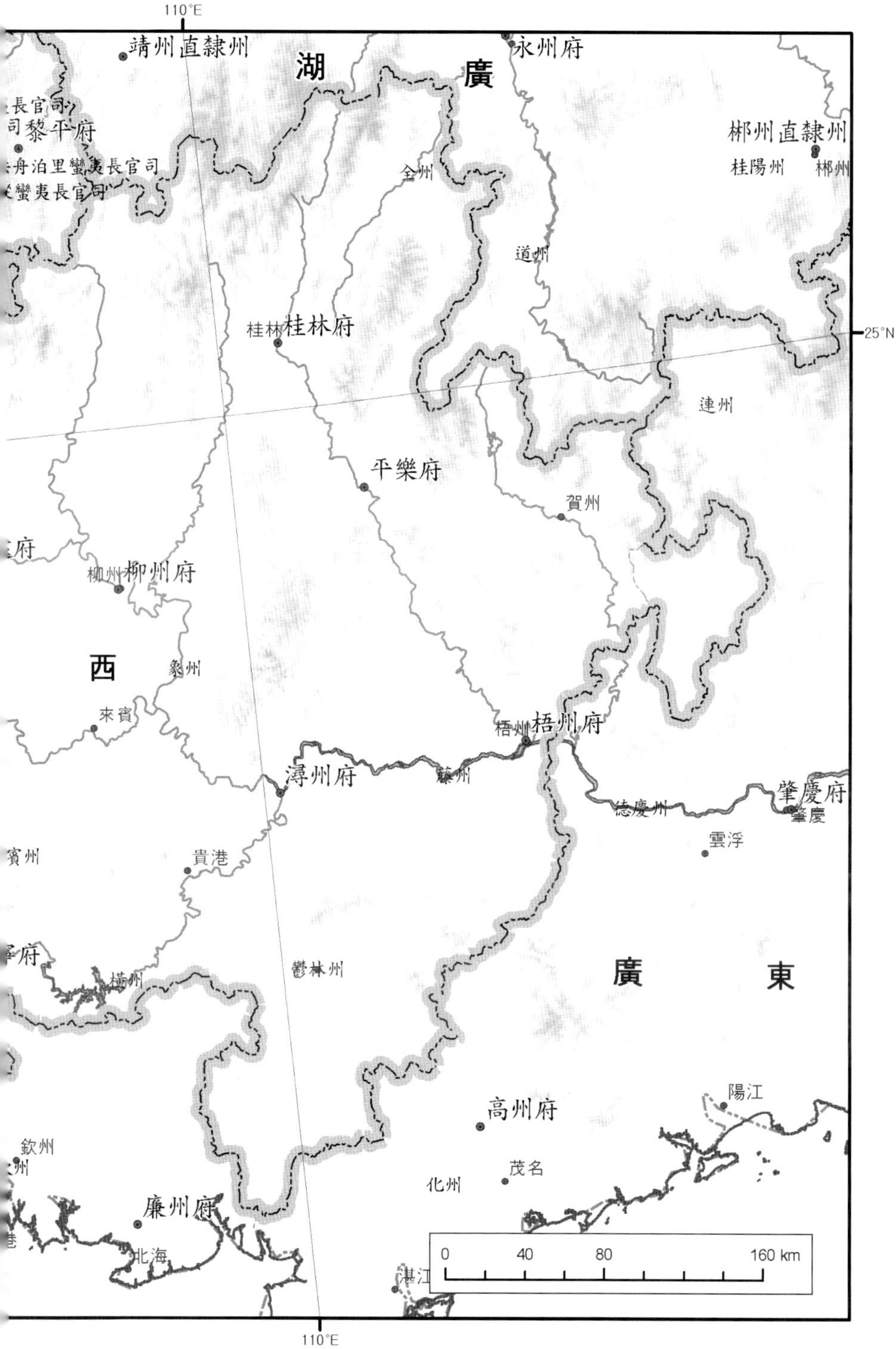
110°E
靖州直隷州
湖
廣
永州府
長官司
司黎平府
舟泊里蠻夷長官司
蠻夷長官司
郴州直隷州
桂陽州
郴州
全州
道州
桂林
桂林府
25°N
連州
平樂府
賀州
府
柳州
柳州府
西
象州
來賓
梧州
梧州府
潯州府
藤州
德慶州
肇慶府
肇慶
雲浮
賓州
貴港
府
横州
鬱林州
廣
東
陽江
高州府
欽州
茂名
化州
廉州府
北海
湛江
0
40
80
160 km
110°E

❖ 색　인 ❖

【ㄱ】

【ㄴ】

【ㄷ】

【ㄹ】

【ㅁ】

【ㅂ】

【ㅅ】

【ㅇ】

【ㅈ】

【ㅊ】

【ㅌ】

【ㅍ】

【ㅎ】

동북아역사 자료총서 35

譯註 中國 正史 外國傳 15
明史 外國傳 譯註 · 7 – 土司傳 · 下

초판 1쇄 인쇄 2014년 10월 15일
초판 1쇄 발행 2014년 10월 22일

엮은이 동북아역사재단
펴낸이 김학준
펴낸곳 동북아역사재단

등록 제312-2004-050호(2004년 10월 18일)
주소 서울시 서대문구 통일로 81 임광빌딩
전화 02-2012-6065
팩스 02-2012-6189
e-mail book@nahf.or.kr

ISBN 978-89-6187-347-5 94910

* 이 도서의 국립중앙도서관 출판예정도서목록(CIP)은 서지정보유통지원시스템 홈페이지(http://seoji.nl.go.kr)와 국가자료공동목록시스템(http://www.nl.go.kr/kolisnet)에서 이용하실 수 있습니다.(CIP제어번호: CIP2014029909)